BAHOE BOOKS

Thomas Schmidinger | Josef Weidenholzer (Hg.)

VIRENREGIME

Wie die Coronakrise unsere Welt verändert.
Befunde, Analysen, Anregungen

bahoe books

Gedruckt mit freundlicher Unterstützung der
Kulturabteilung der Stadt Wien (MA7 Wissenschaft)

Thomas Schmidinger | Josef Weidenholzer (Hg.)
Virenregime.
Wie die Coronakrise unsere Welt verändert.
Befunde, Analysen, Anregungen

Erstausgabe

Coverillustration: Milena R. Heussler

ISBN 978-3-903290-33-4

bahoe books
Fischerstiege 4-8/2/3
A-1010 Wien

bahoebooks.net

Inhalt

Einleitung 6

1. Globale und europäische Folgen der Coronakrise

Alternativen, Chancen, neue Allianzen
OLIVER SCHEIBER 19

Auf dem Weg in einen Corona-Kapitalismus?
ULRICH BRAND 26

Corona verseucht Politik und Medien
RUBINA MÖHRING 37

Gewissheit in ungewissen Zeiten
INGRID BRODNIG 42

Die Coronakrise: Eine Chance für progressive Politik?
CONNY REUTER 49

Dystopische Potentiale
CENGIZ KULAÇ 52

Ist Europa wieder einmal nach vorne gescheitert?
JOSEF WEIDENHOLZER 64

Für eine links-realistische Erneuerung der außenpolitischen Agenda der EU
ELDAR MAMEDOV 76

Europäischer Parlamentarismus in Zeiten der Coronakrise
REBECCA KAMPL 83

Die Mobilität der Arbeitskräfte in der EU könnte zum Schlüssel für den europäischen Zusammenhalt werden
CODRUȚA FILIP 88

Wie Corona der Abschottungsstrategie der EU an der griechischen Außengrenze Auftrieb gibt
RAMONA LENZ 95

Corona und Big Data
MEROPI TZANETAKIS 105

2. Regionale und nationale Folgen der Coronakrise

Die «lockere» schwedische Strategie
NINA CARLSSON 117

Ungarns Ministerpräsident Orbán als Corona-Profiteur
KARL PFEIFER 126

Die Coronakrise am Westbalkan
Dunja Larise 138

Kosovo, Covid-19 und der Sturz eines Ministerpräsidenten
Marijana Grandits 147

Virus im Brexitland
Heiko Khoo | Elisabeth Schimpfössl 153

Der nordirische Friedensprozess in Zeiten von Corona und Brexit
Bert Preiss 165

Türkische Antworten auf die Coronakrise
Ismail Küpeli | Nelli Tügel 176

Die USA in Zeiten von Corona
Verena Stern 182

Der Kreml und die Coronakrise
Jutta Sommerbauer 188

Corona in Mexiko
Wolf-Dieter Vogel 197

De pasajes y desbordes: Die bolivianische Erfahrung
Oscar Vega Camacho 207

Der italienische Weg
Francesco Ronchi 213

Covid-19 in Brasilien
Andreas Novy | Carlos R. Winckler 218

Die Coronakrise im Iran
Ali Fathollah-Nejad 230

Corona in Japan
Gregor Wakounig 245

Die Auswirkungen von Covid-19 in Indien
Anand Kumar 250

Die Volksrepublik China und ihre Nachbarn
Christian Schafferer 257

Coronakrise am Nil
Rami Ali 269

Krise in der Krise: Corona im Nahen Osten
Thomas Schmidinger 278

Weibliche Regierungschefinnen im Umgang mit der Pandemie
Laeticia Thissen | Ania Skrzypek 292

3. Österreich und die Coronakrise

Wie Ischgl ein Super-Spreader wurde
Sebastian Reinfeldt 315

Krisenkommunikation und Krisenmanagement in «Corona-Zeiten»
Ruth Wodak 330

Das Parlament im Verordnungsstaat - eine verschwindende Größe
Alfred J. Noll 342

Ist der Neoliberalismus am Ende?
Walter O. Ötsch 352

Was uns rettet, sind die Restposten des alten Sozialstaats
Isolde Charim 362

Wie kann eine fortschrittliche Arbeitsmarktpolitik aussehen?
Iris Woltran | Dennis Tamesberger 366

Prekäre Beschäftigung in Zeiten von Corona
Hansjörg Seckauer | Christine Stelzer-Orthofer 378

Covid-19 - Warnzeichen oder Weckruf?
Brigitte Aulenbacher 394

Corona, PISA, Homeschooling und fehlender Sozialindex
Johann Bacher | Katrin Hasengruber | Robert Moosbrugger 401

Corona als Lupe für Bildungsungleichheit
Fabiana Ellmerer 412

Lieber Minister, wie viel Gesundheit ist Ihnen Leistung wert?
Anna Ulrich 423

Körperlose Kommunikation in der universitären Lehre
Heide Hammer 428

Die Auswirkungen von Covid-19 auf Studierende
Julius Gruber | Babsi Ordinaireteur 434

Coronahilfe für Kunst & Kultur in Österreich und Deutschland
Peter Tschmuck 439

Von der Wertschätzungskrise der Literatur
Dominika Meindl 450

Care-Work und unbezahlte Mehrarbeit von Frauen in der Krise
Hanna Lichtenberger | Stefanie Wöhl 455

Auswirkungen auf Migrant*innen und Geflüchtete in Österreich
Alicia Allgäuer | Mary Kreutzer 464

EINLEITUNG

Virenregime und demokratische Öffentlichkeit

Von Thomas Schmidinger und Josef Weidenholzer

Dieses Buch ist eine politische und sozialwissenschaftliche Bestandsaufnahme während der Krise, ein Fahren auf Sicht, eine Diskussion und ein Nachdenken im Vorwärtsgehen. Es ist keine abschließende Betrachtung. Es versammelt vor allem Texte, die über bloße aktuelle Zeitungsartikel hinausgehen. Als Buch, das notwendigerweise ein langsameres aber auch beständigeres Medium ist, als eine Tageszeitung oder ein Social-Media-Account, bildet es eine Art Zwischenstand einer Diskussion bzw. mehrerer Diskussionen über die gesellschaftlichen, ökonomischen und politischen Folgen der Coronakrise und der politischen Maßnahmen im Umgang mit Covid-19, die seit dem Auftreten dieser neuartigen Mutation von Coronaviren Ende 2019 und Anfang 2020 schließlich in Europa und Amerika getroffen wurden. Es ist kein Buch über die medizinischen Grundlagen und Folgen von Covid-19. Weder wir Herausgeber, noch die in diesem Band versammelten Autor*innen sind Mediziner*innen oder Virolog*innen und wir wollen auch keine Hobbyvirolog*innen sein. Die bis heute umstrittene Einschätzung der Gefährlichkeit des Virus, bzw. der tatsächlichen Übersterblichkeit, die sich aufgrund unterschiedlicher statistischer Methoden und Testungen weltweit nur schwer vergleichen lässt, überlassen wir kompetenteren Mediziner*innen, Virolog*innen, Epidemiolog*innen und Sozialmediziner*innen. Dieses Buch versammelt vielmehr verschiedene Sozialwissenschafter*innen, Journalist*innen, politische Aktivist*innen und Praktiker*innen, die den gesellschaftlichen und politischen Folgen der Coronakrise nachgehen.

Dabei findet die von der Pandemie ausgelöste Krise nicht im luftleeren Raum statt. In den letzten Jahren hatten wir es fortwährend mit Krisen zu tun: Klimakrise, Finanzkrise, «Flüchtlingskrise» usw. Der Krisenmodus ist gleichsam zur Standardeinstellung geworden.

Die Coronakrise fällt allerdings aus diesem Rahmen. Sie ist eine «Jahrhundertkrise», so wie in grauer Vorzeit die Pest oder vor 100 Jahren die «Spanische Grippe», die durch die Katastrophe des Ersten Weltkrieges überlagert wurde. Zur «Jahrhundertkrise» wird sie allerdings nicht unbedingt nur aufgrund der medizinischen Folgen von Covid-19, sondern auch, weil sie als solche gelesen wird. Öffentlichkeit und Politik verstehen sie als solche und setzen entsprechend außergewöhnliche Maßnahmen, die der Bewältigung der Krise dienen sollen, allerdings in bestimmten Bereichen und Aspekten auch selbst Krisenauslöser darstellen.

Im Gegensatz zu unseren gegenwärtigen, menschengemachten Krisen hat es den Anschein, als würden diese Jahrhundertkrisen die Menschheit ohne Vorwarnung heimsuchen. Die von ihnen ausgehende Bedrohung ist existenziell, sie verunsichert die Menschen zutiefst. Waren im Globalen Süden militärisch ausgetragene Konflikte und/oder Krankheiten, die von den dortigen Gesundheitssystemen nicht bewältigt werden können, auch in den letzten Jahrzehnten Teil gesellschaftlicher Normalität, trifft diese Krise die Bewohner*innen reicher europäischer oder nordamerikanischer Staaten unvorbereitet. Die heute lebenden Menschen Westeuropas, Kanadas, der USA oder auch Australiens kannten keine solche existenzielle Krise. Ängste und Hoffnungen sind allgegenwärtig wie in einer schlaflosen Nacht, wo Traum und Wirklichkeit nicht mehr unterscheidbar sind. Die Welt ist gleichsam «von wachen Schläfern bevölkert»,[1] wie das Albert Camus in seinem 1947 erschienenen Roman *Die Pest* formulierte. Im Gegensatz zu damals ist die alles bestimmende Seuche diesmal aber nicht Fiktion, sondern Realität.

Eine Realität, die zwar historisch von der Pest bis zur Spanischen Grippe immer wieder oft in weit schlimmerem Ausmaß auftrat, die man sich in Europa bis zu diesem Zeitpunkt aber nur schwer vorstellen konnte. Zwar wussten Virolog*innen und Epidemiolog*innen, dass so etwas immer wieder auftreten könnte und es eher eine Frage des Zeitpunktes, als der prinzipiellen Möglichkeit sei. Die Fortschrittsgläubigkeit in Hinblick auf die Medizin schien jedoch die meisten Menschen der reichen westlichen Hemisphäre in der trügerischen Sicherheit zu wiegen, dass ihr Leben grundsätzlich immer so weitergehen könnte wie bisher und selbst evidente ökologische Probleme erst «später» ein Problem sein würden, wenn es sie selbst nicht mehr betreffen könnte. Die meisten Europäer*innen hielten 2019 Seuchen für etwas, was historisch oder geografisch weit weg war. Für die Menschen hierzulande bedeutete diese neue Realität damit einen radikalen Bruch mit Gewohnheiten und Lebensstilen: wie man miteinander kommunizierte, wie man arbeitete oder in den Bewegungsspielräumen eingeschränkt wurde. Die Veränderungen kamen abrupt, gleichsam über Nacht und sie werden gewiss nachhaltige Spuren hinterlassen. Es war nicht leicht, das alles einzuordnen, vor allem einzuschätzen, was es alles verändern würde.

Wir beide, die Herausgeber dieses Buches, waren in jenen Tagen in intensivem telefonischem Kontakt, weil wir gerade an einem gemeinsamen Projekt arbeiteten. Bald realisierten wir, dass wir eigentlich immer häufiger über die Krise redeten, als über unser eigentliches Anliegen. Damit waren wir freilich nicht

1 Albert Camus, Die Pest, Reinbek 1998, S.121.

alleine. Ähnliches passierte uns auch mit anderen Kontaktpersonen, aus unterschiedlichen Regionen, Kontexten und Arbeitszusammenhängen.

Also: Warum das nicht alles einer breiteren Öffentlichkeit zugänglich machen und zusätzliche Diskutant*innen einladen. Vor allem, weil die Sichtweise der Dinge in den ersten Wochen recht engstirnig war, wohl auch bedingt durch den durch die Bank nationalstaatlich verfügten Lockdown, der in vielen Fällen auch politisch instrumentalisiert wurde.

Über den Tellerrand zu schauen schadet niemals und schon gar nicht bei einer Pandemie, denn diese macht bekanntlich nicht vor Grenzen halt. Eine Pandemie von einer solch historischen Dimension kann man nur in den Griff bekommen, indem man die zur Verfügung stehenden Politiken optimal einsetzt. Das geschah, wie die Beiträge in unserem Buch eindrucksvoll dokumentieren, durch ganz unterschiedliche Arrangements. Man kann, wenn man die Entwicklung global betrachtet, daher von unterschiedlichen Virenregimen sprechen.

Es geht uns aber nicht nur darum, zu erkennen welches Virenregime bei der Eindämmung des Virus am erfolgreichsten war bzw. die optimalen Bedingungen für einen Neubeginn oder einen Reset lieferte. Wir wollten auch sichtbar machen, welche Gefahren und Potenziale für Veränderung die Krise bietet, denn jede Krise bedeutet auch die Chance, die Dinge anders zu sehen und sie neu zu ordnen.

Als wir begannen uns über ein Buch Gedanken zu machen, hatten wir noch die Hoffnung, dass dieses im Herbst eine Art Bilanz der Krise darstellen könnte und uns Lektionen für den zukünftigen Umgang mit anderen existenziellen Krisen, etwa der Klimakrise, lehren könnte. Mittlerweile ist klar, dass dieses Buch inmitten der Krise erscheint. Zwar wurden in vielen europäischen Staaten viele der Maßnahmen des Frühlings 2020 mittlerweile wieder aufgehoben und wurden politische Grundrechte, wie die im Frühling eingeschränkte Versammlungsfreiheit, wieder hergestellt. Allerdings wissen bei der Fertigstellung dieses Buches viele Lehrende und Studierende an europäischen Universitäten nicht, ob sie das Semester 2020/21 wieder mit Online-Seminaren zubringen müssen, wissen Kulturveranstalter*innen nicht, ob sie im Winter Konzerte und Theateraufführungen veranstalten können und wissen Migrant*innen nicht, wann sie ihre Verwandten und Freunde «zu Hause» wieder besuchen können.

Bei Drucklegung dieses Buches sieht es so aus als würde sich insbesondere in Österreich die Situation wieder massiv verschärfen. Nachdem sich einige der Katastrophenszenarien, mit denen die Bundesregierung im Frühling versucht hatte, ihre Maßnahmen zu rechtfertigen, als falsch und – zumindest im Falle der von Bundeskanzler Kurz gezeichneten Schreckensszenarien – auch als bewusste Angstmache herausgestellt hatten, scheint es so, als hätten viele ÖsterreicherInnen im Laufe des Sommers jeglichen Glauben an die Wirksamkeit von Maßnahmen verloren. Für den Sommertourismus musste eine Normalität hergestellt werden, die nun im Herbst offenbar nicht mehr haltbar ist. Wir werden sehen, ob wir dieses Buch, wie geplant, in realen Diskussionsveranstaltungen noch vorstellen können oder stattdessen in einen zweiten Lockdown gehen werden und wie Bevölkerung, Kulturschaffende, ArbeitnehmerInnen und Wirtschaft auf so einen reagieren würden.

Auch die langfristigen politischen Auswirkungen der verschiedenen Virenregime sind bislang nur in Tendenzen erkennbar. Dieses Buch ist damit eine Intervention in eine laufende Entwicklung und auch wenn sich die Autor*innen dieses Bandes in vielen Einschätzungen bestimmter Maßnahmen und Policies uneins sein sollten, sind wir uns einig im Bemühen sowohl persönliche und politische Freiheiten zu verteidigen, als auch notwendige Maßnahmen zum Schutz menschlichen Lebens zu befolgen und einen gleichen Zugang zu (medizinischen) Ressourcen für alle zu ermöglichen. Dass dies in einer unübersichtlichen Krise nicht immer zu einfachen und eindeutigen Antworten führen kann, liegt in der Natur der Sache.

Insofern sind wir uns bewusst, dass dieses Buch zu verschiedenen Zeiten unterschiedlich gelesen werden wird und auch einen unterschiedlichen Zweck erfüllen wird. Für unsere Zeitgenoss*innen, die mit uns in dieser Krise leben und das Buch nach seinem Erscheinen im Oktober 2020 lesen werden, stellt dieses Buch primär einen Diskussionsbeitrag und eine intellektuelle politische Intervention in laufende Debatten im Sinne einer demokratischen und sozialen Lösung der Krise dar. Für jene, die dieses Buch mit einigem zeitlichen Abstand lesen werden, wird es eine Art Flaschenpost aus der Vergangenheit sein, ein authentisches Zeugnis, wie kritische Intellektuelle in dieser Pandemie und der dadurch ausgelösten ökonomischen, politischen, kulturellen und sozialen Krise dachten und versuchten sich im Nebel der Ereignisse ein Bild zu machen. Manches wird sich vielleicht aus historischer Distanz als Irrweg erweisen, manche Fallen werden wir übersehen haben und wir hoffen, dass manche Gefahr sich als weniger dramatisch herausstellen wird, wie hier beschrieben.

Wir möchten diese Krise aber auch nutzen, um zu diskutieren, was alles möglich wäre, wenn eine Gefahr als solche erkannt wird, welche Fehlentwicklungen unser Wirtschafts- und Gesellschaftssystem auch im «Normalzustand» aufzuweisen hat und welche Maßnahmen denn nötig wären um andere – noch viel nachhaltigere und existenziellere Krisen, wie etwa die sich immer schneller entwickelnde Klimakatastrophe – bewältigen zu können.

Dieses Buch ist in drei Teile gegliedert, die sich zwar alle um die Coronakrise und ihre politischen, ökonomischen und sozialen Folgen drehen, die aber sehr unterschiedliche Fokusse vereinen. *Der erste Teil* wirft Blicke auf globale und europäische politische und gesellschaftliche Folgen der Coronakrise wobei es um Lernprozesse und sozial-ökologische Initiativen, Menschenrechte, Flüchtlingspolitik, Folgen für die europäische Integration oder den drohenden Überwachungsstaat durch die Verwendung von Big Data im Kontext der Pandemie geht. *Der zweite Teil* beschäftigt sich mit den Folgen der Pandemie in ausgewählten Staaten und geografischen Großregionen, die von Schweden und den USA bis zu Indien, Russland, Brasilien, Iran, Türkei oder Ostasien reichen. *Der dritte Teil* beschäftigt sich schließlich thematisch mit verschiedenen Folgen für die österreichische Gesellschaft und Politik, wobei der Bogen vom Virenherd Ischgl über den Bildungs-, Wissenschafts-, Kultur- und Sozialbereich bis zu den Auswirkungen auf Asylberechtigte und Migrant*innen gespannt wird.

Vorliegendes Buch versammelt ein breites, interdisziplinäres Spektrum an Autor*innen, sowohl Wissenschaftler*innen, Journalist*innen, politische Praktiker*innen als auch von bestimmten Maßnahmen betroffene Personen. Dieses produktive Spannungsfeld ergab sich auch aus den Kontakten, die die Herausgeber in verschiedene Richtungen hatten. Ein Schwerpunkt liegt zwar auf den Folgen der Pandemie in Österreich, da aber die weltweite Betroffenheit ein internationales Buch hervorbringen muss, spiegelt sich das auch in den Autor*innen wider.

Wir sind sehr stolz darauf, ein breites Spektrum an interessanten Autor*innen in diesem Band versammelt zu haben. Primär sind dies Autor*innen, mit denen die Herausgeber*innen vor und während der Pandemie in politischem und intellektuellem Austausch standen und die damit auch ein breites Spektrum an Kompetenzen und progressiven politischen Positionen umfassen. Zusätzlich wurden Autor*innen für Themen angefragt, die unserer Meinung nach unbedingt in einem solchen Sammelband behandelt werden müssen, wobei wir selbstverständlich keinerlei Anspruch auf Vollständigkeit erheben. Ein solcher Band muss bruchstückhaft bleiben.

Und schließlich ist dieses Buch auch ein intergenerationelles Buch, was sich nicht nur bei den Herausgebern, sondern noch viel stärker bei den Autor*innen widerspiegelt. Das sich über vier Generationen erstreckende Altersspektrum reicht von der 2001 geborenen Maturantin und Schüler*innenaktivistin Anna Ulrich, die über die Erfahrungen mit dem Schulsystem als Schülerin während des Lockdowns berichtet, bis hin zum 1928 geborenen Karl Pfeifer, der über Ungarn schreibt, jenes Land, in das seine jüdische Familie 1938 vor den Nazis geflohen war, wo er Ungarisch lernte und das er nach seiner Rückkehr von Israel nach Österreich als Journalist jahrzehntelang publizistisch begleitete.

Selbstverständlich geben alle hier versammelten Texte die persönliche Meinung des Autors bzw. der Autorin wieder und nicht der jeweiligen Institution, für die sie arbeiten. Dies gilt insbesondere für Mitarbeiter*innen des Europäischen Parlaments. Die gendergerechte Schreibweise wurde aus den jeweiligen Beiträgen übernommen und variiert entsprechend.

Wir hoffen mit diesem Buch einen Beitrag zu einer offenen und demokratischen Diskussion über die politischen und sozialen Folgen der Pandemie sowie die verschiedenen Virenregime leisten zu können. Wir würden uns freuen, einige dieser Diskussionen im Herbst nicht nur virtuell, sondern in realen Begegnungen führen zu können. Sollte dies erneut unmöglich sein, wird es entscheidend sein, Formen politischer Debatte und Aktion zu finden und weiter zu entwickeln, die auch unter verschiedenen Virenregimen wirkungsmächtig sind. Wir werden dazu weiter unseren Beitrag leisten.

1. GLOBALE UND EUROPÄISCHE FOLGEN DER CORONAKRISE

Alternativen, Chancen, neue Allianzen

Von Oliver Scheiber

Die Welt vor Corona

Unsere Welt hat eine rasche neoliberale Wirtschaftsentwicklung erfahren. Diese Entwicklung geht bis zum Jahr 1989 zurück. Bis dahin standen sich zwei unterschiedliche Systeme gegenüber. Das Jahr 1989 markierte einen Umbruch: In der Sowjetunion und ihren osteuropäischen Partnerstaaten fielen die kommunistischen Regierungen, die Gesellschafts- und Wirtschaftssysteme dieser Staaten erlebten in der Folge eine radikale Veränderung. Im Kern steht 1989 vor allem für den Sturz autoritärer Regime. Nichtsdestotrotz wurde das Jahr 1989 in der Erzählung der westlichen Welt zum Versagen der sozialistischen Idee umgedeutet, fataler noch, als Scheitern der Idee der Solidarität interpretiert. Der Neoliberalismus mit seinen Protagonist*innen Thatcher, Blair, Schröder, Schüssel und Berlusconi brach sich die Bahn und unterwarf die Politik der Wirtschaft. Konzerne und eine kleine reiche Schicht machten sich Politik und Weltbevölkerung untertan. Social Media, Fernsehen, billige Kleidung und Smartphones lenken die Bevölkerung von der ungleichen Verteilung von Einkommen und Vermögen und von unfairen Lebensverhältnissen ab und lassen sie bei Wahlen gegen die eigenen Interessen stimmen, anders könnten Trump und Bolsonaro nicht in Ämter gelangen. Die vermehrt über Social Media geführten gesellschaftlichen Auseinandersetzungen polarisieren zudem. Wenige Player produzieren viele Tweets und Postings, Hass im Netz entsteht. Vor allem Rechtsparteien agieren über eigene TV-Kanäle im Netz, sie diffamieren öffentlich-rechtliche Rundfunkanstalten und seriöse Traditionsmedien.

Wenn man das Gesamtwohl der Gesellschaft berücksichtigt, zu dem gleiche Chancen aller Bürger*innen, eine faire Einkommensverteilung und ein verantwortungsvoller Umgang mit der Umwelt zählen, dann stand das westliche Modell schon 1989 nicht viel besser da als der Osten. Bis heute wurde das immer deutlicher. Die Klimakatastrophe ist für alle sichtbar geworden. Ohne rasche und radikale Maßnahmen steht die Vernichtung weiter Teile des Lebensraums Erde bevor. Dazu kommen die sozialen Ungleichheiten: die Monopolisierung unter den Konzernen schreitet voran. Globalisierung und Neoliberalismus laufen auf die Weltherrschaft weniger Akteure – Amazon, Google, Microsoft und einiger asiatischer Pendants – hinaus. Während die Konzerngewinne wachsen und unversteuert bleiben, sinken die Reallöhne der Massen. Das gesamtgesellschaftliche Vermögen steigt in vielen Teilen der Welt, die Propaganda eines Sparzwangs soll Pensionskürzungen und niedrige Lohnabschlüsse rechtfertigen. Exorbitante Managerboni oder Bankenrettungen illustrieren ein zunehmend wahnwitziges Szenario.

Corona macht Ungleichheit transparent

Das Coronavirus offenbarte die verheerenden Wirkungen eines ungezähmten Neoliberalismus. Für viele Menschen wurden in der Pandemie erstmals Entwicklungen erkennbar, die sie bis dahin wenig beachtet hatten. Der in Medien referierte Vergleich der Umweltwerte in der Zeit des Lockdowns mit normalen Zeiten etwa machte das Ausmaß der Verschmutzung von Luft und Wasser offenbar. Das Virus verschaffte auch jenen Stimmen mehr Raum, die seit Langem davor warnen, dass die Veränderung von Lebensräumen – etwa die Abholzung der Regenwälder – die Ausbreitung von Viren befördern könnte. Krankheitscluster machten die schlechten Arbeits- und Lebensbedingungen vieler Menschen sichtbar: der Arbeiter*innen in den Schlachthöfen, der Zusteller*innen, der Erntehelfer*innen, der Menschen in Pflegeberufen, der in Lagern oder Massenquartieren angehaltenen Asylwerber*innen. Auf einmal waren die niedrigen Löhne in den Gesundheitsberufen und in Zustelldiensten ein Thema.

Vor allem aber offenbarte die Pandemie die fatalen Wirkungen einer allein nach kapitalistischer Logik ausgerichteten Gesellschaft. Obwohl alle Wirtschaftsbereiche weiterliefen, die die Grundbedürfnisse abdecken – Lebensmittelversorgung, Verkehrsmittel, Medien – brach die Wirtschaft binnen weniger Wochen völlig ein. Unser Wachstumsstreben bewirkt, das wurde offenkundig, dass ein Großteil der Wirtschaft Güter und Dienstleistungen produziert, die nicht unbedingt benötigt werden, die also Luxus im weiteren Sinn sind. Dieser Umstand ist an sich nicht verwerflich, bildet angesichts der damit verbunden Umwelt- und Klimazerstörung aber doch eine wichtige Erkenntnis.

Die Wirkungen einer rein gewinnorientierten Gesellschaftsgestaltung zeigten sich aber auch in den Statistiken über die Opfer der Pandemie. Das Virus fand besonders viele Todesopfer in Regionen, in denen Altenheime überwiegend privat geführt sind. Während in öffentlich geführten Altenheimen, von ganz armen Regionen abgesehen, eine medizinische Mindestversorgung im Haus selbstverständlich ist, haben private Heimbetreiber keinen Anreiz, eine medizinische Grundversorgung vorzusehen – solange ausreichend Nachfrage nach Heimplätzen besteht. Dies wurde vielen Bewohner*innen in der Coronazeit zum Verhängnis. Nach derselben Logik verzichten schon lange viele Privatspitäler auf

Intensivstationen – man führt diverse lukrative operative Eingriffe durch, richtet aber keine kostenintensiven Intensivstationen ein. Kommt es zu Komplikationen, werden Patient*innen in öffentliche Krankenhäuser überstellt. Umgekehrt zeigte sich in der Pandemie die Stärke einer guten öffentlichen Gesundheitsvorsorge, wie sie in Wien besteht: Eine vergleichsweise hohe Zahl an Krankenhausbetten und eine breite Versorgung mit niedergelassenen Ärzten führten dazu, dass Wien eine der geringsten Opferzahlen der europäischen Millionenstädte aufweist. Die Grundgedanken des Roten Wien bestimmen bis heute die Organisation der Stadt. Sie führen Wien seit Jahren an die Spitze der globalen Rankings zur Lebensqualität. In der Zeit der Pandemie wurden Kraft und Stärke der Prinzipien des Roten Wien besonders sichtbar.

Mit dem Ausbruch der Pandemie versagten weltweit die privatwirtschaftlichen Systeme rasch, und von der Breite der Gesellschaft wurde Hilfe durch staatlichen Stellen eingefordert – und das ist auch richtig so. Der Staat soll das Wohl aller sichern. Das ist eine zentrale Lehre aus Corona: Um das Wohl aller zu sichern, darf der Staat außerhalb von Krisenzeiten zentrale Instrumente nicht aus der Hand geben. Die Kernbereiche der Daseinsvorsorge, also alles, was für Gleichheit und Wohl der Menschen entscheidend ist, von Energieversorgung bis zu Gesundheitswesen, gehört einer starken staatlichen Regulierung unterworfen. Im Ergebnis belegt die Pandemie, dass der unkontrollierte Kapitalismus, der Neoliberalismus der letzten Jahrzehnte, am Ende ist: er vernichtet die Lebensgrundlagen durch Umwelt- und Klimazerstörung, er schafft eine immer ungleichere Vermögensverteilung und versagt zudem in Krisenzeiten vollends. Kaum war die Krise da, schon ertönten, wie in der Finanzkrise, die Rufe großer Konzerne nach staatlichen Hilfsmilliarden.

Besinnung auf das Gemeinwohl?

Die Coronapandemie hat gefiltert, welche Berufe für eine Gemeinschaft hohe Bedeutung haben: die Gesundheits- und Pflegeberufe etwa, die Beschäftigungen im Lebensmittelhandel, in der Kinderbetreuung usw. Es handelt sich vielfach um Berufe mit wenig Prestige und verhältnismäßig schlechter Bezahlung. Die Lohnpyramide steht also in keinem sinnvollen Verhältnis zur Bedeutung der einzelnen Jobs für die Gemeinschaft. Aus dieser Erkenntnis müssten sich für alle politischen Kräfte, die seit jeher auf Solidarität setzen, jede Menge Möglichkeiten ergeben: die Forderung nach der Erhöhung der Kollektivverträge für viele Berufe, nach einer Anhebung von Mindestlöhnen und von Pensionen, nach einer gerechten Besteuerung auch von Konzernen. Tatsächlich haben auch konservativ geführte Regierungen (wie die österreichische) in der Krise sozialdemokratische Positionen übernommen, etwa die (vernünftige) Absicht, die Wirtschaft ohne Rücksicht auf eine nötige Neuverschuldung anzukurbeln. In Spanien wurde mit den Stimmen aller Parteien ein Grundeinkommen eingeführt, in Italien hat die Regierung die Legalisierung aller im Land befindlichen Menschen angedacht. Portugal hat gleich am Beginn der Pandemie alle im Land befindlichen Menschen gleichgestellt, um einen guten Zugang zu Sozial- und Gesundheitsleistungen für alle Menschen zu garantieren.

Eine Umkehr hin zu Solidarität und mehr Chancengleichheit und Gemeinwohl ist dennoch nicht wahrscheinlich. Die Menschen vergessen schnell, mit der Lockerung der Pandemiemaßnahmen sind viele mit der Bewältigung des Alltags ausgelastet, Veränderungswünsche treten in den Hintergrund. Und dann ist da noch die sich abzeichnende Klimakatastrophe, die eine gewaltige globale Herausforderung darstellt: Millionen Menschen stehen vor dem Entzug der Lebensgrundlagen, weil Landwirtschaft durch Trockenheit oder Hitze nicht mehr möglich ist, weil Trinkwasser fehlt, weil Seen und Flüsse austrocknen.

Das Virus der Seelenlosigkeit

In den ersten Wochen der Pandemie gab es Einschätzungen, dass es jedenfalls zu größeren Änderungen unseres Gesellschaftssystems kommen könnte. Menschen applaudierten auf den Balkonen den Beschäftigten im Gesundheitssektor, Politikerinnen und Politiker aller Parteien lobten die Leistungen der Bediensteten der Supermärkte. Doch all das ist schon wieder Vergangenheit. Nicht Lohnerhöhungen sind das Thema, sondern Milliardenzahlungen ausgerechnet an die Luftfahrt, die die Klimaveränderungen maßgeblich mitverursacht, und für die Masse der Beschäftigten oder Erwerbslosen bleiben Einmalzahlungen, die wie Almosen verteilt werden.

Ein Politikwechsel, der den Namen verdient, wird im Vergleich zu früheren Zeiten durch eine Reihe von Faktoren erschwert. Da ist zunächst der Zynismus, der sich in den letzten Jahrzehnten in einem Zusammenspiel von Teilen von Politik und Medien breitgemacht hat und unsere Gesellschaft seelenlos macht. Eine Unkultur der organisierten Massenunterhaltung des Fernsehens und der kommerziellen Werbung sowie ein Verlust der Menschlichkeit in der modernen Konsumgesellschaft beherrschen unser aller Leben.

Waren es Fernsehen und Privatfernsehen, die die Konsumgesellschaft anschoben, so wurde die Entwicklung durch das Auftauchen der Social Media weiter verstärkt. Die Anziehungskraft des Smartphones hatte zwei zentrale Wirkungen:

Das Smartphone wurde zum modernen Opium des Volkes, es lenkt von allen Sorgen und Missständen ab. Und Smartphone und Social Media befördern einen nicht gekannten Narzissmus, der sich in der Flut an Selfies und dem Hunger nach Likes zeigt – diese Erscheinungen bestimmen das Verhalten von Politiker*innen ebenso wie jenes ihrer potenziellen Wähler*innen. Wie stark diese Phänomene das Leben dominieren und wie sehr sie einem Politikwechsel im Weg stehen, zeigt sich daran, dass Donald Trump mit seinem infantilen Verhältnis zu Social Media zum US-Präsidenten aufsteigen konnte. Der Herausgeber der österreichischen Zeitschrift *Falter*, Armin Thurnher, hat das Dilemma kürzlich so formuliert: «Inwiefern ist Donald Trump nicht das schreckliche Zerrbild dessen, was Social Media aus unserer Kommunikation machen, sondern deren Idealbild? Ein Mensch, der seine Aktionen nur darauf abstellt, was ihn als Reaktionen erwartet, ein durch und durch narzisstischer Mensch, einer der sich den Mechanismen algorithmischer Steuerung lustvoll unterwirft, in der Illusion, sie zu beherrschen? Wenn er sie nicht beherrscht, herrscht er immerhin mit ihnen.» (Falter 23/20)

Veränderungen in einer in Kommunikation und politischer Kultur so heruntergekommenen Gesellschaft sind schwer zu bewerkstelligen. Die Politik hat den Medien dadurch Macht genommen, dass sie in Regierungsstellen große Kommunikationsabteilungen aufbaut, die die Bevölkerung mit Bildern und Texten überfluten. Sowohl für die beschriebene Seelenlosigkeit als auch die alles bestimmende politische Inszenierung lieferte die österreichische Innenpolitik in der Zeit der Pandemie anschauliche Beispiele. «Mir war das Öffnen der Schulen ein tiefes Anliegen, damit es nicht zu einem Humankapitalverlust großen Ausmaßes kommt», meinte – der von der Universität in die Politik eingestiegene – Bildungsminister Heinz Faßmann im österreichischen Radio im Mai 2020. Die Begriffswahl (Humankapitalverlust) in diesem Zusammenhang, nämlich der Frage, wann Kinder nach wochenlanger Schließung zurück in die Schulen dürfen, offenbart in ihrer Absurdität das Ergebnis eines jahrelangen neoliberal-kapitalistisch geprägten Diskurses. Arbeits- und Familienministerin Christine Aschbacher versandte im selben Monat anlässlich der Auszahlung des Familien-Härtefallfonds ein Foto, wie sie einer Familie mit zwei Kindern Geld übergibt. Auf dem Foto drückt die Ministerin einem Baby einen Hundert-Euro-Schein in die Hand. Die Ministerin neigt sich zwar zum Baby, steckt ihm aber, offenbar als Virus-Vorsichtsmaßnahme, den Geldschein mit einer Zange in die Finger. Nach Kritik am Bild äußerte die Ministerin, das Baby habe nach dem Geld gegriffen. Das Bild illustriert die Verbindung von zynischer Politikinszenierung mit einem abwertenden Menschenbild.

In Zeiten von Konsumgesellschaft und allgegenwärtigem Narzissmus läuft ruhige Sachpolitik Gefahr, als langweilig oder realitätsfremd hingestellt zu werden. In der Politik wie in anderen Lebensbereichen dominiert die Inszenierung, Marketing schlägt den Inhalt. Dazu kommen Kurzlebigkeit und Schnelligkeit der Social Media-Welt. Das Wegwischen am Smartphone wird zum Inbegriff unserer Zeit. Eine Info weggewischt, das nächste Foto ist da, in der Sekunde darauf überfliegt man eine Mailnachricht oder liest die Onlineschlagzeilen. Schwierige Voraussetzungen für eine nachhaltige, zukunftsorientierte Politik.

Neue Allianzen als Gegenmittel

Auf der Suche nach Impfstoffen und Medikamenten gegen das Covid-19-Virus haben viele Staaten und Pharmaunternehmen neue, breite Allianzen zur Finanzierung und Forschungskooperation geschlossen. Und vielleicht ist auch dies das Mittel zum Politikwechsel: Ganz neue Allianzen, die gemeinsam eine Politik anstreben, die Solidarität in den Mittelpunkt stellt, die die Herrschaft der Politik über die Wirtschaft wiederherstellt und so auch die Klimakatastrophe abwenden kann. Denn die Linke, die aus ihrer Ideologie heraus diesem Ziel verbunden wäre, hat weder in der Finanzkrise noch jetzt zu Zeiten der Pandemie kraftvolle Politikansätze erkennen lassen. Die klassischen politischen Lager, ob Konservative oder Sozialdemokratie, leiden an Zerfallserscheinungen. Die alten europäischen Volksparteien sind müde, in ihren Strukturen unbeweglich und von ähnlichen Krankheiten erfasst: Korrumpierbarkeit, Zynismus, Entfremdung vom Alltag der Bevölkerung. Linke und Grüne Parteichefs wechseln von der Politik in Konzernetagen und entsetzen viele Parteisympathisant*innen. Auf ähnliche Weise sind große Teile des traditionell konservativen Lagers vor den Kopf gestoßen von Auswüchsen des Raubtierkapitalismus, von Fremden- und Europafeindlichkeit und zynischer Politpropaganda ihrer Parteien. Der frühere Herausgeber der österreichischen Tageszeitung *Kurier* und nunmehrige Parlamentsabgeordnete für die Neos, Helmut Brandstätter, meinte unlängst, das Team um Österreichs konservativen Kanzler stelle «die Grundlagen der christlichen Soziallehre und damit auch die der ÖVP in vielen Punkten auf den Kopf.»

Vor allem der Klimawandel zwingt uns zu schnellem Handeln. Die Strategie dabei könnte es sein, kurz- und mittelfristig all jene zusammenzuführen, die sich zu einer solidarischen Gesellschaft, zum Kampf gegen Fremdenfeindlichkeit und gegen Nationalismus und für die Rettung von Klima und Umwelt einsetzen. Es ginge dabei also nicht um eine langfristige konservative oder progressive Ausrichtung der Politik, sondern darum, die Würde des Menschen, die Achtung vor dem Menschen und solidarisches Denken zurück in den Mittelpunkt politischen Handelns zu holen. Das Ziel wären breite Wahlbewegungen, die sich aus unterschiedlichen früheren politischen Milieus zusammensetzen und sich an erfolgreichen globalen Protestbewegungen der letzten Jahre – Fridays for future, Me too, Black Lives Matter – orientieren. Eine so gedachte politische Wahlbewegung kann, wie die letzte österreichische Bundespräsidentenwahl gezeigt hat, mehrheitsfähig sein.

Auf dem Weg in einen Corona-Kapitalismus?

Mögliche Lernprozesse und sozial-ökologische Initiativen

Von Ulrich Brand

Eher beiläufig spricht Naomi Klein von einem «Corona-Kapitalismus», doch den Begriff finde ich instruktiv.[1] Sie meint damit eine Krisenbearbeitung im Sinne der Wohlhabenden und der naturzerstörerischen Wirtschaftsbranchen. Besonders deutlich werde das an den staatlichen «Rettungspaketen» – und der privaten Gesundheitsindustrie. Durch die neuerlichen Schock-Politiken kommt es wie in früheren Krisen zur dauerhaften Stärkung der ohnehin Mächtigen, die keine Rücksicht auf Gesellschaft und Natur nehmen. Der Begriff des Corona-Kapitalismus bedarf der weiteren Ausarbeitung, doch er zeigt an: Es gibt bei jeder Krise verschiedene Optionen oder Formen, sie zu bearbeiten, die sich auf die kapitalistische (Re-)Produktions- und Lebensweise auswirken und sie verändern.[2]

Mögliche Lernprozesse in der Coronakrise

Die aktuelle Krise zeigt uns deutlich, wie sehr verwundbar vor allem sozial schwächere Bevölkerungsgruppen wie in Armut lebende Menschen, prekär Beschäftigte und Geflüchtete sind. Kleinere Firmen werden in vielen Branchen eher Probleme haben, durch die Krise zu kommen, als große Unternehmen. Die Frage, wer nach der Krise die Kosten trägt, wird entlang bestehender Ungleichheiten und Machtverhältnisse beantwortet werden.

Dabei könnte es teilweise ein krisenbedingtes Umdenken hin zu »grüneren« und solidarischen Elementen in der Produktions- und Lebensweise geben, wenn die politischen Kräfte entsprechend mobilisiert werden und es sich für die herrschende Politik als attraktiv darstellt. Der Legitimationsdruck, insbesondere angesichts der Klimakrise zu handeln, ist nicht weg. Und bereits vor Ausbruch der

1 Naomi Klein, «Coronavirus Capitalism»: Naomi Klein's Case for Transformative Change Amid Coronavirus Pandemic. Transkript einer Sendung am 19. März 2020 auf DemocracyNow!; www.democracynow.org/2020/3/19/naomi_klein_coronavirus_capitalism (30.6.2020)

2 Dieser Beitrag basiert auf der Einleitung meines Buches: Post-Wachstum und Gegen-Hegemonie. Klimastreiks und Alternativen zur imperialen Lebensweise. Hamburg, 2020.

Pandemie gab es in Sektoren wie der Automobilindustrie oder auf den Finanzmärkten massive Probleme.

Neben Analysen bedarf es auch kluger sozial-ökologischer Initiativen, auf die ich weiter unten noch eingehen werde. Zunächst möchte ich auf einige aktuelle Erfahrungen verweisen, die ambivalent und umkämpft sind und mögliche Anknüpfungspunkte für linke Politik darstellen.

Erstens: Krisen sind immer «die Stunde der Exekutive», das merkt man zum einen daran, dass in der Krise tendenziell die Zustimmung der Bevölkerung zu den Regierungen (stark) wächst; zum anderen treten die parlamentarischen Oppositionen in den meisten Ländern Europas kaum in Erscheinung. Die Parlamente nicken die einschneidenden Maßnahmen und gigantischen «Rettungs»-Pakete in den Ländern des Globalen Nordens ab.

Die argentinische Soziologin Maristella Svampa spricht vom aktuellen Staat als «Gesundheits-Leviathan», der Grundrechte einschränkt und Befugnisse an sich zieht.[3] Der Umgang mit der Coronakrise könnte den Regierenden als Anschauungsmaterial dienen, wie weit sie in deklarierten Notstandssituationen gehen können. Viele Maßnahmen werden gesellschaftlich akzeptiert. Damit wird möglicherweise ein Alltagsverstand der Menschen gestärkt, demzufolge Krisen vor allem autoritär zu bearbeiten sind, Grundrechte, Rechtsstaatlichkeit und Demokratie eingeschränkt werden müssen.

Wer hätte neben diesen problematischen Tendenzen vor einigen Monaten noch gedacht, dass die Regierungen derart entschieden in die Lebenswelt der Menschen und das wirtschaftliche Handeln eingreifen könnten? In den Debatten um eine weitreichende Klima- oder Verkehrspolitik wurde mit Schulterzucken reagiert. Maßnahmen wie Tempolimits und Fahrverbote zur Reduzierung von Feinstaub in Städten oder CO2-Emissionen wurden empört abgelehnt. Die Erzählung lautete, dass der Staat zu einem raschen Umsteuern gar nicht in der Lage sei und den Menschen «einschneidende» Maßnahmen nicht zu vermitteln und zuzumuten seien.

Doch wir können aktuell lernen: So wie die Regierungen mehr oder weniger rasch drastische Maßnahmen gegen die Ausbreitung des Coronavirus ergriffen haben, so sehr könnte die Klimakrise zum Anlass genommen werden, ein deutlicheres politisches Umsteuern in Richtung sozial-ökologischer Transformation einzuleiten. Das Wissen um den Klimawandel und seine sozial-ökologischen

3 Maristella Svampa, Reflexiones para un mundo post-coronavirus, in: Nueva Sociedad Online, April 2020; www.nuso.org/articulo/reflexiones-para-un-mundo-post-coronavirus/ (30.6.2020)

Konsequenzen ist vorhanden und wird auch von den meisten Regierungen nicht mehr geleugnet.

Wie bereits in der Finanz- und Wirtschaftskrise, die 2008/9 ihren Anfang nahm, zeigt sich auch jetzt, dass viele Staaten in den kapitalistischen Zentren in der Lage sind, enorme regulatorische und finanzielle Ressourcen zu mobilisieren, in dem Versuch, die wirtschaftlichen und heute auch die gesundheitlichen Krisenerscheinungen zu bekämpfen.[4] Das gelingt sehr unterschiedlich und jede Maßnahme hat mehr oder weniger starke Auswirkungen auf soziale Ungleichheit und wird als Maßnahme des Notstands gerechtfertigt. Das Mantra der Schwarzen Null als Kernelement der Austeritätspolitik gilt aktuell nicht mehr. Falls sich die gesellschaftlichen Kräfteverhältnisse nicht deutlich verändern, wird dieses Mantra umso stärker zurückschlagen. Denn die aktuellen staatlichen Unterstützungsleistungen müssen in der Zukunft refinanziert werden und das wird mit Politiken gegen die Bevölkerungsmehrheit und mit unsolidarischer Politik in Europa einhergehen.

Zudem sollten wir uns keinen Illusionen hingeben in Bezug auf die Rolle des Staates in Ländern wie Deutschland, Österreich oder der Schweiz. Wenn die Rettungspakete nicht mit klaren sozialen und ökologischen Kriterien versehen werden, sind sie Teil der harten neoliberal-kapitalistischen Realität: Es ist die altbekannte Strategie, insbesondere der großen Unternehmen und deren Kooperation mit dem Staat, dass Gewinne privatisiert und Verluste sozialisiert werden. Andererseits bleibt eine wichtige Erfahrung: Trotz der Verquickung mit den großen Unternehmen kann der Staat in bestimmten Situationen durchaus deutlich umsteuern, auch gegen mächtige Wirtschaftsinteressen, und zumindest teilweise auf soziale Belange Rücksicht nehmen.

Und das gilt, *zweitens*, auch für Unternehmen. Für einige Veränderungen hätte man vor einem halben Jahr noch Kopfschütteln geerntet: Automobilhersteller und -zulieferer produzieren gesundheitsrelevante Güter, nämlich Schutzmasken und Beatmungsgeräte. Regierungen rufen dazu auf, lokale und einheimische Produkte zu kaufen, um einheimische Produzent*innen zu stützen. Indirekt wird die starke und nun gefährlich gewordene Abhängigkeit von globalen Gü-

4 Ingar Solty (2020) weist auf eine wichtige Differenz zwischen der Krise vor gut zehn Jahren und heute hin: 2007/2008 war eine Krise der ineffektiven deregulierten Finanzmärkte, die dann auf die Gütermärkte wirkte. Heute handelt es sich um eine Unterbrechung transnationalisierter Produktionsketten; vgl. Ingar Solty (2020): When the State Steps in to Save Profit, in: Jacobin; www.jacobinmag.com/2020/03/coronavirus-recession-global-economy-stimulus-state (30.6.2020)

terketten anerkannt. Die negativen Auswirkungen der Krise werden in vielen Branchen entlang der Lieferketten insbesondere auf die Schwächsten, nämlich die Produzent*innen in den Weltmarktfabriken des Globalen Südens, abgewälzt. Damit wird eine alte Forderung der globalisierungskritischen Bewegung aktualisiert, die etwa im Begriff der progressiven «De-Globalisierung» zum Ausdruck kommt. Auch der ressourcenintensive Ferntourismus wird im Jahr 2020 weitgehend unterbrochen werden und ermöglicht regionalere Formen des Reisens.

Wenn staatliche Eingriffe in die Unternehmenstätigkeit nunmehr als legitim gelten, so könnten auch weitergehende Fragen bezüglich einer Steuerung von Wirtschaftstätigkeiten gestellt werden: Welchen Stellenwert spielt künftig der öffentliche Sektor? Wer bestimmt über die Investitionen der Unternehmen bzw. in öffentliche Infrastrukturen und entlang welcher sozial-ökologischer Kriterien werden diese getätigt? Auch die Diskussion um den Rückbau und die Konversion nicht-nachhaltiger Wirtschaftszweige wie etwa der Rüstungs- und Automobilindustrie, abgesichert durch entsprechende Arbeitsmarkt- und sozial-ökologische Industriepolitiken, müsste intensiviert werden.

Drittens wird deutlich wie selten zuvor, dass Menschen hochgradig abhängig von biophysischen und gesellschaftlichen Bedingungen sind, verletzlich durch Virusinfektionen und durch eine unzureichende gesundheitliche Versorgung. Die weitverbreitete Annahme des autonomen und zuvorderst an Nutzenmaximierung orientierten Individuums blamiert sich selbst. Gesundheit ist kein Glück und Krankheit nicht (nur) Schicksal, sondern es sind auch gesellschaftliche Verhältnisse, die diese beeinflussen. Die neoliberale Auszehrung des Gesundheitssektors schafft aktuell viel Leid, sogar Tod – und für die in der Branche Beschäftigten enormen Arbeitsdruck und Risiken. Sichtbar wird die medizinische Unterversorgung in den USA und in Europa vor allem in Ländern wie Großbritannien, Griechenland, Italien und Spanien, in letzteren v.a. verursacht durch die Austeritätsmaßnahmen oder EU-Auflagen im Gefolge der Eurokrise. Aber auch in Ländern wie Deutschland haben sich die Defizite des neoliberalisierten Gesundheitssystems gezeigt, auch wenn hier die Krisenbewältigung noch vergleichsweise gut gelingt. In Ländern des Globalen Südens sieht es noch düsterer aus, insbesondere dort, wo diese durch die aufgezwungenen neoliberalen «Strukturanpassungen» gegangen sind.

Nicht zuletzt durch solche Erfahrungen ist eine breite gesellschaftliche Debatte um den Zustand des Gesundheitssystems entstanden. Gesundheit ist ein öffentliches Gut und profitorientierte Gesundheitssysteme könnten in der aktuellen Krise an Zustimmung verlieren. Zudem kommt es zu einer stärkeren – bisher allerdings weitgehend symbolischen – Anerkennung von medizinischen und insbesondere von Pflegeberufen und anderen »systemrelevanten« Berufen der Daseinsvorsorge, die unverzichtbare gesellschaftliche Funktionen aufrechterhalten.[5] Dazu gehören die Tätigkeiten von Menschen in der Lebensmittelproduktion und im -handel oder im Erhalt der grundlegenden öffentlichen Infrastruktur. Es wird kritisch diskutiert, welche Waren, Dienstleistungen und Wirtschaftssektoren bislang möglicherweise als zu wichtig erachtet wurden, etwa (große) Autos, schnelllebige Konsumgüter, immer neue Kleidung, Wochenendflüge und andere Statusprodukte- und Dienstleistungen. Die «Alltagsökonomie»[6] erfährt aktuell eine Aufwertung, was als wichtige Erfahrung bleiben könnte. Öffentlich diskutiert wird, dass die gesellschaftliche und finanzielle Bewertung von Erwerbsarbeit wie auch die Aufteilung zwischen Erwerbsarbeit und anderen Tätigkeiten – insbesondere unbezahlte Reproduktions- und Pflegearbeit – in einer erheblichen Schieflage sind. Männliche (Fach-)Arbeit in Industrie- und Finanzsektoren wurde in der Vergangenheit deutlich bevorzugt, andere soziale Arbeiten abgewertet. Auch diese Erfahrung darf nicht einfach wieder vergessen werden, selbst wenn sich nach Krisen alte (Geschlechter-)Ordnungen rasch wiederherstellen.

Viertens können bzw. müssen wir in diesen unübersichtlichen Wochen und Monaten lernen, dass Menschen durchaus bereit sind, ihr Alltagsverhalten radikal zu verändern, wenn es glaubhaft als lebensdienlich dargestellt wird. Dies geschieht verordnet, nicht selbstbestimmt gewollt und zum Glück nur auf Zeit. Bei Menschen, die keine oder wenig Sorgeverpflichtungen und zudem stabile Einkommen haben, mag die aktuelle Situation den paradoxen Effekt haben, dass das gesellschaftlich erzwungene Innehalten im eigenen Alltag sogar ganz angenehm sein kann – trotz der Sorge um die gesellschaftliche und wirtschaftliche Gesamtsituation. Das betrifft insbesondere jene, die sich ihr Büro zu Hause einrichten können (und das sind tendenziell die Berufe mit höherem Einkommen).

Umgekehrt ist die Unterbrechung der Normalität für viele Menschen in prekären Beschäftigungsverhältnissen oder als Selbstständige wirtschaftlich dagegen ein Desaster. Und auch im privaten Bereich kommt es häufig zu enormen Belastungen: Homeschooling, Ausgangssperren und Kontaktverbote sind für Kinder und Eltern oft anstrengend, eine Belastungsprobe, die in engen Wohnverhältnissen nochmals zunimmt.

5 Stefanie Wöhl: Der Pflege- und Gesundheitssektor in der Covid-19 Krise; https://eis.fh-vie.ac.at/der-pflege-und-gesundheitssektor-in-der-covid-19-krise/ (30.6.2020)

6 Foundational Economy Collective, Die Ökonomie des Alltagslebens. Für eine neue Infrastrukturpolitik. Berlin 2019.

Dennoch stellt sich trotz der Unsicherheit sowie materieller, sozialer und psychischer Belastungen für viele die Frage, ob in der aktuellen Situation potenzielle Elemente einer solidarischen Lebensweise aufscheinen, die ganz praktisch und gerne gelebt werden. Die Städte wirken entspannter, weil «autobefreit» – auch wenn vorübergehend viele Menschen das eigene Auto andererseits als «Schutzraum» begreifen –; das Fahrradfahren wird nicht nur entspannter, ihm wird auch mehr Raum zugewiesen und es erweist sich in vielen Fällen als Alternative sowohl zu den Öffis wie auch zur Automobilität. Das wird von vielen als angenehmer Zustand empfunden und insofern eine kollektive Erfahrung sein, an die angeknüpft werden kann.

Diese Position ist nicht naiv. Es spricht einiges dafür, dass nach der Krise ein neues »Wir« erschaffen wird, das nur gemeinsam «die Wirtschaft» in ihren alten Konturen wieder zum Laufen bringt: Arbeiten, verbunden mit Überstunden und für viele unter prekären Bedingungen, Hyperkonsum, aber politisches Stillhalten als oberste Bürger*innenpflicht. Doch dieses «Wir» ist umkämpft, wird Ein- und Ausschlüsse produzieren. Dabei gibt es zumindest die Chance zur Stärkung von sozial-ökologischen Dimensionen. Aktuell ambivalente Alltagserfahrungen, von ihrem Zwangscharakter befreit, könnten durchaus Anknüpfungspunkte für eine solidarische Lebensweise bergen. Das in einigen europäischen Ländern wie Spanien nun rasch eingeführte Grundeinkommen, mit dem das Leben von Millionen Menschen abgesichert werden soll, wird nicht einfach zurückgenommen werden können.

Und *fünftens* könnte die Dringlichkeit internationaler Politik und Zusammenarbeit deutlich werden. Bei der Diagnose der Pandemie durch die Weltgesundheitsorganisation wurde das durchaus deutlich. Gleichzeitig wird Krisenpolitik weitgehend von nationalen Staaten betrieben, trotz der beträchtlichen gemeinsamen Anstrengungen etwa in EU-Europa. «Nicht kleckern, sondern klotzen», fordert der deutsche Finanzminister Olaf Scholz Mitte März. Es soll vor allem die «eigene» Wirtschaft gerettet werden, auch wenn die EU möglicherweise damit weiter geschwächt wird. Das gelingt den reichen europäischen Ländern eher als den ärmeren, und es wird zu weiteren wirtschaftlichen Konzentrationsprozessen führen. Die unsolidarische EU-Politik gegenüber Geflüchteten wird in der Coronakrise besonders deutlich, was auch als Angst der herrschenden Politik vor einem weiteren Aufstieg rechtsextremer Kräfte verstanden werden kann. Vor allem aber ist es die strukturelle neoliberale Verfasstheit der EU, mit der die strukturelle Macht der Vermögenden und des Kapitals abgesichert wird, solidarische Ausgleichspolitik innerhalb der Union verunmöglicht wird, und die tendenziell den Nationalismus verstärkt und nach außen die Freihandelsorientierung festschreibt.[7]

Es gibt kaum effektive internationale Ausgleichsmechanismen. Internationale Regelsetzung war in den letzten Jahren stark daran ausgerichtet, die Interessen starker Akteur*innen zu sichern. Andere internationale Koordinationsmechanismen und Organisationen, die etwa Frieden dauerhaft sichern oder eine Angleichung der Lebensbedingungen unterstützen, wurden erheblich geschwächt.

Und dennoch schafft die globale Dimension der Coronakrise auch eine verstärkte Aufmerksamkeit für die Verhältnisse (allen voran die Gesundheitsverhältnisse) in anderen Ländern. Es kommt durchaus zu europäischen Unterstützungsaktionen und – wenn auch erst nach vielen Wochen des Zögerns – zur stärkeren finanziellen Unterstützung von Ländern des Globalen Südens. In diesen Tagen (Ende Juni 2020) ist offen, ob es auf europäischer Ebene vielleicht zu einer Haftungsübernahme von Staatsschulden durch die EU in Form von sogenannten Euro-Bonds bzw. Corona-Bonds oder vielleicht sogar Direkthilfen für stärker von der Krise betroffene Länder kommt.[8] Die Notwendigkeit internationaler politischer Kooperation wird zum Beispiel daran deutlich, dass UN-Generalsekretär António Guterrés Ende März die Aufhebung der Sanktionen gegen Iran forderte, um dort den Kampf gegen das Coronavirus zu erleichtern. Eine Schuldenstreichung für ärmere Länder wird inzwischen von vielen gefordert. Solch eine Streichung sollte nicht als großmütiger Akt der reichen Länder verstanden werden, sondern als Ausgleich historischer kolonialer Schuld.

Linke Politik gegen einen autoritär-neoliberalen Corona-Kapitalismus

Wie sähe eine linke Politik in Zeiten der Coronakrise aus, aber auch gegen einen sich möglicherweise verfestigenden «Corona-Kapitalismus», in dem die Tendenzen von Ungleichheit, Naturzerstörung und Autoritarismus fortgeschrieben werden? Wie offensiv kann eine solche Politik sein in Zeiten, in denen von allen politischen Akteur*innen weitgehend defensiv gehandelt wird? Trotz aller Unübersichtlichkeit: Kritisches Nachdenken und linke Strategien sollten, so das

7 Lukas Oberndorfer, In schlechter Verfassung für die Euro-Krise 2.0 – warum eine solidarische Krisenpolitik neue EU-Verträge braucht, in: Arbeit&Wirtschaft Blog; https://awblog.at/in-schlechter-verfassung-fuer-die-euro-krise-2-0/ (30.6.2020)

8 Etienne Schneider, Felix Syrovatka, Corona und die nächste Euro-Krise, in: Prokla 199, Juni 2020, 335-344.

Institut für Gesellschaftsanalyse der Rosa-Luxemburg-Stiftung, «die Gelegenheitsfenster nutzen und zugleich eine weitergehende Perspektive aufzeigen, diskutieren, dafür organisieren. Das ist kein ‹Entweder-Oder› von voluntaristischen ‹großen Würfen› oder pragmatischem ‹Klein-Klein‹, als vielmehr die Verknüpfung von Praxen des Widerstands und konkreten Einstiegsprojekten mit strategischen Perspektiven.» Die verschiedenen Krisenmomente werden sich sehr unterschiedlich miteinander artikulieren und die Art und Weise ist schwer vorherzusagen. Und es gilt an Erfahrungen anzuknüpfen, die sich in den Protestbewegungen und alternativen Praxen der letzten Jahre herausgebildet haben.

Verknüpfungen herzustellen findet unter Bedingungen großer Unsicherheit statt. Christoph Görg plädiert angesichts der tiefen Krise der gesellschaftlichen Naturverhältnisse daher für einen «neuen Umgang mit Unsicherheiten» und gleichzeitig für offensive transformatorische Politik: «Die Herausforderung besteht vielmehr genau darin: die Notwendigkeit einer großen Transformation des kapitalistischen Wohlstandsmodells gerade mit den Gefahren zu begründen, die der Versuch einer Kontrolle der Naturverhältnisse mit den Strategien der Naturbeherrschung ausgelöst hat.»[9] Es gehe nicht um mehr Sicherheit, sondern darum, mit den Ursachen der Pandemie und ihrer Bedrohlichkeit reflektiert umzugehen, «gerade weil man das Virus nicht völlig kontrollieren kann» (ebd.). Das ist ein wichtiger Anknüpfungspunkt für linke Politik.

In der aktuellen Situation haben viele Menschen nicht nur ein starkes Informationsbedürfnis, sondern auch eines nach Einordnung und Orientierung – indes nicht nur als kritische Einordnung, wie die Konjunktur von Verschwörungstheorien in dem Wunsch nach vereinfachenden Erklärungen zeigt.

Zudem geht es darum, den Zusammenhang verschiedener Krisendimensionen aufzuarbeiten: Die Coronapandemie wird umso mehr zur Krise, als sich bereits im Jahr 2019 ernsthafte wirtschaftliche Probleme andeuteten; die soziale Reproduktion von immer mehr Menschen in Fragen von Pflege und Erziehung bereits krisenhaft wurde; es gab bereits starke autoritäre Tendenzen; die EU hielt trotz der Finanz- und Wirtschaftskrise vor gut zehn Jahren an der Austeritätspolitik im Interesse der Vermögenden fest. Die Coronakrise gewinnt aber auch daraus eine spezifische Dynamik, dass die imperiale Lebensweise[10] von der Bewegung für Klimagerechtigkeit politisiert wurde und nun teilweise darüber diskutiert

9 Christoph Görg, Die Coronapandemie als sozial-ökologische Krise. Unsicherheiten, Kränkungen und die Beschleunigung der Zivilisationskrise. Manuskript, 2020, S. 1.

10 Ulrich Brand, Markus Wissen, Imperiale Lebensweise. Zur Ausbeutung von Mensch und Natur im globalen Kapitalismus. München: oekom 2017.

wird, inwiefern aktuelle Politiken auch in Bezug auf die Klimakrise umgesetzt werden müssen. Ein Beispiel ist die breite öffentliche Forderung, Rettungspakete für die Luftverkehrs- und Automobilindustrie an soziale und ökologische Kriterien zu binden.

Damit bin ich bei einem zweiten Bereich neben der kritischen Aufarbeitung, jenem der politischen Initiativen. Angesichts der bestehenden wirtschaftlichen und politischen Herrschaftsstrukturen bedarf es vielfältiger Vorschläge und Initiativen, um die anstehenden Entscheidungen allein im Sinne der Vermögenden und Mächtigen zu verhindern und Potenziale für eine sozial-ökologische Transformation zu stärken.

Aktuell dringende Maßnahmen sind etwa die Erhöhung des Kurzarbeitsgeldes für einkommensschwache Schichten, Stundung von Mieten, Stopp von Zwangsräumungen und Stromsperren, Zulagen für gesundheitsgefährdende Berufe im Sinne eines «Schutzschirms für die Menschen».[11] Falls der aktuelle Notstand der sozialen Distanzierung überwunden wird, stellt sich die Frage, inwiefern die vielen Zusatzarbeiten, die insbesondere von Frauen und unbezahlt erbracht werden, wieder zurückgenommen werden können.

Neben der baldigen Aufhebung der Einschränkung von Grundrechten wie dem der Versammlungsfreiheit geht es darüber hinaus um eine «Demokratieoffensive». Damit können die ergriffenen Notstandsmaßnahmen in ihrer Tragweite reflektiert und umgekehrt, angemessene Entscheidungsverfahren für künftige derartige Krisensituationen geschaffen sowie eine demokratische Sozial- und Gesellschaftspolitik forciert werden.

Die Bedingungen sind aktuell nicht schlecht, die Zustände im Gesundheitswesen oder der öffentlichen Infrastrukturen zu kritisieren und konkrete Vorschläge zu machen und – unter gegebenen Kräfteverhältnissen – auch umzusetzen. Solche Vorschläge werden von den Gewerkschaften auch gemacht. Die derzeitige verbale Anerkennung von Dienstleistungs- und Sorgearbeit könnte damit in eine Besserbezahlung von Frauenarbeit übersetzt werden. Naheliegend ist zudem, die Rettungspakete für Großunternehmen wie etwa Fluggesellschaften oder Automobilfirmen an die Erfüllung sozialer und ökologischer Bedingungen zu knüpfen.

Angesichts der bestehenden Kräfteverhältnisse und vor dem Hintergrund der Erfahrungen nach der Wirtschafts- und Finanzkrise 2008/9 droht auch nach

11 Institut für Gesellschaftsanalyse & Friends: Ein Gelegenheitsfenster für linke Politik? Wie weiter in und nach der Coronakrise, in: LuXemburg-Online; www.zeitschrift-luxemburg.de/ein-gelegenheitsfenster-fuer-linke-politik-wie-weiter-in-und-nach-der-Coronakrise/ (30.6.2020), S. 12ff.

der neuerlichen Krise eine deutlich verstärkte Austeritätspolitik. In vielen Kommunen wird bereits überlegt, notwendige Investitionen zurückzustellen. Attac Österreich beispielsweise setzt die Forderung nach einem «Corona-Lastenausgleich» dagegen: Vermögen ab 5 Millionen Euro soll mit 10% einmalig besteuert werden, Vermögen ab 100 Millionen Euro mit 30% und Vermögen ab einer Milliarde Euro mit 60%. Damit könnten 70 bis 80 Milliarden Euro zusätzlich generiert werden, es würde damit auch Ungleichheit reduziert und die Finanzmärkte zumindest etwas stabilisiert.[12] Gerade für Länder wie Deutschland und Österreich mit einer sehr starken Vermögenskonzentration ist das ein plausibler Vorschlag.[13]

Linke Politik ist internationalistische Politik im Sinne einer Solidarität, die auch für die Verbesserung der Lebensverhältnisse von Menschen in anderen Ländern und Weltregionen einsteht. Aktuell wird deutlich, wie ungleich Menschen im globalen Maßstab von der multiplen Krise betroffen sind. Viel mehr Menschen leben nach Jahrhunderten der kolonialen Enteignung unter prekären Bedingungen und geraten bei fehlendem Erwerbseinkommen rasch in existenzielle Nöte. Gesundheit ist nicht einfach die Abwesenheit von Krankheiten wie Infektionen, sondern ein gesellschaftlicher Zustand, der Bedingungen für ein angstfreies, materiell sorgenfreies und auskömmliches Leben schafft, ohne dass dieses vom Einkommen abhängt. Insbesondere in Ländern des Globalen Südens sind öffentliche Infrastrukturen noch schwächer als hierzulande. Daher sind die Streichung der Auslandsschulden und die Abkehr von Freihandelspolitiken wichtige Voraussetzungen eigenständiger Entwicklungen.

Es sind also dringend finanzielle und politische Initiativen geboten, die nicht nur die negativen Auswirkungen der Coronakrise in Ländern des Globalen Südens eindämmen. Es geht immer wieder und auch jetzt um ein Neu-Denken der wirtschaftlichen und politischen Weltordnung im Hinblick auf die Realisierung globaler sozialer Rechte. Dafür gilt es die unterschiedlichen Krisenerfahrungen, aber auch vielfältigen Alternativen anzuerkennen.

Schließlich geht es um mögliche oder sich bereits anbahnende Allianzen zwischen linken parteipolitischen und Bewegungsakteur*innen, Gewerkschaften und Verbänden, progressiven Menschen in der Wissenschaft, in der öffentlichen Verwaltung und im Management, um progressive Initiativen politisch auch

12 Attac Österreich, Krisenlasten gerecht auf alle Schultern verteilen. Corona-Lastenausgleich; www.attac.at/kampagnen/die-Coronakrise-solidarisch-bewaeltigen/Coronakrise-jetzt-beitrag-der-reichsten-fordern (30.6.2020)

13 Gerald John, Vermögen in Österreich im EU-Vergleich stark auf die Oberschicht konzentriert, in: Der Standard, 1.4.2020.

durchzusetzen. Inwiefern sich ein Corona-Kapitalismus verfestigt, wird neben guten Analysen insbesondere von Initiativen und Auseinandersetzungen abhängen, denen Eingriffe in die dominanten gesellschaftlichen Diskurse und Machtverhältnisse gelingen.

Corona verseucht Politik und Medien. Pandemie setzt bedenklich neue Maßstäbe für Menschenrechte

Von Rubina Möhring

In Windeseile gelang es der Coronapandemie – auch SARS-CoV-2 und Covid-19 genannt – global die Gesundheitssysteme auszureizen und in heilloses Chaos zu stürzen. Die bittere Wahrheit ist, dass es bei Ausbruch der Coronakrise auch in all jenen hochindustrialisierten Staaten inner- und außerhalb Europas, deren Regierungen in den vergangenen Jahrzehnten ihre nationalen Gesundheitssysteme radikal krank gespart und in zunehmendem Maße privatisiert hatten, zu katastrophalen Situationen gekommen ist. In diesen Ländern stiegen die Zahlen der Todesfälle und jene der infizierten Personen in erschreckendem Ausmaß.

Die Menschen waren medizinisch unterversorgt, das medizinische Personal unzureichend ausgebildet, personell völlig überfordert und zunächst ohne notwendigen Schutz-Utensilien. Es mangelte an simpelsten Dingen, an genügend Schutzkleidungen und Gesichtsmasken. An Vorsorge für allfällige Krisenfälle war nicht gedacht worden. Auch wurde die Pandemie in manchen Ländern mithilfe der Medien kleingeredet:

Siehe Frankreich, siehe Großbritannien, siehe Spanien und siehe nicht zuletzt auch die Vereinigten Staaten von Amerika und Brasilien. Beide Regierungschefs negierten noch im Juni 2020 die Gefährlichkeit des Virus. Beide, Trump und Bolsonaro, trugen demonstrativ keine Masken. Schließlich hatte sich Anfang Juli auch Präsident Jair Bolsonaro angesteckt. Er, der Masken-Verächter, verließ schließlich das Krankenhaus mit Maske. In Brasilien hatten sich bis Ende Juni 2020 1,5 Millionen Menschen mit dem Virus angesteckt, fast 62.000 Patienten sind in dem größten und bevölkerungsreichsten Land Lateinamerikas bislang an den Folgen gestorben.

In Lateinamerika verrichten mancherorts Kinder die Beerdigungen. Barfuß, mit bloßen Händen, in ihrer Tageskleidung, jenseits der Stadtgrenze. In Italien sprangen die Soldaten beim Abtransport von Särgen ein – als militärische Stellvertreter für zivile Totengräber. Wir alle sind angesichts solcher Szenen fassungslos und fühlen uns unendlich hilflos. Der Boden, auf dem bisher unser Leben aufgebaut war, hält plötzlich nicht mehr stand, gewährt keine Sicherheit mehr. Bis heute hat sich daran nicht allzu viel geändert.

Im Handumdrehen gelang es der Pandemie zugleich, auch manche unserer mittlerweile traditionellen Demokratien zu verseuchen. Vielerorts wurde der

Notstand ausgerufen, wurden Verfassungsrechte negiert, der Rechtsstaat außer Kraft gesetzt, Versammlungen verboten. Quarantänepflicht für ältere Mitmenschen wurde vorgeschrieben, also Isolation in den eigenen vier Wänden. Wochenlang. Lediglich Hundebesitzer*innen waren Spaziergänge gestattet. Die eigenen Familienangehörigen konnte man nicht mehr umarmen, die Haustiere schon. Andere Menschen waren völlig in ihrer Einsamkeit gefangen. Vor allem Menschen in einem Alter über 65 wurden von der österreichischen Regierung despektierlich «die Alten» genannt. Eine Bezeichnung, die von den Medien nicht infrage gestellt, sondern sorglos übernommen wurde. Auch das ist, nebenbei bemerkt, kein Ruhmesblatt. Noch weniger akzeptabel ist, dass Polizeibeamte den Unwahrheiten von verleumderischen Denunziant*innen folgten, um fette Strafen zu kassieren.

Was also tun in einer solchen Ausgeschlossenheit von der Außenwelt? Nicht nur im Internet surfen, sondern schlicht und ergreifend den öffentlich-rechtlichen Sender ORF einschalten.

Dieser gerierte sich zunehmend als Staatsfernsehen. Nahezu täglich wurden Pressekonferenzen der Regierung live übertragen. Zumeist in folgender Vier-Mann-Formation: Kanzler und Innenminister (Parteifarbe: Türkis). Vizekanzler und Gesundheitsminister (Parteifarbe: Grün). Passt.

Das Quartett präsentierte sich staatstragend vor der Nationalflagge, die Medien spielten folgsam mit. Zunächst ausschließlich als Reproduktionsorgane. Böse Zungen sprachen irgendwann von einer willigen, medialen Clique. Im öffentlich-rechtlichen TV und Radio jedenfalls wurden die Vierer-Auftritte 1:1 übertragen. Allerdings nur diese: anschließende Journalist*innenfragen anderer Medien blieben ausgeblendet; nicht-österreichische EU-Medienvertreter*innen waren zum Teil nicht zugelassen.

Zensur durch exakt geplante Message Control? Der Wiener konservativ-ökologischen Regierung war es ein Leichtes, mit den Instrumentarien der Macht und einer gezielten Politik der Angst Medien und Menschen gefügig zu machen. Zunehmend wirkten die medialen, live übertragenen Auftritte der Regierungs-Vier wie Polit-Shows, quasi wie eine Probe aufs Exempel: Wie weit gehen Medien und Gesellschaft mit bei restriktiven, autoritären Maßnahmen? Was ist den Menschen zumutbar? Auf alle Fälle ist es gut, auch dies zu wissen. Auf manche wirkten diese Szenarien wie Generalproben – wofür auch immer.

Österreich dient hier nur als ein Beispiel für andere, vor allem europäische liberal-demokratische Staaten. Für große wie für kleine, für mächtige wie für weniger einflussreiche. In Deutschland oder Schweden drängten sich Politiker*innen weniger in das mediale Rampenlicht, überließen dies vorwiegend Wissenschafts-Expert*innen. Das sind vielleicht kleine, dennoch feine Unterschiede.

Anders ist die Situation in jenen EU-Staaten, die sich gern und offen als illiberale Demokratien definieren. Dies ungeachtet dessen, dass eine solche Definition ein inhaltlicher Widerspruch per se ist. Blicken wir zum Beispiel nach Ungarn. Dort hat Premier Viktor Orbán – Wortschöpfer des absurden Begriffes illiberale Demokratie – uneingeschränkte Regierungsgewalt. Während seiner bisher zehnjährigen Regierungszeit als Premierminister wurde die ungarische Medienszene weitgehend gleichgeschaltet. Berichtet wird inzwischen in erster Linie, was dem Chef der Regierung genehm ist. Gehirnwäsche ist angesagt. Durchaus erfolgreich. Kritische Stimmen werden der Lüge bezichtigt und zum Schweigen gebracht. So auch im Laufe der Coronakrise. Berichte über Infektionen oder gar Cluster waren und sind nicht erlaubt. Wird dennoch in diesem Sinne berichtet, kommt sofort die Retourkutsche seitens der Regierung: «Lügenpresse», Maulkorb-Erlass, empfindliche Strafen für Menschen, die sogenannte Falschinformationen verbreiten. Immerhin: Mit Menschen sind Journalist*innen gemeint.

Im Index 2019 der internationalen Menschenrechtsorganisation Reporter ohne Grenzen (RSF) nimmt Ungarn Rang 89 ein. Der Report bezeichnet die Regierung als «eine der repressivsten» der Europäischen Union und konstatiert ein Abgleiten in den Autoritarismus – und dies, obwohl der Report Ereignisse seit Jänner noch nicht berücksichtigt. Auch Polen ist bekanntlich nicht frei von staatlichen Repressionen gegenüber regimekritischen Journalist*innen. Im RSF-Ranking rutsche das Land in Sachen Informationsfreiheit um drei Ränge auf Platz 62 ab. Anlass sind Klagen gegen unabhängige Medien, Ermittlungen gegen diese und wirtschaftlicher Werbe-Boykott. Schlicht gesagt, juristische und wirtschaftliche Schikane. Beide Länder, Ungarn und Polen, sind EU-Mitgliedsstaaten.

Lebendige, liberale Demokratie ist jene Staatsform, jene staatspolitische Utopie, die am schwierigsten umzusetzen und zu leben ist. Zugleich ist sie die beste und schönste. Allerdings: Sie erfordert das Mit-Tun aller und permanente Übung in gesellschaftspolitischer Solidarität. Manchen scheint es weniger anstrengend zu sein, die ganze Verantwortung einer politischen Führungs-Clique zu überlassen und über gesellschaftspolitische Ethik und die Wahrung von Menschenrechten großzügig hinwegzusehen. In jeder Hinsicht vorteilhaft ist dabei, sich im Nahbereich solcher politischen Kreise zu bewegen. Korruption und Geschäfte unter guten Freunden, Freunderlwirtschaft also, sind Tür und Tore geöffnet. Dieser gesellschaftspolitische Virus ist ebenfalls pandemisch und weltweit diagnostizierbar.

Selbst parlamentarische Untersuchungsausschüsse können durch Unwahrheiten und bei jüngeren Regierungsmitgliedern auffallend häufig auftretende Gedächtnisverluste beeinträchtigt, wenn nicht gar ad absurdum geführt werden. So blieb auch ein geladener und unter Eid aussagender, jugendlich-dynamischer

Minister über 80 Mal eine konkrete Antwort wegen Erinnerungsschwundes schuldig. Er konnte sich nicht einmal daran erinnern, ob er als Kanzleramtsminister einen Laptop gehabt hat oder nicht.

«Pressefreiheit weltweit in Gefahr» titelte Ende April 2020 «Reporter ohne Grenzen (RSF)» anlässlich der Veröffentlichung des Rankings für das Jahr 2019. Corona machte es notwendig, dass auch die demokratiepolitischen Tendenzen während der ersten vier Monate der internationalen Coronakrisenzeit unter die Lupe genommen wurden. Seit Jahren werden für dieses Ranking 180 Staaten medienwissenschaftlich analysiert. Fazit für das Jahr 2019: Schon vor der Coronakrise waren erschreckend viele Regierungen bereit, die Pressefreiheit ihrem Machtstreben unterzuordnen. Gleich einem Brennglas machte die Pandemie schon im ersten Quartal des Jahres 2020 bestehende repressive Tendenzen auch in Europa augenfällig.

Und was tut sich in Sachen Informationsfreiheit jenseits von Europa?

Die traditionell staatlich gelenkte, repressive Medienpolitik der Volksrepublik China ist hinlänglich bekannt. Auch über den Ausbruch des Coronavirus durfte erst mit Genehmigung der Regierung berichtet werden. Der junge Augenarzt Li Wenliang jedoch hatte bereits Ende des Jahres 2019 als einer der Ersten in internationalen Netzwerken auf das Virus aufmerksam gemacht. Von der chinesischen Polizei wurde er daraufhin gerügt, weil er «Gerüchte» verbreitet habe. Aus eigener Erfahrung weiß ich, dass Vernehmungen durch die chinesischen Sicherheitsorgane nicht nur angenehm sein können. Li Wenliangs Prognose bewahrheitete sich. Er selbst starb mit erst 34 Jahren an den Folgen des Virus im Februar 2020. Für chinesische Menschenrechtsorganisationen ist er seitdem eine Symbolfigur.

Szenenwechsel Russland. Frühsommer 2020. Im Moskauer Kreml ließ sich Russlands Regierungschef Wladimir Putin bis 2036 in seiner politischen Funktion bestätigen. Dessen Einstellung zu Informationsfreiheit und Demokratie ist längstens bekannt: Putin nennt seine Regierungsform eine «gelenkte Demokratie». Die Wortwahl sagt alles: Auch mediale Kritik ist nicht erlaubt. Ohnedies gibt es in Russland kaum noch unabhängige Medien. Putin nahestehende Oligarchen haben längst breite Felder in der Medienlandschaft aufgekauft. Vor allem in den ländlichen Gebieten sind die Menschen in Sachen Informationen auf TV- und Radiosender angewiesen. Auch in Russland sind diese im Wesentlichen gleichgeschaltet. Hinzu kommt, dass in von Moskau weit entfernten Gebieten jedwede Printmedien nicht täglich, sondern nur fallweise im Rahmen einer Woche zugestellt werden. Vergleichbar ist diese Informationspolitik mit der Situation in der Türkei. Präsident Putin in Moskau und sein Amtskollege Erdoğan in Ankara sind kühl kalkulierende, antidemokratische Autokraten. Gemein ist den Herren, dass sie keinen Widerspruch dulden.

«The Enemy of the people» – «Volksfeinde» nannte der 45. US-Präsident Donald Trump kritische Medien kurz nach seiner Amtseinführung. Corona war für Trump kein Thema. Er lehnt es von Anfang an strikt ab, eine Maske zu tragen. Dies, um zu demonstrieren, dass die Pandemie überbewertet werde. Brasiliens Präsident Jair Bolsonaro tat es ihm bis Anfang Juli 2020 gleich. Dann hatte auch er sich angesteckt.

Trump ging weiter seinen «heroischen» Weg als Corona-Leugner und Feind kritischer Medien.

Dass Trump mit seiner Verachtung für Journalist*innen auf den Spuren des einstigen sowjetischen Diktators Josef Stalin wandelte, dürfte ihm aufgrund mangelnder Kenntnis nicht-amerikanischer historischer Fakten nicht bewusst sein. Wozu auch: Jene Medien, die ihm, Donald Trump ergeben sind, werden ihren Präsidenten schon im richtigen Licht zeigen. Und das sind jene Medien, die die Massen konsumieren. Trump-kritisch sind in erster Linie nur jene Zeitungen, Zeitschriften und TV-Stationen, die den intellektuellen Eliten als Informationsquellen dienen.

Übrigens: Stalins Nachfolger Nikita Chruschtschow verbat später generell die Bezeichnung «Volksfeind», um eine Spaltung der Gesellschaft zu vermeiden. Trump hingegen schürt das rassistische Feuer und betreibt damit eine solche. Fakt ist, dass in den USA bisher in erster Linie die Corona-Opfer in der Afroamerikanischen Gesellschaft und in MigrantInnen-Kreisen wahrgenommen wurden.

«Black Lives Matter» – dies gilt auch im Zusammenhang mit dem Virus. Mehr denn je macht gerade Corona wieder die sozialen Unterschiede zwischen Arm und Reich nicht nur sichtbar, sondern auch spürbar. Wie leicht jedoch die Stimmung umschlagen kann, hat der Mord an dem Afroamerikaner George Floyd durch einen weißen Polizisten am 25. Mai 2020 in Minneapolis gezeigt. Weltweit kam es zu Demonstrationen gegen Rassismus jedweder Art. Der Mord an George Floyd und die große Zahl der Corona-Opfer in den unterprivilegierten Gesellschaften hatten das Fass zum Überlaufen gebracht. Wie es weitergehen wird, wissen wir nicht. Ob und wann ein Impfstoff gefunden werden wird, ebenso wenig. Nur eines ist evident:

Politik und Medien haben in dem Corona-Jahr 2020 an Glaubwürdigkeit verloren. Die Politik durch Message Control, die Medien durch ihr Gefangensein in diesem Polit-Spiel mit der Macht.

Sie werden sich neuerlich emanzipieren müssen.

Gewissheit in ungewissen Zeiten

Die Coronakrise löste eine Flut der Desinformation aus. Anhand der Pandemie lässt sich erahnen, wieso wir Menschen häufig für Spekulationen, Erfindungen und Verschwörungstheorien anfällig sind

Von Ingrid Brodnig

Im März 2020 schreibt mir eine Frau aus Bayern per Email: «Ich kann überhaupt nicht mehr einschätzen, was wahr ist, was übertrieben oder untertrieben ist.» Wir befinden uns zu diesem Zeitpunkt gerade in der Anfangsphase der Coronakrise, in der das Virus besonders viel Angst auslöst – und rasch unbelegte Behauptungen, Spekulationen und Falschmeldungen die Runde machen. Sie werden tausendfach per Email, WhatsApp geteilt. Einzelne Videos mit brisanten Behauptungen werden millionenfach angeklickt. Viele Menschen erhalten von ihren Freunden, Bekannten, Familienmitgliedern solche Nachrichten – und die WHO spricht nicht nur von einer Pandemie, sondern auch von einer Infodemie. Denn nicht nur das Virus verbreitet sich rasant, auch falsche Behauptungen scheinen äußerst ansteckend. Doch warum eignet sich ausgerechnet eine Pandemie so gut für die Verbreitung von irreführenden und falschen Meldungen?

Jede Krise birgt auch die Chance, Desinformation zu verbreiten. Betrachten wir bedeutende Ereignisse unserer Zeit: Wenn viele flüchtende Menschen ihr Land verlassen, wenn die Klimakrise zunehmend spürbar wird oder wenn eine weltweite Pandemie ausbricht, dann verunsichert das Menschen, dann löst das starke Emotionen, womöglich auch eine Sehnsucht nach simplen Erklärungen aus. Gerade in der Coronakrise wurde deutlich, dass Desinformation wahrscheinlich auch deshalb erfolgreich ist, weil sie Gewissheit in einer ungewissen Welt verspricht, weil sie Emotionen bedient und weil sie simple Erklärungen (womöglich auch einen Schuldigen) liefert. Noch bevor der Krankheitserreger SARS-CoV-2 überhaupt seinen offiziellen Namen hatte, gab es schon Falschmel dungen hierzu – im Jänner 2020 hieß es beispielsweise schon, Bill Gates hätte ein Patent auf das neuartige Coronavirus (was falsch ist).[1] Als sich dann das

1 Nein, Bill Gates hat kein Patent auf das neue Coronavirus oder den Ausbruch mit 65 Millionen Toten vorhergesagt, in: Correctiv.org, 28.1.2020, https://correctiv.org/faktencheck/medizin-und-gesundheit/2020/01/28/nein-bill-gates-hat-kein-patent-auf-das-neue-coronavirus-oder-den-ausbruch-mit-65-millionen-toten-vorhergesagt (20.7.2020)

Virus auch in Europa zunehmend vermehrte, stieg auch die Verbreitung von unbelegten Behauptungen, Spekulationen und Desinformation an. Man kann von drei Phasen der Verunsicherung und der dazu passenden Desinformation sprechen:

Phase eins: Allgemeine Angst

Stark sichtbar wurde Desinformation, als in Europa von einem Tag auf den anderen die Coronakrise manifest wurde – als in Italien das Gesundheitssystem mit der Anzahl der Infizierten nicht mehr zurechtkam und etliche Länder im Eiltempo harte Schritte ergriffen. In dieser Phase kamen wilde Gerüchte über angebliche Schutzmaßnahmen auf. Es hieß beispielsweise, um 23 Uhr würden Helikopter Desinfektionsmittel auf der Straße versprühen. Und auch unseriöse Behauptungen über Heilmittel gegen diese Krankheit (etwa, dass Vitamin C, Ingwer oder heißes Wasser etc. das Virus abtöten würde) verbreiteten sich rasant. Gerade Tools wie WhatsApp oder auch Email eignen sich für das Verbreiten wilder Gerüchte und Spekulationen gut: Denn hier kommunizieren oft Freundeskreise oder Familien miteinander – man hat in vielen Fällen wohl ein Vertrauen zueinander und hinterfragt die weitergeleiteten Botschaften womöglich nicht immer. Auch verbreitete sich die Desinformation gerade in den Anfangstagen der Epidemie so gut, weil es auch eine Zeit enormer Verunsicherung bis hin zur Angst war. Angst fungiert wie ein Nährboden für wilde Gerüchte. Selbst in normalen Zeiten lässt sich beobachten, dass emotionalisierende Nachrichten eine höhere Viralität aufweisen. Die Forscher*innen Katharine Milkman und Jonah Berger untersuchten schon vor Jahren, welche Artikel der Webseite der *New York Times* besonders oft per Email weitergeleitet werden, also «viral» wurden: Artikel, die Besorgnis auslösten, hatten eine um 21% höhere Chance, zu den viralen Texten zu zählen.[2] Auch Wut wies in der Untersuchung übrigens eine sehr starke Viralität auf. Viele Falschmeldungen sind genau so formuliert, dass sie Emotionen wie Wut oder Angst auslösen – und dann stark herumgereicht werden.

2 Berger, Jonah/Milkman, Katherine L., What Makes Online Content Viral?, in: Journal of Marketing Research, 49/2 (2012), 192-205

Phase zwei: Von der Relativierung bis zur Verharmlosung

Recht rasch passierte dann auch Folgendes: Es wurden Stimmen laut, die von «Panikmache» sprachen, die das Virus harmloser darstellten als offizielle Gesundheitsinstitutionen wie beispielsweise das Robert-Koch-Institut in Deutschland. Ein Teil der relativierenden bzw. zweifelnden Stimmen kam aus dem medizinischen Umfeld – Personen wie der Mediziner Wolfgang Wodarg fielen mit einer meinungslastigen Einordnung auf, bei der sich wissenschaftlich richtige Behauptungen mit eigener Spekulation vermischten. Zum Beispiel behauptete Wodarg, dass das Coronavirus gar nicht aufgefallen wäre, hätte man nicht danach zu testen begonnen. Gegen diese These spricht allerdings die zeitliche Abfolge der Epidemie: In Wuhan fiel zuerst eine Anhäufung von Lungenerkrankungen auf, und danach wurde getestet.[3] Oder anders gesagt: Natürlich fällt das Mediziner*innen auf, wenn plötzlich all ihre Beatmungsgeräte belegt sind und sie zu viele Patient*innen für zu wenig Personal und Equipment haben. Einige relativierende Stimmen betonen, dass eine Erkrankung mit dem Virus in den meisten Fällen harmlos verläuft – sie gehen aber oftmals nicht so genau darauf ein, wie schlimm die Situation in Ländern wie Italien oder den USA wurde, wo die schiere Anzahl der Infizierten das Gesundheitssystem in manchen Regionen überlastete. Allein in Italien starben bis Ende Mai 2020 mehr als 30.000 Infizierte, in den USA 100.000. Abseits von einzelnen zweifelnden Stimmen aus dem medizinischen Umfeld finden sich dann noch Verharmlosungen fernab jeglicher wissenschaftlichen Erkenntnisse: Seit Jahren verbreiten vehemente Impfgegner*innen die These, Viren gäbe es gar nicht – alle Fotos von krankmachenden Viren seien eine Fälschung. Das ist Humbug, per Elektronenmikroskop lassen sich solche Erreger sichten.[4] Ebenso gibt es elektronenmikroskopische Aufnahmen des neuartigen Coronavirus. Trotzdem hält sich die These, die User*innen in verschiedenen Ländern weltweit erzählen: Das Coronavirus gäbe es gar nicht.

Warum sind solche haarsträubenden unwissenschaftlichen Behauptungen populär? Womöglich ist ein Teil der Erklärung auch schlichtweg, dass wir Menschen Behauptungen eine Spur ernster nehmen, wenn sie gut in unsere Erwartungshaltung passen. Psychologen nennen das den Confirmation Bias. Gerade

3 Wird Corona überschätzt? Faktencheck, in: SWR.dr, 19.3.2020, https://www.swr.de/wissen/dr-wodarg-versucht-corona-zu-verharmlosen-100.html (20.7.2020)

4 Antworten des Robert Koch-Instituts und des Paul-Ehrlich-Instituts zu den 20 häufigsten Einwänden gegen das Impfen, in: RKI.de, 22.4.2016, https://www.rki.de/DE/Content/Infekt/Impfen/Bedeutung/Schutzimpfungen_20_Einwaende.html (20.7.2020)

in einer Phase der großen Verunsicherung kann das durchaus eine erwünschte Nachricht sein, wenn einem erklärt wird, man müsse keine Angst vor dem Virus haben, denn es existiert gar nicht oder es ist in Wirklichkeit harmlos. Es ist wichtig, zu verstehen, dass Falschmeldungen nicht unbedingt rein auf einer rationalen Ebene ansetzen: Menschen glauben Desinformation wohl auch deshalb, weil sie sich richtig anfühlen oder weil sie die erwünschte Botschaft liefern. Besonders deutlich wird dies in der dritten Phase: der starken Verbreitung von Verschwörungstheorien.

Phase Drei: Verschwörungstheorien bieten Halt

Genau genommen sind zum Coronavirus passende Verschwörungserzählungen seit dem Beginn der Pandemie populär: Prompt hieß es beispielsweise, die deutsche Bundesregierung hätte schon 2012 einen Geheimplan für das Coronavirus gehabt.[5] Das ist Unsinn – und eine Verzerrung der Fakten: Was der deutsche Staat tatsächlich gemacht hat, war, sehr gewissenhaft vorzugehen und eine Risikoanalyse verschiedener Katastrophenfälle erstellen zu lassen. In einem der Szenarien wurde auch eine Infizierung mit einem Coronavirus als hypothetisches Beispiel angedacht (denn in der Wissenschaft gibt es schon seit Jahren die Sorge, dass gerade Coronaviren ein hohes Ansteckungs- und Mutationspotenzial aufweisen). Genau genommen hat der deutsche Staat hier lediglich Katastrophenvorbereitung betrieben, wie es gut organisierte Staaten tun – was dann aber zu einer dunklen Verschwörung umgedeutet wird.

Mit Fortschreiten der Pandemie wurden wilde Thesen zunehmend sichtbarer: Mal hieß es, die Coronavirus-Debatte diene in Wahrheit dazu, das Bargeld abzuschaffen. Ebenfalls wurde behauptet, es ginge in Wahrheit darum, die Weltbevölkerung zwangszuimpfen. Oder aber, dass die Krankheit in Wahrheit eine Folge von 5G sei, also der neuen Mobilfunktechnologie, die derzeit in einigen Ländern ausgebaut wird. Belege für solche Behauptungen gibt es nicht – doch die allgemeine Beunruhigung ermöglichte, dass auch wilde Spekulationen mehr Aufmerksamkeit als sonst erhalten. Ein Effekt war, dass die üblichen Verdächtigen ihre Verschwörungserzählungen umso besser verbreiten konnten (darunter radikale Impfgegner*innen oder jene Stimmen, die auch schon vor der Krise Schreckensmeldungen über 5G verbreiteten). Viele solche Thesen klingen bri-

5 Coronavirus ein Geheimplan der Regierung? – Weit hergeholter Schwurbel!, in: Mimikama.at, 15.3.2020, https://www.mimikama.at/allgemein/coronavirus-ein-geheimplan-der-regierung-weit-hergeholter-schwurbel/ (20.7.2020)

sant, aber bei näherer Betrachtung sind sie nicht sonderlich logisch. Nehmen wir 5G: Es stimmt, dass wir uns derzeit in einer Phase befinden, in der viele Länder erstmals 5G-Netzwerke aufbauen. In manchen Regionen läuft bereits der Testbetrieb von 5G. Allerdings gibt es auch Staaten, die 5G-Ausbau komplett hinterherhinken wie Frankreich. Der These widerspricht also, dass Covid-19 auch in Ländern anzutreffen ist, in denen es kein 5G gibt.[6]

Aus psychologischer Sicht lässt sich die Attraktivität von Coronavirus-Spekulationen auch damit erklären, dass solche Thesen eine scheinbare Gewissheit vermitteln: Viele wohlhabende Mitteleuropäer*innen haben niemals eine ernsthafte weltweite Krise selbst erlebt, eine solche Pandemie nährt die Angst sowohl in gesundheitlicher als auch finanzieller Hinsicht. Gerade wenn Menschen verunsichert sind, scheinen Verschwörungstheorien populärer zu sein – das Gefühl des Kontrollverlusts scheint die Bereitschaft zu erhöhen, solches Denken anzuwenden.[7] Man könnte es auch so sagen: Verschwörungstheorien kommen nicht aus dem Nichts – sie lassen sich auch als eine (von unterschiedlichen) Reaktionsmöglichkeiten auf besonders unbehagliche Zeiten einschätzen.

Was kann man da tun?

Weil Falschmeldungen inklusive Verschwörungstheorien nicht rein auf einer rationalen Ebene ansetzen, sollte man eher nicht davon ausgehen, dass rationale Argumente das Problem sofort lösen können. Gewiss: Faktenchecker wie Mimikama.at oder Correctiv.org leisten bedeutende Arbeit – ohne sie wäre die Situation wohl noch schlimmer. Aber entscheidend ist oft auch folgende Frage: Ist eine Person schon komplett von einer Theorie überzeugt oder vor allem verunsichert? Gerade im letzteren Fall lohnt es sich, mit Fakten und einleuchtenden Argumenten zu reagieren. Es ist gut, wenn möglichst viele unterschiedliche Medien Aufklärung liefern. Wenn eine Quelle, der man sonst auch vertraut, einen Faktencheck liefert, steigt die Chance, dass die jeweilige Person sich den Faktencheck zu Herzen nimmt. Ebenso ist es sinnvoll, in der Familie und im Freundeskreis auf solche Artikel hinzuweisen – denn hier besteht die Chance, dass Menschen das ernst nehmen, wenn es von jemandem kommt, zu dem oder

6 Experts dismiss claims that 5G wireless technology created the novel coronavirus, in: afp.com, 7.4.2020, https://factcheck.afp.com/experts-dismiss-claims-5g-wireless-technology-created-novel-coronavirus (20.7.2020)

7 Douglas, Karen M./Sutton, Robbie M./Cichoka, Aleksandra: The Psychology of Conspiracy Theories, in: Current Directions in Psychological Science, 26/6 (2017), 538-542

der sie ein Naheverhältnis haben. Auch ist es sinnvoll, wissenschaftliche Fakten möglichst simpel als Bild (zum Beispiel als Infografik) verständlich zu machen. Denn hier besteht die Chance, dass Bilder eine stärkere Wirkung erzielen als wissenschaftliche Information rein als Text.[8]

Man sollte aber nicht glauben, dass bloß, weil man gute Faktenchecks zusammengetragen hat, man argumentativ stets zur anderen Person durchdringen wird. Es gibt viele psychologische Schutzmechanismen und rhetorische Ausflüchte, mit denen wir Menschen uns gegen gute Argumente immunisieren können. In manchen Fällen ist es bereits ein Erfolg, wenn die Person ein bisschen ins Grübeln kommt – wenn sie beginnt, zu zweifeln.

Know-How gegen Desinformation

Was auf jeden Fall sinnvoll erscheint, ist, die allgemeine Medienkompetenz zu stärken. Etablierte Medien können aufklären, mit welchen Tricks sich Falschmeldungen (zum Beispiel im Internet) verbreiten. Sie können über ihre Berichterstattung auch ältere Bürger*innen warnen, die womöglich stark über WhatsApp solche wilde Gerüchte erhalten haben. Und natürlich kann gerade die Schule den Jüngeren noch mehr Know-How mitgeben. Zuerst die gute Nachricht: Gerade Teenager scheinen vergleichsweise digital kompetent zu sein – sie sind mit dem Internet aufgewachsen und haben gelernt, dass online auch viel Falsches kursiert. In einer Umfrage der Landesmedienanstalt Nordrhein-Westfalen gaben auch die 14- bis 24-Jährigen am öftesten an, dass sie schon einmal versucht hätten, eine Falschmeldung als solche zu erkennen.[9] Die Frage ist aber auch, ob neben dem Problembewusstsein bei Jugendlichen auch das technische Know-how genügend ausgeprägt ist – zum Beispiel, wie sie im konkreten Fall einer Falschmeldung erfolgreich nachrecherchieren. Die Schule kann hier konkrete Kompetenzen vermitteln: Wie nutze ich eine Suchmaschine besonders sinnvoll? Was steht im Impressum einer Webseite? Fehlt gar ein Impressum – das ist ein absolutes Warnsignal. Sinnvoll ist es, wenn Lehrer*innen im Unterricht konkrete

8 Nyhan, Brendan/Reifler, Jason: The roles of information deficits and identity threat in the prevalence of misperceptions, in: Journal of Elections, Public Opinion and Parties, 29/2 (2019), 222-244

9 Landesanstalt für Medien NRW veröffentlicht forsa-Zahlen zur Wahrnehmung von Hassrede im Netz und Fake News, in: medienanstalt-nrw.de, 12.6.2019, https://www.medienanstalt-nrw.de/presse/pressemitteilungen/pressemitteilungen-2019/2019/juni/neue-forsa-zahlen-zur-wahrnehmung-von-hassrede-und-fake-news-im-internet.html (20.7.2020)

Falschmeldungen mit Schüler*innen durchgehen und aufzeigen, woran man im jeweiligen Fall erkennt, dass das unseriös ist. Gerade die Coronakrise bietet nun viel Anschauungsmaterial.

Es ist unrealistisch, dass wir Menschen jemals in einer Welt ohne wilde Gerüchte, Falschmeldungen oder gar Verschwörungstheorien leben werden: Gerade Krisen verdeutlichen, wie verlockend solche Behauptungen sind. Aber was uns durchaus gelingen kann, ist, dass es wieder eine Spur besser wird – dass größere Teile der Bevölkerung vor der Verlockung der Desinformation gewarnt sind und Medienkompetenz auch immunisierend wirkt. Auf diese Weise wird das Problem der Falschmeldungen gewiss nicht zur Gänze beseitigt, aber es besteht die Chance, dass wir die Desinformation, ähnlich wie das Virus, wieder stärker zurückdrängen.

Die Coronakrise: Eine Chance für progressive Politik?

Von Conny Reuter[1]

Die Coronapandemie stellt die Welt auf eine harte Probe. Der Kampf gegen das Virus kann aber auch eine Chance sein für progressive Politik und eine verbesserte internationale Zusammenarbeit.

Zum täglichen Schrecken der Statistiken der fortschreitenden Infektion, der Zahl der Todesopfer und der exponentiellen Entwicklungen in der Coronakrise, können die Antworten, die die Regierungen auf nationaler Ebene zu geben versuchen, die Unterstützungspakete für Arbeitsplätze und die Wirtschaft nicht die einzige politische Antwort sein. Progressive Regierungsverantwortung muss sicherlich auf den Notstand reagieren, es besteht jedoch die Notwendigkeit, über eine längere Perspektive progressive Politik zu denken.

Und wenn diese Krise einen Impuls für die – nicht nostalgische – Wiederbelebung dessen geben würde, was das Wesen der sozialdemokratischen, sozialistischen und fortschrittlichen Politik ausmacht? Lange Zeit forderten wir «die Menschen an die erste Stelle setzen» – genau das passiert jetzt, da es bei der Notfallreaktion auf die Virusepidemie in erster Linie darum geht, Leben zu retten. Die Ansätze können von Land zu Land oder von Kontinent zu Kontinent unterschiedlich sein. Verantwortungsvolle Regierungsführung muss jedoch Leben retten, und progressive Regierungen stehen dabei an vorderster Front.

Sich nur auf Wirtschaftlichkeit zu konzentrieren, reicht nicht

Während der letzten Jahrzehnte hörten wir die Botschaft «It's the economy, stupid» und der Fokus des politischen Mainstream Denkens und Handelns lag auf der Freisetzung von Marktpotenzial und Wachstumsraten, er vernachlässigte jedoch die Zähmung der Finanzmärkte. Dies führte dazu, die Auswirkungen der Finanzkrise von 2008 mit derselben Politik zu bekämpfen, die sie verursacht hatte. Nun haben die Ziele für nachhaltige Entwicklung das Bewusstsein dafür geschärft, dass es komplexer sein wird, Menschen und Planeten zu retten.

1 Diskussionsbeitrag im Vorwärts, der 1876 als Zentralorgan gegründeten Zeitschrift der SPD, 3.4.2020.

Jetzt sehen wir, dass ein Ansatz, der sich nur auf Wirtschaftlichkeit konzentriert, nicht ausreicht und sogar gefährlich ist: Zu lange wurden Gesundheits-, Pflege- und Dienstleistungsrichtlinien unter strengen Gewinn- und Verlustansätzen überprüft. Noch vor wenigen Monaten hat die Bertelsmann-Stiftung es gewagt, eine Studie vorzulegen, in der die Schließung von 800 (!) Krankenhäusern in Deutschland, einem der reichsten Länder der Welt, gefordert wird, weil sie angeblich wirtschaftlich nicht mehr tragbar seien.

Kurzfristigkeit und Kosteneffizienz bestimmten das Handeln

In anderen Ländern des reichen Globalen Nordens ist die Situation nicht viel besser. Es reicht aus, auf die exponentiellen Sterblichkeitsraten zu schauen. Im Globalen Süden haben die Reichen Zugang zu privatisierten, qualitativ hochwertigen Gesundheitsdiensten, die Armen müssen überleben und selbst um das Wesentlichste kämpfen: den Zugang zu klarem Wasser und Nahrungsmitteln.

Im Globalen Norden entdeckten Hedge- und Investmentfonds ihr Interesse an sogenannten Social Business Investitionsmodellen, da sie eine moderate, aber stabile Renditen anbieten. Zu dieser Zeit war das Grundprinzip weder das soziale Bedürfnis noch die Antizipation von Katastrophen wie Corona oder Prävention. Nur Kurzfristigkeit und Kosteneffizienz bestimmten die Regeln und das Handeln.

Wir alle sind von denen am unteren Ende der Leiter abhängig

Und nun? Wegen der Sparpolitik fehlen uns Ausrüstung, Medikamente und Pflegepersonal für hochwertige Gesundheitsdienstleistungen überall auf der Welt. Nationalstaaten konkurrieren um Labors, um Köpfe und um medizinisches Gerät. Mit dieser Krise steigt das Bewusstsein, dass wir alle von denen, die am unteren Ende der sozialen Leiter stehen, abhängig sind, von denen, die Waren, Lebensmittel und medizinische Behandlungen liefern, von denen, die den Transport sicherstellen, und von denen, die die Lieferketten aufrechterhalten.

Diese Arbeitnehmerinnen und Arbeitnehmer werden nicht nur schlecht bezahlt, sondern sind auch schlecht gegen das Virus geschützt. Es ist großzügig, ihnen als «Helden» zu applaudieren. Es wäre besser, sich auf menschenwürdige Arbeit, hochwertige Arbeitsplätze und menschenwürdige Gehälter für diejenigen zu konzentrieren, die einen wesentlichen Beitrag zum Kitt unserer Gesellschaften beitragen.

Die Ungleichheit nimmt zu

Manchmal hören wir jetzt, dass «wir alle im selben Boot sitzen», was nicht stimmt. Die «Gleichbehandlung» besteht nur darin, dass dieses Virus weder den sozialen Status noch das Einkommen berücksichtigt, jedoch die Ungleichheit gleichzeitig zunimmt und sich vertieft: zwischen Ländern, die über die Mittel verfügen, und solchen, die dies nicht tun, zwischen denen, die Zugang zu Gesundheits- und Pflegediensten haben, und denen, die dies nicht haben.

Am meisten leiden die Migranten auf der ganzen Welt, die in kein soziales oder gesundheitliches Schutzsystem integriert sind oder durch dieses geschützt werden. Die Forderung nach Solidarität ist gut, aber für Progressive sollte Solidarität nicht auf nationale Ebene eingeschränkt werden, sondern muss global gedacht werden. Die Bekämpfung der Pandemie sollte mit einer verstärkten Entwicklungs- und Kooperationspolitik einhergehen, die sich von der klassischen Handelspolitik unterscheidet. Ein Ansatz muss darin bestehen, den ärmsten Ländern und ihrer Bevölkerung Zugang zu erschwinglicher medizinischer Behandlung zu bieten.

Ein erneuerter Multilateralismus ist möglich

Es würde mich nicht wundern, wenn wir nach dieser Krise erneut den Ruf nach Sparmaßnahmen hören würden, um die öffentlichen Haushalte zu entschulden und Defizite auszugleichen. Es ist besser, jetzt vorbereitet zu sein und über eine vorausschauende Anpassung nachzudenken. Als Progressive haben wir die politischen Elemente progressiver Politik: die Ziele für nachhaltige Entwicklung, den Sozialschutz der Internationalen Arbeitsorganisation, die Politik für soziale Investitionen in den Bereichen Gesundheit, Pflege, Bildung und öffentliche qualitative Dienstleistungen. Und wir haben Vorstellungen und Konzepte von fortschrittlicher makroökonomischer Politik und Strukturreformen.

Jede Krise bietet eine Chance, obwohl die Zahl der Todesopfer in dieser Krise einfach zu hoch ist. Die Herausforderung besteht darin, ein fortschrittliches gesellschaftliches Projekt mit einer starken staatlichen, guten und demokratisch legitimierten Regierungsführung neu zu formulieren, die das Wohlergehen und den Schutz der Bürger garantiert und den Sozial- und Wohlfahrtsstaat nicht als Kosten-, sondern als Investitionsfaktor erneuert, der als Beispiel dient für internationale Fairness und Solidarität. Dann wäre die Zeit für ein rotes Paradigma globaler, fortschrittlicher Politik und des erneuerten Multilateralismus gekommen. Auch in Zeiten des Leidens gibt es Platz für Träume und Visionen, denn wer keinen Mut zum Träumen hat, hat auch nicht die Kraft zu kämpfen!

Dystopische Potentiale

Triage und sozialdarwinistische Diskurse in der Coronakrise

Von Cengiz Kulaç

Die Coronakrise hat bereits bei ihrem ersten Höhepunkt gesellschaftliche Abgründe sichtbar gemacht. Diese liegen allerdings nicht an der Sache selbst, dem Virus, sondern an der gesellschaftlichen Verfasstheit. Zeit also kritisch in den Abgrund zu blicken, in der Hoffnung, dass dieser nicht dauerhaft zurückblickt.

Wenn von dystopischen Potenzialen die Rede ist, muss der Begriff des Potenzials betont werden. Drei Monate nach dem vermeintlich ersten – und hoffentlich letzten – Höhepunkt der Krise lassen sich zumindest zwei Beobachtungen in Hinblick darauf festhalten: Bestehende gesellschaftliche Dispositionen zu einer sozialdarwinistischen und eugenischen Krisenbewältigung[1] sind erstens wieder sichtbar geworden und zweitens blieben sie (vorerst) in ihrer Realisierung regional und lokal begrenzt. Darüber hinaus sind diese dystopischen Potenziale weniger rhetorisch angelegt, sondern strukturell, das heißt sie sind Kern der Funktionsweise unserer Gesellschaft. Während rhetorische Auswüchse sichtbar werden, sind es nicht die politischen Zentren, die sich einer sozialdarwinistischen oder eugenischen Rhetorik bedienen.

Vielmehr ist die herrschende Politik bemüht, einen Interessensausgleich herzustellen. In ihrer Rhetorik wird daher eine moderierende Position sichtbar. Man entschied sich für einen Mittelweg aus Stilllegung der Produktion und des öffentlichen Lebens statt einer unbeschränkten Ausbreitung der Pandemie durch business as usual. Dies entspricht vor allem dem europäischen Kontext der staatlichen Krisenbewältigung. Im Mittelpunkt dabei steht aber keineswegs die Gesundheit der BürgerInnen, sondern ökonomische und machtpolitische Erwägungen. Einerseits werden die BürgerInnen als Wahlvolk betrachtet, das man gewogen halten muss und andererseits als Humanressource, die durch die Pandemie zu allererst in ihrer Produktivität eingeschränkt ist. Gesundheit ist also primär ein Produktionsfaktor und die persönlichen Tragödien sind, wenn sie ein bestimmtes Gesamtausmaß annehmen, ein Machtfaktor. Folglich versucht

1 Als sozialdarwinistisch wird hier verstanden, dass Nützlichkeitsüberlegungen im Vordergrund stehen, das heißt Menschen werden anhand ihrer systemischen Verwertbarkeit eingeordnet, während eugenisch vor allem eine biologistische – das heißt in diesem Fall auf die physischen und geistigen Kapazitäten gemünzte – Bevölkerungspolitik meint.

die herrschende Politik in der Gesundheitspolitik durch für sie – im Sinne des Machterhalts – schwieriges Terrain zu navigieren. Potenziell wird die Gesundheit von ArbeitnehmerInnen abhängig von ihrer Tätigkeit und Branche riskiert, wenn die Produktion nicht eingeschränkt wird. Eine unkontrollierbare Ausbreitung des Virus kann aber auch zu einem Totalausfall von Wirtschaftszweigen führen, nicht nur, weil unmittelbar Arbeitskräfte ausfallen, sondern Instabilität und Verunsicherung in der Bevölkerung sich ökonomisch schädlich auswirken. Die ältere Bevölkerung im Pensionsalter, die sogenannte Risikogruppe, ist hingegen aus einer Humanressourcen-Perspektive nicht mehr produktiv – im Sinne von wertschöpfend. Sie ist vor allem Empfängerin von Leistungen des Staates und gilt im reinen Nutzendenken damit primär als eine wirtschaftliche Belastung. Sichtbar wird die Risikobereitschaft, Menschen dem Virus auszusetzen, ebenfalls in Branchen, wo ArbeitnehmerInnen leichter austauschbar sind, also bei Leih- und Hilfsarbeiten sowie monotonen handwerklichen Arbeiten, die wenig Einschulung bedürfen.

Nüchtern betrachtet handelt es sich im Kontext ökonomischer und machtpolitischer Überlegungen zuvorderst um einen medialen Bühnenauftritt sozialdarwinistischer Diskurse, während vor allem in einzelnen Regionen sich menschliche Abgründe in Folge der Coronapandemie offenbarten. «Wir retten möglicherweise Menschen, die in einem halben Jahr sowieso tot wären»[2] meinte beispielsweise der grüne Tübinger Bürgermeister Boris Palmer faktenbefreit in Bezug auf die durchschnittlich erwartbare Restlebensdauer der PatientInnen. In eine ähnliche Kerbe schlug Jair Bolsonaro, Präsident von Brasilien, welches zu den Ländern mit den meisten Coronainfektionen zählt: «Ich bedauere die Todesfälle. Aber Menschen sterben jeden Tag, an vielen Dingen. So ist das Leben.»[3] [4]Wenngleich derartige rhetorische Auswüchse skandalisiert werden oder auf Unverständnis stoßen, wurden konkrete Maßnahmen (beispielsweise in italienischen Regionen) als vermeintliche Notwendigkeit nahezu gar nicht hinterfragt. Mitnichten sollte das also zur Sorglosigkeit einladen, da gerade jene Orte, an

2 Boris Palmer provoziert in Coronavirus-Krise, in: Der Tagesspiegel, 28.4.2020, https://www.tagesspiegel.de/politik/boris-palmer-provoziert-in-coronavirus-krise-wir-retten-moeglicherweise-menschen-die-in-einem-halben-jahr-sowieso-tot-waeren/25782926.html (6.8.2020)

3 Bolsonaro nach Corona, «Wovor haben Sie Angst?», in: Tageschau, 1.8.2020, https://www.tagesschau.de/ausland/bolsonaro-corona-103.html, (6.8.2020)

4 Impliziert wird mit Aussagen, wie jenen von Palmer und Bolsonaro, dass die Pandemie und das Sterben durch sie ein völlig natürlicher Vorgang wäre, und ein «künstliches» eingreifen des Menschen sinnlos ist. Folgt man dieser Logik, könnte man weiterleben wie bisher und den Dingen ihren Lauf lassen.

denen diese Abgründe sichtbar wurden, für alle anderen Orte unter ähnlichen Bedingungen repräsentativ wären, für den Fall, dass diese nicht im bestehenden Ausmaß verschont blieben. Damit stellt sich die Frage der Repräsentativität einzelner Beispiele.

Der vorliegende Text ist keine empirische Arbeit im engeren Sinn und kann nicht jede einzelne Triage-Maßnahme, Verordnung oder Empfehlung in diesem Rahmen diskutieren. Um Repräsentativität herzustellen, müsste man global die Beziehung zwischen jenen Orten, deren medizinische Kapazitäten gesprengt wurden, und den konkret angewendeten Maßnahmen untersuchen. Hier geht es vor allem um die Feststellung des Vorhandenseins sogenannter dystopischer Potenziale, das heißt dem Potenzial der Ausweitung auf große Teile der Gesellschaft. Diese Potenziale finden sich in aufflammenden Diskursen, wie einzelnen Maßnahmen wieder. Sie blieben auch nicht singulär. So ist zwar das Beispiel Italiens innerhalb Europas am eklatantesten, es finden sich aber auch andernorts realisierte Maßnahmen oder Debatten über Altersgrenzen (zb. Schweden) wieder. Außerdem kam es zu Begleiterscheinungen wie Unterversorgung und Verwahrlosung von Altenheimen (z. B. Belgien).

Überleben als Nützlichkeitsfaktor

Die italienische Gesellschaft für Anästhesie, Analgesie, Reanimations- und Intensivmedizin (SIAARTI) gab am 7.3.2020 eine Triage-Empfehlung bekannt.[5] Bekanntlich waren die Kapazitäten der norditalienischen Krankenhäuser überschritten und das medizinische Personal aufgrund des Mangels an personellen und technischen Ressourcen im Verhältnis zum Bedarf überfordert. Triage im (katastrophen-)medizinischen Kontext bedeutet nichts anderes, als eine Auswahl unter den Bedingungen endlicher (medizinischer) Ressourcen zu treffen, eine Notwendigkeit also, die sich an sich nicht infrage stellen lässt. Sehr wohl lassen sich aber ihre Vorbedingungen infrage stellen. Das heißt, es gilt zu fragen, warum nicht ausreichend Ressourcen verfügbar waren, als auch die politische Wertehaltung zu überprüfen, die zu solchen Triage-Entscheidungen führt.

5 SIAARTI, Klinisch-ethische Empfehlungen für den Einsatz und das Aussetzen intensivmedizinischer Behandlungen unter den außergewöhnlichen Umständen/Bedingungen eines Ungleichgewichts zwischen Bedürfnissen/Nachfrage und Ressourcen, 7.3.2020, http://www.siaarti.it/SiteAssets/News/Covid19%20-%20documenti%20SIAARTI/SIAARTI%20-%20Covid-19%20-%20Klinisch-ethische%20Empfehlungen.pdf (6.7.2020)

Triage an sich sagt daher noch nichts über die in ihr enthaltene Ethik aus. Diese kann variieren. Im italienischen Fall hat sich der übliche medizinische Konsens für den Katastrophenfall, jenen Patienten mit der höheren Überlebenschance intensivmedizinische Ressourcen zukommen zu lassen, tendenziell verschoben zu einer Bewertung anhand von Alter und darüber hinaus Nützlichkeit:

«Es könnte notwendig werden, eine Altersgrenze für die Aufnahme auf Intensivstationen zu bestimmen. Dabei geht es darum, primär Ressourcen zu sparen für Patienten die erstens die höchsten Überlebenschancen haben und zweitens bei denen die meisten Lebensjahre gerettet werden können.»[6]

Folgt man dieser Formulierung, handelt es sich bei Alter weniger um eine medizinische, denn um eine soziale Kategorie. Eine Verschiebung von der Bewertung der Überlebenschancen, bei der aus medizinischer Sicht vermutlich Alter ein, aber nicht der alleinige Faktor ist, zu einer je nach Kapazität festgelegten Altersgrenze, muss als eklatante Verletzung von Menschenrechten gesehen werden.

Zur Verdeutlichung: Das häufigste Triage-Konzept im Katastropheneinsatz hat zum Ziel das größtmögliche Überleben zu sichern und beruht auf vier Kategorien von PatientInnen: 1. PatientInnen, die nur mehr palliativ behandelt werden können oder deren Überlebenschancen trotz Behandlung extrem gering sind. 2. PatientInnen, die dringend eine Behandlung benötigen, aber bei Behandlung gute Überlebenschancen haben. 3. PatientInnen, die zwar nicht medizinisch dringlich sind, aber auch eine Behandlung benötigen. 4. PatientInnen, die nicht unmittelbar eine Behandlung benötigen und sich selbst helfen können. In dieser Form der Triage wird nur auf die Überlebenswahrscheinlichkeit (auf Basis medizinischer Kriterien) argumentiert. Alter oder gesellschaftliche Stellung spielen keine Rolle. Die ethische Implikation wird sichtbar, wenn man die statistisch wahrscheinlichen Restlebensjahre, die sich aus der Differenz zwischen tatsächlichem Alter der PatientInnen und der durchschnittlichen Lebenserwartung ergeben, mit dem Faktor der Überlebenswahrscheinlichkeit gepaart werden. Wird das Alter als Bewertungskriterium derart beigezogen, kann es zu einem Überschneiden der vier Kategorien der PatientInnen kommen, insbesondere, wenn die Altersgrenze immer weiter gesenkt wird, also PatientInnen aufgrund eines bestimmten Alters gar nicht mehr behandelt werden. Kommt es zu einem Alters-Cut, kann es zwischen der 2. und 3. PatientInnengruppe zu einer Verzerrung bei der Überlebenswahrscheinlichkeit kommen. Dies kann sich beispielsweise bei jemanden zeigen, der eine höhere Grundwahrscheinlichkeit trotz höheren

6 ebd., S. 3

Alters hat, aber in Folge keine Behandlung erhält und im schlimmsten Fall stirbt. In Konsequenz bedeutet das, dass die oben beschriebene vierteilige Triage-Form, in ihren Auswahlbestimmungen unterminiert wird. Die menschenrechtliche Komponente bzw. Kritik kommt hier insbesondere ins Spiel, weil eine Frage der Restlebensjahre auf die Gesamtgesellschaft einen bevölkerungspolitischen Aspekt hat. Jüngere Menschen sind Teil der Erwerbsbevölkerung und «belasten» finanziell gesehen das Sozialsystem weniger. Sie sind produktiv im Sinne der Wirtschaft oder zumindest als Teil der Erwerbsbevölkerung wirtschaftlich mobilisierbar. Die nicht-erwerbstätige ältere Bevölkerung war zwar im Durchschnitt ihr Leben lang beruflich aktiv, hat also im Sinne der Nützlichkeitsideologie «geleistet». Diese Leistung zählt aber für die Wirtschaft im gegenwärtigen Zeithorizont alleine schon deswegen nichts, weil es sich um «tote» Arbeit handelt, das heißt solche die schon verwertet wurde und nicht noch einmal verwertbar ist, es sei denn die Person wird wieder in die Erwerbstätigkeit gezwungen. Mitunter sind ältere Bevölkerungsgruppen als KonsumentInnen von Interesse, allerdings steht aus der unternehmerischen Perspektive ein betriebswirtschaftliches und kein volkswirtschaftliches Denken, das auf die gesamten Wirtschaftskreisläufe abzielt, im Vordergrund. Die vertragliche Vereinbarung über die Zeit nach der Berufstätigkeit, die ein Arbeitsvertrag zwischen Arbeitgeber und Arbeitnehmer letztlich vermittelt über den pensionsauszahlenden Staat durch die Abgabe von Versicherungsbeiträgen, beinhaltet, ist zwar formal vorhanden, aber nicht politisch gesichert. Das heißt es stehen sich rechtlich gesehen gleiche gegenüber, aber de facto kann es, da man nun nicht mehr unmittelbar nützlich ist, unter entsprechenden gesellschaftlichen Umständen dazu kommen, dass sich die dominantere, einflussreichere und mit Gewalt bzw. Gewaltmonopol ausgestattete Position durchsetzt. Die Frage der wirtschaftlichen oder gesellschaftlichen Nützlichkeit ist damit in der sozial gesetzten Altersgrenze angelegt. Darüber hinaus impliziert sie, dass jeder Mensch die verbleibende Lebenszeit gleichermaßen nützt und aufwendet. Hier ließen sich noch mehr Nützlichkeitsdebatten anschließen, ganz zu schweigen von der gesellschaftlichen Vorstellung und dem Vorurteil, dass ältere Menschen auch mit der verbleibenden Lebenszeit im Vergleich zu jüngeren mit der Zeit jenseits des Arbeitslebens nichts «sinnvolles» anrichten, sich in Altersheimen unterhalten ließen, von Arzt zu Arzt pilgern und damit das Gesundheitssystem belasten. Diese utilitaristische Ethik ist in der in Italien angewendeten Triage-Empfehlung nicht explizit ausgeführt, aber implizit angelegt. Gerade auch weil kein Einspruch gegen eine solche Maßnahme möglich ist, muss auch die potenzielle Bedrohung eines Menschenrechts, des Rechts auf Leben, unterstrichen werden.

Verkettung von Diskursen

Zusätzlich zum Aufflammen sozialdarwinistischer Vorstellungen, die eine Debatte über den Sinn der Coronamaßnahmen am Höhepunkt entfachten, wie etwa der Forderung des texanischen Vizegouverneurs Dan Patrick, die Alten sollten sich opfern[7], besteht in gesamtgesellschaftlicher Hinsicht gerade die Gefahr in der Verkettung von Diskursen hin zu ihrer realen Wirksamkeit. So sind Vorstellungen von Euthanasie in der Klimabewegung und der politischen extremen Rechten, aktive Sterbehilfe unter einer bestehenden kapitalistischen Verwertungslogik, Überbevölkerungsdiskurse, Wissenschaftsfeindlichkeit einerseits und überbordende Wissenschaftsgläubigkeit[8] anderseits, Pathologisierung von allgemeinen Verhaltensweisen, sozialen Gruppen oder psychischen Erkrankungen mit größerer gesellschaftlicher Verbreitung, singulär betrachtet schon besorgniserregende Phänomen. Diese verbleiben aber im bürgerlich-demokratischen Status quo marginale Erscheinungen. Verbänden sie sich allerdings in der Krise, die allgemein immer auch eine Gelegenheit ist, Widerstände gegen sonst innen- und außenpolitisch nicht oder nur schwer umsetzbare Politiken abzubauen, mit der herrschenden Politik oder in einer konservativen Revolte zu einer Kette, kann nicht mehr von Potenzial die Rede sein, sondern von dystopischer Realität. Gerade hierin liegt der Unterschied zwischen Potenzial und Realität begraben: Völkische und faschistische ideologische Versatzstücke finden sich in verschiedensten gesellschaftlichen Bereichen und auch ideologischen Strömungen fragmentarisch wieder. Gerade dorthin, wo sich strukturell Verbindungsstücke zwischen ansonsten isolierten oder in sich geschlossenen Diskursen ergeben, muss der Blick fallen. Neben der ideologischen Seite sind strukturelle Vorbedingungen ein Schlüssel in der Beobachtung: Rückzug des Staates aus der Fürsorgearbeit und Daseinsvorsorge oder dessen Nutzenoptimierung aus Verwertungsperspektive, der Einzug einer utilitaristischen Ethik und Praxis in Versorgungsinstitutionen (wie z.B. Spitälern), unpersönlich-autoritäre Bürokra-

7 Texas Lt. Gov. Dan Patrick suggests he, other seniors willing to die to get economy going again, in: NBCNews, 24.3.2020, https://www.nbcnews.com/news/us-news/texas-lt-gov-dan-patrick-suggests-he-other-seniors-willing-n1167341 (6.7.2020)

8 Wissenschaftsgläubigkeit als Begriff ist ein Widerspruch in sich, bezeichnet aber genau diesen Widerspruch. Der Begriff bezeichnet einen blinden Glauben gegenüber den Resultaten des Wissenschaftsbetriebes ohne die dahinterstehende Erkenntnisweise und gesellschaftliche Vorbedingungen zu hinterfragen. Die Rassentheorien des 19. Jahrhundert sind nicht das Produkt vermeintlich ungebildeter Massen, sondern entsprechen dem Stand universitär etablierter wissenschaftlicher Forschung in vielfältigen Disziplinen von der Anthropologie bis zur Medizin und reichen weit ins 20. Jahrhundert hinein.

tie und bürokratisch-zentralistisches Regieren, durch das sich Menschen immer zudringlicher objektiviert fühlen und die Dominanz reaktionärer und antiintellektueller Kreise gegenüber aufgeklärten.

Die oftmals dahinter liegende (neoliberale) Vorstellung von «weniger Staat, mehr privat» erscheint in der Praxis oft widersprüchlich. Darin liegt aber auch ihre dynamische Stärke, wodurch ihr VertreterInnen einer emanzipatorischen oder solidarischen Politik in die Falle gehen. Man baut die öffentliche Daseinsvorsorge ab und macht gleichzeitig Stimmung, dass diese nun schlecht sei. Aus diesem produzierten Missstand heraus werden dann jene mobilisiert, die sich eine (teil-)private Daseinsvorsorge leisten können, wie man es vor allem im europäischen Kontext – in dem es traditionell eine stärkere Versorgung gibt – inflationär sieht. Sich bei einer staatlichen Krankenkasse zu versichern alleine genügt nicht mehr. Das Drängen in den privaten Versicherungsmarkt ist die Folge. Anstatt aber den Abbau öffentlicher Versorgung zu kritisieren, lassen sich jene, die sich gerade noch eine private Zusatzversicherung leisten können, mit einem Rette-Sich-Wer-Kann-Prinzip einfangen und gleichzeitig für eine weitere Verschlechterung der öffentlichen Infrastruktur mobilisieren. Leichter ermöglicht wird das auch, weil emanzipatorische Kräfte geneigt sind, in staatsfixierter Manier die öffentliche Versorgung zu bejubeln – anstatt den Ausbau von solidarischen Maßnahmen zu fordern – oder die Zuschreibung bekommen, dies zu tun: «Seht her, die Linken wollen euch das miserable öffentliche Gesundheitssystem ohne Wahlfreiheit aufoktroyieren: Mit der Gesundheit der Menschen scherzt man nicht.»

Hinzu kommt, dass man sich als BürgerIn gerade im Feld der Gesundheitspolitik selbst am nächsten ist. Man mag ja ein Problem mit privaten Versicherungen haben, aber die eigene Gesundheit ist einem dann doch auch wichtiger, als eine moralische Vorstellung, die letztlich keinen politischen Abnehmer zu finden scheint. Potenzielle Ökosteuern mögen beispielsweise zwar manchen auf der Tasche liegen, aber dennoch ist manch einer bereit, sich aus moralischen Gründen dazu bewegen zu lassen, sich einzuschränken. Doch Selbiges lässt man verständlicherweise nicht für die Gesundheit gelten. Warum ist dies hier besonders erwähnt, wo doch der Zusammenhang mit Corona nicht unmittelbar sichtbar ist? Während der Hochphase von Covid-19 und darüber hinaus wurde die Rette-Sich-Wer-Kann-Logik teil- und innerstaatlich, über- und zwischenstaatlich sowie individuell forciert. Daran ändert auch eine anders lautende Rhetorik nichts. Staaten wurden zu einer Art Wegelagerern, was Schutzausrüstung und ähnliche medizinische Güter betraf. So verschwanden Lieferungen, die für andere AdressatInnen bestimmt waren oder medizinische Geräte wurden zurückgehalten. Grenzschließungen haben jenseits der gesundheitspolitischen Notwendigkeit von Maßnahmen eine Eigendynamik entwickelt. In der übernationalen wirtschaftliche Krisenbewältigung, insbesondere der EU, feiert (so wie in der Folge der Euro-Krise) der Etatismus und Chauvinismus fröhliche Urständ. Triage hingegen ist nur ein Entscheidungssystem. Die Bedingungen dafür, dass es an einigen Orten zu Triage-Situationen kam (in Folge jahrzehntelanger Kürzungspolitik), liegen natürlich auch am Virus selbst. Von diesem wurde man mancherorts überrascht, allerdings auch, weil ab einem Punkt der Ausbreitung lokale Ressourcen immer begrenzt sein werden. Aber gerade auch für jene italienische Triage-Empfehlung, die eine Altersgrenze festsetzt, gibt es eine Gesamtverantwortung, jenseits jener, die diese verfassen und anwenden. Diese Triage-Empfehlung ist zwar das offensichtlich grausamste, aber dennoch kleinste Rad im Getriebe, mehr Endpunkt als Anfang politischen Versagens.

Ende Jänner wusste die Welt bereits, dass es sich um eine Pandemie handelt und auch wenn die medizinische Datenlage noch nicht so fortgeschritten war, war bekannt, dass das Virus, wenn keine Schutzmaßnahmen getroffen werden, infektiöser als beispielsweise Grippeviren ist und eine höhere Mortalität als vergleichbare virale Erkrankungen aufweist, wenn Risikogruppen nicht geschützt werden.

Mag sein, dass der breiten Bevölkerung Selbiges noch nicht so bewusst war. Aber Gesundheitsbehörden, internationale Organisationen, Katastrophenschutzorganisationen, Forschungseinrichtungen, militärische Seuchenabwehr und ähnliche Institutionen bereiten sich jahrelang auf solche Situationen vor. Sie entwickelten Pläne, die genauso zum Tragen kommen sollten, wie bei Großbränden. Sie sind geschult und haben an und für sich Mechanismen, die ausgelöst werden, wenn es zu einer Risikosituation kommt.

Es mag auch sein, dass die jetzige Situation seit hundert Jahren, also seit der Spanischen Grippe, in dieser Form nicht mehr vorgekommen ist. Es gibt aber sehr wohl umfangreiches medizinisches und institutionelles Wissen zur Seuchenbekämpfung, sowie vereinzelte Erfahrungen in den letzten Jahrzehnten auch abseits von Südostasien.

Die Laissez-faire-Haltung, mit der man grosso modo in der westlichen Welt (Europa, Nord- und Südamerika) damit umgegangen ist, wird dann verlogen, wenn man Krokodilstränen für die Triage-Toten weint. Diese Haltung speist sich auch aus dem Hochmut und der Arroganz angeblicher zivilisatorischer Überlegenheit (als wäre es ein rein «asiatisches» Problem gewesen) und dem manischen Motto der herrschenden Wirtschaftsideologien: «the show must go on» – ganz so als wäre es das Schlimmste, wenn es zu einer Unterbrechung unseres Alltags käme und als trüge eine Unterbrechung des Alltags und letztlich der kulturell, zivilisatorisch und biologisch nicht so notwendigen Produktionszweige die Gefahr in sich, dass den Menschen vor Augen geführt wird, dass es auch anders ginge, dass eine andere Welt möglich ist. Umso weniger ist es verwunderlich, als man die Notwendigkeit von Maßnahmen erkannte, dass ausschließlich mit Angst und Autorität gearbeitet wird und nicht mit dem Optimismus, dass die Gesellschaft nach Corona eine bessere sein könnte. Angst zwingt uns zu funktionieren, obwohl unser Leben ohnehin davor schon beschädigt war und unser zivilisatorisches und utopisches Potenzial verkümmert ist. Zwar ließ man ebensowenig das Virus Bahn brechen, doch bewegt man sich auch nach dem ersten großen Höhepunkt immer an der Grenze des für die meisten Menschen verträglichen. Dass der gesellschaftliche Trend zu zunehmend autoritärerem Regieren übergeht, war schon vor Corona klar. Während Corona erhielt dies aber auch in der staatlichen Verwaltung zusätzlich eine besondere Note. Gerade die Objektivierung der Menschen durch Bürokratie und auch die Totalisierung von medizinischen Entscheidungen – nämlich über Leben oder Tod, gegen die man keinen demokratischen auf Rechten gegründeten Einspruch erheben kann, könnte auf lange Sicht auch in anderen gesellschaftlichen Auseinandersetzungen eine Präzedenz dafür schaffen, dass Maßnahmen monströse gegenteilige Wirkung entfalten. Dass ihr autoritäres Exekutieren zu einer irrationalen «konformistischen» Nichtbefolgung führten, was im Falle einer Pandemie zur weiteren Ausbreitung der Pandemie führen kann. Das heißt gerade durch die Lockerung autoritärer Maßnahmen, regrediert jedes zwischenmenschliche vernünftige und solidarische Rücksichtnehmen zu einer Floskel, die nicht befolgt wird, solange es niemand anweist. Sichtbar wurde die Entwicklung auch im innerstaatlichen Verhältnis zwischen Körperschaftsebenen und Institutionen. So wurde weitestgehend funktional von oben herab, ohne Spielraum für untere Verwaltungs- und Regierungsebenen regiert. Gestaltungsspielraum wurde als Bedrohung und potenziell chaotisch empfunden. Operettenhafte Auseinandersetzungen wie man am Beispiel der österreichischen Bundesgärten sehen konnte, sind nur die Spitze des Eisbergs. Derart funktional-zentralistisches Regieren führt zur Verantwortungsdelegation immer an die nächst-obere Stelle. Eine solche Form des Regierens ist Nährboden dafür, dass unethische Maßnahmen von niemandem oder zu wenigen infrage gestellt werden. Diese bürokratische Kälte kann und muss ebenso als ein dystopisches Potenzial gebrandmarkt werden.

Jenseits der zuvor erläuterten strukturellen Ebene kommt die neoliberale Subjektivierung hinzu. Für eine potenzielle Verbindung zwischen gesellschaftlicher Herrschaft und Subjekt ist abermals die Aussage des texanischen Vizegouverneurs heranzuziehen, wenn er meint, die ältere Bevölkerung solle sich dem Risiko einer Infektion aussetzen, um der Wirtschaft nicht zu schaden.

Der neoliberale Kapitalismus der Gegenwart schafft eine Form der Subjektivierung, in der sich emanzipatorische Vorstellungen einfügen können. So ist isoliert betrachtet Sterbehilfe Selbstbestimmung, also beispielsweise eine Entscheidung, sich gegen den eigenen Schmerz und das eigene Leiden zu stellen. Für viele ist damit Würde verbunden. Doch was, wenn sich eine brutale gesellschaftliche Nutzenlogik mit der subjektiven Seite paart. Wird es dann geradezu zu einem moralischen Imperativ «niemanden zur Last zu fallen»? Der Aufruf eines führenden Politikers eines der größten US-Bundesstaaten kann nur als solch ein Imperativ verstanden werden.

Die Rolle der Wissenschaften

Im Anschluss an die Bürokratie-Kritik ergibt sich noch das Problem konkurrierende Rationalitäten, das heißt solchen, die in sich zwar rational sind, aber ganzheitlich betrachtet das Potenzial aufweisen, irrational zu werden. Daraus ergibt sich auch eine Krise der Wissenschaftsvermittlung, da weniger Erkenntnis und Problemlösung in der Sache selbst im Vordergrund stehen, sondern welches Wissen sich diskursiv durchsetzt. Corona weist aus Erkenntnisperspektive hohe Komplexität auf. Die Erkenntnisperspektive der Wissenschaft hat deswegen enorme Relevanz, weil die (vor allem medizinische) Wissenschaft hier in ungewöhnlicher Weise in die Öffentlichkeit tritt. Für die Wissenschaft ist es ein trans- oder interdisziplinäres Problem: Die unterschiedlichen wissenschaftlichen Felder argumentieren zwar in sich rational aber nicht über diese hinaus miteinander. Sie korrespondieren nicht.[9] In gesellschaftlichen Fragen könnte Wissenschaft sich entweder selbst damit ausschalten und einer anti-intellektuellen Revolte Platz geben oder schlimmer noch sich in den Dienst von brutalen Herrschaftsansprüchen stellen. Gerade durch die komplementärwissenschaftliche Verschränkung zwischen Sozial- und Naturwissenschaften und den universitären/akademischen/herrschenden Wissenschaften zugrundeliegenden positivistischen Erkenntnis- und Darstellungsweise ergeben sich immer wieder Leerstellen, die in einer gleichsam ohnehin immer autoritärer werdenden Gesellschaft Raum für Verschwörungstheorien bieten. Nicht umsonst zählen zu den großen VerschwörungstheoretikerInnen in der Krise auch einige Ärzte, deren Ausbildung

9 Das ist für gewöhnlich Normalität im Wissenschaftsbetrieb, trotz vieler Bestrebungen inter- und transdisziplinär zu arbeiten. Der schlagende Unterschied allerdings ist, dass es sich oft um isolierte oder vergangene Probleme handelt, deren Untersuchung durch verschiedene Disziplinen erfolgt.

an und für sich anderes vermuten ließe und nicht über methodenbasierte Skepsis hinausgehen sollte. Durch die nachvollziehbare Medialisierung der Coronakrise ergibt sich besonderes Rampenlicht für die Virologie und Epidemiologie, bei gleichzeitigem Abzug von anderen langfristigen aber auch kurzfristigen und spontan aufflammenden Krisen- und Katastrophenherden. So gesehen entsteht ein hegemonialer Konsens in Bezug auf Wissenschafts-PR, also eine Spannweite an Themen und Positionen, die legitim sind und solchen, die als vermeintlich illegitim gar ignoriert werden.

Aus der Perspektive der Wissenschaft ist die Parallele zum Klimawandel augenscheinlich. Es handelt sich «ursprünglich» um ein Problem der natürlichen Welt, der Materie, die physikalisch gesehen außerhalb, aber tatsächlich in einer Ursache-Wirkungs-Beziehung zur Gesellschaft steht. Der Blick darauf, das Erfassen und Verstehen selbigen, ist allerdings selbst auch nur gesellschaftlich, also durch Wissen und wissenschaftlich und gesellschaftlich anerkannte Begriffskategorien erfassbar. Das Virus wie der Klimawandel kommen aus der Natur. Ihr derartiges Inerscheinungtreten hat aber vor allem mit der Gesellschaft, im historischen und nicht überhistorischen Sinne zu tun, kurzum: der modernen Welt, ihren kulturellen Formen und der kapitalistischen Produktionsweise.[10] Der zentrale Unterschied zwischen Klima und Corona ist aber die zeitliche Komponente, was umgekehrt auch darauf hinweist, welches dystopische Potenzial lang- und mittelfristig im Klimawandel steckt. Man könnte hier also getrost den geflügelten Satz einfügen, wer über den Kapitalismus nicht reden will, soll über «hier Wort einfügen» schweigen. Doch dies wäre nicht nur zu einfach, weil es auch um eine unmittelbare Bewältigung der Krise innerhalb der realen Grenzen bestehender Politik geht. Gerade emanzipatorische Kräfte, die gegen den Kapitalismus gerichtet sind, müssen anerkennen, dass ungeachtet der Idee, die bestehende Gesellschaft zu überwinden, eine Dringlichkeit in der Sache besteht. Die Kritik müsste viel eher lauten: Das bestehende politische System und der Kapitalismus als Ganzes ist nicht in der Lage diese Krise und kommende Krisen, die sich auch aus der Natur (Virus/Klima) bzw. Naturreaktionen speisen, solidarisch zu lösen, und schon gar nicht mit den Folgen menschenwürdig umzugehen. Es ist auch zu einfach, weil sich viele Formen des Anti-Kapitalismus, die über das Problem Klimawandel aber auch Corona sprechen, in diesem Kontext allzu oft auf einer fortschritts- und menschenfeindlichen Ebene bewegen: Die Verbindung von einer an sich rationalen (nicht-identitären) Kritik an potenziel-

10 Bei Corona lässt sich dies zumindest in Bezug auf die Corona-Maßnahmen sagen. Die gesellschaftlichen Implikationen der Viren-Übertragung (Zoonose) und Herkunft selbst sind hingegen noch nicht geklärt.

len gesellschaftlich erzeugten Gefahrenquellen, die die Übertragung neuer Viren aus dem Tierreich auf den Menschen oder unter den Menschen begünstigen, wie bestimmte Formen der Tierverarbeitung, Hygiene im Verkauf, Tierstress durch aggressive Ausdehnung des menschlichen Lebensraums (etwa Abholzung), beengte Arbeits- und Wohnbedingungen, kann schnell in eugenische Diskurse über Übervölkerung abgleiten und entsprechende RezipientInnen finden.

Gerade in der globalen Großwetterlage, durch die imperialen Interessen und das rhetorische und militärische Aufrüsten zwischen China und den US-Verbündeten, können solche Diskurse Brandbeschleuniger sein. So wäre es Aufgabe emanzipatorischer Kräfte, von der Mythologisierung und Romantisierung von Natur und Ursprünglichkeit Abstand zu nehmen, sich nicht blind auf eine Seite imperialer Auseinandersetzungen zu schlagen und sich somit auch nicht darauf einzulassen, im Wettkampf der Nationalstaaten die Schuldigen der Krise zu suchen und damit Tür und Tor für eine Vertiefung sozialdarwinistischer Politik im globalen Maßstab zu öffnen. Diese Krise geht potenziell vorüber. Die Anlagen für dieselbe oder eine radikalisierte Krisenbewältigung ist aber für die nächste schon angelegt.

Ist Europa wieder einmal nach vorne gescheitert?

Die Ambivalenzen der Coronakrise

Von Josef Weidenholzer

Seit das europäische Projekt existiert, ist es geradezu phänomenologisch mit Krisen verwoben. Schon sein Ursprung ist der Einsicht zu verdanken, dass nach den traumatischen Erfahrungen der beiden Weltkriege, Krisen nicht durch nationale Alleingänge gelöst werden können, sondern nur durch ein gemeinsames, aufeinander abgestimmtes Vorgehen.

Häufig wird daher auch von einem Krisenparadox gesprochen, jede Krise würde das gemeinsame Europa stärker machen. Geradezu trotzig meinte der frühere Kommissionspräsident Juncker im April am Höhepunkt der Coronakrise: «Nach der Krise werden wir bessere Europäer sein».[1]

Das klang zu diesem Zeitpunkt nach unverbesserlichem Zweckoptimismus, wie Töne aus einer vergangenen Zeit, die die Europapolitiker immer dann von sich geben, wenn sie wieder einmal mit ihrem Latein am Ende sind, einer hängengebliebenen Schallplatte gleich. Aber er war am richtigen Pfad.

Wie hieß es doch vorausblickend bei Jean Monnet, einem der Gründungsväter: «Europa wird in seinen Krisen gemacht und es wird die Summe der Lösungen sein, mit denen diese Krisen überwunden wurden.»[2]

Die gegenwärtige EU verdankt ihre Existenz ja nicht so sehr einem feierlichen Gründungsakt, nicht ein Big Bang stand an ihrem Anfang, eigentlich entwickelte sie sich naturwüchsig und zumeist recht unspektakulär aus der immer häufiger gelingenden gemeinschaftlichen, das heißt nicht-nationalstaatlichen Bewältigung von Herausforderungen.

Häufig wird dieser inkrementelle Ansatz als bloßes Durchwursteln («Muddling Through») diskreditiert. Dieser Eindruck mag bei oberflächlicher Betrachtung des Geschehens auf europäischer Ebene durchaus berechtigt sein. Er greift aber zu kurz, weil hinter diesen Vorgängen eine Logik steht: Stückwerk-Sozialtechnik

1 https://www.derstandard.at/story/2000116691971/juncker-nach-der-krise-werden-wir-bessere-europaeer-sein (25.7. 2020)

2 Jean Monnet, Erinnerungen eines Europäers, München-Wien 1978.

(Piecemeal engineering) im Sinne Karl Poppers[3] ergebnisoffen und der Methode von «trial and error» folgend. Ganz im Gegenteil zu den damaligen autoritären Gegenspielern, die die Menschen zwangsbeglückten und wo sich die Menschen den politischen Zielen anpassen mussten und nicht umgekehrt.

Der Erfolg des europäischen Integrationsprozesses beruhte auf diesem Prinzip. Die Fähigkeit zur gemeinschaftlichen Lösung von Problemen war daher auch viel wirkungsmächtiger als alle pathetischen Deklarationen und politischen Sonntagsreden, derer es zu keinem Zeitpunkt mangelte.

Probleme und Krisen waren per se keine Störfaktoren, vielmehr der Rohstoff für einen in Europa bislang unbekannten supranationalen Lernprozess. Lange bevor dieser Begriff allgemeine Verwendung fand, war das Bekenntnis zur Fehlerkultur seine wohl wichtigste Komponente. Die EU ist bisher immer «nach vorne gescheitert». «Failing forward» wurde gleichsam zu ihrem Erfolgsmotor.[4]

Will man beurteilen, was die EU im ersten Halbjahr 2020 alles falsch gemacht hat und vor allem formulieren, welche Reformnotwendigkeiten sich auf Grund der Coronakrise ergeben, dann muss man sich dieses Zusammenhanges klar sein. Und in diesem Sinne ist dem EU-Haudegen Juncker durchaus mit der angebrachten Vorsicht beizupflichten: nach der Krise *könnten* wir bessere EuropäerInnen sein. Gewiss ist das freilich keinesfalls.

Polykrise

Das hängt nicht nur von der geopolitischen Konstellation ab, die von der EU nicht nur mangels einer kohärenten Außenpolitik kaum beeinflussbar ist.

Das Ergebnis der amerikanischen Präsidentenwahlen wird dafür entscheidend sein, ob der Multilateralismus, der eine Konsequenz des Zweiten Weltkrieges darstellt, überhaupt noch eine Zukunft haben wird. Gegenwärtig scheint dieser Konsens zu schwinden und schmälert dadurch auch die Erfolgsaussichten eines supranationalen Projekts wie der EU. Wird das Ergebnis die «Bad Dreams» bestätigen, die Madeleine Albright in ihrem Buch *Fascism: A Warning*[5] verfolgen oder werden sie sich verflüchtigen?

3 Karl Popper, Das Elend des Historizismus, 1957.

4 Erik Jones, R. Daniel Keleman, Sophie Meunier, Failing Forward? The Euro Crisis and the Incom-plete Nature of European Integration, in: Comparative Political Studies 49 (7), S. 1.010-1.034.

5 Madeleine Albright, Fascism: A Warning, Harper New York 2018, S. 207 ff.

So oder so, ein zurück zum Status quo ante kann es nicht geben. Die EU kann man nicht einfach hochfahren und man darf daher auch nicht einfach zur Tagesordnung übergehen. Es ist Zeit für eine gründliche und grundsätzliche Manöverkritik.

Und man muss sich auch im Klaren sein, dass die Krisenherausforderung diesmal eine ganz andere ist als zu Zeiten der lähmenden Eurosklerose in den 1970er- und 1980er-Jahren. Die Union befindet sich in einer existenziellen Krise. Der Brexit ist ein warnendes Beispiel, wie sich eine halbherzig beantwortete Gemengelage von Fehlern, Empfindlichkeiten und Verdrehungen plötzlich in einer Eruption entladen kann, die man in solcher Intensität nicht erwartet hätte.[6]

Die gegenwärtige Krise trägt multiplen Charakter und ist zudem äußerst vielschichtig. Die schwerste Belastung stellt die seit fünf Jahren auch nicht annähernd gelöste Migrationskrise dar. Sie wurde zum Stimulus für Populisten aller Art («Bevölkerungsaustausch») und hat bewirkt, dass sich eine Ost-Westkluft aufgetan hat, die zu dem schon länger existierenden Nord-Süd Konflikt, der sich um das Mantra der Sparsamkeit («Schwäbische Hausfrau») zentrierte, hinzugetreten ist.

In beiden Fällen geht es um ideologisch überhöhte Gegensätze, die zeitweise als Glaubenskrieg ausgetragen werden und rationaler Argumentation kaum mehr zugänglich sind. Lösungen gelingen nur mehr partiell, oder können nicht adäquat kommuniziert werden, wie im Fall der «Eurokrise» oder sie werden gar nicht mehr zu Wege gebracht, wie im Fall der «Flüchtlingskrise».

Der Effekt ist fatal, weil er das Vertrauen in die Funktionsfähigkeit des europäischen Projekts nachhaltig beschädigt.

Zu diesen Krisen gesellen sich eine Reihe ungelöster Probleme, wie sozial unausgewogene Arbeitsmärkte, eine durch nationale Kurzsichtigkeit blockierte Digitalisierung des Binnenmarkts, ein zerstörerischer Steuerwettbewerb oder das faktische Nichtvorhandensein einer gemeinsamen Außen- und Sicherheitspolitik.

Mangelnde Kompetenzen

Aber nicht nur inhaltliche Probleme, sondern auch mangelnde Kompetenzen, engen die Handlungsfähigkeit ein. Sozialpolitik und Gesundheitspolitik sind kein wirklicher europäischer Aufgabenbereich. Beim Verfassungskonvent 2002

6 https://www.weidenholzer.eu/joesblog/der-brexit-als-weckruf/ (30.7.2020)

wurden entsprechende, immer wieder aufkeimende Vorstöße abgelehnt. Als Ersatz wurden parallel Instrumente einer sanften Steuerung forciert, wie die Methode der offenen Koordinierung (OMC). Mit dem Amtsantritt der Kommission Barroso (2004) gerieten diese Bereiche immer mehr in den Hintergrund und verschwanden allmählich aus der Agenda der neoliberalen Kommission.

Die heftig umstrittene Dienstleistungsrichtlinie des Kommissars Frits Bolkestein hatte trotz mancher Änderungen, die vom Europäischen Parlament durchgesetzt werden konnten, einen stark deregulierenden Einfluss. In vielen Bereichen wichen bewährte sozialpolitische Zielsetzungen bei der Dienstleistungserbringung einem blinden Vertrauen auf die vermeintlichen Vorzüge des Wettbewerbs. Und auch die Möglichkeit einer Regelung der Daseinsvorsorge nach gemeinwohlorientierten Prinzipien blieb bislang ungenutzt.

Die Sozial- und Gesundheitspolitik war also nicht bloß von der Europäischen Agenda ausgespart, die einstmals in lokaler, regionaler oder nationaler Souveränität erbrachten Dienstleistungen unterlagen vielmehr der Wettbewerbslogik des Binnenmarkts.

Erst Ende 2017 gelang es während der Präsidentschaft von Jean-Claude Juncker, mit einer feierlichen aber unverbindlichen Erklärung beim Gipfel in Göteborg der sozialen Dimension wieder einen Stellenwert zu geben.[7]

Die «Europäische Säule Sozialer Rechte» ist freilich ein ziemlich zahnloses Dokument, das keine grundlegenden Änderungen bewirkt, sondern eher Ausdruck des schlechten Gewissens ist, etwas in diesem Bereich tun zu müssen. Warum zu Beginn der Coronakrise die Meinung vorherrschte, die EU hätte bei der Krisenbekämpfung versagt, hängt natürlich zu einem großen Teil mit diesen nicht vorhandenen Kompetenzen zusammen.

Allerdings reicht diese Erklärung nicht aus. Wie erklärt man sonst, dass der österreichische Bundeskanzler schon im März die Untätigkeit der EU moniert, die «sich nach dem Ende der Coronakrise eine kritische Diskussion und Auseinandersetzung damit gefallen lassen müsse.»[8]

Diese unmissverständliche Aussage beruht sicher nicht auf Unwissen. Sonst wäre es ein leichtes gewesen, zusätzliche (von den nationalen Regierungen bislang verweigerte) Kompetenzen für die EU zu fordern. Vielmehr ist sie Beleg für ein reflexartiges Verhalten gegen «Brüssel», zu dem nationale Regierungen bei jeder passenden Gelegenheit greifen, um die eigene Wichtigkeit unter Beweis zu

7 https://www.cep.eu/fileadmin/user_upload/cep.eu/Studien/cepInput_Europaeische_Saeule_sozialer_Rechte/cepInput_Saeule_sozialer_Rechte.pdf (25.7.2020)

8 https://orf.at/stories/3159789/ (20.7.2020)

stellen. Dieses ritualisierte Blame Game ist nur möglich, weil es (noch immer) keine europäische Öffentlichkeit gibt, die den Wahrheitsgehalt solcher Behauptungen überprüfen und beurteilen könnte. Das Erklärungsmonopol, wie die Vorgänge auf europäischer Ebene zu bewerten sind, liegt in den Nationalstaaten. Mit zunehmender Wichtigkeit der Entscheidungen auf europäischer Ebene entsteht auf diese Weise ein gravierendes Legitimitätsproblem.

Nicht nur, dass Positives zumeist der nationalen Ebene und dem Einfluss der lokalen Politiker zugesprochen und alles (oftmals bloß vermeintlich) Negative «Brüssel» und seinen «abgehobenen Bürokratie» angelastet wird.

Supranational oder intergouvernemental

Dahinter verbirgt sich ein grundlegendes Konstruktionsproblem der EU. Es stehen sich zwei Methoden der Politikgestaltung auf europäischer Ebene gegenüber: die Gemeinschaftsmethode und die intergouvernementale Methode. Der Grundgedanke dahinter war, dass beide ineinandergreifen sollten. Im Prinzip ist das auch alles in den Verträgen geregelt wie etwa beim Gesetzgebungsverfahren.

In der Praxis kommt es freilich häufig zu einer Kollision. So wurde die Gemeinschaftsmethode von Angela Merkel während der Eurokrise bewusst umgangen. Der Rettungsschirm samt dazugehörendem Fiskalpakt wurde an den Europäischen Institutionen vorbei konzipiert.

Eine Entscheidung, die just zu einem Zeitpunkt erfolgte, wo mit dem Inkrafttreten des Lissabon Vertrags durch die Aufwertung des Europäischen Parlaments mehr gemeinschaftliche Politik möglich geworden wäre. Es war eine ganz bewusste Entscheidung, die freilich weitreichende Folgen hatte und der europäischen Idee sicherlich nicht nutzte. Zu einem Zeitpunkt, wo alle erwarten, dass man aufs Gaspedal tritt, die Bremse zu betätigen verwirrt.

Bei der «Flüchtlingskrise» war es ähnlich. Es waren die Mitgliedsstaaten, die ihren partikularen Interessen entsprechende Handlungen setzen, ihre Positionen nach Opportunität wechselten und eine dringend notwendige Reparatur des gemeinschaftlichen Rechtsbestands (Asylpaket) über Jahre hindurch blockierten. Immer häufiger ist festzustellen, dass Vorhaben auf Ratsebene blockiert und verzögert werden. Wie etwa im Fall der Art 7 Verfahren gegen Ungarn und Polen. Hier geht es um Mitgliedsstaaten, die sich offen gegen den in den Kopenhagener Kriterien vereinbarten Wertekodex aussprechen und in ihrer realen Politik wiederholt dagegen verstoßen haben.

Hatte es vor einem Jahrzehnt noch so ausgesehen, als ob sich Europa immer mehr vergemeinschaften würde und die Entwicklung Richtung einer «Ever Closer Union» ginge, steht mittlerweile eine Renaissance nationalstaatlicher Souveränität im Zentrum der Diskussion. Nicht mehr die Vision einer «Europäischen Republik» treibt die Entwicklung voran, vielmehr werden die gemeinschaftlichen Ambitionen vom Trugbild eines «Europas der Vaterländer» gebremst.

Die Behauptung, das gemeinschaftliche Europa würde nicht funktionieren, ist für alle Regierungschefs, die populistisch auf der Souveränitätswelle surfen, ein wichtiges Element ihrer Propaganda. Und deshalb darf es auch nicht funktionieren, das wäre dem politischen Geschäftsmodell, das einen ja an die Macht gebracht hat, abträglich. Also lieber nichts tun, als der Gemeinschaft einen Erfolg zu vergönnen. Zustimmung nur dann, wenn es unbedingt erforderlich ist. Ein solches Spiel ist freilich gefährlich. Mitunter wird der Surfer auch von dieser Welle verschluckt, wie das David Cameron passiert ist.

Solche innenpolitisch motivierten Manöver unterspülen die Grundfeste des europäischen Projekts: das wechselseitiges Vertrauen. In der Kombination mit finanziellen Fragen ist das toxisch, wie das bei den Diskussionen um den Corona-Wiederaufbaufonds und der wegen des Brexit erforderliche Diskussion um den gemeinsamen Haushalt deutlich wird. Da werden Verhandlungen schnell zu Glaubenskriegen.

Die gegenwärtige Krise der Union ist also vielschichtig: Ungelöste Grundsatzprobleme, mangelnde Kompetenzen, interinstitutionelle Spannungen und eine national segmentierte Wahrnehmung der Vorgänge.

Wem gehört die Krise?

Niemand war in Europa wirklich auf eine Pandemie solchen Ausmaßes vorbereitet. Das entschuldigt nichts, auch nicht, wenn das auch auf andere Regionen und Staaten oder die WHO genauso zutrifft.

Die EU hatte seit 2005 eine eigene Seuchenagentur in Stockholm (ECDC), zu deren Aufgabenbereich die Beobachtung der Entwicklungen zählt und seit 2013 auch einen Krisenmechanismus für solche Fälle, den die Kommission bereits am 29. Jänner, nicht einmal eine Woche nach dem Lockdown in Wuhan, bemühte. Die Pressekonferenz der beiden zuständigen Kommissare fand beinahe ohne Publikum statt, die Resonanz war gleich null.

Die Kommission hatte das Gefährdungspotential also bereits früh am Radar, auch die zuständige Agentur war alarmiert und sich der möglichen Gefährdungen vor allem wegen der regen Reisebewegungen rund um das chinesische Neujahrsfest bewusst, und schloss ein Risiko für die EU nicht aus, meinte allerdings, dass das niedrig wäre. Damit lag sie genauso daneben wie die WHO.

In diesen kritischen Wochen, wo es theoretisch noch möglich gewesen wäre gesamteuropäische Lösungen anzustoßen, waren die nicht gerade großzügig ausgestatteten Instrumente auf europäischer Ebene zu leise, zu schwach und die Bereitschaft der Nationalstaaten deren Botschaft aufzugreifen nicht vorhanden. Da sollte sich auch bei der Ratssitzung der Gesundheitsminister am 13. Februar zeigen, bei der Einreisebeschränkungen nach Europa (gerade auch seitens Österreichs) noch ausgeschlossen wurden.[9]

Zu dieser Zeit werden die Gefahren seitens der Mitgliedsstaaten noch heruntergespielt und noch glaubte man, dass genügend medizinische Geräte und Hilfsmittel vorhanden seien.

Innerhalb einer guten Woche ändert sich das alles, alles geht sehr rasch, die ersten Toten werden bekannt und in Norditalien kommt es zu katastrophalen Zuständen. Jetzt beginnen die Nationalstaaten, (in Deutschland gar die Bundesländer) zu reagieren, hektisch und jeder für sich allein. Von einer europäischen Koordination ist nichts zu spüren. Panisch werden die Grenzen geschlossen, unterschiedliche Konzepte der Eindämmung installiert, von ganz streng bis laissez faire. Was die verschiedenen Konzepte gemeinsam hatten, war, dass sie nationalstaatliche Lösungsversuche darstellten, nicht gezielt auf stark betroffene Regionen fokussierten, sondern auf Staatsgrenzen. Auch das Hochfahren ist nicht abgestimmt und führt mitunter wie im Fall Ischgl zu Beschleunigungseffekten. Wertvolle Zeit geht verloren. Jeder Staat ist sich selbst der Nächste.

Die ersten Wochen im März werden wohl den meisten für immer in Erinnerung bleiben. Noch nie seit dem Ende des Zweiten Weltkrieges gab es derartig massive Eingriffe in das Alltagsleben der Menschen. Erstaunlich widerspruchslos ging das vor sich. Die Menschen fügten sich ins Unvermeidliche, obwohl sie gravierende ökonomische und soziale Folgen zu tragen hatten.

In dieser Zeit standen die nationalen PolitikerInnen im Mittelpunkt. Einige nutzten diese Gelegenheit auch zur persönlichen Inszenierung. Schon bald war erkennbar, dass sie die Krisenbewältigung wie einen European Corona Contest anlegten.

Zu diesem Zeitpunkt wollte auch niemand (mehr) über Europa reden. Es war die Zeit, wo man die Ellbogen ausfuhr und sich nicht die Hände reichte.

Länder wie Italien oder Spanien fühlten sich im Stich gelassen. Italien musste auf medizinische Unterstützung aus Drittstaaten, sogar aus Kuba zurückgreifen, weil die europäische Solidarität nur zögerlich in den Gang kam. Als sich am 26. März die Staats-und Regierungschefs (virtuell) trafen, war die Glaubwürdigkeit

9 https://www.addendum.org/coronavirus/eu-reaktion/ (30.7.2020)

der EU am Tiefpunkt, von Totalversagen war die Rede, ein kritischer EU-Blogger titelte gar: «Der Tag, an dem die EU starb».[10]

Man hatte allen Grund, das glauben zu können. Das Europa der offenen Grenzen existierte nicht mehr, notwendige medizinische Güter wurden zurückgehalten, nicht einmal der Binnenmarkt funktionierte und politische Rivalen wie Russland oder die VR China zelebrierten ostentativ ihre Solidarität.

Totgesagte leben bekanntlich länger. Dieser Gipfel war vielmehr ein Wendepunkt. Zunächst einmal, weil die selbstverständlichen Dinge wieder ins Laufen kamen, grenzüberschreitende medizinische Kooperation initiiert und finanzielle Mittel für den Gesundheitssektor flüssig gemacht wurden. Auf Initiative der Kommission wurde eine Geberkonferenz initiiert, um die Entwicklung eines Impfstoffs zu beschleunigen.[11] Das öffentliche Interesse dafür war mäßig. Europa begann ganz unspektakulär wieder zu funktionieren, was natürlich nicht für Schlagzeilen sorgte.

Die hatten in diesen Tagen jene Regierungschefs, die sich als die großen Macher gerierten. Kurz geisterte sogar einmal das groteske Format «Smart 9-Staaten», die es angeblich besser machten als die übrigen durch die Medien und Österreich war natürlich an vorderster Stelle dabei.

Vor lauter Inszenierung übersah man allerdings die wesentlichen Entwicklungen. Die EZB – Schwachstelle während der Eurokrise – hatte ihre Lektionen gelernt und steuerte die Gemeinschaftswährung mit ruhiger Hand durch die schwierige Zeit, obwohl ihr mit dem Urteil des deutschen BVG der Wind ins Gesicht blies.[12]

Die Zentralbank ist der eigentliche Champion dieser Krise. Sie hat in den letzten Monaten gezeigt, dass es für gemeinsame Probleme nur gemeinsame Antworten geben kann. Whatever it takes.

Hatte sich beim Videogipfel Deutschland in alter Gewohnheit noch gegen gemeinsame Schulden gewehrt, klang das nicht einmal 2 Monate später gänzlich anders. Der deutsche Finanzminister sprach sogar von einem Hamilton-Moment der EU. Der ursprüngliche Plan eines zunächst befristet vorgesehenen 500 Milliarden Euro Wiederaufbaufonds mit eigenständiger Verschuldungsfähigkeit der Europäischen Kommission könnte tatsächlich eine ähnliche Wirkung entfalten

10 https://lostineu.eu/der-tag-an-dem-die-eu-starb/ (30.7.2020)

11 https://ec.europa.eu/info/live-work-travel-eu/health/coronavirus-response/timeline-eu-action_de (30.7.2020)

12 https://www.handelsblatt.com/finanzen/geldpolitik/ezb-entscheidung-urteil-aus-karlsruhe-wird-zum-eigentor-fuer-deutschlands-standing-in-europa/25808010.html?ticket=ST-1111477-IMYwwAirxqGlFzKOSxdJ-ap5 (30.7.2020)

wie die 1790 von Hamilton in Amerika eingeleitete Möglichkeit, eigene Steuern auf Bundesebene einzuheben.

Mit dieser überraschenden Neupositionierung Deutschlands, das nach Langem auch wieder demonstrativ den Gleichklang mit Frankreich suchte, wurde plötzlich wieder eine Richtungsänderung für ein gemeinschaftlicheres Europa sichtbar.

Der Marathon-Gipfel der Staats- und Regierungschefs im Juli hat diese Weichenstellung im Prinzip gutgeheißen. Vieles ist noch offen, es wird auch nicht schnell gehen und es wird Rückschläge geben. Auf jeden Fall bietet eine solche historische Zäsur auch eine willkommene Gelegenheit für die altbekannten Störmanöver. Einen Vorgeschmack lieferten bereits die Frugal Four, die sparsamen Vier. Wenn man schon mangels Relevanz nicht an vorderster Front dabei ist, dann kann man sich ja wenigstens als Bedenkenträger und potenzieller Verhinderer profilieren und sich seine Zustimmung mit Rabatten erkaufen lassen.

Wie weiter? - Zeit für Fehlerkultur

So verwegen dies vielleicht auch klingen mag, Covid-19 könnte für das von der Polykrise heimgesuchte Europa zu einer neuen Chance werden. Failing forward, sind wir wieder einmal daran, nach vorne zu scheitern?

Oder hat Corona doch das Ende des gemeinschaftlichen Europa eingeläutet, wie das so mancher Regierungschef insgeheim erhofft und die illiberalen Mächte unverfroren betreiben?

Wenn wir einfach so weiter tun wird's das wohl gewesen sein. Dann wird vielleicht nicht viel mehr übrig bleiben als die Wehmut, dass man gemeinsam vieles mehr erreichen hätte können. Ein Europa der Vaterländer, von dem Orbán & Co träumen, wäre ein zahnloser Papiertiger, hin und hergerissen zwischen den Interessen externer Mächte.

Was muss geschehen, damit so etwas nicht passiert?

Selbstzufriedenheit, die sich allerorten bereits bemerkbar macht – bei einzelnen nationalen Regierungen ebenso wie bei der Kommission – ist nicht angebracht. Ja vergleichsweise sind wir offensichtlich bisher besser durch die Krise gekommen als etwa die USA.[13]

13 https://www.zeit.de/kultur/2020-07/demokratie-usa-bedrohung-zukunft-daniel-ziblatt (30.7.2020)

Das hat auch Gründe. Offensichtlich existieren in Europa noch gesellschaftliches Verantwortungsbewusstsein, Vertrauen in rechtsstaatliches Handeln und politischer Gestaltungswille. Aber es hätte vieles besser gehen können, vor allem in der ersten Phase.

Jetzt ist eine schonungslose Aufarbeitung der Fehler und Mängel erforderlich. Das Europäische Parlament wäre der geeignete Ort dafür.

Ein zeitlich limitierter Sonderausschuss mit klaren Vorgaben könnte die dafür notwendigen Analysen erarbeiten. Nicht nur die Frage beantworten, an welchen Kompetenzen es mangelte, sondern auch warum die bestehenden Instrumente unwirksam waren. Wie es geschehen konnte, dass man die rechtzeitige Warnung der Kommissare vor der Pandemie ignorierte und die zuständige Agentur so daneben stand. Wieso dieser beispiellose Grenzschließungsexzess in den ersten Tagen passierte und der Binnenmarkt ausgerechnet bei der Lieferung von medizinischen Produkten nicht funktionierte. Oder, dass die Arbeitnehmerfreizügigkeit nur mehr bei prekären Arbeitsverhältnissen aufrecht blieb.

Es ist auch die Funktionsweise des Auswärtigen Dienstes der EU zu hinterfragen. Informationen aus China gelangten offensichtlich nur spärlich und mangelhaft rechtzeitig zu den entscheidenden Stellen.

Auch die Informationspolitik auf europäischer Ebene müsste Gegenstand sein. Falschinformationen, auch vorsätzlich produzierte, trugen zur Verunsicherung der Bevölkerung bei. Deshalb müsste es auch eine Evaluierung der veröffentlichten Zahlen und der unterschiedlichen Teststrategien geben. Der Sonderausschuss sollte sich natürlich auch der Erfolgsstories annehmen. Um eine europäische Öffentlichkeit zu erreichen, müssten auf jeden Fall die nationalen Parlamente mit einbezogen werden. Dafür existieren bereits jetzt entsprechende Möglichkeiten. Da die Sitzungen des EP im Gegensatz zum Rat grundsätzlich öffentlich sind, könnte ein solches Format auch einen wichtigen Beitrag zu einer gesamteuropäischen Diskussion leisten.

Ohne eine zeitnahe Review der Vorgänge der letzten Monate kann es auch keine sinnvolle Antwort geben, in welche Richtung sich die europäische Politik verändern müsste. Dafür braucht es empirische Befunde.

Deswegen bin ich auch eher skeptisch gegenüber aufs erste gut klingenden Forderungen nach einer Neugründung der EU oder einem weiteren Verfassungskonvent. Darauf zu insistieren hieße, die jetzt notwendigen Reformschritte auf den Sankt-Nimmerleins-Tag zu verschieben. Zumindest würden es einige im Hintergrund so betreiben. Jetzt geht es einmal um die sich aufdrängenden Reformen, jetzt ist der Zeitpunkt für inkrementelles Handeln. Das heißt freilich nicht, dass jede Reform automatisch willkommen ist. Also nicht Reform bloß um der Reform willen. Diese müssen eine Perspektive haben.

Der Krisenzustand der Eurosklerose, die sich in einer bürokratischen Verkrustung der Gemeinschaft äußerte, wurde damals durch das Projekt des Binnenmarktes aufgelöst. Die Idee dahinter war einfach: Wenn Menschen miteinander Handel treiben, möglichst ungehindert durch Grenzen und Zölle, dann kommen sie sich näher. Menschen, die miteinander in geschäftlichem Kontakt stehen, entwickeln wechselseitiges Vertrauen.

Mehr als drei Jahrzehnte sind vergangen seit Jaques Delors seine Visionen entwickelte und damit Europa wieder ins Zentrum des politischen Geschehens rückte. Es waren die vielen kleinen Schritte in diese Richtung, die die europäische Integration voranbrachten. Auch in der gegenwärtigen Situation braucht es einen solchen Impuls.

Die durch Corona zugespitzte Polykrise der EU verlangt nach einer neuen Idee, die im Sinn der Fehlerkultur die Defizite aufgreift und positiv beantwortet. Das heißt mehr gesellschaftliche Verantwortung durch Stärkung der gemeinschaftlichen Dimension. Viele haben aufgehört darauf zu vertrauen, dass ein gemeinsamer Binnenmarkt allen mehr Chancen bietet. Mit seiner Vollendung haben die Ungleichheiten zugenommen, zwischen den Staaten und innerhalb der Staaten. Die Kommerzialisierung und Privatisierung wichtiger Bereiche der Daseinsvorsorge hat entscheidend zur Entsolidarisierung beigetragen.

Dies ist eine entscheidende Lektion der Krise. Sie hat uns auch klar gemacht, dass gemeinwirtschaftliche Systeme besser funktionieren und es in der Bevölkerung aller Mitgliedsstaaten ein unerwartet hohes Ausmaß an Solidarität, Verständnis und Respekt gibt. Die Menschen haben ein natürliches Bedürfnis nach Sicherheit.

Gesellschaftliche Inklusion schafft diese Sicherheit. Das ist im Übrigen auch das beste politische Rezept gegen den zerstörerischen Rechtspopulismus.

Deswegen braucht es eine neue Leitidee. Schon immer gab es Versuche, die Forderung nach einem sozialen Europa in den Mittelpunkt zu rücken. Auch wenn das bislang immer gescheitert ist, heißt das nicht, dass man es trotzdem nicht immer wieder versuchen sollte. Dies ist Bestandteil der europäischen DNA. Immerhin gibt es die schon erwähnte «Europäische Säule Sozialer Rechte». Eine Säule reicht nicht, es müssen mehr sein, sonst können wir kein (soziales) Haus Europa errichten.

«Sozial» darf sich freilich nicht auf die Gegenwart beschränken, es muss die künftigen Generationen miteinschließen. Gemeinwohlorientierung ist eine Grundvoraussetzung für den Schutz unserer natürlichen Ressourcen. An die zukünftigen Generationen denken heißt auch öffentliche Investitionen zu tätigen, in ein umweltverträgliches Verkehrssystem, in Bildung und in die soziale Infrastruktur. Schulden sind nicht gleich Schulden, und oft stellen sie entgegen den mit geradezu religiöser Inbrunst vorgetragener Behauptungen auch keine Belastung der künftigen Generationen dar. Ganz im Gegenteil.

Sollten wir uns tatsächlich in Richtung «Hamilton-Moment» bewegen und auch eine gemeinschaftliche Verschuldung ermöglichen, dann kommt es vor allem auf die Leitidee an. Ein Europa, das lediglich ein gemeinsamer Markt ist verfügt nicht über die notwendige Resilienz. Ohne sozialen Zusammenhalt ist es nicht zukunftsfähig. Dann wird es wie schon jetzt durch Nord-Süd und Ost-West Konflikten etc. gelähmt sein, eine willkommene Gelegenheit für Interventionen von außen.

Ein soziales Europa wird sich nur dann positiv entwickeln, wenn es von einer breiten parlamentarischen Zustimmung getragen wird. Der Ausbau des Europäischen Parlaments ist auf halbem Weg stecken geblieben. Noch immer gibt es viele Möglichkeiten europäische Entscheidungen intergouvernemental am Parlament vorbei zu steuern. Vor allem existiert ein mediales Ungleichgewicht, das in vielen Mitgliedsstaaten einem nationalen Deutungsmonopol gleichkommt. Auch das wurde uns während der Krise vor Augen geführt. Demokratischer Diskurs funktioniert aber nur, wenn der Zugang zu Information und Mitsprache symmetrisch verteilt ist.

Daher muss nicht nur die Zusammenarbeit der nationalen Parlamente mit dem Europäischen Parlament intensiviert werden, vor allem der Rat braucht eine parlamentarische Legitimierung. Er sollte zu einer zweiten Kammer ausgebaut werden. Das wäre durchaus im nationalen Interesse der Mitgliedstaaten, weil damit endlich auch nachvollziehbar wäre, wie die intergouvernementalen Entscheidungen zustande kommen. Man wäre nicht mehr den Machenschaften ausgeliefert, vor allem würde manche Inszenierung durchschaubarer werden.

Die Coronakrise hat uns eindringlich vor Augen geführt, wie notwendig mehr Transparenz über die Vorgänge auf europäischer Ebene ist.

Für eine links-realistische Erneuerung der außenpolitischen Agenda der EU

Von Eldar Mamedov

Der Ausbruch von Covid-19 stellt eine beispiellose globale Herausforderung für die öffentliche Gesundheit dar, die sich laut Ansicht von Experten in Zukunft wiederholen könnte. Das Ausmaß der Auswirkungen, die Covid-19 auf die Weltpolitik haben wird, wird sich in den kommenden Jahren weiter herausstellen. Einige zentrale Herausforderungen, Möglichkeiten und Chancen sind jedoch bereits jetzt ersichtlich.

Vom Multilateralismus zur fragmentierten und instabilen Multi-Polarität

Die Pandemie passierte zu einem Zeitpunkt, wo unsere bestehende multilaterale, auf Regeln basierende Weltordnung zunehmend in Frage gestellt wird. Die Omnipräsenz demagogischer «Strongmen», wie Donald Trump, Wladimir Putin, Recep Tayyip Erdoğan, Narendra Modi, Benyamin Netanjahu, Jair Bolsonaro und innerhalb der EU Viktor Orbán (und seine Anhänger in anderen EU-Mitgliedstaaten) hat dazugeführt, dass sich ein «Mein-Land-zuerst»-Unilateralismus ausgebreitet hat, der die Grundprämissen der internationalen Zusammenarbeit sowie der europäischen Integration infrage stellt.

Staatliches Versagen oder eine fragmentierte Staatsführung in weiten Teilen der Welt, vor allem im Nahen Osten, in Nordafrika und in der Sahelzone oder in Südwestasien, haben sich ebenfalls nachteilig ausgewirkt. Sie haben zur Erosion der Weltordnung in Richtung einer instabileren Konstellation von Mächten und Akteuren mit unsicheren und wechselnden Agenden, Loyalitäten und Ressourcen beigetragen.

Auf europäischer Ebene gelang nach mühsamen Gesprächen den Staats- und Regierungschefs der 27 Mitgliedstaaten mit der Einigung auf ein Rettungspaket zur Wiederbelebung der Wirtschaft in der Höhe von 750 Milliarden Euro ein historischer Integrationsschritt. Der eigentliche Test wird freilich die Umsetzung des Pakets sein. Andere Herausforderungen für das europäische Projekt bleiben bestehen, insbesondere die nicht beseitigte Gefährdung durch autoritäre Entwicklungen in Mitgliedstaaten wie Ungarn oder Polen. Dies hat auch dazu geführt, dass die Anziehungskraft der EU als regelgestützte Gemeinschaft in ihrer unmittelbaren Nachbarschaft nachgelassen hat, was zu einem Rückfall in den Reformprozessen auch in den EU-Kandidatenländern Türkei und Serbien beigetragen hat.

Die neue Situation bedeutet jedoch auch eine Chance, grundlegende Mängel in unseren Wirtschafts- und Sozialsystemen aufzudecken und zu beheben und die internationale und europäische Agenda neu zu definieren. Sie um sozialdemokratische und umweltpolitische Inhalte zu erweitern, ist nicht mehr bloß eine Frage ideologischer Prioritäten, sondern eine existentielle Notwendigkeit. Diese neue Situation kann nicht nur die Beziehungen zwischen führenden globalen Akteuren – einschließlich der EU, der USA, Chinas und Russlands – verändern, sondern auch die Vorstellung vom «Westen» als einem monolithischen Block infrage stellen.

Covid-19 als möglicher neuer globaler Wendepunkt

9/11 bedeutete einen Wendepunkt, indem die Terrorismusbekämpfung zu einer übergreifenden Priorität in den internationalen Beziehungen wurde. Dies hat zu einer übermäßigen Konzentration auf den Nahen Osten geführt.

Die Wahl von Trump ins Weiße Haus bedeutete ein weiteres Moment für eine Rückkehr zum – durch den strategischen Revisionismus Russlands und Chinas bedingten – geopolitischen Wettbewerb der Großmächte.

Dies hat sich auch auf die EU-Außenpolitik ausgewirkt, was sich in Ursula von der Leyens «geopolitischer Kommission» und der zunehmenden Betonung der militärischen Verteidigung als Pfeiler der strategischen Autonomie Europas widerspiegelt. Die Covid-19-Pandemie zeigt uns jedoch erneut, dass die Rückkehr der Geopolitik ein veraltetes und unangemessenes Konzept darstellt, wenn es darum gehen soll, auf reale globale und regionale Herausforderungen zu reagieren.

Im Nahen Osten zum Beispiel kann der Abbau des durch ausländische Interessen getriebenen externen Interventionismus die Regionalstaaten dazu zwingen, ihre eigenen Wege des regionalen Gleichgewichts und der regionalen Zusammenarbeit zu finden. Schlüsselherausforderungen, wie die Sicherheit auf See, lassen sich besser durch eine wirksame Zusammenarbeit mit lokalen Akteuren bewältigen als durch eine ausländische Militärpräsenz und -aktion. Dies würde jedoch auch eine Überarbeitung der strategischen Ausrichtung einiger EU-Mitgliedstaaten mit ihren Partnern in der Region, insbesondere in der Golfregion, sowie die Aufrechterhaltung der im Gemeinsamen Standpunkt der EU verankerten Beschränkungen für Waffenexporte erfordern.

Innerhalb desselben regionalen Kontextes könnte ein Überdenken des «Krieges gegen den Terrorismus» eines der unbeabsichtigten Ergebnisse der Covid-19-Krise sein. Militärinterventionen unter amerikanischer Führung im Nahen Osten haben die Interessen der EU direkt bedroht. Sie säten die Saat für eine neue Art von Terrorismus, verkörpert durch Gruppen wie dem Islamischen Staat, führten zu einer enormen Ausweitung der Befugnisse der Strafverfolgungsbehörden und zur Stigmatisierung der muslimisch-arabischen Welt und Gemeinschaften, ohne das erklärte Ziel zu erreichen, den «Sumpf trockenzulegen», d.h. eine neue Ära liberal-demokratischer Regierungsführung im Nahen Osten einzuleiten.

Auf globaler Ebene ist die Rückkehr zu einer altmodischen Geopolitik ebenfalls unangemessen, da sie der Logik des Wettbewerbs den Vorrang einräumt und von der Maximierung der militärischen Macht der verschiedenen Akteure abhängt. Strukturell ist die EU schlecht gerüstet, um in der gleichen Liga zu spielen wie die USA, Russland oder China, wenn es um harte Macht geht. Die Proklamation einer «geopolitischen Kommission» ändert nichts an dieser Realität: Die EU ist kein Einzelstaat. Selbst wenn außenpolitische Entscheidungen im Rat zur qualifizierten Mehrheit übergingen, würde dies an sich nicht die Kluft zwischen Bestrebungen und Fähigkeiten schließen, obwohl es ein positiver Schritt nach vorn wäre.

Im gleichen Sinne sollte sich die EU im Bereich der Sicherheit und Verteidigung auf wesentliche und begrenzte Ad-hoc-Operationen konzentrieren, die die eigene Sicherheit der Union direkt betreffen und bei denen ein Erfolg in Reichweite ist, wie etwa die Durchsetzung des Waffenembargos in Libyen. Ehrgeizigere Pläne zum jetzigen Zeitpunkt könnten zu einer unerwünschten Militarisierung der EU-Außenpolitik und zu einer Überdehnung führen und sich daher bei dem Streben nach einer effektiveren EU-Außenpolitik als kontraproduktiv erweisen.

Wiederbelebung eines wirksamen Multilateralismus

Stattdessen sollte die EU eine globale Agenda fördern, die sich auf klare, identifizierbare globale Bedrohungen konzentriert, die grenzüberschreitende Maßnahmen erfordern. Globale Ungleichheiten, Klimawandel und Pandemien gehören zu den kritischsten Themen. Um diese Agenda erfolgreich voranzubringen, sollte die EU ihre strategische Autonomie behaupten und die Freiheit des multilateralen Handelns wiederentdecken. Dies würde unweigerlich eine Neubewertung der transatlantischen Verbindung mit sich bringen, die die USA und die EU seit dem Ende des Zweiten Weltkriegs verbindet. Die Covid-19-Krise hat die bereits bestehenden grundlegenden Differenzen mit der Trump-Administration in Bezug auf das Konzept des Multilateralismus weiter offenbart. Die Entscheidung Washingtons, die Mittel für die Weltgesundheitsorganisation (WHO) zu kürzen, Versuche, eine deutsche Firma zu bestechen, um sich die Exklusivrechte an einem Coronavirus-Impfstoff zu sichern, und die Verschärfung der Sanktionen gegen Iran und Venezuela, während die EU diesen Ländern Hilfe zur Bekämpfung von Covid-19 zusagte, verdeutlichen die Divergenzen. Die chaotische Reaktion der USA auf die Krise stellt die grundlegende Kompetenz der US-Regierung in Frage, die früher ein wichtiger Faktor für die europäische Ausrichtung auf die politischen Ziele Washingtons war, wenn auch nicht immer die Methoden geteilt wurden, mit denen diese Ziele verfolgt wurden.

Eine mögliche Wahl des demokratischen Kandidaten Joe Biden im November könnte diese Spaltungen überwinden und vielleicht sogar den Geist des Multilateralismus wiederbeleben. Die EU kann sich jedoch nicht auf die Launen der US-Wahlzyklen verlassen. Selbst unter einem demokratischen Präsidenten wird die Neuausrichtung der US-Außenpolitik von Europa nach Asien unverändert bleiben. Da die USA China als eine große Bedrohung ansehen, ist dies ein langfristiger Trend. Die EU sollte die transatlantische Zusammenarbeit begrüßen, wann immer sie möglich ist und im Interesse der Union liegt, aber sie kann nicht von vornherein auf sie zählen.

Die Pandemie, zusammen mit dem Klimawandel, sollte die EU auch dazu drängen, die Beziehungen zu China und Russland zu überdenken. Divergierende politische Systeme und Werte werden unweigerlich weiterhin eine Quelle von Spannungen und Wettbewerb sein. Die EU sollte weiterhin ihre Instrumente und Fähigkeiten verbessern, um Desinformation und anderen Formen der Einmischung in innenpolitische Prozesse, einschließlich feindlicher Übernahmen der strategischen Industrie- und Infrastrukturanlagen der Mitgliedstaaten, entgegenzuwirken. Sie sollte sich auch nachdrücklich gegen aggressive chinesische Aktionen in Hongkong und ganz Südasien wenden. Diese Maßnahmen sollten jedoch durch multilaterale Zusammenarbeit bei globalen Herausforderungen wie Pandemien, dem Klimawandel oder globaler Finanzfragen, ausgeglichen werden. Chinas Engagement für Multilateralismus und Partnerschaft in den internationalen Organisationen ist von größter Bedeutung, seine Fortsetzung sollte gesichert werden. Auch mit Russland sollte Europa über Fragen von globaler Bedeutung im Dialog bleiben, trotz permanenter Einmischung in Europa, sowie in den östlichen Partnerstaaten wie der Ukraine und Georgien. Dies schließt die Anwendung entsprechender Sanktionen nicht aus.

Als Reaktion auf die Covid-19-Pandemie ist ein Überdenken der Sanktionen als Instrument staatlicher Intervention in den internationalen Beziehungen angebracht. Es sollte eine klare Unterscheidung zwischen wirtschaftlichen/finanziellen und gezielten individuellen Sanktionen getroffen werden. Wirtschaftssanktionen sind ein stumpfes Instrument, das dazu neigt, die bereits bestehenden Dysfunktionalitäten der Staaten zu verstärken und der Zivilbevölkerung hohe Kosten aufzuerlegen, meist ohne die kritikwürdige Politik der Regime zu ändern. In Zeiten von Pandemien oder Naturkatastrophen schaden die Auswirkungen solcher Sanktionen der Zivilbevölkerung unverhältnismäßig stark. Dies ist nicht nur moralisch inakzeptabel, sondern auch aus wissenschaftlichen Gründen nicht zu rechtfertigen: Es ist nicht möglich, eine Pandemie auf das Hoheitsgebiet eines Staates zu beschränken. Solange unbeaufsichtigte Infektionsherde existieren, sind ganze Regionen und die ganze Welt in Gefahr. Die EU hat versucht, diese Auswirkungen abzuschwächen, indem sie den betroffenen Ländern Hilfe zugesagt und ihre Gebote für IWF-Notfallkredite unterstützt hat. Eine nachhaltigere, langfristige Antwort wäre auch, dass die EU nach Alternativen zum US-Dollar als Devisenwährung im Welthandel sucht. Das würde die legitimen Handelsinteressen der EU vor einer Bewaffnung ihrer beherrschenden Stellung auf den globalen Finanzmärkten durch die USA schützen. Durch diese Dominanz sind die USA derzeit in der Lage, der EU ihre politischen Präferenzen aufzuzwingen. In Zeiten von Pandemien und Naturkatastrophen kann die finanzielle Autonomie der EU Leben in den betroffenen Ländern und darüber hinaus retten.

Für eine neu belebte, gestärkte und reformierte International Governance

Um den Multilateralismus wiederzubeleben und seine Wirksamkeit zu maximieren, sollte die EU in die Stärkung europäischer (und anderer regionaler) und internationaler Organisationen investieren.

Die EU unterstützte die Forderung des UN-Generalsekretärs (UNSG) Antonio Guterres nach einem globalen Waffenstillstand zur Zeit von Covid-19. Da der Sicherheitsrat der Vereinten Nationen (VN-Sicherheitsrat) diesen Aufruf nicht unterstützt hat, sollte die EU mit der ganzen Bandbreite ihrer diplomatischen, wirtschaftlichen und sicherheitspolitischen Instrumente sich dafür einsetzen. Selbst ein vorübergehender Waffenstillstand könnte eine Dynamik erzeugen, die einer umfassenderen Deeskalation und Friedensverhandlungen förderlich ist.

Angesichts der wiederholten Warnungen von Forschern vor dem hohen Risiko künftiger klimawandelbedingter Pandemien sollte eine Stärkung der Partnerschaft mit der Weltgesundheitsorganisation (WHO) von prioritärer Bedeutung sein. Der WHO sollte auch Befugnisse eingeräumt werden, die Gesundheitspolitik der Regierungen zu beobachten, um einen besseren globalen Informationsaustausch über gesundheitliche Notfälle und Pandemien zu gewährleisten. Der Sicherheitsrat der Vereinten Nationen sollte die WHO zur Wahrnehmung dieser Aufgaben ermächtigen, möglicherweise durch eine Sonderresolution.

Die Ermächtigung der WHO sollte Teil eines umfassenderen Bestrebens sein, die Bemühungen des UNO-Generalsekretärs Guterres zur Stärkung und damit zur Reform der UNO umzusetzen. Dazu gehört auch eine Verdoppelung der Fortschritte in Richtung der Ziele, die in der Agenda für nachhaltige Entwicklung für 2030 festgelegt wurden, um «Wohlstand zu fördern und gleichzeitig den Planeten zu schützen».

Die EU sollte im Einklang mit den EU-Verträgen, strategischen Dokumenten und Aktionsplänen eine Vorreiterrolle bei der Verteidigung des humanitären Völkerrechts und der Menschenrechte übernehmen. Der Schutz der Menschenrechte sollte zu einem unverzichtbaren Element des außenpolitischen Instrumentariums der EU werden. Starke Klauseln zum Schutz von Arbeits-, Sozial- und Umweltrechten in internationalen Abkommen, die im Namen der EU unterzeichnet werden, sind essentiell. Die doppelte Krise der Pandemie und des Klimawandels unterstreicht die Notwendigkeit, neben den politischen und bürgerlichen Rechten auch die sozialen und wirtschaftlichen Rechte zu betonen, wie z.B. das Recht auf Zugang zu medizinischer Versorgung, insbesondere für die Schwächsten.

Für eine erneuerte progressive Diplomatie

In Zeiten eines schwächer werdenden Multilateralismus, der in ein anarchisches internationales System eingebettet ist, wird es für die internationale Gemeinschaft nur begrenzt möglich sein, eine vernünftige Politik umzusetzen. Letztlich hängt es von der Zusammenarbeit zwischen den Staaten, der Wahrung ihrer Souveränität und ihrer schwankenden Bereitschaft ab, Befugnisse an supranationale Institutionen zu delegieren.

Nur Staaten und Regierungen, die über eine starke innerstaatliche Legitimität verfügen, sind dazu in der Lage, das politisch umzusetzen. Rechtspopulisten suchen diese Legitimität in der Politik der «Schließung» von Grenzen, von Identitäten, Rechten oder Dienstleistungen. Für Progressive hingegen liegen die Quellen der Legitimität in ihrer Fähigkeit, Rechte zu erweitern und der Bevölkerung integrative soziale Dienstleistungen anzubieten, so dass die Wirtschaft den vielen und nicht den wenigen zugutekommt.

Dies wird nicht möglich sein, ohne das Problem der Ungleichheiten im Hinblick auf den Zugang zu Chancen, Ressourcen und Netzwerken anzugehen. Die

Früchte des Wirtschaftswachstums der letzten Jahrzehnte waren nicht gerecht verteilt, wobei einige multinationale Konzerne viel mehr Ressourcen kontrollieren als ganze Staaten. Die Konzentration des Reichtums hat einen Punkt erreicht, wo schätzungsweise 11,5% des globalen BIP unversteuert bleiben und in Steuerparadiesen dem Zugriff entzogen sind. Dies untergräbt die Fähigkeit der Staaten, ihren Sozialvertrag mit den Bürgern zu erfüllen, bestärkt den Aufstieg von Populisten und Nationalisten und schwächt folglich das internationale multilaterale System. Daher sollte eine konzertierte multilaterale Aktion zur Bekämpfung von Steuerhinterziehung, Steuerbetrug und unerklärlichem Reichtum – sowohl innerhalb als auch außerhalb der EU – für Progressive höchste Priorität haben. Ein wirklich starkes internationales System kann nur von unten nach oben aufgebaut werden, wobei die nationalen Regierungen genügend demokratische Legitimität besitzen müssen, um ihr politisches Kapital in die Stärkung multilateraler internationaler Institutionen zu investieren – angefangen bei der EU selbst bis hin zur UNO.

Politische Bewegung ohne Begegnung?

Europäischer Parlamentarismus in Zeiten der Coronakrise

Von Rebecca Kampl

Von den drei europäischen Institutionen lebt besonders das EU-Parlament davon, dass die Abgeordneten und ihre MitarbeiterInnen zusammen kommen und miteinander sprechen. Der Terminus «Parlament» leitet sich von dem lateinischen Wort «parlare» ab, es geht also in einem Parlament zentral darum, miteinander zu sprechen. Was aber wenn Maßnahmen gesetzt werden müssen, die das Parlamentsleben und damit die Kommunikation im Wesentlichen in die Onlinewelt verlegen und damit die analoge Begegnung monatelang auf fast null heruntergeschraubt wird? Notwendigste Kommunikation war zwar dank Internet über Grenzen relativ leicht und bequem möglich, dennoch hat das gefehlt, was Parlamentarismus ausmacht: die persönliche Begegnung.

Als Nicht-Orte bezeichnete der französische Philosoph Marc Augé Räume, in denen man sich nicht gerne aufhält.[1] Was ihnen abgeht, sind Identität und Geschichte. Beim bloßen Anblick der Parlaments und Bürogebäude in Brüssel drängt sich die Vorstellung der gefühllosen kalten Räume auf – endlos scheinende Gänge mit gleich ausschauenden Bürozellen und Nummern und klimatisierten Sitzungsräumen. Man könnte meinen, es handle sich um einen Nicht-Ort. Ein Gebäude hat für sich genommen keine demokratische Funktion – diese erhält es erst, wenn darin Demokratie organisiert wird. Es ist nicht die Architektur, die das Lebendige im Europäischen Parlament ausmacht – sondern die Kommunikation im Gebäude. Parlamente haben die Aufgabe, Begegnungen und Kommunikation zu organisieren. Für das Europäische Parlament als das größte direkt gewählte Parlament der Welt mit 705 Abgeordneten aus 27 europäischen Staaten und 24 verschiedenen Amts- und damit auch Parlamentssprachen,[2] trifft das im besonderen Ausmaß zu. Parlamente sind öffentliche Orte und Orte der

1 Marc Augé, Nicht-Orte, Frankfurt 1994.

2 Seit dem Beitritt Kroatiens 2013 sind folgende Sprachen EU-Amtssprachen und damit auch Parlamentssprachen: Deutsch, Französisch, Italienisch, Niederländisch, Dänisch, Englisch, Griechisch, Portugiesisch, Spanisch, Finnisch, Schwedisch, Estnisch, Lettisch, Litauisch, Maltesisch, Polnisch, Slowakisch, Slowenisch, Tschechisch, Ungarisch, Bulgarisch, Irisch, Rumänisch und Kroatisch. Englisch wurde auch nach dem Brexit als Amtssprache beibehalten.

Öffentlichkeit. Wenn diese verstummen, verstummt die Demokratie. Parlamente haben daher lebendige Orte zu sein.

EU-Parlament und Corona

Die Coronapandemie hat die Arbeit im Europäischen Parlament wesentlich beeinträchtigt. Eingespielte Prozesse waren von einem Tag auf den anderen nicht mehr möglich. Das EU-Parlament und seine AkteurInnen mussten die Arbeitsweise in vielerlei Hinsicht dem Virus anpassen. Dabei spielte vor allem Schnelligkeit eine wesentliche Rolle. Es kann angenommen werden, dass das schnelle Reagieren des aus dem schwer getroffenen Italien stammenden Parlamentspräsidenten David Sassoli, – er ließ das Parlament am 16. März 2020 schließen – dazu beigetragen hat, dass das EU-Parlament als ein Ort, wo Menschen aus allen europäischen Ländern zusammen kommen, «glimpflich» davon gekommen ist. Das EU-Parlament wurde aber nicht einfach geschlossen, sondern stand jederzeit allen Abgeordneten und MitarbeiterInnen offen – doch das Parlamentsleben wurde in die Onlinewelt verlagert. Ab Anfang April 2020 – knapp zwei Wochen nach dem Lockdown in den meisten europäischen Staaten – wurden sämtliche Ausschuss-Sitzungen und Plenartagungen in Remote, das heißt online, abgehalten. Die rechtlichen Grundlagen im Sinne der Geschäftsordnung hat die Konferenz der Präsidenten am 8. April 2020 beschlossen. Eingeführt wurde ein neuer Abstimmungsmodus – indem sowohl in den Ausschüssen als auch im Plenum elektronisch per Email abgestimmt wird. Die Abgeordneten erhalten ihren Abstimmungszettel per Email, dieser ist auszudrucken, persönlich auszufüllen, zu unterschreiben und an eine speziell eingerichtete Emailadresse des EU-Parlaments zurückzusenden. Die Auszählung erfolgte über qualifizierte BeamtInnen. Das System hat Schwächen, die persönliche Abstimmung und das Fortlaufen der parlamentarischen Tätigkeiten wurde dadurch aber für den notwendigen Zeitraum gewährleistet. Das EU-Parlament war dadurch in der Lage, seine laufenden Geschäfte nahezu in vollem Umfang aufrecht zu erhalten. Zusätzlich wurde für parlamentarische AssistentInnen und ParlamentsmitarbeiterInnen die Möglichkeit zur Telearbeit geschaffen, und eine Urlaubssperre verhängt. Selbst große Sitzungen wie die Fraktionssitzungen mit über 200 TeilnehmerInnen wurden online abgehalten, dazu mit Übersetzung. Auch kleinere Zusammentreffen wie Arbeitsgruppen und Verhandlungen konnten online durchgeführt werden.

Es hat funktioniert, aber für wie lange?

Das EU-Parlament war damit wochenlang im Online-Modus. Unter uns MitarbeiterInnen war die Stimmung anfangs durchaus positiv. Es machte sich eine gewisse Begeisterung darüber breit, dass das Parlament weiter funktioniert und wie es funktioniert. Der Sitzungskalender war beinahe so voll wie zu analogen Zeiten. Die Sitzungen fanden statt, sie verliefen allerdings anders. Einige junge weibliche Kolleginnen erzählten mir, dass sie sich fast wohler fühlen, weil Unterbrechungen und Störungen in der Diskussion abnehmen (in der Regel nur ein Mikrofon an) oder einfach weniger sichtbar waren. Gleichzeitig erzählen weibliche Parlamentsangestellte mit (Klein-)Kindern zu Hause, dass Homeoffice für sie unmöglich sei, weil sie alle paar Minuten gestört werden und Konzentration über einen längeren Zeitraum völlig unmöglich wäre. Nach einiger Zeit haben sich die Schwächen des Systems gezeigt. Hat man die anfängliche Müdigkeit nach zwei Stunden durchgehender Online-Diskussionen selbst noch unter einer Art der eigenen Ungewohntheit verbucht, geht das nach Wochen nicht mehr. Die Monotonie nimmt überhand. Es hat funktioniert, aber nicht sehr lange. Im Onlinebüro gibt es keine räumliche Trennung. Also keinen Beginn und kein Ende des Arbeitsalltages. Auch wenn die Wege wegfallen, man gibt damit viel auf.

Mit alledem fiel aber das weg, was Parlamentarismus zum nachhaltigen Funktionieren braucht: die analoge Begegnung. EU-Abgeordnete verfügen über freie Mandate. Als Mitarbeiterin im EU-Parlament weiß ich: Nicht nur das Abstimmen zählt zu den Kernaufgaben, sondern das Parlament ist eben auch das, was EU-ParlamentarierInnen aus ihrem Mandat machen. Das EU-Parlament hat ein Potenzial an multilateralen politischen Initiativen, die in der offiziellen Statistik nicht aufscheinen. Das Gespräch mit der spanischen Fraktionskollegin im Lift kann ebenso entscheidend sein für die Umsetzung der politischen Ziele wie die Idee selbst. Überzeugen, Mehrheiten schaffen und die Argumente sprechen lassen, all dies geschieht nicht nur in offiziellen Sitzungen, sondern auch in persönlichen Gesprächen im Lift, beim Mittagessen oder Kaffeetrinken. Das ist Parlamentarismus in der Praxis. Im Parlament geht es darum, zu überzeugen und im persönlichen Gespräch und in der öffentlichen Debatte Mehrheiten zu schaffen.

Wertvoller Austausch

Was Parlamentarismus zerstört ist Nicht-Kommunikation. Kommunikation findet auch online statt. Allerdings ist das eine Art von Kommunikation, bei der man froh ist, dass sie schnell vorbei ist. Sie wirkt ermüdend und fordernd. Bei zu viel an Kontrolle und Verwaltung droht das unter die Räder zu kommen, was Demokratie ausmacht: der Austausch; nicht nur unter einander, sondern auch mit den Bürgerinnen und Bürgern. Alljährlich besuchen tausende BürgerInnen das EU-Parlament in Brüssel und in Straßburg. Abgeordnete veranstalten Konferenzen im EU-Parlament und schaffen Räume für direkten Austausch. Wer zum Beispiel zu Umweltpolitik arbeitet, trifft sich mit NGO-VertreterInnen. So ergeben sich oft zufällige Gespräche rein durch die Begegnung und das Besuchen von Diskussionsveranstaltungen. Das alles ist jetzt weggefallen. Parlamentarismus und Demokratie kann ohne Begegnung und Austausch nicht funktionieren – Parlamentarismus braucht das, was die Menschen benötigen: Kommunikation und das Miteinander. Durch reine Online-Sitzungen wird die Möglichkeit zur Begegnung genommen. Das mag bequem sein, birgt aber auch Gefahren in sich – nicht zuletzt jene den Parlamentarismus dadurch zu schwächen.

In einer Demokratie gilt: Parlamentarismus muss uns auch etwas wert sein. Wir müssen es uns leisten, dass Abgeordnete zusammenkommen und die Infrastruktur haben, um ihre mit dem Mandat verbundenen politischen Pflichten zu erfüllen. Auf der einen Seite die Potenziale zu nutzen und doch dafür zu sorgen, dass die Debatte lebendig bleibt, ist die Herausforderung, die aus der Krise erwächst. Demokratie muss sich ständig verändern. Das Gleiche gilt auch für Europa und den Parlamentarismus. Besonders in Zeiten, wo die Schwächung der Parlamente durch den Rechtspopulismus droht, wird deutlich, dass funktionierende und selbstbewusste Parlamente keine Selbstverständlichkeit sind. Es geht um die Wahl von Abgeordneten, die sich nicht nur ihrem Gewissen, sondern auch dem Parlament als Ort der Entscheidungsfindung verantwortlich fühlen. Darauf haben wir uns als Demokratie verständigt und dies gilt es zu verteidigen.

Autoritarismus fühlt sich in der Krise wohl

In vielen Mitgliedsstaaten wurde die Krise dazu genutzt, die Mächte einzelner Regierungen auszubauen – Ungarn hat das nationale Parlament stillgelegt. Dagegen haben die EU-Institutionen gezeigt, dass sie stabil sind. Regierungen haben sich zum Teil mit Erlässen erschlagen, das EU-Parlament unaufgeregt weiter gearbeitet. Schon am 17. April wurde eine weitreichende Resolution[3] zur Krise verabschiedet. Gleichzeitig wurden auch symbolische Akte gesetzt. Das

3 Entschließung des Europäischen Parlaments – Abgestimmte Maßnahmen der EU zur Bekämpfung der Covid-19-Pandemie und irrer Folgen P9_TA(2020)0054 vom 17. 4. 2020

Parlamentsgebäude in Straßburg wurde Corona-Station – und im Brüsseler Parlament Essen an Obdachlose ausgeliefert. Die Abgeordneten wollen das nächste Mal vorbereitet sein und beschäftigen sich über den Sommer intensiv damit, wie die Geschäftsordnung krisenfest gemacht werden kann. Im Parlament wurde eine parlamentsinterne Arbeitsgruppe eingerichtet, die sich wöchentlich trifft, um Regelungen zu erarbeiten, wie das Parlament in Ausnahmesituationen arbeitsfähig bleiben kann. Das Ziel ist es, dass das Plenum bereits im September neue Regeln formal in ihre Geschäftsordnung aufnehmen kann. Das Tempo, in dem sich das Virus ausgebreitet hat, verdeutlicht, welch große Rolle Geschwindigkeit spielt. Gerade in Krisensituationen müssen notwendige Maßnahmen rasch im Plenum des Parlaments verabschiedet werden. Dass das nicht bedeutet, auf eine ordnungsgemäße und vollständige Bewertung verzichten zu müssen, hat das EU-Parlament bewiesen.

Nach der Krise

Die Mobilität der Arbeitskräfte in der EU könnte zum Schlüssel für den europäischen Zusammenhalt werden

Von Codruţa Filip

Covid-19 hatte tiefgreifende Auswirkungen für alle arbeitenden Menschen. Im besonderen aber waren jene sogenannten «entsandten Arbeitskräfte» aus dem Osten betroffen. Sie waren gleichsam die Notnägel, die vieles zusammenhalten mussten – unter schändlichen, ausbeuterischen Bedingungen. Die Krise hat das deutlich sichtbar gemacht und den Blick frei gemacht auf die Zukunft der Gesellschaft und ob wir wirklich so in Europa leben wollen.

Sicher hat die EU-Arbeitskräftemobilität den Menschen Beschäftigungsmöglichkeiten, zusätzliches Einkommen und Wissen gebracht. Die Mobilität hat sich jedoch wegen struktureller Entwicklungen aufgrund der zunehmenden Unterschiede zwischen westlichen und östlichen Mitgliedstaaten zu einer politisch sensiblen Problematik entwickelt.

Westliche Mitgliedstaaten werfen östlichen Unternehmen unlauteren Wettbewerb, Verstoß gegen den Grundsatz des «gleichen Entgelts für gleiche Arbeit» und Sozialdumping vor. Es wurde oft gezeigt, dass beispielsweise rumänische Arbeiter als entsandte Arbeiter nach Frankreich geschickt werden und dort im Baugewerbe für ein niedrigeres Gehalt als das eines französischen Arbeiters arbeiten. Die östlichen Staaten wiederum werfen westlichen Unternehmen vor, dass sie in dem Moment, in dem sie Unternehmen in Rumänien oder Bulgarien gründen, anstatt ihre Mitarbeiter nach den gleichen Standards wie in Frankreich zu bezahlen, die Löhne verringern und die Arbeitsbedingungen verschlechtern. Grund genug für vielerlei Frustrationen auf beiden Seiten.

Wenn man mit entsandten Arbeitnehmern und rumänischen Unternehmern in Belgien spricht, stellt man fest, dass auch sie gespalten sind. Einige Rumänen, die für ihre eigenen Baufirmen verantwortlich sind und keine entsandten Arbeitnehmer beschäftigen, sondern auf «Freiberufler» zurückgreifen, sind mit den gezahlten Löhnen und Versicherungsleistungen für entsandte Arbeitnehmer nicht besonders zufrieden, da das Arbeiten mit solchen entsandten Arbeitnehmern ihnen einen Wettbewerbsvorteil verschaffen würde, der auf einer unfairen Behandlung beruht. Andere behaupten, dass entsandte Arbeitnehmer genauso viel oder vielleicht sogar mehr als belgische Arbeitnehmer verdienen, und dass das Problem darin besteht, wer und wie die Steuern gezahlt werden, da die

Tagegelder nicht steuerpflichtig sind. Darüber hinaus werfen sie den großen belgischen Unternehmen unlautere Praktiken vor und behaupten, dass die Subunternehmerkette Arbeiter zu Sklaven mache, die manchmal nicht einmal ihre fälligen Zahlungen erhalten.

In ganz Europa greifen rechtsextreme und rechtspopulistische Parteien diese Unzufriedenheit auf und machen sie zum Angelpunkt ihrer Anti-EU-Agitation. Deutlich wurde das auch beim Brexit, wo eine «Invasion» rumänischer und polnischer Arbeiter herbei argumentiert wurde.

Die Covid-19-Krise machte nicht nur deutlich, wie sehr sowohl Einzelpersonen als auch Unternehmen, Krankenhäuser bei der medizinischen Versorgung oder die Lebensmittelindustrie von den östlichen Arbeitskräften abhängig sind. Sie könnte möglicherweise auch zum auslösenden Moment für eine vermehrte Rückkehr der Arbeitskräfte in ihre Herkunftsländer werden, als unmittelbarer Effekt der Wirtschaftskrise und als bewusste psychologisch erklärbare Entscheidung gegen die prekäre Unsicherheit und für die heimatliche Vertrautheit.

Am Beispiel Rumäniens

Rumänien ist der EU-Mitgliedstaat, der die meisten ArbeiterInnen entsendet. Nach offiziellen Angaben des Nationalen Statistikinstituts waren im Jahr 2016 rund 4 Millionen Rumänen im Ausland registriert. Diese Menschen haben sich hauptsächlich in Spanien, Italien, Griechenland, Portugal, Frankreich, Belgien, Großbritannien und Deutschland niedergelassen. Deren Zahl ist im Vergleich zu 2017 sogar um 7% gestiegen, während die Zahl der polnischen ArbeiterInnen, der zweitgrößten Gruppe, um 6% zurückging.

Die häufigsten Tätigkeitsbereiche sind: Bauwesen, Landwirtschaft, Tierschlachtung, Gastgewerbe, Einzelhandel und Gesundheitswesen, zunehmend auch in gut dotierten Positionen in Forschung und medizinischer Versorgung.

Während die rumänische Bevölkerung sowohl aufgrund der starken Migration als auch aufgrund der immer niedrigeren Geburtenraten zurückgegangen ist, zeigt das Nationale Statistikinstitut, dass sich die Zahl der im Ausland geborenen rumänischen Kinder verdoppelte. Das Verhältnis für 2013 betrug 12,5 Kinder pro 1.000 Einwohner, während das gleiche Verhältnis in Rumänien nur 9,3 betrug.[1]

1 2019 Annual Report on Intra EU labour mobility: https://ec.europa.eu/social/main.jsp?catId=738&langId=en&pubId=8242&furtherPubs=yes (1.8.2020)

Dumitru Sandu zufolge ist die Wurzel dieses Phänomens die Altersdemographie. Die Migranten sind Menschen zwischen 15 und 48 Jahren, während die zu Hause zurückgelassenen Rumänen älter sind und älter werden.

Die Bevölkerung des Landes nimmt auch deswegen ab, weil sich viele Familien für eine Wiedervereinigung im Ausland entscheiden. Im Laufe der Jahre bringen die Eltern, die finanzielle Stabilität erreicht haben, ihre Kinder mit. Wenn sich dieser Trend – und dieses Tempo – fortsetzt, wird die Bevölkerung Rumäniens nach Schätzungen bis 2050 voraussichtlich auf 14,5 Millionen sinken.[2]

Die massive Abwanderung hat sich auch negativ auf den Arbeitsmarkt ausgewirkt. Beunruhigend ist der Mangel an Fachkräften. Das betrifft sowohl hoch wie niedrig qualifizierte Berufe. Auf der anderen Seite haben im Ausland tätige Rumänen im Jahr 2018 fast 3 Milliarden Euro nach Hause geschickt, was der Rekord bei europäischen Rücküberweisungen ist.

Wachgerüttelt durch die Krise

Diese geschilderten Probleme lassen sich nicht nationalstaatlich lösen. Es braucht einen europäischen Handlungsrahmen. Nicht nur wegen des signifikanten wirtschaftlichen und sozialen Beitrags der entsandten Arbeiter und der nicht akzeptablen Ausbeutung auf dem Arbeitsmarkt und trotz des unzureichenden Zusammenhalts und der fehlenden Empathie zwischen den Mitgliedstaaten.

Covid-19 brachte wieder Themen wie die Motivationsgründe für eine Auswanderung, die Art und Weise, wie die Grenzen für die Saisonarbeiter geöffnet wurden oder das nationalstaatliche Management von Schlüsselsektoren wie der Lebensmittelindustrie auf die politische Agenda. Je länger die Krise dauerte, desto häufiger stellten sich grundsätzliche Fragen wie jene nach der Nachhaltigkeit der Lebensmittel, die wir während der Pandemie auf unseren Tischen hatten.

Was das alles mit Solidarität zu tun hatte, zeigte sich am Beispiel der «mobilen» östlichen Arbeitskräfte. Ihre Arbeit in Krankenhäusern, im Gesundheitswesen und in der Lebensmittelkette waren unverzichtbar. Trotzdem waren sie unterbezahlt und mussten prekäre Existenzen auf sich nehmen.

Die Pandemie hat viele nachdenklich gemacht. Aber bringt diese Krise auch soziale Veränderungen mit sich? Kommt es zu einem Paradigmenwechsel in Richtung einer integrativeren Gesellschaft?

2 Dumitru Sandu, The Romanian Journal of European Studies no.5-6/2007

Wir brauchen eine radikale Veränderung der Wertigkeit, was für Europa wichtig ist. Ein anderes Wirtschaftsverständnis, das moralischen Kriterien folgt, die Menschen in den Mittelpunkt rückt und niemanden zurücklässt. Der European Green Deal ist ein wichtiger Schritt in einem solchen Veränderungsprozess, weil er deutlich macht, dass wir nicht wie gewohnt weitermachen können und dass unser Verhalten gegenüber der Natur und der Gesellschaft eine Veränderung erfordert.

Politische Forderungen alleine reichen nicht. Es bedarf auch eines geänderten, glaubwürdigen Verhaltens. Die alltägliche Praxis muss von wechselseitigem Respekt getragen werden.

Wie es nicht sein sollte, zeigt das spektakuläre Beispiel der rumänischen Saisonarbeiter in der deutschen Fleischindustrie. Wenn eine Regierung beschließt, im Pandemiekontext die Ausreise Hunderter ungeschützter Arbeitnehmer zwecks Arbeit zuzulassen, dann hat das langfristig negative Auswirkungen auf das Image Rumäniens. Da geht es nicht nur darum, die Rechte der Arbeitnehmer zu schützen, sondern auch sichtbar zu machen, dass Länder wie Rumänien im Globalisierungsprozess und auch im europäischen Binnenmarkt instrumentalisiert werden. Eine Wahrnehmung, die in der Diaspora vor allem bei der jungen Generation deutlich bemerkbar ist. Diese oft schmerzhaften Erfahrungen, haben auch zu einer Veränderung politischer Einstellungen geführt und zu Auswirkungen auf das Wahlverhalten.

Es wird in Europa keine faire Mobilität geben, solange es in den Herkunftsregionen kein Bewusstsein dafür gibt, dass Arbeit gerecht und fair entlohnt werden muss. Veränderungen beginnen bei uns zu Hause, in den Ländern, aus denen die Arbeitnehmerinnen entsandt werden. Sie erfordern Investitionen, Bildung und Beschäftigung in den armen Regionen, wo der Push-Faktor besonders wirksam ist. Faire Mobilität bedeutet vor allem, dass Mobilität nicht erzwungen ist, sondern freiwillig erfolgt.

Ein europäischer Handlungsrahmen

Die europäische Gewerkschaftsbewegung argumentiert zu Recht, dass die Pandemie lediglich Ungerechtigkeiten sichtbar gemacht hat, die schon lange existierten. Und es ist nicht hinzunehmen, dass die Wettbewerbsfähigkeit auf dem Elend der Menschen, dem Mangel an angemessenen Arbeitsbedingungen, menschenunwürdiger Unterbringung und mangelndem Schutz vor dem Virus aufbaut.

Die jüngsten Fälle in Deutschland und Spanien machen deutlich, dass eine klare Umsetzung der bereits geltenden Rechtsvorschriften, stärkere und wirksamere Arbeitsaufsicht und obligatorische Informationen über Rechte und Ansprüche schon vor der Abreise nötig sind.

In den wenigsten Fällen sind die Inhalte des Arbeitsvertrags in die Muttersprache übersetzt und klare Kenntnisse über die Kettenverantwortung bei vertraglichen Problemen fehlen weitgehend. Die meisten Arbeitnehmer wissen nicht, was es bedeutet, Mitglied einer Gewerkschaft zu sein und wie sie sich bei Vertragsverletzungen organisieren sollen.

Lokale Gewerkschaften sollten Ressourcen bereitstellen, um direkt mit den Arbeitnehmern kommunizieren zu können, um sie bei ihren Bemühungen zu unterstützen. Eine solche Zusammenarbeit erhöht die Chancen, eine faire Behandlung am Arbeitsplatz durchzusetzen. Ich konnte bei meinen Recherchen und Erkundungen immer wieder «Außengewerkschaften» von polnischen und rumänischen Arbeitern finden, die isoliert um ihre Rechte kämpften.

Auch die Haftung der Subunternehmer sollte Teil dieser Diskussion sein. Schon 2010 beschrieb Alessandro Leogrande bei seiner «Reise» in die Welt der Sklaven,[3] die in den landwirtschaftlichen Einrichtungen Europas arbeiten, die Rolle der Zwischenhändler. Jeden Sommer kommen Menschen aus Rumänien, Polen, aber auch aus Afrika nach Tavoliere in Süditalien, um Safran, das «rote Gold» zu ernten. Sie sind Opfer der Zwischenhändler, die von der Gier der örtlichen Farmbesitzer nach billiger Arbeit profitieren. Sie leben in provisorischen Hütten unter schrecklichen Hygienestandards, ihre Arbeitsbedingungen sind gefährlich und unmenschlich. Das Ganze ist irgendwie aus der Zeit gefallen, so wie wenn sich seit Jahrhunderten nichts verändert hätte. Die Ausbeutung in der Lebensmittelindustrie ist allgegenwärtig und nutzt die Schwächen des Systems gnadenlos aus. So verdienen rumänische ArbeiterInnen bei der Apfelernte in der Gegend um Bolzano/Bozen 6,00 Euro pro Stunde, ihre Lebensumstände sind katastrophal, MoldawierInnen von der anderen Seite des Flusses Prut sind bereit, dieselbe Tätigkeit um 2,50 Euro zu verrichten.

Dies ist in der Tat ein dynamischer Arbeitsmarkt, wo die Vermittler Unsummen verdienen. Fragt man sich, warum sich die Betroffenen solche Grausamkeiten gefallen lassen, dann kann die Antwort nur eine Mischung aus Verzweiflung, Notwendigkeit und Hilflosigkeit sein. Solange es keine effiziente Kontrolle gibt, werden die Menschen diesem System ausgeliefert sein. Wie schlecht das Über-

3 Alessandro Leogrande, Uomini e caporali, Viaggio tra i nuovi schiavi nelle campagne del Sud, Milano 2016.

wachungssystem ausgeprägt ist, zeigt ein Beispiel von einer Inspektion auf einer in Cinecitta betriebenen Baustelle. «Sie hatten offensichtlich mit den Kontrollen gerechnet, da sie alles getan hatten, um ein Fußballspiel auf dem nahe gelegenen Spielfeld zu organisieren. Als die Inspektoren auftauchten, spielten alle, die ohne die richtigen Dokumente beschäftigt waren Fußball direkt vor ihrer Nase: Niemand bemerkte, dass dies eine besonders ungewöhnliche Situation war.»

Covid-19 wurde zum reality-check dieses mobilen Arbeitsmarktes, es enthüllte auch die düsteren Arbeitsbedingungen in den Schlachthöfen in Deutschland, die die Arbeitskräfte zu Opfern der Pandemie machten. Hier wurde die mangelnde Verantwortung der Auftragnehmer und Subunternehmer deutlich. Es ist eine soziale Krise, die hier sichtbar wurde. Erklärungen von politisch Verantwortlichen wie des nordrhein-westfälischen Ministerpräsidenten Armin Laschet, es seien die Rumänen gewesen, die das Virus übertragen hätten, tragen dazu bei, dass die Kluft zwischen Ost und West vertieft wird.

Gerade jetzt ist es notwendig, sich auf das Verbindende zu konzentrieren. Die Saisonarbeiter aus Osteuropa tragen wesentlich zur Aufrechterhaltung und zum Funktionieren der Lebensmittelkette bei. Sie sind deswegen ein wichtiges Element der Gemeinsamkeit. VerbraucherInnen sollten es nicht länger hinnehmen, dass die Produkte, die täglich auf den Tisch kommen, unter Ausbeutung und Missbrauch hergestellt werden. Das Bewusstsein dafür beginnt sich zu ändern.

Die Kernfrage ist, wie die europäischen Mobilitätsvorschriften geändert werden können, um mehr Gleichgewicht zu schaffen. Die wirtschaftliche Ungleichheit in der EU schadet nicht nur den Bürgerinnen, sondern dem gesamten europäischen Projekt. Alle Maßnahmen, die auf einen angemessenen Mindestlohn auf europäischer Ebene abzielen, sind daher wichtig.

Die Kommission erwägt derzeit sowohl verbindliche als auch unverbindliche Instrumente für eine EU-Mindestlohninitiative. Sowohl eine Richtlinie im Bereich der Arbeitsbedingungen als auch eine Empfehlung des Rates könnten den unzureichenden Zusammenhalt zwischen den Mitgliedstaaten beheben und ein angemessenes Einkommen für alle gewährleisten.

Es wäre auch wichtig, dass die Europäische Kommission neue Leitlinien für die Rolle der «Essential Workers» in der europäischen Wirtschaft ausarbeitet, die einen Rahmen, wie die Mängel zu beheben sind beinhalten müssen. Darüber hinaus müssen die Mitgliedsstaaten die positive Arbeit der Sozialpartner in diesen Fragen ernst nehmen und eine gemeinsame Erklärung zum Schutz der Saisonarbeiter mitunterzeichnen.

Die Europäische Arbeitsbehörde sollte voll funktionsfähig sein, vor allem muss es eine enge Koordinierung zwischen den Arbeitsaufsichtsbehörden geben, um endlich eine wirklich vollständige Überprüfung der Situation an den Arbeitsplätzen sicherzustellen.

Auch die zukünftige Farm-to-Fork-Strategy muss den Schlüsselbeitrag der mobilen Saisonarbeiter zur Lebensmittelkette überdenken. Eine unverbindliche Absichtserklärung zur Chancengleichheit wird nach der Covid-19-Krise nicht mehr ausreichen. In einer ungleichen Gesellschaft wird das Erbe von unfairer Behandlung von den nächsten Generationen zu spüren sein. Darüber hinaus ist der Wiederaufbauplan der Kommission «Next Generation EU», auf den man sich nach langem Hin und Her geeinigt hatte, ein wichtiger politischer Impuls, um alte Wunden zu reparieren und die Klüfte zu überwinden.

Die politischen und sozialen Identitäten von MigrantInnen und entsandten ArbeiterInnen sind sowohl von den Heimatländern als auch von Aufnahmegesellschaften geprägt. Sie wissen am besten, wie Europa ist und was seine Mängel sind. Die politisch Verantwortlichen sollten sich dessen bewusst sein. Wenn man die Probleme der Menschen in der Diaspora ernst nimmt, dann legt man einen wichtigen Baustein für den Zusammenhalt in Europa.

Abwehren, internieren, rückführen und gelegentlich ein humanitäres Spektakel

Wie Corona der Abschottungsstrategie der EU an der griechischen Außengrenze Auftrieb gibt

Von Ramona Lenz

Abwehren, internieren, rückführen: Ein Dreiklang der Entrechtung, der sich an vielen Orten der Welt im Umgang mit unerwünschten Flüchtlingen und Migrant_innen durchgesetzt hat. Die Europäische Union arbeitet von der nigrischen Sahara bis in die AnKER-Zentren der Caritas in Deggendorf oder Lebach in Deutschland daran, ihn in konkrete Maßnahmen umzusetzen. Vor allem die an den Außengrenzen der Europäischen Union etablierten «Hotspots» dienen ihr als Provisorien und Laboratorien, in denen die möglichst restriktive Gestalt des zukünftigen europäischen Grenzregimes erprobt wird. Die mit Inkrafttreten des EU-Türkei-Abkommens am 18. März 2016 auf den griechischen Inseln geschaffenen Sonderrechtszonen bieten einen besonderen Rahmen, die Entrechtung von Menschen auf der Suche nach Schutz und Teilhabe auf die Spitze zu treiben und davon gleichzeitig mit der gelegentlich als humanitäres Spektakel inszenierten Rettung und Aufnahme einiger weniger besonders geschundener Individuen abzulenken. Die Coronapandemie erweist sich als willkommene Gelegenheit für viele, die brutalen Abschottungsmaßnahmen zu legitimieren und innenpolitisch Handlungsfähigkeit unter Beweis zu stellen. Darauf baut die deutsche Bundesregierung, die am 1. Juli 2020 die EU-Ratspräsidentschaft für ein halbes Jahr übernommen hat, bei der geplanten Reform des Gemeinsamen Europäischen Asylsystems auf.

Abwehren

Jüngstes Beispiel für die Maßlosigkeit, mit der an den EU-Außengrenzen Abwehr um jeden Preis betrieben wird, ist der schwimmende Zaun, mit dem der griechische Grenzschutz die Überfahrt von Flüchtlingen und Migrant_innen aus der Türkei verhindern wollte. Die knapp drei Kilometer lange und rund 500.000 Euro teure schwimmende Barriere, die ursprünglich für den Umweltschutz konstruiert wurde, sollte im Nordosten der griechischen Insel Lesbos zum Einsatz kommen, wo seit einigen Jahren immer wieder Flüchtlinge versuchen, von der

Türkei aus über das Ägäische Meer nach Griechenland überzusetzen. Weithin sichtbar sollte sie eine abschreckende Wirkung entfalten und es der griechischen Küstenwache und der europäischen Grenzschutzagentur Frontex leichter machen, das Gebiet zu kontrollieren. Der Effekt wäre vor allem symbolisch gewesen, hätte aber in einigen Fällen den Fluchtweg länger und gefährlicher gemacht. Inzwischen hat man von dem Projekt abgesehen.[1]

Menschenrechtler_innen haben türkischer wie griechischer Küstenwache in den letzten Jahren immer wieder die Beteiligung an illegalen Pull- bzw. Pushbacks in der Ägäis nachgewiesen, also am Zurückdrängen von Flüchtlingsbooten von griechischen in türkische Gewässer.[2] Während unter der Syriza-Regierung von 2015 bis 2019 ein deutlicher Rückgang solcher Fälle zu verzeichnen war, wird das Vorgehen der griechischen Küstenwache seit einigen Monaten wieder skrupelloser und perfider. Die Motoren der Flüchtlingsboote werden zerstört, Schlauchboote aufgeschlitzt und die Menschen in türkisches Gewässer zurückgedrängt. Zudem hat die griechische Küstenwache zuletzt wiederholt sogenannte «Rettungsinseln» eingesetzt, um die Menschen abzudrängen. Diese schwimmenden Luftkissen haben keinen eigenen Antrieb und sind nicht steuerbar, so dass die Menschen an Bord vollkommen hilflos auf dem Meer herumtreiben. Selbst Flüchtlinge, die schon heil auf einer der griechischen Inseln angekommen waren, wurden auf «Rettungsinseln» verbracht und wieder auf dem offenen Meer ausgesetzt.[3] Die dabei begangenen Rechtsverletzungen sind vielfältig: Die griechische Küstenwache verstößt nicht nur gegen das Recht auf körperliche Unversehrtheit, sondern auch gegen den völkerrechtlichen Grundsatz der Nicht-Zurückweisung sowie das Verbot von Kollektivabschiebungen und verwehrt Schutzsuchenden das Recht, Asyl zu beantragen. Alles ungestraft.

Menschenrechtsorganisationen berichten seit vielen Jahren über die Beteiligung von Frontex an illegalen Zurückweisungen an der griechischen Grenze und fordern, den Frontex-Einsatz in Griechenland zu beenden.[4] Stattdessen beschloss die Europäische Kommission jedoch, Frontex ab 2020 nicht nur erheblich aufzustocken, sondern auch die Kompetenzen der Agentur zu erweitern, was

1 https://www.tagesschau.de/ausland/griechenland-fluechtlinge-barriere-101.html (20.7.2020)

2 https://alarmphone.org/de/2020/01/10/niemand-kann-den-regen-aufhalten/?post_type_release_type=post (20.7.2020)

3 https://mare-liberum.org/de/news/neue-pushback-strategie-die-griechische-kuestenwache-setzt-gefluechtete-in-rettungsinseln-auf-dem-meer-aus/ (20.7.2020)

4 https://www.proasyl.de/pressemitteilung/festung-europa-abruesten-frontex-einsatz-an-der-griechischen-grenze-abbrechen/ (20.7.2020)

die menschenrechtliche Kontrolle der Organisation erheblich erschwert. Schon jetzt ist es für Opfer von Menschenrechtsverletzungen durch Frontex schwer, rechtlich gegen die Europäische Agentur für die Grenz- und Küstenwache vorzugehen.[5]

Frontex ist nicht nur auf dem Meer aktiv, sondern auch in der Evros-Region im Nordwesten Griechenlands, wo immer wieder Menschen versuchen, über den Grenzfluss Evros in die EU zu gelangen, ein lebensgefährliches Unterfangen, das schon viele Todesopfer forderte. Pushbacks finden auch hier seit Jahren statt. Nachdem der türkische Präsident Erdoğan Ende Februar einseitig die Grenze Richtung EU für Flüchtlinge öffnete, spitzte sich die Lage sowohl auf den griechischen Inseln aus auch in der Evros-Region dramatisch zu. Tausende Flüchtlinge sammelten sich an der Grenze im Nordwesten Griechenlands und auch die Ankünfte auf den griechischen Inseln nahmen zu. Daraufhin sahen sich gewaltbereite Rassist_innen berufen, den Grenzschutz selbst in die Hand zu nehmen. Von Maraş im Süden der Türkei über die griechischen Inseln bis an den Evros und darüber hinaus taten sich selbst ernannte «Bürgerwehren» unter internationalem Beifall zusammen, um hemmungslos Flüchtlinge anzugreifen. Auch Helfer_innen und Journalist_innen wurden bedroht und verletzt. Es wurden sogar tödliche Schüsse auf Flüchtlinge abgefeuert, die man zuvor als «Invasoren» und «Terroristen» verbal zum Abschuss freigegeben hatte.

Die EU-Kommission reagierte damit, Griechenland in kürzester Zeit 700 Millionen Euro Unterstützung zuzusagen – nicht jedoch für den Flüchtlingsschutz, sondern für den Grenzschutz. Das Geld soll also genau an die Kräfte fließen, die sich vielfältiger Menschenrechtsverletzungen gegen Schutzsuchende haben zu Schulden kommen lassen. Als die griechische Regierung kurz darauf das Asylrecht für einen Monat aussetzte, als könne man Menschenrechte nach Belieben ein- und ausschalten, blieb Europa stumm. Dass diese beispiellose Verletzung internationalen und europäischen Rechts geduldet wurde, führte dazu, dass die Staatsanwaltschaft von Mytilene auf Lesbos Strafanzeige gegen die Asylsuchenden erstattete, die zwischen dem 1. März und dem 1. April 2020 über Lesbos nach Griechenland eingereist sind. 850 Personen haben nun eine mehrjährige Haftstrafe zu befürchten, darunter unbegleitete Minderjährige, Schwangere, Schwerkranke und eine Frau, die bei der Überfahrt ihr Kind verlor.[6] Der rech-

5 https://www.proasyl.de/news/frontex-eine-grenzschutzagentur-der-superlative/ (20.7.2020)

6 https://dm-aegean.bordermonitoring.eu/2020/07/19/hias-greece-criminal-charges-pressed-against-the-asylum-seekers-who-arrived-in-lesvos-in-march-2020/ (14.8.2020)

te Mob kann sich also mehrfach bestätigt sehen: Pogromartige Gewalt gegen Flüchtlinge führt zu den gewünschten politischen und strafrechtlichen Maßnahmen.

Die anhaltenden und zum Teil starken Proteste der Seebrücke-Bewegung in Ländern wie Deutschland und Österreich, die eine Aufnahme von geretteten Flüchtlingen aus dem Mittelmeer und aus griechischen Flüchtlingslagern fordert, sowie die Dokumentation der Menschenrechtsverletzungen an der griechischen EU-Außengrenze durch Menschenrechtsorganisationen, führten bei Weitem nicht zu vergleichbarem Erfolg. Bis auf wenige besonders vulnerable Fälle von unbegleiteten oder kranken Minderjährigen, die Deutschland, Portugal und Finnland von den griechischen Inseln aufnahmen, lässt die EU Griechenland mit der Versorgung und Unterbringung der Menschen weitgehend allein und setzt ansonsten weiter darauf, dass die Türkei-Flüchtlinge von der Weiterreise nach Griechenland abhält. Erst Anfang Juni sicherte die EU-Kommission der Türkei weitere Zahlungen in dreistelliger Millionenhöhe zu, damit sie die Menschen trotz verschlechterter wirtschaftlicher Situation aufgrund der Coronakrise wenigstens notdürftig weiter versorgt. Das Geld fließt zusätzlich zu den sechs Milliarden Euro, die die EU der Türkei seit dem Flüchtlingsabkommen von 2016 zugesagt hat, damit sie die Grenzen zur EU für Flüchtlinge verschließt. Die Situation der Flüchtlinge in der Türkei ist trotz der Finanzhilfen aus der EU und entgegen allen Beteuerungen äußerst prekär.[7]

Wie erpressbar sich die EU durch das Abkommen gemacht hat, zeigen die massiven Reaktionen auf die als Provokation gewerteten einseitigen Grenzöffnungen der letzten Monate durch den türkischen Präsidenten Erdoğan. Nachdem die Flüchtlinge, die Erdoğan Ende Februar an die griechische und bulgarische Grenze gelockt hatte, brutal zurückgedrängt und schließlich von der Grenze abtransportiert worden waren, wurden Mitte April erneut Busse mit tausenden von Flüchtlingen aus dem Inneren der zu diesem Zeitpunkt bereits stark von dem Corona-Ausbruch betroffenen Türkei an die griechische Grenze gekarrt. Diesmal nach Izmir, von wo aus es nicht weit ist bis auf die griechischen Inseln. In Griechenland wurde die Abwehr der Menschen legitimiert, indem man sie als Infizierte verunglimpfte, die das Virus ins Land brächten. Genau wie Malta und Italien, die sich aufgrund von Corona weigerten, Flüchtlinge von Rettungsschiffen aufzunehmen, kam die Pandemie Griechenland offenbar gelegen, um die rigorose Abwehr von Flüchtlingen zu legitimieren. Und Erdoğan erreichte

7 https://www.tagesschau.de/ausland/situation-syrische-fluechtlinge-tuerkei-101.html (14.8.2020)

zumindest teilweise, was er wollte: mehr Geld von der EU sowie freie Hand für Menschenrechtsverletzungen in der Türkei und für die türkische Militäroffensive in Nordsyrien. Auch im aktuellen Streit um Öl- und Erdgasvorkommen im Mittelmeer stärkt das Flüchtlingsabkommen Erdoğans Verhandlungsposition.

Internieren

Flüchtlinge, die es trotz aller Abwehrmaßnahmen während der Coronapandemie auf eine der griechischen Inseln schaffen, kommen nicht direkt in die vollkommen überfüllten Lager, sondern müssen zunächst direkt an ihren Ankunftsorten verbleiben. Auf Lesbos müssen sie beispielsweise an abgelegenen Stränden im Norden der Insel, 40 Kilometer entfernt vom kürzlich abgebrannten Lager Moria, 14 Tage im Freien campieren, selbst wenn ihr Coronatest negativ ausfällt.[8] Aber auch alles, was danach kommt, stellt kaum eine Verbesserung dar. Die Situation von zehntausenden von Menschen in den heillos überbelegten und völlig unzureichend ausgestatteten Lagern auf Chios, Kos, Leros, Lesbos und Samos ist seit Jahren desaströs. Keines der Lager war darauf ausgelegt, Menschen über einen längeren Zeitraum zu beherbergen.

Im Zuge des EU-Türkei-Abkommens waren die Lager auf den griechischen Inseln zu «Hotspots» erklärt worden, um hier beschleunigte Asylverfahren durchzuführen. Für die Menschen, die nach dem 18. März 2016 ankamen, gilt Residenzpflicht auf den Inseln bis zu einer Entscheidung über ihren Asylantrag. Diejenigen, die Anspruch auf Schutz in Europa haben, sollten zügig auf andere EU-Länder verteilt und die anderen wieder in die Türkei abgeschoben werden. Doch von all dem ist wenig geblieben. Nach wie vor ist nur ein Bruchteil der Menschen in andere EU-Staaten verlegt worden. Selbst wer ein Recht auf Familienzusammenführung hat, kommt häufig nicht aus Griechenland heraus. Stattdessen sind seit dem 15. März 2017 sogar wieder Dublin-Abschiebungen aus anderen EU-Ländern nach Griechenland möglich, sofern Flüchtlinge dort zuerst europäischen Boden betreten haben. Gleichzeitig stocken die Abschiebungen aus Griechenland in die Türkei dank der Klagen von Nichtregierungsorganisationen wie Refugee Support Aegean (RSA): Griechische Gerichte bestätigten, dass die Türkei kein sicheres Land für Flüchtlinge ist.

Griechenland wird so zu einem Freiluftgefängnis für viele Flüchtlinge, die weder vor noch zurück können. Das kann man als politisches Versagen werten oder

8 https://www.tagesschau.de/ausland/fluechtlinge-lesbos-corona-101.html (20.7.2020)

als Strategie, die auf die abschreckende Wirkung der Zustände in den Lagern setzt, für die zugleich niemand Verantwortung übernimmt – nicht die betroffenen Kommunen auf den Inseln, nicht die griechische Regierung und auch nicht die EU. Die dramatischen Folgen dieser Politik der Verantwortungslosigkeit müssen die Menschen in den «Hotspots» ausbaden. In einfachen Campingzelten oder selbstgebauten Hütten, in denen es im Winter zu kalt und im Sommer zu heiß ist, ohne genügend Zugang zu Sanitäranlagen, sauberem Wasser, medizinischer Versorgung oder gar Bildung und abgefertigt mit schlechtem Essen warten die Menschen oft monate- oder gar jahrelang darauf zu erfahren, wie es mit ihnen weitergeht. Viele leiden an Krankheiten und Verletzungen wie Krätze, Durchfall, Atemwegsinfektionen oder Rattenbissen, die den Lebensumständen geschuldet sind.

Hinzu kommt die schwierige psychosoziale Situation. Erlebnisse vor und während der Flucht sowie die Lebensumstände im Lager belasten die Menschen stark. Viele leiden unter Depressionen und Angstzuständen, und es kommt immer wieder zu Suiziden, selbst unter Kindern. Niemand sorgt für Sicherheit, so dass nicht nur Frauen und Kinder häufig gewalttätigen Übergriffen ausgesetzt sind. Seit dem Ausbruch der Coronapandemie kommt die Angst vor dem gefährlichen Virus hinzu, dem die Menschen in den Lagern schutzlos ausgeliefert wären. Präventionsmaßnahmen organisieren sie weitgehend selbst.[9] Die offiziellen Präventionsmaßnahmen greifen viel zu kurz und könnten eine Ausbreitung des Virus nicht verhindern, zumal nicht einmal besonders gefährdete Personengruppen evakuiert wurden.[10]

Aufgrund der Überbelegung und der unhaltbaren Zustände kommt es immer wieder zu gewaltsamen Protesten und Bränden sowie zu Konflikten mit Inselbewohnerinnen und -bewohnern. Besonders massiv waren die Proteste von verschiedenen Seiten, als die griechische Regierung Ende Februar – kurz vor der einseitigen Grenzöffnung durch die Türkei – begann, Baumaschinen und Materialien für die Errichtung geschlossener Lager auf die Inseln zu bringen. Auf Lesbos kamen in derselben Nacht hundert Bereitschaftspolizist_innen und Polizeifahrzeuge aus Athen an, um die Errichtung des neuen geschlossenen Lagers abzusichern, das den «Hotspot» Moria ersetzen soll. Die Regierung in Athen wusste, dass sich die Lagerpläne für die Inseln nur gegen den Willen der Menschen vor Ort durchsetzen lassen. Sowohl auf Chios als auch auf Lesbos war die Polizei mit dem massiven Widerstand von Flüchtlingen und lokaler Bevölkerung

9 https://www.medico.de/dringender-hilferuf-in-zeiten-von-corona-17726/ (14.8.2020)

10 https://www.medico.de/existenzielle-unsicherheit-17774/ (14.8.2020)

konfrontiert. Sie setzte Tränengas ein, um Blockaden zu durchbrechen. Die Menschen ahnten: Ein seit Langem schon unerträglicher Ausnahmezustand soll zu einem Dauerzustand gemacht werden. In den Sonderrechtszonen auf den griechischen Inseln sollen die Elenden der Welt, die die EU nicht bereits vor ihren Grenzen stoppen konnte, langfristig geparkt werden. Dagegen wehrten sich die Menschen auf den griechischen Inseln aus unterschiedlichen Beweggründen mit aller Kraft. Mit Erfolg: Die Bereitschaftspolizei zog ab, die Errichtung der geschlossenen Lager wurde verschoben. Die griechische Regierung erwägt seither, sie auf kleinen, unbewohnten griechischen Inseln anzusiedeln.

Die kurz darauf folgende Ausbreitung der Coronapandemie scheint den Plänen für geschlossene Lager jedoch nun in die Hände zu spielen. Dass die mit der Eindämmung der Pandemie begründete Ausgangssperre für die Flüchtlingslager seit Monaten immer wieder verlängert wird, während Einheimische und Tourist_innen sich längst wieder weitgehend frei in Griechenland bewegen können, erhöht die Sicherheit für die Menschen in den Lagern nicht. Sie sind stattdessen ohne Ausweichmöglichkeit weiter einer physisch wie psychisch extrem belastenden Situation ausgesetzt. Und müssen zudem mit der erhöhten Sorge leben, dass das Virus mit den privilegierten Reisenden nun doch noch in größerem Ausmaß die Inseln und damit auch die Lager erreicht.

Allein auf Lesbos sind seit Öffnung der Inseln Ende Mai mehrere neue Covid-19-Fälle bekannt geworden.[11] Dass die Ausgangssperren für die Lager immer wieder verlängert werden, während so gut wie nichts zur Verbesserung der Lebenssituation der Menschen unternommen wird, damit sie sich wirkungsvoll vor dem Virus schützen können, macht deutlich, dass es nicht um die Gesundheit der Flüchtlinge geht, sondern darum, sie zu kontrollieren und vom Rest der Bevölkerung abzusondern.[12] So werden die «Hotspots» unter dem Vorwand der Pandemie-Eindämmung schleichend in geschlossene Lager umgewandelt bzw. solche Lager erprobt.

Als am 2. September der erste Covid-19-Fall in Moria bekannt wurde und die Menschen fürchten mussten, nicht nur selbst zu erkranken, sondern im Fall einer Ansteckung von ihren Familien isoliert zu werden, regte sich erneut Protest. Wenige Tage später brannte das Lager komplett nieder und fast 13.000 Menschen

11 https://www.facebook.com/MoriaCoronaAwarenessTeam/ (20.7.2020)

12 Das bestätigt auch die Schließung des Covid-19-Zentrums der Hilfsorganisation Ärzte ohne Grenzen auf Lesbos durch die griechischen Behörden. Die fatalen Folgen, die diese Schließung im Falle einer Verbreitung des gefährlichen Coronavirus in Moria für die Menschen im Lager hätte, werden billigend in Kauf genommen. https://www.aerzte-ohne-grenzen.de/presse/griechenland-lesbos-schliessung-covid-19-zentrum (20.7.2020)

standen auf der Straße. Innerhalb weniger Tage gelang es der griechischen Regierung diesmal, ein Grundstück auf Lesbos anzumieten und ein neues voraussichtlich geschlossenes Lager zu errichten.

Rückführen

Bevor das Lager niederbrannte, gab es auch in Moria schon einen geschlossenen Bereich, die Gefängnis-Sektion, in der Menschen teilweise über Monate hinweg festgesetzt wurden, oft ohne rechtliche Grundlage. Manche saßen dort, weil ihr Asylantrag abgelehnt wurde und man sie bis zur Abschiebung festhielt. Andere wurden dort einfach aufgrund ihrer Nationalität inhaftiert. Es gibt ein spezielles Schnellverfahren für Menschen aus Ländern mit niedriger Anerkennungsrate in Europa, bei denen man davon ausgeht, dass sie mit hoher Wahrscheinlichkeit abgeschoben werden. Als niedrig gilt eine Rate von unter 25%, obwohl in diesem Fall statistisch gesehen immerhin jeder vierte Asylantrag erfolgreich ist. Dennoch werden Asylanträge von Menschen aus Ländern mit niedriger Anerkennungsrate schon direkt als wahrscheinlich unbegründet betrachtet und sie werden unmittelbar nach ihrer Ankunft ohne Prüfung individueller Asylgründe für bis zu drei Monate inhaftiert. In dieser Zeit soll das Asylverfahren abgeschlossen werden, was jedoch häufig nicht gelingt. Die Wahrscheinlichkeit, dass ihre Asylanträge abgelehnt werden, ist vor allem auch deshalb hoch, weil die Menschen in der Haft meist keinen Zugang zu Rechtsberatung haben. Die niedrigen Anerkennungsraten werden so bestätigt, «eine sich selbst erfüllende Prophezeiung», wie Migrationsforscherin Valeria Hänsel meint.[13]

Aber es waren auch Menschen in der Gefängnis-Sektion von Moria in Abschiebehaft, die einer sogenannten «freiwilligen Rückkehr» in ihr Herkunftsland oder in die Türkei zugestimmt haben. Zahlenmäßig ist die «freiwillige» Rückkehr mit dem Programm «Assisted Voluntary Return and Reintegration» (AVRR) der Internationalen Organisation für Migration (IOM), die sich direkt im Registrierungsbereich von Moria befand, sogar deutlich relevanter als Abschiebungen. Viele werden von den elenden Lebensbedingungen und der langen Wartezeit auf den griechischen Inseln zermürbt und stimmen eher aus Verzweiflung als «freiwillig» einer Rückkehr zu. Genauso wie Menschen, die abgeschoben werden

13 Valeria Hänsel, Gefangene des Deals. Die Erosion des europäischen Asylsystems auf der griechischen Hotspot-Insel Lesbos, München 2019, S.65: https://bordermonitoring.eu/berichte/2019-gefangene-des-deals/ (14.8.2020)

sollen, kommen sie unmittelbar nach ihrer Entscheidung für eine «freiwillige» Rückkehr in Haft, bis man sie irgendwann in Handschellen auf die Fähre in die Türkei bringt. Geht es um eine Rückführung in Herkunftsländer, kann die Haft der «freiwilligen Rückkehrer_innen» auch schon mal Monate dauern, denn es muss erst die Zustimmung des betroffenen Landes eingeholt werden.[14] So sitzen Menschen über lange Zeiträume hinweg im Gefängnis, die nichts anderes verbrochen haben, als in Europa Schutz zu suchen, und warten auf ihre Abschiebung oder Rückführung.

Wer in die Türkei abgeschoben oder rückgeführt wird, landet häufig wieder in einem Gefängnis. Dort ist der Zugang zu Unterstützung noch schwieriger. Viele werden schließlich in die Länder abgeschoben oder rückgeführt, aus denen sie geflohen sind. Auch Syrer_innen sind davor nicht sicher.[15] Ein Schutz vor dem neuartigen Coronavirus und anderen Krankheiten ist für Geflüchtete in Gefängnissen freilich noch einmal schwieriger.

Ausblick

Unmittelbar nachdem die rechtskonservative Nea Dimokratia Mitte 2019 in Griechenland die Regierungsverantwortung übernahm, setzte sie ihren restriktiven Kurs in der Flüchtlingspolitik um. Sie schränkte den Zugang zu öffentlicher Gesundheitsversorgung für Geflüchtete noch mehr ein und versprach mehr und schnellere Rückführungen in die Türkei. Im Oktober 2019 verabschiedete sie ein neues Asylgesetz (Gesetz 4636/2019), das die Hürden für Menschen, die internationalen Schutz suchten, erheblich erhöhte. Es beinhaltete die Ausweitung der asylbezogenen Inhaftierung, die Zurücknahme der Schutzmaßnahmen für besonders gefährdete Gruppen und die Erweiterung des Konzepts der «sicheren Drittländer», was alles in allem die Chance auf ein faires Asylverfahren sowie erfolgreiche Berufungsverfahren erheblich verringerte. Außerdem kündigte die Regierung die Schaffung geschlossener Einrichtungen mit Ein- und Ausgangs-

14 Valeria Hänsel und Bernd Kasparek, Hotspot-Lager als Blaupause für die Reform des Gemeinsamen Europäischen Asylsystems? Politikfolgenabschätzung des Hotspot-Ansatzes in Griechenland, Expertise für den Rat für Migration 2020, S.13: https://www.frnrw.de/fileadmin/frnrw/media/EU_Asylpolitik/rfm-expertise-hotspots.pdf (14.8.2020)

15 Maybritt Jill Alpes, Sevda Tunaboylu, Orcun Ulusoy, Saima Hassan, Post-deportation risks under the EU-Turkey Statement: What happens after readmission to Turkeiy?, Florenz 2017: https://core.ac.uk/download/pdf/132265579.pdf (14.8.2020)

kontrollen in ganz Griechenland an.[16] Insbesondere Letzteres konnte sie dank der Coronapandemie beschleunigt vorantreiben.

Die Maßnahmen der griechischen Regierung stehen weitgehend mit dem in Einklang, was Deutschland mit der Neuausrichtung des Gemeinsamen Europäischen Asylsystems (GEAS) während seiner EU-Ratspräsidentschaft in der zweiten Jahreshälfte 2020 vorschwebt: In einem Konzeptpapier vom Februar 2020 schlägt die Bundesregierung vor, den eigentlichen Asylverfahren eine Vorprüfung voranzustellen – idealerweise schon vor der Einreise – und die Verfahren mit der Priorisierung von zu erwartenden Ablehnungen und Abschiebungen zu beschleunigen. Für das künftige GEAS zeichnen sich vor diesem Hintergrund Konturen ab, die bereits seit einigen Jahren in den «Hotspots» auf den griechischen Inseln erprobt wurden, wenn auch mit mäßigem Erfolg. Dazu gehört insbesondere die Ausweitung freiheitsentziehender Maßnahmen in «grenznahen Infrastrukturen der Internierung und Abschiebung».[17] Valeria Hänsel und Bernd Kasparek kommen in ihrer kürzlich vorgelegten Studie *Hotspot-Lager als Blaupause für die Reform des Gemeinsamen Europäischen Asylsystems?* zu dem Schluss: «Es muss davon ausgegangen werden, dass die vorgeschlagene GEAS-Reform mittelfristig zur Etablierung großer, grundsätzlich geschlossener Flüchtlingslager an den europäischen Grenzen führen wird.» Alles, was nach dem Brand in Moria auf Lesbos geschieht, scheint diese These zu bestätigen.

Die Maßnahmen zur Eindämmung der Coronapandemie werden aller Voraussicht nach nicht vollständig wieder aufgehoben, sondern im Zuge der schleichenden Umsetzung der geplanten restriktiven Maßnahmen gegen Geflüchtete und Migrant_innen verstetigt werden.[18] Die gelegentliche medienwirksame Aufnahme einiger weniger besonders schutzbedürftiger Flüchtlinge – bevorzugt kranker Kinder – in anderen europäischen Ländern, die gerne als humanitäres Spektakel inszeniert werden, widerspricht diesem Szenario nicht. Sie kommt den Forderungen der Zivilgesellschaft nach kommunaler Aufnahme ein wenig entgegen und versucht dadurch, die Akzeptanz der entrechtenden und restriktiven Maßnahmen an und vor den EU-Außengrenzen zu erhöhen.

16 https://www.amnesty.de/informieren/amnesty-report/griechenland-griechenland-2019 (20.7.2020)

17 Hänsel/Kasparek 2020, 7ff.

18 Vgl. hierzu auch Sofian Naceur, Covid-19 Is Grist to the Border Regime Mill, Could a new era for EU border control be on the horizon? 2020: https://www.rosalux.de/publikation/id/42597?cHash=072def4d9b7a926af12e71659887d5d1 (20.7.2020)

Corona und Big Data. Was die Pandemie für die digitale Transformation bedeutet

Von Meropi Tzanetakis

Die Coronapandemie stellt politische Entscheidungsträger*innen, Zivilgesellschaft und Wirtschaft vor große Herausforderungen: Ausgangsbeschränkungen in Österreich und vielen anderen Staaten, Grenzschließungen, Aufrechterhaltung kritischer Infrastrukturen. Dabei werden die zahlreichen Maßnahmen zur Reduzierung der globalen Ausbreitung des Coronavirus und die Folgen der Krisen den Globalen Norden und den Globalen Süden vermutlich noch länger beschäftigen. Während der Covid-19-Virus weltweit multiple und voneinander abhängige Krisen[1] hervorgerufen bzw. verstärkt hat, etwa die Gesundheits-, Ernährungs-, Wirtschafts- und Klimakrise sowie die Krise der Sozialsysteme, zählt die Digitalisierung zur Gewinnerin[2] der Krise. Einen Digitalisierungsschub erfahren haben dabei ganz unterschiedliche Bereiche wie die Arbeit, Bildung, Studium, Kommunikation, Produktion, Marketing, Vertrieb etc. Dabei haben Home-Office, Videokonferenz-Tools, E-Governance, Online-Handel und Streaming-Dienste, um nur einige Beispiele zu nennen, einen enormen Zuwachs erfahren. Sie alle sind ohne das Internet und daran anknüpfende digitale Technologien undenkbar. Die digitale Transformation unserer Gesellschaften wird aufgrund der Coronakrise wahrscheinlich nicht nur stark an Bedeutung gewinnen, sondern auch die Geschwindigkeit dieser Veränderung dürfte stark zunehmen.

Dieser Beitrag[3] befasst sich mit zwei konkreten Aspekten der digitalen Transformation, die durch die Coronapandemie beschleunigt wurden und nähert sich dem darin zugrundeliegenden Informationskapitalismus aus einer kritischen Perspektive. In einem ersten Schritt möchte ich folglich die theoretische Linse

1 Ulrich Brand, Post-Wachstum und Gegen-Hegemonie. Klimastreiks und Alternativen zur imperialen Lebensweise, Hamburg 2020.

2 Roberto Simanowski, Die Coronakrise pflügt unsere Gesellschaft um – und wenn es einen Gewinner gibt, dann ist es die digitale Welt, in: Neue Zürcher Zeitung, 20.4.2020, https://www.nzz.ch/meinung/es-gibt-einen-sieger-in-der-coronakrise-die-digitale-welt-ld.1551064 (25.5.2020) Olivera Stajić, In den kühlen Armen der Digitalisierung, in: Der Standard, 4.5.2020, https://www.derstandard.at/story/2000117240630/in-den-kuehlen-armen-der-digitalisierung (25.5.2020)

3 Gefördert durch den Austrian Science Fund (FWF): Projektnummer J4095-G27.

des Informationskapitalismus vorstellen, um in einem zweiten Schritt zwei Aspekte des digitalen Wandels zu beleuchten, die durch die Covid-19-Pandemie vorangetrieben werden: Daten als Rohstoff und Daten als Kontrollinstrument. Zum einen werde ich zeigen, wie Daten zu einem Rohstoff geworden sind, den Internet-Nutzer*innen der führenden Technologie-Unternehmen GAFAM[4] (Google, Amazon, Facebook, Apple oder Microsoft) bereitwillig im Austausch für die oftmals gebührenlose soziale Teilhabe den Konzernen zur Verfügung stellen, während die Technologiefirmen sie gewinnbringend verwerten. Zum anderen möchte ich anhand des Beispiels der Contact-Tracing Apps veranschaulichen, wie mit der Verwendung der Software auch darüber entschieden werden kann, wem Zugang zu gewissen physischen Räumen (z.B. Aus- bzw. Einreise in Staaten, Restaurants, Geschäfte, Events) gewährt wird. Daten werden so zu einem Hebel für Ein- und Ausschließungsmechanismen und die Grundlage zur Verhaltenskontrolle.

Von Big Data zum Überwachungskapitalismus

Big Data ist in erster Linie nicht – wie oft nahegelegt wird – ein technologisches Objekt, das aus einem autonomen Prozess hervorgeht, vielmehr wurde es durch das Soziale, also durch soziale Praktiken und Politiken, hervorgebracht. Die Technologien, die zur Sammlung riesiger Datenmengen eingesetzt werden, sind davon geprägt, wie sie innerhalb von institutionellen Logiken entworfen, ausgeführt und verwendet werden. Insofern ist Big Data ein bewusst hervorgerufenes und folgewirksames Element einer neuen Akkumulationslogik, die Zuboff[5] den Überwachungskapitalismus nennt. Diese neue Form des Informationskapitalismus zielt darauf ab, menschliches Verhalten vorherzusagen und so zu ändern, dass Erträge erzielt und Marktanteile vergrößert werden können. Dabei hat sich der Überwachungskapitalismus in den letzten beiden Dekaden schrittweise zur Verkörperung neuer sozialer Beziehungen und Politiken entwickelt, die allerdings im Rahmen der Coronapandemie neu gelesen werden müssen, da sie sich den gängigen sozialen, politischen und ökonomischen Analysekategorien entziehen.

4 Smyrnaikos Nikos, Internet oligopoly: The corporate takeover of our digital world, Bingley 2018.

5 Shoshana Zuboff, Big other: Surveillance Capitalism and the Prospects of an Information Civilization, in: Journal of Information Technology 30(1) (2015), 75-89.

Während riesige Datenmengen auch anderweitig eingesetzt werden können, ändert das nichts an ihrem Ausgangspunkt, der darauf abzielt, Bevölkerungen als Datenquellen wie auch als Zielgruppen zu sehen. Daten und ihre alltägliche Verwendung sind zu einem grundlegenden Bestandteil von kommerziellen Strategien vieler Unternehmen und Institutionen geworden, besonders in ihren Beziehungen zu Nutzer*innen, Kund*innen, Klient*innen und Bürger*innen.[6] War die Machtfrage einst an den Besitz von Produktionsmitteln geknüpft, so stellt sich die Frage nach Herrschaftsverhältnissen nunmehr im Zusammenhang mit dem Besitz der Mittel zur Verhaltensmodifikation.[7] Der Überwachungskapitalismus stellt somit eine neue Form des Marktes dar, deren Machtstrukturen und Geschäftsmodelle auf der grenzenlosen Produktion und ökonomischen Verwertbarkeit von Big Data basieren. Das allgegenwärtig vernetzte neue Regime erfasst, verändert und kommodifiziert («zur-Ware-werden») Kommunikation, Gedanken und Alltagserfahrungen von der Zahnbürste bis zum eigenen Körper. Menschliches Verhalten wird somit zu einer gelebten Erfahrung aus Reaktion auf Reiz, aus dem es kein Entkommen gibt. Folglich nimmt Big Data eine grundlegende Rolle im neuen Regime des Überwachungskapitalismus ein, wo Daten instrumentalisiert und gewinnorientiert monetarisiert werden. Auf diesen Prozess wirkt die Covid-19-Pandemie wie ein Brandbeschleuniger, bei der Unternehmen zunehmend auf digitale Geschäftsprozesse setzen und das private wie öffentliche Leben ganzer Bevölkerungen ohne die Nutzung von Information- und Kommunikationstechnologien unvorstellbar geworden ist.

Daten als Rohstoff im neuen Regime

Während die digitale Nutzung sämtlicher Medieninhalte während der Coronapandemie in Österreich gestiegen ist, war Facebook mit 35% die meistgenutzte Social-Media-Plattform zur Informationsbeschaffung zum Thema Corona.[8] Danach folgten YouTube mit 14% und Instagram mit 13%. Ähnliche Zahlen lie-

6 Ioanna D. Constantiou/Jannis Kallinikos, New Games, New Rules: Big data and the changing context of strategy, in: Journal of Information Technology 30(1) (2015), 44-57.

7 Shoshana Zuboff, The age of surveillance capitalism: The fight for a human future at the new frontier of power, London 2019.

8 Das Österreichische Gallup Institut, Gallup Stimmungsbarometer Corona. Wie gut fühlen sich die ÖsterreicherInnen von den Medien über Corona informiert, 25.3.2020, https://www.gallup.at/fileadmin/documents/PDF/marktstudien/23250_Coronavirus_Medien_FINAL.pdf (1.7.2020)

gen auch für Deutschland vor: Drei Viertel der Internetnutzer*innen gaben an, seit Ausbruch des Coronavirus intensiver Social-Media-Kanäle zu nutzen.[9] Der Anstieg trifft auf fast alle Altersgruppen gleichermaßen zu, wobei selbst jede*r Dritte über 65 Jahren häufiger soziale Medien nutzt. Die digitalen Plattformen ermöglichen auch in Zeiten der Covid-19-bedingten sozialen Distanzierung in Kontakt zu bleiben, sich über Nachrichten zu informieren, Unterhaltung und nicht zuletzt Waren aller Art zu konsumieren. Bei dieser Entwicklung werden jedoch riesige Datenmengen von nahezu allen Menschen gesammelt, analysiert und gewinnbringend veräußert. Die erhöhte Nutzung von digitalen Plattformen in der Coronakrise ist jedoch nicht wie ein Phönix aus der Asche aufgestiegen, vielmehr steht diese für die Fortführung einer Entwicklung, die in den 1990er-Jahren mit dem Internet und der zunehmenden Niederschwelligkeit beim Zugang zu digitalen Angeboten begonnen hat. Diese Entwicklungen haben dazu beigetragen, dass das Internet sowohl auf institutioneller Ebene (z.B. Firmen, Behörden) als auch individueller Ebene allgegenwärtig ist und täglich intime Erlebnismomente digital geteilt werden.

Die «sozialen Daten»[10], jene Daten, die bei der Interaktion von User*innen auf Social-Media-Plattformen produziert werden, verändern auch die Beziehung zwischen Nutzer*innen und den Social-Media-Unternehmen.[11] Mit relativ geringem technologischem Vorwissen können User*innen ihre Kreativität ausleben, sich an sozialen Interaktionen beteiligen, ihre Expertise einbringen, Inhalte teilen und gemeinsam Informationen streuen. Dabei werden Social-Media-User*innen gleichzeitig zu Produzent*innen von Informationen und Konsument*innen von Diensten, die sich wiederum aus den von ihnen produzierten Informationen speisen, wie bspw. bei personalisierter Werbung oder persönlichen Empfehlungen auf Plattformen.[12] Diese zunächst nicht marktförmig produzierten Daten beinhalten in der neu vernetzten individuellen Sphäre etwa «likes», «tweets», Text, Fotos, Videos, Suchanfragen. All diese werden geerntet, datafiziert, abstrahiert,

9 Bitkom Research, Umfrage zu «Wie hat sich Ihr Nutzungsverhalten in den vergangenen Wochen verändert?», in: de.statista.com, 29.5.2020, https://de.statista.com/statistik/daten/studie/1120943/umfrage/aenderung-von-social-media-nutzungsverhalten/ (27.6.2020)

10 Constantiou und Kallinikos 2015.

11 Gal Oestreicher-Singer/Lior Zalmanson, Content or Community? A digital business strategy for content providers in the social age, in: MIS Quarterly, 37(2) (2013), 591-616.

12 Constantiou und Kallinikos 2015.

zusammengeführt, analysiert, komprimiert, verkauft, erneut analysiert und weiterverkauft.[13]

Um den Motor des neuen Regimes auf Laufen zu halten, wird Wachstum benötigt. Je mehr Nutzer*innen eine Plattform hat, desto wertvoller wird sie für jede*n andere*n, dies wird auch als Netzwerk-Effekt bezeichnet.[14] Da von den Social-Media-Plattformen und anderen führenden Internet-Unternehmen befürchtet worden war, dass mit einem Bezahlmodell kein Nutzer*innen-Wachstum möglich ist, haben sich viele für ein Werbemodell entschieden.[15] Schließlich stellen die Nutzer*innen-generierten Daten den Rohstoff für eine in weiterer Folge urheberrechtlich geschützte Analyse und algorithmische Verwertung zur zielgruppengerechten Werbung dar. Jede kleinste Datenmenge, egal wie belanglos, hat einen potenziellen Wert. Denn: Je mehr User*innen, desto mehr Datenfetzen können gesammelt werden, die wiederum den Prognosewert der Analysen erhöhen und das Geschäft lukrativer machen. Aktivitäten von Nutzer*innen und Institutionen liefern, sofern sie gesammelt und in Daten verwandelt werden, den Rohstoff, der ausgewertet und auf vielfältige Weise von Plattform-Unternehmen verwendet werden kann. Daten liefern somit den Rohstoff für einen ökonomischen Mehrwert und stärken die Wettbewerbsfähigkeit von GAFAM, wobei die zunehmende Nutzung der Online-Dienste die Profitabilität der Unternehmen stärkt.

Gespeist wird dieses Regime des Überwachungskapitalismus aus Wissensasymmetrien einerseits und Machtasymmetrien andererseits.[16] Die erste begründet sich darin, dass GAFAM alles über uns wissen, während ihre Geschäftsaktivitäten so entworfen sind, dass diese uns unbekannt sind. Zuboff[17] bringt es auf den Punkt: High-Tech-Unternehmen sammeln riesige neue Wissensbereiche von uns, aber nicht für uns. Sie sagen unsere Zukunft für den Gewinn von anderen voraus, aber nicht unseren. Auch wissen wir relativ wenig über den gesamten Umfang an personenbezogenen Daten, die in die Services der Unternehmen einfließen oder wie die Daten verarbeitet und monetarisiert werden. Darüber hinaus wird das Regime durch Machtasymmetrien festgeschrieben, indem digitale Plattformen für viele Menschen zu einem essenziellen Bestandteil ihrer sozialen

13 Zuboff 2015.

14 Srnicek Nick, Platform Capitalism, Cambridge 2017.

15 Zuboff 2015.

16 Zuboff 2019.

17 Zuboff 2019.

Teilhabe geworden ist. Nicht die Services der IT-Firmen stellen einen Tauschwert dar, sie dienen vielmehr als ‚Haken' um Nutzer*innen zu ködern und sie zu datengenerierende Online-Aktivitäten zu bewegen (*nudging*). Diese soziale Abhängigkeit ist das Herzstück des Überwachungskapitalismus. Damit lässt sich auch erklären, warum viele Menschen selbst nach den Snowden-Enthüllungen bereit sind, Informationen über sich im Internet zu teilen. Ebenso wird erklärbar, dass es durch Covid-19 zu einer Verlagerung der Kontakte ins Netz kommt und verstärkt die Dienste der gebührenfreien digitalen Plattformen genutzt werden, wovon wiederum der Überwachungskapitalismus angekurbelt wird.

Daten als soziales Kontrollinstrument

Die Coronapandemie verschärft auch einen zweiten Aspekt der digitalen Transformation, der nun wie ein Eisberg aus dem Meer ragt: Daten als Hebel für Ein- und Ausschließungsmechanismen. Binnen kürzester Zeit wurden in zahlreichen Staaten im Globalen Norden wie im Globalen Süden Contact-Tracing Apps entwickelt, die Daten zentral oder dezentral speichern, freiwillig oder verpflichtend zu nutzen, sind und mit mehr oder weniger Rücksicht auf den Datenschutz programmiert werden. Eines haben Sie alle gemeinsam: Diese Sicherheitstechnologie soll die Ausbreitung von Covid-19 eindämmen. Personen, die mit Infizierten Kontakt hatten, sollen per Smartphone gewarnt werden.[18] War bislang die Erinnerung der neu Diagnostizierten und die Befragung durch Gesundheitsbehörden zentral für die Kontaktverfolgung, übernehmen nun digitale Technologien diese Funktion. Diese beinhalten nicht nur die Applikation, sondern auch Serversysteme, Betriebssysteme oder technische Kommunikationsbeziehungen wie z.B. Bluetooth. Obwohl der Nutzen der Apps für die Kontaktverfolgung sowohl epidemiologisch als auch technisch umstritten ist,[19] soll es hier weder um die Effizienz der digital-automatisierten Kontaktverfolgung gehen, noch um einen Vergleich der unterschiedlichen Ansätze. Vielmehr möchte ich herausarbeiten, welches Potenzial in diesen Apps für das neue Regime

18 Kirsten Bock/Christian Ricardo Kühne/Rainer Mühlhoff/Měto Ost/ Jörg Pohle/Rainer Rehak, Kritik an Datenschutzfolgenabschätzung für die Corona-Warn-App, 29.6.2020, https://netzpolitik.org/2020/contact-tracing-apps-kritik-an-datenschutzfolgenabschaetzung-fuer-die-corona-warn-app/ (3.7.2020)

19 René Jaun/Oliver Schneider, Update: Aktivisten warnen vor nutzloser Tracing-App, 18.5.2020, https://www.netzwoche.ch/news/2020-05-18/update-aktivisten-warnen-vor-nutzloser-tracing-app (3.7.2020)

des Überwachungskapitalismus liegt und in weiterer Folge deren gesamtgesellschaftliche Auswirkungen.

Ein weitverbreitetes Phänomen bei digitalen Technologien ist *Function Creep*.[20] Hierbei werden Daten, die etwa beim Internet-Surfen, bei Social-Media-Aktivitäten, oder bei Online-Transaktionen gesammelt werden, zunehmend in anderen Zusammenhängen oder zu unterschiedlichen Zwecken verwendet, als diejenigen, in denen sie angefertigt wurden. So werden Daten, die etwa für den Gesundheitsbereich angefertigt worden sind, vermehrt für das Management von Kundenbeziehungen, digitale Zielgruppenansprache und für andere Marketing-Instrumente eingesetzt.[21] Ebenso erweitern Datenanalytik-Unternehmen, die etwa über die Anspruchsberechtigung von Konsument*innen entscheiden und Risikobewertungen durchführen, ihr Angebot und bieten ihren Klient*innen Datendienstleistungen an, die Daten zur Risikobewertung, Kundenbeziehungsmanagement und Marketing zusammenführen und vereinheitlichen. Für die Verwendung von Contact-Tracing Apps bedeutet es, dass die momentan freiwillige Nutzung in naher Zukunft verpflichtend werden kann. Eine breitere gesellschaftliche Akzeptanz der App mag hier nicht nur das Vertrauen in die App steigern, sondern auch die Hürde zur Verpflichtung senken. In Namen der Gesundheit der Bevölkerungen werden dann Kontaktdaten genutzt, um andere Menschen vor uns zu schützen sowie uns vor uns selbst. In einem weiteren Schritt können die Daten zur Corona-Kontaktverfolgung mit anderen Daten über uns verknüpft werden, die bei Online-Aktivitäten gesammelt werden, womit wir uns weiter in Richtung einer Überwachungsgesellschaft bewegen.

Dass zentrale Elemente der Contact-Tracing Apps in die Smartphone-Betriebssysteme der Giganten Google und Apple integriert wurden, ist für die technische Umsetzung begrüßenswert, muss vor der skizzierten gesellschaftspolitischen Entwicklung allerdings kritisch betrachtet werden. Durch die gemeinsame Schnittstelle wird ein globaler Standard für Contact-Tracing-Technologie geschaffen, der den Plattformbetreibern eine entsprechende Machtposition am Smartphone-Markt verschafft.[22] Aus technischer Sicht ist es durchaus möglich, dass die Tech-Giganten trotz datenschutzfreundlicher Architektur der Apps «an die Kontaktdaten gelangen und daraus Informationen über Infektionsfälle

20 Helen Nissenbaum, Privacy as Contextual Integrity, in: Washington Law Review 79(1) (2004), 119-157.

21 Wolfie Christl, Corporate Surveillance in Everyday Life. How Companies Collect, Combine, Analyze, Trade, and Use Personal Data on Billions, Vienna 2017.

22 Svenja Bergt, Google und Apple: Die Macht der Giganten, in: taz, 21.7.2020, https://taz.de/Google-und-Apple/!5695765/ (23.7.2020)

und Expositionsrisiken ableiten können».[23] Hier stellt sich die Frage, wie lange die Daten, die am eigenen Smartphone gespeichert werden, auf diesem bleiben werden. So hat die Kooperation mit Google und Apple zu einem datenschutzfreundlichen Modell der App geführt, die dafür eingesetzte Programmierschnittstelle API ist im Gegensatz zur App allerdings nicht Open-Source und der Software-Code damit für Nutzer*innen nicht überprüfbar; vielmehr müssen sie Google und Apple vertrauen.[24] Ein geeignetes Mittel hierzu kann ein entsprechendes Gesetz sein, welches festlegt, «dass nicht nur die App selbst sondern auch die weiteren Systeme (wie Backend, Betriebsystem) den Anforderungen an den Datenschutz entsprechen».[25] Es bleibt in diesem Falle allerdings offen, ob die Tech-Giganten bereit sein würden, eine entsprechende Strafzahlung in Kauf zu nehmen für einen Datenschatz, der ein vielfaches einer möglichen Strafe an Gewinn verspricht.

Contact-Tracing Apps können auch als soziales Kontrollinstrument eingesetzt werden, etwa wenn die Verwendung der Applikation zur Voraussetzung für freies bewegen im öffentlichen und privaten Raum wird oder Arbeitgeber von ihren Arbeitnehmern die Benutzung der App verlangen. Oder aber, dass die Nutzung der App zur Zugangsbedingung für öffentliche oder private Gebäude, Räume oder Veranstaltungen wird und über die Aus- bzw. Einreise in Staaten entscheidet. Obwohl von der Regierung anders angekündigt, hat die Interessensgemeinschaft der Nachtgastronomen Österreichs bereits im Juli 2020 angekündigt, dass Veranstalter nur jene Gäste mit einer installierten Contact-Tracing App zutritt gewähren können.[26] Die Verwendung von neuen Sicherheitstechnologien als Hebel für Ein- und Ausschließungsmechanismen ist bereits aus der Terrorismusbekämpfung im Anschluss an die Terroranschläge vom 11. September 2001 bekannt.[27] Dazu zählen etwa die Einführung von biometrischen Reisepässen zum visafreien Reiseverkehr sowie biometrische Identifikation, die den Zugang zu Gebäuden regelt, das Smartphone entsperrt oder um Geld vom Bankomaten abheben zu können. Der Körper wird hier zu einem einzigartigen Symbol zur sozialen Identifikation und für das Risikomanagement.

23 Bock et al. 2020.

24 Bergt 2020.

25 Jaun/Schneider 2020.

26 Der Standard, Feiern nur mit der Corona-App?, 7.7.2020.

27 Katja Franko Aas, 'The body does not lie': Identity, risk and trust in technoculture, in: Crime Media Culture 2(2) (2006), 143–158.

Wenn aber das Smartphone etwa in einem Gasthaus in der Nähe von anderen Geräten geladen wird, während sich sein*e Besitzer*in an einem weiter entfernten Tisch sitzt und die App eine Warnung sendet, obwohl die Person sich nicht in der Nähe des infizierten Menschen aufgehalten hat, dann handelt es sich um einen Fehlalarm. Diese Falschmeldung kann aber den sozialen Ausschluss vom nächsten Event bedeuten oder zur Einreiseweigerung in ein Land führen. Bereits Ende Juli 2020 wurde in Österreich beschlossen, dass die Einreise aus sogenannten «Risikogebieten» nur noch mit einem PCR-Test und verpflichtender Heimquarantäne möglich ist.[28] Kommt bald die Verwendung der Contact-Tracing App als Voraussetzung hinzu, um nach Österreich einreisen und sich aufhalten zu dürfen? Hier geht es um weit mehr als die Ungleichbehandlung der Nicht-Nutzer*innen, vielmehr geht es um weitreichende Kontrollmaßnahmen im Namen der Gesundheit und «ungeahnte, gesundheitspolitisch rationalisierbare Möglichkeiten der permanenten Überwachung».[29]

Schlussbetrachtung

Sowohl die Coronapandemie als auch die multiplen Krisen, die durch den Virus ausgelöst bzw. verstärkt wurden, werden unsere Gesellschaften länger beschäftigen. Covid-19 wirkt, soviel lässt sich heute schon sagen, wie ein Brandbeschleuniger auf den Prozess der Digitalisierung. Dabei verstärkt sich durch «social distancing»-Maßnahmen die Nutzung von digitalen Plattformen. Während wir an die Einhaltung des physischen Abstandes regelmäßig erinnert werden, kann man sich digital ohne Risiko nahekommen. Gespeist aus sozialer Abhängigkeit kurbeln die datengenerierenden Online-Aktivitäten den Überwachungskapitalismus[30] an. Diese neue Akkumulationslogik entwickelt sich zur dominanten Marktform im 21. Jahrhundert. Die «Realität» erfährt hierbei genauso einen fiktionalen Wandel, wie Menschen, die Natur und der Handel. «Realität» wird als jenes Verhalten verstanden, das zur Ware wird und sich zu Geld machen lässt. Daten über das Verhalten von Körpern, Gedanken und Dingen können mithilfe von

28 Einreise aus Risikogebieten nur noch mit PCR-Test und verpflichtender Heimquarantäne, in: derStandard.at, 22.7.2020, https://www.derstandard.at/story/2000118903636/erstmals-seit-anfang-juni-mehr-als-tausend-corona-tote-pro (23.7.2020).

29 Aldo Legnaro/Daniela Klimke, Covid-19: Präventive Sicherheitsordnung 2.0, in: Kriminologisches Journal 52(3) (2020), im Erscheinen.

30 Zuboff 2015, 2019.

digitalen Technologien in Echtzeit produziert werden. Das neue Regime zielt bei der Suche nach Möglichkeiten, um das Verhalten von Menschen und Dingen zu kennen, zu verändern und zu kontrollieren auf Kommodifikation, Gewinn und Kontrolle. Die Pandemie verschafft dem Überwachungskapitalismus folglich ein Wachstum an Nutzer*innen-generierten Daten, die den Hightech-Unternehmen hohe Gewinnmargen versprechen. Das sind sowohl Unternehmen, die Möglichkeiten verkaufen, Verhalten gewinnorientiert zu beeinflussen als auch jene Firmen, die solche Möglichkeiten kaufen.

Contact-Tracing Apps als Maßnahme zur Bekämpfung der Ausbreitung des Coronavirus werden nach der Logik des neuen Regimes zu einem Instrument für die Verhaltenskontrolle. Laut dem gängigen Narrativ verspricht die Verwendung der App der Bevölkerung Sicherheit als gesundheitliche Prävention. Währenddessen gibt es keine Sicherheit, ob die großen IT-Unternehmen an die Kontaktdaten der Nutzer*innen gelangen bzw. wie lange das datenschutzfreundliche Modell angewendet wird. Zudem kann die momentane Freiwilligkeit der App im nächsten Moment über Ein- und Ausschließung entscheiden. Über dessen Verwendung lässt sich der Zugang zu Arbeitsplatz, Veranstaltungen, Gebäude, Staatsgebieten etc. steuern. Als ultimatives Wachstumspotenzial kann hierbei die Verknüpfung der Kontaktdaten aus Contact-Tracing Apps mit Nutzer*innen-generierten Daten gesehen werden, die bei Online-Aktivitäten geerntet werden. Dabei können unterschiedliche Bereiche menschlichen Verhaltens, wie Sozial-Media-Interaktionen, Kontaktdaten, Shopping, Suchanfragen und Aufenthaltsdaten zusammengeführt und gewinnbringend veräußert werden. Ob dies eine überwachungskapitalistische Fiktion oder neue Realität sein wird, wird die Zukunft weisen.

2. REGIONALE UND NATIONALE FOLGEN DER CORONAKRISE

Die «lockere» schwedische Strategie

Ungleichheiten hinter dem Corona-Patriotismus und dem «Schwedischen Exzeptionalismus»

Von Nina Carlsson

Schwedens vergleichsweise passive Art mit der Coronakrise im Frühjahr 2020 umzugehen hat weltweit Debatten ausgelöst. Im Gegensatz zu den meisten Ländern hat Schweden niemals einen Lockdown verhängt, um die Ausbreitung des Virus zu verhindern, sondern hat sich eher auf Empfehlungen als auf Zwangsmaßnahmen gestützt. Die Strategie scheint zumindest teilweise fehlgeschlagen zu sein: Im Juni 2020 hat Schweden fünfmal mehr Covid-19-Opfer als seine drei nordischen Nachbarländer insgesamt und gehört zu den Ländern mit der höchsten Zahl an Todesopfern pro Kopf in der Welt, zusammen mit rechtspopulistisch geführten Staaten wie die USA, Brasilien und Großbritannien. Gleichzeitig scheint die Wirtschaft in Schweden ebenso stark betroffen zu sein wie in vergleichbaren Ländern, die strengere Maßnahmen gegen die Pandemie eingeführt haben. Schweden ist ein reicher, nordischer, kleiner Wohlfahrtsstaat, der von Sozialdemokraten regiert wird, in dem Fragen von sozialer Sicherheit und Gesundheit normalerweise oberste politische Priorität und gesellschaftlichen Wert haben. Schweden hat sich jedoch für einen, im europäischen Kontext, ungewöhnlichen Weg im Umgang mit der Pandemie entschieden. In diesem Text wird diskutiert, welche gesellschaftlichen Faktoren zur schwedischen Corona-Strategie beigetragen haben. Zudem werden Beobachtungen präsentiert, welche Gruppen von der Krise überproportional betroffen sind.

Als das Coronavirus anfänglich in Schweden verbreitet wurde, konnte man eine Verschiebung der politischen Diskurse beobachten. Ein damals unbekanntes Virus erhielt die Aufmerksamkeit von rechtspopulistischen Kräften. Die erste größere Ausbreitung des Coronavirus, die Anfang März 2020 stattgefunden hat, wurde eben nicht Migrant*innen, sondern weißen, wohlhabenden Stockholmer*innen der Mittel- und Oberschicht zugeschrieben, die Ende Februar 2020 für ihren Skiurlaub in die Alpen fuhren, wo das Virus schon verbreitet war. Die Anzahl der Menschen, die sich mehr als Langlaufen in lokalen Wäldern leisten können und deswegen die jährlichen Skiferien in den italienischen und österreichischen Alpen verbringen, wurde deutlich, als die ersten Berichte über Covid-19-Fälle in Stockholm bekannt wurden. Eine Krankenpflegerin, die in einem der ersten Corona-Drive-In-Testzentren arbeitete, beschrieb, wie ein Drittel der

Alpenreisenden, die mit teuren Autos zum Testzentrum kamen, positiv getestet wurde. Bald wechselten die Automodelle von teuer zu billig – das Virus hatte sich auf ihre Arbeitskolleg*innen im Gesundheitswesen übertragen.[1] Trotz der anfänglichen Bemühungen die Infektionsketten nachzuverfolgen und der Forderung nach freiwilliger Isolierung von Symptomträger*innen, hatte sich das Virus bis Mitte März von den wohlhabenden Klassen auf andere Gesellschaftsschichten, insbesondere in Stockholm, ausgebreitet. Reisenden wurde weder eine Quarantäne verordnet, noch wurden diejenigen, die der Empfehlung zur Isolierung nicht folgten, gestraft. Familienmitglieder von Personen mit bestätigtem Covid-19 sollten wie gewohnt leben und Vorsichtsmaßnahmen erst treffen, nachdem sie selbst Symptome gezeigt hatten. Bald breitete sich die Krankheit in dem Maße aus, dass die Strategie jeden mit Symptomen zu testen vollständig aufgegeben wurde.

Die meisten Länder reagierten auf das Virus mit unterschiedlich strengen Lockdowns und Verboten, um seine Ausbreitung zu verhindern. Schweden kombinierte stattdessen Empfehlungen mit wenigen Beschränkungen, eine Strategie, welche dieselben Vorteile wie ein Lockdown haben sollte, jedoch mit weniger Nachteilen. Das schwedische Gesundheitsamt erinnerte durch den schwedischen Staatsepidemiologen Anders Tegnell zurecht daran, dass ein Lockdown eine radikale Maßnahme ist, die auch die Gewalt gegen Frauen erhöht, die Chancengleichheit von Kindern gefährdet und das psychische Wohlbefinden in der Gesellschaft kurz- und langfristig negativ beeinflusst. Das hohe Vertrauen in die schwedischen Behörden und die damit verbundene Wahrscheinlichkeit der Einhaltung von Empfehlungen würde eine andere, sanftere Strategie gegen die Coronapandemie, als in anderen Ländern ermöglichen. Anstatt die Gesellschaft zu schließen, bestand das Ziel darin, Risikogruppen zu schützen und zu isolieren, die Gesellschaft zwar offenzulassen, aber Personen mit Symptomen aufzufordern, zu Hause zu bleiben, und jedem zu empfehlen im Home-Office zu arbeiten und sich von nicht notwendigen Reisen fernzuhalten. Die scharfen Verbote richteten sich gegen Versammlungen von mehr als 50 Personen und gegen Pflegeeinrichtungsbesuche, hauptsächlich im Bereich der Altenpflege. Das Ziel der Strategie sei, die Kurve flach zu halten, und wurde von den Schwed*innen weitgehend unterstützt, was zu einem sogenannten Corona-Patriotismus führte. Der bisher unbekannte Staatsepidemiologe Anders Tegnell, verkörperte den schwedischen Kampf gegen Corona durch die breit verfolgten täglichen Presse-

1 Undersköterskan Mia: "Vi kommer greja det här" [Krankenpflegerin Mia: «Wir werden es schaffen»], in: Aftonbladet, 16.3.2020, https://www.aftonbladet.se/svenskahjaltar/a/WbAdzg/underskoterskan-mia-vi-kommer-greja-det-har (30.5.2020)

konferenzen. Sein immer ernstes Gesicht wurde nicht nur im Bewusstsein der Schweden verewigt, sondern auch auf verschiedenen Fanprodukten und sogar auf Körpern in Form von Tätowierungen.

Ende März 2020, als 15 Todesopfer in Stockholm bestätigt waren, wurde bekannt, dass zumindest die Hälfte der Opfer in Somalia geboren waren und hauptsächlich im ärmeren Nordwestteil der Hauptstadt lebten.[2] Der Staatsepidemiologe Tegnell präsentierte bald die statistische Überrepräsentation von Personen, die in Somalia, in der Türkei, in Syrien, im Irak und in Finnland geboren waren, unter den vom Virus Betroffenen und erklärte, dass einige Gruppen im Durchschnitt älter wären als die Mehrheitsbevölkerung, während andere möglicherweise in kleinen Wohnungen mit mehreren Generationen wohnen würden und es deswegen schwerer hätten, sich zu isolieren. Das temporäre Schweigen der rechten Politiker*innen, die ansonsten Migration für die meisten sozialen Probleme verantwortlich machen, war damit vorbei. Die Parteivorsitzende der Christdemokratischen Partei, Ebba Busch, behauptete schnell die Gründe für die Ausbreitung von Covid-19 in den Vororten von Stockholm erklären zu können: «Ein Fünftel der Einwohner ist in einem anderen Land geboren, die meisten in kulturell weit entfernten Gesellschaften. Der Grund, warum wir hier gelandet sind, ist, dass Schweden seit Jahrzehnten eine Einwanderungspolitik verfolgt, ohne Rücksicht auf das Integrationspotential zu nehmen».[3] Schnell wurde die Überrepräsentation durch den Mangel an Informationen in Somali und die Unfähigkeit von Teilen der Gesellschaft, Schwedisch zu sprechen, erklärt. Die Analyse, die sich als fehlerhaft und eindimensional erwiesen hat, zeigt, wie die transnationalen Urlaubsaktivitäten der weißen Schwed*innen schnell aus den Diskursen gestrichen wurden, und Migrant*innen für ihren eigenen Tod verantwortlich gemacht wurden. Diese Diskurse wurden teilweise durch die jahrelange Präsenz der rechtspopulistischen Schwedendemokraten (mit Wurzeln im Nationalsozialismus) im Reichstag ermöglicht. Als die Verbreitung des Coronavirus in Schweden schon bestätigt war, reiste der Parteivorsitzende der Schwedendemokraten, Jimmie Åkesson, in die Türkei, um Flugblätter an Flüchtlinge zu verteilen und ihnen mitzuteilen, dass Schweden «voll» sei. Anschließend wurde

2 Läkarförening larmar: Flera svensksomalier bland coronadödsfall i Stockholmsområdet [Ärztekammer alarmiert: Mehrere Schwedensomalier unter Corona-Todesfällen in der Region Stockholm], in: SVT nyheter, 23.03.2020, https://www.svt.se/nyheter/inrikes/lakarforening-larmar-over-halften-av-de-doda-ar-svensksomalier (6.6.2020)

3 Ebba Busch: Våga tala klarspråk om corona och förorten [Wagen Sie es, deutlich über Corona und den Vorort zu sprechen], in: Aftonbladet Debatt, 2.4.2020, https://www.aftonbladet.se/debatt/a/naxyEm/vaga-tala-klarsprak-om-corona-och-fororten (10.6.2020)

er von der türkischen Polizei verhört und angeblich am 6. März wegen Gesetzesverstoßes aus der Türkei nach Schweden abgeschoben.[4] Die Coronakrise hat kurz danach die politische Aufmerksamkeit der rechten Kräfte gestohlen, eine Pause, die allerdings weniger als einen Monat später mit den rassistischen Statistik-Interpretationen endete.

Da mangelnde Schwedischkenntnisse auch von einigen Behörden als ein möglicher Grund für die Ausbrüche in Nordweststockholm identifiziert wurden, wurden 75 Millionen schwedische Kronen für Übersetzungen von Corona-Informationen in verschiedene Sprachen bereitgestellt. Zum ersten Mal wurden Sprachen wie Somali, Arabisch und Dari im schwedischen öffentlichen Raum sichtbar, jedoch mit einem rein disziplinierenden Unterton. Der Fokus auf Sprache, Übersetzung und Kultur übersah dennoch wichtige gesellschaftliche Strukturen, die mit Klassenunterschieden, Beschäftigungssicherheit und mit dem ungleichen Wohnungsmarkt zusammenhängen – arme Vororte hatten nachweislich wesentlich mehr Covid-19-Fälle als reiche Stadtteile.[5] Fatima Mohamed, die im Gesundheitswesen in Järva in Nordweststockholm arbeitet, erklärte, dass die Klassenfrage eine wichtige Erklärung für den Ausbruch im Stadtteil war: «Es ist unmöglich den Empfehlungen zu folgen, selbst wenn sie möchten. Krankenschwestern, Menschen in häuslicher Pflege, Busfahrer, Geschäftsmitarbeiter, die Putzfrauen – sie leben hier. Sie haben keine Möglichkeit, von zu Hause aus zu arbeiten. Sie müssen rausgehen, um zu arbeiten. Sie kommen mit dem Virus im Körper nach Hause und infizieren ihre Eltern entweder zu Hause oder wenn sie sie besuchen.»[6] Dass Schweden weder Lockdown noch Quarantänen für Reisenden verhängt hatte, führte zu Konsequenzen für die Arbeiter*innenklasse. Jemand fuhr nämlich die symptomatischen Ischgl-Reisende mit Taxi und Bus nach Hause. Jemand hat am Flughafen, in den Häusern und Büros der Alpenreisenden geputzt. Jemand kümmerte sich um deren Covid-19-erkrankte Eltern mit unzureichender Schutzkleidung in Altenpflegeeinrichtungen. In der Zwischen-

4 Jimmie Åkesson utfrågad av turkisk polis [Jimmie Åkesson von der türkischen Polizei ausgefragt], in: SVT nyheter, 6.03.2020, https://www.svt.se/nyheter/inrikes/jimmie-akesson-deporterad-fran-turkiet-greps-nar-han-delade-ut-flygblad (6.6.2020)

5 Corona härjar bland fattiga – rika klarar sig [Corona verheert unter den Armen – die Reichen kommen durch], in: Expressen, 28.6.2020, https://www.expressen.se/nyheter/qs/koderna-avslojar-har-smittas-flest/?fbclid=IwAR23wxi-mRpIAHywD8Pyr9eeEiEp1L87GsbCqBivUZKYyoNE9snQPTUlVUs (29.6.2020)

6 Så fick svensksomalierna skulden för sin egen död [So wurden die Schwedensomaliern für den eigenen Tod verantwortlich gemacht], in: Dagens Nyheter, 2.5.2020, https://www.dn.se/sthlm/sa-fick-svensksomalierna-skulden-for-sin-egen-dod/ (10.6.2020)

zeit zogen sich andere in ihre Villen zurück, verlegten physische Besprechungen ins Internet und planten den Kauf eines Sommerhauses innerhalb der Landesgrenzen. Die Trennung zwischen systemrelevanten und nicht systemrelevanten Arbeiter*innen führte plötzlich zu seltenem (symbolischen, nicht monetären) Lob der Arbeiter*innen im Pflegesektor und in der Reinigungsbranche. Systemrelevante Arbeiter*innen standen als neu entdeckte Held*innen an vorderster Front der Coronakrise. Die Zahl der Bewerber*innen für die Pflegeprogramme ist kräftig gestiegen. Gleichzeitig begannen viele Menschen mit weniger systemrelevanten Berufen, zumindest vorübergehend, über ihren gesellschaftlichen Nutzen nachzudenken.

Die freiwilligen Coronamaßnahmen in Schweden erhöhten auch das Risiko für die systemrelevanten Arbeiter*innen, das Virus zu bekommen. Die größte Überrepräsentation der Covid-19-Kranken pro Berufsgruppe war unter Restaurantarbeiter*innen, Taxi- Bus- und Straßenbahnfahrer*innen, Dolmetscher*innen und Reinigungskräften zu finden.[7] Die schwedische Arbeiter*innenklasse wird zunehmend ethnisiert[8] – damit haben viele der Arbeiter*innen, die am Arbeitsplatz präsent sein mussten, Migrationshintergrund. Eine direkte Konsequenz davon ist möglicherweise die Überrepräsentation von im Ausland geborenen Bewohner*innen unter Covid-19-Kranken und Verstorbenen. Zusätzlich wurden Personen mit mehreren nationalen Zugehörigkeiten zerrissen zwischen den unterschiedlichen Coronamaßnahmen in Schweden und in anderen Ländern. Zum Beispiel haben viele Angehörige der großen Schweden-Finnischen Minderheit verfolgt, wie Finnland, geleitet von der Sozialdemokratin Sanna Marin, erfolgreich vergleichsweise strenge Gegenmaßnahmen umgesetzt hatte. Im Juni 2020 verzeichnete Schweden (mit 10,2 Mio. Einwohner*innen) über 5.000 Covid-19-Opfer (wovon ein großer Teil tragischerweise in der Altenpflege verstorben ist), während die Nachbarländer Norwegen (5,4 Mio.), Dänemark (5,8 Mio.) und Finnland (5,5 Mio. Einwohner*innen) insgesamt nur etwas mehr als 1.000 Opfer hatten. In Finnland geborene Personen hatten die höchste Sterblichkeit unter allen ethnischen Gruppen in Schweden zwischen 13. März und 7. Mai 2020 – 145 Opfer pro 100.000 Einwohner im Vergleich zu 32 pro 100.000 bei in Schweden geborenen Personen. Personen, die in der Türkei geboren sind, hatten

7 Folkhälsomyndigheten: Förekomst av Covid-19 i olika yrkesgrupper [Gesundheitsamt: Prävalenz von Covid-19 in unterschiedlichen Berufsgruppen], 25.6.2020, https://www.folkhalsomyndigheten.se/publicerat-material/publikationsarkiv/f/forekomst-av-covid-19-i-olika-yrkesgrupper/ (29.6.2020)

8 Neergaard, Anders. Klassamhällets rasifiering i arbetslivet [Die Ethnisierung der Klassengesellschaft im Arbeitsleben]. Klass i Sverige. Rapport 14 53 (2018).

die höchste Infektionsrate in Schweden, nämlich 753 Fälle pro 100.000, im Vergleich mit 189 von 100.000 bei Personen, die in Schweden geborenen sind.[9] Einige Schweden-Finnische Minderheitenorganisationen haben sich besorgt über die hohe Todeszahl unter den Schweden-Finn*innen geäußert, die teilweise mit dem hohen Durchschnittsalter unter den ehemaligen Arbeitsmigrant*innen zu erklären ist. Bei den in der Türkei geborenen Personen wurde die schwedische Strategie bereits vor der Veröffentlichung der Statistiken zum Teil von Erdoğans Diasporapolitik. Ende April 2020 wurde ein positiv getesteter türkischer Staatsbürger, der in Schweden gewohnt hat und angeblich keine ausreichende Pflege bekommen hat, mit einem Ambulanzflugzeug der türkischen Regierung aus Malmö nach Ankara geflogen, durchgehend von einem regierungsnahen Medienzirkus dokumentiert. In vielerlei Hinsicht ein kontroverser politischer Akt, zeigt er jedoch, dass der Corona-Patriotismus nicht von jedem Einwohner Schwedens geteilt wurde. Während die Zahl der Todesopfer zwischen unterschiedlichen Ländern schwer zu vergleichen ist, fragen sich viele, ob die nachlässige Strategie doch etwas mit den im Vergleich vielen Todesopfer, und mit der Überrepräsentation von Migrant*innen unter den gestorbenen, zu tun hat.

Viele Faktoren könnten erklären, warum ausgerechnet Schweden eine unterschiedliche Corona-Strategie gewählt hat. Erstens hat Schweden seit Jahrhunderten keinen Krieg erlebt. Schwedens Erfahrungen im Umgang mit Krisen sind daher sehr anders als in anderen nordischen oder europäischen Ländern. Auch der «Schwedische Exzeptionalismus»,[10] der das Land als humanitäre und moralische Supermacht bezeichnet, könnte zum Teil erklären, warum das Land so zuversichtlich einen ganz anderen Weg genommen hat. Das von Expert*innen betonte hohe Vertrauen der Schwed*innen in Behörden, und die gute Volksgesundheit in Schweden, wo wenige zu den Risikogruppen gehören,[11] verstärkt die Vorstellung, dass Schweden anders und damit einfach besser sei als andere

9 Folkhälsomyndighten: Demografisk beskrivning av bekräftade Covid-19-fall i Sverige 13 mars-7 maj 2020 [Gesundheitsamt: Demografische Beschreibung bestätigter Covid-19-Fälle in Schweden 13. März bis 7. Mai 2020], https://www.folkhalsomyndigheten.se/publicerat-material/publikationsarkiv/c/demografisk-beskrivning-av-bekraftade-covid-19-fall-i-sverige-13-mars-7-maj-2020/ (29.6.2020)

10 Magnus Dahlstedt und Anders Neergaard, Conclusion: Swedish exceptionalism and beyond, in: International Migration and Ethnic Relations: Critical Perspectives, Routledge, New York, 2015, 249-270.

11 Tegnell ser hopp i svenska folkhälsan: "Kan betala sig" [Tegnell sieht Hoffnung im Schwedischen Volksgesundheit: «Kann sich auszahlen»], in: Svenska Dagbladet, 20.3.2020, https://www.svd.se/tegnell-ser-hopp-i-svenska-folkhalsan-kan-betala-sig (29.6.2020)

Nationen, die auf Zwangsmaßnahmen angewiesen waren. Ein weiterer möglicher Grund für die einzigartige Strategie sind die Verwaltungstraditionen der schwedischen Politik, nach denen das Gesundheitsamt die leitende Autorität während der Krise war. Anstatt die politische Leitung zu übernehmen, ist die sozialdemokratisch-grüne Regierung des sozialdemokratischen Premierministers Stefan Löfven durchgehend den Empfehlungen des Gesundheitsamtes gefolgt. Obwohl Löfven dafür kritisiert wurde, kaum sichtbar und schwach zu sein, verzeichnet seine Partei steigende Werte in Meinungsumfragen, obwohl die Opposition, inklusive der Rechtspopulisten, nach einigen Monaten den anfänglich kollaborativen Krisenmodus aufgegeben hat und die schwedische Corona-Strategie zu kritisieren begann. Selbst nachdem die Zahl der Todesopfer in Schweden deutlich höher als in den Nachbarländern war, haben die für die Strategie zuständigen Expert*innen immer wieder behauptet, dass Todeszahlen zwischen Ländern nicht vergleichbar und die schwedischen Zahlen zuverlässiger wären als die Statistiken in anderen Ländern und die hohen Todeszahlen sich dadurch erklären ließen, dass Schweden schon in einer fortgeschrittenen Phase der Pandemie sei und dadurch auch schneller die Herdenimmunität erreichen würde. Die meisten anderen Länder würden demnach im Laufe der Zeit eine ähnliche Zahl an Todesopfern wie Schweden aufweisen. Zu Beginn des Sommers 2020 hat der Staatsepidemiologe jedoch zugegeben, dass ein gut begrenzter Lockdown, ein Mittelweg im Vergleich zu den anderen Ländern (die seiner Ansicht nach zu strenge Maßnahmen getroffen hätten), die Ausbreitung der Covid-19 in Schweden verlangsamen hätte können. Die Behörden behaupteten jedoch noch immer, dass die schwedische Strategie mit dem Ziel, die Kurve flach zu halten, erfolgreich war, abgesehen von den vielen «bedauerlichen» Todesfällen in der Altenpflege. Auch der Premierminister unterstützt, zumindest öffentlich, weiterhin die schwedische Corona-Strategie, was ja auch zu erwarten ist, da das Gesundheitsamt immer wieder behauptet, dass die gewählte Strategie korrekt ist. Ein umstrittenes Nebenziel der schwedischen Strategie, die Herdenimmunität, wurde früh als eine mögliche Lösung zur Epidemie präsentiert. Die Entwicklung der Immunität wurde durch mathematische Modelle, Antikörpertests und Forschung über T-Zellen von Behörden eng verfolgt. Obwohl das Gesundheitsamt im Frühherbst 2020 immer noch keine Gesichtsmasken empfohlen hat und dieselben Restriktionen (mit einigen Erleichterungen) seit dem Frühling gegolten hatten, gab es in Schweden – im Gegensatz zu vielen anderen Ländern in Europa – einen deutlichen Rückgang der Todesfälle und Infektionen. Laut Behörden wäre der Grund für diesen Rückgang eine breite Immunität, die durch die große Verbreitung der Krankheit erreicht wurde. Auch wenn die zum Teil erreichte Immunität möglicherweise künftige Opfer verhindern könnte (was noch nicht wissenschaftlich festgestellt ist), bleibt es unumstritten, dass die weite gesellschaftliche Verbreitung der Krankheit im Frühling 2020 nicht nur zu einer möglichen Immunität, sondern auch zu vielen Covid-Opfern geführt hat.

Auch wenn die «laxe» Coronastrategie höchstwahrscheinlich zur starken Ausbreitung des Virus in der Gesellschaft beigetragen hat, können einige Aspekte der schwedischen Corona-Strategie auch positiv bewertet werden. Die Schulen und Kindergärten offenzuhalten, hatte laut Expert*innen keine große Auswirkung auf die Ausbreitung des Virus. Außerdem haben die offenen Schulen dazu beigetragen, dass Kinder mit Problemen zu Hause oder mit Lernschwierigkeiten in der gewöhnlichen Umgebung weiter lernen konnten. Die teilweise offenen Grenzen haben dazu beigetragen, wichtige Mobilität (meistens innerhalb der EU) zu ermöglichen. Jedoch wurden problematische Grenzpraktiken, wie zum Beispiel Abschiebungen, fortgesetzt, auch von ausländischen Arbeiter*innen, die aufgrund der Coronakrise arbeitslos geworden sind und deshalb ausgewiesen wurden.[12] Weder wurden Ausnahmen für Aufenthaltsbestimmungen bei den Migrationsbehörden geschaffen noch von Politiker*innen Initiativen gesetzt, um ihre prekäre Position zu lindern.

Auch wenn die dauerhaften Auswirkungen auf die schwedische Politik und Gesellschaft noch zu sehen sein werden, hat die Coronakrise eine neue Perspektive auf andere langfristige Krisen und Ungleichheiten gebracht. Der Klimawandel und die Veränderungen der Mensch-Tier-Interaktion sind wichtige Ursachen hinter Pandemien wie dem neuen Coronavirus. Die Proteste der schwedischen Klimaaktivistin Greta Thunberg und der Klimabewegung Fridays for Future wurden wegen Corona digital fortgesetzt und verloren deshalb einen Teil ihrer Sichtbarkeit. Die schnellen und weltweiten Maßnahmen gegen die Coronakrise haben jedoch der Klimabewegung gezeigt, dass es Lösungen gibt, wenn man nur will, dass reiche Staaten über unvorstellbare wirtschaftliche Ressourcen zur Lösung von Krisensituationen verfügen, und arme und marginalisierte Gemeinschaften immer am schlimmsten unter Krisen leiden. Rassismus ist eine weitere dringende gesellschaftliche Angelegenheit, die eng mit der Coronakrise und dem Klimawandel verbunden ist, was auch in den verheerenden Auswirkungen von Covid-19 auf indigene Völker deutlich wurde. Jair Bolsonaro, der die Macht über die Lungen der Welt im Amazonasgebiet innehat, hat durch seine Politik den massiven Tod indigener Völker, die eine entscheidende Rolle für den

12 Utländska arbetare riskerar att utvisas efter Coronakrisen [Ausländische Arbeitnehmer riskieren, nach der Coronakrise ausgewiesen zu werden], Arbetet, 8.5.2020, https://arbetet.se/2020/05/08/utlandska-arbetare-riskerar-att-utvisas-efter-coronakrisen/ (23.6.2020)

Schutz der Zukunft des Planeten spielen, verursacht. Auch in indigenen Sápmi[13] in Nordschweden hat sich Covid wegen der kolonialen Bergbauindustrie in Gällivare/Jiellevárri verbreitet. Im Juni 2020 brachten Black Lives Matter-Proteste weltweit Menschen auf die Straßen (nach der Ermordung von George Floyd in den USA). In Schweden wurden die Proteste ironischerweise von Menschen als unverantwortlich kritisiert, die davor keine Probleme damit hatten, Roséwein in Restaurants zu trinken oder massenhaft in Einkaufszentren Zeit zu verbringen, während sie auch statistisch gesehen weniger wahrscheinlich an Covid-19 sterben würden, als von Rassismus betroffenen Personen. Die Reaktionen antirassistischer Demonstranten war klar: Rassismus tötet auch in Schweden. Und das tut er jetzt.

Die Auswirkungen der Krise auf linke, antirassistische und Klimabewegungen, aber auch auf den Rechtspopulismus, bleiben abzuwarten, jedoch hat die Coronakrise Kritik an der Logik des Spätkapitalismus und Vorstellungen von alternativen Lebensweisen geweckt. Auf einer niedrigeren Ebene erlebt die normalerweise privilegierte schwedische Mehrheitsbevölkerung zum ersten Mal, wie es ist, als unerwünscht wahrgenommen zu sein und durch die Grenzpolitik exkludiert zu sein. Für einige in Schweden ist die Coronakrise eine Frage über Leben oder Tod, für andere eine Frage, wo sie die Ferien verbringen sollen. Während die Krise ohne Ausnahme alle in Schweden getroffen hat, hat Covid-19 bestehenden Hierarchien und Privilegien gestärkt und sichtbar gemacht. Aber letzten Endes auch infrage gestellt, auf einer Ebene, die hoffentlich nur ein Anfang ist.

13 Nordsamische Bezeichnung für die traditionellen Gebiete der Bevölkerungsgruppe der Samen (früher im deutschsprachigen Raum abwertend als Lappen bezeichnet), die im Norden Schwedens, Finnlands, Norwegens, bis in die russische Kola-Halbinsel leben.

Covid-19 als Chance für den Autoritarismus

Ungarns Ministerpräsident Orbán als Corona-Profiteur

Von Karl Pfeifer

Der bereits mit vielen Befugnissen ausgestattete und sich seit Langem im Kampfmodus befindende Ministerpräsident Viktor Orbán erhielt am 20. März die Möglichkeit, ohne parlamentarische und gerichtliche Kontrolle, auf unbegrenzte Zeit mit Verordnungen zu regieren, nachdem das ungarische Parlament im Sinne der «kollektiven Selbstverteidigung» ein Corona-Notstandsgesetz verabschiedet hatte. Der erbarmungslose Kampf gegen die Opposition machte während des Lockdowns keine Pause, sondern wurde mit allen Mitteln fortgesetzt. Insbesondere den Kommunen, die bei den letzten Lokalwahlen 2019 einen oppositionellen Bürgermeister bekamen – allen voran Budapest – wurde die Finanzierung beschnitten. Die Parteienfinanzierung aus dem Staatshaushalt wird – vorgeblich wegen Covid-19 – halbiert. Während der Regierungspartei Fidesz die öffentlich-rechtlichen Medien zur Verfügung stehen, schränkt dies massiv die Möglichkeit der oppositionellen Parteien ein, 2022 einen Wahlkampf zu führen.

Ausländer, Fremde …

Die Schließung der Grenzen zur Eindämmerung der Pandemie, stellte die Regierung in einen Zusammenhang mit der Verteidigung der Grenzen gegen eine angebliche Gefahr, die von Flüchtlingen und Migranten ausgehe. Bereits am 1. März untersagte das Regime jeden Eintritt in die Transitzone auf der ungarischen Seite des Sperrzauns, der 2015 an der Grenze zu Serbien errichtet wurde. Die fadenscheinige Begründung: viele «illegale Migranten» kämen entweder aus dem Iran oder würden durch den Iran reisen. Allerdings müssen diese das schon vor dem Ausbruch der Pandemie getan haben, denn die Reise auf dem Landweg vom Iran bis an die ungarische Grenze dauert sehr lange.

Am 1. März befanden sich 321 Personen in der Transitzone. In den folgenden sieben Tagen forderte der Europäische Gerichtshof für Menschenrechte (EGMR) in drei Eilentscheiden die Budapester Regierung dazu auf, diese Menschen in geregelter Weise mit Lebensmitteln zu versorgen. Insgesamt forderte der EGMR zwischen Oktober 2015 und April 2020 Ungarn 24 Mal auf, die Menschen in der Transitzone mit Lebensmitteln zu versorgen.

Mitte Mai hat der Europäische Gerichtshof (EuGH) entschieden, dass die Transitzone einer Inhaftierung gleichkommt. Asylbewerber sind dort in ihrer Bewegungsfreiheit nicht nur eingeschränkt, diese ist dort vollkommen aufgehoben. Die ersten beiden laborbestätigten Infektionen mit dem Virus wurden am 4. März gemeldet. Es waren iranische Studenten, die Aufenthaltsgenehmigungen hatten. Die regierungsnahen Medien behaupteten trotzdem, die illegale Migration sei Ursache der Pandemie. Orbán legte in einem Interview im Radio nach und sprach von einem «Zwei-Fronten-Krieg», in dem sich Ungarn befinde: «Einerseits gibt es die Frontlinie namens Migration und es gibt die der Coronavirus-Epidemie», so Orbán. Man habe die Universitäten des Landes geschlossen, da es viele ausländische Studenten gebe. «Unserer Erfahrung nach», so Orbán, «haben in erster Linie Ausländer die Epidemie nach Ungarn gebracht, und sie verbreitet sich auch unter Ausländern, und in Ungarn gibt es, das wissen die Menschen im Allgemeinen nicht, viele zehntausende ausländische Studenten.»[1]

Obwohl Ungarn seit 2010 eine proiranische Politik betreibt, wurden nicht überprüfbare Behauptungen über iranische Studenten aufgestellt und sie wurden ausgewiesen.

«Ausländer, Fremde, sind es meist, Die unter uns gesät…»[2] spottete Heinrich Heine bereits in der Mitte des 19. Jahrhunderts und jetzt wird in Ungarn mit solchen Ammenmärchen von den Skandalen der Kleptokraten abgelenkt.

Ende März wurden 140 Unternehmen gelistet, die unter die Aufsicht von militärischen «Steuerungsgruppen» gestellt wurden, um im Bedarfsfall die Sicherheit und Funktionsfähigkeit zu gewährleisten. Davon sind am 18. Juni noch 107 Unternehmen betroffen gewesen, überwiegend im Energiesektor, der Telekommunikation, der Wasserwirtschaft, der Pharmaindustrie, des Transports und des Einzelhandels.

Soldaten wurden auch in die Spitäler entsandt, wo der auch für die Gesundheit verantwortliche Superminister Miklós Kásler kurzfristig verfügte – bei 1.500 von der Regierung gemeldeten Infektionen – müssen am 15. April 36.000 Krankenhausbetten für Coronapatienten bereitstehen. Proteste gegen die Entscheidung, Tausende schwerkranke Patienten nachhause zu schicken, erstickte Kásler durch die Zwangsversetzung von zwei Krankenhausdirektoren. Die Lage in den ungarischen Spitälern war bereits vorher katastrophal.

1 https://www.dw.com/de/coronavirus-in-orb%C3%A1ns-ungarn-soros-die-migranten-und-die-seuche/a-52804365 (1.8.2020)

2 Heinrich Heine in seinem Gedicht «Erinnerung aus Krähwinkels Schreckenstagen».

Ein Beispiel dafür sind die Wartezeiten für Operationen im Juni, in Klammern die Wartezeit im Februar: größere Operationen der Bauchhöhle mit Laparaskop: 355 Tage (99); Krampfaderoperation: 284 Tage (31); Knieprothese: 280 Tage (25); offene Herzoperation: 266 Tage (50); größere Rückgratoperation: 261 Tage (63). Die außergewöhnliche Steigerung der Wartezeiten ist allerdings nicht allein mit Covid-19 erklärbar. Mittlerweile wurden auch Berichte über Zustände in ungarischen Spitälern veröffentlicht, die gerade zu haarsträubende Missstände deutlich machen. Patienten werden völlig vernachlässigt, im Dreck liegen gelassen und nicht auf Covid-19 getestet, was zu Infektionen innerhalb der Spitäler führt. Selbst ein Fall an dem Goldringe einer Verstorbenen verschwunden waren, wurde bekannt.[3]

Für Empörung im In- und Ausland sorgte die Drohung, die Verbreitung von «Fehlinformationen, die die Regierungsarbeit in der Gesundheitskrise beeinträchtigen» mit einer fünfjährigen Haftstrafe zu ahnden.

Mitte Mai nahm die Polizei deswegen mehrere Menschen fest und stellte die Videos der Verhaftung auf *police.hu*, zum Beispiel wie Polizisten in das Haus kommen, Smartphones beschlagnahmen und eine verängstigte Hausfrau und einen alten Mann zum Dienstauto begleiten. Entsetzen löste die Verhaftung eines eingeschränkt bewegungsfähigen Mitglieds der oppositionellen Momentum Partei in Gyula und eines 64-jährigen Mannes in Szerencs aus.

Dieser hatte dem «teuren Führer» eine kritische Botschaft übermittelt. In beiden Fällen wurde das Verfahren eingestellt, aber Justizministerin Judit Varga verteidigte die Polizisten: «Nur der begeht keinen Fehler, der nicht arbeitet.» Zwar wurden die allermeisten der 90 Verfahren eingestellt, aber das eigentliche Ziel der Machthaber ist, mit dieser Aktion mögliche Kritiker einzuschüchtern.

Wie kommt es soweit?

Oft bleiben kritische Beobachter des seit zehn Jahren existierenden Regimes von Ministerpräsidenten Orbán an der Oberfläche und sehen es lediglich als eine Art Fortsetzung oder Wiederkehr des Regimes Miklós Horthys (1920 bis 1944), sie charakterisieren es als faschistisch, faschistoid beziehungsweise völkisch. Doch das ist nicht die ganze Realität. Ungefähr 40% der Bevölkerung sind von Armut und gesellschaftlicher Ausgrenzung betroffen, besonders Roma, alleinerziehen-

3 hungarianspectrum.org/2020/09/17/reporter-a-very-hungarian-death-the-true-state-of-hungarys-health-system/

de Eltern und Pflichtschulabsolventen. Die radikale Kürzung des Gesundheits-, Sozial- und Unterrichtsbudgets während der vergangenen Jahre und die flat tax, die die Reichen begünstigt, tragen zu dieser katastrophalen Lage bei. Die Skandale mehren sich und die Zahl der Geschädigten wächst.

Während der vergangenen zehn Jahre haben mehr als eine halbe Million hauptsächlich junge Ungarn das Land verlassen, bei Weitem mehr als in den Jahren nach der Revolution von 1956.

Die Regierung verlieh nach 2010 Hunderttausenden ethnischen Ungarn in den Nachbarstaaten die Staatsbürgerschaft und das Wahlrecht, was u.a. dazu führt, dass in einigen nordostungarischen Dörfern in einem Einfamilienhaus mehr als hundert «Ungarn» aus der Ukraine gemeldet sind, die dann zur Wahl mit Autobussen herangekarrt werden.

Das 2013 publizierte Buch *Die ungarische Krake – ein postkommunistischer Mafiastaat* erklärt Orbáns Erfolg, ein in der EU neues Phänomen: die unkontrollierte persönlichen Macht eines Regierungschefs unter Beibehaltung sinnentleerter demokratischer Formen. Mit der parlamentarischen Zweidrittelmehrheit des Fidesz fielen seit 2010 fast alle institutionellen Schranken der Machtausübung. Damit ist der Staat unter die Hoheit einer einzigen Person geraten, die ihre Herrschaftstechniken, die sie vorher innerhalb des Fidesz eingesetzt hatte, um diese zum Gehorsam zu zwingen, nun auf die gesamte Gesellschaft ausdehnt. Was in der ersten Regierungsperiode des Fidesz (1998 bis 2002) begann, entfaltet sich seit 2010 in vollem Umfang. Die Konzentration von Macht und persönlichem Vermögen hat die Partei mit einem aggressiven Austausch der Elite in die Wege geleitet, dabei bekennt sie sich offen zur «illiberalen Demokratie».

Dazu gehört die offensichtliche Diskriminierung der Opposition, durch den Einsatz der Polizei, der Steuerbehörden und der Staatsanwaltschaft. Diese haben ihre Aktionen zeitlich so geplant, dass sie Teil der verschiedenen Wahlkampagnen wurden. Ermittlungen gegen Oppositionelle werden kurze Zeit vor den Wahlen eingeleitet, während bei offensichtlicher Korruption und Gesetzesverstößen von Fidesz-Politikern beide Augen zugedrückt werden.

Orbán konzentriert die ganze Macht in seiner Hand. Er beherrscht nicht nur seine Partei, sondern den ganzen Staatsapparat. Überall sitzen die «Mitglieder der Familie», die loyal Befehle ausführen. Parallel zur Auswechslung der politischen Elite wird auch die wirtschaftliche Elite ausgewechselt. Das öffentliche Interesse wird nicht zufällig, sondern dauerhaft privatem Interesse untergeordnet. Die Entscheidungen dienen zugleich dem Machterhalt und der Bereicherung: Gehirnwäsche und Geldwäsche.

Kontinuierlich verwirklicht Orbán seine Vorstellungen eines Mafiastaats, den er als System der «nationalen Zusammenarbeit» (NER) im Juni 2010 vom Parlament absegnen ließ. Die NER spiegelt die nationalistische Ideologie wider, von der sich noch immer ein Teil der Bevölkerung blenden lässt. Im Fall von Konflikten beruft sich die Regierung auf NER, um Kritiker als «antinational» und «Vaterlandsverräter» zu brandmarken.

Während die klassische Mafia als Unterwelt mit den Mitteln direkter Gewalt Güter, Vermögen und wirtschaftliche Akteure unterwirft, erreicht das «die ungarische Krake» durch Erringung der politischen Macht, die entsprechend angepasste Gesetzgebung und ihre Zusammenarbeit mit der Staatsanwaltschaft, dem Finanzamt, der Polizei und dem Geheimdienst. Mangels zu privatisierenden Staatsvermögens wird eine neue Verstaatlichung in Gang gesetzt. Unter dem ideologischen Vorwand des «nationalen Freiheitskampfes» wurden Ausländer verdrängt und das außerhalb des Vasallenbereichs befindliche Privatvermögen – zum Beispiel die privaten Pensionsversicherungen – geplündert.

Tausende Existenzen wurden ruiniert durch das 2013 erlassene Gesetz über das Tabakmonopol. Die Konzessionen für «nationale Trafiken», die weiterhin Tabak verkaufen dürfen, wurden fast ausschließlich aus dem Dunstkreis der Regierungspartei Fidesz stammenden Bewerbern gewährt. Das gleiche gilt für die Verpachtung von Land durch den Staat, wo alteingesessene Bauern benachteiligt und der Regierung nahestehende Oligarchen bevorzugt wurden.

Der Ministerpräsident regiert nicht, sondern verfügt über das Land, als sei es sein Besitz. Die Institutionen der Staatsgewalt, vom Parlament über die Regierung und die Staatsanwaltschaft bis zum Finanzamt, haben die willkürlich getroffenen Entscheidungen durchzusetzen. Die «Herrschaft des Gesetzes» wird durch das Gesetz der Herrschaft ersetzt. Den Verlierern wird Gemeinschaftsgefühl angeboten, das Recht, die «Feinde der Nation» («Fremdherzige» und «Vaterlandsverräter») und «Parasiten» (Roma, Obdachlose und Arbeitslose) zu verachten.

Seit 2018 ist die rechtsextreme Partei Jobbik in die Mitte gerückt. Der mit diesem Kurs von Jobbik nicht einverstandene stramm rechtsextremistische Teil hat die Bewegung «Mi Hazánk» geschaffen, die mit Fidesz zusammenarbeitet. Das unverzeihliche Vergehen dieser Regierung besteht darin, dass sie sowohl antisemitische als auch rassistische Gesinnungen legitimiert hat und in der Jagd nach rechten Wählern diese in größerem Umfang reproduziert.

Orbáns Strohmann

Während Viktor Orbán in seiner jährlichen Vermögenserklärung spärlichen Zuwachs zugibt, wurde Lőrinc Mészáros, sein Schulfreund aus seiner Heimatgemeinde Felcsút, binnen kürzester Zeit Multimilliardär und gelangte als zweiter Ungar auf die legendäre Forbes-Liste. Vor ihm war schon Sándor Csányi, ein anderer Freund Orbáns und Chef der größten ungarischen Bank OTP dort. Mészáros führte seinen Gasinstallationsbetrieb 2007 in die Pleite, doch Orbán ließ seinen Schulfreund nicht fallen, 2011 wurde er für Fidesz Bürgermeister ihres Heimatdorfes Felcsút. Mit im Jahr 2013 zugeschanzten Tabak-Konzessionen und der Finanzierung eines überdimensionalen Fußballstadions konnte sich Mészáros sanieren. 2015 wurde er schon unter den reichsten Ungarn verzeichnet.

Im Jänner 2020 war sein Vermögen 1,27 Milliarden Euro wert. Infolge der Coronakrise und des niedrigeren Forint-Wechselkurs, besitzt er «nurmehr» 840 Millionen Euro. Nach dem Staat ist er der größte Arbeitgeber. Über 200 Firmen, Bauunternehmen, ein Verlagshaus, Immobilienverwaltungen, Agrargesellschaften, Lebensversicherungen und eine der größten Banken gehören ihm. Auch im Ausland besitzt Mészáros Firmen und Grund, in Österreich gehören ihm mehrere Hotels. Ein großer Teil dieses Vermögenszuwachses stammt aus den Milliarden, mit denen die EU das Orbán-Regime am Leben hält.

Antisemitismus und Revisionismus

Seit Jahren wird in Ungarn ärarische Geschichtsfälschung betrieben, etwa das Lob Orbáns für Miklós Horthy, der als Reichsverweser unter anderem Pogrome gegen Juden und Linke duldete und dessen Regierung nach 1938 Juden diskriminierende Gesetze erließ. Horthy und die meisten seiner Minister regierten auch nach der deutschen Besetzung am 19. März 1944. Eichmann war erstaunt über die Begeisterung der ungarischen Behörden bei der Ghettoisierung, Beraubung und Deportation der Juden. Binnen ungefähr acht Wochen wurden 437.000 ungarischen Staatsbürger aus der Provinz vor allem nach Auschwitz-Birkenau deportiert und die meisten fanden dort ihren Tod.

Daran erinnert im Zentrum Budapests kein Denkmal. Hingegen hat Orbán gegenüber dem Parlamentsgebäude in Budapest ein Denkmal für über 15 Millionen Euro errichten lassen, das an den Vertrag von Trianon von 1920 erinnert. In Ungarn wird alles getan «damit die Erinnerung an die Shoah nicht in den Schatten stellt, was sie als ihr eigenes Leid erinnern wollen. Scheinbar schrankenlos in ihrer Kreativität erweisen sich bei dieser Entschärfung der ‹Bedrohung› durch die Shoah die Erinnerungskrieger der ungarischen Fidesz …»[4]

4 Ljiljana Radonić: Polnische und ungarische Erinnerungskrieger, in: sans phrase 16/2020, 28.

Dieser Geschichtsrevisionismus dient Orbán seit 2010 als tragende Säule der autoritären Umgestaltung. Es wäre unmöglich, dass ein österreichischer oder deutscher Politiker einen Gedenktag an die Friedensverträge von St. Germain oder Versailles vorschlägt, um an die Gebiete und die Bevölkerung zu erinnern, die nach dem Ersten Weltkrieg von Österreich und Deutschland abgetrennt wurden. In Ungarn jedoch war 2010 eben dies – nach der Steuerbefreiung für selbstgebrannten Schnaps für den Eigenkonsum – eine der ersten Maßnahmen. Der 4. Juni, der an den Friedensvertrag von Trianon (1920) erinnern soll, wurde offizieller Gedenktag.

Am 6. Juni 2020 hielt Orbán in Sátoraujhely an der slowakischen Grenze eine Rede, um die Turul-Statue[5] einzuweihen. In dieser Ortschaft gibt es seit 1934 einen Kalvarienberg mit 34 Stationen, die an 1920 «verlorengegangene» Ortschaften erinnern sollen. «Der Westen hat die tausend jährigen Grenzen und die Geschichte Mitteleuropas vergewaltigt … Sie zwangen uns zwischen ungeschützten Grenzen zu leben, beraubten uns unserer natürlichen Ressourcen und machten unser Land zu einem Trauerhaus.» Das werde man dem Westen «nie vergessen» und sprach vom «überheblichen französischen und britischen und dem scheinheiligen amerikanischen Reich.» Hingegen ist «die ungarische Nation immun gegen Kugel und Schwert. Die Periode der hundert Jahre Einsamkeit ist beendet. Heute stehen wir wieder vor einem Sieg. Nur der Staat hat Grenzen, die Nation hat keine. Das ist das Gesetz. Es gibt solche, die das verstanden haben und andere aber noch nicht. Diese würden sich besser beeilen, denn ihre Zeit läuft ab.»[6] Mit solcher überzogenen nationalistischen Rhetorik möchte Orbán die Aufmerksamkeit vom täglichen Elend derjenigen ablenken, denen die Existenzgrundlage entzogen wird und die keine Unterstützung vom Staat erhalten.

Sozialstaat abgeschafft

Bereits 2012 sagte Orbán: «Unser Programm ist es, dass wir statt eines Wohlfahrtstaats westlicher Prägung, der nicht konkurrenzfähig ist, eine Gesellschaft auf Grundlage der Arbeit entwickeln.»[7] Seither liquidierte die Regierung sukzessive den Sozialstaat. Ein Beispiel: Laut einem 2012 beschlossenen Gesetz, kann ein Unternehmer einem gekündigten oder entlassenen Arbeitnehmer wegen

5 https://jungle.world/artikel/2014/11/und-der-turul-fliegt-weiter (1.8.2020)

6 https://www.kormany.hu/hu/a-miniszterelnok/beszedek-publikaciok-interjuk/orban-viktor-unnepi-beszede1 (1.8.2020)

7 https://jungle.world/artikel/2017/13/krank-geworden-arm-gemacht (1.8.2020)

«schlechter Arbeitsleistung oder Benehmen» die Abfertigung verweigern. Gerade während der Coronakrise 2020 wird dieses Gesetz unrechtmäßig angewendet. Betriebe entlassen Arbeiter, nachdem diese zuvor ohne jegliche Beschwerden zehn oder zwanzig Jahre gearbeitet haben, ohne eine Abfertigung zu zahlen.

Von allen Ländern der EU war dem Statistischen Amt der Europäischen Union (Eurostat) zufolge Ungarn im Jahr 2014 der Staat mit dem dritthöchsten Anteil von Armen: 40 % der ungarischen Bevölkerung zählten dazu, also etwa vier Millionen Menschen. Dass 40 % der Ungarn unter dem Existenzminimum leben, bedeutet nicht, dass alle diese vier Millionen Menschen hungern, sondern dass sie über keinerlei Ersparnisse verfügen. Ihre Lebensumstände machen die Armen apathisch. Die Regierung muss deshalb nicht mit großem Widerstand rechnen, wenn sie versucht, die gesellschaftliche Not mit statistischer Zauberei zum Verschwinden zu bringen. So weist das ungarische Amt für Statistik die Armutsquote und Angaben zum Existenzminimum einfach nicht mehr aus. Um die Arbeitslosenstatistik zu schönen, koppelte die Regierung die finanzielle Unterstützung für Arbeitssuchende an die Ableistung gemeinnütziger Arbeit. Wer in dieses System gerät, muss in der Regel mit der Verletzung der eigenen Menschenwürde rechnen. Unter dem Befehl von Bürgermeistern oder kleinen Beamten sind Willkür und Nötigung alltäglich.

Eine Spezialität des Mafiastaates: Es gibt kein Armutsbegräbnis mehr, sondern ein «soziales Begräbnis». Hinterbliebene, die die regulären Gebühren nicht bezahlen können, sind gesetzlich gezwungen, die Leiche selbst zu waschen und das Grab auszuheben.

Schon in meinem ersten Artikel über Ungarn (Arbeiterzeitung, 13.7.1979) machte ich auf die Diskriminierung der Roma aufmerksam, die nach der Befreiung nicht aufhörte. Allerdings bestand in der Kádár-Periode (1956–1989) Arbeitszwang und so fanden auch die vielen Roma, die nicht die Pflichtschulen absolviert hatten, eine Arbeit. Nach der Wende verloren Hunderttausende ihre Arbeit, darunter die meisten Roma. Die Rechtsextremisten und ihre Milizen konnten vor 2010 ungestraft gegen Roma hetzen bzw. in Romaviertel aufmarschieren.

2008/2009 kam es zu einer Serie von mörderischen Anschlägen gegen Roma. In Ungarn sind die Roma (cigány) eine anerkannte ethnische Minderheit. Aber eine genaue Anzahl der Roma ist nicht bekannt, denn bei den Volkszählungen bekennen sich nur wenige als solche. Im kleinen Ort Gyöngyöspata, in dem 20% der Bevölkerung Roma sind, wurden die Roma-Kinder 2002 bis 2017 in der Schule segregiert – die Zweit- bis Viertklässler und die Fünft- bis Siebentklässler wurden jeweils in einem Klassenzimmer unterrichtet. Sie durften nicht ins Schwimmbad oder an Schulausflügen teilnehmen. Aufgrund einer Beschwerde hat ein Landgericht 2012 diese Segregation beanstandet und Kompensation angeordnet. Gyöngyöspata hat dagegen berufen. Im September 2019 hat das Berufungsgericht die vorherigen Urteile bestätigt und die Summe der Entschädigung für die Schüler erhöht. Die Auszahlung hätte binnen 15 Tage erfolgen sollen. Doch die Stadt hat wieder berufen.

Anfang 2020 hat der als Rechtsanwalt ausgebildete Premier Orbán in einer Pressekonferenz für Auslandsjournalisten dazu Stellung genommen: «Ich bin kein Einwohner von Gyöngyöspata. Aber wenn ich dort leben würde, dann würde ich fragen: Wie kann das eigentlich sein? Dass eine Gemeinde, die mit mir im selben Dorf lebt, die zu einer bestimmten ethnischen Volksgruppe gehört, eine erhebliche Summe bekommt, ohne jegliche Arbeit. Während ich für dieses Geld, ich weiß nicht wieviel Stunden, Tage oder Jahre arbeiten müsste (…) und ich denke, dass diese Leute [der Stadt Gyöngyöspata] Recht haben.»[8]

Orbán wollte eine Volksbefragung zu diesem Thema veranstalten, doch ungarische Intellektuelle warnten, wenn dieses Aufschaukeln der Emotionen gegen Roma zur Gewalt führt, dann wird Orbán persönlich dafür haftbar gemacht. Mitte Mai hat der Oberste Gerichtshof das Urteil des Berufungsgerichtes bestätigt.

Die Flüchtlingsströme 2015 lieferten Orbán eine Steilvorlage, um sich als Beschützer der Nation gegen Migranten und einer imaginierten jüdischen Weltverschwörung darzustellen. «Diese Invasion wird einerseits vom Schlepper-Business gelenkt, andererseits von jenen Aktivisten, die alles unterstützen, was die Nationalstaaten schwächt», sagte Viktor Orbán Ende Oktober 2015 im ungarischen Rundfunk. Die Menschenrechtsgruppen, die Flüchtlingen bei der «Invasion» helfen, haben nach Ansicht des ungarischen Ministerpräsidenten einen mächtigen Helfer. Ganz im Sinne der gängigen Weltverschwörungstheorien nannte er eine jüdische Persönlichkeit, die man in Ungarn nicht näher vorstellen muss: «Diese westliche Denkweise und dieses Aktivistennetz werden vielleicht am stärksten durch George Soros repräsentiert.»[9]

Warum beschränkte sich die Regierung auf Andeutungen, während der antisemitische und rassistische Diskurs vom Mainstream transportiert wird? So erstaunlich es klingt, Ungarn hatte in jenem Jahr den Vorsitz in der International Holocaust Remembrance Alliance gehabt. Die zwischenstaatliche Organisation hat es sich zur Aufgabe gemacht, Bildung und Forschung über und die Erinne-

8 https://www.ard-wien.de/2020/03/07/orban-gegen-gerichtsurteil-fuer-roma-entschaedigung/ (1.8.2020)

9 https://jungle.world/artikel/2015/51/antisemitische-arbeitsteilung (1.8.2020)

rung an die Shoah national und international zu fördern. Der Vorsitz rotiert unter den 31 Mitgliedsländern. Auf diese Weise erhielt der staatlich geförderte Antisemitismus in Ungarn einen erstklassigen «Persilschein».

So funktioniert die Arbeitsteilung, die es der Regierung ermöglicht, antisemitische Ressentiments anzusprechen und sich zugleich unschuldig zu geben. Bei einer repräsentativen Meinungsumfrage des Budapester Forschungsinstituts Political Capital unter 1.200 Teilnehmern im Herbst 2019 gab es unter anderem folgende Ergebnisse: Mit der Aussage «Die Juden möchten in internationalen Finanzinstitutionen eine entscheidende Rolle spielen» waren 49 % der Befragten eher einverstanden, 19 % waren eher nicht einverstanden, 23 % neutral. Mit der Aussage «Die Juden wollen die Welt beherrschen» waren 44 % eher einverstanden, 24 eher nicht, 22 % zeigten sich neutral.

Seit 2015 hat die Regierung mehrere Kampagnen, inklusive Plakate und Volksbefragung, gegen George Soros durchgeführt und Soros dient bis heute als Staatsfeind Nr. 1.

Der Vorsitzende des Parlaments László Kövér meinte am 28. April 2020 in der regierungsnahen Wochenzeitung *Demokrata*: «Die Opposition ist nicht Teil der ungarischen Nation, sondern die Komprador-Formation der Weltelite ... Der Spekulant ist ein Mensch, der ohne Arbeit, Leistung und Wertschöpfung, von den von anderen produzierten Werten schmarotzt. Das schönste Beispiel dafür ist György Soros, dem es nicht genügt, dass er Länder, Gesellschaften begaunernd und demolierend einer der reichsten Menschen der Welt wurde, es genügt ihm nicht, dass wir durch von ihm Ausgehaltene internationale Institutionen illegitim beeinflusst werden ...».

Das sind gängige antisemitische Stereotype, die auch von den Nationalsozialisten benutzt wurden. Die alte rechtsextremistische Mär vom Dolchstoß der Freimaurer und der jüdischen Weltverschwörung wärmte Premier Orbán am 19.6.2020 im Kossuth Radio wieder auf: «Es gibt eine internationale Politik, die nationale Regierungen und Nationen schwächen, liquidieren und in ein Reich einordnen möchte. Diese wird von über den Staaten stehenden globalen, internationalen Organisationen und diese finanzierenden – sich über den Nationen fühlenden – Geschäftsleuten, Geldmenschen betrieben ... Die Brunnen werden schon seit langem vergiftet, wenigstens ist das eine 150 Jahre alte Geschichte, dass gewisse ungarische Politiker auf der internationalen Bühne systematisch gegen ihre Heimat arbeiten.»[10]

10 https://www.kormany.hu/hu/a-miniszterelnok/beszedek-publikaciok-interjuk/orban-viktor-a-kossuth-radio-jo-reggelt-magyarorszag-cimu-musoraban20200619 (1.8.2020)

Das 2017 beschlossene sogenannte Soros-Gesetz verlangt von den Organisationen, deren Zuwendungen aus dem Ausland eine Schwelle überschreiten, sämtliche Geldgeber mit genauen Beträgen zu veröffentlichen. Außerdem mussten sie sich in allen Publikationen als «vom Ausland finanziert» deklarieren. Zuwiderhandlungen wurden mit hohen Geldbußen geahndet. Der EuGH publizierte am 18. Juni seine Entscheidung: Dieses Gesetz verstößt gegen europäisches Recht.

Bei einer Pressekonferenz am 10. Juni 2020 über Desinformation fragte der Korrespondent von *Euronews* die EU-Kommissarin Věra Jourová, ob es der Wahrheit entspricht, was die ungarische Regierung in einer Frage der kommenden Volksbefragung behauptet, wonach «Brüssel sich darauf vorbereitet, um die Einwanderungsregeln der ungarischen Verfassung anzugreifen. Man will uns zwingen die Migration verbietende Anordnungen unseres Grundgesetzes zu ändern». Jourová antwortete, «wenn das tatsächlich drinnen steht, dann sind das fake news, das ist nicht wahr».

Der für internationale Kommunikation und Verbindungen verantwortliche Staatssekretär Zoltán Kovács antwortete auf Twitter: «So @verajourova says one of the questions in our national consultation is fake news when, in fact, @EU_Commission has been systematically undermining our efforts to fight illegal migration. Not to mention her ties to @georgesoros …».[11]

Othmar Karas, konservativer Vizepräsident der EU, meinte auf Twitter: «Die Welt steht gegen Diskriminierung auf, #Orban fährt eine neue Kampagne mit antisemitischen Klischees und erfundenen Feindbildern (EU, Migranten & Soros) Orban verschärft die Situation nach der Fidesz±+Suspendierung [durch die europäischen Volksparteien K.P.] weiter & schließt sich de facto selbst aus der @EPP aus. (ok)»[12]

Die meisten Fragen der für Herbst geplanten Volksbefragung beziehen sich auf die Pandemie, aber ohne Soros geht die Chose nicht. Die zehnte Frage lautet «Lehnen Sie den Plan von George Soros ab, wonach unsere Heimat auf nicht vorhersehbar lange Zeit zum Schuldner gemacht wird».

Die finanziellen Hilfen, die Ungarn den von der Pandemie betroffenen Menschen und Betrieben aus dem laufenden Haushalt geben kann, sind geringer als die anderer EU-Staaten. Doch das Regime will keine Anleihen von der EU aufnehmen. Denn günstige Kredite der EU könnten an die Einhaltung demokratischer und rechtsstaatlicher Standards gebunden zu sein, was Ungarn genauso ablehnt wie die Einrichtung einer auf Betrug spezialisierten Staatsanwaltschaft bei der EU.

11 https://twitter.com/zoltanspox/status/1270781005037744128 (1.8.2020)

12 https://twitter.com/othmar_karas/

Der Corona-Notstand («Gefahrenlage») wurde vom Parlament Mitte Juni beendet, doch einige Einschränkungen bleiben in Kraft- und die Regierung behält das Recht, ohne Parlamentszustimmung erneut den Notstand auszurufen und signalisiert damit, dass sie die Absicht hat, so weiterzumachen wie bislang. Die Sozialpolitik seit 2010 zeigt, dass deren ursprüngliche Funktion, die Ungleichheiten zu dämpfen und zu mildern in Ungarn nicht oder fast nicht wirkte. Anstatt dessen – in der EU einzigartig – vertieft diese den durch den (Arbeits-) Markt bestehenden Abgrund zwischen den Schichten. Das widerspricht den Grundwerten des europäischen Sozialen Modells, welche die Integration von Schichten mit niedrigen gesellschaftlichen Status und schlechter Arbeitsmarktsituation als eine sich rentierende soziale Investition betrachtet. Die Regierung zeigt sich gegenüber den Opfern der Krise knausrig. Sie hält fest an ihren Anschauungen über eine Gesellschaft auf Grundlage der Arbeit und gibt keine Unterstützung für Familien, die ihre Existenzgrundlage verloren haben.

Dazu gehören auch Kinder, die wegen den Schulschließungen ihre regelmäßigen Mahlzeiten verloren haben und diejenigen, die schon früher keine Arbeit hatten. Die Arbeitslosen werden nach wie vor lediglich drei Monate unterstützt, damit sie eine neue Arbeit finden können.

Die ungarische Regierung hat nichts übrig für den Markt, wenn es auf Konkurrenz ankommt. Sie ist aber marktfundamentalistisch, wenn es darum geht die Arbeit als Ware zu behandeln. Für die Massen bedeutet das seit dem Ausbruch der Pandemie extreme Existenzunsicherheit.

Notstandsgesetze wurden auch anderswo erlassen, doch nirgendwo sonst in der EU wurden diese Mittel eines autoritären Systems eingesetzt. Die Coronakrise ermöglichte der Regierung noch brutaler als sonst gegen die Opposition und die Kommunen, die nicht in der Hand von Fidesz sind, vorzugehen.

Die Notstandsgesetze wurden in den anderen Staaten angewendet, um Menschen zu schützen. Doch die ungarische Regierung will lediglich Betriebe und ihre eigene Oligarchie retten. Wie lange die Bevölkerung sich das noch gefallen lassen wird und wie lange noch die EU diese Zustände tolerieren und das Orbán-Regime mit Milliarden Euro subventionieren wird sind Fragen, die der Autor nicht beantworten kann.

Zwischen Allmachtsfantasien und sozioökonomischen Ruinen

Die Coronakrise am Westbalkan

Von Dunja Larise

Eine Mobilisierung von Angst um eine Notstandsgesetzgebung durchzusetzen, die unter normalen Umständen jahrelangen Kampf erfordern würde, eine Legitimation von Covid-19-Strategien durch die Expertengruppen, ratlose Regierungen und ein autoritärer Einsatz von Sofortmaßnahmen, Blockaden der Volkswirtschaften, die zu stark auf Dienstleistungen beruhen – all das begleitete die Covid-19-Krise an der südöstlichen europäischen Peripherie.

Dieser Beitrag gibt einen Einblick in die spezifischen Reaktionen und Gegenreaktionen zur Covid-19-Krise in Kroatien, Bosnien und Herzegowina, Serbien, Montenegro und Nordmazedonien.

Von der Unmöglichkeit und Notwendigkeit, ein Corona-freies Touristenziel zu sein: Kroatien und Montenegro

Die Grundlage für die Reaktion auf die Pandemie in Kroatien ist ein Mechanismus des Notfallmanagements, der ein System des Zivilschutzes und Einrichtungen der öffentlichen Gesundheit umfasst, die vom Sozialismus geerbt und durch die Erfahrungen aus dem Krieg von 1991 bis 1995 verbessert wurden. Eine wichtige Einrichtung zur Bekämpfung von Infektionskrankheiten ist das kroatische Institut für öffentliche Gesundheit (CIPH) in Zagreb, das im Jänner mit der Vorbereitung antiepidemischer Maßnahmen begann, bevor der erste Fall einer Covid-19-Infektion in Kroatien registriert wurde.

Gerade im Moment der Vorbereitung auf die bevorstehende Epidemie wurde das kroatische Gesundheitsministerium von einem Skandal erschüttert, der den amtierenden Minister Milan Kujunzic am 28. Jänner zum Rücktritt zwang. Der neue Gesundheitsminister Vili Beroš wurde am 31. Jänner vom Parlament ernannt und bestätigt.

Der erste Fall von Covid-19 in Kroatien wurde am 25. Februar registriert. An dieser Stelle muss erwähnt werden, dass die Probleme beim Umgang mit der Covid-19-Pandemie durch ein Erdbeben in der kroatischen Hauptstadt Zagreb am 22. März, welches eine Stärke von 5,5 auf der Richterskala aufwies, verschärft wurden.

Die Rechtsgrundlage für das Notfallmanagement wurde am 18. März geschaffen, als das kroatische Parlament mit einfacher Mehrheit Gesetze zur Änderung des Zivilschutzsystems verabschiedete. Das Gesetz ermächtigte das nationale Hauptquartier des Zivilschutzes, Maßnahmen zur Bekämpfung der Covid-19-Pandemie zu erlassen, einschließlich Regeln und Richtlinien, durch die wesentliche Menschenrechte eingeschränkt werden, insbesondere die Versammlungsfreiheit, Geschäftsfreiheit und Bewegungsfreiheit.

Trotz dieser schwerwiegenden Einschränkungen der Menschenrechte wurde in Kroatien kein Ausnahmezustand erklärt. Die Regierung beschloss, auf der Grundlage von Artikel 16 der kroatischen Verfassung zu handeln, der vorsieht, dass «Freiheiten und Rechte nur gesetzlich eingeschränkt werden dürfen, um die Freiheiten und Rechte anderer, die öffentliche Ordnung, die öffentliche Moral und die Gesundheit zu schützen» und dass «jede Einschränkung der Freiheiten oder Rechte proportional zur Art der Notwendigkeit ist.»[1]

Anstelle von Artikel 16 der Verfassung, der nicht die Erklärung eines Ausnahmezustands für Menschenrechtsbeschränkungen voraussetzt, sollte Artikel 17 als Grundlage für das kroatische Parlament dienen, um den Ausnahmezustand mit einer Zweidrittelmehrheit der Vertreter zu erklären. Artikel 17 sieht Folgendes vor: «Während eines Kriegszustands oder einer unmittelbaren Bedrohung der Unabhängigkeit und Einheit des Staates oder bei schweren Naturkatastrophen können die durch die Verfassung garantierten individuellen Freiheiten und Rechte eingeschränkt werden. Dies wird vom kroatischen Parlament mit Zweidrittelmehrheit aller Mitglieder beschlossen ...».[2] Eine Entscheidung über die Erklärung des Ausnahmezustands hätte eine klar definierte Gültigkeitsdauer, und im Falle einer Verlängerung müsste die Regierung mit der Opposition zusammenarbeiten, um zwei Drittel der Stimmen im Parlament zu erhalten. In diesem Zusammenhang haben Kritiker insbesondere die übermäßigen Einschränkungen der Bewegungsfreiheit durch das Nationale Hauptquartier beanstandet. Die Entscheidung vom 23. März verbot es jedem, die Stadt oder die Gemeinde des Wohnsitzes zu verlassen.

Am 17. März und als letztes Land in Europa bestätigte Montenegro die Existenz der ersten Covid-19-Fälle in seinem Hoheitsgebiet (insgesamt 273 Fälle zum 13. April). Das Nationale Koordinierungsgremium für übertragbare Krankheiten (NKT) wurde als Gremium für das Krisenmanagement ausgewählt und wird vom stellvertretenden Ministerpräsidenten Milutin Simovic geleitet. Die Exis-

1 Übersetzung durch die Autorin.

2 Übersetzung durch die Autorin

tenz der NKT ist gesetzlich in Artikel 15 des Gesetzes über die öffentliche Verwaltung und Artikel 56 des Dekrets über die Organisation der Arbeit der staatlichen Verwaltung begründet. Dem NKT gehören Vertreter verschiedener staatlicher Stellen an: das Gesundheitsministerium, das Institut für öffentliche Gesundheit in Montenegro, das Klinische Zentrum in Montenegro, die Sanitärinspektion, die Ministerien für Inneres, Verteidigung, Wirtschaft, Verkehr und maritime Angelegenheiten, die Hauptstadt, die Nationale Sicherheitsagentur und das Büro des Premierministers.

Der dargestellten Annahme der Maßnahmen folgten die Streitigkeiten zwischen der Regierung und der Opposition über ihre Verfassungsmäßigkeit. Die Demokratische Front (DF), der stärkste oppositionelle politische Akteur, behauptete, dass die Maßnahmen der NKT nur verkündet und umgesetzt werden könnten, wenn der Ausnahmezustand ausgerufen würde und alles andere einen Verstoß gegen die Verfassung und die Gesetze sei. Die Regierung wiederum erklärte, dass alles in Übereinstimmung mit der Verfassung gewesen sei.

Im Mai 2020 war jedoch ein viel größerer Widerspruch in der montenegrinischen politischen Szene zum Vorschein getreten. Einige Oppositionsparteien beschuldigten die Regierung und insbesondere die Demokratische Partei der Sozialisten (DPS), die Krise als Auftakt für die politische Kampagne in Hinblick auf die im Oktober geplanten Parlamentswahlen zu nutzen und einen großen Stimmendiebstahl vorzubereiten, wofür die illegalen Ausgaben der Hilfsgelder verwendet werden sollten.

Die derzeitige Pandemie hat noch einen Aspekt der montenegrinischen Innenpolitik aufgezeigt: eine pro-westliche und eine pro-östliche Spaltung des Landes. Eine der ersten Entscheidungen der Europäischen Kommission in der Krise – den Verkauf von medizinischen Geräten einzuschränken und damit den westlichen Balkan in dieselbe Gruppe wie den Rest der Welt zu stecken – wurde von den euroskeptischen Kräften als Bestätigung gesehen. Vor allem pro-serbische und pro-russische Medien nutzten dies, um den gesamten Prozess der Europäisierung zu delegitimieren.

Trotz der Tatsache, dass Kroatien Mitglied der EU ist und Montenegro nicht, teilen die beiden Länder zwei bemerkenswerte Ähnlichkeiten in Bezug auf die Covid-19-Krise. Erstens gibt es bislang keine Anzeichen dafür, dass die Regierungen von Kroatien und Montenegro die aktuelle Krise der öffentlichen Gesundheit als Deckung nutzen, um neue dauerhafte exekutive Macht zu ergreifen.

Zweitens sind beide Länder stark auf den Tourismus angewiesen, was sich für beide Volkswirtschaften als katastrophal erwies. Der Ausfall an einer touristischen Sommersaison könnte beide Länder in einen Staatsbankrott und eine schwere soziale Krise stürzen. Die Mechanismen der sozialen Unterstützung sind rar und die

Regierungen bereits hoch verschuldet. Im Gegensatz zu Montenegro könnte Kroatien in diesem Fall schließlich auf eine Rettung durch die EU-Kommission hoffen.

Autoritäres Begehren in Serbien, Bosnien und Herzegowina und Nordmazedonien

Aufgrund des komplexen Regierungssystems hat Bosnien und Herzegowina mehrere formelle Erklärungen zum Ausnahmezustand abgegeben. Auf staatlicher Ebene wurde der Ausnahmezustand am 17. März und auf niedrigerer Regierungsebene am 16. März ausgerufen.

Bewegungseinschränkungen wurden für alle unter 18 (Föderation Bosnien und Herzegowina, FBiH) und über 65 Jahren vorgeschrieben. Die aktuellen Ausgangssperren sind von 20 bis 5 Uhr (FBiH, Republika Srpska, RS) und von 21 bis 5 Uhr im Bezirk Brcko. Diese Bestellungen blieben bis zum 3. Mai in FBiH und bis zum 27. April in RS in Kraft.

Die Struktur des Pandemie-Krisenmanagements ist stark dezentralisiert und damit komplex. Staatliche Institutionen haben nur eine verfassungsmäßige Rolle bei der Koordinierung der Aktivitäten. Gesundheitswesen und Dienstleistungen liegen in der Verantwortung der RS-Regierung und der kantonalen Regierungen in der FBiH. Gleiches gilt für die Struktur des Katastrophenschutzes. Die Republika Srpska (RS) hat in ihrem Hoheitsgebiet eine zentralisierte Struktur für das Krisenmanagement bei Pandemien eingeführt, während die FBiH auch ein Modell für eine dezentralisierte Struktur für das Krisenmanagement vorstellte. Das Verhältnis zwischen nationalen, staatlichen und lokalen Krisenmanagementstrukturen ist rein formal und ohne Relevanz für die Bewältigung der zentralen Herausforderungen der Pandemie.

Ein hochrangiger Beamter ist jetzt amtierender Präsident des Koordinierungsgremiums für Schutz und Rettung in Bosnien und Herzegowina, nachdem der Sicherheitsminister am 31. März von dieser Position zurückgetreten ist. In der FBiH ist der Leiter des Bundeshauptquartiers für Katastrophenschutz der stellvertretende Ministerpräsident und Finanzminister in der FBiH-Regierung. In der RS leitet der Präsident der RS-Regierung das Hauptquartier der Republik für Notsituationen mit dem Minister für innere Angelegenheiten als seinem Stellvertreter.

Die öffentlichen Verkehrsmittel der Stadt sowie die Verbindungen durch Bus und Bahn waren seit dem 20. März nicht mehr verfügbar. Die Krisenbewältigungsbehörden in RS haben die Bewegung der Bevölkerung außerhalb ihres Wohnortes an Wochenenden verboten. Alle öffentlichen Versammlungen und

Manifestationen waren verboten, während öffentliche Versammlungsorte geschlossen waren.

Am 16. März wurde allen Ausländern die Einreise verboten, und für alle ankommenden Staatsangehörigen in Bosnien und Herzegowina war eine obligatorische 14-tägige Selbstisolierung bzw. Quarantäne erforderlich. LKW-Fahrer, die mit wichtigen Gütern und Vorräten nach Bosnien und Herzegowina einreisten, waren von der Grenzquarantäne befreit, unterliegen jedoch weiterhin einem besonderen Überwachungsregime. An mehreren Grenzübergängen wurden Grenzquarantänezelte errichtet, während internationale Flughäfen in Bosnien und Herzegowina ab dem 30. März für alle gewerblichen Passagierflüge nach Bosnien und Herzegowina geschlossen waren, jedoch weiterhin für internationale Waren und Hilfsgüter geöffnet blieben. Eine weitgehende Normalisierung des Luftverkehrs wurde erst im Juni schrittweise durchgeführt.

In Bosnien und Herzegowina liefen Dekrete und Legislativvorschläge zur Bestrafung derjenigen, die für die Verbreitung von Informationen verantwortlich waren, die Panik auslösen könnten. Die Arbeit von Journalisten und die Meinungsfreiheit auf Social-Media-Plattformen war eingeschränkt. In der RS sah ein Dekret Geldbußen von 500 bis 4.500 Euro für Einzelpersonen und Unternehmen vor, die Panik und falsche Nachrichten über die Medien und sozialen Netzwerke verbreiteten.

Leider war die Zahl der Organisationen der Zivilgesellschaft, die die Maßnahmen kritisierten enttäuschend gering und umfasste nur einige der bekanntesten und etabliertesten Organisationen wie Transparency International BiH, die Bürgerversammlung von Helsinki (hCa) Banja Luka, das Sarajevo Open Center, die BH Journalists' Association, Mediacentar, Peace Building Network, Verein «Why not» oder den Press Council BiH.

Eine ähnliche Situation war in Nordmazedonien zu beobachten. Seit dem Ausbruch des Covid-19-Virus im Land hat die Regierung die Mobilität der Bürger des Landes mit einigen der strengsten Maßnahmen in Europa ernsthaft eingeschränkt.

Die Regierung forderte am 18. März 2020 das Parlament der Republik Nordmazedonien auf, den Ausnahmezustand zu erklären. Aufgrund der geplanten vorgezogenen Wahlen, die am 12. April 2020 stattfinden sollten, wurde allerdings keine Sitzung abgehalten. Daher erklärte der Präsident am 18. März 2020 den Ausnahmezustand mit einer Dauer von 30 Tagen. Die einzigen von der Regierung verhängten Überwachungsmaßnahmen betrafen die regelmäßige physische Überwachung möglicher Verstöße gegen die Bewegungsbeschränkungen in den Zeiträumen, in denen die restriktiven Maßnahmen in Kraft waren, sowie die systematische Überprüfung von Personen, denen Selbstisolierungsbefehle erteilt wurden.

Der institutionelle Aufbau zur Bekämpfung der Covid-19-Pandemie wurde am 14. März 2020 mit einem Beschluss der Regierung festgelegt. Damit schuf die Regierung der Republik Nordmazedonien ein Hauptzentrum für koordinative Krisen (im Folgenden: MCCH). Das MCCH koordinierte alle Aktivitäten im Zusammenhang mit der Bekämpfung der Pandemie.

Die Erklärung des Ausnahmezustands hat das Gleichgewicht der politischen Macht im Staat zu Gunsten der Regierung verschoben. Die Exekutivgewalt hatte nun, wie bereits erwähnt, die Befugnis, Regierungsverordnungen (Entscheidungen) zu erlassen, die rechtsverbindlich und anstelle von Gesetzen gültig sind. Dies bedeutet, dass das Parlament umgangen wurde, während der Ausnahmezustand in Kraft war. Militär und Polizei waren seit Beginn des Ausbruchs im Land aktiv engagiert.

Die Beziehungen zwischen Regierung und Opposition nahmen in Nordmazedonien täglich einen großen Teil des öffentlichen Diskurses ein, mit häufigen Konfrontationen an zwei Fronten. Umstritten waren v.a. medizinische Maßnahmen zur Bekämpfung der Pandemie und wirtschaftliche Maßnahmen zur Behebung des wirtschaftlichen Schadens durch den Ausbruch von Covid-19. Die größte Oppositionspartei, die Innere Mazedonische Revolutionäre Organisation – Demokratische Partei für Mazedonische Nationale Einheit (VMRO-DPMNE), schlug ständig verschiedene Maßnahmen vor und kritisierte täglich die Regierungspolitik.

Serbien erreichte die Covid-19-Pandemie mitten im Wahlkampf im Frühjahr, der von einer Umbildung der Opposition und Entscheidungen mehrerer Oppositionsparteien zum Boykott der Wahlen geprägt war.

Der erste Fall von Covid-19 wurde in Serbien offiziell am 6. März registriert, zwei Tage nach der Ankündigung der Wahlen, die am 26. April stattfinden sollten. Die Ankündigung der Wahlen führte am 5. März zu einer Massenversammlung von Zehntausenden von Menschen in den lokalen Komitees der Serbischen Fortschrittspartei, um ihre Unterschriften für die Wahlliste einzureichen. Zusammen mit der Liste der Serbischen Fortschrittspartei legten am 5. März acht weitere Bündnisse ihre Listen der Wahlkommission der Republik vor, die alle zur größeren Ansammlungen führten. Einen Tag danach wurde der erste Covid-19 Fall in Serbien registriert.

Eine Woche später bildete die Regierung zwei Krisenzentralen – eine zur Bekämpfung von Infektionskrankheiten, zu denen die Premierministerin Ana Brnabic, der Gesundheitsminister Zlatibor Loncar und auf Epidemiologie und Pulmonologie spezialisierte Ärzte gehörten, und eine weitere zur Beseitigung und Verhinderung möglicher negativer Folgen für die Wirtschaft unter der Leitung des Präsidenten der Republik und des Finanzministers. Dennoch war das

Bildungsministerium immer noch abgeneigt, den Forderungen der Eltern nach Schließung von Schulen nachzukommen.

Der Ausnahmezustand wurde nur zwei Tage später, am 15. März, ausgerufen. Am nächsten Tag wurden die für 26. April 2020 angekündigten Parlaments- und Kommunalwahlen durch einen Beschluss der Wahlkommission der Republik verschoben. Der Ausnahmezustand wurde mit der dreifachen Unterschrift des Präsidenten der Republik, des Premierministers und des Parlamentspräsidenten anstelle des Parlaments eingeführt, das die Entscheidung im Plenum nicht bestätigt hatte.

Acht Abgeordnete der Oppositionspartei «Genug ist genug» reichten einen offiziellen Antrag ein, indem sie den Sprecher aufforderten, dringend eine Plenarsitzung einzuberufen und die Entscheidung über den Ausnahmezustand zu bestätigen oder abzulehnen, um zu betonen, dass gegen die Verfassung verstoßen wurde. Als Antwort darauf wandte sich der Sprecher schließlich an die Öffentlichkeit und erklärte, dass die Plenarsitzung des Parlaments aufgrund des Verbots der Regierung für alle Versammlungen über 50 Personen nicht geplant werden könne. Das Verbot wurde jedoch mit der Anordnung des Gesundheitsministers eingeführt, die alle Versammlungen in Innenräumen an öffentlichen Orten untersagte. Eine solch absurde Auslegung der Entscheidung der Regierung als einschränkend und bindend für den Gesetzgeber veranlasste die Abgeordneten, das Verfassungsgericht aufzufordern, ihren Antrag zu beantworten.

Die Arbeit der Justiz wurde über Nacht geändert, auch unterstützt durch «Vorschläge», die aus der Empfehlung der Regierung zur Strafverfolgung hervorgingen. Zu den Neuheiten in diesem Machtbereich gehörte die Beschränkung der Arbeit der Gerichte auf vorrangige Fälle, die Einführung dringender Strafverfolgungsverfahren und Online-Gerichtsverfahren über Skype, allerdings ohne rechtliche Grundlage. Darüber hinaus verhängten serbische Gerichte wegen Verstöße gegen die Quarantänemaßnahmen die höchstmöglichen Strafen. In diesem Sinne riskierten die Bürger jetzt eine doppelte Bestrafung für ein und dieselbe Straftat aufgrund des Regierungsdekrets, mit dem eine zusätzliche Haftung wegen Verstoßes gegen die Ausgangssperre eingeführt wurde, obwohl eine solche Straftat bereits im Strafgesetzbuch als strafbar anerkannt war. Die mangelnde Kontrolle über die Exekutive führte zu Dekreten und Anordnungen gegen die serbische Gesetzgebung oder sogar die Verfassung selbst.

Viele Serben fühlten sich durch die zögernde Reaktion der EU betrogen, Serbien mitmedizinischem und hygienischem Material zu beliefern. Am 15. März nutzte der Präsident Serbiens die Gelegenheit, um öffentlich große Zuneigung zu China kundzutun, und nannte Chinas Präsidenten seinen Bruder und China den einzigen wahren Freund Serbiens. Die Europäische Union wurde ebenfalls in der Rede des Präsidenten erwähnt, jedoch in einem äußerst negativen Ton. Er betonte, dass es keine europäische Solidarität gäbe, verglich sie mit einem «Märchen auf dem Papier» und betonte, dass Serbien keine Hilfe von der Europäischen Union erwarten könne.

Die Opposition hat es geschafft, öffentliche Demonstrationen gegen die repressiven Maßnahmen während der ersten Quarantänewelle zu mobilisieren, aber die im April durchgeführten Meinungsumfragen zeigen massive Unterstützung für die staatlichen Maßnahmen (90%) und auch erhebliche Unterstützung für die Einführung drakonischer Maßnahmen (70%) wie eine Ausgangssperre rund um die Uhr.[3] Dies war angesichts der Geschichte des Misstrauens der Bürger gegenüber Institutionen und der Bilder von Massendemonstrationen in Belgrad äußerst überraschend.

Am 5. Juni wurden sowohl der Ausnahmezustand als auch die Ausgangssperre in Serbien ausgesetzt. In einer scheinbar zweiten Pandemiewelle in Serbien kündigte Präsident Vučić jedoch die Wiedereinführung der Ausgangssperre für den 8. Juli 2020 an. Diese Entscheidung löste die größten Proteste seit dem Sturz des Regimes von Slobodan Milošević aus, deren Entwicklung noch schwer vorherzusagen ist. Tatsache ist, dass die Proteste massive Polizeigewalt ausgelöst haben und weitreichende Konsequenzen für das Land haben könnten.

Langfristige Folgen

Die unterschiedlichen Corona-Regime haben die Staaten des Westbalkans stärker getrennt und Grenzen, die einst die Teilrepubliken des ehemaligen Jugoslawiens voneinander trennten, zeitweise unpassierbar gemacht. Der Mangel an europäischer Solidarität hat vor allem in Serbien zu einer stärkeren Distanz zur EU geführt und der VR China erlaubt, in dieser Region Fuß zu fassen. Reisewarnungen, die es etwa von Staaten wie Österreich gegenüber Serbien gab, erschwerten es ArbeitsmigrantInnen im Sommer nach Hause zu fahren und verstärkten damit die Entfremdung zur EU. Diese Prozesse und die autoritäre Gefahr, die zumindest in einigen der betroffenen Staaten sichtbar wurde, könnten Auswirkungen haben, die weit über die konkrete Pandemie hinaus reichen. Die

3 Šta kažu istraživanja – Kome gradjani najviše veruju i podržavaju li restriktivnije mere. Radio Televizija Srbije. 10.4.2020 https://www.rts.rs/page/stories/sr/%D0%9A%D0%BE%D1%80%D0%BE%D0%BD%D0%B0%D0%B2%D0%B8%D1%80%D1%83%D1%81/story/3134/koronavi- rus-u-srbiji/3918789/koronavirus-istrazivanja-gradjani-.html (1.8.2020)

ökonomischen und die sozialen Folgen des Lockdowns und einer wahrscheinlich langen Rezession werden in allen Ländern des Westbalkans zu spüren sein. Die Anzeichen für eine weitere Lockerung der ohnehin schon liberalen Arbeitsgesetze (z.B. im Tourismus) sind in Kroatien und in Montenegro schon während der touristischen Sommersaison zu beobachten. Die steigende Unsicherheit und eine zusätzliche Verschlechterung der Löhne und Arbeitsverhältnisse, könnte auch eine weitere Welle der Migration Richtung westliches Europa verursachen.

«Es war nicht die Nachtigall, es war die Lerche»

Kosovo, Covid-19 und der Sturz eines Ministerpräsidenten

Von Marijana Grandits

Es war nicht die durch Covid-19 ausgelöste Krise, es waren die «alten Eliten» und der Einfluss der Trump-Administration, die im Kosovo die Regierung von Ministerpräsident Albin Kurti entmachtet haben.

Dieser Beitrag zeigt auf, wie der lange Schatten der US-amerikanischen Trump-Administration im Kosovo die Regierung von Ministerpräsident Albin Kurti während der Coronapandemie ins «Out» manövriert hat.

Nach einem vielversprechenden Wahlsieg im Oktober 2019 trat Albin Kurti, als Spitzenkandidat seiner Partei Vetëvendosje[1], in einer Koalition mit der LDK (Demokratische Liga des Kosovo) im Februar 2020 sein Amt als Ministerpräsident des Kosovo an. Die Parlamentswahlen selbst waren die Folge des Rücktritts von Premierminister Ramush Haradinaj[2] von der AAK (Allianz für die Zukunft Kosovos) nach einer Vorladung durch das Sondertribunal für Kriegsverbrechen[3] im Kosovo im Juni 2019.

Bereits am 25. März 2020 wurde Albin Kurti, nach nur sechs Wochen im Amt durch ein Misstrauensvotum abgesetzt. Das Misstrauensvotum gegen ihn und seine Regierung wurde nach einem formalen Streit über die zu setzenden Maßnahmen zur Eindämmung von Covid-19 vom Koalitionspartner, der LDK, ins Parlament eingebracht. Als die Pandemie im März 2020 auch den Kosovo erreichte, forderte Präsident Hashim Thaçi, der größte und vehementeste innen-

1 Vetëvendosje startete als linksnationale Unabhängigkeitsbewegung des Kosovo und machte mit spektakulären Aktionen für die Unabhängigkeit des Kosovo und gegen den Einfluss von UNMIK und EULEX auf sich aufmerksam, ehe sie sich zu einer politischen Partei wandelte. Bewegung und Partei verstehen sich als linke, antikoloniale Bewegung, die sich sowohl gegen die serbische Herrschaft über den Kosovo als auch gegen den als Kolonialismus verstandenen Einfluss der internationalen Organisationen, der EU und der USA richtet.

2 Ramush Haradinaj war zwei Mal Ministerpräsident des Kosovo, war zwei Mal vor dem ICTY, dem Internationalen Strafgerichtshof für das ehemalige Jugoslawien, in Den Haag angeklagt und wurde wegen Mangels an Beweisen freigesprochen.

3 2017 vom kosovarischen Parlament in den Niederlanden eingerichtetes Sondertribunal für Kriegsverbrechen im Kosovo; beschäftigt sich mit Kriegsverbrechen und Verbrechen gegen die Menschlichkeit, die von oder gegen Kosovaren und Bürger der Republik Jugoslawien im Zeitraum 1.1.1998 und 31.12.2000 begangen wurden: https://www.scp-ks.org/en (1.8.2020)

politische Gegenspieler Albin Kurtis, die Regierung auf, den Ausnahmezustand auszurufen. Zum gegebenen Zeitpunkt gab es im Kosovo 63 bestätigte Covid-19 Erkrankungen und eine Person, die nachweislich an der durch das Virus ausgelösten neuartigen Lungenkrankheit verstorben war.[4] Albin Kurti lehnte die Ausrufung des Ausnahmezustandes aus strategischen Gründen ab, da sich damit die politischen Entscheidungsbefugnisse von der Regierung hin zum kosovarischen Sicherheitsrat, dessen Vorsitzender Präsident Thaçi ist, verschoben hätten. Nachdem indessen Innenminister Agim Veliu aus Kurtis Koalitionspartei LDK die Forderung des Präsidenten unterstützte, initiierte Albin Kurti dessen Entlassung als Minister, was letztendlich für die LDK anlassgebend für den Bruch des Koalitionsabkommens war.

Nach dem Misstrauensvotum wurde der Kosovo vom Ministerpräsidenten Albin Kurti als Interimslösung geschäftsführend weiter regiert. Kurti versuchte Neuwahlen herbeizuführen, doch dieses Bemühen wurde von Präsident Thaçi mit der Begründung, dass Neuwahlen aufgrund der Pandemie nicht abgehalten werden könnten, abgelehnt. Thaçi beauftragte in weiterer Folge Avdullah Hoti von der LDK mit der Regierungsbildung, der nun als Ministerpräsident agiert. Albin Kurti legte beim kosovarischen Verfassungsgericht eine Beschwerde gegen das Vorgehen des Präsidenten ein, diese wurde jedoch zurückgewiesen. Auch in der Bevölkerung gab es lautstarken Protest gegen die Abwahl Albin Kurtis. Aufgrund des eingeschränkten Versammlungsrechts wurde Widerstand aus Fenstern und von den Balkonen aus artikuliert und mit Parolen, Töpfen und Eisenstangen getrommelt und skandiert.

Die LDK wurde 1989 von Ibrahim Rugova, dem ersten Präsidenten des Kosovo, als Widerstandsorganisation gegen die damalige serbische Minderheitsherrschaft gegründet und zählt als konservative Partei zum politischen Establishment des Landes. Albin Kurtis Reformprogramm und der von ihm vorangetriebene Kampf gegen Kriminalität und Korruption decken sich nicht gerade mit den Prioritäten der LDK. Und so waren Personalfragen im Zuge der monatelangen Koalitionsverhandlungen nach der Wahl im Oktober 2019 das zentralste und wichtigste Konfliktthema.

Vjosa Osmani, die Parlamentspräsidentin, stellt in der LDK eine seltene Ausnahme dar und steht für Aufbruch und Reformen, sie wurde von vielen jungen Kosovar*innen gewählt und hat bei den Wahlen im Oktober 2019 als Spitzenkandidatin der LDK einen beachtlichen Erfolg erzielt. Sie verkörpert eine neue

4 https://www.dw.com/de/kosovos-regierung-durch-misstrauensantrag-gest%C3%BCrzt/a-52919718 (10.8.2020)

Generation von Politiker*innen, die bei jungen Menschen im Kosovo Anklang finden und als Hoffnungsträger*innen gehandelt werden. Die alten Kader der Partei stellten Vjosa Osmani allerdings gleich nach der erfolgreich geschlagenen Wahl ins Abseits und marginalisierten sie innerhalb der Partei.

Vjosa Osmani und Albin Kurti hatten gemeinsam die Koalition geschmiedet und Osmani hat sich in Folge, wenn auch erfolglos, gegen das Misstrauensvotum ihrer eigenen Partei gestellt.

Albin Kurti war im Gegensatz zu Präsident Thaçi und großen Teilen der politischen Elite des Kosovo nie Teil des bewaffneten Kampfes der UÇK (Befreiungsarmee des Kosovo). Auch hat er keine Vorwürfe bezüglich Kriegsverbrechen durch die Staatsanwaltschaft, noch einen der internationalen Gerichtshöfe zu fürchten, anders als viele Politiker der AAK Haradinajs oder der PDK Thaçis, und war auch nie in die grassierende Korruption des Landes verwickelt. Dies machte ihn zu einem unabhängigen Politiker, der anders als viele Konkurrenten nicht als erpressbare Marionette der USA oder der EU gilt.

Albin Kurti war während der Milošević-Area als politischer Aktivist und Anführer der Studierendenbewegung mit dem Aufruf zum gewaltlosen Widerstand in Erscheinung getreten. Er ist daher wegen «Mitgliedschaft in einer terroristischen Vereinigung» zu 15 Jahren Haft in Serbien verurteilt worden und war in Folge Folter und widrigen Haftbedingungen ausgesetzt. Erst nach dem Machtwechsel in Serbien wurde Kurti auf internationalen Druck hin am 7. Dezember 2001 von der damals neuen serbischen Regierung unter Zoran Đinđić[5] freigelassen und konnte somit nach eineinhalb Jahren in den Kosovo zurückkehren.

Mit der Gründung seiner Nichtregierungsorganisation «Kosovo Action Network», der Vorläuferin von «Vetëvendosje», setzte er sein politisches Engagement für ein freies unabhängiges Kosovo im Rahmen der Zivilgesellschaft fort.

Wachsendes Unbehagen und die Frustration über die Untätigkeit der internationalen Staatengemeinschaft, die dem korrupten Treiben der bis dato amtierenden politischen Eliten kein Ende setzen konnten, führten letztendlich zur Gründung von «Vetëvendosje» (Selbstbestimmung), einer politischen Plattform, die 2010 erstmals an Parlamentswahlen teilnahm, und von Wahl zu Wahl mehr Zuspruch erhielt, da die alten Eliten weder echte Reformen noch nachhaltige Veränderungen in Hinblick auf eine politische und soziale Zukunft im Kosovo anbieten konnten. Albin Kurtis Wahlsieg mit Vetëvendosje im Oktober 2019 war mit großen Erwartungen der Bevölkerung einhergegangen, die eine politische

5 Der Reformpolitiker und serbische Premierminister Zoran Đinđić wurde am 12.3.2003 ermordet: https://www.zeit.de/politik/ausland/2013-03/serbien-zoran-djindjic (1.8.2020)

Elite abgewählt hatte, welche sich zum großen Teil aus ehemaligen Milizführern*innen der kosovarischen Befreiungsarmee UÇK rekrutierte und jahrzehntelang ein System des Klientelismus aufbaute und in den Augen der Bevölkerung korrupt und ineffizient regiert hatte.

Der Name «Vetëvendosje» (Selbstbestimmung) ist Programm. Kurti kämpft mit seiner politischen Plattform vehement gegen den Einfluss der internationalen Gemeinschaft und wirft den internationalen Organisationen Paternalismus und neokoloniales Verhalten vor. Er organisierte bereits 2004 erste Demonstrationen gegen die UN-Resolution 1244, die den Aufenthalt der UN-Mission im Kosovo begründete und bis heute im Land einen gewissen Einfluss hat.

In der Beziehung zu Serbien, das den Kosovo nicht als eigenen Staat anerkennt, sondern nach wie vor als Teil Serbiens versteht und aktiv dazu beigetragen hat, dass auch eine erhebliche Zahl anderer Staaten weltweit diese Position vertreten, fordert Albin Kurti «Augenhöhe». Er wollte im Zuge seiner Amtszeit, den von seinem Vorgänger Ramush Haradinaj eingeführten Zolltarif von 100% auf Einfuhren aus Serbien und Bosnien-Herzegowina nur im Falle serbischer Reziprozität und gegen Gegenleistungen aufheben. Mit dieser Haltung stellte er sich gegen die Anliegen der US-amerikanischen Trump-Administration, die im US-Präsidentschaftswahljahr um einen außenpolitischen Erfolg bemüht ist und die schlechten Beziehungen zwischen dem Kosovo und Serbien durch ein von ihnen initiiertes und vorverhandeltes Abkommen verbessern und letztendlich eine Anerkennung des Kosovo durch Serbien herbeiführen möchten.

Die bereits 2018 vom serbischen Präsidenten Aleksandar Vučić und vom kosovarischen Präsidenten Hashim Thaçi eingebrachte Idee des Gebietstausches zwischen den beiden Ländern, die als mögliche Lösung für die Anerkennung des Kosovo durch Serbien vorgeschlagen wurde, lehnt Kurti strikt ab. Der vermeintliche Gebietstausch sieht vor, den nördlichen Teil Kosovos, Mitrovica nördlich des Flusses Ibar, eine vorwiegend von kosovarischen Serb*innen bewohnte Gegend gegen Teile des Preševo Tales, das vorwiegend von kosovarischen Albaner*innen bewohnt ist, auszutauschen. Rückendeckung erfährt Albin Kurti in dieser Frage von Deutschland und der Europäische Kommission, hier werden etwaige Grenzveränderungen zwischen dem Kosovo und Serbien ebenfalls abgelehnt, da befürchtet wird, dass dadurch die Region erschüttert werden könnte, indem neue Konflikte in Bosnien und Herzegowina und Nordmazedonien entstünden, da auch dort territoriale Veränderungen beansprucht werden würden. Namhafte Expert*innen und die Führung der Serbisch-orthodoxen Kirche im Kosovo stehen diesem Plan ebenso skeptisch bis ablehnend gegenüber. Bruder Sava, der Abt des Klosters Visoki Decani, das zu den bedeutendsten Heiligtümern der Serbisch-orthodoxen Kirche im Kosovo zählt, positionierte sich mir gegenüber in einem Gespräch Anfang des Jahres 2020 folgendermaßen: «Mit einem derartigen Gebietstausch würden sie die serbische Bevölkerung im Kosovo verraten und verkaufen, die Mehrheit lebt südlich des Flusses Ibar und müsste im Kosovo verbleiben. Das Gleiche gilt für unsere heiligen Stätten, die die Wiege des Serbentums darstellen und sich alle in dem Teil befinden, der im Kosovo verbleiben würde.»[6]

Die Trump Administration und allen voran der Sondergesandte für den Kosovo Richard Grenell, der zugleich US-Botschafter in Berlin ist, unterstützt diesen Plan hingegen proaktiv und hat diesen etwa laut dem Onlinemagazin *Pristina Insight* in etwaigen Geheimtreffen vorbereitet und schon in konkrete Vertragsverhandlungen mit Serbien überführt, der Abschluss war für Juni 2020 geplant. Ein geplantes Gipfeltreffen zwischen den Präsidenten Vučić, Thaçi und Trump in Washington DC wurde in letzter Minute abgesagt, nachdem bekannt wurde, dass der Gerichtshof für Kosovo in Den Haag einen Haftbefehl gegen Thaçi vorbereitet hat, dem Kriegsverbrechen während seiner UÇK-Kommandantur vorgeworfen werden. Die nächste Runde an Gesprächen zwischen Serbien und dem Kosovo ist für September 2020 in Washington geplant, allerdings sind bislang weder die Tagesordnung noch die Angebote für einen möglichen Kompromiss, der die Beziehungen verbessern könnte, bekannt.

Die USA haben nicht nur weiterhin erheblichen politischen Einfluss, sondern genießen im Kosovo grundsätzlich auch unter der Bevölkerung ein sehr hohes Ansehen. Die meisten Kosovar*innen teilen die Ansicht, dass sie die «Befreiung» von der serbischen Milošević-Herrschaft, die NATO-Bombardierungen Serbiens und die Unabhängigkeitserklärung im Jahre 2008 in erster Linie den USA zu verdanken haben.

Albin Kurti wagt also mit der offenen Opposition gegen die Regierung in Washington gewissermaßen einen indirekten Bruch mit den USA als treuer Verbündeter, den bis dato kein Regierungschef im Kosovo gewagt hat.

Albin Kurti versteht sich als Sozialdemokrat, seine Partei ist links-national positioniert und sein Regierungsprogramm war ausgerichtet auf sozialpolitische Reformen und den Ausbau von Berufsausbildungen.

In seiner sehr kurzen Amtszeit als Ministerpräsident 2020 konnte er bereits erste Erfolge gegen Korruption im öffentlichen Sektor verbuchen. Umso erstaunlicher scheint es nach außen hin, dass die USA die Rechtsstaatlichkeit und den Kampf gegen Korruption zur außenpolitischen Doktrin erhoben und aktiv zum

6 Diskussion mit Bruder Sava und der Studierendengruppe vom Wiener Human Rights Master am 19.1.2020.

Sturz der Regierung Albin Kurti beigetragen haben. Viele europäische Regierungen und auch die Europäische Kommission haben ihre anfängliche Skepsis gegen Albin Kurti als Ministerpräsident abgelegt, da sie in ihm eine gewichtige Chance sehen, den Kosovo aus dem Sumpf der Korruption herauszuführen und den Einfluss der neuen Großmächte China und auch der Türkei, die die Länder des Westbalkan immer mehr bedrängen, etwas zurückzuweisen.

Kosovo, der nach dem Zerfall von Jugoslawien und den Balkankriegen der 90er-Jahre jüngste Staat, wird durch diese Ereignisse erneut mehrfach von Krisen erschüttert.

Es zeigt sich, dass im Kosovo wie auch weltweit, die durch die Covid-19-Pandemie ausgelöste gesundheitspolitische Krise wie ein Brennglas wirkt und vorhandene Probleme und Herausforderungen verschärft und sichtbar macht.

Im Kosovo sind dies die nach wie vor ungelöste Beziehung zu Serbien, die schwache Rechtsstaatlichkeit und nur in Ansätzen vorhandene unabhängige Justiz, sowie eine seit Jahren schwelende schwere ökonomische Krise, zu der nun die gesundheitspolitische Krise durch Covid-19 dazu gekommen ist und die Bevölkerung in vielfältiger Weise trifft.

Die Covid-19 Infektionszahlen im Kosovo sind im Sommer 2020 sehr hoch und steigen derzeit weiterhin an, die Krankenhäuser sind überlastet, können viele Patient*innen nicht aufnehmen und die laufende Gesundheitsversorgung nicht standardgemäß gewährleisten. Dadurch wachsen Unmut und Frustration gegen die herrschenden Eliten in der Bevölkerung weiter an.

Das Land bräuchte eine entschlossene Führung, die bereit wäre all die Probleme transparent, mit innovativen Konzepten und demokratischen Mitteln anzugehen. Albin Kurti bereitet sich in seiner Oppositionsrolle dafür vor und wird mit großer Wahrscheinlichkeit auch bei den nächsten Parlamentswahlen ein beachtliches Ergebnis erzielen. In einem Gespräch Anfang August 2020 äußerte sich Albin Kurti mir gegenüber folgendermaßen: «Ich wurde abgewählt, weil ich das System des state capture[7] beenden wollte und nicht wegen der Covid-19-Maßnahmen. Sie können versichert sein, wir kommen wieder, denn wir wollen eine Regierung, die für die Menschen im Kosovo da ist und für ihre Anliegen arbeitet.»[8]

7 Vereinnahmung des Staates durch private Interessen oder organisiertes Verbrechen.

8 Interview mit Albin Kurti am 14.8.2020.

Virus im Brexitland

Von Heiko Khoo und Elisabeth Schimpfössl

Im Juli 2020 hatte Großbritannien weltweit mit Abstand die höchste Sterberate.[1] Vieles davon entsprang der Überheblichkeit von Johnsons Brexitregierung, die meinte, alles anders machen zu müssen: erst der Versuch, Herdenimmunität zu erreichen, dann ein fast flächendeckendes Verbot im Gesundheitswesen Masken zu tragen, schließlich der Beschluss, ein eigenes und das weltbeste Track & Trace-System zu erstellen.

Ein Hauch von Demut kam erst Anfang Mai auf, als die Todesrate in Großbritannien jene Italiens überholte. Johnsons Auftritte, in denen er mit Stolz erklärte, dass er mit allen im Krankenhaus die Hände schüttle und seine Mutter am Muttertag (im März in Großbritannien) besuchen wolle, dienten erst der allgemeinen Belustigung, hinterließen dann aber schnell einen bitteren Nachgeschmack.

Dominic Cummings Dreiteiler

Dominic Cummings besitzt die Kunst, Machtspiele zu seinen Gunsten und Vorlieben zu wenden. Diesen Einfluss auf politische Kreise verdankt er erstens seiner höchst erfolgreichen Brexitkampagne und zweitens seiner Schlüsselrolle im Wahlkampf, der die Konservative Partei unter der Führung Boris Johnsons im Dezember 2019 zum Wahlsieg führte. Cummings versteht sich als Querulant, der den traditionellen Konservatismus der Tory-Partei aufbrechen und auf dessen Trümmern eine neue Form von Staatsführung ins Leben rufen will. Ideell beeinflusst in seinem Denken ist Cummings von historischen Größen zweifelhafter Natur, darunter Bismarck.[2]

Am 2. Jänner dieses Jahres ermutigte er die Exzentriker und schrägen Vögel des Landes, sich bei ihm für ein Amt zu bewerben. Mit deren Hilfe wollte Cummings die unflexible und für ihn zu orthodox denkende Staatsbürokratie

1 https://www.bbc.co.uk/news/health-53592881?fbclid=IwAR1bQMTeL4PgVWFSYKMoJTWc431rAeUX6lLJO_mtqV_6TED1RlnrjV3efQQ. (1.8.2020)

2 https://dominiccummings.com/tag/bismarck/?fbclid=IwAR3DqtQqLT1MgFVm9WXUYWQxoKnHeTZiCp_yLnLoJDk_2lU-HqZXfwOHWDo. (1.8.2020)

aufbrechen. Anstelle des Beamtentums sollten Sonderlinge seinesgleichen in Zukunft das Ruder in die Hand nehmen. Unterstützt würden sie dabei von neuester Technologie, Verhaltensforschung und künstlicher Intelligenz.[3]

In Sachen Regierungsspitze konzentrierte sich Cummings darauf, sie zu modernisieren und öffentlichkeitswirksamer zu gestalten. Die charmante Ungeschicklichkeit, die Johnson – sowie der britischen Oberschicht insgesamt – eigen ist, sollte durch publikumswirksames Auftreten populistischen Charakters ersetzt werden. Zudem sollte Johnson etwas weniger überheblich erscheinen damit sein Auftreten nicht ganz so krass daran erinnert, dass er ein Absolvent des Eton College, der Eliteschule des Landes, ist. Cummings coachte Johnson dahin, in seinen Reden Slogans bestehend aus drei Elementen einzubauen, die er unermüdlich zu wiederholen habe.

Manche dieser dreiteiligen Slogans setzten sich besonders tief in den Köpfen der WählerInnen fest: take back control, erstens die Kontrolle über Landesgrenzen, zweitens die Kontrolle über Währungsangelegenheiten und drittens die Kontrolle über Gesetzgebung.[4] Johnson war sich im Klaren, dass er Großbritannien umgestalten wolle (wie genau ist weniger klar). Seine Mission für 2020 war es, den Brexit über die Runden zu bringen, ohne weiterer Verzögerung. Der Tag des Austritts Großbritanniens aus der EU, der 31. Jänner, wurde inoffiziell zum Unabhängigkeitstag erklärt.[5]

Spielverderber Covid-19

Die Vorbereitungen für die Feierlichkeiten am 31. Jänner waren in vollem Gange, als Covid-19 auf die Bildfläche trat. Als am 23. Jänner über Wuhan eine Ausgangssperre verhängt wurde, beschloss Johnsons Team erst einmal, die neue – laut mancher in Regierungskreisen chinesische – Krankheit zu ignorieren. Die immer weiter greifenden Ausgangssperren in China wurden mit Verweisen auf die Natur der Kommunistischen Partei Chinas heruntergespielt. Die britischen

3 https://dominiccummings.com/2020/01/02/two-hands-are-a-lot-were-hiring-data-scientists-project-managers-policy-experts-assorted-weirdos/?fbclid=IwAR3j8MusFS2UbCuLwCEa8B7Wl9MpWVX7YRBPJOIyuVr8XvV8LWp3rsWNUsg. (1.8.2020)

4 https://www.independent.co.uk/independentpremium/politics-explained/boris-johnson-build-trump-political-slogans-a9594206.html?fbclid=IwARoT4w9ztYpW_ERIjL-CGDPIV1b_Q4nYW_FOtRP3hVlCm_V4DuJPnGw903Q. (1.8.2020)

5 https://www.telegraph.co.uk/politics/2020/01/27/downing-street-reveals-detailed-plans-brexit-day-celebrations/?fbclid=IwAR2V982WtmAD448LYyCrjdoH6xkI6KAd3HqkMh--GDbHMFITEhEACwOxkZs. (1.8.2020)

Medien schwelgten darin, dass endlich ein lang erwartender Tschernobyl-Moment dabei war, China einzuholen. Die chinesische Regierung wurde beschuldigt, den Epidemieausbruch vertuscht zu haben, und es wurde gehofft, dass das chinesische Volk sich nach dem Vorbild der Hongkonger gegen Peking wenden würde.

Am 3. Februar lieferte Johnson seine erste substanzielle Rede nach den Wahlen im Dezember. Darin erklärte er seine Vision für ein Großbritannien für ein Post-Brexitzeitalter:

> *Und in diesem Zusammenhang hört man inzwischen auch bizarre Argumente, die von Autarkie reden. Wenn Barrieren errichtet werden, wenn neue Krankheiten wie das Coronavirus schnell Panik und den Wunsch nach einer Abschottung der Märkte aufkommen lassen, die über das medizinisch Vernünftige hinausgeht und unnötigen wirtschaftlichen Schaden anrichtet, dann braucht die Menschheit irgendwo eine Regierung, die zumindest bereit ist, dezidiert für die Freiheit des Austauschs einzutreten, ein Land, das bereit ist, seine Clark-Kent-Brille abzunehmen, in die Telefonzelle zu springen und mit wehendem Umhang anzutreten als energischer Streiter für das Recht aller Menschen auf der Erde, frei zu kaufen und zu verkaufen. Und hier in Greenwich, in der ersten Februarwoche 2020, kann ich Ihnen in aller Bescheidenheit sagen, dass das Vereinigte Königreich bereit ist, diese Rolle zu übernehmen.*[6]

Cummings Verhaltenslehre

Die Verwandlung Johnsons in einen Superman in Sachen Covid-19 erforderte sowohl ökonomisches als auch medizinisches Wissen. Grundwissen über ersteres besitzt Johnson dank seines Studiums in Oxford. Medizinische Epidemiologie liegt jedoch außerhalb seines Wissensbereiches. Dieser Mangel war schnell behoben, nämlich mithilfe eines Aufsatzes, den Cummings ein Jahr zuvor zum Thema verfasst und auf seinem Blog veröffentlicht hatte. Auf diesen konnte man zurückgreifen – er bedurfte lediglich einzelner nachträglicher Ergänzungen. Mit Hilfe derer verwandelte sich ein nicht weltbewegender Aufsatz Cummings in

6 https://www.gov.uk/government/speeches/pm-speech-in-greenwich-3-february-2020.de?fbclid=IwAR1b3Pzg9sESkR1Ofj2Tza4Qv-hOqo8G738P4ZeMsOKCPjOVc56qmtYO9uc. (1.8.2020)

einen Geniestreich: Dem veränderten Text nach zu urteilen, hatte Cummings das Coronavirus im Vorfeld vorausgesagt.[7]

Im Laufe des Februars zog die Regierung das wissenschaftliche Beratungskomitee der Regierung (kurz SAGE) zu Rat. SAGE wird von den klügsten Köpfen des Königreichs besetzt, die verschiedenste Fachbereich vertreten, darunter Medizin, Ökonomie, Soziologie, Anthropologie, Geschichte – und natürlich Verhaltenslehre. Cummings konnte sein Selbstimage als Universalgelehrter ausleben. Epidemiologische Fragen waren jedoch unter seinem Niveau: wie die Kurve verlaufen würde, wann das Gesundheitssystem (NHS) droht überlastet zu sein und wie sich die wahrscheinliche Sterberate entwickeln wird.

Massenpsychologie war viel spannender für Cummings, ganz besonders die Frage, wie man die Nation dahin bewegen kann, dass sie wie gewünscht auf die Maßnahmen der Regierung reagiert. Also lenkte er die Aufmerksamkeit der MedizinerInnen und EpistemiologInnen auf Modelle aus der Verhaltenslehre. Cummings war glaubwürdig in Sachen Massenpsychologie, was er mit der Wahlkampagne eindrucksvoll unter Beweis gestellt hatte. In diesen Belangen waren die SAGE-ExpertInnen hingegen eher schwach auf der Brust und daher leicht von Cummings geblendet.

Johnsons Sonderweg

Johnson war unterdessen nirgendwo zu finden. Er verpasste die ersten fünf Sitzungen des Regierungskomitees für Katastrophenplanung. Er hatte wichtige familiäre Angelegenheiten, um die er sich kümmern musste, wie die Scheidung von seiner Frau, um sich neu verloben zu können.[8] Ein Interview im Frühstücksfernsehen am 5. März brachte ihn in die Öffentlichkeit zurück. Darin deutete er die Grundrisse der vorangegangenen Diskussionen an:

> *Eine der [debattierten] Theorien ist, dass wir ihn [den Virus] auf die leichte Schulter nehmen … und die Krankheit durch die Bevölkerung streifen lassen, ohne drakonische Maßnahmen zu ergreifen. Ich bin der Meinung, dass wir den Mittelweg finden müssen.*[9]

7 https://www.wired.co.uk/article/dominic-cummings-blog-pandemic?fbclid=IwAR2QNYpnAspoFVBa9dIOu9an5YqJFdBFh8SxLzdEmD-O12ltn5t23MJoQTg. (1.8.2020)

8 https://www.thetimes.co.uk/article/coronavirus-38-days-when-britain-sleepwalked-into-disaster-hq3b9tlgh. (1.8.2020)

9 https://www.youtube.com/watch?v=vOHiaPwtGl4&fbclid=IwAR3xbXB5o-1KdGW3TZaXf_tvLG2AhZyjw3I5JoTzTGlHERjBATTR9zOB4sw. (1.8.2020)

Am 9. März ging Italien in Quarantäne. Panik verbreitete sich in Europa, und die EU setzte die Reisefreiheit außer Kraft. London hielt davon wenig und erklärte die Maßnahmen für einen weiteren Beweis dafür, dass die EU zu nichts zu gebrauchen sei. Reisende aus aller Welt, Brennpunkte wie Norditalien inkludiert, konnten ungehindert und unkontrolliert ein- und ausreisen. Die Reisefreiheit wurde erst im Juni eingeschränkt, zu einem Zeitpunkt, als sich die Lage langsam beruhigte. Man solle weitermachen, wie gehabt. Nur solle man ab nun häufiger und länger die Hände waschen, so lange, dass sich ein Happy Birthday doppelt ausgeht. Außerdem riet er den BritInnen, doch lieber ins Taschentuch zu niesen und husten. Dieses Taschentuchs sollte man sich drauf hin entledigen. Nach dem Niesen und Husten ist am besten, wenn man sich nochmal die Hände wäscht, wiederum so lange, dass sich ein Happy Birthday zwei Mal ausgeht.

Testen war zweitrangig. Nach ersten Anstrengungen, potenziell infizierte Menschen ausfindig zu machen, lehnte sich die Regierung zurück. Die Folge davon war, dass das erste britische Track-und-Trace-System nicht annähernd an 50 Personen pro Woche herankam. Am 12. März gab die Regierung flächendeckende Testen und Track-und-Trace wieder auf.[10] Die EU lud Großbritannien ein, sich an Programmen zur Beschaffung von Schutzkleidung und Impfstoffentwicklung zu beteiligen. Johnsons Regierung lehne ab.[11]

Herausforderung Massenpsychologie

Cummings war ganz in seinem Element. Neue Covid-19-Slogans mussten her, und diese gingen ihm leicht von der Hand: von der Wissenschaft beraten, durch Wissenschaft entscheiden und die Wissenschaft leiten lassen. Wenn von Wissenschaft die Rede war, endete jene, die ernstgenommen wurde, an den Grenzen des Vereinigten Königreichs. Neue Forschungserkenntnisse von außerhalb Großbritanniens fanden nur gelegentlich ihren Weg auf die Insel.

Die Wissenschaft auf der Insel war allerdings zweigeteilt. In Oxford saßen EpidemiologInnen, die überzeugt waren, dass bereits bis zu 50% der Bevölkerung eine Coronaviruserkrankung hinter sich haben; Herdenimmunität wäre dem-

10 https://www.itv.com/news/2020-05-31/extent-of-virus-tracing-capabilities-revealed?fbclid=IwAR06rvNwrYxOzGLxv83NElo5ns9XfvQdi2hwPcMo0otPjt5p-vcMcPr_B-g. (1.8.2020)

11 https://www.theguardian.com/world/2020/jul/10/uk-has-opted-out-of-eu-coronavirus-vaccine-programme-sources-say?fbclid=IwAR0KOxPhIjJB3zUmUXnoAba71GaG2aBe-Ug4lEIvbwcx19LG5PYtfuBBCuM. (1.8.2020)

nach gegeben gewesen.[12] Cummings war von dieser Forschergruppe angetan. Es bedeutete, dass ein Lockdown vermeidbar sei.

Professor Chris Whitty, der Chefberater des medizinischen Amtes Englands, erläuterte einen weiteren Grund: den BritInnen wären solche Maßnahmen schwer zuzutrauen. Zu schnell drohe Langeweile einzusetzen.[13] Wissenschaftliche Grundlagen gab es dafür wenig. Die VerhaltensforscherInnen waren sich aber dessen sicher. LangeweileforscherInnen wurden zu den Beratungen allerdings nicht hinzugezogen.

Der Virus bereitete sich Anfang bis Mitte März viel schneller aus, als gehofft, was Neil Ferguson und seinem Team am Imperial College Gehör verschaffte. Ferguson gilt als Topexperte im Erstellen von Pandemiemodellen. Am 16. März wurde ein Bericht seines Teams veröffentlicht. Die Message war eindrucksvoll: Sollte die Regierung nicht umgehend in Lockdown gehen, sei eine Katastrophe großen Maßstabs gewiss. Am 23. März ging schließlich auch Großbritannien in Lockdown. Am 1. April verzeichnete Großbritannien offiziell 1.172 Covid-Tote.

Die VerhaltensforscherInnen von SAGE prophezeiten das Erscheinen eines kollektiven Geistes. Das Volk musste aber erst einmal in Stimmung kommen. Balkonaktivitäten wie kollektives Singen in Italien oder Tanzen wie in Spanien wurden als kulturell unpassend eingeschätzt. Etwas anderes musste her, um die Nation zu vereinen, und dieses etwas sollte idealerweise als spontan entstanden empfunden werden, als ob es der Mitte des Volkes entsprungen sei.

Das passierte dann auch – zumindest ungefähr. Annemarie Plas, eine bescheidene Yogalehrerin, hatte die Idee, jeden Donnerstag um 20.00 Uhr gemeinsam dem Krankenhauspersonal und AltersheimpflegerInnen zu applaudieren. Dieses kollektive Klatschen griff wie ein Lauffeuer um sich – es war genau das richtige für die BritInnen, und die Taktik war überaus schlau. Die Nation hätte andernfalls mit großer Wahrscheinlichkeit nicht applaudiert, sondern die Regierung kritisiert. Dass die Idee so schnell Wellen schlug, war allerdings weniger ein Glücksgriff einer bescheidenen Freiberuflerin als der einer professionellen Marketingexpertin. Das Image der Yogalehrerin war Teil eines gerissenen PR-Streichs. Plas arbeitet nur nebenberuflich als Yogalehrerin und ist vollzeitlich bei

12 https://www.ft.com/content/5ff6469a-6dd8-11ea-89df-41bea055720b?fbclid=IwAR0CLnF15DDi9kPoqTHCN5joa-UIPBgDBxw2foY9HlGurEBPcJBpmV9CIvg. (1.8.2020)

13 https://www.independent.co.uk/news/uk/home-news/coronavirus-behavioural-fatigue-uk-lockdown-delay-science-chris-witty-robert-west-a9644971.html?fbclid=IwAR0T4w9ztYpW_ERIjL-CGDPIV1b_Q4nYW_FOtRP3hVlCm_V4DuJPnGw903Q. (1.8.2020)

Objective Partners angestellt, einer Datenanalyse- und Marketingagentur. Objective Partners wurde von der PR-Agentur Hue and Cry zugearbeitet.[14]

Auch jene Tory-MinisterInnen, die über Jahre hinweg das NHS kaputtsparten, überschlugen sich nun mit überschwänglichem Lob für das NHS. Nach einigen Wochen drohte dann aber doch Groll gegen die Regierung aufzukommen. Um nicht Gefahr zu laufen, dass der Applaus politisiert werden könnte, appellierte Plas an die Öffentlichkeit, das Klatschen von nun an zu unterlassen, was auch brav erfolgte.[15]

Die täglichen Pressekonferenzen, von März weg das Fernseh-Highlight des Tages, liefen bis Ende Juni weiter. Irgendwann am späten Nachmittag trat ein/e MinisterIn, flankiert von wissenschaftlichen und medizinischen BeraterInnen der Regierung, vor die Kamera. Die Pressekonferenz begann mit den neuesten Statistiken über erfasste Infektionen, Krankenhauseinlieferungen und Verstorbenen. Die Zahlen schnellten in die Höhe. Aus 500 wurden 800, aus 800 wurden 1.000. HofjournalistInnen kamen immer zu Wort. Kritischere Stimmen konnten durchaus mitten im Satz unterbrochen werden und warteten daraufhin vergeblich auf weitere Einladungen. Chance bei unbefriedigenden oder ausweichenden Antworten nachzubohren gab es keine.

Cummings Sonderweg

Dann schlug das Unglück zu. Gesundheitsminister Matt Hancock, Chris Whitty, Boris Johnson und Dominic Cummings wurden alle von Covid-19 aus dem Gefecht gesetzt. Johnson veröffentlichte eine Videoaufzeichnung aus seinem Wohnzimmer. Er wäre wohl schon noch sehr schwach, aber doch auf dem Weg der Besserung. Kurz darauf wandte sich die Queen ans Volk, um diesem Mut zuzusprechen. Mit Anspielung auf ein Lied vom Zweiten Weltkrieg von Vera Lynn verkündigte die Queen: *We will meet again*.[16] Nur Stunden später wurde er mit der Rettung ins Krankenhaus geliefert, wo er nach ein paar Tagen auf der In-

14 https://www.timeout.com/london/news/lockdown-legend-the-londoner-who-started-the-clap-for-our-carers-campaign-for-the-nhs-032720?fbclid=IwAR3vUeuCJnVD3MPLso6DNiQP2hqyfWhFNr3qsI36uMsq-yZ7VVlBmdcWa5k. (1.8.2020)

15 https://www.theguardian.com/world/2020/may/22/lets-stop-clapping-for-the-nhs-says-woman-who-started-the-ritual?fbclid=IwAR1nXtfn2GBdEDHpNeZ8wFBVuPq-GxxamowTH_LEEcCVcxY_nkH-IqtQL6w. (1.8.2020)

16 https://www.youtube.com/watch?v=2klmuggOElE&fbclid=IwARoT4w9ztYpW_ERIjL-CGDPIV1b_Q4nYW_FOtRP3hVlCm_V4DuJPnGw903Q. (1.8.2020)

tensivstation lag. Patriotische Gefühle und Johnsons Sympathiewerte schnellten nach oben.

Als sich die Nachricht der vier erkrankten Schlüsselfiguren ausbreitete, nahmen alle ganz selbstverständlich an, dass sich die vier an ihre eigenen Anweisungen halten würden, das heißt, sich in Selbstisolation zu begeben und das Haus nicht zu verlassen – außer Cummings. Er war in einer Sitzung im Regierungssitz in der Downing Street, als seine Frau ihm mitteilte, dass sie erkrankt war. Sein schneller Abmarsch nach Hause wurde auf Kamera festgehalten. Später an diesem Tage kehrte er in die Downing Street zurück. Gegen Abend zeigte auch er Symptome einer Coronaviruserkrankung. Anstelle des sich selbst auferlegten Hausarrest, stieg er in sein Auto und fuhr mit Frau und Sohn mehr als 400 Kilometer Richtung Norden, nach Durham, wo seine Eltern und Geschwister mit Familie leben. Nach einigen Tagen hatte er sich erholt. Nur seine Sehfähigkeit schien noch beeinträchtigt zu sein. Die Heimkehr nach London stand an. Cummings war sich nicht sicher, ob er fahrtüchtig war. Also beschloss er, seine Sehkraft zu testen. Zu diesem Ziel stieg er wiederum ins Auto und fuhr mit seiner Frau eine Strecke von fast 100 Kilometer nach Barnard Castle, einer Kleinstadt südwestlich von Durham.

Dass Cummings dies schlussendlich beichten musste, entzückte die Medien. Die HofjournalistInnen, die zu dieser Pressekonferenz geladen wurden, labten sich daran, sich wieder einmal in vertrautem Gewässer zu bewegen. So konnten sie darin schwelgen, die Scheinheiligkeit einzelner politischer Machtfiguren anzugreifen, anstelle die systematische Inkompetenz der Regierung bloß zu stellen.

Weniger ist mehr

In der Vorbereitung auf einen rapiden Zustrom von Covid-19-PatientInnen beschlossen die Krankenhäuser Großbritanniens ihre älteren PatientInnen in Altersheime zu verfrachten, ohne sie zuvor auf Covid-19 zu testen und sich von bekannten Covid-Erkrankungen zurückhalten zu lassen.[17] Das Pflegepersonal wird in britischen Altersheimen üblicherweise über Leiharbeitsfirmen für Kurzarbeit beschäftigt. Das bedeutet, dass in vielen Fällen nach nur wenigen Wochen (oft nur zwei) das Personal wechselt. Prekäre Arbeitsverträge und -bedingungen

17 https://www.independent.co.uk/news/health/coronavirus-care-homes-nhs-hospital-discharges-deaths-a9544671.html?fbclid=IwAR2DcTsoKGayVedhzRgOObTZrnpooGhoR_oppTScKEwDfnFQs-wiyBwRO8s. (1.8.2020)

machen Krankenstand für viele so gut wie unmöglich. Die Folge waren 30.000 Tote in Altersheimen.

Als die Kurve der Covid-19-Erkrankungen und die Todesrate weiter nach oben zeigten, suchten Regierungen um den Erdball hastig nach Vorräten an Schutzanzügen und Masken für Gesundheitspersonal. Die Regierung Großbritannien wies das Personal sogar in Krankenhäusern und Altersheimen an, keine Masken zu tragen. Die Vorschriften für Schutzkleidung von Krankenhauspersonal wurden gelockert.

In vielen Krankenhäusern war das Personal gezwungen, sich ganz ohne Schutzanzüge und Masken um Covid-19-PatientInnen zu kümmern. Infektionen im Gesundheits- und Pflegebereich wurden alltäglich. Im Juli 2020 veröffentlichte Amnesty International eine Studie, in der die Sterberate des Gesundheitspersonals in England und Wales weltweit an zweiter Stelle steht. Mehr als die 540 Tote bis zu dem Zeitpunkt gab es nur in Russland (545 Tote).[18]

Es war längst bekannt von Ostasien, dass das Maskentragen einen gewichtigen Unterschied machen kann. In den täglichen Pressekonferenzen erkundigten sich MedienvertreterInnen wiederholt, ob es nicht vielleicht doch sinnhaft sei, die Mundschutzvorgaben anzupassen. BeraterInnen wurden aus allen Ecken herangezogen, um den Wert von Masken, wenn nicht geradeaus verneinten, dann zumindest hinunterspielten. Viele argumentierten damit, dass Mundschutz ein trügerisches Gefühl an Sicherheit verbreite, aber für den Träger/die Trägerin kaum das Risiko verringerten.

Als sich MedizinerInnen an die Medien wandten, wurden sie schikaniert und mit Disziplinarmaßnahmen bedroht, vereinzelt sogar mit Jobverlust. Potentielle Whistleblower verstummten in den britischen Medien, dieselben, die erst wenige Wochen zuvor den chinesischen Arzt Li Wenliang in alle Höhen lobten, nachdem dieser es gewagt hatte, seine Ängste auf sozialen Medien kundzutun.

Technologischer Überlegenheitsglaube

Die britische Regierung stellte alles, was nur möglich war, auf den Kopf. Das galt auch in Sachen Tracing App. Mitte Mai gab sich Gesundheitsminister Matt Hancock – ähnlich wie Cummings ein IT-Enthusiast – zuversichtlich, dass die

18 https://www.amnesty.org.uk/press-releases/uk-among-highest-covid-19-health-worker-deaths-world. (1.8.2020)

Inbetriebnahme einer Tracing App unmittelbar bevorstehe.[19] Einen Monat später war das Projekt begraben. Die Ursache dafür war klassischer britischer Übermut, wie wir ihn von der Johnson-Regierung kennen. Diese war felsenfest davon überzeugt, eine bessere App als andere Länder zu erstellen – eine, die keiner Apple- und Google-Technologie bedarf.

Am 18. Juni hatten 20% der Bevölkerung Gibraltars eine App heruntergeladen, die nur knapp über 110.000 Euro kostete. Am gleichen Tag verwarf Großbritannien ihr erstes App-Projekt, das den Steuerzahler über 13 Millionen Euro kostete. Der App-Ausarbeitung lag ein britisches Problem zugrunde, nämlich die niedrige Anzahl an Tests, die das UK täglich durchführt. Andere Länder konzipierten ihre Tracing-App als Back-Up zu Test-und-Trace.

Anfang April verkündigten Google und Apple, gemeinsam eine App zu erstellen, die größtmöglichen Datenschutz garantiert. Diese Technologie wurde von zahlreichen Ländern angenommen, darunter Deutschland, Italien, Dänemark und Japan. Die britische Regierung wollte aber immer noch ihre eigene App.

Anfang Mai gab es die dann aber doch, und sie ging auf der Insel Wight in Probelauf. Nichts funktionierte, und der Probelauf wurde abgebrochen. Nebenher hatte das von der Regierung beauftragte IT-Team parallel an einer weiteren App gearbeitet.[20] Diese konnte aber nur 4% aller iPhones erfassen, während das Apple-Google-System 99% aller iPhones abdeckte. Also war auch dieses Projekt begraben.[21]

Inzwischen arbeitet die Regierung gemeinsam mit Apple und Google daran, das Projekt neu in Schwung zu bringen.[22] Eine Priorität ist es allerdings nicht, und vor Winter ist nicht mit der neuen App zu rechnen.[23] In der Zwischenzeit behilft sich die Regierung traditioneller Methoden und heuerte 27.000 Helfer an, potenziell exponierte Personen ausfindig zu machen.[24] Diese Armee an Personal erhielt allerdings so wenig Training, dass Tausende von ihnen bei IT-Problemen

19 https://www.theguardian.com/world/2020/jun/04/england-test-and-trace-what-senior-ministers-promised-and-when?fbclid=IwAR1bML_u6h3af2-Goa6FhXpGTk3io06AzaHeq5BFk3s-IEMrVqZmUPLoyrA. (1.8.2020)

20 https://www.nytimes.com/2020/05/07/world/europe/uk-coronavirus-contact-tracing.html. (1.8.2020)

21 https://www.ft.com/content/9446192a-aff1-4e95-93fb-a5adfbc7bbd5. (1.8.2020)

22 https://www.nytimes.com/2020/06/18/business/britain-contact-tracing-app.html?searchResultPosition=40. (1.8.2020)

23 https://twitter.com/rowlsmanthorpe/status/1273276669541916674. (1.8.2020)

24 https://www.nytimes.com/2020/06/18/business/britain-contact-tracing-app.html?searchResultPosition=40. (1.8.2020)

und anderen Hürden sich informell mit ihren Kollegen auf Facebook und WhatsApp austauschen.[25] Datenschutz ging dabei meist außen vor. Hancock spricht dennoch nach wie vor von striktesten ethischen Standards und Sicherheitsmaßnahmen in Sachen Datenschutz, während Johnson jegliches Scheitern verneint. Schließlich hätte kein Land auf dieser Welt eine App, die wirklich funktioniere.[26]

Die Verantwortung liegt sonst wo

Viele der Anweisungen von Seiten der britischen Regierung waren genau das: Anweisungen, nicht Vorschriften und Verbote. Dies war ein weiterer Kunststreich mit der Handschrift Cummings: so konnte das Volk dazu verdonnert werden, die Verantwortung zu tragen.[27] Abgesehen von vereinzelten Vorfällen verhielt sich die Polizei zurückhaltend. Überwachung kam gelegentlich vom Himmel, durch Hubschrauber und Drohnen. Auf diesem Weg wurden Abtrünnige ausfindig gemacht.[28]

Von Anfang des Jahres an taumelte die Regierung von einem Misserfolg zum nächsten. Fast mit Präzision ergriffen Johnson und sein Team dringendste anstehende Maßnahmen erstens systematisch zu spät und zweitens in umgekehrter Reihenfolge zu anderen Ländern, was jeden Schritt von vornherein zum Scheitern verurteilte. Die Ursache für eine solche Inkompetenz liegt teilweise darin, dass nach Jahren antagonistischer Brexitslogans Regierungskreise selber dem Glauben verfallen waren, dass ihr Land einzigartig und politisch, kulturell, technologisch, medizinisch, wissenschaftlich und ökonomisch global führend sei – und zumindest sein sollte. Sich mit anderen Ländern auszutauschen und vielleicht sogar von ihnen zu lernen stand außer Frage. Nach knapp mehr als 70 Jahren seit dem Ende des britischen Imperiums zeigte der Umgang mit der Covid-19-Epidemie diese überhebliche Inkompetenz mit schmerzlicher Präzision.

Der Zick-Zack-Zugang zu zahlreichen Fragen wie Lockdown, Mundschutz im Alltag und Schutzkleidung im Gesundheitswesen sind dermaßen unlogisch und

25 https://www.thetimes.co.uk/article/coronavirus-contact-tracers-sharing-patients-data-on-whatsapp-and-facebook-rg3zqn5l6. (1.8.2020)

26 https://www.channel4.com/news/factcheck/factcheck-boris-johnson-repeats-claim-that-no-country-has-a-functioning-covid-19-tracing-app. (1.8.2020)

27 https://www.nytimes.com/video/world/europe/100000007211574/britain-beach-crowds-video.html?searchResultPosition=33. (1.8.2020)

28 https://www.bbc.co.uk/news/uk-england-derbyshire-52055201?fbclid=IwARorrOj35xPeOoF973P7Na8YJ-bF4b2D482UJdg2QuotgyGLg25M2YfGxBs. (1.8.2020)

oft konfus und verwirrend, dass dies fast wiederum der Regierung zu Nutzen kommen kann. Schon heute gibt es Anzeichen, dass die Regierung aggressiv jegliche Verantwortung von sich weist und jene attackiert, die die größte Last tragen. Anfang Juli griff Johnson den Pflegesektor an und beschuldigte das Personal für die hohe Todesrate verantwortlich zu sein, weil es angeblich die Anweisungen der Regierung nicht genau genug befolgt hätte.[29] Ende Juli waren dann die Übergewichtigen im Visier.[30]

Als im Juni 2017 beim Brand im Hochhaus Grenfell in London mindestens 72 Menschen ums Leben kamen, war es sonnenklar, dass Geiz beim Material der Hausverkleidung der Grund dafür war. Die Ermittlungen verliefen in zwei Richtungen. Eine davon, die die Reaktion der Feuerwehr untersuchte, ist bereits abgeschlossen. Die Feuerwehr wurde für schuldig befunden, falsch gehandelt zu haben. Die zweite Ermittlungsschiene befasst sich mit den lokalen Behörden, die sich für die billige und – wie allseits bekannt war – brandgefährdete Hausverkleidung entschied. Die Ermittlungen gehen nicht voran. Viele der Opfer warten nicht nur auf Entschädigungen, sondern einfach nur darauf, eine Unterkunft bereitgestellt zu bekommen.

Zukünftige Ermittlungen nach den Verantwortlichen für das Covid-Fiasko im Königreich dürften in eine ähnliche Richtung gehen. «Irreführender wissenschaftlicher Ratschlag» ist ein heißer Kandidat, den schwarzen Peter zugeschoben zu bekommen. Ganz oben auf der Liste sind jedoch das NHS und ihr Management. MedizinerInnen in Krankenhäusern bekamen schon im Mai einen Vorgeschmack darauf, als Hancock die Ursache der hohen Sterberaten unter dem medizinischen Personal in deren unvorsichtigen familiären Umfeld entdeckte, statt bei der fehlenden Schutzkleidung.

29 https://www.theguardian.com/society/2020/jul/06/anger-after-johnson-appears-to-blame-care-homes-for-their-high-death-toll?fbclid=IwAR1N7Uh9xmDwMTFtVtKvnQjU1_2pJOPqTvopSI2_54pB6WWlCzqJpa7bRvA. (1.8.2020)

30 https://www.gov.uk/government/news/new-obesity-strategy-unveiled-as-country-urged-to-lose-weight-to-beat-coronavirus-covid-19-and-protect-the-nhs?fbclid=IwAR1r88aM8MHTBIBvwCqQFkckRySfgLwbMgycQkwIa8fJtuEftCj4xfWfbmE. (1.8.2020)

Der nordirische Friedensprozess in Zeiten von Corona und nach dem Brexit

Neue politische Einheit oder weitere Machtkämpfe unter dem Deckmantel der Pandemie?

Von Bert Preiss

Über zwei Jahrzehnte nach dem Abschluss des Friedensabkommens in Nordirland sind Gesellschaft und Politik weiterhin tief in zwei ethnonationale Lager gespalten. Durch die Turbulenzen um den Brexit, d.h. den Austritt des Vereinigten Königreichs (United Kingdom, UK) aus der Europäischen Union (EU), scheint die fragile Machtbalance zwischen den britisch-protestantischen Unionist*innen und den irisch-katholischen Nationalist*innen neuerlich gefährdet, wodurch auch die Friedens- und Konfliktlösungsbemühungen auf kommunaler Ebene beeinträchtigt werden könnten. Im Zuge der Covid-19-Pandemie lässt sich allerdings auch ein vermeintlicher politischer Schulterschluss zur gemeinsamen Bewältigung der Krise beobachten. Zumindest wird das von beiden großen Regierungsparteien, der Demokratischen Unionisten-Partei (Democratic Unionist Party, DUP) und der nationalistischen Sinn Féin so kolportiert. Der vorliegende Text soll der Frage nachgehen, ob die Bemühungen zur Krisenbewältigung auch zu einer Annäherung der beiden Lager und damit zur Stabilisierung des lokalen Friedensprozesses beitragen, oder ob dahinter ein neuerlicher Versuch steht, rivalisierende Machtinteressen voranzutreiben und den Konflikt weiter zu schüren.

Zu Beginn des Jahres, am 11. Jänner, formierte sich nach einem zweifelhaften Weltrekord von 1.080 regierungslosen Tagen eine neue Regierung der Machtteilung (*power-sharing*) unter der Führung der DUP und Sinn Féin und mit Beteiligung dreier weiterer Parteien, der Ulster-Unionisten Partei (Ulster Unionist Party, UUP), der nationalistischen Sozialdemokratischen Arbeiterpartei (Social Democratic and Labour Party, SDLP) und der konfessions-neutralen Allianz-Partei (Alliance Party of Northern Ireland, APNI).[1] Gute zwei Wochen später wurde am 31. Jänner nach jahrelangem Tauziehen der Austritt Großbritanniens und

1 New Executive appointed as Stormont returns after three years of stalemate, in: Belfast Telegraph Online, 11.1.2020, http://www.belfasttelegraph.co.uk/news/northern-ireland/new-executive-appointed-as-stormont-returns-after-three-years-of-stalemate-38852879.html (10.8.2020)

Nordirlands aus der EU offiziell vollzogen. Dabei wurde ein Übergangszeitraum bis Ende Dezember 2020 vereinbart, bis zu dem ein Handelsabkommen erzielt und somit ein sogenannter harter Brexit verhindert werden sollte. Ohne ein solches Abkommen würde die offene Grenze zwischen Nordirland und der Republik Irland zu einer EU-Außengrenze mit entsprechenden Waren- und Personenkontrollen werden, was nicht nur gravierende Folgen für die wirtschaftliche Entwicklung auf der Insel, sondern auch für den nordirischen Friedensprozess haben könnte.

Unter diesen Voraussetzungen kam es in Nordirland zwischen den beiden Lagern neuerlich zu politischen Spannungen. Während die DUP eine vollständige Trennung von der EU befürwortete, da dies für sie eine Stärkung der Union mit Großbritannien und eine Schwächung des Einflusses der Republik Irland bedeuten würde, war Sinn Féin entschieden dagegen und sah sich angesichts der möglichen Errichtung einer harten inneririschen Grenze darin bestärkt, ihre Kampagne für ein vereinigtes Irland weiter voranzutreiben. Zudem brachen die alten Kontroversen wieder auf, die bereits Anfang 2017 zur Auflösung der Koalition zwischen den beiden Parteien geführt hatten. Dabei ging es zum einen um ein Gesetz zur Förderung der irischen Sprache und zum anderen um Korruptionsvorwürfe im Bereich der Förderung erneuerbarer Energien (*Renewable Heat Incentive*, RHI) gegen die nordirische Regierungschefin Arlene Foster und andere DUP-Politiker*innen. Inmitten dieser Querelen erreichte jedoch Ende Februar 2020 das Covid-19-Virus auch Nordirland. Damit verschoben sich zwangsläufig die politischen Prioritäten, und das Hauptaugenmerk der nordirischen Machtteilungsregierung galt von nun an der Eindämmung und Bewältigung der Pandemie.

Die Grundlage für die politische und gesellschaftliche Neuordnung wurde im sogenannten Karfreitagsabkommen (*Good Friday Agreement* oder *Belfast Agreement*) gelegt.[2] Dieses am Karfreitag, 10. April 1998, in Belfast von fast allen nordirischen Konfliktparteien und den Regierungen der Republik Irland und Großbritanniens unterzeichnete Friedensabkommen markierte den Höhepunkt eines mehr als ein Jahrzehnt dauernden Friedensprozesses. In der Folge wurde es von einer großen Mehrheit der Abstimmenden in einem Referendum sowohl in Nordirland (71%) als auch in der Republik Irland (94%) unterstützt. Wie sich

2 Vgl. zum Zustandekommen und Inhalt des Friedensabkommens: Bert Preiss, Conflict at the Interface: Local Community Divisions and Hegemonic Forces in Northern Ireland, Berlin 2019, 79-86; Joseph Ruane/Jennifer Todd, The Belfast Agreement: context, content, consequences, in: dies. (Hg.) After the Good Friday Agreement: Analysing Political Change in Northern Ireland. Dublin, 1999, 1-29.

im nordirischen Ergebnis allerdings zeigte, gab es bei den katholischen Nationalist*innen mit ca. 99% weitaus mehr Befürworter als bei den britisch-protestantischen Unionist*innen, die nur mit einer relativ knappen Mehrheit von ca. 57% für das Abkommen stimmten.[3] Dieser signifikante Unterschied in der Unterstützung des Abkommens weist auf die Fragilität des erzielten Kompromisses hin.

Ziel des Friedensabkommens war einerseits die politische, sozio-ökonomische und kulturelle Gleichstellung der protestantisch-unionistischen und der katholisch-nationalistischen Gemeinschaft und damit ihre Aussöhnung voranzutreiben, und andererseits die Nord-Süd Beziehungen auf der irischen Insel sowie das britisch-irische Verhältnis zu verbessern.[4] Zentral waren dabei die Schaffung einer mit umfangreicher Autonomie ausgestatteten Regierung der Machtteilung (Nordirland-Exekutive – Northern Ireland Executive, NIE) mit paritätischer Beteiligung der beiden Lager und die Errichtung eines Regionalparlaments (Nordirland-Versammlung – Northern Ireland Assembly, NIA). Dazu war vorgesehen, dass die Leitung der nordirischen Regierung einem*r Ersten Minister*in und einem*r Stellvertretenden Ersten Minister*in zukommt – ernannt von beiden politischen Lagern entsprechend ihrer jeweiligen Stimmenstärke. Beide Funktionen verfügen über praktisch identische Kompetenzen und sind wechselseitig voneinander abhängig, d.h. sie können nur mit der vollen Unterstützung des jeweils anderen existieren. Zusätzlich wurde ein Nord-Süd-Ministerrat (North-South Ministerial Council, NSMC) bestehend aus Regierungsvertreter*innen Nordirlands und der Republik Irland ins Leben gerufen, der mit bestimmten Exekutivkompetenzen ausgestattet die grenzüberschreitende Kooperation in gemeinsam vereinbarten Bereichen vorantreiben sollte. Dies bedeutet, dass der irischen Regierung durch ihre Einbindung in den NSMC die Möglichkeit eingeräumt wurde, in Nordirland unter bestimmten Umständen ein Mitspracherecht auszuüben.

In der soeben beschriebenen Komplexität und Interdependenz der neu geschaffenen Institutionen kommt ebenfalls der fragile Kompromiss des Friedensabkommens zum Ausdruck. Schließlich galt es, die stark divergierenden Interessen und Ziele zwischen Unionist*innen und Nationalist*innen, aber auch die

3 Vgl. Bernadette Hayes/Ian McAllister, Who Voted for Peace? Public Support for the 1998 Northern Ireland Agreement, in: Irish Political Studies 16/1 (2001), 79-80.

4 Das offiziell sogenannte Agreement Reached in the Multi-Party Negotiations beendete formell den dreißigjährigen bewaffneten Konflikt, der über 3.500 Menschenleben forderte. Vgl. Paul Dixon, Northern Ireland: The Politics of War and Peace, New York 2001, 24; Marie-Therese Fay/Mike Morrissey/Marie Smyth, Northern Ireland's Troubles: The Human Costs, London 1999; Malcolm Sutton, An Index of Deaths from the Conflict in Northern Ireland, in: CAIN Web Service, http://cain.ulster.ac.uk/sutton/ (10.8.2020)

Differenzen zwischen den gemäßigten und radikaleren Parteien innerhalb der beiden politischen Lager zu integrieren. Für die Mehrheit der Unionist*innen war das Abkommen ein letztes Zugeständnis an die Nationalist*innen, das notwendig war, um die Union mit Großbritannien zu sichern. Dies galt allerdings nicht für die radikalere DUP. Diese lehnte im Gegensatz zur gemäßigten UUP zum damaligen Zeitpunkt jegliche Zusammenarbeit mit der von ihr wegen ihrer Verbindung zur Irisch-Republikanischen Armee (Irish Republican Army, IRA) als terroristisch angesehenen Sinn Féin entschieden ab und verweigerte deshalb auch dem Karfreitagsabkommen ihre Zustimmung. Die Unionist*innen waren sich aber in ihrer Ablehnung gegenüber einer Einflussnahme der Republik Irland auf nordirische Belange einig. Von den Nationalist*innen wurde dies hingegen begrüßt, betrachteten sie doch den Friedensvertrag als einen Schritt auf dem Weg zu einem vereinten Irland, wobei die radikalere Sinn Féin dieses Ziel mit wesentlich größerer Entschiedenheit verfolgte als die gemäßigte SDLP, für die die volle Gleichstellung der katholischen Gemeinschaft in Nordirland im Vordergrund stand. Schließlich einigte man sich in der strittigen Frage nach der künftigen Staatszugehörigkeit auf eine Kompromissformel, die sich in der Folge allerdings als nachteilig für den Friedenskonsolidierungsprozess erweisen sollte. In der entsprechenden Bestimmung im Karfreitagsabkommen wurde nämlich in Anerkennung des Selbstbestimmungsrechts der Menschen auf der irischen Insel festgelegt, dass für eine Änderung des Verfassungsstatus Nordirlands die Zustimmung der Mehrheit der Wählerschaft in beiden Rechtsgebieten – Nord und Süd – erforderlich ist.

Als problematisch gestaltete sich auch die Reintegration von Ex-Kombattant*innen. Zwar gelang es, viele der republikanischen und loyalistischen Paramilitärs in die lokale Friedensarbeit einzubinden, wo sie vor allem eine aktive Rolle bei der Prävention und Eindämmung von Gewalt in den sogenannten Schnittstellen (*interfaces*) zwischen protestantischen und katholischen Arbeiter*innenviertel übernahmen.[5] Auf beiden Seiten gab es aber auch militante Gegner des Karfreitagsabkommens, die sich in paramilitärischen Splittergruppen formierten, um den Friedenskonsolidierungsprozess zu zerstören. So verübten republikanische Dissidenten der «Echten IRA» (Real IRA, RIRA) nur vier

5 Die bedeutendsten republikanischen paramilitärischen Organisationen, die im Nordirlandkonflikt für die Befreiung von der britischen Herrschaft und ein vereinigtes Irland kämpften, sind die IRA und die Irisch-Nationale Befreiungsarmee (Irish National Liberation Army, INLA). Demgegenüber sind die wichtigsten loyalistischen Gruppen die Ulster Freiwilligenarmee (Ulster Volunteer Force, UVF) und die Ulster Verteidigungsvereinigung (Ulster Defence Association, UDA).

Monate nach dem Abkommen in der nordirischen Kleinstadt Omagh einen der blutigsten Anschläge des gesamten Konflikts, bei dem 29 Menschen ums Leben kamen. Seither versuchen republikanische Splittergruppen mit gezielten, insbesondere gegen die Polizei, andere Amtsträger und Personen der Öffentlichkeit gerichteten Gewaltakten den Bürgerkrieg wieder zu entfachen.[6] Dabei ist die Mobilisierung und Radikalisierung junger perspektivloser Männer in sozial benachteiligten katholischen Wohngebieten ein probates Mittel. Auf loyalistischer Seite ist eine ähnliche, wenn auch etwas anders gelagerte Dynamik zu beobachten. Auch hier kam es seit dem Karfreitagsabkommen immer wieder zu paramilitärischer Gewalt. Als Brennpunkte der Gewalt erwiesen sich die protestantischen und katholischen Schnittstellengebiete in Belfast, Derry/Londonderry und Portadown, die auch noch nach dem Friedensabkommen durch zahlreiche, während des Bürgerkriegs errichtete sogenannte Friedensmauern (*peace walls*) bzw. Friedenslinien (*peace lines*) voneinander getrennt blieben.[7]

Im Rahmen des Brexit-Prozesses nahmen die Spannungen zwischen den beiden Seiten zu. Während die britische Bevölkerung beim Referendum im Juni 2016 mit einer knappen Mehrheit von fast 52% für den Austritt des UK aus der EU stimmte, sprach sich in Nordirland eine deutlichere Mehrheit von nahezu 56% für den Verbleib in der EU aus. Wie jedoch eine Analyse des nordirischen Abstimmungsverhaltens zeigte, waren die beiden Gemeinschaften in dieser Frage tief gespalten: So stimmte eine große Mehrheit von 85% der katholischen Nationalist*innen für den Verbleib in der EU, wohingegen dies nur bei einer Minderheit von ca. 40% der protestantischen Unionist*innen der Fall war.[8] Die darauffolgenden Brexit-Verhandlungen zwischen der britischen konservativen Regierung und der EU entwickelten sich zu einem zähen und langwierigen Tauziehen über die konkreten Austrittsmodalitäten, wobei sich die irische

6 Ein besonders tragischer Vorfall ereignete sich dabei am 18. April 2019, als die Journalistin Lyra McKee bei Randalen in Derry/Londonderry von einem Mitglied der New IRA erschossen wurde. Vgl. Matthew Weaver/Kevin Rawlinson, Lyra McKee: New IRA says its activists killed journalist, in: The Guardian Online, 23.4.2019, http://www.theguardian.com/uk-news/2019/apr/22/lyra-mckee-friends-stage-protest-derry-offices-saoradh (10.8.2020)

7 So gibt es laut einer Studie des Belfast Interface Project 2017 in den Schnittstellengebieten in Nordirland noch immer 116 Friedensmauern, Friedenslinien und andere Sperranlagen, von denen sich 97 in Belfast befinden. Belfast Interface Project (BIP), Interface Barriers, Peacelines and Defensive Architecture, Belfast 2017, 10.

8 John Garry/Brendan O'Leary/John Coakley, How Northern Ireland voted in the EU referendum – and what it means for border talks, in: The Conversation Online, 27.4.2017, http://www.theconversation.com/how-northern-ireland-voted-in-the-eu-referendum-and-what-it-means-for-border-talks-76677 (10.8.2020)

Grenzfrage als zentrales Streitthema herauskristallisierte. Dabei verhärteten sich nach Aufkündigung der nordirischen Regierung durch Sinn Féin Anfang 2017 die Fronten zwischen den beiden Lagern weiter.[9] Die DUP trat entschieden für einen EU-Austritt ohne Sonderregelung für Nordirland ein und schloss dazu ein Unterstützungsabkommen mit den britischen Tories, die seit dem Führungswechsel und der Regierungsübernahme durch Boris Johnson im Juli 2019 von den Brexit-Hardlinern dominiert wurden. Sinn Féin hingegen lehnte eine harte innerirische Grenze vehement ab und forderte die Abhaltung einer Grenzabstimmung (*border poll*) über die Vereinigung Irlands. Beide Parteien gerieten daher zunehmend unter Druck. Am 11. Jänner konstituierte sich schließlich die neue 5-Parteien-Regierung unter Führung von Arlene Foster (DUP) als Erste Ministerin und Michelle O'Neill (Sinn Féin) als Stellvertretender Erste Ministerin.[10] Damit war auch die Teilnahme an den Verhandlungen über den wirtschaftlichen Sonderstatus gesichert, den Nordirland nach dem Brexit erhalten sollte.

Die Covid-19-Pandemie erreichte Nordirland mithin in einer innen- und außenpolitisch labilen Situation. Zu Beginn waren sich Sinn Féin und die DUP uneinig über die Maßnahmen zur Eindämmung der Pandemie. Sinn Féin befürwortete einen «All-Island» (inselweiten) Ansatz, der vorsah, die Pandemiemaßnahmen im Einklang mit der irischen Regierung zu treffen. O'Neill (Sinn Féin) forderte folglich die sofortige Schließung der Schulen, was Foster (DUP) aber entschieden ablehnte und stattdessen für ein mit der britischen Regierung akkordiertes Krisenmanagement plädierte. Zudem erschien fast zeitgleich der Bericht der unabhängigen öffentlichen Untersuchung über den Skandal um die RHI-Initiative, worin Mängel in Bezug auf Transparenz und Rechenschaftspflicht innerhalb der Regierungsabteilungen sowie Fehlverhalten von Sonderberatern und Beamten aufgedeckt wurden.[11] Damit war die nordirische Regierung erst etwas mehr als zwei Monate im Amt, als sie bereits in ihre erste größere Krise schlitterte.[12] Durch die neuen Regelungen vom 28. März wurde Nordirland an

9 Nachdem Martin McGuinness kurz nach seinem Rücktritt als Stellvertretender Erster Minister erklärte, dass er bei der Wahl Anfang März 2017 aus gesundheitlichen Gründen nicht mehr kandidieren werde, wurde Michelle O'Neill zur neuen Spitzenkandidatin von Sinn Féin gekürt.

10 Vgl. Ralf Sotschek, Regierungsbildung in Belfast: Zwei Frauen für Nordirland, in: TAZ Online, 11.1.2020, http://taz.de/Regierungsbildung-in-Belfast/!5655132/ (10.8.2020)

11 RHI: Corruption did not cause energy scheme failure, in: BBC News Online, 13.3.2020, http://www.bbc.com/news/uk-northern-ireland-51840287 (10.8.2020)

12 Vincent Kearney, Foster, O'Neill miles apart on how to tackle Covid-19, in: RTE Online, 14.3.2020, http://www.rte.ie/news/coronavirus/2020/0314/1123305-armagh-meeting-analysis/ (10.8.2020)

das übrige UK angeglichen und die nordirische Regierung wurde mit neuen Befugnissen ausgestattet, um einen für Nordirland beispiellosen Lockdown zu verhängen. Das bedeutete in erster Linie strikte Ausgangsbeschränkungen und die Schließung nicht lebenswichtiger Geschäfte und aller Bildungseinrichtungen, wie dies bereits in zahlreichen anderen Ländern der Fall war. Ab diesem Zeitpunkt waren die DUP und Sinn Féin um mehr Einigkeit in der Öffentlichkeit bemüht. Die von nun an zweimal wöchentlich stattfindenden gemeinsamen Pressekonferenzen von Foster und O'Neill wurden von vielen Menschen aufmerksam verfolgt. Die Regierungschefinnen zeigten sich auch generell bemüht, einen neuen Regierungsstil an den Tag zu legen, der zunehmend auf Verständigung und die Bereitschaft zur Konsensfindung ausgerichtet war. So betonten beide, dass der Umgang mit dem Coronavirus-Notstand den Wiederaufbau von funktionierenden Arbeitsbeziehungen beschleunigt hätte und sie dadurch gelernt hätten, «sich gut zu unterscheiden», damit unvermeidliche Meinungsverschiedenheiten nicht von gemeinsamen Zielen ablenken.[13] Hinter der demonstrativen Harmonie dauerten jedoch die politischen Querelen über die Schulschließungen, die Forderung nach einem gesamtirischen Ansatz zur Bekämpfung des Virus und die Dauer der Covid-19-Maßnahmen weiter an. Dessen ungeachtet schienen die nordirische Regierung und ihre Minister*innen bei der Bevölkerung offenbar einen gewissen Bonus an Zustimmung verbuchen zu können, und zwar insbesondere im Vergleich zum als notorisch schlecht wahrgenommenen Krisenmanagement des britischen Premierministers Boris Johnson und seiner Regierung. Dies zeigte sich etwa bei einer Meinungsumfrage Ende Mai – zu einer Zeit, als die nordirische Regierung die ersten Lockdown-Lockerungsmaßnahmen beschloss. Darin vertraten mehr als zwei Drittel (68%) der befragten nordirischen Wähler*innen die Ansicht, dass ihre Regierung mit der Coronapandemie bislang gut umgegangen sei, wobei Gesundheitsminister Robin Swann (UUP, 71%) die höchste Zustimmungsrate erhielt. Demgegenüber lag die Zustimmung für das bisherige Krisenmanagement der irischen Regierung (66%) fast gleich hoch, während die Unzufriedenheit mit jenem der britischen Regierung ebenfalls beinahe bei zwei Drittel (65%) lag. Unterdessen gaben mehr als drei Viertel der Befragten (77%) an, dass die irische Regierung in ihren Informationen und Richtlinien zur Lockerung der Lockdown-Beschränkungen deutlich war, wobei die nordirische Regierung (69%) ebenfalls gut abschnitt. Bemerkenswerterweise verzeichnete

13 Im Originalwortlaut hieß es: «… learned to ‹differ well› …». Covid-19 has ‚fast-tracked' rebuilding of Stormont working relations, leaders say, in: UTV News Online, 10.6.2020, http://www.itv.com/news/utv/2020-06-10/covid-19-has-fast-tracked-rebuilding-of-stormont-working-relations-leaders-say (10.8.2020)

die irische Regierung auch bei den unionistischen Befragten mehr Zustimmung als ihr britisches Gegenüber.[14]

Die gemeinsamen Auftritte von Foster und O'Neill fanden jedoch Ende Juni ein abruptes Ende. Grund dafür war die Teilnahme von O'Neill und anderer Sinn Féin Politiker*innen an der Beerdigung von Bobby Storey, der ab Mitte der 1990er Jahre als Geheimdienstchef der IRA galt, was im unionistischen Lager helle Empörung auslöste und als Bruch der Corona-Versammlungsbeschränkungen heftig kritisiert wurde.[15] Als sich in der Folge herausstellte, dass die Finanzierung der kostenlosen Schulmahlzeiten für benachteiligte Kinder während der Sommermonate wegen eines Streits über die lebenslängliche Troubles-Rente für die Opfer des Nordirlandkonflikts kurzzeitig verzögert worden war, wurde der Konsens zur gemeinsamen Krisenbewältigung noch brüchiger.[16] Generell ist jedoch nicht zu erwarten, dass diese Krise zu einem baldigen Zusammenbruch der nordirischen Exekutive führen wird, denn die DUP hat bereits erklärt, die Regierung nicht zu verlassen, möglicherweise auch eingedenk dessen, dass die Öffentlichkeit eine weitere politische Stagnation so kurz nach der letzten nicht tolerieren würde, vor allem angesichts der Gefahr eines tödlichen und unsichtbaren Virus in ihrer Mitte.[17] Nachdem nun Anfang August 2020 viele der Covid-19 Maßnahmen gelockert und einige aufgehoben worden sind, gilt es einen funktionierenden Plan für den wirtschaftlichen und gesellschaftlichen Wieder-

14 Ryan McAleer, Poll: Robin Swann is best performing minister but damning view of London's handling of Covid-crisis, in: Irish News Online, 1.6.2020, http://www.irishnews.com/news/northernirelandnews/2020/06/01/news/poll-robin-swann-is-best-performing-minister-but-damning-view-of-london-s-handling-of-covid-crisis-1958394/ (10.8.2020). Vgl. zur Umfrage: LucidTalk, LT NI Spring Tracker Poll, in: LucidTalk Online, 8.6.2020, http://www.lucidtalk.co.uk/single-post/2020/06/08/LT-NI-Spring-Tracker-Poll (10.8.2020)

15 Sinn Féin bestand darauf, dass weder O'Neill noch andere Parteimitglieder gegen das Covid-19-Reglement verstoßen hätten. DUP-Chefin Foster erwiderte jedoch, sie könne nicht auf einem Podium neben O'Neill stehen, wenn «die Glaubwürdigkeit der Aussagen der Exekutive» beschädigt worden sei. Bobby Storey funeral: O'Neill says critics are 'point-scoring', in: BBC News Online, 1.7.2020, http://www.bbc.com/news/uk-northern-ireland-53246224 (10.8.2020)

16 Vgl. Philip Bradfield, Summer school meals plan stalls as blame game unfolds over Troubles pension delays, in: News Letter Online, 23.6.2020, http://www.newsletter.co.uk/education/summer-school-meals-plan-stalls-blame-game-unfolds-over-troubles-pension-delays-2893199. (11.8.2020)

17 Vgl. David Young/Rebecca Black/Aine McMahon, Arlene Foster vows not to collapse Stormont over Bobby Storey funeral row, in: Irish News Online, http://www.independent.ie/irish-news/politics/arlene-foster-vows-not-to-collapse-stormont-over-bobby-storey-funeral-row-39336072.html (11.8.2020)

aufbau zu entwickeln, bzw. für den Fall einer zweiten Pandemie-Welle die entsprechenden Vorkehrungen zu treffen.

Die nordirische Wirtschaft ist durch die Covid-19-Pandemie stark in Mitleidenschaft gezogen worden, wobei die zu erwartende Rezession den ökonomischen Einbruch im Anschluss an die Wirtschaftskrise von 2008 bei Weitem übertreffen dürfte. So zeigt die Anfang Juli 2020 veröffentlichte vierteljährliche Wirtschaftsumfrage der nordirischen Handelskammer (Northern Ireland Chamber of Commerce and Industry), dass bereits in 77% der Unternehmen Mitarbeiter*innen beurlaubt wurden. Des Weiteren haben 12% der Arbeitgeber*innen in den letzten Monaten Personal entlassen, 23% die Arbeitszeit reduziert und in vielen Fällen auch die Löhne gekürzt. Der Studie zufolge rechnet mehr als die Hälfte der Unternehmen mit weiteren Entlassungen in den kommenden Monaten und beinahe jeder fünfte Betrieb sieht seine Überlebensfähigkeit gefährdet.[18] In einem Bericht des Ulster Economic Policy Center vom 9. April ist von 235.000 Arbeitnehmer*innen die Rede, die vorübergehend entlassen oder deren Gehälter über das Arbeitsplatzsicherungsprogramm (*Job Retention Scheme*) der Regierung finanziert würden, was einer Beurlaubung gleichkommt. Der gleiche Bericht geht von einem Einbruch des nordirischen Bruttoinlandsprodukts (BIP) von 9,6% aus.[19] Jüngere Prognosen haben die Zahlen etwas nach unten korrigiert, wonach die Wirtschaftsleistung in Nordirland im Juni zwar weiter zurückgegangen ist, jedoch in einem geringerem Tempo als zunächst erwartet.[20]

Ein abschließender Blick auf die Krankheits- und Mortalitätsstatistik im Zusammenhang mit Covid-19 lässt gravierende Differenzen innerhalb der nordirischen Bevölkerung hinsichtlich Alter, Geschlecht und Region erkennen. Mit Stand 10.

18 Vgl. Charlie Taylor, Covid-19 crisis worst for NI businesses than economic crash, in: The Irish Times Online, 2.7.2020, https://www.irishtimes.com/business/economy/covid-19-crisis-worst-for-ni-businesses-than-economic-crash-1.4294546 (11.8.2020)

19 Vgl. Ulster University Economic Policy Centre, Economic Consequences of Covid-19 in Northern Ireland, A provisional discussion paper on the potential impact, 9.4.2020, in: Ulster University Online, http://www.ulster.ac.uk/coronavirus/research/support/economic-impact-in-ni (11.8.2020)

20 Dies geht etwa aus der Juni-Umfrage der Ulster Bank hervor. Vgl. Coronavirus: NI economy 'declining at a much slower rate', in: BBC News Online, 13.7.2020, http://www.bbc.com/news/uk-northern-ireland-53386976 (11.8.2020). Damit dürfte der für die nordirische Wirtschaft prognostizierte Einbruch des BIP unter dem für die Länder der Eurozone berechneten Wert von durchschnittlich ca. 12% zu liegen kommen. Vgl. hierzu die jüngsten Berechnungen des europäischen Statistikamtes Eurostat: Drastischer Konjunktureinbruch in Frankreich, Spanien und Italien, in: Spiegel Online, https://www.spiegel.de/wirtschaft/soziales/frankreich-und-spanien-konjunktureinbruch-bip-faellt-um-13-8-und-18-5-%-a-094a4411-a6f7-4956-a462-97884813c705 (11.8.2020)

August 2020 lag die offizielle Zahl der Covid-19 Infizierten in Nordirland bei 6.140, wobei es zu 557 Todesfällen kam. Belfast erwies sich dabei mit bisher 1.467 Fällen und 162 Todesfällen als Epizentrum der Pandemie.[21] Einer Studie des nordirischen Gesundheitsministeriums vom 26. Mai zufolge lag die Infektionsrate in städtischen Regionen um 9% höher als in den ländlichen. Am meisten betroffen waren die 10% am stärksten benachteiligten Gebiete Nordirlands, wovon sich die Mehrzahl an den urbanen Schnittstellen zwischen den katholisch-nationalistischen und protestantisch-unionistischen Gemeinschaften befindet. Hier lag die Infektionsrate um 40% über dem nordirischen Durchschnitt. Dabei war in diesen Gebieten die Infektionsrate der über 65-jährigen am höchsten und lag mehr als 70% über dem nordirischen Durchschnitt.[22] Die Krankenhauseinweisungsrate und Mortalitätsrate für Covid-19 waren in den am meisten deprivierten Gebieten ebenfalls signifikant höher als in anderen Regionen Nordirlands, wobei letztere einer Studie der Statistik- und Forschungsagentur Nordirlands für den Zeitraum Anfang März bis Ende Mai 2020 um 25% über dem nordirischen Durchschnitt lag. Es gab auch signifikante Geschlechterunterschiede: So lag die Infektionsrate bei Frauen insgesamt um ein Drittel höher als bei Männern. Allerdings hatten Männer eine um ein Drittel höhere Mortalitätsrate als Frauen, wobei Männer über 65 Jahre die am meisten betroffene Gruppe waren.[23]

Als Fazit stellt sich die Frage, inwieweit die politischen Krisenbewältigungsstrategien im Zuge von Covid-19 zu einer Annäherung zwischen Sinn Féin und der DUP geführt haben, mit zu erwartenden positiven und nachhaltigen Effekten auf die Regierungsführung und Friedenskonsolidierung, oder ob die ideologischen und machtpolitischen Gräben zwischen den beiden Seiten weiter ungemindert bestehen. Vieles deutet darauf hin, dass die grundlegenden Differenzen zwischen der DUP und Sinn Féin durch die vordringliche Notwendigkeit eines gemeinsamen Krisenmanagements lediglich temporär überlagert wurden. Denn

21 Nordirland wies auch die niedrigsten Infektions- und Mortalitätsraten des gesamten UK auf. Vgl. Mapping coronavirus in Northern Ireland: Confirmed cases in your council area, in: Belfast Telegraph Online, 10.8.2020, http://www.belfasttelegraph.co.uk/news/health/coronavirus/mapping-coronavirus-in-northern-ireland-confirmed-cases-in-your-council-area-39081262.html (11.8.2020)

22 Vgl. Northern Ireland Department of Health (NI DoH), Covid-19 in Northern Ireland, Coronavirus related health inequalities, Report, 17.6.2020, in NI DoH Online, http://www.health-ni.gov.uk/sites/default/files/publications/health/Coronavirus-related-health-inequalities-report.pdf (11.8.2020)

23 Vgl. Northern Ireland Statistical Research Agency (NISRA), Covid-19 Related Deaths in Northern Ireland: Deaths Occurring During March to May 2020, Statistical bulletin, 17.6.2020, in: NISRA Online, http://www.nisra.gov.uk/sites/nisra.gov.uk/files/publications/Covid-19 Deaths Bulletin 1 March-31 May 2020.pdf (11.8.2020)

kaum war die größte Gefahr der Pandemie durch den Lockdown und weitere Maßnahmen einigermaßen gebannt, erwies sich der politische Schulterschluss als brüchig. Ein entschlossenes politisches Handeln war damit in Frage gestellt und eine Regierungskrise die Folge. Wie sich aus den Statistiken rund um Covid-19 in Nordirland bislang ablesen lässt, wurden die Bewohner*innen der Schnittstellengebiete gesundheitlich und sozio-ökonomisch am härtesten durch die Pandemie getroffen. Demnach sind Armut sowie bestehende Ungleichheiten im Gesundheitssystem und am Arbeitsmarkt durch die Krise bestätigt und verschärft worden. Zudem kamen konkrete Maßnahmen zur Konsolidierung des Friedensprozesses in den Schnittstellengebieten wie die von vielen Bewohner*innen gewünschte Entfernung der Friedensmauern aufgrund der Pandemie völlig zum Stillstand. Wie sich die Beziehungen zwischen den katholisch-nationalistischen und protestantisch-unionistischen Gemeinschaften weiter entwickeln, ist somit aus heutiger Sicht weiterhin ungewiss. Dies hängt neben der weiter schwelenden Coronakrise vor allem vom Ausgang der noch bis Ende des Jahres dauernden Post-Brexit-Verhandlungen über den Sonderstatus Nordirland und der damit verbundenen irischen Grenzfrage ab. Folglich lassen sich weiterhin nur Mutmaßungen darüber anstellen, wann und ob es überhaupt zu dem gesellschaftlichen und politischen Wandel kommt, der nötig ist, dass die Mauern vor Ort und in den Köpfen bei beiden Seiten fallen.[24]

24 Ich möchte mich ganz herzlich bei Patrizia Gruber und Wolfgang Gombocz für die wertvollen inhaltlichen Anregungen und inspirativen Diskussionen sowie für das hervorragende Korrektorat bedanken.

Türkische Antworten auf die Coronakrise

Von Ismail Küpeli und Nelli Tügel

Während generelle Unterstellungen, dass die Regierung bewusst Ausnahmesituationen wie jene um die Coronakrise erzeuge, mit der Gesundheit der eigenen Bevölkerung spiele und Regierungserklärungen grundsätzlich zu misstrauen sei, in manchen Gegenden der Welt als Verschwörungstheorie abgetan werden können, hat eine solche Haltung in der Türkei angesichts der bald hundertjährigen Geschichte des Landes durchaus eine Berechtigung.

Der 1923 autoritär geschaffene Staat hat immer wieder auf überzeichnete, inszenierte oder gar frei erfundene Krisen zurückgegriffen, um sich mehr Macht anzueignen und die Gesellschaft weiter repressiv zu beherrschen. So nutzte die Staatsführung um Mustafa Kemal «Atatürk» bereits zwei Jahre nach Gründung der Türkischen Republik eine regional begrenzte kurdische Rebellion, um dieses Ereignis als «Konterrevolution» zu deklarieren, einen Ausnahmezustand auszurufen, und darüber die Ausschaltung der gesamten Opposition, aller unabhängigen Medien ebenso zu legitimieren wie eine umfassende Vernichtungsoperation in den kurdischen Gebieten mit etwa 15.000 Todesopfern. Auch in den Jahrzehnten danach wurden immer wieder begrenzte Ereignisse zu existentiellen Bedrohungen des Staates hochgeschrieben, um darüber autoritäre und repressive Krisenpolitiken sowie Gewaltmaßnahmen zu legitimieren.

Auch die Geschichte der staatlichen Wissensproduktion gibt wenig Gründe, sich auf Äußerungen und Erklärungen des Staates zu verlassen. Seit den 1930er-Jahren produziert dieser Ideologiegebilde wie etwa die «Türkische Geschichtsthese», derzufolge alle Zivilisationen der Welt von einer urzeitlichen türkischen Zivilisation in Zentralasien stammen, und die «Sonnensprachtheorie», wonach alle Sprachen der Welt aus dem Türkischen stammen. Ebenso realitätsfern waren und sind Versuche, die bloße Existenz der nicht-türkischen Bevölkerungsgruppen in der Türkei zu negieren, indem etwa Kurd*innen zu «Bergtürken» erklärt wurden. In den staatlichen Äußerungen lassen sich immer wieder absurde Behauptungen und offene Lügen entdecken – und dies seit vielen Jahrzehnten. Diese Geschichte des Landes prägte dann auch die Bearbeitung der Coronakrise ab März 2020, im Zuge derer politische Machtspiele, eine staatliche Leugnungspolitik und ein Missbrauch der Krise, um gegen politische Gegner vorzugehen, festgestellt werden können.

Abkehr von der Verleugnung und ungleiche Krisenfolgen

Einen Vorgeschmack der Machtkämpfe innerhalb des Regimes im Zusammenhang mit der Coronakrise bot der kurzzeitige Rücktritt von Innenminister Süleyman Soylu. Am 10. April 2020 hatte Soylu kurzfristig angekündigt, dass ab Mitternacht in 31 Städten des Landes – also für den Großteil der Bevölkerung – eine 48-stündige Ausgangssperre gelte. Dies geschah ohne vorherige Ankündigung oder Rücksprache, etwa mit den Bürgermeistern der kemalistischen Oppositionspartei CHP, die in Ankara, İzmir und İstanbul regieren. Es folgten Panikkäufe: Hunderttausende Menschen strömten in Supermärkte und zu den Kiosken, um Lebensmittelvorräte anzulegen. Bilder und Videos dicht gedrängter Menschenmassen ließen befürchten, dass sich das Virus dort erst recht ausgebreitet hatte. Am 12. April 2020 verkündete Innenminister Soylu seinen Rücktritt. Er übernahm die Verantwortung für die dilettantisch ausgeführte Ausgangssperre und bat Staatspräsident Recep Tayyip Erdoğan um Vergebung. Dieser aber akzeptierte den Rücktritt nicht – eine Stärkung für Soylus Position, der selbst für AKP-Verhältnisse ein Hardliner ist und dem Ambitionen auf Erdoğans Erbe als Präsident nachgesagt werden. Sein größter Konkurrent ist hierbei der Schwiegersohn des Präsidenten und Finanzminister Berat Albayrak, der – nach der Rochade rund um die Ausgangssperre und den nicht vollzogenen Rücktritt Soylus – ins Hintertreffen geraten sein könnte. Während die Opferzahlen der an Covid-19 Verstorbenen in der Türkei stiegen, gab es also früh auch erste Corona-Profiteure.

Wenige Wochen vor diesen Ereignissen, Anfang März noch, galt die Türkei, anders als andere Staaten der Region, als Corona-frei. Während viele Oppositionelle wohl zu Recht vermuteten, die türkische Regierung leugne schlicht und ergreifend die Ausbreitung und Gefahr der Krankheit, wurde im türkischen Fernsehen ernsthaft darüber debattiert, ob ein «Türken-Gen» vor Corona schütze. Der Ort des ersten bestätigten Coronafalls in der Türkei wurde noch regierungsamtlich geheim gehalten. Mitte März 2020 folgte die 180-Grad-Wende: Schulen und Universitäten wurden geschlossen; tausende Mekka-Rückkehrer*innen wurden in eilends freigeräumte Studentenwohnheime unter Quarantäne gestellt. Bald darauf folgten Ausgangssperren für Menschen über 65 Jahren, dann Ausgangsverbote für unter 20-Jährige sowie Mundschutzpflicht in Supermärkten und im öffentlichen Nahverkehr.

Wie überall auf der Welt haben solche Maßnahmen auch in der Türkei sehr unterschiedliche Folgen, da sie auf eine sozial gespaltene Klassengesellschaft treffen. Die unabhängige linke Gewerkschaft DİSK etwa wies darauf hin, dass die Ausgangsverbote für Menschen, die älter als 65 und jünger als 20 Jahre alt sind, 2,2 Millionen Beschäftigte betrafen, die wesentliche Beiträge zur Ernährung ihrer Familien leisteten. DİSK forderte schon früh kostenlose und flächendeckende Coronatests für lohnabhängig Beschäftigte. Auch die Türkische Ärztevereinigung TTB forderte, die Zahl der Tests stark zu erhöhen. Denn im Vergleich zu anderen Staaten wurde in der Türkei auch nach der Wende von der Leugnung zur Krankheit zu ihrer Bekämpfung nur wenig getestet – insgesamt waren es vom 10. März bis 16. April 2020 nur etwa 500.000 Menschen. In Deutschland mit einer fast identischen Bevölkerungszahl waren es Anfang April 100.000 Coronatests am Tag.

Einst hatte die Reform des Gesundheitswesens Mitte der 2000er-Jahre der regierenden AKP große Unterstützung eingebracht. Im Prinzip wurde damals eine allgemeine Gesundheitsversicherung für alle eingeführt, doch das System wurde nie richtig ausfinanziert und es wurden vor allem nie ausreichende Kapazitäten aufgebaut. Neben den staatlichen Krankenhäusern gibt es in der Türkei schon seit jeher für diejenigen, die es sich leisten können, ein System profitorientierter privater Krankenhäuser in den Großstädten, darunter auch «Alman Hastanesi» und «Amerikan Hastanesi», also «deutsche» oder «amerikanische» Privatkliniken und einige große Klinikketten. Im März wurden diese Kliniken im ganzen Land dazu verpflichtet, Corona-Patient*innen kostenlos zu behandeln.

«Türken helfen Türken»

Auch in der Türkei setzte sich als oberste Prämisse der Corona-Strategie durch – nachdem das Leugnen der Anfangsphase aufgegeben worden war –, dass die Krankheit einzudämmen sei, ohne dabei «die Wirtschaft» allzu sehr zu strapazieren. Sprich: ohne dabei Profite zu gefährden. Sehr deutlich zeigte sich diese Strategie darin, dass für die wichtigsten Alterskohorten der Lohnabhängigen keine allgemeinen Ausgangssperren verhängt wurden – mit Ausnahme der freien Wochenenden und Feiertage. Bülent Nazım Yılmaz, der Generalsekretär des TTB, forderte hingegen Anfang April im Interview mit der *Süddeutschen Zeitung* die «Beschränkung jeder gesellschaftlichen Mobilität». In der Wirtschaft müsse «jede unnötige Produktion gestoppt werden», so Yılmaz. Auch von Gewerkschaftsseite kam früh der Ruf danach, jede nicht lebensnotwendige Produktion einzustellen – gehört wurden diese Rufe nicht. Die Eindämmung des Virus wurde über die Einschränkung nicht der Produktion, sondern des öffentlichen und gesellschaftlichen Lebens sowie strenge Ausgangssperren vollzogen, die seit Ende Mai schrittweise wieder aufgehoben wurden, auch mit Blick auf die beginnende Tourismussaison.

Neben den Arbeitsplätzen drohten in der Türkei die – nach mehreren Wellen der Massenverhaftungen seit dem gescheiterten Putschversuch vom Juli 2016 übervollen – Haftanstalten des Landes besonders gefährdete Orte in Sachen Coronavirus zu werden. Vor dem Hintergrund der Pandemie brachte die Regierung Mitte April 2020 daher ein Amnestiegesetz durch das Parlament, auf dessen Grundlage 90.000 Häftlinge die Gefängnisse verlassen können – darunter Mörder und Vergewaltiger. Explizit ausgenommen davon blieben die vielen politischen Gefangenen, die das Regime gemacht hat: oppositionelle, gewählte Bürgermeister*innen der kurdisch-türkischen Linkspartei HDP, Journalist*innen, Anwält*innen, Studierende, Gewerkschafter*innen und viele andere. Ende Mai gab es im Gefängniskomplex Silivri bei İstanbul einen ersten Covid-19-Toten. Mitte September mehrten sich von der Regierung verschwiegene Todesfälle in den Gefängnissen des Landes, wie etwa die oppositionelle Zeitung Evrensel berichtete.

Dass politische Gefangene explizit keine Amnestie erfuhren, ist leider wenig überraschend und sorgte für Empörung, auch international. Ohne Folgen allerdings, im Gegenteil: Im Mai setzte die AKP schließlich ihre seit 2016 etablierte Praxis fort, gewählte Bürgermeister*innen der HDP im Südosten des Landes durch regierungskonforme Statthalter zu ersetzen – zum Teil unter Verweis auf die staatliche Bekämpfung der Coronapandemie. Im Juni folgte die Aberkennung der Immunität von zwei der HDP-Abgeordneten im nationalen Parlament – und am 15. Juni eine neue Militäroffensive im Irak, wo unter dem Vorwand der Bekämpfung des «Terrorismus» (gemeint ist die Kurdische Arbeiterpartei PKK) unter anderem Überlebende des IS-Genozids an den Jesid*innen in Sindschar und das Camp Mexmûr, in dem 12.000 Geflüchtete leben, bombardiert wurden. Trotz der globalen Pandemie setzte die AKP-Regierung hier unbeirrt ihren seit 2015 wieder aufgenommenen und seither beständig intensivierten Mehrfrontenkrieg gegen die kurdische Bewegung fort – oder besser gesagt: gerade auch wegen der Pandemie. Denn deren Bewältigung bescherte der AKP zwischenzeitlich schlechte Umfragewerte und das Rezept, in genau solchen Momenten neue Militäroperationen zu starten, hat Erdoğan bereits mehrfach eingesetzt.

Wie immer während der zahlreichen Krisen und Ausnahmezustände in den vergangenen Jahren artikulierten sich auch im Zusammenhang mit der Coronakrise Hoffnungen, aber werden diese am Ende zu einer Schwächung der türkischen Regierung führen? Der Politologe Hamit Bozarslan hatte schon 2018 in einem Interview herausgearbeitet, wie das Regime sich gerade durch die Schaffung immer neuer Krisen reproduziert und am Leben hält. In den Wochen vor der Pandemie zeigte sich dies abermals in der militärischen Zuspitzung im syrischen Idlib Ende Februar und der vorsätzlich herbeigeführten (und durch die EU-Weigerung, die Grenzen zu öffnen, ermöglichten) Eskalation an der türkisch-griechischen Grenze. Max Zirngast sprach im Juni 2019 angesichts der vielen Wahlen, Neuwahlen und Abstimmungen der vergangenen Jahre von einem Modus des permanenten, als ständige Entscheidungssituation inszenierten Wahlkampfes, den er als Ausdruck einer tiefen Hegemoniekrise beschrieb. Seit den Gezi-Protesten 2013, spätestens aber seit den Wahlen vom Juni 2015, als die Linkspartei HDP erstmals ins Parlament einzog und die AKP ihre absolute Mehrheit einbüßte, ist das Land quasi im ständigen Eskalations- und Ausnahmezustand. Das Ende des Friedensprozesses mit der PKK, Neuwahlen, die brachiale Einführung des Präsidialsystems, Kriege, Massenentlassungen im Öffentlichen Dienst und Massenverhaftungen nach dem gescheiterten Putschversuch vom Juli 2016, die extreme Unterdrückung der HDP und ihrer gewählten Abgeordneten sowie Bürgermeister*innen: All das griff in den vergangenen fünf Jahren ineinander und formte eine Regierungspolitik, die immer mehr Macht in den Händen des Präsidenten konzentrierte und die Gewaltenteilung effektiv aufhob. Oft ist das Regime Erdoğans gestärkt aus den hausgemachten und vorsätzlich aufgepeitschten Katastrophenszenarien hervorgegangen.

Und auch im Zuge der Coronapandemie versuchte die Regierung, ihre Basis durch nationalistische Gefühle zu mobilisieren: Unter dem Motto «Biz Bize Yeteriz Türkiyem» («Wir reichen uns selbst/ helfen uns selbst, meine Türkei») begann die Regierung Ende März eine staatliche Spendenkampagne, um den Haushalt für die Herausforderungen der Corona-Bekämpfung aufzustocken. Bis Mitte April sind 1,7 Milliarden Türkische Lira (226 Millionen Euro) eingegangen. Zu den Großspendern gehören u.a. Banken und Unternehmen. Aber auch durch SMS-Klein-Spenden von Bürger*innen kamen rund 7,5 Millionen Euro zusammen. Zumindest kurzfristig konnte so durchaus effektiv ein der Regierung nützlicher Nationalismus («Türken helfen Türken») belebt werden.

Welch absurde Folgen die seit Juni 2016 praktizierten Säuberungen des Öffentlichen Dienstes, der Gerichte und Universitäten hatten, zeigt unterdessen der Fall von Mustafa Ulaşlı: Der Genforscher ist der einzige Spezialist für Coronaviren in der Türkei, der zu diesem Thema forschte – 2017 war er unter dem damals herrschenden Ausnahmezustand per Dekret entlassen worden. Davon wiederum erfährt in der Türkei angesichts der weitgehend gleichgeschalteten und direkt oder indirekt staatlich kontrollierten Medien kaum jemand etwas.

Nach der Krise ist vor der Krise

Auch wenn Geschichte sich nicht wiederholt, lohnt ein Blick in die früheren Krisenzeiten der Türkei. Die verschiedenen türkischen Regierungen haben die überzeichneten, inszenierten oder frei erfundenen Krisen zwar dazu nutzen können, autoritäre Maßnahmen durchzusetzen und die gesellschaftlichen Kräfte repressiv niederzuhalten. Aber sie haben es nicht geschafft, die grundlegenden Konflikte zu überwinden oder zu lösen. Dies gilt sowohl für den sogenannten «Kurdenkonflikt», der seit Gründung der Türkei schwillt, als auch für die Dauerkrise im politischen System, in der der Wunsch der marginalisierten Bevölkerungsgruppen nach mehr Freiheiten und Demokratie immer wieder unterdrückt wird. An dieser «Front» ist die AKP-Regierung nicht weiter vorangekommen als ihre Vorgängerinnen und setzt wie fast alle Regierungen zuvor auf Nationalismus und staatliche Repression. Es ist davon auszugehen, dass diese «bewährte» Strategie wie zuvor in der türkischen Geschichte kurzfristig erfolgreich sein wird – etwa im Sinne des Machterhalts der AKP. Allerdings bleiben die Krisenursachen dadurch ungelöst.

Das Problem verstärkt sich auch dadurch, dass die Coronakrise eine materielle Seite hat, die sich kaum politisch umdeklarieren lässt: Anders als in anderen Krisen kann die Regierung nicht darauf setzen, dass das Gegenüber sich durch politische Machtspiele ausmanövrieren lässt. Anders gesagt: Das Coronavirus gleicht weder der Oppositionspartei CHP, die sich durch nationalistische Appelle in eine Ecke drängen lässt, noch gleicht es der Europäischen Union, die im Zweifelsfall bereit ist, Milliardenzahlungen zu bewilligen, solange die türkische Regierung ihre Interessen vertritt. Die türkische Regierung muss, wenn sie die Corona-Ausbreitung tatsächlich langfristig eindämmen will, auf echte politische Maßnahmen zurückgreifen, die weder der Regierung nützen, noch bei der eigenen Anhängerschaft gut ankommen dürften.

Die USA in Zeiten von Corona: Erzählungen von Freiheit, institutionalisierter Rassismus und ein gescheiterter Gesellschaftsvertrag

Von Verena Stern[1]

Die Pandemie traf die USA im Vergleich zu vielen anderen Ländern besonders hart. Anfang Juli 2020 verzeichneten sie mit mehr als drei Millionen Infizierten 25% der weltweiten Erkrankungen.[2] Die Zahl bezeugt dabei aber lediglich die getesteten und damit bestätigten Fälle – die offizielle Gesundheitsbehörde CDC (Center of Disease Control) schätzt die Dunkelziffer um ein Vielfaches höher. Dennoch gab es in kaum einem Land einen so polarisierten Zugang zum Umgang mit Covid-19. Der Graben zog sich dabei relativ deutlich entlang von Partei-Zugehörigkeiten. Während sich auf der einen Seite Demokrat*innen vehement für eine aktive Bekämpfung des Virus in Form von vermehrten Tests, dem Tragen eines Mund-Nasen-Schutzes und der Schließung öffentlicher Veranstaltungen und Lokale aussprachen, zeigten sich der US-Präsident und republikanische Gouverneure auf der anderen Seite deutlich zurückhaltender.[3] Sie zeichneten sich durch Verharmlosung und Inaktivität in Zeiten der Pandemie aus, wie beispielsweise Floridas Gouverneur Ron DeSantis, der – ähnlich wie der Präsident – auch bei einem noch so hohen Anstieg von Fallzahlen davon spricht, dass sich die Lage bereits wieder entspannt und weitere Maßnahmen übertrieben seien.

Manche Teile der Bevölkerung stimmten dem durchaus zu. Dabei wurde auch immer wieder auf den Begriff der Freiheit verwiesen – die Freiheit, keine Masken zu tragen, auf größere Zusammenkünfte nicht zu verzichten oder keinen ausreichenden Abstand zu anderen zu halten. Aber auch die Freiheit, die Wirtschaft wieder zum Laufen zu bringen, Geschäfte zu öffnen und den gewohnten Alltag wiederherzustellen. Doch wessen Freiheit wird hier eigentlich verhandelt? Wer wird mit der Erzählung der amerikanischen Errungenschaft von Freiheit angesprochen? Der folgende Beitrag skizziert die Entwicklungen in den USA mit und

1 Die Autorin bedankt sich bei Matthias Falter für die wertvollen Kommentare.

2 Vgl. dazu die Sammlung von Avi Schiffmann, einem 17-jährigen Amerikaner, der im Jänner 2020 eine Webseite programmierte, die seitdem Covid-19-Neuerkrankungen und Todesfälle weltweit verzeichnet: https://ncov2019.live/ (7.7.2020)

3 Im föderalen System der USA spielten Gouverneur*innen durchaus eine bedeutende Rolle, da Weisungen und (Gesundheits-)Maßnahmen den Bundesstaaten obliegen.

während Covid-19, diskutiert Freiheitsnarrative, die Rolle von Rassismus und einen unerfüllten Gesellschaftsvertrag.

Life

Diese Krise ist eine Krise der Gesundheit. Die Coronakrise traf mit den USA auf ein Land, das sich durch ein ungleiches, schlecht ausgestattetes Gesundheitssystem kennzeichnet. Dieses war nicht, wie in vielen Ländern Europas, zunächst ein solidarisches und sozialstaatliches Projekt, das nach und nach kaputtgespart wurde, sondern baute auf Ungleichheiten in Behandlungsmöglichkeiten, -kapazitäten und -kosten für Erkrankte auf. Krankenhäuser verfügen nicht über genügend Mittel, um allen Patient*innen Betten und die notwendige Versorgung zukommen zu lassen. Dazu kam eine Regierung, die es nicht zum Ziel hatte, die Verbreitung des Virus anzuerkennen und einzudämmen. So kritisierte beispielsweise New Yorks Gouverneur Andrew Cuomo den Präsidenten dafür, seinem Bundesstaat nicht die benötigte Ausrüstung an Schutzkleidung und medizinischen Geräten zukommen zu lassen. Denn dem Personal in den Spitälern ging die Schutzkleidung aus: um weiter helfen zu können musste bereits benutzte mehrmals wiederverwendet oder auch privates Sport-Equipment wie Skibrillen zum Viren-Schutz umfunktioniert werden.

Die rasante Ausbreitung der Pandemie über die gesamten USA binnen weniger Wochen war daher absehbar. Der erste Fall wurde im Jänner im Bundesstaat Washington registriert, zwei Monate später waren bereits alle Bundesstaaten betroffen. Die erste große Welle, die zu einer massiven Überforderung des ohnehin kränkelnden Gesundheitssystems führte, fand im März in New York City statt, als die Stadt von einem Ausbruchsherd mehr oder weniger unvorbereitet getroffen wurde. Alles, was als nicht-essentiell für New Yorker*innen galt, wurde heruntergefahren – sogar die nicht immer zuverlässige aber doch immer fahrende Subway. Die Navy stellte ein Spitals-Schiff bereit und vor den Krankenhäusern parkten Kühltransporter zur Aufbewahrung der Toten, da die Leichenhäuser überfüllt und die Bestatter überlastet waren. In der Stadt, die niemals schläft, herrschte Geisterstimmung wegen der ungewohnt leeren Straßen und der Omnipräsenz des Virus. Durch drastische Maßnahmen und Einschränkungen im täglichen Leben sowie Testungen auf das Virus konnte der unmittelbare Ausbruch letztlich eingedämmt werden, und die Zahl der Neuerkrankungen ging langsam zurück. Mittlerweile folgte jedoch bereits eine zweite Welle im Süden und Westen der USA. So wurde über das Independence Day-Wochenende Anfang Juli ein enormer Anstieg von fast 150.000 Neuerkrankungen verzeichnet. Zeitgleich betonte Präsident Trump bei einer Rede, dass es sich bei fast allen Covid-19-Erkrankungen ohnehin um milde Verläufe handle und keine Not geboten sei.

Liberty

Diese Krise ist eine Krise der Demokratie. Seit Mitte der 2010er-Jahre ist ein deutlicher Zuspruch für rechtskonservative und rechtspopulistische Kandidat*innen evident geworden. Die Wahlerfolge sind mitunter durch polarisierte Debatten um Migration und Nationalismus zu erklären, darunter auch die Wahl von Donald Trump anstelle von Hillary Clinton zum Präsidenten der USA. Mit diesen Debatten ging das Festhalten an *weißen* Privilegien einher, und Trump garantierte mehr als jede*r andere für diese einzutreten. Ein Präsident, der einer Pandemie – und in deren Folge 130.000 Todesopfern – mit Verharmlosung und Wissenschaftsfeindlichkeit gegenübertrat und Ratschläge erteilte, wonach beispielsweise das Trinken von Bleichmitteln vor einer Ansteckung mit dem Corona-Virus schützen soll. Das Infrage-Stellen von Wissenschaft und der ständige Verweis auf «alternative Realitäten» sind auch Angebote an die Rechte in den USA, die in Trump einen Vertreter ihrer Ideale sehen.

Ähnlich wie Trump schwankt die (extreme) Rechte in ihrer Rezeption der Pandemie zwischen Leugnung, dass es das Virus mit seinen ernsthaften Auswirkungen tatsächlich gibt, und Verschwörungsmythen, wonach das Virus von ausländischen Mächten dazu eingesetzt wird, um die eigene Bevölkerung zu schwächen.[4] So sprachen Trump und einige Vertreter seiner Republikanischen Partei immer wieder vom «China-Virus» oder der «Kung-Flu». In diesem Kontext wird also ein Freiheitsnarrativ bemüht, welches die USA in einem Freiheitskampf um Unabhängigkeit zeichnet, aktuell von den Verbindungen zu China und das sowohl bezogen auf das Virus als auch auf wirtschaftliche Beziehungen.

Das Freiheitsnarrativ ist stark mit ökonomischen Idealen und Normen verbunden. So gab der texanische Lieutenant Gouvernor Dan Patrick in einem Interview mit dem Nachrichtensender Fox zu Protokoll, dass die Toten natürlich zu beklagen seien, «alte Menschen» aber eher sterben würden als der Wirtschaft und damit dem Land beim Sterben zuzusehen. Dieser sozialdarwinistische Zugang entspricht ebenso Ansätzen aus der Rechten: Jene, die alt und schwach

4 Teile der extremen Rechten gehen noch weiter und bieten eine dritte Option, nämlich das Virus zu «nützen» und im Falle einer Erkrankung an Covid-19 andere – bspw. politische Gegner*innen oder Juden und Jüdinnen – damit anzustecken.

sind, würden vom Virus zwar getroffen, aber somit blieben die Starken zurück, die wichtig für das Land sind.

Ein weiteres Freiheitsnarrativ zeigte sich in den Protesten gegen den vorübergehenden Lockdown einiger Bundesstaaten in den USA, welcher als Maßnahme gegen die Verbreitung des Virus eingesetzt wurde. Bei den Protestierenden handelte es sich um eine Mischung aus (extrem) Rechten, Konservativen und Impfgegner*innen. Als Motive finden sich Sorge um die wirtschaftliche Situation, Unmut gegen Hygienemaßnahmen oder «Wachsamkeit» gegenüber staatlicher Autorität und «schwindender» Grundrechte. Anti-Lockdown-Proteste fanden im halben Land statt, der größte davon Mitte April in Michigan – Protestierende sahen ihre Freiheitsrechte durch die Maßnahmen der demokratischen Gouverneurin Gretchen Whitmer eingeschränkt. Ende April und Mitte Mai folgten dort weitere Proteste, organisiert durch die Gruppe Michigan United for Liberty, bei denen unter anderem bewaffnete Protestierende das Kapitol in Michigan stürmten. Proteste unter dem Freiheits-Motto fanden auch in anderen Bundesstaaten statt, beispielsweise Minnesota oder Illinois.

Besonders das Tragen eines Mund-Nasen-Schutzes wurde zum Politikum. Das Land teilte sich in jene, die im Namen der persönlichen Freiheit einem «Maskenzwang» trotzten und andere, die unter Berufung auf Solidarität dazu aufriefen. Donald Trump interpretierte das Tragen von Masken als Stellungnahme gegen ihn – und trug somit maßgeblich zur Spaltung in der Maskenfrage bei. Befürworter*innen wiederum waren unter anderem viele Demokrat*innen und (Hollywood-)Celebrities. Auch die WHO, die CDC und der mittlerweile über die USA hinaus bekannt gewordene Dr. Anthony Fauci, der das National Institute of Allergy and Infectious Diseases leitet, empfahlen das Tragen von Masken. In diesem Zusammenhang entschlossen sich auch zahlreiche Geschäfte, nur Personen einzulassen, die einen Nasen-Mund-Schutz tragen. Dies führte zu Konflikten mit einzelnen Kund*innen, die darauf bestanden, ihren Einkauf ohne Maske zu erledigen; in manchen dieser Konflikte, wie jenem in Flint, Michigan, wurde gar Waffengewalt eingesetzt, um diese vermeintliche persönliche Freiheit zu verteidigen. Mitunter gab es auch Geschäfte, die ihren Mitarbeiter*innen wiederum verboten, Kund*innen mit getragener Maske einzulassen – in diesem Sinne wurden die oben genannten Anti-Lockdown-Proteste ausgeweitet.

Im *land of the free* werden im Zweifel auch bei Wahlen und Wahlkampfveranstaltungen, wie zuletzt von Donald Trump in Tulsa, Oklahoma, gesundheitliche Überlegungen hintangestellt. Doch auch demokratische Vorwahlen mussten durchgeführt werden, weil ein republikanisch-dominiertes Gericht gegen eine Verschiebung der Wahlen geurteilt hatte. So fanden diese teilweise in der Hochphase der Pandemie statt, wie im April in Wisconsin. Und auch die große

Präsidentschaftswahl wird am 3. November wohl auf jeden Fall stattfinden, unabhängig davon, wie sich die Pandemie bis dahin entwickelt. Sowohl die physische Wahl als auch die Option der Briefwahl, die aktuell durch umstrittene Kürzungen des United States Postal Service erschwert wird, sind nicht auf eine solche Situation ausgelegt. Somit bringt das Virus direkte Auswirkungen auf die Demokratie mit sich, indem der Zugang zu Wahlen – neben ohnehin schon bestehenden (rassistischen und klassistischen) Hürden wie *voter suppression*[5] oder *gerrymandering*[6] – erschwert wird.

And the Pursuit of Happiness[7]

Diese Krise ist eine Krise der sozialen Verhältnisse. Die These, dass Corona der große Gleichmacher sei, da das Virus alle treffen könne, egal ob arm oder reich, jung oder alt, stimmt nur bedingt. Erstens hat es junge Menschen weit weniger betroffen als alte, und zweitens zeigt sich bei genauerer Betrachtung eine große Diskrepanz. So konnte die *New York Times* auf Grundlage von Daten der CDC feststellen, dass das Virus strukturellen Rassismus noch verstärkt und verdeut-

5 Voter suppression beschreibt folgende drei Phänomene, die bei Wahlen in den USA immer wieder vorkommen, nämlich dass 1) Menschen verwehrt wird, sich (wie in den USA notwendig) zu registrieren oder dass sie wieder von der Liste genommen werden, 2) die Stimme nicht abgegeben werden kann und 3) die Stimme nicht gezählt wird (so gibt es immer wieder Vorwürfe, dass etwa manche Briefwahlstimmen nicht gezählt würden). Beispielsweise veranschaulicht Wisconsin die Schwierigkeit mancher Auflagen für einige Menschen: So benötigen dort wahlberechtigte Personen zur Stimmabgabe einen Geburtsnachweis – diesen besitzen aber nicht alle Schwarzen Menschen, die während der Zeit der Segregation geboren wurden, da es ihnen nicht erlaubt war, in *weißen* Spitälern zur Welt zu kommen. Ein weiteres Beispiel sind Straftäter*innen, die in fast allen Bundesstaaten (übrigens auch noch Jahre nach ihrer Inhaftierung) nicht wahlberechtigt sind. Es sind besonders die Stimmen Schwarzer Menschen, die damit entfallen, da diese überproportional in Gefängnissen sitzen. Stacey Abrams, die sich für ein Ende der voter suppression einsetzt – und die aktuell als mögliche Kandidatin für das Amt der Vizepräsidentin gehandelt wird – spricht bei voter suppression nicht von einzelnen Problemstellen, sondern von einem ganzen Netzwerk systemischer Mechanismen zur rassistischen (und klassisistischen) Unterdrückung von Stimmen.

6 Gerrymandering bezeichnet die manipulative Grenzziehung von Wahlkreisen zugunsten besserer Wahlerfolgschancen einer Partei. In den USA ist dies aufgrund des Zwei-Parteien-Systems und des absoluten Wahlsieges, gemessen in Wahlmännern anstelle eines prozentualen Wertes, möglich. So gewinnt den gesamten Wahlkreis jene Partei, die die meisten Stimmen erhält – die unterlegene Partei geht leer aus («winner takes it all»).

7 «Life, Liberty and the pursuit of Happiness» entstammt der Freiheitserklärung der Vereinigten Staaten und benennt drei unumstößliche Rechte, geltend für alle Bürger*innen. Die Aufgabe der Politik sei es, diese Rechte zu schützen.

licht: Im Vergleich zu *weißen* sind Schwarze Menschen und Latinx[8] demnach dreimal so wahrscheinlich von einer Infektion betroffen und sterben beinahe doppelt so oft daran.[9] Das erhöhte Infektionsrisiko liegt auch daran, dass besonders Latinx und Schwarze Menschen in essenziellen Jobs, die sich in der Pandemie als Frontlinie erwiesen, arbeiten (und nicht geschützt im Homeoffice). Dazu kommt die Notwendigkeit der Nutzung des öffentlichen Verkehrs. Expert*innen im Gesundheitswesen haben jedoch auch darauf hingewiesen, dass die gesundheitliche Versorgung bereits vor der Coronakrise strukturell-rassistische Disparitäten aufwies und besonders Schwarze Menschen nicht immer die Versorgung zugesprochen bekamen, die sie benötigten. Daher lagen mitunter Vorerkrankungen vor, wodurch eine Infektion mit Covid-19 eher ein tödliches Ende nahm als bei konstant besserem Zugang zur Gesundheitsversorgung.

In Krisen rücken ungleiche Zugänge, Gestaltungsmöglichkeiten und Handlungsspielräume noch mehr in den Fokus und werden evident. Vor diesem Hintergrund kann auch gesagt werden, dass dies im Ausnahmezustand der Pandemie zu einer Solidarisierung, vor allem von *Weißen*, mit den Black Lives Matter-Protesten nach George Floyds Ermordung beitrug.[10] Die Proteste sind Ausdruck, dass der Schutz des Staates nicht in gleichem Maße für alle gilt und der Gesellschaftsvertrag nur die Privilegien von *Weißen* schützt und verteidigt. Coronakrise und Polizei-Gewalt haben gezeigt, dass weder *life, liberty* noch *the pursuit of happiness* Teil der Realität für weite Teile der Gesellschaft ist. Ein gutes (Zusammen-)Leben wird durch berechtigtes Vertrauen in die Institutionen ermöglicht. Wenn der Staat nicht sicherstellt, dass die Gesundheitsversorgung für alle gleichermaßen und auch in Zeiten einer Pandemie gegeben ist, und die Polizei *weiße* Menschen schützt, aber Schwarze Menschen ermordet, wird der Gesellschaftsvertrag nicht erfüllt.

8 Der Begriff Latinx wird verwendet um nicht nur die Kategorien Latina und Latino, sondern auch nicht-binäre bzw. sich auf einem Spektrum befindende Geschlechtsidentitäten zu erfassen.

9 The New York Times (5.7.2020): The Fullest Look Yet at the Racial Inequity of Coronavirus, https://www.nytimes.com/interactive/2020/07/05/us/coronavirus-latinos-african-americans-cdc-data.html?smid=fb-nytimes&smtyp=cur&fbclid=IwAR0P83S-7vFphesd-Q1ZEn21tlkGn9IMN6XtWOwYv3OAFwrLyHQ6TnGUh-8 (7.7.2020)

10 Black Lives Matter gibt es bereits seit 2015, und auch (Polizei-)Gewalt an Schwarzen Menschen wurde durch Videoaufnahmen vor George Floyd sichtbar, dennoch entzündeten sich an diesem Fall und in dieser Zeit die längsten BLM-Proteste, getragen von einer breiten Allianz.

Wenn das Virus nicht das wichtigste ist

Der Kreml und die Coronakrise

Von Jutta Sommerbauer

Das Coronavirus durchkreuzte Wladimir Putins politische Agenda für das Jahr 2020. Die Machtabsicherung nach den Plänen des Kreml, die Verfassungsänderung, musste verschoben werden. Die Epidemie hat die Spielregeln in Putins Russland nicht grundlegend verändert. Bestimmte schon länger bestehende Entwicklungen wie wirtschaftliche Stagnation und Alterserscheinungen des Regimes wurden durch die Krise verstärkt. Die Krise offenbarte auch Misstrauen und Kommunikationsschwierigkeiten zwischen politischer Führung und BürgerInnen.

Russland ist eines der am stärksten von der Coronaepidemie betroffenen Länder weltweit. Der 145 Millionen Einwohner zählende Staat nahm im Frühling 2020 mehrere Wochen den zweiten Platz in der internationalen Fall-Statistik hinter den USA ein, bis er von Brasilien und Indien auf den vierten Platz verwiesen wurde. Im Juli erreichten die Covid-19-Fälle die Marke von 700.000.

Russland wurde von der Coronapandemie im Vergleich zu Westeuropa mit Zeitverzögerung heimgesucht. Dies gab den Behörden mehrere Wochen Vorsprung zur Vorbereitung auf die Pandemie. Dennoch weist das Land – im Pro-Kopf-Vergleich zu anderen Ländern – sehr hohe Fallzahlen auf.

Diese Situation ist Ergebnis der unentschiedenen Reaktion des Staatsapparats auf die Coronakrise. Die Antwort der russischen Bürokratie fiel zögerlich aus und war von Widersprüchen gekennzeichnet. Insbesondere Präsident Wladimir Putin war ein unwilliger Krisenmanager, während andere Einflusszentren innerhalb der staatlichen Strukturen eine entschiedenere Reaktion befürworteten. Hauptfragen dieses Artikels sind: Wie hat Russland auf die Coronapandemie reagiert? Hat die Gesundheitskrise zu Verschiebungen innerhalb des Machtgefüges geführt? Was sind die Folgen? Und wie hat sich in der Krise das Verhältnis von Staat und Gesellschaft dargestellt?

Chronologie der russischen Coronakrise

Die Reaktion des russischen Staates auf die Coronapandemie lässt sich in mehrere Etappen teilen. Nach dem Bekanntwerden des Ausbruchs in China galt die Virusinfektion zunächst als Problem des Auslands, die Russland nicht betraf. Medien berichteten vom «chinesischen Coronavirus» – als hätten Viren eine Nationalität oder würden vor Staatsgrenzen haltmachen.

Gleichwohl dürfte man sich der potenziellen Bedrohung bewusst gewesen sein: Schließlich verbindet Russland und China eine mehr als 4.000 Kilometer lange Grenze. Mit der Grenzschließung zu seinem Nachbarn, der Aussetzung von Flügen und schließlich einem Einreiseverbot für chinesische BürgerInnen versuchte man im Laufe des Februars zunächst eine Ausbreitung in Russland zu verhindern. Gleichzeitig achtete man auf eine partnerschaftliche und freundliche Rhetorik zum bevölkerungsreichen Nachbarn und Verbündeten.

Doch die Ausgangslage änderte sich schnell: Maßnahmen gegen AusländerInnen reichten nicht aus, um den Ausbruch der Epidemie in Russland zu verhindern. Mit den aus dem Winterurlaub in Europa zurückkehrenden russischen Bürgern verbreitete sich das Coronavirus im Laufe des Februars. Einzelne ultrakonservative Politiker wie Dumasprecher Wjatscheslaw Wolodin fühlten sich bemüßigt, die «Westler» zu rügen, die das Virus aus Italien, Frankreich oder der Schweiz «eingeschleppt» hätten. Doch für die PragmatikerInnen im Staatsapparat war spätestens jetzt klar, dass Russland die Epidemie nicht würde durchtauchen können.

Am 2. März wurde der erste im Land selbst ausgebrochene Infektionsfall gemeldet. In Moskau, wo die meisten RückkehrerInnen mit dem Flugzeug ankamen, versuchte man die Ausbreitung zu verhindern. UrlaubsrückkehrerInnen und einreisende AusländerInnen aus betroffenen Ländern wurden unter Quarantäne gestellt und ihre Kontakte rückverfolgt. Doch die Pandemie breitete sich in Russland aus. Am 19. März starb eine an Covid-19 erkrankte 79-jährige Frau. Sie gilt als erstes Opfer der Infektionskrankheit in Russland. Bis Ende März zählte man mehr als 1500 Fälle.

Auffällig ist, dass der Staatsapparat nur zögerlich reagierte. Im Februar und März besaßen die russischen Behörden einen entscheidenden Zeitvorteil gegenüber ihren europäischen KollegInnen, der weitgehend ungenutzt verstrich. In einem publik gewordenen Gespräch vom 24. März informierte der Moskauer Bürgermeister Präsident Wladimir Putin über die «ernste Situation» und den Umstand, dass die tatsächlichen Covid-19-Zahlen «weitaus höher» lägen als die offiziellen Zahlen. Tags darauf wandte sich der Staatschef in einer Fernsehansprache erstmals an das Volk und kündigte Beschränkungen (unter dem umstrittenen Motto «arbeitsfreie Zeit») und staatliche Hilfen für schwache und betroffene Gruppen an: Rentner erhielten eine Prämie fürs Zuhausesitzen, Familien bekamen mehr Kindergeld, die Arbeitslosenhilfe wurde aufgestockt und dem Krankenhauspersonal im Covid-19-Einsatz versprach der Kreml Boni. Doch generell stellte Moskau ein viel geringeres Unterstützungspaket als westliche Staaten zur Verfügung. Auch war die relative Sanftheit von Putins Rede augenfällig: Er verabsäumte es, die RussInnen vor dem Coronavirus mit entschlossenen Worten zu warnen.

Ende März folgten sodann entschiedenere Schritte: Die internationalen Grenzen wurden geschlossen und der Flugverkehr ausgesetzt. Kultur- und Freizeiteinrichtungen sowie Cafés, Restaurants und nicht lebensnotwendiger Einzelhandel mussten schließen. Die HauptstadtbewohnerInnen mussten zahlreiche strenge Ausgangsbeschränkungen befolgen, die später auf andere Regionen im Land ausgedehnt wurden. So durfte man das Haus nur für unerlässliche Fahrten zum Arbeitsplatz, für Lebensmitteleinkäufe, Arztbesuche, Müllausleeren sowie das Ausführen von Haustieren verlassen. Das bald darauf zusätzlich eingeführte elektronische Passierscheinsystem sollte weitere Bewegungen in der Stadt – vor allem im öffentlichen Verkehr, in Taxis und Privatautos – verringern. Eine Maskenpflicht auf den Straßen, im öffentlichen Verkehr und beim Einkaufen wurde erlassen. In der ersten Zeit hielten sich die Bürger an die strengen Regeln. Doch nach einigen Wochen wurden sie von der Bevölkerung nur noch in Teilen eingehalten und zudem von den Behörden nicht mehr streng kontrolliert.

Bereits Mitte Mai – auf dem Höhepunkt der Neuansteckungen in Moskau – erklärte Putin, dass das Schlimmste vorüber sei: Er beendete die «arbeitsfreie Zeit» und gab den Startschuss für die Wiederaufnahme der wirtschaftlichen Tätigkeit. Andere Beschränkungen waren noch bis zum 9. Juni in Kraft, als der Kreml-Chef die letzten Beschränkungen für beendet erklärte. Hintergrund war die auf Ende Juni verschobene Verfassungsabstimmung (siehe nächster Abschnitt), für die das Land geöffnet werden musste. Entsprechend den Vorgaben kehrte Mitte Juni auch die Hauptstadt fast vollständig zum normalen gesellschaftlichen Leben zurück – trotz täglicher Ansteckungszahlen von rund 1.500 Fällen und allgemein steigender Zahlen im Land.

Das Coronavirus durchkreuzt Putins Pläne

Nachfolgend sollen die widersprüchlichen Ansätze des Corona-Managements innerhalb des Machtapparats genauer betrachtet werden. Ein Grund für die verspätete und in Teilen halbherzige Reaktion der Behörden ist – wie oben bereits angedeutet – an der Staatsspitze zu suchen. Zugespitzt: Der Kreml hatte andere Prioritäten als die Bekämpfung des Virus. Gleichzeitig fürchtete er die negativen Folgen eines langen Lockdowns. Der Kreml kämpfte gegen die Zeit – und für seine eigene Zukunft.

Kreml-Chef Wladimir Putin hatte für die erste Jahreshälfte einen Plan gefasst, mit dem er seinen Verbleib an der Macht in den kommenden Jahren sichern wollte. Diese als «Verfassungsmanöver» betitelte Handlungsabfolge wurde im Jänner eingeleitet und bald darauf von der Coronakrise durchkreuzt. Putins Willen, das Manöver wie geplant durchzuziehen und sein Unwillen, das Ausmaß der Krise anzuerkennen, erklären das Lavieren der russischen Bürokratie.

Mitte Jänner entließ Putin das Kabinett des Ministerpräsidenten Dmitrij Medwedjew und forderte in einer öffentlichen Rede eine Erneuerung der Verfassung. Die Aktion stand im Zusammenhang mit dem drohenden Ende seiner zweiten (und gemäß geltender Verfassung letzten) Amtszeit 2024. Zunächst waren verschiedene Varianten, wie eine abermalige Verlängerung der Amtszeit – und damit Machterhalt – gesetzesgemäß und institutionell zu erreichen wären, im Gespräch. Letztendlich entschied man sich für folgenden Weg: Eine Duma-Abgeordnete schlug unter Berufung auf den Volkswillen eine «Annullierung» der bisherigen Amtszeit Putins vor.[1]

Das sollte dazu führen, dass Putin das Amt des Präsidenten theoretisch bis 2036 einnehmen kann. Die Abstimmung in der Duma ging im März über die Bühne. Der Kreml-Chef wollte die Verfassungsänderung zusätzlich durch eine (gesetzlich in diesem Zusammenhang nicht vorgesehene) Zustimmung durch das Volk legitimieren. Ursprünglich geplant für den 22. April, sollte darauf eine pompöse Militärparade am 9. Mai zum 75. Jubiläum des Sieges über den Nationalsozialismus folgen – ein aus Kreml-Sicht krönender Abschluss des Manövers. Wegen Corona musste Putin seine Pläne verschieben: Die Militärparade wurde am 24. Juni und die Abstimmung von 25. Juni bis 1. Juli nachgeholt. Auch damals bestand in Moskau mit hunderten neuen täglichen Fällen noch immer ein erhebliches Ansteckungsrisiko.

Noch aus einem zweiten Grund wollte der Kreml das Virus möglichst schnell wieder loswerden: Putin fürchtete die wirtschaftlichen Folgen eines strengen Lockdowns. Schon heute schätzen ExpertInnen, dass die Wirtschaft bis Ende des Jahres um knapp 7% schrumpfen wird.[2]

Die Arbeitslosenzahlen sind gestiegen und viele mittelständische Unternehmen sind in Konkurs gegangen. Eine gesteigerte Unzufriedenheit in der Bevölkerung gefährden die längerfristige Zustimmung zu Putins System und damit dessen Stabilität. Das war mit ein Grund, warum das Verfassungsmanöver vor dem

1 https://meduza.io/en/feature/2020/03/10/the-forever-president (27.7.2020)

2 https://www.imf.org/en/Publications/WEO/Issues/2020/06/24/WEOUpdateJune2020 (27.7.2020)

Herbst (vor einer zweiten Welle und einer Verfestigung der Krise) abgeschlossen werden sollte. Der Kreml-Chef ist ein Autokrat, dessen Herrschaftsanspruch sich durch die Zustimmung der Mehrheit legitimiert. Auch aus diesem Grund war ihm an einer (vor-)schnellen Beendigung des Corona-Ausnahmezustands gelegen.

Die Krise als Prüfung für Technokraten

Während der Coronakrise kam es zu Verschiebungen im Inneren des Machtsystems: Putins Macht baut bekanntlich auf der Balance des Einflusses widerstreitender Elitegruppen auf. In der Coronakrise war die Gruppe der Technokraten tonangebend. Diese Entwicklung lässt sich anhand der zeitweilig aufgewerteten Rolle des Moskauer Bürgermeisters Sergej Sobjanin beschreiben. Die 13 Millionen Einwohner zählende Stadt war zumindest in den ersten Monaten im russischen Vergleich am stärksten von der Krise betroffen. In den Monaten März, April und Mai wurde der grauhaarige 62-Jährige zum wichtigsten öffentlichen Gesicht der Coronakrise.

Es existierte eine informelle Rollenverteilung: Putin verkündete die Rahmenbedingungen, den Anfang und das Ende des Ausnahmeregimes. Mit den Kleinigkeiten der Coronakrise aber würde er sich nicht beschäftigen. Der Herr im Kreml wollte die Coronakrise PR-technisch möglichst unbeschadet überstehen. Unpopuläre Entscheidungen sollten andere fällen: regionale Elitenvertreter wie Sobjanin.

Der aus Sibirien stammende Sobjanin ist ein Technokrat, der sich den Ruf erworben hat, ein effektiver Manager zu sein. Er hat Putins Vertrauen durch jahrelange Zusammenarbeit gewonnen. Nun lag es an Funktionären wie ihm, die Probleme im Gesundheitswesen zu lösen. Sobjanin widmete Spital-Abteilungen in Covid-taugliche Stationen um, ließ in kürzester Zeit ein neues Krankenhaus am Rande Moskaus bauen, veröffentlichte Statistiken, gab unerwartet viele Interviews und spielte in zwei nationalen Coronastäben eine zentrale Rolle.

Zeitweise wurde der 62-Jährige gar als Ersatz für den gesundheitlich angeschlagenen Premier Michail Mischustin oder als potenzieller Putin-Nachfolger gehandelt. Moskaus Know-how in der Krise wurde in andere Landesteile exportiert. Durch sein Management konnte sich Sobjanin profilieren. Doch seine Macht war von Anfang an beschränkt, ihm vom Kremlherren «übertragen». Nachdem das Gesundheitswesen die schlimmste Bewährungsprobe überstanden hatte, wurde ihm die geliehene Vollmacht wieder entzogen. Das zeigte sich in einem Konflikt mit dem Kreml über den Zeitpunkt der Öffnung der Stadt im

Juni. Wie bereits oben skizziert, drängte Putin auf Abhaltung der Militärparade und Verfassungs-Abstimmung. Sobjanin befürwortete dagegen ein vorsichtiges Auslaufen der Corona-Beschränkungen, musste sich aber letztlich fügen.

In der Coronakrise konnten TechnokratInnen wie Sobjanin dem Kreml beweisen, dass er ihre Management-Kompetenzen braucht. Tatsächlich wäre ohne ihren pragmatischen Zugang das Krisenmanagement wohl um einiges schlechter verlaufen. Das heißt aber im Umkehrschluss nicht, dass der Einfluss dieser Elitengruppe langfristig gestiegen wäre. Nach der Erledigung der Probleme mussten sie sich wieder an ihren angestammten Platz bewegen. Und der Kreml konnte einmal mehr beweisen, dass es in Russland außer der höchsten Staatsspitze keine eigenständigen, unabhängigen Politiker gibt.

Andere einflussreiche Gruppen der russischen Elite – etwa die Vertreter des Sicherheitsapparats (Silowiki), die Ultrakonservativen oder die Wirtschaftsliberalen – rückten zeitweilig im öffentlichen Bewusstsein in den Hintergrund. Nach dem Abklingen der Ausnahmesituation aber machten sie sich wieder verstärkt bemerkbar.

Putins überließ während der Coronakrise das Alltagsmanagement anderen und schob das Coronavirus auf die Regionen ab. Das Heraushalten aus den Details der Krise ließ ihn beizeiten für die Öffentlichkeit passiv und entscheidungsschwach erscheinen. Doch der Grund seiner Untätigkeit war: Er hatte andere Prioritäten. Putins persönliches Krisenverhalten hängt nicht zuletzt damit zusammen, dass sein Amtsverständnis sich von dem seiner westlichen Kollegen und Kolleginnen unterscheidet. Die russische Politik-Beobachterin Tatjana Stanowaja erklärt das in treffenden Worten: «Anders als westliche Politiker verantwortet sich Putin nicht vor dem Volk. Er verantwortet sich vor der Geschichte.»[3]

Daher auch die Vorliebe des Kreml-Chefs für geopolitische, militärische und historische Fragen, die in der letzten Zeit immer mehr in den Vordergrund rückt.

Starker Staat, schwacher Staat

Der Kreml will bekanntlich im internationalen System als Weltmacht gesehen werden. Moskau versucht von den Schwächen anderer Akteure in Krisensituationen zu profitieren. Die Coronakrise bot dafür bisher vergleichsweise wenig Möglichkeiten – natürlich auch, weil sie Russland selbst betraf. Solange die Co-

3 https://www.diepresse.com/5818358/fur-putin-sind-immer-andere-schuld (27.7.2020)

ronakrise noch nicht in Russland angekommen war, lenkte man die massenmediale Aufmerksamkeit auf chaotische Zustände in anderen Ländern. Auch eilte man anfänglich reicheren Industriestaaten zu Hilfe – etwa im Falle Italiens oder den USA mit Lieferungen von Medizinmaterial.

Künftig könnte Russland im internationalen Wettbewerb bei der Entwicklung eines eigenen Impfstoffes erneut eine Rolle spielen. Der Kreml setzt auf eine eigene Impfung große Hoffnungen. Einerseits könnte so die russische Bevölkerung (und die befreundeten Staaten) vor dem Virus geschützt werden. Andererseits würde man damit der Staatengemeinschaft zeigen, dass das Land im internationalen Forschungswettbewerb vorn dabei ist.

Auch im Inneren hinterlässt der Umgang mit der Krise einen von Widersprüchen gekennzeichneten Eindruck. Bekanntlich hat der russische Staat die Kontrolle über seine Bürger mithilfe moderner Überwachungstechnologien in den letzten Jahren verstärkt. Die Coronakrise bot staatlichen Strukturen die Möglichkeit, in diesem Zusammenhang neue Projekte zu testen. So wurde etwa die bestehende Gesichtserkennung durch Kameras im öffentlichen Raum in Moskau dazu eingesetzt, um Quarantänebrecher zu identifizieren. Mittels Handy-App und Handy-Überwachung wurden Quarantänepflichtige kontrolliert, ob sie sich in ihrer Wohnung aufhalten. Brachen die Betroffenen die Vereinbarungen, drohten ein juristisches Nachspiel und Strafen. Laut offiziellen Angaben wurden während der Phase der Corona-Beschränkungen in Moskau insgesamt 94.000 Strafen ausgestellt. Das minimale Bußgeld betrug 5.000 Rubel (knapp 60 Euro).

Ein weiteres Experiment in diesem Zusammenhang war die Ausstellung von elektronischen Passierscheinen über die Webseite der Stadtregierung Moskau, die mehrere Wochen verpflichtend waren. Während das System nutzerfreundlich war, produzierte es eine Fülle an Daten, die die Behörden nicht verarbeiten bzw. kontrollieren konnten. Ebenso patrouillierten in den ersten Wochen Polizeistreifen in Wohnvierteln und kontrollierten die Ausgangsbeschränkungen. Doch auch hier konnten wegen der schieren Bevölkerungsanzahl keine flächendeckenden Überprüfungen durchgeführt werden.

Die Anwendung obrigkeitsstaatlicher Instrumente bei gleichzeitiger Lückenhaftigkeit der Kontrolle zeigte eine paradoxe Schwäche des bürokratischen Apparats auf. Im Vergleich zum Westen setzte man vor allem auf paternalistische Kontrolle und nicht auf freiwillige Selbstkontrolle. Die Behörden gingen offenbar in sowjetischer Tradition davon aus, dass mit der Bevölkerung nicht anders kommuniziert werden könne. Das führte dazu, dass die Menschen die Lücken des Systems nutzten, wann immer sie sich boten. Der starke Staat wirkte beizeiten schwach und dysfunktional.

Zudem offenbarte die Coronakrise das Misstrauen der Bürger in staatliche Strukturen und offizielle Informationen. Innerhalb kürzester Zeit kommunizierten die Behörden mehrere widersprüchliche Narrative: Vom «chinesischen» Virus, das Russland nicht betreffe, über eine fast schlagartige Panikmache hin zur verfrühten frohen Botschaft, die Krise sei bereits überstanden. Das verwirrte die Medienkonsumenten und führte letztlich dazu, dass man den kommunizierten Botschaften nicht mehr besonderen Glauben schenkte.

Was bleibt, was kommt?

Die Coronakrise hat in Russland die politischen Spielregeln nicht grundsätzlich geändert. Der Kreml hat – zumindest kurzfristig gesehen – die Coronakrise ohne größere Erschütterungen überstanden. Längerfristig gesehen sieht die Beurteilung nicht so positiv aus. Die Krise hat bestehende strukturelle Probleme des Putin'schen Systems einmal mehr aufgezeigt bzw. diese sogar vertieft: Der behördliche Apparat und das Gesundheitswesen konnten die Krise nur mit großer Anstrengung bewältigen. Zwar kam es nicht zum Kollaps – aber zeitweise war die russische Medizin am Rande ihrer Kräfte.

Die wirtschaftliche Stagnation hat sich indes zur Rezession ausgeweitet. Für die Regierung wird es künftig noch schwieriger, eine positive Entwicklungsdynamik in Gang zu setzen. Die Coronakrise scheint auch den schon länger zu bemerkenden Vertrauensverlust der Bürger am System verstärkt zu haben. Immer weniger Russen glauben, dass Putin den von ihm schon seit vielen Jahren versprochenen Wohlstand und Stabilität einlösen kann. Eine Häufung öffentlicher Unmutsäußerungen scheint mittelfristig nicht ausgeschlossen – vor allem angesichts der unsicheren epidemiologischen Zukunft.

Der Kreml-Chef musste im Frühsommer 2020 einen historischen Tiefstand seiner Beliebtheit in 20 Jahren hinnehmen. 59% der Befragten gaben an, ihn zu unterstützen. Im Juni waren es 60%. Im Vergleich zu demokratischen Politikern ist das noch immer ein hoher Wert. Für einen autokratisch regierenden Präsidenten, dessen Beliebtheit einst bei 80% lag, vergleichsweise wenig. Auch Soziologen notieren, dass das Protestpotenzial in der Bevölkerung seit einiger Zeit wächst. Zwar ging Putins Verfassungsmanöver auf und die von ihm bevorzugte Änderung des Grundgesetzes wurde mit 78% der Stimmen bestätigt. Doch das Votum war von Druckausübung, Manipulationen und Fälschungsvorwürfen begleitet.

Unmittelbar danach setzte eine Repressionswelle gegen JournalistInnen, AktivistInnen und oppositionelle PolitikerInnen ein. Nach der Coronapause und mit neuem Machtanspruch im Rücken wurden neue «rote Linien» in Sachen Meinungs- und Pressefreiheit gezogen. Eine harte Hand zeigte der Kreml auch im Fernen Osten mit der Verhaftung eines bei den BürgerInnen beliebten Gouverneurs. Ihm wurde die Beauftragung mehrerer Morde vor vielen Jahren vorgeworfen. Der Zeitpunkt der Verhaftung war nicht zufällig: Der Amtsträger hatte für den Kreml offenbar ein nicht zufriedenstellendes Ergebnis bei der Verfassungsabstimmung geliefert. Zehntausende verlangten in spontanen Demonstrationen die Wiedereinsetzung des Gouverneurs und den Respekt für die Entscheidung der Stimmbürger. Es sind diese Unmutsäußerungen eigentlich unpolitischer BürgerInnen, die für den Kreml eine größere Bedrohung darstellen als die zahlenmäßig überschaubaren Kundgebungen liberaler Hauptstädter.

Doch anders als in demokratischen Systemen gibt es in Russland derzeit keine Perspektive auf gesellschaftliche Veränderung. Der Status-quo – der umfassende Machtanspruch des Kreml – wurde durch die Verfassungsabstimmung noch einmal bekräftigt. Gut möglich, dass sich soziale und politische Konflikte in Zukunft zuspitzen werden. Die Staatsspitze dürfte indes versucht sein, mithilfe des ihr untergeordneten Sicherheitsapparats eine noch repressivere Richtung einzuschlagen.

Mafia als Retter in der Not?

Corona in Mexiko

Von Wolf-Dieter Vogel

In gewöhnlichen Zeiten verkauft Alejandrina Gisselle Guzmán bunte Hemden, bedruckte T-Shirts sowie Basecaps, auf denen für das Sinaloa-Kartell und deren «Chef der Chefs» Joaquín «El Chapo» Guzmán geworben wird. Wer das schrille Angebot wahrnehmen will, geht auf die Webseite ihrer Modefirma «El Chapo 701» oder bestellt gleich bei Amazon. Die mexikanische Unternehmerin ist die Tochter des Mafiabosses und lässt keinen Zweifel daran, dass ihr Label eng an die Geschäfte ihres Vaters angebunden ist. Das Firmenlogo zeigt den Kopf des inhaftierten Anführers des Sinaloa-Kartells aus dem gleichnamigen Bundesstaat. Er sei ein mutiger Ehrenmann mit Idealen, ja, ein revolutionäres Wesen, schreibt sie auf ihrem Online-Portal über den Mann, der in den USA lebenslänglich im Gefängnis einsitzt und tausende Morde zu verantworten hat.

Dass «El Chapo», wie es auf der Webseite heißt, «immer für seine Leute da ist» und «für jede Herausforderung eine Lösung hat», wollte seine Tochter auch während der Coronapandemie zur Schau stellen. In einem Armenviertel in der zentralmexikanischen Großstadt Guadalajara verteilten Mitarbeiterinnen ihrer Firma Mitte April Lebensmittel und Hygieneartikel. Mit einem Mundschutz, der ebenfalls das Konterfei des Kriminellen zeigte, überreichten sie Hunderte von Kartons an Bedürftige, gefüllt mit Reis, Bohnen, Speiseöl und Toilettenpapier. Kaum geschehen, standen Bilder der Aktion auf Facebook. «Wir wollen darüber informieren, dass die Chapo-Vorratspakete 701 erfolgreich an alle unsere älteren Mitbürger übergeben wurden», hieß es dort. Damit helfe man denen, die von niemand unterstützt würden und vom Covid-19-Virus betroffen seien, erklärte Alejandrina Guzmán. Wer von Nachbarn wisse, die Hilfe benötigten, solle sich gerne melden.

Vorher hatten sich bereits andere Mafiaorganisation in Mexiko als Retter in der Not inszeniert. Das «Cártel Independiente», die «Zetas», die «Familia Michoacana» und das derzeit am stärksten präsente «Cártel Jalisco Nueva Generación» (CJNG) verteilten in den von ihnen kontrollierten Stadtvierteln und Gemeinden Pakete mit Essen, Hygieneartikel und Reinigungsmitteln. Kein Polizist oder Soldat störte die vermummten, oft schwer bewaffneten und in Kampfanzügen bekleideten Männer. In aller Ruhe konnten sie auf offener Straße Kartons verschenken, auf denen etwa das «Golf-Kartell» grüßen lässt. Im Bundesstaat Jalisco, wo die «Neue Generation» ihre Vormacht gegen Rivalen verteidigen muss, zierten die Beutel einen Satz des CJNG-Chefs Nemeso Oseguera, bekannt unter dem Namen «El Mencho». Er stehe auf der Seite des Volkes, war dort zu lesen. Das sollten auch Videos bestätigen, die später im Internet zirkulierten. Dutzende Frauen, die gerade ihre Geschenke erhalten haben, rufen dort im Chor: «Vielen Dank an Herrn Mencho und das Kartell Neue Generation Jalisco.»

Nicht zufällig sind die Narcos, wie die kriminellen Organisationen genannt werden, darum bemüht, ihre karitativen Einsätze möglichst gut auf YouTube, Twitter, TikTok, Instagram oder Facebook in Szene zu setzen. Wie für legale Unternehmen ist die Coronakrise auch für sie eine große Herausforderung. Sie müssen sich trotz eingeschränkter Geschäfte auf dem Markt behaupten und dürfen die von ihnen kontrollierten Regionen nicht verlieren. Der durch das Covid-19-Virus hervorgerufenen Lockdown bietet aber auch die Chance, neue Geschäftsfelder und Einflusszonen zu erobern. Denn nur wer eine gute Basis in der Bevölkerung hat und dies auch demonstrativ zum Ausdruck bringt, kann sich im harten Konkurrenzkampf der Banden behaupten.

Zugleich schützt die Einbindung in lokale Strukturen vor staatlichen Verfolgern. «Ein Mund, den du heute fütterst, schweigt morgen oder hilft bei deinen Geschäften», resümiert der italienische Mafiakenner Roberto Saviano auf dem mexikanischen Portal «Sin embargo.»[1] Die Kriminellen investierten für die Zukunft. «Es ist, als befänden sie sich im Wahlkampf», schreibt der Buchautor. Die Logos und anderen Hinweise auf die Herkunft der Pakete erscheinen wie ein Markenname, der Klarheit über die Machtverhältnisse in einer Region setzt. Wenn der Notstand vorbei sei, würden die Kartelle große Unterstützung bei denen finden, die während der Pandemie zu kämpfen hatten. «Sie werden die Früchte dafür ernten, dass sie den Schwächsten das Wohl zukommen lassen, das ihnen die Behörden versagen», erklärt Saviano.[2]

Es ist nicht neu, dass die Kartelle die lokale Bevölkerung unterstützen und sich als Wohltäter gerieren. «Das erleben wir überall, wo das organisierte Verbrechen präsent ist», erklärt der Sicherheitsexperte Edgardo Buscaglia[3]. So lässt das Sinaloa-Kartell seit Jahren in der nordmexikanischen Region Straßen bauen, finanziert Kirchen und spendet für Dorffeste. Die «Familia Michoacana» gibt sich

1 Las bocas a las que el narco da a comer, mañana no hablarán, Interview mit Roberto Saviano, geführt von Guadalupe Fuentes Lopez, Plattform «Sin embargo», 20. 4. 2020, https://www.sinembargo.mx/20-04-2020/3771019

2 Sin embargo, dto.

3 Interview des Autors mit Edgardo Buscaglia, telefonisch geführt am 21. 4. 2020 in Oaxaca de Juárez/Mexiko (und Los Mochis/Mexiko)

als Retter der lokalen Bevölkerung und betonte immer wieder, sie verteidige die Bürgerinnen und Bürger des Bundesstaats Michoacán gegen fremde Kartelle, die ihren Jugendlichen Drogen verkaufen würden. Vor Weihnachten oder dem «Tag des Kindes» verteilen die Organisationen Geschenke, bei Unwettern oder Erdbeben helfen sie vor Ort. Durch solche Aktionen verwischt die legale und die illegale Sphäre. Die Existenz der Organisationen und das Kooperieren mit ihnen wird noch selbstverständlicher und weniger anrüchig. «Wie auch Erpressungen und das Verschwindenlassen von Menschen dient das Anbieten von Gütern und Dienstleistungen demselben Ziel, die Bevölkerung zu kontrollieren», erklärt eine Analyse des wissenschaftlichen Zentrums CIDE.[4] Die Botschaft ist eindeutig: «plata o plomo – Geld oder Blei».

Den Kriminellen schafft diese fragwürdige Nähe zur Bevölkerung große Bewegungsfreiheit. So konnte etwa «El Mencho», der zu den meistgesuchten Männern der US-Antidrogenbehörde DEA zählt, während der Pandemie in aller Öffentlichkeit Lebensmittel verteilen. «Jeder weiß, wo sich der Chef des Kartells aufhält, aber niemand würde ihn verraten», erklärt Buscaglia. Wo staatliche Hilfe nicht ankomme, bliebe der Bevölkerung nichts anderes übrig, als auf das kleinere Übel zu setzen. «Das ist so, obwohl sich die Leute darüber bewusst sind, dass mit El Mencho die Drogensucht zunimmt und ihre Söhne sterben könnten», sagt Buscaglia, der an der Colombia-Universität in den USA und in Turin lehrt.[5] Im Gegensatz zum Staat böte die Mafia Arznei, Krankenschwestern und Auskommen. Natürlich hängen auch viele Bauern, Händlerinnen, Taxifahrer oder Transportunternehmer direkt von den Kriminellen ab. Die einen bauen Schlafmohn für die Opiumproduktion an, verstecken illegale Waren oder dienen als Strohmänner, andere transportieren Drogen, beobachten, wer sich auf den Straßen bewegt oder treiben Schutzgeld ein. Oft ist die Mafia der wichtigste Arbeitgeber.

Doch auch für das organisierte Verbrechen sind mit der Pandemie die Umsätze eingebrochen. Geschlossene Grenzen und der Lockdown blockieren viele Geschäfte. So wartete das Jalisco-Kartell lange Zeit vergeblich auf die Zutaten für die synthetische Droge Fentanyl, einem ihrer Exportschlager. Wegen der Coronakrise konnten die Chinesen das Material nicht liefern, berichtet die Stiftung «In-

4 Covid-19 – despensas y narco, Centro de Investigacion y docencias económicas, Sandra Ley y Guillermo Vázquez del Mercado, 27. 4. 2020, https://www.cide.edu/coronavirus/2020/04/27/covid-19-despensas-y-narco/

5 Buscaglia, s.o.

sight Crime»,[6] die sich mit Kriminalität in Lateinamerika beschäftigt. Zugleich ist mit der Einschränkung des legalen Handels der Schmuggel von Heroin, Fentanyl und anderen Drogen in die USA schwieriger geworden. «Wir haben eigentlich Vereinbarungen mit Zollpolizisten und unseren Dealern, aber jetzt sind völlig überraschend viele Grenzdurchlässe dicht», erklärt ein Drogenhändler auf dem Insiderportal «Blog del narco».[7] Zudem ist der Absatz im Nachbarland gesunken, weil auch Junkies und Kiffer in Houston, San Francisco und New York zu Hause bleiben.

Auch das Geschäft mit gefälschten Edeluhren, Markenjeans und Turnschuhen erleidet einen Einbruch. Die meisten Raubkopien stammen aus China, doch dort standen die Fabriken still. Die Händler etwa auf dem Tepito-Markt, dem größten Umschlagplatz für die Produkte in Mexiko-Stadt, warteten vergeblich auf ihre Waren. Ihr Lieferant, die Mafiaorganisation «Union Tepito», hatte Probleme, ihre Handelsreisenden, die «Marcopolos», zu entsenden. Bislang seien die Marcopolos mit Zigtausenden US-Dollars zum Einkaufen nach China gereist, so Insight Crime. Aber das sei gerade wegen der geschlossenen Grenzen nicht möglich. Zudem laufen Entführungen, Erpressungen und Raubüberfälle schlecht – schließlich lag auch in Mexiko das öffentliche Leben ziemlich lahm. «Wen wollen sie schon entführen, wenn niemand auf der Straße ist?», fragt der Kommentator Alejandro Hope in der mexikanischen Tageszeitung El Universal. Hope geht davon aus, dass die Mafia zumindest vorübergehend geschwächt ist. «Vielleicht sollte der Staat diesen Ausnahmemoment nutzen, um dort Präsenz zu zeigen, wo er sonst nie ist, und die wichtigsten Banden der organisierten Kriminalität auseinandernehmen», überlegt er.[8]

Doch Mexikos Präsident Andrés Manuel López Obrador macht nur begrenzt den Eindruck, dass er mit den Kartellen auf Konfrontation gehen will. Auf die Carepakete der Narcos reagierte er gelassen. Das sei nicht hilfreich, sagte er, «schränkt euch besser ein und denkt an eure Familien, vor allem an eure Mütter». In seinem bereits legendären pastoralen Charme bat er die Kriminellen, ihre Nächsten zu lieben und niemanden zu schaden. Kurz zuvor schüttelte er der

6 Mexico Cartels Hand Out Food Amid Coronavirus Pandemic, Insight Crime, Victoria Dittmar, 28. 4. 2020, https://www.insightcrime.org/news/analysis/mexico-cartels-hand-out-food-coronavirus-pandemic/

7 Zitiert nach: Mexico – el coronavirus altera el negocio de los cárteles, Deutsche Welle, Sandra Weiss, 1. 4. 2020., https://www.dw.com/es/m%C3%A9xico-el-coronavirus-altera-el-negocio-de-los-c%C3%A1rteles/a-52986942

8 El narco en cuarentena?, Alejandro Hope, El Universal, 23. März 2020, https://www.eluniversal.com.mx/opinion/alejandro-hope/el-narco-en-cuarentena

Mutter von Guzmán auf einer seiner Reisen freundlich die Hand, aus «humanitären Gründen», wie der Staatschef wissen ließ. Das stieß bei vielen Gewaltopfern, die er während der Pandemie nicht treffen wollte, auf heftige Kritik. Es sei kein Verbrechen, der Mutter eines Massenmörders die Hand zu geben, reagiert der Kriminalitätsexperte Buscaglia. «Aber es ist eine politische Botschaft: Er verleiht dem Kartell soziale Legitimität.»[9] Genau so, wie die Versorgungspakete.

Der nationalistisch orientierte Präsident war mit dem Versprechen angetreten, sich für mehr soziale Gerechtigkeit einzusetzen und die Menschenrechte zu stärken. Das organisierte Verbrechen und die Gewalt wollte López Obrador eindämmen. Gemeinsam mit Menschenrechtsverteidigern ließ er Konzepte erarbeiten, um gegen das Morden, das Verschwindenlassen sowie die Entführungen und Erpressungen vorzugehen, ohne wie seine Vorgänger auf das Militär zu setzen. «Umarmungen statt Schüsse», so sein Motto. Er stärkt Sozialprogramme, um den Narcos den Wind aus den Segeln zu nehmen. Kinder aus armen Haushalten, Studierende, arbeitslose Jugendliche, Pensionistinnen und Pensionisten und Menschen mit Behinderungen erhalten eine finanzielle Unterstützung, der Mindestlohn wurde verdoppelt. Wer ein Auskommen hat, so sein Ansatz, muss sich nicht der Mafia anschließen.

Doch bei vielen kommt die finanzielle Unterstützung nicht an, sei es, weil das Geld in korrupten Kanälen versickert oder die Adressaten nicht über die notwendigen Voraussetzungen verfügen. Fraglich ist auch, ob sich Jugendliche mit ein paar Pesos abspeisen lassen, während die Narcos gute Bezahlung, Schutz und ein wenig Glamour versprechen. Nicht wenige, insbesondere junge Männer, schließen sich den Kriminellen an, um in ihren Gemeinden mit schicken Autos, Pistolen und Markenklamotten imponieren zu können. Für jene, die bereits bei der Mafia seien, taugten die Hilfsleistungen wenig, resümiert etwa die Leiterin der Frauenorganisation Consorcio, Pilar Muriedas, die sich mit Gewalt gegen Frauen beschäftigt. «Die wollen mehr als 3.600 Pesos (ca. 160 Euro), mit dem schnellen Geld werden sie ja auch angelockt»,[10] sagt die Feministin, hofft aber, dass zumindest potenzielle Neueinsteiger vom Weg in die Kriminalität abgehalten werden. Während der Pandemie bot die Regierung zudem Kredite für Mikrounternehmen an, die Haushaltsangestellten, Markthändlerinnen und Schuhputzern über die Runden helfen sollten. Aber vielen nutzt das nichts. «Ich habe das nicht beantragt, weil ich nicht weiß, wie ich es später wieder abbezahlen

9 Buscaglia, s.o.

10 Interview des Autors mit Pilar Muriedas, 17.9.2019, Oaxaca de Juárez/Mexiko

soll», erklärt beispielsweise Antonia Barras, die davon lebt, in Haushalten aufzuräumen und zu putzen.[11]

Ob López Obradors Sozialprogramme die gewalttätigen Verhältnisse dennoch ändern können, wird sich erst in ferner Zukunft zeigen. Bessere Ausbildung, stärkere soziale Absicherung und mehr Lohn, wie es seine «Vierte Transformation» des Landes vorsieht, können ihre Wirkung nur langfristig entfalten. Lediglich mit einer Maßnahme scheint der Präsident den Nerv der Mafia getroffen zu haben: Er ließ zahlreiche Konten und andere Finanzdepots der organisierten Kriminalität schließen. Das traf insbesondere das CJNG. In der Folge griffen das Jalisco-Kartell zahlreiche Polizeistationen an, Ende Juni verübten sie mitten in Mexiko-Stadt ein groß angelegtes Attentat auf den Sicherheitschef der Hauptstadt.

Dennoch sprechen die Statistiken nicht dafür, dass die Präsenz der Kriminellen eingegrenzt wird. Seit López Obrador im Dezember 2018 sein Amt übernahm, hat die Gewalt zugenommen. 35.588 Menschen wurde 2019 ermordet – so viele, wie noch nie, seit die Zahlen registriert werden. Auch die Pandemie konnte diese Tendenz nicht aufhalten. Nach dem Beginn der coronabedingten Einschränkungen wurden im März staatlichen Angaben zufolge 3000 Menschen ermordet, über 200 mehr als im Februar, als das Virus noch nicht in Mexiko angekommen war. Am 7. Juni verloren 117 Personen gewaltsam das Leben. Es war der gewalttätigste Tag des Jahres. Trotz der Quarantäne.

Rechtsexperte Jacobo Dayan vom Iberoamerikanischen Institut in Mexiko-Stadt wundert das nicht: «Die Menschen, die in diesen Konfrontationen sterben, kümmern sich nicht um Quarantäne», erklärt er. Dayan kritisiert die Regierung,[12] da sie nicht konsequent gegen die Kriminellen vorgehe. Weiterhin blieben 98 bis 99% aller schweren Delikte straflos, das fördere die Gewalt. Der Wissenschaftler zählt zu den Menschenrechtsverteidigern, die mit Vertretern López Obradors vor dessen Amtsübernahme eine Agenda erarbeitet hatten, um das Morden, Entführen und Verschleppen von Menschen einzudämmen. Doch keine dieser Vereinbarung sei umgesetzt worden, erklärt Dayan. Besonders verärgert ist der Aktivist und Akademiker darüber, dass der Präsident mit der Nationalgarde trotz anderer Pläne eine neue militärische Einheit geschaffen hat. «Es ist offensichtlich, dass Streitkräfte in keinem Land der Welt die Gewalt auf der Straße verringern

11 Interview des Autors mit Antonia Barras, 8.6.2020, telefonisch geführt aus Berlin (und Oaxaca de Juárez / Mexiko)

12 Interview des Autors mit Jacobo Dayan, 21.4.2020, telefonisch geführt in Oaxaca de Juárez/Mexiko (und Mexiko-Stadt)

konnten, zumindest nicht, wenn es um Hinrichtungen und Verschwindenlassen geht»,[13] kritisiert er.

Nicht nur die steigenden Mordzahlen lassen daran zweifeln, dass die Nationalgarde ihr formuliertes Ziel erreicht. Ihren ersten großen Einsatz hatte die aus Soldaten und Polizisten bestehende Truppe nicht etwa gegen das Sinaloa-Kartell oder die Zetas, sondern gegen Migrantinnen, Migranten und Geflüchtete, die sich auf dem Weg in die USA befanden. Während der Pandemie fielen Nationalgardisten auf, die mit Kriminellen gemeinsame Sache machten, obwohl López Obrador die Einheit gründete, um die massive Korruption im Land zu bekämpfen.

Auch darüber hinaus muss der Präsident schwere Schläge hinnehmen, die seine geplante soziale Transformation infrage stellen. Drei Monate, nachdem das Corona-Virus in Mexiko angekommen war, befand sich die ohnehin schwächelnde Wirtschaft des 130-Millionen-Einwohner-Landes komplett im Keller. Über eine Million Menschen wurden bis dato formal arbeitslos. Im April konnten zudem nach Angaben des staatlichen Bundesamts 12,5 Millionen nicht arbeiten, die meisten von ihnen sind informell beschäftigt und nicht sozial abgesichert. 600.000 Betriebe standen schon damals still und niemand weiß, ob sie je wieder öffnen werden. Der Internationale Währungsfonds geht davon aus, dass das Bruttosozialprodukt 2020 um 10,5% einbricht. Dass López Obrador dennoch verspricht, er werde zwei Millionen Arbeitsplätzen schaffen, scheint im Wesentlichen seiner Weigerung geschuldet zu sein, von seinem Lebensprojekt, der «Vierten Transformation», loszulassen. Nur so ist zu erklären, warum der Präsident an einer radikalen Austeritätspolitik festhält, wie man sie sonst nur von wirtschaftsliberalen Regierungen kennt. Und dass er trotz heftiger Widerstände indigener Gemeinden Projekte wie den Touristenzug «Tren Maya» auf der Halbinsel Yucatán umsetzen will, deren ökonomischer Nutzen für die ansässige Bevölkerung recht umstritten ist.

Während also noch völlig unklar ist, wie es mit der mexikanischen Wirtschaft nach der Pandemie weitergeht, kann sich die organisierte Kriminalität Hoffnung auf steigende Umsätze machen. Expertinnen und Experten gehen davon aus, dass die Kartelle gestärkt aus der aktuellen Situation herausgehen. «Im Gegensatz zu legalen Unternehmen wie Apple oder Siemens kann sich die Mafia viel besser auf veränderte Bedingungen einstellen», erklärt Sicherheitsexperte Buscaglia[14]. In Sinaloa hat er im April beobachtet, wie die Kriminellen die Pande-

13 Dayan, s.o.

14 Buscaglia, s.o.

mie für ihre Zwecke nutzen. Sie handelten mit Atemschutzmasken, Arztkleidung und Medikamenten. Angesichts einer darniederliegenden Wirtschaft und unzähligen Arbeitslosen steht den Verbrecherorganisationen ein unendliches Heer von günstigen Arbeitskräften zur Verfügung – und damit potenziell mehr Einfluss und Kontrolle.

Zudem bieten die Kartelle Menschen, die unter der Krise leiden, günstige Kredite an. So schlagen sie gleich zwei Fliegen mit einer Klappe: Sie schaffen Abhängigkeiten und können Geld waschen. Gerade im Finanzsektor öffnet sich im Zuge der Coronakrise ein weites Feld. Kartelle verfügen immer über große Mengen Bargeld, das sie in legale Firmen investieren oder in anderer Form legalisieren müssen. Viele Unternehmer werden auf Kreditangebote eingehen, da sie finanzielle Mittel benötigen, um ihre Betriebe wieder zum Laufen zu bringen. Auch auf dem internationalen Markt spielen die Milliarden der organisierten Kriminalität in Krisenzeiten immer eine große Rolle. Wie der damalige Leiter der UN-Antidrogenbehörde UNODC, Antonio María Costa, erklärte, waren es schnell abrufbare Mafiagelder, die während der Finanzkrise 2008 so manche Bank vor der Pleite retteten. «In vielen Fällen sind Drogengelder das einzige liquide Investmentkapital», erklärte Costa 2009 der Nachrichtenagentur Reuters.[15]

Vor allem die verschwimmenden Grenzen zwischen kriminellen Kartellen, legaler Wirtschaft, korrupten Juristen, Sicherheitskräften und Politikern bilden die Grundlage dafür, dass das organisierte Verbrechen Milliardengewinne einfahren kann. Das zeigt sich auch in Zeiten der Pandemie. Gemeinhin gilt die These, dass die Narcos dort stark sind, wo staatliche Institutionen schwach sind. Und zweifellos freut man sich dort, wo die Behörden keine Versorgung sicherstellen kann, ganz besonders über die Pakete von El Chapo. Dass aber ein international gesuchter Verbrecher wie «El Mencho» ungestört auf der Straße Pakete verteilen kann, verweist weniger auf unfähige Behörden als auf die enge Kooperation von Beamten, Polizisten und dem Jalisco-Kartell. «Beim genauem Hinsehen sieht man, dass es in vielen Fällen keineswegs die Schwäche eines Staates ist, sondern das passiert vielmehr in einem verwobenen Zusammenspiel, indem der Staat koexistiert und kooperiert und in einer fast symbiotischen Beziehung in Komplizenschaft steht», erklärt Janina Pawelz vom Institut für Friedensforschung und

15 UN crime chief says drug money flowed into banks, Nachrichtenagentur Reuters, 25.1.2009, https://www.reuters.com/article/financial-un-drugs/un-crime-chief-says-drug-money-flowed-into-banks-idUSLP65079620090125

Sicherheitspolitik der Universität Hamburg im Deutschlandfunk.[16] Das Anbieten von Gütern und Dienstleistungen hänge von den lokalen Monopolen der Narcos und der Kooperation zwischen staatlichen Einrichtungen und den kriminellen Gruppen ab, ergänzt das wirtschaftswissenschaftliche Zentrum CIDE.[17]

Einige Regionen Mexikos werden fast komplett von der Mafia kontrolliert. Beispielsweise der südliche Bundesstaat Guerrero. Zwei von drei Personen leben dort in Armut. Zahlreiche Bauern bauen Schlafmohn für die Opiumproduktion an, in Bussen und Lastwagen werden große Mengen Kokain Richtung Norden transportiert, die aus Kolumbien an der Pazifikküste ankommen. Militärs und Polizisten sichern den Transport, Beamte sorgen dafür, dass keine Strafverfolgung stattfindet. Raubüberfälle, Entführungen und Morde zählen zum Alltag. Wer nicht für die Kriminellen arbeitet, dem bleibt oft nur die Migration, um die Familie zu ernähren. Mit der Pandemie brach dort alles zusammen: Krankenhäuser konnten niemanden mehr aufnehmen, staatliche Hilfe kam in den meist indigenen Gemeinden nicht an und auch die Überweisungen aus den USA blieben aus, weil die Angehörigen dort selbst unter Corona-Einschränkungen litten.

Neben einigen autonomen Bürgermilizen, von denen manche mit der Mafia kooperieren, waren es kriminelle Organisationen, die die öffentliche Ordnung aufrechterhielten. In der Stadt Arcelia sorgt die «Familia Michoacana» dafür, dass die Bewohnerinnen und Bewohner ihre Häuser nicht verlassen. Wer aufgegriffen wird, muss entweder 25.000 Pesos Strafe zahlen – etwa das Zehnfache dessen, was arme Familien im Monat maximal ausgeben – oder 40 Tage unentgeltlich Zwangsarbeit für die «Michoacán-Familie» leisten. Noch deutlich wurde eine Bande in Iguala, jener Stadt, in der 2014 Polizisten und Kriminelle gemeinsam 43 Studenten verschleppt haben, von denen bis heute jede Spur fehlt. Dort hängte ein Kartell an verschiedenen Orten Transparente auf, mit denen sie alle warnten, die sich auf der Straße befinden. «Wir wollen kein Chaos außerhalb der Haushalte», schrieben sie, «wen wir aufgreifen, den werden wir verschwinden lassen».

Terror, Geschenke und Arbeitsplätze – die Unternehmen des organisierten Verbrechens lassen keinen Zweifel daran, dass sie ihre Dominanz mit allen Mitteln ausweiten wollen. Täglich liefern sie sich bewaffnete Auseinandersetzungen mit Sicherheitskräften oder Rivalen, bei denen Menschen ums Leben kommen.

16 Die Mafia, dein Freund und Helfer, Deutschlandfunk Kultur, 17.6.2020, https://www.deutschlandfunkkultur.de/organisierte-kriminalitaet-in-italien-und-mexiko-die-mafia.979.de.html?dram:article_id=478752

17 CIDE, s.o.

Die Zahl der Opfer steigt, immer wieder werden Massengräber gefunden. Während der Pandemie konnte Mexikos Präsident López Obrador der Gewalt bislang wenig entgegensetzen. Im Gegenteil: «Die Pandemie hat deutlich aufgezeigt, dass die Regierung über einige Regionen komplett die Kontrolle verloren hat», resümiert der ehemalige DEA-Agent Mike Vigil.[18] Und der Kriminalitätsexperte Buscaglia ist sich sicher: «Das organisierte Verbrechen wird politisch und sozial gestärkt aus der Krise hervorgehen.» [19]

18 Violencia de cárteles de la droga aumenta a medida que México se enfoca en atender coronavirus, Nachrichtenagentur Reuters, 18.6.2020, https://lta.reuters.com/articulo/salud-coronavirus-mexico-seguridad-idLTAKBN23P222-OUSLT

19 Buscaglia, s.o.

De pasajes y desbordes[1]

Die bolivianische Erfahrung

Von Oscar Vega Camacho

«Es geht nicht um ein Verhalten der Ablehnung. Wir müssen die Alternative des Außen und Innen umgehen; wir müssen an den Grenzen sein.»
Michel Foucault[2]

Ich wurde eingeladen, über die Situation in Bolivien während der Pandemie zu schreiben, und mit vielen Zweifeln habe ich zugesagt, da ich zunächst dachte, dass wir zu den festgesetzten Terminen aus der Notlage herauskommen würden und ich so einen Einblick in die Geschehnisse bekommen könnte. Aber in diesen unsicheren Zeiten stehen wir am Anfang der ansteckendsten Periode, und sie könnte noch andauern, mit all den katastrophalen Folgen von Sterblichkeit und Hilflosigkeit für die am meisten gefährdeten Sektoren unserer Gesellschaft. Mit anderen Worten, ich schreibe über die unzähligen Auswirkungen der Pandemie, während wir bereits drei Monate in strikter Quarantäne verbracht haben und fünf Monate lang Informationen über die Pandemie in anderen Kontinenten erhalten. Aber noch immer sind wir voller Unsicherheiten und Ungewissheiten über das Virus, die Pandemie und ihre Folgen für das soziale und politische Leben.

Was kann man also schreiben, jetzt, da die Pandemie in Bolivien und in ganz Südamerika in vollem Gange ist? Ich frage mich, was man über diese Erfahrung sagen kann, solange man sich mitten in der Pandemie befindet, während wir ihre wahrscheinlich größten Folgen in Bezug auf die Zahl der Toten und gesundheitlichen Auswirkungen gerade erst erleben. Aber dies ist in der Tat eine Dimension der Pandemie, die aufgrund ihrer Zahlen und statistischen Tabellen am sichtbarsten ist, vor allem aufgrund des Erlebens der Mängel und Schwächen der Gesundheits- und Medizinsysteme in diesen Ländern. Betrachtet man nur die Kapazitäten der Intensivbetten und Ausrüstung in Spitälern, so variieren

1 In etwa: «Von (politischen/gesellschaftlichen) Zyklen und Überforderungen» (Anm. d. Übers.) Der Text wurde vom Spanischen ins Deutsche übersetzt und von Thomas Schmidinger mithilfe von Alicia und Elisabeth Allgäuer bearbeitet.

2 Michel Foucault: Was ist Aufklärung? In: Erdmann/Forst (Hg.): Ethos der Moderne, Frankfurt 1990, S. 35-54: S. 48.

sie enorm von einem Land Lateinamerikas zum anderen. Und dennoch reichen sie nicht aus, um ihre jeweilige Bevölkerung zu versorgen, ganz zu schweigen von der Verfügbarkeit von Testkits oder der Zahl an qualifizierten Mitarbeitern in medizinischen Versorgungseinrichtungen. Wohin wir auch schauen, die medizinische Versorgung ist völlig überfordert. Und wir treten gerade erst in die vielleicht kritischste Phase der Pandemie ein.

Dies ist eine der Facetten in der Erfahrung mit der Pandemie. Andere Aspekte sind die minimalen Anforderungen der Lebensbedingungen, die notwendig sind, um diese mühsamen und rigiden Bestimmungen der sozialen Distanzierung und Ausgangsbeschränkungen ertragen zu können; auch die – anfängliche – Lähmung von Verkehr, Arbeit, Bildung und Freizeit, obwohl – später – nach und nach Ressourcen für die erneute Öffnung einiger Arbeits- und Dienstleistungssektoren mit allen Gesundheitsvorschriften zur Verfügung gestellt wurden. Andere Sektoren sahen sich jedoch vor der unumgänglichen Notwendigkeit, durch digitale Plattformen ersetzt zu werden, mit all den Beschränkungen und technologischen Schwierigkeiten und vor allem der enormen Ungleichheit zu ihrem Zugang.

Im Falle Boliviens wurde kurz nach den Parlamentswahlen, die wegen des Sturzes von Evo Morales und seiner Regierung annulliert wurden, noch lange debattiert, ob es sich um einen Staatsstreich handelte oder nicht. Unabhängig von der diesbezüglichen Position ist die gegenwärtige Regierung nur eine Übergangsregierung, und die Frage der Neuwahlen steht weiter im Raum. Tatsächlich erleben wir eine riesige Kluft zwischen der politischen Klasse und der bestehenden gesellschaftlichen Dynamik. Hierin unterscheidet sich die Situation in Bolivien nicht von der in den Nachbarländern, obwohl man gerne glauben wollte, durch den Verfassungsprozess und die angeblich neue Führung, die Evo Morales repräsentierte, in einer grundsätzlich anderen Situation zu sein.

Diese Erklärungen, die für eine gewisse sogenannte «Linke» sicher umstritten sein können, sind notwendig und wichtig, weil sie den Streit gegen die Autorität, Territorialität und Würde, mit denen Bewegungen von Chiapas bis Buenos Aires, vom bolivianischen Amazonas bis zu den chilenischen Mapuche, landloser BrasilianerInnen bis zu vertriebenen KolumbianerInnen auf die politische Bühne bringen können. Es gibt verschiedene Probleme mit fortschrittlichen oder linken Regierungen, die nicht nur bewertet und kritisiert, sondern auch öffentlich und aus einer dekolonisierenden Perspektive betrachtet werden sollten, um ein echtes Echo und eine Wirkung auf jene Aktionen, Strukturen und Behörden zu erzielen, mit denen sie sich als rassistische, sexistische und soziale Mächte etabliert haben.

Im Fall von Bolivien können wir sehen, dass das Land bis zum Sturz von Evo Morales gerade einen konstituierenden Prozess durchlebte und sich im Aufbau eines neuen Staates befand. Die neue Verfassung begründete einen plurinationalen Staat und forderte damit den auf Nation und Kultur basierenden liberalen Nationalstaat heraus.

Im Oktober und November 2019 kam es jedoch zu einem schwindelerregend schnellen und seltsamen Fall von Evo Morales, der ebenso unerwartet war wie sein erster Wahlsieg im Dezember 2005. Kurioserweise ging beides mit der Abhaltung nationaler Parlamentswahlen einher. Das heißt, in beiden Situationen gab es eine hohe Wahrscheinlichkeit, dass er der Gewinner oder im anderen Fall der Verlierer sein könnte. Aber in keinem der beiden Fälle sah irgendjemand das Ausmaß des Sieges oder die Unmittelbarkeit des Zusammenbruchs voraus. Der Hauptunterschied zwischen beiden Situationen besteht darin, dass wir in der ersten Situation einen starken Prozess der Politisierung der Gesellschaft erlebten, nun in der zweiten Situation aber einen dichten und langen Prozess der Entpolitisierung. Man kann versuchen, die Überraschung oder Ratlosigkeit zu argumentieren, die diese Situationen hervorrufen, aber beides sind letztlich Folgen eines sozialen und kollektiven Handelns, entweder durch die Ergebnisse an den Wahlurnen oder einfach durch gesellschaftlichen Rückzug und Angst vor den Angriffen und Parteischarmützeln angesichts zweifelhafter vorläufiger Wahlergebnisse. In beiden Fällen wird der mögliche Verlauf der Situation durch die gesellschaftliche Basis und Unterstützung bestimmt.

Die rechtlich erzwungene Übergangsregierung in Bolivien wurde schließlich durch den vorzeitigen Rücktritt aller Behörden, die verfassungsmäßig das Amt des Präsidenten übernehmen hätten können, sowie durch die Dringlichkeit der Lösung des politischen institutionellen Vakuums, verwirklicht.

Die Übergangsregierung, die ein Bild von Stärke und Entschlossenheit demonstrieren wollte, konzentrierte ihre Kraft schnell auf die neue Präsidentin Jeanine Áñez, die nur dadurch gewählt werden konnte, weil sie als Senatorin auch dritte Vizepräsidentin der Senatskammer war. Sie gilt als wütende Gegnerin von Evo Morales, deren Partei kaum 4% der Stimmen bei den letzten Parlamentswahlen erreichte. Die Kräfte, die es geschafft hatten, ihre Amtseinsetzung als Präsidentin durchzusetzen, befinden sich nun in einem opportunistischen Wettstreit um die Wahlarena, die sie leiten sollte. Die nun geplanten Neuwahlen erhielten so immer mehr Merkmale eines Karnevals.

Mit dem plötzlichen Rücktritt von Evo Morales und seinen unmittelbaren MitarbeiterInnen wurde allerdings auch ein institutionelles politisches Vakuum geschaffen, das einen Riss deutlich machte, der die politische Kraft von Evo Morales und seiner Partei Movimento al Socialismo (MAS) aufrechterhielt, die zugleich aber zu verwundbar und explosiv war, um zu versuchen, mit einem neuen starken Wahlprogramm anzutreten.

Die Pandemie führte zu einer ständigen Verschiebung der Wahlen. Wie viele Tote Covid-19 mittlerweile in Bolivien gekostet hat, ist unklar, da viele der Toten gar nie getestet wurden. Die offiziellen Zahlen, die Anfang August schon über 4.000 Tote auswiesen, werden von vielen als viel zu gering betrachtet. Offiziell gab es am 23. August 4.442 Corona-Tote und über 100.000 aktive Infektionen,[3] was allerdings wohl nur einen Teil der realen Zahlen darstellt. Selbst die *New York Times* berichtete Mitte August, dass seit Juni 20.000 mehr Menschen in Bolivien starben als in den vergangenen Jahren.[4] Und wie in vielen Teilen der Welt trifft es auch in Bolivien überwiegend ärmere Schichten der Bevölkerung, die sich eine Isolation schon rein materiell nicht leisten können und ihren manuellen Tätigkeiten weiter nachkommen müssen.

Nach einem angespannten politischen Kampf während der Pandemie wurde nun für den 6. September 2020 ein neuer Wahltermin für die Parlamentswahlen verkündet, was zwar die Spannung in Bezug auf den Wahltermin verringerte, aber noch nicht klarstellte, was die stärksten Optionen für die Wahlen wären. Die flüchtige Popularität der derzeitigen Präsidentin der Übergangsregierung nimmt weiter ab, ebenso wie die Frage, ob sie selbst ihre Kandidatur fortsetzt oder nicht. Bisher waren die Parteien sehr vorsichtig, wenn nicht gar schweigsam, was ihren Wahlvorschlag betrifft, denn jeder mögliche Horizont ist ungewiss oder tendiert dazu, sich zu verschieben. Man kann es als politischen Sieg der Linken lesen, dass wir überhaupt einen Wahltermin erreicht haben und eine der HauptanwärterInnen, die derzeitige Übergangspräsidentin, am Boden liegt oder kurz davor ist, das Rennen zu verlassen.

Was schließlich das bolivianische Wahlszenario betrifft, so könnte sich der Termin aber erneut verschieben, weil die Folgen der Pandemie die schlimmsten Prognosen, die wir hatten, übertreffen. Ohne verfassungsmäßige Regierung und funktionierenden Staat, mit konkurrierenden Parteikräften und einer grassierenden Pandemie, befinden wir uns in Bolivien in einer multidimensionalen Krise.

In einem kürzlich erschienenen Artikel über Bolivien und Covid-19, der sich sehr kritisch mit den materiellen und menschlichen Bedingungen im Gesundheits- und Sanitärbereich des Landes auseinandersetzt, stellen die Autoren zunächst fest:

3 https://www.coronatracker.com/de/country/bolivia (23.8.2020)

4 https://www.nytimes.com/2020/08/22/world/americas/virus-bolivia.html (23.8.2020)

> *«Wenn es eine Sache gibt, die der Mehrheit der Einwohner dieses Landes klar ist, dann ist es die, dass der Unsicherheit und Angst, die diese Pandemie und die lange Gefangenschaft umgeben, mit persönlichen, familiären, nachbarschaftlichen und/oder gemeinschaftlichen Strategien begegnet werden muss. Vom Staat, der in den letzten Jahren der Gesundheit kaum noch Priorität eingeräumt hat und der heutzutage die Krise improvisiert, gewaltsam und unverantwortlich handhabt, ist wenig zu erwarten.»*[5]

Das ist die Diskrepanz zwischen Gesellschaft und Staat, die in unserer südamerikanischen Realität und dem, was wir ihren kolonialen Zustand nennen, historisch ist. Die Perspektive, die wir versuchen, sichtbar zu machen, ist, wie dieser historische koloniale Zustand im Laufe der Zeit konfrontiert, bekämpft und modifiziert wurde. Offensichtlich handelt es sich nicht um die Version der Sieger und Dominanten, sondern um eine Gegenversion, die in den Erinnerungen sehr lebendig und kraftvoll ist und in den laufenden Bewegungen und Kämpfen reaktiviert wird.

In einem kürzlich erschienenen Buch, das Erfahrungen von Problematisierungen in der feministischen Bewegung aufnimmt, weist Veronica Gago darauf hin, wie wichtig es ist, «Körper zu machen» bzw. «Körper zu geben», was zur Körperlichkeit von (sozialen) Bewegungen würde:

> *«Die Versammlung wird dadurch produziert, dass ein Raum körperlich besetzt wird, und zwar in einer Weise, die zeigt, dass politische Performativität nicht nur diskursiv oder prädiskursiv ist. Es kann ein Marsch, eine Mahnwache, die Besetzung eines Platzes oder eines Gebäudes, eine öffentliche Trauer oder ein Hungerstreik sein […] um Versammlungen als eine Ansammlung von Körpern zu bezeichnen. Worauf es ankommt, ist die Materialität des Körpers, der sich mit anderen zusammen einer Gefahr aussetzt. Das ist es, was die Autorin wörtlich sagt. Jenseits der sprachlichen Aussagen erscheint eine andere Art des sich Äußerns. Den Körper zu positionieren heißt etwas zu sagen. Aber es anders zu sagen. Performativ bedeutet somit eine gemeinsame Kraft zu entwickeln und auch politisch einzusetzen.»*[6]

5 Huáscar Salazar / Mónica Rocha. Bolivia frente a la Covid-19.Entre la precariedad en salud y la gestión improvisada, en: https://www.rosalux.org.ec/pdfs/BoliviaFrentealaCOVID19.pdf (10.8.2020)

6 Veronica Gago, La potencia feminista. Madrid 2020, 188.

Zum Abschluss meines Beitrags über die bolivianische Erfahrung in der Pandemie möchte ich auf Foucaults Satz vom Anfang verweisen, in welchem er dazu aufrief, der Alternative von außen und innen zu entkommen, indem er forderte, man müsse «an den Grenzen sein»,[7] was man im Kontext der vielfältigen antikolonialen Kämpfe und der gegenwärtigen antiautoritären Strategien gegen die Macht lesen könnte.

Auch der Umgang mit Covid-19 in Bolivien ist im Kontext dieser antikolonialen Kämpfe zu lesen, die nach dem Scheitern der Regierung Morales weiter ihre Körper in die politische Auseinandersetzung einbringen müssen.

7 Michel Foucault: Was ist Aufklärung? In: Erdmann/Forst (Hg.): Ethos der Moderne, Frankfurt am Main 1990, 35-54: 48.

Schwache Politik und starke Gesellschaft

Der italienische Weg

Von Francesco Ronchi

Pandemien können Momente der Wahrheit sein, kritische Augenblicke, die bereits bestehende Phänomene verstärken, neue Trends aufspüren und auch den Weg zu einem historischen Durchbruch eröffnen.

Italien war das erste westliche Land, das von der Covid-19-Pandemie betroffen war, und in dieser Hinsicht stellte es für andere Länder auch eine Art Laboratorium dar.

Es ist noch zu früh, um die wichtigsten Lehren aus der andauernden Pandemie zu ziehen. Während kurzfristige Trends leichter zu erfassen sind, ist die Vorhersage langfristiger Tendenzen eine gefährliche Übung.

Auf lange Sicht kann ein großer externer Schock große Veränderungen hervorrufen, die über einen kurzen Zeitraum unbemerkt bleiben. Im November 2008, nur wenige Monate nach dem Zusammenbruch von Lehman Brothers und dem Beginn der Subprime-Krise, wurde Barack Obama zum Präsidenten der Vereinigten Staaten gewählt. Obamas Sieg wurde als Triumph des Liberalismus und der offenen Gesellschaft in Amerika gefeiert. Im Jahr 2016 jedoch erlebten die USA als Teilfolge der Wirtschaftskrise mit der Wahl von Donald Trump die dramatischste antiliberale Gegenreaktion in ihrer Geschichte. Niemand hätte zu Beginn der Finanzkrise 2008 mit einem solchen Ergebnis gerechnet.

Dieses Beispiel zeigt, dass Krisen Momente der Möglichkeiten sind, Fenster, die den Weg für unerwartete Veränderungen öffnen.

Trotz dieser analytischen Vorbehalte zeichnen sich im italienischen Fall drei Haupttendenzen aus der Covid-19-Krise ab: ein Trend zur Entpolitisierung, eine Tendenz zur Präsidialisierung der Politik und eine Stärkung der informellen Institutionen, einschließlich der Familie.

Eine stärker entpolitisierte Gesellschaft

Die ersten Reaktionen auf die Krise waren technokratischer Natur. Die Exekutive und die Legislative sind ihrer Rolle nicht nachgekommen, diese wurde von einem neu eingerichteten Wissenschaftlichen Rat, einem von der Regierung ernannten Gremium, das sich aus Experten zusammensetzt, wahrgenommen.

Diese Entscheidung ist auf zwei Faktoren zurückzuführen. Der erste war technischer Natur: Italien war, wie jedes andere westliche Land, nicht auf eine derart heftige Pandemie vorbereitet. Die Unterstützung durch Experten sollte den Entscheidungsträgern relevantes Fachwissen und nützliche Informationen zur Verfügung stellen. Der zweite Grund ist eher politischer Natur und zeigt einen «technokratischen Wandel», in Richtung einer Vormachtstellung von Experten gegenüber gewählten Amtsträgern. Dieser «technokratische Wandel» hat eine klar normative Dimension.

Wie der Politikwissenschaftler Jan-Werner Müller feststellte, «vertritt die Technokratie die Auffassung, dass es nur eine richtige Lösung gibt»[1], was letztlich zu einem antipolitischen Effekt führt, der politische Überlegungen als überflüssig erscheinen lässt.

Die Entscheidung der Regierung, rigorose Lockdown Maßnahmen zu ergreifen, um die Ausbreitung des Virus einzudämmen, wurde auf der Grundlage eines Vorschlags des Wissenschaftlichen Rates getroffen, ohne dass darüber eine Beratung im Kabinett oder im Parlament stattfand.

Darüber hinaus schien die Parteipolitik im Entscheidungsprozess im Zusammenhang mit der Krise irrelevant geworden zu sein. Deren Abwesenheit an einem für die italienische Geschichte entscheidenden Zeitpunkt bestätigt die existenzielle Krise der politischen Parteien. Parteiorganisationen sind zu marginalen Kräften bei der Festlegung der politischen Agenda des Landes geworden.

Das war auch der Grund, warum sich der Schwerpunkt von den politischen Institutionen auf die wissenschaftliche Gemeinschaft verlagerte und politischen Beratungen und Diskussionen über das Krisenmanagement eine untergeordnete Rolle spielten.

Diese Verlagerung des Schwerpunkts auf die wissenschaftliche Gemeinschaft beruhte jedoch auf einer trügerischen Annahme: auf der technokratischen Idee, dass die Wissenschaften uns eine einzige, unbestreitbare Wahrheit liefern können. In Zeiten des Umbruchs kann es beruhigend sein, sich auf eine einzige Wahrheit zu verlassen, da es den Bürgern hilft, sich in unbekannten Gewässern zu orientieren.

Wie das revolutionäre Buch von Thomas Kuhn über «Die Struktur wissenschaftlicher Revolutionen»[2] zeigt, folgt die wissenschaftliche Methode jedoch

1 Jan-Werner Müller, »Genuine political choice serves as best antidote to populism", Financial Times, 4.10.2016, https://www.ft.com/content/54240580-75db-11e6-bf48-b372cdb1043a (31.8.2020)

2 Thomas S. Kuhn, The Structure of Scientific Revolutions, Chicago, University of Chicago Press, 1996.

keiner linearen und kumulativen Entwicklung, die eine einzige Wahrheit behauptet.

Im Gegenteil, die wissenschaftliche Methode ist durch Diskontinuitäten gekennzeichnet – eine Reihe von abwechselnd «normalen» und «revolutionären» Phasen, in denen die Gemeinschaften von Spezialisten mit Perioden von Aufruhr, Unsicherheit und Angst konfrontiert sind.

Ungewissheit ist daher ein konstitutives Merkmal jeder Wissenschaft. Nach wochenlangem Zögern schien dies auch im italienischen Fall klar zu sein. Anstatt einen einvernehmlichen Ansatz zu entwickeln, war die Gemeinschaft der italienischen EpidemiologInnen zunehmend gespalten über die Strategie zur Bekämpfung von Covid-19. Durch die Überbelichtung der Medien kam es auch im medizinischen Bereich zu Interessenkonflikten.

Aufruhr, Ungewissheit und vielfältige, konkurrierende Wahrheiten untergruben die Rolle der Experten.

Ein «wirbelloser Staat»

Die Marginalisierung der politischen Parteien sowie das von Experten gezeichnete chaotische Bild haben die Exekutive im Zentrum des Krisenmanagements allein gelassen.

Giuseppe Conte, der italienische Premierminister, hat seine Rolle als nationaler Führer behauptet und wurde als der Mann wahrgenommen, der Italien von der schlimmsten Krise seit dem Zweiten Weltkrieg weggeführt hat.

Diese neue, persönliche Führung führte auch zu einem Prozess der Machtkonzentration, der sich um zwei Instrumente gruppierte: die Verhängung des Ausnahmezustands und die Anwendung sogenannter Dekrete des Ministerpräsidenten (DPCM), d.h. Dekrete, die vom Ministerpräsidenten ohne weitere Bestätigung durch das Parlament oder den Präsidenten der Republik erlassen wurden.

Diese Vertikalisierung der Macht ist nicht neu, sondern entspricht dem Trend zur Präsidialisierung, der seit den neunziger Jahren des letzten Jahrhunderts in den wichtigsten europäischen politischen Systemen zu beobachten ist.

Auch die Entpolitisierung spielt bei diesem Trend zur Präsidialisierung eine Rolle.

Giuseppe Conte hat das Bild eines «unpolitischen» Führers entwickelt, einer Figur ohne klare politische Zugehörigkeit, Orientierung oder Kultur. Diese ideologische Vagheit hat es ihm ermöglicht, nach einer Regierung mit Salvinis Lega ohne Durchbrechung der Kontinuität zum Vorsitz eines neuen Kabinetts mit der

Partito Democratico der linken Mitte überzugehen. Pragmatismus ist das charakteristische Merkmal seiner Führung.

Diese Politik des Pragmatismus ist das Resultat des Niedergangs der italienischen Parteipolitik.

In weniger als dreißig Jahren hat sich Italien von einem politischen System und einer Gesellschaft mit starken Massenparteien, die klare ideologische Orientierungen widerspiegeln, zu einem politischen System mit schwachen politischen Parteien und politischen Kulturen entwickelt.

Im Jahr 1921 beschrieb José Ortega Y Gasset Spanien als «pays inverterbrado», «ein wirbelloses Land», ein System ohne politischen Rückgrat.[3]

Der Zusammenbruch der politischen Parteien und der Parteipolitik, der mit dem Aufkommen einer neuen pragmatischen Politik einherging, hat vielleicht auch Italien in einen «pays inverterbrado» verwandelt.

La Famiglia

Die Covid-19-Krise hat aber auch gezeigt, dass der Zusammenhalt der italienischen Gesellschaft stärker ist als erwartet. Während der Krise war das Verhalten der Menschen in Italien durch eine besonders ausgeprägte Disziplin gekennzeichnet. Ohne soziale Spannungen bewältigte das Land einen der weltweit rigorosesten Lockdowns. Das stärkte das Vertrauen gegenüber den Institutionen. Die Kriminalitätsraten gingen dramatisch zurück, was die schon vorher bestehenden Trends bestätigte. Das soziale Kapital ist nach wie vor hoch, vor allem in den Regionen des Zentrums und des Nordens.

In den nächsten Monaten wird der soziale Zusammenhalt jedoch mit großen Herausforderungen im Zusammenhang mit der Covid-19-Krise konfrontiert sein. Die erste Herausforderung ist wirtschaftlicher Natur. Italien dürfte in Bezug auf die Wirtschaftsleistung eines der am stärksten betroffenen Länder der Welt sein, da das BIP bis 2020 voraussichtlich um mehr als 10% zurückgehen wird. Die wirtschaftliche Depression wird das soziale Gefüge des Landes schwächen.

Die zweite Herausforderung ist politischer Natur. Die strukturelle Krise der Parteipolitik hat dazu geführt, dass die italienische Gesellschaft ohne Vertretungen auskommt, die in der Lage sind, die Präferenzen der Bürger im politischen Prozess zu kanalisieren. In den letzten Jahren haben die politischen Bewegungen eine entscheidende, komplementäre Rolle gespielt: Die Fünf-Sterne-Bewe-

3 José Ortega y Gasset, Espana Invertebrada, Madrid, Austral 2011.

gung war in der Lage, das politische System Italiens zu verändern und einige qualitative Veränderungen im Hinblick auf mehr Transparenz und Korruptionsbekämpfung zu bewirken. Die Bewegung der «Sardinen», die eine Mobilisierung des Volkes zur Erneuerung der italienischen Politik darstellt, war eine der treibenden Kräfte für den Sieg der Partito Democratico in der Region Emilia Romagna im Jänner 2020. Diese politischen Bewegungen haben jedoch auch ihre Grenzen hinsichtlich der Nachhaltigkeit und Dauerhaftigkeit ihres Handelns aufgezeigt: Viele ihrer Anhänger sind mit der Bilanz der Fünf-Sterne-Bewegung als Regierungsmacht unzufrieden, und die Bewegung scheint zunehmend gespalten, während die «Sardinen» ihren Schwung verloren haben und allmählich aus der politischen Landschaft verschwinden. In dieser Hinsicht zeigt Italien die komplexe Beziehung zwischen Bewegungen und politischen Parteien: Während die Parteien verebben, sind die Bewegungen nicht in der Lage, sie zu ersetzen.

Darüber hinaus hat die Covid-19-Krise die Grenzen des Populismus aufgezeigt. Entgegen allen Erwartungen ist Matteo Salvini seit Beginn der Krise aus dem Spiel. In einer Zeit, in der sich die Wähler «um die Fahne scharen» und Fachwissen und Verantwortungsbewusstsein in den Vordergrund stellen, scheint Salvinis aggressives und sprunghaftes Vorgehen bei vielen Italienern, und in seiner Wählerschaft nicht mehr zeitgemäß.

Die wirtschaftliche Not und die politische Umstrukturierung des Landes könnten am Ende einen der Grundpfeiler der italienischen Gesellschaft, die Familie, stärken.

In Zeiten wirtschaftlicher Unsicherheit spielt die Familie als informelles Instrument der Umverteilung und als de facto sozialstaatlicher Versorger einen stabilisierenden Faktor. In Zeiten politischer Unsicherheit, in denen Parteien und traditionelle politische Kulturen ihr Primat verloren haben, kann die Familie auch ein Anker der Stabilität sein.

Die wachsende Rolle der Familie ist ein zweischneidiges Schwert, das auch dem Land abträglich sein könnte, da es den amoralischen Familismus und Tribalismus in der italienischen Gesellschaft wieder stärken könnte.

Die Covid-19-Krise könnte bereits bestehende Trends zur Entpolitisierung und Präsidialisierung der Politik verstärken. Die Vitalität der italienischen Gesellschaft kann in Zeiten wirtschaftlicher Krisen und politischer Fragilität ein Stabilitätsanker für das Land sein, aber auch strukturelle Schwächen, einschließlich des Klientelismus, verschärfen. Schwächere politische Institutionen und eine stärkere Gesellschaft ist das, was Italien vielleicht in der Phase nach Covid-19 erleben wird.

Die Unordnung der Peripherie – Covid-19 in Brasilien

Von Andreas Novy und Carlos R. Winckler

Brasilien ist neben den USA das Land, das von Covid-19 am meisten betroffen ist. In keinem Land spitzt sich aktuell die Pandemie so zu wie in Brasilien: Mitte Juni waren es noch 43.000 offiziell registrierte Todesfälle und 850.000 offiziell registrierte Infizierte. Am 29. Juni waren es 58.000 Todesfälle und über 1,3 Millionen Infizierte. Dabei gehen Fachleute davon aus, dass die jeweiligen Dunkelziffern hoch sind – teilweise wird die Todesursache als «Lungenversagen» dokumentiert. Die Bundesuniversität von Pelotas[1] vermutet, die Zahl der tatsächlich Infizierten könnte siebenmal höher sein als die offiziellen Zahlen. Kurzum, die Situation ist dramatisch – und alles deutet darauf hin, dass sie sich weiter zuspitzen wird.

Man könnte vermuten, dass Machthaber mit autoritären Neigungen eine Pandemie nützen, die Kontrolle über die Bevölkerung zu verstärken und den Sicherheitsapparat auszubauen. China und Ungarn beschritten diesen Weg. In Brasilien kam es zu einer anderen Reaktion, die Außenstehende verwundern mag. Jair Bolsonaro, 2018 in der Stichwahl gegen einen Kandidaten der Arbeiterpartei PT zum Präsidenten gewählt, setzt auf die Freiheit seiner Bürger*innen und verbündete sich mit denen, denen sowohl die Wissenschaft als auch internationale Organisationen suspekt sind. In Fernsehauftritten fordert er wiederholt von Gouverneuren und Bürgermeister*innen, Lockerungen bei Ausgangsbeschränkungen. Wie davor im Umgang mit der Klimakrise leugnet er wissenschaftliche Erkenntnisse und ignoriert die Erfahrungen anderer Länder im Umgang mit der Pandemie. Er verkörpert selbstbewusst den Reaktionär, den Anti-Intellektuellen. Noch akzentuierter als sein großes Vorbild Donald Trump verfolgt er den Kurs, wonach die «Wirtschaft» wichtiger sei als die Gefahr einer, wie er es nennt, «kleinen Grippe», konsequent – und von Anfang an. Er befeuert Demonstrationen seiner Anhänger*innen gegen Quarantänevorschriften, die von einzelnen Gouverneuren verhängt wurden, ebenso wie gegen den Obersten Gerichtshof. Militante Anhänger nutzen die vermeintliche Straffreiheit zu Angriffen auf Pflegepersonal, das gegen fehlende Schutzmaterialien demonstriert. Gleichzeitig propagiert Bolsonaro medizinische Heilmittel, deren Wirksamkeit

1 https://agenciabrasil.ebc.com.br/educacao/noticia/2020-06/pesquisa-da-ufpel-estima-subnotificacao-de-casos-de-covid-19-no-brasil (1.7.2020)

von der Wissenschaft einhellig abgestritten werden. Weitergehend als Trump verletzt er regelmäßig und bewusst Hygiene- und Sicherheitsvorschriften, wenn er mit seinen Sympathisant*innen zusammenkommt. Kurzum, Bolsonaro führt Brasilien in die Zeit vor der Aufklärung; «post-faktisch» ist ein Modewort für abergläubisch und vor-wissenschaftlich. Wie ist das möglich? Und warum kann er sich weiterhin an der Macht halten?[2]

Beeindruckend stabile Machtstrukturen einer ehemaligen Sklavenhaltergesellschaft

Der Umgang mit Covid-19 in Brasilien ist nur verständlich, wenn seine historischen und institutionellen Wurzeln berücksichtigt werden. Brasilien kennzeichnet fast 400 Jahre Kolonialgeschichte, eine Geschichte mit beeindruckend stabilen Machtstrukturen. Die Sklavenhaltergesellschaft endete offiziell 1888, doch Rassismus, soziale Hierarchien und wirtschaftliche Abhängigkeiten bestehen bis heute: Das «Herrenhaus» dominiert die «Sklavenhütte.»[3] Agrobusiness und Finanzkapital, beide eng verwoben mit den Interessen der Wallstreet, gaben und geben den Ton an. Die Nachkommen der Sklav*innen wurden Arbeiter*innen in Fabriken und Dienstbotinnen übernahmen die Arbeit der Haussklavinnen. Diese «Unordnung der Peripherie»[4] blieb bis heute in ihren Grundzügen erhalten.

Die aktuellen Entwicklungen der Covid-19-Pandemie sind ohne diesen großen historischen Rahmen der «Unordnung der Peripherie» sowie der Art und Weise, wie die Arbeiterpartei PT aus der Regierung geputscht wurde, nicht zu verstehen. Bis 2018 galt Jair Bolsonaro als Spinner, ein Freund von Paramilitärs und Nostalgiker der Militärdiktatur (1964–1982/89). Seit 2013, den anfangs linken, doch rasch von rechts vereinnahmten Protesten gegen die Fußball-WM 2014 sowie die Olympischen Spiele 2016 in Rio de Janeiro, radikalisierte sich Brasilien auf unvorstellbare Weise. Im Rückblick glaubt man es kaum: Aber in der Amtszeit von Luiz Inácio Lula da Silva (2003–2010) erlebte Brasilien einen rasanten Aufschwung. Sein internationales Prestige erreichte mit der Wahl von zwei Brasilianern, zuerst zum Generalsekretär der Welternährungsorganisation

2 Anjuli Tostes A und Hugo Melo Filho. Quarentena: reflexões sobre a pandemia e depois. Projeto Editorial Praxis. Bauru 2020.

3 Gilberto Freyre, Herrenhaus und Sklavenhütte. Ein Bild der brasilianischen Gesellschaft. Berlin 1965.

4 Andreas Novy. Die Unordnung der Peripherie: 500 Jahre Raum und Macht in Brasilien. Wien 2001.

FAO (u.a. gegen den Österreicher Fischler) und in der Folge zum Generalsekretär der Welthandelsorganisation WTO – beides in umkämpften Stichwahlen gegen die Kandidaten der USA und der EU – einen Höhepunkt. Sozialpolitischer Höhepunkt war vermutlich, als die FAO 2014 offiziell erklärte, es gebe in Brasilien keine Hungerleidenden mehr. Innenpolitisch galt die PT als unschlagbar, und zwar deshalb, weil sie das Spiel der Macht perfekt beherrsche und das Establishment, inklusive Agrobusiness und Finanzkapital, eingekauft habe. Die Kritik von links verstärkte dies: Die PT habe ihre Ideale verraten, sei eine ganz normale Partei geworden.

Trägheit und Beharrungskraft der staatlichen Institutionen

Die PT entstand in den 1980er-Jahren als Partei sozialer Bewegungen, allen voran Gewerkschaften und (oftmals kirchlichen) Basisorganisationen. In der Regierungszeit (2003–2016) wurde sie zu einer staatstragenden Partei, die sich bis zum Putsch 2016 erfolgreich im komplexen Institutionengefüge Brasiliens bewegte. Sie nutzte den Spielraum zur Institutionalisierung einer Grundsicherung und gewisser Anti-Diskriminierungsmaßnahmen wie Quoten für Schwarze an Universitäten. Gleichzeitig wurde sie eine «ganz normale» Partei, die Kompromisse einging, Klientelismus akzeptierte und praktizierte. Manche ihrer Repräsentant*innen wurden korrupt.

Die Föderative Republik Brasilien ist das weitaus größte Land Lateinamerikas. Dass die portugiesische Kolonie im Unterschied zur spanischen eine Nation blieb, erklärt sich aus dem Sklavenhalterpakt des 19. Jahrhunderts: Die weiße Oberschicht sagte sich gegenseitig landesweit Unterstützung im Kampf gegen Aufstände «von unten», insbesondere der Sklav*innen, zu. Bis 1889 repräsentierte und vermittelte der Kaiser dieses Bündnis der Sklavenhalter.

Und wie in den USA soll auch die komplexe brasilianische Verfassung sicherstellen, dass politische Mehrheiten keine weitreichenden Veränderungen der sozioökonomischen Strukturen vornehmen können. Neben Brasiliens Föderalismus gibt es ein Wahlrecht, das zwar das Staatsoberhaupt direkt wählt, aber gleichzeitig zu einem fragmentierten Parlament führt. Eine Vielzahl an Parteien und die verbreitete Praxis, Wahlerfolge durch hohe Werbeausgaben zu erzielen, zwingen die Regierung zum ständigen Tausch von Zustimmung und Gefälligkeit. Weder im Kongress noch im Senat verfügte die PT jemals über mehr als ein Fünftel der Stimmen. Breite Koalitionen mit den damit verbundenen Konzessionen und Gefälligkeiten waren schwer vermeidbar.

Weites gibt es starke Körperschaften wie das Militär, die Justiz, die Staatsanwaltschaft, aber auch die Universitäten, die ein hohes Maß an Autonomie besitzen. Unabhängig von der Regierung verteidigen sie vehement die Unabhängigkeit und auch die Privilegien der jeweiligen Korporationen. Die Bundesregierung verfügt über keinen nennenswerten Polizeiapparat, kann daher auch nicht direkt repressiv gegen die Opposition vorgehen. Die weltweit dokumentierten Polizeiübergriffe anlässlich der Proteste gegen die Fußball-WM, aber auch die Gewalt der Polizei in Armenviertel wird von der Polizei der jeweiligen Bundesstaaten ausgeübt – und diese war oftmals in Opposition zur PT.

Kurzum, Brasiliens Institutionen sind komplex. Das Staatsoberhaupt kontrolliert die Regierung, was aber keinesfalls heißt, dass er oder sie an der Macht sei. Dies erklärt zu guten Teilen gleichermaßen die Schwierigkeiten der PT, ihr Programm umzusetzen, wie das erratische Vorgehen Bolsonaros, der zwar mit Diktatur und Faschismus flirtet, aber den Staatsapparat nur teilweise kontrolliert. Die Trägheit von Brasiliens Institutionen könnte sich unter den gegebenen Bedingungen also einmal als Vorteil erweisen.

Die Nachwehen des Verfassungsputsches von 2016

Doch obwohl die PT zutiefst «normal» – und aus diesem Grund zu Recht kritisierbar – geworden ist, kam es von 2013 an zu einer Radikalisierung der brasilianischen Gesellschaft. Nicht nur die öffentliche Meinung, auch die Stimmung im Land kippte: von nun an galt immer mehr Brasilianer*innen die PT – und damit zumeist gleich die gesamte Linke – als radikal, marxistisch, mit Venezuela und Kuba verbündet.

Die treibende Kraft dieses Stimmungsumschwungs waren die kommerziellen Medien – allen voran der Fernsehsender Globo sowie die sogenannten Qualitätszeitungen *Folha de São Paulo* und *Estado de São Paulo*. Die Medien unterstellten selbst der Präsidentin Dilma Rousseff Korruption, wiewohl ihr bis heute kein juristisches Vergehen nachgewiesen werden konnte. Trotz Medienkampagne und teilweise erratischer Regierungsführung gelang Dilma Rousseff 2014 ihre Wiederwahl. Jedoch akzeptierte der unterlegene Mitte-Rechts Kandidat Aécio Neves seine Wahlniederlage nicht. Die Sieger seien eine korrupte Gang – dies, bevor diverse Korruptionsvorwürfe 2017 seine eigene Karriere in eine Sackgasse führten.

Von 2015 bis 2018 bestimmte das Thema Korruptionsbekämpfung Brasiliens Politik. Es kanalisierte die Ablehnung gegen alles, was mit Politik und Staat zu tun hat, und bereitete den Boden für Veränderungen, deren Reichweite den Protagonist*innen selber lange nicht bewusst war. In allen Parteien, aber insbesondere bei den Koalitionspartnerinnen der PT und ihr selber, kam es zu Verurteilungen. Dass dies in Brasilien möglich wurde, während es in Ländern wie der Türkei, Russland, Ungarn und selbst den USA schwer vorstellbar ist, liegt daran, dass die Arbeiterpartei PT von einem großen Vertrauen in die Institutionen getragen war. Sie akzeptierte die Autonomie der Korporationen. Sowohl in Polizei als auch Justiz ernannte die PT-Regierung 14 Jahre lang Oberste Richter*innen und Führungskräfte gemäß den Vorschlägen der jeweiligen Institutionen. Und es waren genau jene, von der PT ernannten Richter*innen, die ein, oftmals die Grenzen des legalen überschreitende Agieren der Justiz rechtfertigten. Erstmals in Brasiliens Geschichte wurden systematisch auch Regierende verurteilt – bis hin zu Lula, der als Ex-Präsident 2018 ins Gefängnis wanderte und bis heute seine politischen Rechte verloren hat. Brasiliens Linke ist ohne Zweifel demokratisch und republikanisch. Sie akzeptierte nicht nur die Wahlergebnisse, sondern auch zweifelhafte Gerichtsurteile, und sie räumte die Macht gewaltfrei. Heute vereint sie zwar weiterhin rund ein Drittel der Bevölkerung, doch ist sie in einer tiefen Krise und tief gespalten: Für einen Teil habe sie in der Regierungszeit zu viele Ideale verraten, beim anderen Teil gibt es kaum Ideen, wie Politik anders gemacht werden könnte.

Gleichzeitig schwappten in diesem Klima von produzierter Politikverdrossenheit Diskurse an die Oberfläche und damit die Öffentlichkeit, die zunehmend jeglicher Rationalität entbehrten. Ein Hauptvorwurf gegen die Linke war, sie verbreite einen «Kultur-Marxismus», worunter Menschenrechts- und Umweltkunde sowie Sexualunterricht zusammengefasst wurde. Diese Neue Rechte, die viele Jahre im Untergrund der sozialen Medien, in Radiosendern und den Freikirchen diesen Meinungsumschwung vorbereitete, unterschied nicht zwischen der klassischen Linken und der identitätsorientierten – obwohl diese auch in Brasilien in interne Grabenkämpfe verwickelt sind. Beide seien Feinde von Vaterland, Familie und Religion. Der Boden für finstere Zeiten war bereitet, Jair Bolsonaro nutzte seine Chance. Mit oder trotz Slogans wie «Ich habe lieber einen toten Sohn als einen homosexuellen» positionierte er sich erfolgreich als Gegenpol zu den «Kultur-Marxisten». Das Besorgniserregende: Wegen oder trotz dieses Slogans begeisterte er vor allem die Gebildeten (und Einkommensstarken). Bis zum heutigen Tag unterstützen ihn mehr als die Hälfte der Unternehmer*innen, wie eine Umfrage Ende Juni erhob.[5] Mit seinem extrem neoliberalen Wirtschaftsprogramm gewann Bolsonaro 2018 die Wahl. Seine Stützen sind das Agrobusiness,

5 www1.folha.uol.com.br/colunas/painelsa/2020/05/mais-da-metade-dos-empresarios-aprovam-governo-bolsonaro.shtml (1.7.2020)

das Finanzkapital, die Militärs sowie fundamentalistische Christen. Umgehend begann er unter dem Applaus von Medien und Unternehmerschaft, sein radikales neoliberales Wirtschaftsprogramm, allen voran die Abschaffung zahlreicher Arbeitsrechte und Sozialprogramme, umzusetzen. Gleichzeitig wurden Klimaschutzmaßnahmen eingestellt und Umweltschutzgesetze gelockert. Die Schutzgebiete der Indigenen wurden zur Zielscheibe von Agrobusiness und Bergbauunternehmen, die Schürfrechte und Anbaugebiete ausdehnen wollen. Schulreformen sollten Lehrinhalte von ideologischen Inhalten säubern – all dies lange Zeit ohne große Widerstände. Bolsonaro, wie Trump, verbindet einen simplen Sozialdarwinismus, die Verherrlichung von Individualismus und Unternehmertum, mit anti-aufklärerischer Kultur- und Bildungspolitik. Angesichts der Covid-19-Pandemie die These von der Herdenimmunisierung zu übernehmen, war daher stimmig.

Covid-19 verstärkt Muster

Tatsächlich trifft die Pandemie die ärmere Bevölkerung viel stärker. Eine Untersuchung der Katholischen Universität von Rio de Janeiro[6] stellte in ihrer Fallstudie große Unterschiede fest: Während bei Weißen mit starken Symptomen 37,9% verstarben, lag diese Zahl bei der nicht-weißen Bevölkerung bei 54,8%. Bei den Personen zwischen 30 und 39 Jahren war der Unterschied noch größer: Nicht-Weiße hatten ein 2,5-fach höheres Risiko zu sterben als Weiße. Und der Unterschied zwischen Nicht-Weißen ohne formalen Schulabschluss und Weißen mit Hochschulabschluss war 4:1. Schließlich sind auch Bewohner*innen ärmerer Gemeinden mit schlechten Infrastrukturen (insbesondere Wasserzugang und Kanalisation) besonders betroffen. Die Strukturen der Sklavenhaltergesellschaft erklären bis heute unterschiedliche Lebenschancen.

Hinzu kommt, dass die ärmere Bevölkerung größere Probleme hat, sich an die Empfehlungen und Vorschriften bezüglich Sicherheitsabstand, Hygiene und Quarantäne zu halten. Viele haben ihren Job verloren – allen voran die über sechs Millionen vorwiegend nicht-weißen und weiblichen Hausangestellte sowie die oftmals informellen Händler*innen.

Sorge machen auch die indigenen Gebiete, in denen der Eindruck entsteht, die Behörden hätten kein Interesse, die Pandemie einzudämmen. Tatsächlich

6 Analise socioeconomica da letalidade dos casos de Covid-19 no Brasil; Nota Técnica 11, Núcleo de Operações e Inteligência em Saúde (NOIS). PUC-RJ 27/05/2020 (26.6.2020)

gibt es seit Bolsonaros Amtsantritt massive Versuche, die großen indigenen Schutzgebiete für die unternehmerische Inwertsetzung – insbesondere Bodenschätze, Soja und Rinderzucht – zu öffnen. Bolsonaro, aber vor allem sein Vizepräsident Murão, ein Militär, vertreten offen die Politik der Assimilation: Indigene seien wie andere Brasilianer*innen zu behandeln, ihre Vorrechte seien nicht gerechtfertigt. Ginge es nach ihnen, würden die indigenen Gebiete aufgelöst oder umgewidmet. Da die indigenen Rechte aber in der Verfassung verankert sind, erfordern Veränderungen solide parlamentarische Mehrheiten, die bis jetzt noch fehlen.

Unter der PT-Regierung gab es rund 11.000 kubanische Ärzt*innen, die in abgelegenen Gebieten die Gesundheitsversorgung sicherstellten, 372 in indigenen Gebieten. Da Bolsonaro den Einsatz kubanischer Ärzt*innen einstellte, verschlechterte sich die Gesundheitsversorgung in peripheren Regionen allgemein. Es verwundert nicht, dass die Indigenen auch überdurchschnittlich von Covid-19 betroffen sind. Zwar leben sie verstreuter, doch sind sie tendenziell weniger resistent gegen «neue» Viren. Insgesamt gab es bis Ende Juni rund 8.500 Infizierte und 237 Todesfälle. Besonders betroffen sind ältere, auch historische Führungspersönlichkeiten. In manchen Gebieten besteht die Gefahr, dass einzelne Gruppen aussterben.

Es muss sich was ändern, damit alles so bleibt wie es ist

Covid-19 trifft auf ein Brasilien, das eine besorgniserregende reaktionäre Wende vorgenommen hat. Es wird von einem Präsidenten regiert, der die Grundlagen einer bürgerlichen Gesellschaft nicht akzeptiert – von Verfassung und Rechtsstaatlichkeit bis zu einem zumindest formal vernunft- und wissenschaftsgeleitetem staatlichen Handeln. Langsam dämmert auch dem «Herrenhaus», der alten Elite, den Oligarchen, Medien und Unternehmer*innen, dass Bolsonaro mehr ist, als ein nützlicher Idiot. Bolsonaros Umgang mit Covid-19 führt zu ersten tiefen Zerwürfnissen. Teile der Gebildeten (und Besserverdienenden) beginnen, sich von ihm abzuwenden.[7]

Es fehlt in Brasiliens Covid-19 Politik jegliche nationale Koordinierung. Als die Pandemie sich weltweit verbreitete, besuchte Bolsonaro die USA und traf dort Donald Trump. Nach Brasilien zurückgekehrt, erkrankte im März der Großteil

7 https://www.nexojornal.com.br/expresso/2020/05/28/Por-que-a-rejei%C3%A7%C3%A3o-ao-governo-cresce-mas-o-apoio-fica-intacto (1.7.2020)

von Bolsonaros Beraterstab an Covid-19. Bolsonaro behauptete, er sei negativ getestet – eine Behauptung, an deren Wahrheitsgehalt viele zweifeln. Als Europa und die USA den Lockdown verordneten, sprach Bolsonaro von einer «kleinen Grippe». Die Gouverneure jedoch begannen, im Rahmen ihrer Handlungsspielräume, mit einem Lockdown, vergleichbar dem in Europa. Das Parlament beschloss rasch ein weitreichendes Unterstützungspaket für Betroffene; inklusive Sofortzahlungen von etwas mehr als 100 Euro bis Ende September. Zielgruppe sind Haushalte, die sonst keinen Zugang zu Sozialleistungen hätten. Bolsonaros Bundesstellen verzögern anfangs die Auszahlung der Mittel. Danach instrumentalisierte er diese soziale Absicherung, was seine Popularität unter den ärmeren Bevölkerungsgruppen rasant ansteigen ließ. Nach September wird die Unterstützung halbiert. Möglich ist, dass diese monetäre Unterstützung dauerhaft gewährt wird, um Kürzungen in Gesundheits- und Sozialbereich durchsetzbar zu machen.

Der Gesundheitsminister, Lobbyist privater Krankenversicherungen und militanter Anti-Linker, wurde im März 2020 zum Helden von Medien und Opposition, als er begann, mit Gouverneuren und Parlament zusammenzuarbeiten. In einem sehr kurzen Zeitfenster gab es Koordinierung zwischen Bundes- und Landesregierung. Sein «Heldentum» führte jedoch zur umgehenden Entlassung. Seitdem gibt es nichts, das mit einem nationalen Krisenstab vergleichbar wäre, kaum Zusammenarbeit mit den Fachleuten an Brasiliens Universitäten. Neuer Gesundheitsminister wurde ein farbloser Technokrat, der jedoch auch nur wenige Wochen im Amt blieb. Heute ist ein Militär Gesundheitsminister, wie ganz allgemein Militärs unter Bolsonaro zahlreiche Regierungs- und Verwaltungsämter übernommen haben.

Die offizielle Covid-19-Politik der Bundesregierung ist, den Schaden für die Wirtschaft möglichst gering zu halten. Es gibt ein umfangreiches Bankenhilfspaket, Lohnnebenkosten wurden gesenkt und die Zentralbank stellt Liquidität zur Verfügung, was den Finanzmarkt stabilisiert. Gesundheitspolitische Zielsetzungen sind zweitrangig, Gemeinden und Landesregierung mangelt es an Mitteln im Kampf gegen die Pandemie. Der Oberste Gerichtshof intervenierte zwar bei einzelnen Verwaltungsakten – so erklärte er für verfassungswidrig, dass Bolsonaro die Veröffentlichung landesweiter Zahlen zu Erkrankungen und Todesfällen manipuliert. Und der Gerichtshof bestätigte die Autonomie der Landesregierungen, Maßnahmen wie einen Lockdown zu verordnen. Für Bolsonaro und seine Anhänger*innen ist der Oberste Gerichtshof nun offen zu einem Feind geworden – im November hat er die Chance, eine ihm genehme Richter*in zu ernennen, um den Widerstand des Gerichts zu brechen. Aber dazu braucht er die Zustimmung des Senats.

Diese Radikalisierung Bolsonaros führte dazu, dass der Widerstand erstarkte – wiewohl auf seltsame Weise. Hatten die Gebildeten und Gutverdienenden kein Problem mit einem homophoben Präsidenten, einer wissenschaftsfeindlichen Bildungspolitik und Maßnahmen, die sozialstaatliche Mindeststandards in einem Land rückgängig machen, das für seine ungleiche Einkommensverteilung bekannt ist, so scheint mit Bolsonaros Umgang mit Covid-19 eine Grenze überschritten worden zu sein. Die mächtigen Gouverneure von São Paulo und Rio, die als Bolsonaro-Fans die Wahlen gewannen, wechselten ins Lager der Opposition. Sie agieren nun teilweise zusammen mit den Gouverneuren des armen Nordostens, der Hochburg der Linken. Der Fernsehsender Globo hat eine Dauerfehde mit Bolsonaro, und die Zeitungen verstärkten die Kritik. Der Oberste Gerichtshof, Zielscheibe von Einschüchterungsversuchen durch Bolsonaro-Anhänger, versucht, seine Unabhängigkeit zu verteidigen.

Besonders symbolträchtig ist das Agieren von Sérgio Moro, dem Richter, der Lula 2018 ins Gefängnis brachte, und damit sicherstellte, dass er für Bolsonaro bei den Präsidentschaftswahlen nicht gefährlich werden konnte. Als Dank erhielt der beliebte Korruptionsjäger den Posten des Justizministers. 2019 veröffentlichte der Enthüllungsjournalist Glenn Greenwald auf der Plattform Intercept die Handy-Kommunikation von Richter*innen und Staatsanwält*innen, die die ungeheuerliche Arroganz und reaktionäre politische Grundhaltung dieser Justizbeamten ebenso dokumentierte wie ihren Glauben, über dem Gesetz zu stehen. Damit bewies Intercept, was viele vermuteten: Die Verurteilungen waren politisch motiviert, Recht wurde gebeugt. Brasiliens Justiz ignorierte jedoch die Beweismittel, da sie illegal zustande gekommen waren.

Die Achse Bolsonaro – Moro war lange Zeit eine wichtige Stütze der Regierung. Doch im Mai 2020 trat Moro zurück, als Bolsonaro in die Besetzung des Polizeipräsidenten von Rio intervenierte. Er wollte sicherstellen, dass gegen seine Söhne nicht länger ermittelt wird, unter anderem wegen illegaler Praktiken als Landtagsabgeordnete sowie des Auftrags zur Ermordung einer Gemeinderätin, bzw. insbesondere der Ermordung des Mörders. Alles deutet darauf hin, dass diese Morde von Paramilitärs verübt wurden. Diese Gesetzesübertretung wollte Moro, der seinerseits bei seiner eigenen «Wahrheitssuche» niemals zimperlich war, Gesetze zu übertreten, nicht mittragen und ging mit dieser Information an die Öffentlichkeit. Moro verstärkt damit das Lager der alten Eliten, des «Herrenhauses», historisches Machtzentrum Brasiliens, zu dem auch der ehemalige Präsident Fernando Henrique Cardoso, Vorgänger Lulas, zählt. Cardoso hatte sich in der Stichwahl 2018 der Stimme enthalten; er und viele andere Zentrumspolitiker leisteten auf diese Weise ihren Beitrag zur Wahl Bolsonaros. Heute wäre er ihn gerne wieder los.

Im Machtkampf gegen die alten Eliten kann Bolsonaro auf die Unterstützung guter Teile des Militärs, seiner paramilitärischen Milizen und einem harten Kern an Aktivist*innen zählen. Ein nicht unbedeutender Teil des Parlaments, der armen Bevölkerung und der unteren Mittelschicht unterstützt ihn weiterhin – insgesamt rund ein Drittel der Bevölkerung. Die alten Eliten, die insbesondere Bolsonaros Neoliberalismus und seinen Feldzug gegen Minderheiten, alles Linke und «überzogene Umweltgesetze» durch entsprechende Gesetze im Kongress unterstützt hatten, gingen auf Distanz zu Bolsonaro. Mittlerweile wurden über 30 Anträge zur Einleitung eines Amtsenthebungsverfahrens im Kongress eingebracht.

Die Linke, von sozialen Bewegungen über Gewerkschaften bis hin zu den linken Parteien, ist massiv geschwächt. Die Kritik an der PT ist weitverbreitet, und trotzdem gibt es keine Kraft, die auch nur annähernd so populär ist wie die PT. Hoffnung geben noch am ehesten die vielen Initiativen der Selbstorganisation.

Taktisch ist die Linke in einer schwierigen Lage, denn die alten Eliten hätten sie gerne als Druckmittel «von unten» in der Auseinandersetzung gegen Bolsonaro – zum Beispiel in der Forderung nach Rücktritt, Amtsenthebung oder Neuwahlen. Sie fühlen sich aber immer noch stark genug, keinerlei inhaltliche Konzessionen zu machen: Sei es in der Sozial- und Wirtschaftspolitik, der Umwelt- oder Bildungspolitik oder im Umgang mit den Indigenen. Tatsächlich wäre die Absetzung Bolsonaros ein zivilisatorischer Fortschritt, denn es ist nicht unpassend, daran zu erinnern, dass nicht nur Hitler gerade von den Liberal-Konservativen lange Zeit unterschätzt wurde.

Auch Brasiliens Sozialstaat ist träge – und nicht so leicht abzuschaffen

Trägheit ist nicht nur negativ. Zwar erlaubt die Covid-19-Pandemie Bolsonaro, seine antistaatliche, individualistische Rhetorik zu radikalisieren. Ausdrücklich setzt er auf das «Überleben der Starken», betont die individuelle Freiheit, und zwar eine «anarchische» und «natürliche», um in der Begrifflichkeit von Hans Kelsen zu bleiben: Das Frei-Sein von Herrschaft sei ein Frei-Sein vom Staate.[8] Er attackiert die Gouverneure, die Arbeiter*innen und Geschäftstreibende hindern,

8 Kelsen, Hans. Verteidigung der Demokratie. Hg. von Matthias Jestaedt und Oliver Lepsius. Tübingen, 2006, Seite 3.

selbst ihren Lebensunterhalt zu sichern. Er kritisiert die staatlichen Behörden, die Menschen bevormunden.

Sein Konzept negativer Freiheit, Freiheit als Abwesenheit von (staatlichem) Zwang, ist das radikale Gegenprogramm zur wohlfahrtsstaatlichen Entwicklung der vergangenen Jahrzehnte in Brasilien. Ein sozial- und demokratiepolitischer Meilenstein, lange vor dem Regierungsantritt der Arbeiterpartei PT, war die Bundesverfassung 1988, mit der über zwei Jahrzehnte Militärdiktatur beendet wurden. In dieser Verfassung ist eine Vielzahl von Regelungen für partizipative Demokratie und sozial- und arbeitsrechtliche Grundsicherungen festgehalten. Im Zuge der Covid-19-Pandemie besonders bedeutsam ist SUS, das öffentliche Gesundheitssystem, das ähnlich wie das britische NHS per Verfassung allen Bewohner*innen kostenlosen Zugang zu Gesundheitsdienstleistungen gewährleistet. Dieses Recht besteht bis heute. Es würde, in obiger Diktion, die soziale Freiheit für möglichst viele verwirklichen – durch staatliche Grundversorgung und die Stärkung von Menschen- und Bürgerrechten.

Schon in den 1990er-Jahren wurde mit diversen neoliberalen Maßnahmen – von Reformen zu sprechen ist irreführend – versucht, die verfügbaren Ressourcen zu kürzen. Trotzdem bildet SUS das Rückgrat des brasilianischen Gesundheitswesens, das bis heute eine größere Katastrophe verhindert hat. Die letzte bedeutsame Maßnahme zur Aushöhlung des öffentlichen Gesundheitswesens wurde kurz nach der Amtsenthebung von Dilma Rousseff umgesetzt. Die von der Opposition als «Verordnung des Todes» kritisierte Verfassungsgesetzesnovelle fror die Gesundheitsausgaben für die kommenden 20 Jahre ein. Wie lange das öffentliche Gesundheitswesen mit reduzierten Mitteln leistungsfähig bleibt, ist daher offen.

Ausblick

Es gibt unterschiedliche Auswirkungen von Covid-19 auf Politik, Gesellschaft und Wirtschaft in Brasilien: *Erstens* verstärkt das Virus die Achse Brasilien – USA, die definitiv mit der Stärkung von Süd-Süd-Kooperationen, aber auch der BRICS-Initiative bricht. Brasilien ist wieder treuer Bündnispartner des Westens, und gleichzeitig, *zweitens*, ist Covid-19 die Zuspitzung einer reaktionären Politik in Brasilien, die bewusst und offen mit den Werten der Aufklärung bricht: Weder Wissenschaft noch Menschenrechte sind Teil des Wertekanons der aktuellen Regierung. *Drittens*, ist es besorgniserregend, wie lange die Eliten und Gebildeten diese Politik mittragen. *Viertens*, ist es erfreulich, dass es nun Risse im herrschenden Block gibt. Die Auseinandersetzungen werden nun offen und mit aller Härte ausgetragen. Es ist dies aber ein Konflikt innerhalb des herrschenden Blocks, die Linke steht am Rande. Jedoch tendieren Teile der Linken dazu, *fünftens*, nolens volens die alten Eliten zu unterstützen. Dies ist angesichts der aktuellen Kräfteverhältnisse und angesichts des offen antiaufklärerischen Projekts von Bolsonaro verständlich. Bolsonaros politisches Projekt steuert hin zu Autoritarismus, vielleicht sogar zu einer Militärdiktatur. Dies gilt es zu verhindern, wiewohl es genau jene alte Elite war, die die Hauptverantwortung dafür trägt, dass Bolsonaro heute Brasiliens Präsident ist. Und kaum verbessern sich die Umfragewerte Bolsonaros, reduziert die alten Eliten ihre Kritik erneut. Das Missmanagement von Covid-19 wird zweitrangig gegenüber der Agenda der Privatisierung von Gesundheit und Bildung. Kein Ende der Unordnung der Peripherie in Sicht.

Covid-19 nach einem *Annus Horribilis*

Die Coronakrise im Iran[1]

Von Ali Fathollah-Nejad

Iran hat sich zu einem der weltweiten Epizentren von Covid-19 und zum Eintrittspunkt der Pandemie in den Nahen und Mittleren Osten entwickelt. 80% der regionalen Fälle stammen aus der Islamischen Republik Iran.[2] Die rasche Ausbreitung der Krankheit hat eindeutig innenpolitische und geopolitische Wurzeln – und steht damit in engem Zusammenhang mit dem tatsächlichen oder vermeintlichen Bedarf des Regimes an interner und externer Unterstützung. Gleichzeitig hat der Zusammenbruch des öffentlichen Vertrauens in die Staatsführung – welcher durch die traumatischen Episoden, mit denen die Iraner in den Monaten vor dem Ausbruch des Virus konfrontiert waren, noch verstärkt wurde – den Erfolg behördlicher Maßnahmen im Kampf gegen die Pandemie erschwert. All dies ging einher mit der Unfähigkeit Teherans, die immer tiefer werdende sozioökonomische Malaise seiner Bürger zu lindern, sowie mit der Besorgnis hochrangiger Regime-Vertreter und offizieller Stellen über erneute und sogar noch drastischere Unruhen nach Abklingen der Pandemie.

Der Ausbruch von Covid-19 und die Reaktion der iranischen Behörden sind auch mit dem von den Vereinigten Staaten angeführten Sanktionsregime in gewisser Weise verbunden. Die China-Connection, die im Mittelpunkt der Ausbreitung des Virus in Iran zu stehen scheint, ist das Ergebnis «neuer Abhängigkeitsmuster»[3] gegenüber nicht-westlichen Großmächten, die Teheran als Gegengewicht zu den US-Sanktionen und dem westlichen Druck ansieht.

Viele haben behauptet, dass es vor allem die Sanktionen der Vereinigten Staaten sind, die Teheran daran hindern, die Pandemie wirksam zu bekämpfen, ins-

1 Auf Englisch ist eine Fassung dieses Beitrags erschienen als: COVID-19 after an Annus Horribilis: The Coronavirus in Iran after a Horrible Year, The Cairo Review of Global Affairs (online), 25. August 2020.

2 Thomas Seibert, Economic meltdown pushes Tehran to take risks with pandemic, The Arab Weekly, 12. April 2020, S. 3, https://thearabweekly.com/economic-meltdown-pushes-tehran-take-risks-pandemic.(30.8.2020)

3 Ali Fathollah-Nejad, The Revolution's Broken Promises, in: Suzanne Maloney, Hg., The Iranian Revolution at 40, Washington 2020, 8-17, hier S. 14. Auch online abrufbar unter https://www.brookings.edu/blog/order-from-chaos/2019/07/11/four-decades-later-did-the-iranian-revolution-fulfill-its-promises/ (30.8.2020)

besondere wenn es um den Mangel an medizinischer Ausrüstung geht. Obwohl Sanktionen auf fast allen denkbaren Ebenen eine Rolle spielen, hat die Kombination verschiedener anderer Faktoren eine größere Wirkung gehabt, von denen die meisten eher die inländischen Entscheidungsträger in die Pflicht nehmen als ausländische Sanktionen.

So haben die Besorgnis um Regime-Stabilität, und das damit einhergehende Anliegen einen wirtschaftlichen Kollaps zu vermeiden – und just eben hierdurch eine Wirtschafts- und Gesundheitskrise zu riskieren – sowie die Vertrauenskrise zwischen Staat und Gesellschaft dazu geführt, dass die iranische Führung im Endeffekt eine Agenda des Überlebens verfolgt hat. Dies hat dazu geführt, dass die Pandemie sich im Land verankerte und die Wirksamkeit der Gegenmaßnahmen unterminiert wurde.

Annus horribilis: «Sie hatten unsere Seelen zweimal getroffen»

Um das Verhalten von Staat und Gesellschaft in der gegenwärtigen Pandemie besser verstehen zu können, muss der Ausbruch der Coronakrise in einen Kontext gestellt werden, da er die letzte Episode eines iranischen Kalenderjahres (das am 19. März endete) innerhalb eines, wie man es nennen könnte, *Annus horribilis* markierte.

Zunächst brachten landesweite Proteste im November 2019, ausgelöst durch die Verdreifachung des Treibstoffpreises über Nacht, bis zu 200.000 Menschen aus den sozio-ökonomisch schwachen Schichten bei den bedeutendsten Anti-Regime-Demonstrationen in der vier Jahrzehnte währenden Geschichte der Islamischen Republik auf die Straße.[4] Das Regime reagierte mit beispiellos brutaler Gewalt und tötete in nur vier Tagen bis zu 1.500 Menschen bei einer fast vollständigen Abschaltung des Internets.[5] Diese Ereignisse lösten in der gesamten iranischen Gesellschaft Schockwellen aus. Wohl zum ersten Mal in der post-revolutionären Geschichte haben sodann Abgeordnete des Parlaments die Islami-

4 Vgl. Ali Fathollah-Nejad, The Islamic Republic of Iran Four Decades On: The 2017/18 Protests Amid a Triple Crisis, Washington: Brookings Institution & Doha: Brookings Doha Center, April 2020, https://www.brookings.edu/research/the-islamic-republic-of-iran-four-decades-on-the-2017-18-protests-amid-a-triple-crisis/ (30.8.2020)

5 Vgl. Ali Fathollah-Nejad, Why Iranians are revolting again, Order from Chaos, Washington: Brookings Institution, 19.11.2019, https://www.brookings.edu/blog/order-from-chaos/2019/11/19/why-iranians-are-revolting-again/ (30.8.2020)

sche Republik mit dem verhassten Schah-Regime verglichen und sie als «finsteren Despotismus» bezeichnet.[6]

In der nächsten Episode tötete am 3. Jänner ein Drohnenangriff der USA den iranischen General Qassem Soleimani. Soleimani war über 20 Jahre lang die berüchtigte Verkörperung der expansiven Regionalpolitik Irans gewesen.[7] Seine Ermordung wurde von Teheran dazu benutzt, ein nationalistisches Moment zu schaffen, um ein unter immensem Druck stehendes Regime zu konsolidieren.[8] Die für Soleimani abgehaltenen Trauerfeiern hatten nach Angaben des Regimes Dutzende Millionen Menschen auf den Straßen in einem beispiellosen Zeichen der nationalen Einheit mobilisiert. Auch wenn diese Zahl der Teilnehmer wahrscheinlich übertrieben ist,[9] muss die doch relativ große Menschenmenge als ein Produkt von zwei kombinierten Faktoren gesehen werden: Soleimanis relativer Beliebtheit sowie der staatlichen Propaganda.[10]

Jahre professioneller Staatspropaganda hatten den Kommandeur der Auslandseinheiten der Islamischen Revolutionsgarden (IRGC) als einen primär patriotischen – und nicht islamistischen – Helden dargestellt. In diesem Narrativ wurde betont, dass es Soleimanis strategisches Genie war, das die nationale Sicherheit der Iraner schützte, indem es die Barbarei des Islamischen Staates im Irak und in Syrien (ISIS) von den Grenzen der Nation fernhielt und gleichzeitig dazu beitrug, die frühere imperiale Größe wiederherzustellen, indem es die ira-

6 Farnaz Fassihi & Rick Gladstone, As Angry Citizens Staged Protests, Iran Opened Fire, New York Times, 2.12.2019, Section A, S. 1 (New-York-Ausgabe), https://www.nytimes.com/2019/12/01/world/middleeast/iran-protests-deaths.html (30.8.2020); Outspoken Female Lawmaker Delivers Fiery Speech In Iran Against «Grim Despotism», Radio Farda, 9.12.2019, https://en.radiofarda.com/a/outspoken-female-lawmaker-delivers-fiery-speech-in-iran-against-grim-despotism-/30316016.html (30.8.2020)

7 Vgl. Ali Fathollah-Nejad, Geliebt-gehasster General, Der Tagesspiegel, 8.1.2020, S. 6, https://www.tagesspiegel.de/meinung/die-buechse-der-pandora-ist-offen-irans-machthaber-sind-im-schockzustand/25397744.html (30.8.2020)

8 Vgl. Golnaz Esfandiari, Short-Term Support? Soleimani's Killing Gives Iran A Chance To Rally People, Show Some Unity, Radio Free Europe/Radio Liberty, 5.1.2020, https://www.rferl.org/a/soleimani-s-killing-gives-iran-chance-to-rally-people-show-some-unity-/30361411.html (30.8.2020)

9 In den Worten von Dagmar von Bohnstein, Delegierte der Deutschen Wirtschaft in Iran und Geschäftsführerin der Deutsch-Iranischen Industrie- und Handelskammer in Teheran: «Die Bilder, die wir in ausländischen Medien sehen und die auch von iranischer Seite verbreitet werden, sind Propaganda. Die Menschen wurden in Bussen zu den Trauerfeiern gefahren.» Zit. n. Sonja Gillert, «Im Iran fühlt es sich an wie im Auge des Sturms», Die Welt, 9.1.2020.

10 Iran: Inszenierte Trauer «übertüncht die Realität», Ali Fathollah-Nejad interviewt von Nastassja Shtrauchler, DW (Deutsche Welle), 7.1.2020.

nische Macht und den Einfluss in einer arabisch dominierten Region ausbaute. So appellierte das Bild des getöteten Helden Soleimani an die nationalistische Gesinnung und den Durst vieler Iraner nach vergangenem Ruhm. Aus diesen Gründen erfreute sich Soleimani über Regime-Sympathisantenkreise hinaus durchaus gewisser Beliebtheit.

Die Rolle der staatlichen Propaganda bei der Mobilisierung der Iraner war in den letzten vier Jahrzehnten ein fester Bestandteil der Kontrolle des Regimes über die Bevölkerung. Die Islamische Republik hat die Kunst beherrscht, Bilder von staatlich geförderten Massenmobilisierungen zu erschaffen. Um die Menschen auf die Straße zu bringen, verlässt sich der Staat sowohl auf Erpressung als auch auf Belohnung.[11]

Allerdings wurden die Bemühungen des Regimes um eine kurzfristige Konsolidierung über Nacht während der «Operation Märtyrer Soleimani» – Irans Raketenangriff im Irak aus Rache für den Tod des IRGC-Generals – zunichtegemacht. Dabei wurde das ukrainische Passagierflugzeug 752 abgeschossen, wobei alle 176 Personen an Bord getötet wurden, darunter 130 Iraner. Drei Tage lang leugneten die iranischen Behörden jegliche Verantwortung für diesen Vorfall. Auf massiven internationalen Druck hin mussten die Revolutionsgarden schließlich eingestehen, den Abschuss begangen zu haben.[12]

Für viele Iraner, insbesondere aus der Mittelschicht, die sich mit den ums Leben gekommenen Insassen identifizieren konnten, stellte der Absturz des zivilen Flugzeugs einen weiteren Schockmoment dar. Immerhin stellte das Regime durch die Warnung an die irakische Regierung und damit auch die Vereinigten Staaten über den anstehenden Raketenbeschuss sicher, dass kein einziger amerikanischer Soldat getötet wurde, was einen für das Überleben des Regimes riskanten Krieg mit den USA hätte auslösen können.

Iranische Künstler riefen zum ersten Mal massenhaft zum Boykott des prestigeträchtigsten staatlich geförderten Fajr-Filmfestivals auf,[13] und viele von ihnen wurden daraufhin von den Behörden bedroht, die Veranstaltung nicht zu boykottieren und an ihr teilzunehmen. Mit den Worten eines Künstlers: «Wir

11 Zum Zwangs-Aspekt, vgl. Dexter Filkins, The Twilight of the Iranian Revolution, The New Yorker vom 25.5.2020, https://www.newyorker.com/magazine/2020/05/25/the-twilight-of-the-iranian-revolution (30.8.2020)

12 Vgl. auch Natalie Amiri, Bittere Revolutionstage, Internationale Politik, Nr. 2, März/April 2020, S. 58-63, https://internationalepolitik.de/de/bittere-revolutionstage.

13 Vgl. Saeid Jafari, Iran's top cultural event jeopardized by artist boycotts, Al-Monitor, 22.1.2020; Shabnam von Hein, Wütende Künstler boykottieren iranisches Filmfestival, DW (Deutsche Welle), 17.1.2020.

alle leben so sehr für den Augenblick und wissen nicht, was der morgige Tag bringen wird. Wir leben im Staub, nicht in der Lage, die Zukunft zu sehen.»[14] Ein Printjournalist erläuterte die Reaktion und die allgemeine Stimmung nach dem Abschuss des Passagierjets: «Im Redaktionsraum haben alle geweint. [...] Innerhalb weniger Monate hatten sie unsere Seelen zweimal getroffen. Das machte uns sprachlos.»[15]

Vielen Iranern wurde bitter bewusst, dass die Behörden ohne internationalen Druck ihre Verantwortung für diese Tragödie verschwiegen hätten. Die daraus resultierende neu entfachte Wut führte dann dazu, dass tausende Iraner auf die Straße gingen, um gegen das Regime zu protestieren.[16] Damit machten die Iraner zu einem entscheidenden Zeitpunkt – direkt nach den Bemühungen des Regimes um eine Konsolidierung – öffentlich deutlich, dass ihre Kritik an der herrschenden Elite intakt geblieben war.

Nach diesen beiden traumatischen Episoden folgte eine dritte mit dem Ausbruch des tödlichen neuartigen Coronavirus, der bald von einem drastischen Einbruch der Ölpreise begleitet wurde. Mit anderen Worten, die Krise der öffentlichen Gesundheit erreichte Iran inmitten der massiven öffentlichen Unzufriedenheit infolge der beiden vorgenannten Ereignisse, der Bedrohung des Überlebens des Regimes durch die Straßenmobilisierungen der letzten zweieinhalb Jahre sowie inmitten der US-Politik des «maximalen Drucks», die dazu beitrugen, die Wirtschaft in eine lang anhaltende Rezession zu stürzen.

Epizentrum Ghom und die China-Connection

Die Entstehungsgeschichte des Coronavirus-Ausbruchs und seiner Ausbreitung offenbart einige beunruhigende Prioritäten der iranischen Führung. Wie in China wurde auch Iran vorgeworfen, den Ausbruch des Virus einige Wochen zu spät angekündigt zu haben.[17] Eine solche Täuschung der iranischen Öffentlichkeit war eine Folge der politischen und geopolitischen Interessen des Regimes. Politisch musste die iranische Führung die Unterstützung der Öffentlichkeit in zwei entscheidenden Fällen unter Beweis stellen: Zum einen die Soleimani-Be-

14 Zit. n. Karen Senz & Marion Sendker, Iran vor den Parlamentswahlen – ein Land ohne Wahl?, Radio-Feature, SWR Aktuell Kontext, Südwestrundfunk (SWR), 20.2.2020.

15 Zit. n. https://oe1.orf.at/player/20200220/589045 (20.2.2020)

16 Vgl. auch Amiri, op. cit.

17 Über den iranischen Fall, vgl. Filkins, op. cit.

stattungskundgebungen im Jänner, die zu einem entscheidenden Zeitpunkt eine Regime-Konsolidierung herstellen sollte. Und zum anderen die Parlamentswahlen im Februar, für die der Staat eine außerordentliche Kampagne initiierte, die darauf abzielte, die Iraner an die Wahlurne zu bringen.[18]

Nichtsdestotrotz endete der Wahlkampf mit einer historisch niedrigen Wahlbeteiligung, die vom Innenminister Abdolreza Rahmani-Fazli unter Bezugnahme auf just die beiden zuvor diskutierten, traumatischen Episoden (die November-Proteste und der Abschuss des Flugzeugs) erklärt wurde. Der bereits erwähnte Printjournalist kommentierte hierzu: «Viele haben sich entschieden, nicht zu wählen, weil sie bei früheren Wahlen enttäuscht waren. Sie sagen, wählen zu gehen, würde nichts ändern, also werden wir nicht wählen. [...] Ich habe den Eindruck, dass die Menschen sich des Plans des Staates bewusst sind, dass er die Menschen in die Wahllokale locken will. Aber danach wird er sich nicht mehr die Mühe machen, die Probleme der Menschen anzusprechen. Deshalb wollen sie sich nicht mehr an diesem Spiel beteiligen.»[19]

Geopolitisch gesehen scheint die chinesische Connection ein Hauptgrund für den Ausbruch und die Verbreitung des Virus in Iran zu sein – so auch beispielsweise laut dem stellvertretenden Gesundheitsminister.[20] Das iranische Epizentrum von Covid-19 war Ghom, die schiitische «heilige Stadt». Ghom hat eine starke chinesische Präsenz: vom Bau von Hochgeschwindigkeits-Eisenbahn- und U-Bahn-Infrastrukturen bis hin zu schätzungsweise 700 chinesischen Seminaristen, die dort Theologie studieren. Abdolhamid Ismaeelzahi, auch bekannt als Shaikh Abdol-Hamid, das geistliche Oberhaupt der sunnitischen Gemeinschaft Irans und der Freitagsprediger von Zahedan, suggerierte, dass die chinesischen Studenten an der Al-Mustafa International University (MIU) in Ghom – einem internationalen schiitischen Seminar, das die politische Ideologie der Islamischen Republik propagiert – die Ursache für das Auftauchen des Virus in Iran waren.[21]

18 Zu den Parlamentswahlen, vgl. Ali Fathollah-Nejad, Iran's parliamentary elections occur amid unprecedented pressures: And the hardliners are moving toward monopolizing power, Order from Chaos, Washington: Brookings Institution, 20.2.2020; ibid., Where's Iran Going? After the 2020 Parliamentary Elections, Orient XXI, 14.4.2020.

19 Zit. n. Ö1-Radiofeature, op. cit.

20 Iran Official Says Chinese Nationals, Iranian Students From Wuhan Spread Coronavirus, Radio Farda, 25.3.2020.

21 Shaikh Abdolhameed: Activities of Jamiat-ul-Mustafa are against unity/Coronavirus proved Allah is the real healer, Official Website of Shaikh Abdol-Hamid, 16.3.2020; Sunni Cleric In Iran Accuses Chinese Shiite Students Of Spreading Coronavirus, Radio Farda, 16.3.2020.

Darüber hinaus kündigte Iran im Juni 2019 die visafreie Einreise für chinesische Staatsbürger an, was den chinesischen Tourismus in Ghom und darüber hinaus angekurbelt hat. Zu einem Zeitpunkt, als die Nachbarn Irans ihre China-Flüge gestoppt hatten und entgegen der Ankündigung der iranischen Behörden, diesem Beispiel zu folgen,[22] setzte Mahan Air – die mit den Revolutionsgarden in Verbindung steht – dennoch 55 Flüge zwischen Iran und mehreren chinesischen Städten fort, nachdem ihr Geschäftsführer Berichten zufolge mit dem chinesischen Botschafter in Teheran zusammengetroffen war.[23]

Die Bereitschaft Teherans, Flüge nach China zu einer Zeit aufrechtzuerhalten, als andere sie aufgegeben hatten, zeugt von neuen Abhängigkeitsmustern in den Beziehungen Irans zu nicht-westlichen Großmächten. In vielen Fällen – wie insbesondere dieses Beispiel zeigt – handelt Iran aus einer Position der Schwäche (d.h. aus einer wahrgenommenen oder tatsächlichen Notwendigkeit der Unterstützung Chinas oder Russlands gegen den Druck der USA) und erleidet somit Verluste in den bilateralen Beziehungen. Ob die fortgesetzten Flüge ein Zeichen des guten Willens oder vorauseilenden Gehorsams Teherans gegenüber Peking waren, bleibt offen.

Die überdimensionierte Rolle der Volksrepublik China in der Islamischen Republik wurde deutlich, als der Sprecher des iranischen Gesundheitsministeriums Anfang April die Coronavirus-Statistik Chinas als «bitteren Witz» bezeichnete und damit bezweifelte, dass die Krankheit dort unter Kontrolle sei.[24] Der Sprecher musste sodann nach Protesten des chinesischen Botschafters und harscher Kritik von Hardlinern seine Äußerung zurücknehmen. Der iranische Botschafter in China, Mohammad Keshavarzadeh, warnte: «In dieser Zeit der Sanktionen müssen wir sehr vorsichtig sein mit dem, was in Teheran über China gesagt wird», und fügte hinzu, dass diejenigen, die die bilateralen Beziehungen kritisieren, «dem Regime und dem iranischen Volk nichts Gutes wünschen.»[25]

Die iranischen Hardliner, darunter die Revolutionsgarden und der Oberste Führer Ali Khamenei, sind die Hauptbefürworter einer iranischen «Blick nach Osten»-Orientierung mit China im Zentrum, da sie ihre wirtschaftlichen Mo-

22 Iran suspends all flights to and from China due to coronavirus, Reuters, 31.1.2020.

23 Vgl. Maryam Sinaiee, What Spurs Iran‘s Mahan Air To Continue Flights To China Despite Public Outrage?, Radio Farda, 13.3.2020.

24 Iran Official Calls China‘s Coronavirus Numbers A ‹Bitter Joke›, Radio Farda, 5.4.2020.

25 Zit. n. Ali Dadpay, How the coronavirus is cementing Iran’s tilt towards China, IranSource, Washington: Atlantic Council, 7.5.2020.

nopole und politischen Interessen der «Nichteinmischung» am besten durch engere Beziehungen zu gleichgesinnten autoritären Staaten geschützt sehen. Unterdessen wird China von vielen Iranern – vor allem von den Technokraten – mit großer Skepsis betrachtet, nachdem Peking den iranischen Markt nach wiederholten, von den USA unter Druck gesetzten Rückzügen europäischer Unternehmen mit minderwertigen Produkten überschwemmt hatte. Die Rolle der China-Connection bei der Ausbreitung des Covid-19-Virus hat die Vorbehalte unterschiedlicher Teile der iranischen Polit-Elite gegen die engen chinesisch-iranischen Beziehungen hervorgerufen oder gestärkt.

Beide Länder haben jedoch nicht nur den Zeitpunkt des Ausbruchs der Krankheit verschwiegen und diejenigen bedroht, die nicht vom Staat genehmigte Statistiken an die Öffentlichkeit bringen, sondern sich auch in derselben Verschwörungstheorie engagiert, wonach Covid-19 eine biologische Waffe ist, die von den Vereinigten Staaten erfunden und gegen beide eingesetzt wurde.[26] Dieses Narrativ wurde von einem Sprecher des chinesischen Außenministeriums, dem Obersten Führer Irans und dem neuen Chef der Revolutionsgarden wiederholt. Aus diesen Gründen lehnte Khamenei die von den USA angebotene humanitäre Hilfe zur Bekämpfung des Virus ab, wie er es auch mit dem Angebot von Ärzte ohne Grenzen tat, eine Behandlungseinheit zu bauen, nachdem es von seinem Gesundheitsministerium zunächst genehmigt worden war.[27]

Die unklare Wirkung der Sanktionen

Abgesehen von der indirekten Rolle der US-Sanktionen, die Teheran in Richtung Peking treiben, sind die Auswirkungen des Sanktionsregimes auf die Fähigkeit Iran, die Pandemie wirksam zu bekämpfen, sowohl komplex als auch umstritten. Die iranische Führung argumentiert, dass Sanktionen die Hauptursache für die rasche Ausbreitung des Virus und das damit einhergehende Elend der Menschen sind. In diesem Sinne hat Außenminister Javad Zarif die Rhetorik gegen die USA aufgepeppt, indem er ihre Sanktionen nicht mehr als «Wirtschaftsterrorismus», sondern «medizinischen Terrorismus» brandmarkte.[28]

26 Vgl. Richard Stone, Iran confronts coronavirus amid a «battle between science and conspiracy theories», ScienceMag.org, American Association for the Advancement of Science (AAAS), 29.3.2020.

27 Zu Letzterem, vgl. MSF ‹deeply surprised› that Iranian authorities put a stop to our COVID-19 response, Statement von Médecins Sans Frontières (MSF), 25.3.2020.

28 Vgl. Zarif: US Medical Terrorism impedes effective reaction to pandemic, IRNA (Islamic Republic of Iran News Agency), 21.3.2020.

Iran sieht sich in der Tat mit dem schärfsten Sanktionsregime konfrontiert, das von den USA nach ihrem einseitigen Rückzug im Mai 2018 aus dem Iran-Atomabkommen wiedereingeführt und aufgrund der Dominanz Washingtons im Finanz- und Bankensektor äußerst wirksam weltweit durchgesetzt wurde. Obwohl humanitäre Güter auf dem Papier von den US-Sanktionen ausgenommen sind, werden sie in vielen Fällen de facto als sanktionierte Güter behandelt, da die Durchführung von Finanzgeschäften mit Iran von den allermeisten Banken als zu riskant erachtet wird.

Trotz ihrer praktischen Auswirkungen auf die Beschaffung von humanitären und damit medizinischen Gütern gab es in Iran große Kontroversen über die Eigenverantwortung staatlicher Stellen. Kritiker haben die iranischen Politiker wegen ihrer Neigung infrage gestellt, die Verantwortung für alle möglichen Probleme zu äußeren Mächten und Faktoren zu verlagern, vor allem die US-Sanktionen. Auch wurde auf die Vernachlässigung des Gesundheitssektors sowie auf die Korruption der Eliten hingewiesen.[29]

Korruption, die von Gruppen ausgeübt wird, die mit mächtigen Entitäten verbunden sind (wie die Revolutionsgarden, die über eigene See- und Flughäfen verfügen und die Landesgrenzen kontrollieren), ist ein ständiges Merkmal in der Islamischen Republik. Diese Gruppen missbrauchen die durch Sanktionen verursachte Warenknappheit auf verschiedene Weise, indem sie Importe monopolisieren und zu hohen Preisen verkaufen – und das alles in einem Rahmen, indem Sanktionen als praktische Entschuldigung oder Legitimation für kriminelle und korrupte Praktiken dienen. Kurz gesagt, in der laufenden Sanktionssaga müssen sowohl Teheran als auch Washington Beweise für ihre jeweiligen Thesen vorlegen – ob und inwieweit Sanktionen humanitäre Hilfe verhindern oder nicht.

Teherans Reaktionen auf die Pandemie

Die Teheraner Führung hat versucht, aus der Covid-19-Krise Kapital zu schlagen, um Druck auf die Vereinigten Staaten und die Europäische Union auszuüben, die Last der Sanktionen zu verringern. Die EU hat auf diese Bemühungen reagiert, indem sie die erste Transaktion über INSTEX mit humanitären Gütern

29 Vgl. auch hierzu Nasser Mohajer, Kaveh Yazdani & Mehrdad Vahabi, The Iranian Health Care System in the Face of COVID-19 – A Response to Vira Ameli, Radio Zamaneh, 23.7.2020.

initiierte und sich verpflichtete, Iran 20 Millionen Euro an Hilfe zu schicken.[30] Die internationale öffentliche Meinung hat auf diese Form der iranischen Corona-Diplomatie reagiert, doch ist es ihr nicht gelungen, Trump davon zu überzeugen, den Kurs zu ändern und die Sanktionen zu lockern.[31]

Von Anfang an hat das öffentliche Misstrauen gegenüber der Wahrhaftigkeit der von den Behörden veröffentlichten Auskünfte und ihrem Krisenmanagement die Effizienz der Eindämmungsmaßnahmen und dessen Einhaltung durch die Bevölkerung vergiftet. Zunächst bezeichneten die höchsten iranischen Stellen den Virus als Teil «negativer Propaganda» oder als «Vorwand», um «die Menschen vom Wählen abzuhalten» (Oberster Führer Khamenei am 23. Februar)[32] oder «eines der Komplotte des Feindes, unser Land durch die Verbreitung von Panik in die Schließung zu treiben» (Präsident Rouhani am 25. Februar).[33] So wurde beispielsweise eine Warnung der Regierung, zuhause zu bleiben, in Form einer Fatwa vom 17. März, in der Khamenei von «unnötigen Reisen» abriet, nicht vollständig befolgt, was die Bemühungen erschwerte, die Ausbreitung von Covid-19 einzudämmen. Die mangelhafte Befolgung solcher Richtlinien hat die Eindämmungsmaßnahmen erschwert, als sich während der iranischen Neujahrsferien (Norouz) drei Millionen Iraner aus 13 vom Virus betroffenen Provinzen auf Reisen begaben.

Trotz sukzessiv auferlegter Restriktionen (z.B. Schließung von Schulen, Universitäten, staatlichen Einrichtungen und Arbeitsplätzen bei gleichzeitiger Einschränkung vieler Veranstaltungen und des zwischenstädtischen Verkehrs) über zwei April-Wochen hinweg, hat Teheran vor einer totalen Abriegelung und Quarantänen ähnlich denen in China und anderen Ländern zurückgewichen und lockerte die Einschränkungen noch vor vielen anderen Ländern.[34] Die Wiedereröffnungen Ende April, als zum Beispiel Ministeriums-Angestellte angewiesen

30 EU to give €20 million to aid sanctions-hit Iran in coronavirus fight, France 24, 23.3.2020.

31 Ali Fathollah-Nejad & Amin Naeni, Iran's corona-diplomacy: The Rouhani administration's miscalculated efforts to get sanctions lifted, Order from Chaos, Washington: Brookings Institution, 29.4.2020.

32 Imam Khamenei's thanks to the Iranian nation, Khamenei.ir (offizielle Website), 23.2.2020.

33 Zit. n. Tom O'Connor, Iran Warns of «Enemy Plots» to Spread Coronavirus Fear As U.S. Questions Official Statements, Newsweek, 25.2.2020.

34 Iran Reports 122 New Coronavirus Deaths As It Set To Reopen «Low Risk» Businesses, RFE/RL (Radio Free Europe/Radio Liberty), 10.4.2020.

wurden, an ihren Arbeitsplatz zurückzukehren,[35] und viele Iraner – nicht zuletzt aufgrund der Versicherung der iranischen Führung, dass die Pandemie unter Kontrolle gebracht worden sei – das tägliche Leben wiederaufnahmen, ebneten den Weg für eine neue Infektionswelle im Mai, die nun auch die südlichen Provinzen erfasst und die tägliche Infektionsrate während der Sperrzeit vom April verdoppelt hat. Im Juli sagte ein Mitglied der Coronavirus Combat Task Force, dass jeder fünfte Iraner infiziert worden sei, wobei die Gesamtzahl der Todesopfer 12.000 überstiegen hat.[36]

Anfang August wurde eine Untersuchung des persischsprachigen Dienstes der BBC veröffentlicht, die sich auf zugespielte Dokumente aus iranischen Krankenhäusern und medizinischen Berichten stützte. Danach sei die Zahl der Corona-Toten dreimal höher als offiziell angegeben und jene der Infektionen doppelt so hoch (451.000 statt 278.800). Bis zum 20. Juli sollen somit 42.000 Menschen am Virus gestorben sein, anstatt der vom Gesundheitsministerium erwähnten 14.405 Fällen.[37]

Laut den iranischen Quellen von BBC Persian soll der erste Covid-19-Todesfall am 22. Jänner erfolgt sein und nicht etwa, wie offiziell verkündet, einen Monat später (19. Februar). Die Enthüllungen bestätigen die von Anfang an unter Iranern weitverbreiteten Zweifel an den von den Behörden verkündeten Zahlen und Befürchtung über etwaige wissentliche Vertuschungen über das tatsächliche Pandemie-Ausmaß im Lande. Sie untermauern auch die hier vertretene These, dass die staatlichen Vertuschungen durchaus politisch motiviert waren, um in der Lage zu sein, Menschen für die im Februar abgehaltenen Jahresfeierlichkeiten der «Islamischen Revolution» sowie für die Parlamentswahlen nicht fernzuhalten. Hierzu passt auch, dass laut der BBC iranische «Ärzte mit direktem Wissen über die Sache» gesagt haben, dass das Gesundheitsministerium von Sicherheits- und Geheimdienst-Organen, die die Existenz des Virus vertuschen wollten, unter Druck gesetzt wurde.[38]

35 Vgl. Filkins, op. cit.

36 Coronavirus Infected 20 Percent In Iran, Random Serology Tests Show, Radio Farda, 4.7.2020; Iran coronavirus death toll exceeds 12,000 as lockdown curbs ease, Reuters, 08.7.2020.

37 Coronavirus: Iran cover-up of deaths revealed by data leak, BBC, 3.8.2020.

38 Op. cit.

Eine neue pandemiebedingte Dreifach-Krise

Innerhalb der Rohani-Regierung hatte die Ausbreitung des Virus eine Kontroverse zwischen zwei Lagern hervorgerufen: Während die einen (vertreten durch das Gesundheitsministerium) dafür eintraten, stärkere Eindämmungsmaßnahmen durchzusetzen, warnten andere (vertreten durch Präsident Rouhani), dass dies zu riskant sei, da ein wirtschaftlicher Kollaps vermieden werden müsse. Das erste Lager sollte mit seiner Warnung Recht behalten, dass fehlende Eindämmungsmaßnahmen eher eine doppelte Gesundheits- und Wirtschaftskrise heraufbeschwören.[39]

Wie in einigen anderen Ländern auch haben in Iran Klassengegensätze die Reaktion der Menschen auf den Virus mitdefiniert, angefangen von der Selbstquarantänisierung im wohlhabenden Norden Teherans bis hin zum fortgesetzten Verlassen des Hauses für die Arbeit, teilweise überfüllte öffentlichen Verkehrsmitteln nutzend, wie im armen Süden der Hauptstadt. Die letztere Gruppe steht effektiv vor der schweren Wahl das Infektionsrisiko in Kauf zu nehmen und an dem Virus oder an Armut zu sterben. Am 11. April sagte der stellvertretende Gesundheitsminister, dass sich ein Viertel der Infizierten mit dem Virus in öffentlichen Verkehrsmitteln angesteckt habe.

Die ohnehin schon stark angeschlagene iranische Wirtschaft wird nun von einer sich abzeichnenden Dreifach-Krise noch drastischer heimgesucht: eine nunmehr doppelte Wirtschafts- und Gesundheitskrise, wirtschaftliche Einbußen infolge des Coronavirus und der dramatische Einbruch der Ölpreise. Nach Angaben des stellvertretenden Chefs der iranischen Handelskammer kostet jeder Tag der Geschäftsschließungen schätzungsweise 164 Millionen US-Dollar. Der Dienstleistungssektor (v.a. kleine Unternehmen), der etwa die Hälfte des iranischen BIP ausmacht, hat massive Einbußen erfahren müssen. Auch der zuletzt florierende Tourismussektor – mit Chinesen als Kerngruppe – wurde untergraben, was zu weiteren Arbeitsplatzverlusten geführt hat. Der regionale Handel Irans, der die Hälfte seiner Gesamtexporte ausmacht, wurde stark beeinträchtigt, da fast alle Grenzen geschlossen sowie Ein- und Ausreiseflüge eingestellt wurden.

Noch vor dem diesjährigen Rückgang des Ölpreises[40] – der im April unter 20 Dollar pro Barrel lag und sich nun bei 40 Dollar stabilisiert hat und im gesam-

39 Vgl. Maryam Sinaiee, Iran Officials Still In Disagreement Over Lockdown, Resumption of Business Activities, Radio Farda, 12.4.2020.

40 Vgl. https://tradingeconomics.com/commodity/crude-oil.

ten nächsten Jahr voraussichtlich unter 60 Dollar bleiben wird[41] – waren die iranischen Ölexporte aufgrund der US-Sanktionen bereits dezimiert. Laut Irans Vizepräsidenten Es'haq Jahangiri kollabierten die Öleinkünfte letztes Jahr auf 8 Milliarden US-Dollar – von circa 100 Milliarden US-Dollar vor der Wiedereinführung der Sanktionen.[42]

In seiner Norouz-Ansprache vom 20. März wählte Khamenei das Motto «Anschwellen der Produktion» für das neue Jahr – kaum eine Änderung gegenüber dem Motto des alten Jahres «Produktionssteigerung». Khamenei erklärte, dass die Anstrengungen des letzten Jahres zur Steigerung der Produktion nur ein Zehntel dessen erreicht hätten, was Iran brauche, und hob die Ankurbelung der inländischen Produktion und des Verbrauchs hervor. Um einen Teil der wachsenden Belastung der Wirtschaft abzuschwächen, kündigte der Präsident ein Kreditprogramm in Höhe von 17,4 Milliarden US-Dollar für Unternehmen an und versprach Unterstützungszahlungen in Höhe von je 230 Dollar für 23 Millionen arme Haushalte, während die Revolutionsgarden in ärmeren Stadtvierteln der Hauptstadt Nahrungsmittel verteilten.[43]

Doch wie bei vielen derartigen staatlichen Hilfszusagen werfen die Umsetzung und deren reale Auswirkungen Fragen auf. Die Pandemie hat sich nach offiziellen Angaben negativ auf die Beschäftigung von mindestens 7 Millionen Iranern ausgewirkt. Solche sozioökonomischen Ausfälle haben zu dramatischen Warnungen vor erneuten und intensiveren Straßenprotesten geführt, die von allen Regime-Fraktionen geäußert wurden. Als Reaktion auf eine ungewisse Zukunft haben das Majles Research Center und 50 Wirtschaftswissenschaftler einen Brief an Rouhani geschrieben und davor gewarnt, dass die sich verschlechternde Wirtschaftslage im weiteren Verlauf des Jahres Unruhen schüren könnte.[44]

41 Vgl. Nader Kabbani, How GCC Countries Can Address Looming Fiscal Challenges, Center for International and Regional Studies (CIRS), Georgetown University in Qatar, 16.6.2020.

42 Zit. n. Fazel Hawramy, Iran's oil revenues drop to $8 billion: vice president, Rudaw, 14.6.2020.

43 Vgl. Seibert, op. cit.

44 Vgl. Saeid Golkar & Kasra Aarabi, Post-Pandemic, Iranian Regime Highlights Its Revolutionary Colors, Newsweek (online), 14.6.2020.

Instrumentalisierung des Coronavirus und Post-Pandemie-Iran

Wie in anderen Autokratien gibt es auch in Iran Bedenken hinsichtlich eines möglichen Missbrauchs der Gesundheitskrise zu politischen Zwecken. Die Revolutionsgarden mit ihren verschiedenen Einrichtungen, einschließlich medizinischer Zentren, stehen – zusammen mit dem Gesundheitsministerium – an vorderster Front im Kampf gegen die Pandemie. Hiermit haben die Garden versucht, ihr beschädigtes Image nach dem Abschuss der Passagiermaschine im Jänner zu reparieren, indem sie sich als effizientes Bollwerk im Kampf gegen die Pandemie darstellten. Dieser Versuch dürfte sich jedoch bei einer insgesamt verärgerten Öffentlichkeit gegenüber dem Regime zerschlagen.

Für Autokratien weltweit ist die Pandemie ein zweischneidiges Schwert: Einerseits könnte sie eine goldene Gelegenheit darbieten, soziale Bewegungen und Proteste zu kriminalisieren und so die Brände der revolutionären Proteste zum Erlöschen zu bringen, die in den letzten ein oder zwei Jahren in der Region wüteten. So auch die Warnung von Saleh und Sadiki, dass sich Covid-19 als «bewegungs-, aktivismus- und versammlungsfeindlich» erweisen wird.[45]

Dies mag zwar so lange der Fall sein, wie die Pandemie wütet, aber die schwerwiegenden sozioökonomischen und wirtschaftlichen Schäden durch das Virus zusammen mit bereits bestehenden strukturellen Missständen, die die Proteste in Iran und anderswo anheizten, führen zu akkumulierten und verschärften Krisen, die im weiteren Verlauf nicht nur zu erneuten, sondern intensiveren Straßenprotesten und vielleicht auch zu Lebensmittelkrawallen (bread riots) führen können. Kurzum, sobald die Krise abklingt, wird es wahrscheinlich erneut zu Aufständen der ärmeren Schichten kommen.

Und tatsächlich brachen in Iran Mitte Juli wieder regimekritische Proteste aus, mit zahlreichen Festnahmen durch die Revolutionsgarden. Die Proteste begannen am 16. Juli in Behbahan, in der ölreichen südwestlichen Provinz Khuzestan, und breiteten sich bis zum Folgetag auf andere Städte des Landes (Shiraz, Isfahan, Rasht, Mashhad, Tabriz und Urumiyeh). Laut dem Polizeichef von Behbahan hatten eine kleine Anzahl von Menschen gegen die gegenwärtige wirtschaftliche Lage im Land demonstriert. Allerdings wurden auch Slogans wie «Weder für Gaza noch für den Libanon, ich gebe mein Leben für Iran» und «Habt

45 Layla Saleh & Larbi Sadiki, The Arab world between a formidable virus and a repressive state: What does the coronavirus pandemic spell for democracy in the Arab world?, openDemocracy, 6.4.2020.

keine Angst! Wir alle stehen zusammen» skandiert – ein Widerhall vergangener Proteste. So wurden in manchen Städten Rufe gegen den Obersten Führer sowie den Präsidenten laut. Die Straßenproteste wandten sich allerdings auch gegen die Todesurteile gegen drei jungen Männern wegen ihrer Beteiligung an den November-Protesten. Kurz zuvor hatte die Online-Kampagne «Richtet nicht hin!» (edâm nakonid) hohe Wellen geschlagen und wurde am 14. Juli sogar zu dem weltweit meist genutzten Hashtag. Die drastischen Gerichtsurteile müssen als Warnung des Regimes angesehen werden, Iraner vor einer Teilnahme an erneuten Anti-Regime-Protesten abzuschrecken.[46]

Es sind diese traumatischen Ereignisse des vergangenen *Annus horribilis* in Iran, die es erlauben, die Pandemie und ihre spezifischen Auswirkungen einschätzen zu können. Die Reaktion des Regimes auf das Coronavirus wurde dadurch beeinflusst, dass es seiner Stabilität Vorrang vor der öffentlichen Gesundheit eingeräumt hat. Dies führte zu einem chaotischen Missmanagement der Krise und verstärkte das öffentliche Misstrauen. Die iranische Führung hat zudem gezeigt, dass es nicht in der Lage ist, Antworten auf diese immer tiefer werdende sozioökonomische Malaise zu liefern, die zusammen mit der äußerst angeschlagenen volkswirtschaftlichen Situation eine explosive Mischung bilden, die eine traumatisierte und verarmte Bevölkerung gegen eine zunehmend militarisierte Machtstruktur positioniert.

46 Erneut Proteste im Iran, Iran-Journal, 17.7.2020; Michael Lipin & Arash Sigarchi, Iranians Angered by Faltering Economy Stage Rare Protest, VOA (Voice of America), 17.7.2020.

Jishuku – Selbstdisziplin

Corona in Japan

Von Gregor Wakounig

Etwa 37 Millionen Menschen leben in der Metropolenregion Tokio. Auf einer Fläche etwas kleiner als die Steiermark leben also etwas mehr als 30% der 126 Millionen EinwohnerInnen Japans. Man lebt auf weitaus engerem Raum als etwa in Europa, «Hasenställe» werden die japanischen Wohnungen aufgrund ihrer Enge im Volksmund genannt. Als am 16. Jänner 2020 ein Mann aus der an Tokio grenzenden Präfektur Kanagawa, der kurz zuvor in Wuhan war, positiv auf Covid-19 getestet wurde, könnte man meinen, dass die Alarmglocken schrillten. Wie soll eine potenziell tödliche, leicht übertragbare Krankheit unter solchen Gegebenheiten eingedämmt werden? Wie soll das Abstandhalten funktionieren, wenn die U-Bahnen in Tokio und anderen japanischen Großstädten zur Rush-Hour regelmäßig eine Auslastung von über 200% haben und man wie in einer Sardinendose dicht an dicht aneinandergequetscht wird?

Doch zuerst einmal kamen nur verhaltene Reaktionen. Sowohl in der Politik als auch in den Medien waren das vorherrschende Thema immer noch die Olympischen Sommerspiele in Tokio. Es sollten Spiele werden, die der Welt zeigen, dass Japan die verheerende Fukushima-Katastrophe überwunden hat. Mit Katastrophen kennt man sich schließlich aus im erdbebengebeutelten Japan, was ist da schon so ein Virus aus dem Ausland.

Aus dem Ausland kam auch die Diamond Princess, ein Kreuzfahrtsschiff, das am 5. Februar im Hafen von Yokohama anlegte. Anlegen musste. An Bord war das Virus ausgebrochen. Die japanische Regierung erlaubte keinem der rund 3.700 Passagiere und Besatzungsmitglieder an Land zu gehen und überließ die Sache dem Gesundheitsministerium. Auch Kentaro Iwata, ein Virologe, der in der Vergangenheit beispielsweise in Liberia half die Ausbreitung des Ebolavirus einzudämmen, bot seine Hife an. Ein Mann vom Fach, könnte man sagen. Nach seinem ersten Besuch auf der Diamond Princess veröffentlichte Iwata auf Twitter ein Video, in dem er sich schockiert darüber zeigte, wie die seiner Meinung nach ahnungslosen Beamten des Gesundheitsministeriums den Ausbruch managen. Sicherheitsregeln würden missachtet, die Gefahr bestünde, dass das Virus von den Beamten selber aufs Festland getragen würde. Als Reaktion auf Iwatas Video gab es einen Shitstorm, in dem er insbesondere von UnterstützerInnen der nationalistischen Regierung unter Premier Shinzo Abe offen als «unjapanisch» bezeichnet wurde – wobei dies noch eine der sanfteren Beleidigungen war. Iwata löschte das Video daraufhin, der Druck wurde ihm offensichtlich zu viel.

Als nach über 700 Ansteckungen und 13 Todesfällen die Passagiere der Diamond Princess ab dem 19. Februar 2020 das Schiff schließlich schrittweise verlassen durften, traten die Fehler der Krisenbewältigung ans Licht. Nur wenige Tage, nachdem eine Passagierin mit dem Zug in ihren mehr als 100 Kilometer entfernten Heimatort in der Präfektur Tochigi zurückkehrte, wurde sie positiv getestet. 23 weitere Passagiere und ein großer Teil der Beamten des Gesundheitsministeriums wurden ebenfalls positiv getestet. Der Tokioter Journalist Jake Adelstein schrieb in einem Artikel für *The Daily Beast* davon, dass das Virus «von einem Schiff, der Diamond Princess, auf ein anderes, nämlich den Instelstaat Japan» übersprang.[1]

Ob die Diamond Princess nun wirklich die Hauptursache für den Ausbruch der Coronapandemie in Japan war, kann angezweifelt werden. Letztendlich sind es ChinesInnen, die den Löwenanteil an Einreisenden nach Japan ausmachen und nicht etwa wohlhabende Westler auf einem einzelnen Kreuzfahrtsschiff. Der Umgang der Regierung Abe mit der Diamond Princess zeigt aber vielmehr, inwiefern wirtschaftliche Interessen in Japan auch zu Zeiten einer Pandemie vor menschliches Wohlergehen gestellt wurden.

Noch deutlicher wird dies, wenn man sich das Tauziehen um die Olympischen Sommerspiele anschaut, die ja 2020 in Tokio stattfinden hätten sollen. Bevor die Spiele am 24. März zähneknirschend auf 2021 verschoben wurden, gab es eine wochenlange mediale Debatte über die im Vergleich zu anderen Ländern niedrigen Testzahlen. Durchschnittlich an die tausend getestete Personen pro Tag sind bei einer Bevölkerung von 126 Millionen verschwindend wenige. Überhaupt einen Test zu bekommen, erwies sich für viele als ein Ding der Unmöglichkeit. Man musste ärztlich nachweisen, dass man vier Tage hintereinander Fieber hatte, erst dann hatte man überhaupt eine Chance darauf, für einen Test infrage zu kommen. KritikerInnen behaupteten, dass die Regierung die Testrate absichtlich niedrig halte, um somit die Olympischen Spiele nicht zu gefährden. Und tatsächlich stiegen die Anzahl der Tests und somit auch der nachgewiesenen Erkrankten nach der Verschiebung der Olympischen Spiele beträchtlich an. Obwohl nicht klar ist, ob ein internationales Massenevent wie die Olympischen Spiele auch 2021 ohne gesundheitliche Risiken für AthletInnen und BesucherInnen abgehal-

1 Adelstein, Jake und Mari Yamamoto. Japan Shows Coronavirus May Be a Gift—for Would-Be Dictators, The Daily Beast, 24.2.2020: https://www.thedailybeast.com/japans-coronavirus-cruise-ship-debacle-shows-epidemic-can-be-a-gift-for-would-be-dictators) (3.8.2020)

ten werden kann, scheint die japanische Regierung entschlossen zu sein, die Veranstaltung durchzupeitschen. Für den Nationalisten Abe sind sie mehr als nur ein Prestigeprojekt. Nach der Dreifachkatastrophe von Fukushima sollten sie das angekratzte Image Japans wieder auf Vordermann bringen.

Die Spiele als Symbol dessen, dass man den Schrecken eines explodierten und immer noch lecken Atomkraftwerks sowie abertausender wegen Strahlenbelastung umgesiedelter Menschen überwunden hat. Für welches Japan die Spiele stehen sollten, machte Shinzo Abe deutlich, als er bei der Abschlusszeremonie der Spiele in Rio als Super Mario verkleidet auftrat. Das Land von Videospielen, Animes, Gastfreundschaft und Tradition – «Cool Japan», wie der Name einer langjährigen Kampagne der Regierung lautet, die eben diese Klischeebilder propagiert. Abe folgt aber auch einem anderen Narrativ. Im Jahr 2006 erschien sein Buch *Utsukushii kuni he – Für ein schönes Land*. Darin beschreibt er, wie Japan mit der Kriegsniederlage und somit der Befreiung vom Faschismus 1945 seinen Nationalstolz verloren hätte. Diesen gelte es zurückzuerlangen, so etwa durch eine aggressive Remilitarisierung Japans. Die Spiele kamen Abe als Vehikel für die Stärkung des Nationalismus gerade recht. So wurde beispielsweise der schulische Lehrplan angepasst. Die Kinder lernen nun etwa in eigens angefertigten Lehrbüchern Mythen über die «Einzigartigkeit» der JapanerInnen und das man als JapanerIn stolz zu sein hat auf sein Land. Beide Narrative, sowohl das des «Cool Japan» als auch des «schönen Landes», bieten keinerlei Raum für ein kritisches Geschichtsverständnis oder auch Gesellschaftskritik. Es sind nationalistische Jubelideologien. Und die Olympischen Spiele seien, so viele Kritiker, Ausdruck genau dieser Ideologien und damit auch von Abes Regierungsprogramm. Dass das olympische Projekt nun just durch ein aus «dem Ausland» gekommenes Virus infrage gestellt wurde, führte etwa zu rassistischen Äußerungen namhafter Regierungspolitiker und Abgeordneter von Abes Liberaldemokratischer Partei (LDP).

Der als politischer Rechtsaußen bekannte Vizepremier Taro Aso sowie Vize-Verteidigungsminister Tomohiro Yamamoto sprachen vom «Wuhan-Virus». Inhaltlich waren sie damit auf einer Linie mit der neofaschistischen Kleinpartei Japan First Party, die am 29. Februar eine anti-chinesische Demonstration in Tokio durchführte, auf der ebenfalls vom «Wuhan-Virus» die Rede war, das Japan bedrohe. Wobei man sagen muss, dass der Anblick von 200 eng an eng marschierenden Rechtsextremen, die sich nicht an Abstandsregeln hielten und dabei China und die Linke der Verbreitung des Virus bezichtigten, in die Kategorie absurd fällt.

Im Gegensatz zu vielen anderen Industrienationen wurde in Japan niemals ein gesetzlicher Lockdown oder eine Ausgangssperre durchgesetzt. Stattdessen wurden die BürgerInnen angehalten sich in Jishuku, in Selbstdisziplin, zu üben. Firmen wurden gebeten, ihren MitarbeiterInnen die Arbeit von Zuhause zu ermöglichen, Social Distancing wurde auch in Japan zu einem geflügelten Wort und zahllose Geschäfte und Lokale schlossen vorübergehend ganz oder verkürzten ihre Öffnungszeiten signifikant. Und man muss sagen – die Maßnahmen funktionieren erstaunlich gut. 972 Tote bei trotz niedriger Testrate insgesamt 18.444 bestätigten Infizierten (Stand 30. Juni 2020) sind vergleichsweise wenig. Nichtsdestotrotz regte sich in der japanischen Öffentlichkeit Unmut gegen die Regierung Abe. Vom Herunterfahren der Wirtschaft, insbesondere des Service-Sektors wie etwa der Gastronomie, waren vor allem prekär Beschäftigte betroffen, bei den bis zu 35-jährigen Erwerbstätigen ist das rund ein Drittel. Die Beantragung von Sozialhilfe oder Arbeitslosengeld ist in Japan gesellschaftlich enorm stigmatisiert und kann sich negativ auf die berufliche Karriere auswirken. Jemand der als «Sozialschmarotzer» gilt, steht am Arbeitsmarkt auf den unteren Stufen der Leiter. Auch für die in Japan noch in großer Zahl vorhandenen kleinen Straßenläden und Greißler bedeutete die Schließung oftmals den wirtschaftlichen Ruin. Ebenso für eine Vielzahl kleiner subkultureller Konzert-Hütten und Clubs. Wer sein Geschäft nicht schloss, konnte sich von aufgebrachten Aktivbürgern mitunter als Seuchenverbreiter beschimpfen lassen.

Ganz im Sinne des freien Marktes versuchte die Regierung Abe anfangs, diese Belastungen schlicht auf die prekär Beschäftigten abzuwälzen. Erster größerer Widerstand regte sich jedoch, als Abe Mitte April auf Twitter ein Video veröffentlichte, in dem er dazu aufruft selbstdiszipliniert zu Hause zu bleiben. Dabei sitzt er Tee trinkend und seinen Hund streichelnd auf einem ausladenden Sofa, von dem prekär Beschäftigte in ihren «Hasenställen» nur träumen können. Unter dem Hashtag «Wer glaubst, wer du bist!?» wurde hunderttausendfach Kritik geäußert. Viele konnten sich es schlicht nicht leisten Zuhause zu bleiben, mussten weiterhin zur Arbeit gehen. Oder verloren diese ganz. Unter dem wachsenden gesellschaftlichen Druck beschloss die Regierung Ende April die Auszahlung einer einmaligen Unterstützungsleistung von etwa 100.000,- Yen (etwa 825,- EUR) pro Person, für Tokioter Verhältnisse sind das eineinhalb Monatsmieten. Die Parole «Jeden Monat 300.000 Yen!!» wurde danach zu einer Forderung auf zahlreichen Anti-Regierungs-Demonstrationen im ganzen Land.

Verärgert über das ihrer Meinung nach schlechte Krisenmanagement der Regierung, gab es auch im linksalternativen Tokioter Stadtteil Koenji einiges an Diskussion. Das auch international bekannteste Gesicht der Szene in Koenji, der Autor, Ladeninhaber und Anarcho-Hedonist Hajime Matsumoto, rief Online zuerst zu einem Mietstreik auf. Ganz so revolutionär wurde es letztendlich doch nicht. Verschiedenste linksalternative Beisl und Geschäfte aus dem Bezirk schlossen sich zusammen und versuchten ihre Existenz mittels eines Crowdfunding-Projekts zu sichern. Ob der Spendenaufruf Erfolg hatte, war Ende Juni noch nicht klar. Ungeachtet des Ausgangs wird man sich in Koenji noch länger an Corona zurückerinnern. In der Nantoka-Bar, einem kleinen Anarcho-Beisl, hängt in einem mit Goldfarbe besprühten Bilderrahmen die «Abe-Maske» an der Wand. Eine Gesichtsmaske, die an alle japanischen Haushalte geschickt wurde und von der Regierung als Anti-Corona-Maßnahme verkauft wurde. Dumm nur, dass die Maske für Erwachsene viel zu klein war und somit kaum Schutz bot. Die Aktion wurde für Abe zu einem PR-Fiasko.

Dass die Pandemie in Japan bisher vergleichsweise glimpflich verlaufen ist, liegt laut ExpertInnen unter anderem an der Selbstdisziplin der BürgerInnen selber und an der Kultur des Tragens von Gesichtsmasken. Man lebt ja schon länger auf engstem Raum, als es Covid-19 gibt. Persönlich muss ich sagen, dass sich bis auf die Öffnungszeiten vieler Bars und Geschäfte, der Umstellung auf Online-Unterricht und dem schmerzlichen Ausbleiben von Punk-Konzerten in meinem Tokioter Leben nicht allzu viel verändert hat. Freunde und Freundinnen die seit Wochen ohne Job sind und keine Ahnung haben, wie sie nächsten Monat ihre Miete bezahlen sollen, habe ich aber nun ganz viele. Ob sie in Zukunft wieder Arbeit finden und sich finanziell wieder fangen können ist ungewiss. Dass die Olympischen Spiele aber, und wenn es nicht anders gehen sollte nur in abgespeckter Form, 2021 in Tokio auf jeden Fall stattfinden sollen, das hat Abe schon angekündigt. Prioritäten sind halt Prioritäten.

Die Auswirkungen von Covid-19 in Indien verstehen

Von Anand Kumar

Mit großer Überraschung und Besorgnis wurde die Covid-19-Pandemie in Indien als die dunkle Seite der Globalisierung wahrgenommen. Ihre tödliche Universalität und die geradezu verblüffende Neuartigkeit verängstigte die Menschen zutiefst. In politischer Hinsicht führte das zur Zentralisierung der politischen Macht, zum Zusammenbruch der Kommunikation zwischen dem Regierungsbündnis und den Oppositionsparteien und zur Schwächung der föderalen Struktur des indischen Nationalstaats. Auch in wirtschaftlicher Hinsicht hat sie sich negativ ausgewirkt und die bereits bestehenden wirtschaftlichen Risiken vergrößert.[1] Die Wachstumsrate ging auf 3,1% zurück, und die Arbeitslosenquote stieg von 6,7% am 15. März auf 26% am 19. April. Es wird geschätzt, dass mindestens 140 Millionen Menschen ihren Arbeitsplatz verloren haben. Der informelle Sektor, die Tagelöhner und die Landwirte sind einem maximalen Risiko ausgesetzt.

Im Folgenden werden die Auswirkungen von Covid-19 im Verlauf des 18-wöchigen Zeitraums vom 13. März bis 27. Juli 2020 beschrieben.

Die indische Reaktion auf Covid-19

Indien reagierte auf die Ankunft von Covid-19, als stünde die Nation vor einem katastrophalen Krieg. Alle öffentlichen Einrichtungen mit Ausnahme von Krankenhäusern und Polizeistationen wurden auf unbestimmte Zeit geschlossen. Alle Gemeindeaktivitäten einschließlich Gottesdienste, Märkten, Schulbildung, Sport und Unterhaltung wurden eingestellt. Der Premierminister und andere Minister traten unentwegt in den Medien auf, um die Bürger über die Bereitschaft der Regierung und der Nation zur Überwindung der durch Covid-19 verursachten Krise zu informieren. Die Konzerne leisteten große Spenden an den Pflegefonds des Premierministers und entließen Mitarbeiter aus ihren Betrieben. Indische Bauern, Arbeiter im organisierten und unorganisierten Sektor,

1 «Workers Charter of Demands», beschlossen vom gemeinsam organisierten Konvent zehn nationaler Gewerkschaften am Vorabend der Parlamentswahlen in New Delhi am 5. März 2019. Dieses Dokument listete 46 ökonomische Themen der NDA-Regierung auf, die einer Korrektur bedürften.

Kleinst- und Kleinunternehmer und die Medien boten dem indischen Staat ihre volle Zusammenarbeit bei der Bekämpfung der Pandemie an.

Der indische Staat unternahm Schritte, um der Herausforderung dieses ungebetenen Virus zu begegnen, indem er sich auf den National Disaster Management Act berief. Es beinhaltete den Ausbau der Gesundheitseinrichtungen, Ernährungssicherheit, sektorweise Anreize und eine Fristverlängerung für Steuern. Am 12. Mai wurde ein Unterstützungspaket für die wirtschaftlichen Interessensgruppen von 280 Milliarden Dollar verlautbart. Indien begann zu diesem Zeitpunkt auch, sich von der Fortsetzung der wirtschaftlichen Globalisierung zu distanzieren, indem es die Bestimmungen für ausländische Direktinvestitionen (F.D.I.) änderte, um die indischen Unternehmen durch Protektionismus vor den globalen Konkurrenten, einschließlich der chinesischen Unternehmen, zu schützen. Die Betonung der «Eigenständigkeit» («Atmanirbhar Bharat Abhiyan») und von «lokal» wurden zur neuen Priorität erklärt. Diese Initiativen sind allerdings auch auf Skepsis gestoßen und wurden Gegenstand einer langanhaltenden politischen Debatte.[2]

Auf jeden Fall ist Indien durch seinen Umgang mit der Covid-19-Pandemie in eine neue Phase seiner Entwicklung eingetreten.

Der erste Todesfall in Indien wurde am 13. März aus Karnataka gemeldet, zwei Tage nachdem der Generaldirektor der Weltgesundheitsorganisation Covid-19 zur globalen Pandemie erklärt hatte. Der nationale Lockdown wurde von Premierminister Modi erst zwei Wochen später, am 25. März im nationalen Fernsehen für einen Zeitraum von 21 Tagen angekündigt. Laut *Economic Times* kündigte der Premierminister «in einer mutigen Entscheidung einen vollständigen Lockdown für Indien an. Der Lockdown wird Dienstagabend um 12 Uhr beginnen. Modi sagte, soziale Distanzierung sei die einzige Möglichkeit, das Virus zu töten, und wenn wir uns nicht 21 Tage lang fernhielten, würde das Land um 21 Jahre zurückfallen.»[3]

In den nächsten 20 Tagen wurden 20 «major steps» umgesetzt mit dem Versprechen, den Krieg gegen Corona innerhalb dieser Frist zu gewinnen. Sie beinhalteten die kostenlose Bereitstellung von Lebensmitteln und Gasflaschen zum

2 Darüber entwickelte sich ein regelrechter Twitter-Krieg zwischen den Führern der wesentlichen Oppositionsparteien und den Sprechern der regierenden National Democratic Alliance (NDA) angeführt von der Bharatiya Janata Party (BJP). Es ging vor allem um Zweck und Auswirkungen der ökonomischen Maßnahmen und einzelner die Gewerkschaften betreffenden Bestimmungen.

3 Cfo.economictimes.indiatimes.com/news/pm-narendra-modi-announces-lockdown-of-india-for-21-days/74797779 (1.9.2020)

Kochen für Tageslohnempfänger, finanzielle Unterstützung für Landwirte, Steuererleichterungen für Kleinst-, Klein- und Mittelbetriebe, große wirtschaftliche Anreize für den Fertigungs- und Dienstleistungssektor und eine Partnerschaft mit Firmen und NGOs, um bei der Bereitstellung von Gesundheitsversorgung, Medikamenten und täglichen Annehmlichkeiten für die gefährdeten Massen voranzukommen.

Leider gelang es nicht, die «Kurve abzuflachen», selbst nach einem mehr als viermonatigen Lockdown nicht. Offiziellen Quellen zufolge ist Indien nach den USA und Brasilien zum drittmeist betroffenen Land der Welt geworden. Weltweit gab es bis zum 27. Juli 2020 16,3 Millionen bestätigte Fälle von Covid-19 mit 9,41 Millionen Genesungen und 649.000 Todesfällen, während es in Indien bis zum 27. Juli 2020 1,4 Millionen bestätigte Fälle mit 918.000 Genesungen und 32.771 Todesfällen gab.[4]

Zwei wesentliche Merkmale von Covid-19 sind für Indien festzustellen. Erstens liegt die Todesrate bei 20,4 Personen pro Million, während der weltweite Durchschnitt bei 77 pro Million lag. Zweitens ist die Verbreitung in Indien ungleichmäßig: mehr als 50% der Fälle beschränken sich auf nur vier Bundesstaaten – Maharashtra (347.502), Tamil Nadu (192.964), Delhi (127.364) und Karnataka (80.813) – und dreißig Städte.

Die Dimensionen der Covid-19-Krise

In vier Bereichen lassen sich schwerwiegende Probleme festmachen, die auch auf eine offenkundige Unterschätzung der Umstände zurückzuführen sind.

1. Indien stand der Corona-Pandemie mit einem stark belasteten Gesundheitssystem gegenüber. Das Gesundheitspersonal, von Ärzten und Krankenschwestern bis hin zu paramedizinischem Personal, erhielt den neu geschaffenen Status eines «Corona-Kriegers», um einen Anreiz zu bieten, die Aufgaben in einem hochriskanten Umfeld gewissenhaft zu erfüllen.

Angesichts geringer Investitionen in die Infrastruktur des öffentlichen Gesundheitswesens in Kleinstädten und ländlichen Gebieten und intensiver Kommerzialisierung der Gesundheitsdienste in den Großstädten, ist die Mehrheit der Bevölkerung verängstigt und blickt mit Sorge in eine unvorhersehbare Zukunft.

2. Zudem ist Indien mit einer politischen Krise konfrontiert, in der es einen

4 Google.com/search?q=covid.19+update (1.9.2020)

großen Schub zur Zentralisierung des föderalistischen Regierungssystems gibt, wo immer häufiger die Rechte der Arbeiterklasse eingeschränkt und Bürgeraktivisten verhaftet werden.

Der Staat musste einen unbeschränkten Lockdown durchsetzen und genügend Ärzte und Gesundheitspersonal zur Verfügung halten. Aus diesem Grund wurden landesweite Programme zur Lobpreisung der «Corona-Krieger» durch Anzünden von Kerzen und Lampen, Klatschen und andere Formen der Dankbarkeit, einschließlich des Überschüttens mit Blumen, durchgeführt.

Der Staat musste auch die Versorgung mit lebenswichtigen Gütern und Medikamenten zu niedrigen Kosten vor dem Hintergrund systemischen Schwundes und weltweiter Knappheit sicherstellen. Schließlich galt es auch die Ausbreitung der Krankheit in der Gemeinschaft zu verhindern, indem die großräumige Bewegung einer sehr großen Zahl von arbeitenden Menschen überwacht wurde, die es sich nicht leisten können, den Ratschlag «zu Hause bleiben, um sicher zu bleiben», zu befolgen.

3. Die im Zusammenhang mit der globalen Rezession stehende ökonomische Krise verschärfte sich. Der lange Lockdown führte zu einem plötzlichen Zusammenbruch des Lebensunterhaltssystems in städtischen Gebieten. Die Regierung legte Pläne zur Ernährungssicherheit und zum Geldtransfer für die ärmeren Bevölkerungsgruppen vor. Die durch den Lockdown verursachte Krise des Lebensunterhalts führte dazu, dass Millionen von Arbeitern aus dem unorganisierten Sektor in ihre Dörfer aufbrachen und Arbeit im Rahmen des Mahatma Gandhi National Rural Employment Guarantee Scheme (MNREGA) erhielten. Die Tageslöhne wurden von 182 Rupien auf 202 Rupien pro Tag erhöht. Zusätzlich verschärft wurde die Wirtschaftskrise durch die Einstellung der nationalen und globalen Verkehrsnetze für Personen und Waren.

4. Indien ist überdies mit einer wachsenden soziokulturellen Krise konfrontiert, die durch überforderte Familiensysteme und unerwartete Belastungen der Gemeinschaftsnetze verursacht wird. Die Bürgerrechte und die daraus resultierenden Ansprüche unterliegen einer Kernschmelze und müssen durch neue Regelungen auf Mikroebene ausgeglichen werden. Das Unvermögen der ländlich-städtischen Verflechtungsräume, den zugewanderten Arbeitern eine feste Perspektive zu bieten, hat viele arbeitende Menschen zur Rückkehr gezwungen («reverse migration»).

Dieses Zusammentreffen von gesundheitlichen Gefährdungen, existentieller Krisen und einem weitgehenden Zusammenbruch des Gemeinwesens hat den indischen Staat und die politische Gemeinschaft überrascht. Sie manifestierte sich in den Reaktionen auf den Migrantenexodus. Die Zentralregierung ignorierte die Notwendigkeit der Unterstützung dezentralisierter, lokal-spezifischer

Interventionen. Die Regierungen der Bundesstaaten, die nicht zur Regierungspartei NDA gehören, wehrten sich gegen Eingriffe der Unionsregierung in ihren Bereich. Die gewählten Vertreter und die großen politischen Parteien blieben ratlose Zuschauer dieses beispiellosen Verfassungschaos. Das alles führte zu einem doppelten Misserfolg.

Unbeirrt arbeitete die Zentralregierung an der Adaptierung der Bestimmungen des Lockdown, während die Staatsregierungen sich gleichgültig hinsichtlich ihrer Umsetzung und der dringend erforderlichen Vorbereitung auf Tests, Behandlung und Tracing der Covid-19-Opfer verhielten. Mehrere Staatsregierungen gingen noch weiter und weigerten sich, die Rückkehr von «Arbeitsmigranten» unterschiedlicher Staaten zu erlauben, die lange Zeit eine wichtige Quelle für Geldüberweisungen (remittances) in beträchtlichen Ausmaß waren.

Anfänglich war eine Priorisierung der Bedürfnisse und Interessen der Ober- und Mittelschicht durch die Regierungsbehörden festzustellen. Alle Menschen wurden aufgefordert, «soziale Distanz» zu wahren, indem sie «zu Hause bleiben» und durch häufiges Händewaschen mit Seife und Wasser und die Verwendung von Desinfektionsmitteln für Sauberkeit sorgen. Für die wohlhabenderen Bevölkerungsgruppen, die genug Ersparnisse hatten, um in ihren gut ausgestatteten Häusern in Gated Communities «zu Hause bleiben» zu können, war dies sinnvoll. Aber diese Appelle ignorierten die krassen Realitäten der Arbeits- und Lebensbedingungen der Mehrheit der arbeitenden Stadtbevölkerung, die mit sehr beschränkten Einkommen in gemieteten Räumen, mit Gemeinschaftstoiletten und begrenzter Wasser- und Stromversorgung lebte. Nach wenigen Tagen einer recht mangelhaften Durchsetzung des plötzlichen Lockdowns, zunehmender Diskrepanz zwischen den zentralen Schritten und den Initiativen der Einzelstaaten und dem Versagen von Unterstützungssystemen wie kostenlose Mahlzeiten, Tests in den Krankenhäusern, provisorischen Unterkünften in Schulen usw. stürzte die gesamte Klasse der einkommensschwachen Männer und Frauen aus dem indischen Mutterland ab. Sie gehörten zum «unorganisierten Sektor» ohne organisatorische Stärke oder politische Unterstützung. Man nannte sie seltsamerweise «Wanderarbeiter». Der Exodus wurde bequemerweise als «Heimkehr» bezeichnet. Ihre Transportbedürfnisse wurden ignoriert, da die Zug- und Busverbindungen aufgrund der «Abriegelung» mehrere Wochen lang nicht verfügbar waren.

Millionen von arbeitenden Männern und Frauen wurden aufgrund der expliziten Limitierung der politischen Bürgerrechte und der Abwertung der wirtschaftlichen und sozialen Bürgerrechte zu Fremden in ihren eigenen Städten und Staaten. Frauen aus den Haushalten der Tagelöhner wurden durch die Intensivierung der Haushaltsführung in einer Zeit ohne Einkommen und in Zeiten von

Knappheit und Mangel an lebensnotwendigen Gütern zusätzlich belastet. Es gab Berichte über eine Zunahme der häuslichen Gewalt. Kinder und alte Menschen erlebten in der «Sperrzeit» neue Themen und Probleme. Eine Vielzahl zivilgesellschaftlicher Gruppen meldete sich zur sozialen Unterstützung. Es gab auch spontane Initiativen von ehrenamtlichen Bürgerinnen und Bürgern als Reaktion auf die Hilferufe von Menschen in Not – von Nahrungsmitteln über Medikamente bis hin zu Blutspenden.

Sie forderten alle zentralen Gewerkschaften auf, ungeachtet der ideologischen Spaltungen ihren Unmut über das Hilfspaket zu äußern, das die Regierung den Unternehmern und Unternehmen angeboten hatte. Denn es gab wenig Erleichterung für die Millionen von arbeitenden Männern und Frauen, aber einige Zugeständnisse für die Unternehmer, etwa die Befreiung indischer und ausländischer Unternehmen von Arbeitsgesetzen wie dem Gesetz über Arbeitskonflikte, dem Gesetz über Arbeitssicherheit, dem Gewerkschaftsgesetz und dem Gesetz über Vertragsarbeit.

Innerhalb der Arbeiterschaft gibt es offenen Protest gegen die Manipulation des «Factory Act» von 1948, der den Weg für 12 Stunden/6 Tage Arbeit ebnen soll und den Fonds für Beschäftigungsförderung, der die Aussetzung des Rechts auf Tarifverhandlungen ermöglichen soll und so die Zahlung angemessener Löhne und die Sicherheit der Beschäftigten beeinträchtigt. Die Befürchtung ist weit verbreitet, dass das Bestreben, ein besseres globales Ranking im «Ease of Doing Business» zu erreichen, angemessene Arbeitsbedingungen erschwert.

Lehren aus Covid-19

Die Covid-19-Pandemie in Indien hat nicht nur den Blick für die periphere Natur der marktvermittelten wirtschaftlichen Globalisierung geöffnet, sondern auch für den mechanischen Charakter der indischen Republik. Es gab keinen Respekt vor den staatsbürgerschaftsbezogenen Ansprüchen der niedrig verdienenden indischen Männer und Frauen. Sie wurden zu «Wirtschaftsflüchtlingen» im eigenen Land, die auf der Suche nach einem sicheren Zufluchtsort vor dem doppelten Problem von Covid-19 und Verlust der Existenzgrundlage ein schmerzhaftes Oszillieren zwischen ihren «städtischen Orten des Lebensunterhalts» und «ländlichen Räumen der Verwandtschaft» durchmachten. Die verfassungsmäßige Verpflichtung zur Aufrechterhaltung einer bürgernahen Regierungsführung erwies sich als imaginärer Anspruch. Ein «externer» Virus hat bei den unterprivilegierten Schichten der indischen Bevölkerung eine schwere Vertrauenskrise ausgelöst, die die Idee der indischen Nation und des demokratischen Systems infrage stellt.

Die Coronakrise hat die Nation für Lücken und Schwächen im vorherrschenden Prozess der demokratischen Staatsbildung durch das LPG-Paradigma (Liberalisierung-Privatisierung-Globalisierung) seit den 1990er Jahren sensibilisiert. Dies wurde durch den tragischen Exodus von Millionen von Arbeitern aus ihren Lebensmittelpunkten verdeutlicht.

Es ist Zeit für eine politische Kurskorrektur: In sieben Bereichen des alltäglichen Lebens besteht konstruktiver Interventionsbedarf.

1. Es braucht effizientere Einrichtungen der primären Gesundheitsversorgung und eine Stärkung des Gesundheitsbewusstsein in den Gemeinden.
2. Die Sicherung des Lebensunterhalts muss stabilisiert werden, Beschäftigungsgarantiesysteme sind notwendig, sowohl für den ländlichen als auch für den urbanen Lebenszusammenhang.
3. Kostengünstige nationale Wohnbauprogramme, die hygienischen Standards und den Sicherheitsbedürfnissen entsprechen.
4. Dezentralisierte, auf Beteiligung aufbauende Verwaltungsräte auf Mikroebene in urbanen und ländlichen Zusammenhängen (Gram Sabha).
5. Wiederbelebung der lokalen Wirtschaft durch Änderung der Präferenzen und den Schutz vor den Angriffen globaler und indischer Konzerne durch eine neue lokal-globale Architektur.
6. Demokratisierung des Schul- und Hochschulsystems zur allgemeinen Verbreitung der Bildung.
7. Stärkung der Verbindungen zwischen Land und Stadt (rural-urban nexus) unter besonderer Berücksichtigung öffentlicher Güter wie sauberer Luft, Trinkwasser, Ernährung, Arbeit in Würde und zivilgesellschaftliche Netzwerke.

Diese nationalen Notwendigkeiten signalisieren eine neue Relevanz in ein kommunitaristisches Umfeld eingebetteter wohlfahrtsstaatlicher Regelungen und implizieren, die Demokratie näher an die Basis zu bringen. Um der Erfüllung der menschlichen Grundbedürfnisse umfassend, zeitgerecht und systematisch nachkommen zu können, braucht es deswegen den Aufbau an bürgerschaftlichen Rechtsansprüchen ausgerichteter Strukturen.

Wir müssen diese Lehren ernst nehmen. Nur so kann ein großer und komplexer Nationalstaat wie Indien mit der Herausforderung von Covid-19 zu Rande kommen.

Das Virus aus Wuhan und die gesellschaftspolitischen Implikationen: die Volksrepublik China und ihre Nachbarn

Von Christian Schafferer

Als Politsoziologe und Demokratieforscher beschäftige ich mich seit über zwanzig Jahren mit der gesellschaftspolitischen Entwicklung Ost- und Südostasiens. Der hier vorliegende Beitrag entstand im Zuge meiner Beobachtungen des allgemeinen Diskurses über die Pandemie. In meinem Beitrag geht es nicht um das Virus an sich, nicht um eine medizinische Erläuterung bzw. Beurteilung der gesetzten Maßnahmen, sondern um den allgemeinen Diskurs über die gesellschaftspolitischen Konsequenzen der Pandemie. Zeitungsartikel, Blogbeiträge prominenter Aktivisten sowie einzelne Kommentare in diversen sozialen Medien habe ich als Quelle für meine Analyse herangezogen und durch meine persönlichen Eindrücke vor Ort (d.h. in Taiwan) ergänzt. Mein Beitrag beschränkt sich im Wesentlichen auf den gesellschaftlichen Diskurs in den sozialen Medien der Volksrepublik China, Taiwans, Südkoreas und der chinesischen Diaspora. Die meisten der hier analysierten Blogs und Kommentare wurden in Chinesisch, anderen Quellen wie Zeitungsartikel und Berichte in Englisch verfasst. Im ersten Abschnitt erörtere ich das Problem der gegenseitigen Ausgrenzung bzw. Schuldzuweisungen und die Debatte über Chinas Rolle in der Pandemie. Auf die fehlende Solidarität mit China und die demokratiepolitischen Konsequenzen der Pandemie gehe ich im zweiten Abschnitt ein. Der letzte Abschnitt befasst sich mit der Frage, was nach der Krise von dem gesellschaftskritischen Diskurs übrig bleiben wird bzw. inwieweit die Pandemie die Gesellschaft in ihren demokratischen Grundstrukturen verändert hat.

Das fremdenfeindliche Virus

Bereits im Dezember 2019 gab es die ersten Blogs über eine neuartige Lungenkrankheit in der Provinz Hunan und Besorgnis darüber, dass mit Ausnahme Taiwans kein Land diese Meldungen ernst zu nehmen schien. Ein paar Wochen später waren es vor allem chinesische Blogger aus der Volksrepublik, die nicht nur das schleppende Vorgehen und die fehlende Transparenz ihrer eigenen Regierung bemängelten, sondern sich vermehrt Sorgen über etwaige Kollateralschäden und über ihre im Ausland lebenden Freunde und Familienmitglieder machten, d.h. Sorgen darüber, dass sie Ziel rassistischer Angriffe werden könnten oder sie im Falle einer Erkrankung keine ausreichende medizinische Versorgung erhalten würden. Letzteres war vor allem nach dem Ausbruch in Italien nicht unbegründet, da die Lombardei und die Toskana die größte Konzentration chinesischer Migranten in Europa aufweisen. Die Fertigungsindustrie in Mailand und Umgebung als auch die Produktionsstätten der Modebranche in Prato sind fast ausschließlich in chinesischer Hand. Darüber hinaus stellen chinesische Migranten in einigen Orten der Lombardei die ethnische Mehrheit unter der Gesamtbevölkerung. Neben den legalen Migranten gibt es Schätzungen zufolge zwischen zwei- und dreihunderttausend illegale Arbeiter in den chinesischen Fabriken Norditaliens.[1]

Tatsächlich gab es kurze Zeit später eine Flut von Vlogs verzweifelter Menschen, die von Verfolgungen, Misshandlungen, physischen Bedrohungen und ihren Ängsten berichteten. Selbst in ihren beliebten Urlaubsdestinationen in Asien wurden chinesische Reisende zu personae non gratae. Thailändische Blogger boten Verbotstafeln in Chinesisch als kostenlosen Download an und in Südkorea folgte eine halbe Million User einem Aufruf im Internet und unterzeichneten eine Petition für eine sofortige Einreisesperre chinesischer Touristen.[2] In den Internetforen war das chinesische Volk erbost darüber, dass ihre Mitbürger im Ausland aufgrund ihrer Herkunft diskriminiert und beschimpft wurden. Zu Hause war diese Solidarität jedoch nicht so ausgeprägt. In den sozialen Medien häuften sich Berichte von aus Wuhan stammenden Chinesen, die andernorts in China von ihren Mitbürgern noch viel schlechter behandelt wurden. Sie mussten nicht nur eine Reihe von Fragen erdulden – warum sie denn nicht in Wuhan geblieben seien oder wie sie nur so rücksichtslos Unheil über andere bringen konnten, etc. Gebrandmarkt als Virus fanden sie auch nicht selten die Eingangstüre ihrer Wohnung verschweißt bzw. vernagelt vor oder wurden Opfer physischer Gewalt – auch wenn sie schon eine Ewigkeit nicht mehr in Wuhan waren. Von dort zu stammen reichte aus, um in Ungnade zu fallen. Rassismus unter dem eigenen Volk.

Nach dem Lockdown waren es nicht mehr die Mitbürger aus Wuhan, sondern Menschen afrikanischer Herkunft, die Opfer diskriminierender Behandlungen

1 Tensions between Italians and Chinese migrants existed long before coronavirus, in: REMIX, 4.5.2020, https://rmx.news/article/article/tensions-between-italians-and-chinese-migrants-existed-long-before-coronavirus (1.6.2020)

2 South Koreans call in petition for Chinese to be barred over virus, in Reuters: 28.1.2020, https://www.reuters.com/article/us-china-health-reaction-southkorea-idUSKBN1ZR0QJ (1.7.2020)

wurden. In offiziellen Statements betonte die chinesische Regierung ihre Politik der Null-Toleranz gegenüber jeglicher Art von Rassismus. Genauso offiziell starteten im April 2020 die chinesischen Behörden in der südlichen Stadt Guangzhou (Provinz Guangdong), in der sich Chinas größte afrikanische Gemeinde befindet, eine groß angelegte Kampagne, um Afrikaner gewaltsam auf das Coronavirus zu testen und zur Selbstisolation zu zwingen – unabhängig von ihrer jüngsten Reisegeschichte oder bereits erfolgter Quarantäne. Auf Weibo und anderen sozialen Netzwerken verbreitete sich der Wunsch, jemand solle endlich «den schwarzen Müll von Guangzhou», d.h. eine halbe Million Menschen, entsorgen. Vermieter vertrieben kurzerhand afrikanische Bewohner. Geschäfte und Restaurants untersagten ihnen, ihre Lokale zu betreten. Hotels lehnten sie ebenfalls ab und so blieb vielen nichts anderes übrig, als auf der Straße zu schlafen. Diese Politik der Verfolgung und Ausgrenzung beschränkte sich jedoch nicht nur auf lokale Unternehmen. Betretungsverbot für Kunden schwarzer Hautfarbe und entsprechende Hinweisschilder gab es auch in den Restaurantbetrieben von McDonalds und in anderen internationalen Franchise-Unternehmen.[3]

China bemühte sich zwar um Schadensbegrenzung, nachdem die Afrikanische Union und mehrere afrikanische Länder sich bei der chinesischen Regierung beschwerten. Es waren aber die Aktionen der Zivilgesellschaft, die zu einer Verbesserung der Situation führten. So initiierte der Musiker und ugandische Präsidentschaftskandidat Bobi Wine eine Rückholaktion der unwillkommenen Bürger.[4] Es gab aber auch chinesische Solidarität mit den Diskriminierten. Vor allem junge Leute boten ihnen spontan Unterkunft und Verpflegung an. Beobachter vor Ort sahen den Grund für die Kampagne in der Furcht vor einer zweiten Ausbreitungswelle. Berichte von fünf auf Covid-positiv-getesteten nigerianischen Staatsbürgern und einem angeblich gewaltsamen Versuch eines Nigerianers der Quarantäne zu entkommen waren offiziell der Anlass für die drakonischen Maßnahmen.[5] Andere sehen hier strukturelle Probleme: Seit dem Ausbruch des neuartigen Coronavirus in China im Dezember ist die Block-für-Block-Bekämpfung

3 African nations berate china over Covid19-linked racism, in: Africa News, 20.5.2020, https://www.africanews.com/2020/05/20/african-nations-berate-china-over-covid-19-linked-racism/ (22.5.2020)

4 Bobi Wine Offers to Airlift Mistreated Africans Out of China, in: okayafrica, 14.4.2020, https://www.okayafrica.com/bobi-wine-neil-nelson-offer-to-airlift-evacuate-africans-in-china-coronavirus-outbreak/ (15.4.2020)

5 Yi waiji quezhen huanzhe zai yiyuan da fang hushi bei li xingshi anjian[Ausländischer Corona-Patient attackiert Krankenschwester], in: People's Government of Guangdong Province, 2.4.2020, http://www.gd.gov.cn/gdywdt/zwzt/fkyq/gdzxd/content/post_2963657.html (20.6.2020)

der Epidemie auf die Basis des öffentlichen Dienstes gefallen, d.h. auf das sogenannte Nachbarschaftskomitee. Unter dem immensen Druck, ihren Vorgesetzten Ergebnisse zu liefern, setzen einige übereifrige Beamte auf überzogene Maßnahmen. Die rassistischen Aktionen seien Teil des gleichen Phänomens, wo Führungskräfte auf niedriger Ebene die Angelegenheit selbst in die Hand nehmen.[6]

Dennoch sehen viele Blogger die Schuld bei der Regierung, die die Hetzkampagnen im Netz aus strategischen Gründen duldete und es unterließ, übereifrige Beamte zurechtzuweisen. Politologen sehen das Ganze als Beispiel für Chinas Bemühungen, den Ursprung des Virus außerhalb der Staatsgrenzen zu positionieren. Die importierte zweite Welle half der Regierung, nun endlich die Schuld auf andere abzuschieben: Es seien die Schwarzen, die diese Krankheit nach China bringen würden. Zusätzlich gab es auch mehrere Berichte in staatlich kontrollierten Medien, die den Ursprung des Virus beim US-amerikanischen Militär bzw. in Italien orteten.[7]

Chinas Engagement als Spindoktor endet jedoch nicht an der Staatsgrenze: Waren es zu Beginn der Pandemie noch die Chinesen, so sind nun Touristen und Expats aus Europa und Nordamerika die Opfer xenophober Ausschweifungen in Thailand. Nicht nur der thailändische Gesundheitsminister persönlich, sondern auch mehrere Nachrichtenportale und Facebookseiten beschimpften sie als «Dreckstouristen». Es gab auch Aufrufe zur Gewalt gegen westliche Ausländer.[8] Kritische Blogger sehen den Anstieg rassistischer Angriffe in der sich verschlechternden Covid-Situation in den westlichen Ländern und in der steigenden Anzahl verbreiteter Falschnachrichten chinesischer Trolle sowie in der verstärkten Einflussnahme Chinas auf die thailändische Medienlandschaft begründet. Investigative Journalisten in Bangkok haben bereits vor einiger Zeit über die enge Zusammenarbeit zwischen den thailändischen Medien und Xinhua News Agency berichtet.[9] Auflagenstarke Zeitungen und populäre Fernsehanstalten hätten so einen Großteil ihrer Berichterstattung über das Coronavirus nach Peking ausge-

6 How foreigners, especially black people, became unwelcome in parts of China amid Covid crisis, in: abcNews, 29.4.2020, https://abcnews.go.com/International/foreigners-black-people-unwelcome-parts-china-amid-covid/story?id=70182204 (30.4.2020)

7 Zhongguo jiazhang zhicheng wuhan feiyan shi meiguo toufang bingdu wanyou sha baoyan [Das Wuhan Virus ist US-amerikanischen Ursprungs], in: SETN, 22.1.2020, https://www.setn.com/News.aspx?NewsID=677313 (20.5.2020)

8 Govt duty to curb virus hate crime, in: Bangkok Post, 12.4.2020, https://www.bangkokpost.com/opinion/opinion/1897935/govt-duty-to-curb-virus-hate-crime (15.4.2020)

9 Chinese Propaganda Finds a Thai Audience, in: Foreign Policy, 28.8.2019, https://foreignpolicy.com/2019/08/28/chinese-propaganda-finds-a-thai-audience/ (20.6.2020)

lagert. Als Folge gebe es auch immer mehr Reportagen über die Vorzüge chinesischer und die vehementen Nachteile westlicher Touristen.[10] Ziel solcher Beiträge sei es, bewusst das Image Chinas zulasten des Westens zu verändern, so eine Analyse des Online-Nachrichtenportals *Thai Enquirer*.[11]

In diesem Zusammenhang hat sich China (sowie die Weltgesundheitsorganisation) seit Beginn der Pandemie auf internationaler Ebene dafür eingesetzt, dass die Welt nicht vom Wuhan-Virus oder gar vom China-Virus spricht, da solche Bezeichnungen rassistisch wären. Ähnliche Instruktionen gab es im Jahre 2002, als die Covid-Vorgängerin in China ausbrach. Offiziell galt es hier vom Schweren-Akuten-Respiratorischen-Syndrom (SARS) zu sprechen. Von einer chinesischen Lungenkrankheit zu reden, war auch damals nach Darstellung der Weltgesundheitsorganisation und Chinas unangebracht. Dazwischen gab es allerdings noch den Ausbruch eines bisher unbekannten Virus mit der vorübergehenden Bezeichnung Novel-Coronavirus-2012. Der offizielle Name lautete nach kurzer Zeit allerdings nicht so, sondern Middle-East-Respiratory-Syndrome-Coronavirus (MERS-Cov). Im August 2018 brach dann auch noch die Afrikanische Schweinepest in China aus. In beiden Fällen gab es keinerlei Bedenken bezüglich der Namensgebung. Noch heute sind diese «rassistischen» Bezeichnungen in offiziellen Dokumenten der chinesischen Regierung zu finden, was die Frage aufwirft, ob hier nicht zugunsten Chinas unter dem Vorwand der politischen Korrektheit gehandelt wurde.

Der chinesisch-malaysische Hip-Hop-Künstler, Filmemacher und Schauspieler Namewee äußerte sich auf seinem YouTube-Kanal vielfach kritisch gegenüber dem allgemeinen Diskurs über das Virus aus Wuhan. In einer zehnminütigen Videonachricht auf YouTube verwarf er die Forderung Chinas und der Weltgesundheitsorganisation, Wuhan aus der Geschichte zu verbannen, als revisionistische Geschichtsschreibung.[12] Ende der 1990er-Jahre, so Namewee, kam es in seinem Heimatland Malaysien zum Ausbruch einer tödlichen Virusinfektion in der Ortschaft Sungai Nipah. Seither spricht man vom Nipah-Virus, ohne dabei an

10 Why the Chinese are more important than Western tourists to Thailand, in: The Thaiger, 14.9.2019, https://thethaiger.com/news/opinion/why-the-chinese-are-infinitely-more-important-than-western-tourists-to-thailand (20.6.2020)

11 Thai media is outsourcing much of its coronavirus coverage to Beijing and that's just the start, in: Thai Enquirer, 31.1.2020, https://www.thaienquirer.com/7301/thai-media-is-outsourcing-much-of-its-coronavirus-coverage-to-beijing-and-thats-just-the-start/ (1.6.2020)

12 Namewee, Wuhan feiyan mingzi buneng gai de yuanyin [Warum wir den Wuhan Virus nicht umbenennen dürfen], 30.3.2020, https://youtu.be/KCnJNHNGMRk (30.3.2020)

Diskriminierung oder gar Rassismus zu denken. Aus Sungai Nipah zu stammen sei nichts Negatives. Heute das Nipah-Virus in der Öffentlichkeit zu erwähnen, bedeute eine kollektive Vergangenheit zu besitzen, sich an die tragischen Ereignisse von damals, die begangenen Fehler in der Bekämpfung und die daraus resultierenden Präventivmaßnahmen zu erinnern.

Marburg, Ebola sowie die Japanische Enzephalitis seien weitere Beispiele für den historischen Bezug infektiöser Krankheiten. Die Bezeichnung Wuhan-Virus sei daher keineswegs rassistisch, sondern ebenfalls Teil einer kollektiven Vergangenheit. Der erste Ausbruch dieser ansteckenden Krankheit mit katastrophalen globalen Folgen ereignete sich schließlich in Wuhan. Wuhan aus der Geschichte zu verbannen würde bedeuten, die Menschheit ihrer Erinnerungen an die Stunden der Verzweiflung, Trauer und Wut zu berauben. Wuhan, so erklärt Namewee, sei Teil einer kollektiven Vergangenheitsbewältigung, die nicht an den Grenzen Chinas ende. Die Pandemie beträfe uns alle. Namewee verwehrt China und der Weltgesundheitsorganisation daher den Anspruch darauf, den Prozess der kollektiven Vergangenheitsbewältigung zu unterbinden. Die chinesische Regierung möge das Recht haben, den Bürgern der Volksrepublik China dies zu verbieten, aber sie habe keine Staatshoheit über andere Länder. Nicht die Meinung Chinas zu vertreten sei weder ein Verbrechen noch rassistisch, sondern unabdingliches Recht in einer demokratischen Wertegesellschaft. Vietnamesische Pho-Nudeln oder thailändische Tom-Yum-Suppe nicht zu mögen, bedeute keineswegs gegen das vietnamesische bzw. thailändische Volk oder gar Rassist zu sein.

In diesem Zusammenhang zeigt Namewee kein Verständnis für den Chef der Weltgesundheitsorganisation, der keinerlei Kritik am Krisenmanagement seiner Organisation dulde und anstatt einer selbstkritischen Analyse seines Führungsstils Kritiker verbal attackiere und sie als Rassisten bezeichne. De facto kümmere es jedoch niemanden, woher er stamme. Wie auch anderen Bloggern erzürnt es Namewee aber, dass der Chef der Weltgesundheitsorganisation wochenlang die Gefahren, die vom Virus und der chinesischen Politik der Verschwiegenheit ausgehen, herunterspielte und bis heute viel Lob für China übrig hat.

Die Weltgesundheitsorganisation selbst werbe dafür, dass für sie die gesundheitlichen Interessen der Menschen an erster Stelle stünden, ihre Maßnahmen und Empfehlungen unabhängig und ihre Entscheidungen fair, transparent und zeitnah seien. In der Realität verfolge die Organisation aber bloß chinesische Interessen und solle daher in China-Health-Organisation unbenannt werden, so der stellvertretende japanische Regierungschef Taro Aso in einer offiziellen Stellungnahme. Die Empfehlung der Weltgesundheitsorganisation, die Grenzen nicht zu schließen und den internationalen Flugverkehr nicht einzuschränken, sei nicht unter Rücksichtnahme gesundheitspolitischer Aspekte verabschiedet worden, sondern um chinesische Interessen zu wahren.[13] Offiziell heißt es vonseiten der Weltgesundheitsorganisation, dass diese Entscheidung getroffen wurde, um nicht der Weltwirtschaft zu schaden. Dazu meinten einige verärgerte südkoreanische und taiwanesische Blogger: Es wäre so, als suchte ein Kettenraucher einen Arzt auf und erhielte den Ratschlag weiter zu rauchen, um die wirtschaftliche Entwicklung der Tabakindustrie und die Steuereinnahmen des Staates nicht zu gefährden. Aufgabe der Weltgesundheitsorganisation wäre es jedoch gewesen, die gesundheitlichen Interessen der Menschen zu wahren. Das Abwägen etwaiger wirtschaftlicher und anderer Konsequenzen sollte eigentlich Aufgabe der Politik und Gegenstand des gesellschaftlichen Diskurses sein.

Solidarität mit China?

Es gab auch Stimmen aus dem Westen, die die Welt zur Solidarität mit China aufforderten. In seinem *Traum von Wuhan* kommt der slowenische Philosoph Slavoj Žižek zu dem Schluss, dass die Welt, anstatt den beschämenden Akt der «Quarantäne der Chinesen» zu verfolgen, «uneingeschränkte Solidarität» zeigen und einen «global koordinierten Rettungsplan» erarbeiten solle.[14] Unter den Bloggern gab es zwar Sympathie und Solidarität für die von Žižek beschriebenen «schmutzigen alten chinesischen Frauen in Wuhan», die «lebende Schlangen häuten und Fledermaussuppe schlürfen», aber keine für die Regierung in Peking. Ein global koordinierter Rettungsplan verlange Offenheit und Transparenz. Chinas Politik der Unterdrückung und strafrechtlichen Verfolgung aller Whistleblower erfülle nun einmal keine der beiden Voraussetzungen. Statt einer sinnvollen Zusammenarbeit sehen sich die Kritiker bestenfalls an den stupiden Leitsatz des früheren US-amerikanischen Präsidenten George W. Bush erinnert: «You are either with us or against us.» Anstelle von Transparenz gebe es lediglich eine Black-Box umhüllt mit transparenten, bedeutungslosen Statements des Regierungssprechers. Mit der chinesischen Politik des kommunikativen Schweigens lasse sich schwer eine konstruktive Zusammenarbeit auf globaler Ebene gestalten, so der Tenor sozialkritischer Medien in der chinesischen Diaspora.

Aber hier beginnt wahrscheinlich Žižeks «situationistischer» Traum von Wu-

13 The Chinese Health Organization? In: The Japan Times, 29.4.2020, https://www.japantimes.co.jp/opinion/2020/04/29/commentary/world-commentary/chinese-health-organization/#.XxQSouf-uUl (1.6.2020)

14 Slavoj Žižek, My Dream of Wuhan, in: Welt, 22.1.2020, https://www.welt.de/kultur/article205630967/Slavoj-Zizek-My-Dream-of-Wuhan.html (2.2.2020)

han tatsächlich Sinn zu machen: Žižek hegt die Hoffnung, dass die Bürger von Wuhan die Totzeit des Lockdowns in Momente des Rückzugs und Nachdenkens über sich selbst und den Sinn der prekären Lage verwandeln und dieser Prozess schließlich zu unerwarteten positiven politischen Entwicklungen führt. In den sozialen Medien sieht man diese Entwicklung zeitlich begrenzt: Insbesondere zu Beginn des Ausbruchs wurden zwar die schleppenden behördlichen Maßnahmen öffentlich angeprangert. Nach dem Tod des ersten Whistleblowers Anfang Februar und der darauffolgenden nationalen Empörung über die staatlich gelenkte Vertuschung verstärkten die Behörden jedoch die Zensur von Posts und Meldungen über das Virus. Žižeks Traum von einem emanzipierenden chinesischen Volk wird wohl als solcher in die Geschichte eingehen müssen. Berichte über chaotische Zustände und exorbitante Opferzahlen in anderen Ländern stellen der chinesischen Regierung nun mal kein schlechtes Zeugnis aus.

Der in Hongkong lebende Politologe Brian Fong sieht in einem Beitrag für das Online-Magazin *The Diplomat* die anhaltende Covid-Bekämpfung, den Handelskrieg mit den USA und die daraus schwächelnde Wirtschaft als Gründe für Chinas wachsenden Nationalismus und Machtstreben in der Peripherie.[15] Die Verabschiedung eines neuen Sicherheitsgesetzes für Hongkong und die vermehrten Verletzungen des taiwanesischen Luftraumes seien in diesem Zusammenhang zu sehen und Beispiele für die steigende Gewaltbereitschaft Chinas in der Umsetzung nationalistischer Vorhaben. (Die gewaltsamen Auseinandersetzungen zwischen Indien und China im Grenzstreit um ein umstrittenes Gebiet in der nordwestindischen Region Ladakh Mitte Juni könnte man in diesem Zusammenhang als weiteres Beispiel anführen). Insbesondere das Sicherheitsgesetz beende sowohl Hongkongs Funktion als geopolitische Pufferzone als auch den historischen Pragmatismus zwischen China und dem Westen. Mit dem Gesetz erkläre Peking Hongkong zum Ground Zero eines neuen Kalten Krieges. Keine gute Nachricht für Hongkongs Demokratie, die sich in Zukunft mehr denn je als Opfer repressiver paramilitärischer Polizeieinheiten wiederfinden werde, so der Politologe. Nicht zuletzt auch deshalb, weil das neue Gesetz auch die strafrechtliche Verfolgung von Personen, die sich auf fremden Boden kritisch gegenüber Chinas Politik des Irredentismus äußern, zulässt.

15 Brian C.H. Fong, Hong Kong Is Becoming Ground Zero in the New Cold War, in: The Diplomat, 25.5.2020, https://thediplomat.com/2020/05/hong-kong-is-becoming-ground-zero-in-the-new-cold-war/ (1.6.2020). Siehe auch: Jiayang Fan, Amid the Pandemic, Is Hong Kong Facing a Different Kind of Death? In: The New Yorker, 27.5.2020, https://www.newyorker.com/news/daily-comment/amid-the-pandemic-is-hong-kong-facing-a-different-kind-of-death? (28.5.2020)

Blogger in der chinesischen Diaspora äußerten sich ebenfalls besorgt über die negativen Auswirkungen der Pandemie auf die Meinungsfreiheit innerhalb Chinas, verurteilen die aggressive Politik Pekings und zeigen sich über das Freiheits- und Rechtsverständnis in den hochentwickelten Industriestaaten Europas und Nordamerikas verwundert. In China und anderen autoritären Staaten Asiens gebe es eine Welle der Unterdrückung vonseiten staatlicher Akteure. Im Westen hingegen herrsche Chaos bzw. Unterdrückung verursacht durch (teils bewaffnete) Konfrontationen zwischen staatlichen Institutionen, Amtsträgern und Bürgern.

Chinesische Blogger verstehen die Aufregung des Westens nicht: Staatspräsident Xi Jinping liebe genauso wie alle Staatsoberhäupter sein Land. Die Behauptung, dass Wirtschaftsinteressen die Coronapolitik Chinas bestimme, sei schlichtweg falsch. Die Realität zeige, dass nicht China, sondern die demokratischen Länder des Westens dem Neoliberalismus verfallen seien und daher wirtschaftliche Interessen in der Coronabekämpfung in den Vordergrund stellen würden. Amerika und Europa seien Opfer eines neugefundenen Heldentums. Donald Trump, Boris Johnson und Jair Bolsonaro würden sich als die Retter des nationalen Stolzes präsentieren und einen dramatischen Hang zur Selbstverherrlichung und zum Darwinismus besitzen. Blogger in Hongkong und Taiwan beklagen hingegen den existierenden «horse-race journalism» in der täglichen Berichterstattung. In Europa und Amerika würden die Regierungen untereinander mit ihren hervorragenden Ergebnissen in der Coronabekämpfung prahlen. Schweden sei zum Beispiel besonders stolz darauf ohne Lockdown nur 5.000 Tote beklagen zu müssen, etc.

Der Angriff von Amtsinhabern auf staatliche Institutionen und Medienvertretern in den USA, Großbritannien und Brasilien sorgt für Unverständnis in den sozialen Foren. Corona als «kleine Grippe» abzutun, sich zu weigern in der Öffentlichkeit Gesichtsmasken zu tragen und die Bevölkerung zum zivilen Ungehorsam oder gar zum bewaffneten Widerstand zu ermutigen sei unverantwortlich und rücksichtslos. Wenn bewaffnete Demonstranten während Protestaktionen gegen die Ausgangsbeschränkungen in ein Parlamentsgebäude eindringen, tausende Menschen trotz Pandemie die Strände füllen und im südenglischen Badeort Bournemouth 33 Tonnen Müll zurücklassen, dann mag dies eine Art Freiheit darstellen, aber wollen wir wirklich in einem Land leben, fragen sich einige Blogger und User, in dem Freiheit bedeutet grenzenlos zu feiern, die Strände mit Bierflaschen und sonstigen Müll zu übersäen, schwerbewaffnet und grölend durch die Straßen zu ziehen und Andersdenkende zu beschimpfen oder gar zu bedrohen. Die generelle Ansicht in den Foren ist hier, dass eine freie Gesellschaft im Sinne der westlichen Demonstranten auf der Freiheit einzelner auf Kosten anderer beruht. Sie sei daher weder eine gerechte noch eine demokratische Gesellschaft, sondern tendenziell Vorstufe zum Faschismus. Freiheit und Gerechtigkeit seien dialektische Begriffe und es sei Aufgabe einer demokratischen Gesellschaft die Balance zu finden, so der Tenor der taiwanesischen Blogger und User.

Außerdem sei der Staat verpflichtet, Leben zu schützen. Berichte aus Europa und Amerika, wo Amtsträger dieser Verpflichtung bewusst zu entkommen versuchen, stoßen hier auf breite Ablehnung. Am meisten schockierte die Blogger und User das britische Konzept der Herdenimmunität. Eine Welle von bedrückenden Tweets und Posts von in England lebenden Expats aus Taiwan und Südkorea entfachte eine breite Diskussion über die kulturellen Unterschiede in der Bekämpfung der Pandemie.[16] Der rasante Anstieg der Covid-Fälle unter den Gastarbeitern in Singapur warf jedoch die störende Frage auf, ob diese Pflicht sich nur auf Staatsbürger beziehe bzw. was wir denn bloß mit den Fremden während einer Pandemie in unserem Staate machen sollen. (Fast neun von zehn Covid-Infizierten in Singapur sind unter den Gastarbeitern zu finden.) Zuerst wurde die Ursache bei der mangelnden Hygiene der aus fremden Kulturen stammenden Arbeiter gesucht. Doch bald mussten die Regierung und die Bevölkerung eingestehen, dass es sich hier um einen systembedingten Ausbruch handelt.[17] Letztendlich ging jedoch die Frage nach den Rechten der Fremden in der Diskussion unter.

Im Juni erreichte die zweite Infektionswelle ihren Höhepunkt in China trotz der rigorosen Ausgrenzung der aus Afrika stammenden Migranten. Der Ursprung war auch dieses Mal nirgendwo anders als auf einem Großmarkt. In den sozialen Medien bloggten Anrainer nahe des Xinfadi Marktes eifrig über dutzende Fälle von Neuinfektionen und behördlichen Beschlagnahmungen kontaminierter Meeresprodukte und Küchenutensilien. Blogger in Taiwan und Südkorea diskutierten daraufhin über die Rolle der Lebensmittelsicherheit in der Vermeidung von Pandemien. Der offene Brief des britischen Starkochs Jamie Oliver an Boris Johnson wurde in diesem Zusammenhang oft zitiert und lenkte den Diskurs auf die allgemeine Problematik der Lebensmittelindustrie in modernen Gesellschaften.

16 Laogong dele wuhan feiyan? Yige jiadao yingguo de Taiwan taitai: wo de qinshen tiyan Covid-19 jiance [Hat mein Mann Corona? Die persönlichen Erfahrungen einer taiwanesischen Ehefrau in England] , 16.3.2020, (https://www.businesstoday.com.tw/article/category/80392/post/202003160005/ (20.6.2020)

17 Catherine James, Singapore must rethink how it treats migrant workers. In: Nikkei Asian Review, 8.5.2020, https://asia.nikkei.com/Opinion/Singapore-must-rethink-how-it-treats-migrant-workers (9.5.2020)

Was übrigbleibt ...

Der vorliegende Querschnitt durch den ostasiatischen Diskurs zeigt, dass politische, institutionelle als auch gesellschaftliche Schwächen in Krisensituation den allgemeinen Diskurs dominieren. Insbesondere fehlende Transparenz und politischer Opportunismus verstärken Existenzängste in der Bevölkerung, polarisieren die Gesellschaft und führen in weiterer Folge zu Rassismus, Ausgrenzung und dem Verfall rechtsstaatlicher und demokratischer Prinzipien. Die Frage ist nun: Was wird nach der Krise übrigbleiben von diesem Diskurs bzw. inwieweit hat die Pandemie die Gesellschaft in ihren Grundstrukturen verändert?

Die Pandemie hat im Grunde genommen lediglich bereits bestehende Entwicklungsprozesse beschleunigt bzw. offenbart. In den Demokratien Ostasiens hat der allgemeine Diskurs über das Virus und seine Folgen die Bevölkerung in ihren demokratischen Werten gestärkt und das Bewusstsein gefördert, dass es Aufgabe des Staates sei, Leben zu schützen ohne dabei auf Rechtsstaatlichkeit, Transparenz und den öffentlichen Diskurs zu verzichten. Ein völlig anderes Bild zeigt sich in den autoritären Staaten der Region. Vor allem in China setzen die anhaltende Pandemie, der Handelskrieg mit den USA und die daraus schwächelnde Wirtschaft die autoritäre Regierung in Peking unter Druck. Nationalistische Propaganda im In- und Ausland, erweiterte Einschränkungen der Menschenrechte, verschärftes Vorgehen gegen die Demokratiebewegung in Hongkong und zunehmend aggressive grenzüberschreitende Maßnahmen zur Umsetzung innerstaatlichen Rechts auf fremden Boden sind einige der daraus resultierenden negativen Folgen. Die Coronakrise hat nicht nur Chinas wachsende Einflussnahme auf die Politik globaler Akteure und Institutionen verdeutlicht, sondern auch die strukturellen Probleme zwischenstaatlicher Zusammenarbeit aufgezeigt. Insbesondere die Weltgesundheitsorganisation hat es verabsäumt, federführend in der Prävention und Bekämpfung zu agieren. Ihre ursprünglichen Empfehlungen standen im krassen Widerspruch zu den angewandten Methoden effektiver Covid-Bekämpfung in Asien, verunsicherten die Weltgemeinschaft und führten de facto dazu, dass Staaten in der Formulierung gezielter Maßnahmen auf sich selbst gestellt waren.

Der Umgang mit der Pandemie ist auch Beweis dafür, dass Sicherheit nach wie vor Staatssicherheit und Sicherung der Wirtschaftsfaktoren bedeutet, obwohl das Konzept «menschliche Sicherheit» (human security) ab der zweiten Hälfte der 90er-Jahre in akademischen und politischen Diskursen viel Aufmerksamkeit erfahren hat. Die Krise hat jedoch gezeigt, dass weitgehend kein Umdenken im Hinblick auf das Referenzobjekt von sicherheitspolitischen Überlegungen zu sehen ist. Das dominierende Sicherheitskonzept ist immer noch staatszentriert und bezieht sich auf Aspekte wie die territoriale Integrität, staatliche Souveränität und die Fähigkeit, den Staat als Institution zu schützen. Letzteres kann – in Demokratien als auch in autoritären Staaten – langfristig nur zur Unterdrückung der öffentlichen Meinung und zur Gewalt gegen Bürger durch in Kriegermentalität verfallene Staatsorgane führen. Bilder von Polizisten im Kriegeroutfit mit modernsten Waffen im Kampf gegen demonstrierende Bürger, einerseits, und Bilder von völlig erschöpftem Krankenhauspersonal mit aus Müllsäcken gefertigter Schutzausrüstung im Kampf gegen das Virus, andererseits, visualisieren diesen fundamentalen Gegensatz sicherheitspolitischer Überlegungen.

Coronakrise am Nil: Zwischen Leugnung, Verschwörung und Nachlässigkeit, oder: Wie die Krise den Wert ägyptischen Lebens offenlegte

Von Rami Ali

Prison doesn't kill, loneliness does.
I need your support, to not die.
For the past two years I've been trying on my own to resist everything happening to me, so that I can come out of prison the same person you've always known, but I can't go on.
Resistance in prison means resisting yourself – protecting yourself and your humanity from the impact of what you see and live each day.
It means preventing yourself from losing your mind or slowly dying, because of having been thrown into a room two years ago, being forgotten, without knowing when or how you will get out.
So, I'm still in prison. Every 45 days I go before a judge who gives me another 45 days in jail, without even looking at me nor the papers of the case in which everyone else was released 6 months ago. Anyhow, my next court appearance will be Tuesday, November 19th.
I need your support, and I need you to remind them of me being still in prison, and that they've forgotten me – and that I'm dying slowly because I know I'm standing alone in front of everything. I know that a lot of friends who love me are afraid to write about me, thinking I will be released anyway without their support.
I need you, and I need your support more than ever.

Shady Habash, October 26th 2019[1]

1 Diese Zeilen waren die letzten Worte von Shadys Habash, einem 24 Jahre jungen Fotografen und Musikvideoproduzenten, aus dem berüchtigten Foltergefängnis «Tora» in Ägypten, in welches er wegen einem Lied, das er für den Künstler Ramy Essam produziert hatte, eingeliefert wurde, und nach 800 Tagen ohne Prozess, ohne Verurteilung und mit einer Reihe erdichteter Anklagepunkte letztendlich starb. Shady ist einer von Tausenden politischen Gefangenen in Ägypten, der dem Unrechtsregime von Al-Sisi, das jede leiseste Kritik brutal unterdrückt, zum Opfer gefallen ist. Ihm und allen mutigen Ägyptern und Ägypterinnen, die mit Freiheit oder gar dem Leben für bloße Meinungsäußerung bezahlen mussten, ist dieser Beitrag gewidmet. Auf dass wir sie nicht vergessen.

Eine Geschichte des Scheiterns

Die fatale Antwort Ägyptens auf Covid-19 kann als Paradebeispiel für den Umgang autoritärer Staaten mit globalen Krisen gewertet werden. Auf eine Phase der strikten Leugnung folgen in der Regel Verharmlosungen und Rechtfertigungsversuche, oft in Form von Verschwörungstheorien und systematisch gestreuten Falschinformationen, welche durch die Medien als primäres Mittel der Regierungspropaganda an die Bevölkerung gebracht werden. Diese reagiert, aufgrund der ihr übermittelten falschen Informationen, etwa im Zuge weit untertriebener Zahlen, entsprechend gelassen. Um diese (falsche) Informationsblase zu schützen, werden all jene Stimmen, die der Regierung mangelnde Transparenz vorwerfen, die offiziellen Zahlen anzweifeln oder lediglich zu erhöhter Vorsicht mahnen, zum Schweigen gebracht. Allein im März 2020 wurden schätzungsweise 20 Menschen, darunter Journalist_innen und Ärzt_innen, mit dem Vorwurf der Verbreitung von «Falschinformationen» inhaftiert. Die Situation wird darüber hinaus dazu genützt, die eigene Macht zu konsolidieren und auszubauen, was der Bevölkerung als «notwendige Maßnahmen» präsentiert wird.

Parallel dazu wird nach und nach die ausbleibende Reaktion der Bevölkerung kritisiert und als Grund für die eigene Untätigkeit in Bezug auf effiziente Maßnahmen herangezogen. «Der Bevölkerung fehle es an Bewusstsein» ist sodann das Argument, mit dem das Hochfahren der Wirtschaft argumentiert wird.

In Wirklichkeit ist die Logik des neoliberalen Wirtschaftens jedoch schon von Beginn an omnipräsent und lenkt die Entscheidungen der Regierung. So war Ägypten eines der wenigen Länder der Region, welches eine Teil-Ausgangssperre und die Schließung von Restaurants, Einkaufszentren, Gebetshäusern, etc. als Maßnahmen zur Verlangsamung der Infektionsrate, erst Ende Mai umsetzte und selbst diese folgten einer fragwürdigen Logik vermeintlicher Schadensminimierung. Tatsächlich beschränkten sich die Maßnahmen nur auf den Zeitraum zwischen 20 und 6 Uhr – als ob der Virus in der Zeit davor ruhen würde. Nader Saad, Sprecher des Kabinetts, fasste die Regierungsstrategie in einem Satz zusammen, als er schon kurz nach dem Erlass davon sprach, dass die Bevölkerung lernen müsse, mit dem Virus zu «koexistieren», schließlich würde Ägyptens Wirtschaft dies nicht auf Dauer ertragen.[2] In Wirklichkeit wurde «die Wirtschaft» kaum tangiert. Die meisten Fabriken und Baustellen etwa liefen ohne Unter-

2 Egypt must 'coexist' with coronavirus as some restrictions begin easing in June: Cabinet. (8.5.2020). Al-Ahram Online. http://english.ahram.org.eg/NewsContent/1/64/368895/Egypt/Politics-/Egypt-must-coexist-with-coronavirus-as-some-restri.aspx (9.7.2020)

brechung weiter. Al-Sisi, der in den ersten Wochen des Ausbruchs gänzlich verschwunden war, besuchte mitten in der Krise, im Rahmen einer durchdachten Inszenierung, eine Baustelle, wo er den Arbeitern Tipps für die eigene Sicherheit gab und ihnen nahelegte, nicht mit der Arbeit aufzuhören. Seine Leibwächter verteilten sodann Masken an die Arbeiter.

Das Narrativ der tangierten Wirtschaft wird nur deshalb so stark instrumentalisiert, um die sich verschärfende Armut auch noch Jahre nach der Krise mit dem Virus rechtfertigen zu können. Nach wie vor leben in Ägypten über 35 Millionen Menschen, also etwa ein Drittel der Bevölkerung, von weniger als 1 US-Dollar pro Tag und damit unter der Armutsgrenze. Der Großteil von ihnen ist auf einen Tageslohn angewiesen. Sowohl das Regime als auch die Elite des Landes sind sich dessen bewusst. Dass für sie jedoch der Profit weit über der Gesundheit der Menschen steht, daraus wurde kein Hehl gemacht. Naguib Sawiris, einer der reichsten Männer des Landes, drohte Selbstmord an, sollten die Einschränkungen nicht aufgehoben werden. «Wir brauchen eine revolutionäre Entscheidung, unabhängig von den Konsequenzen […] Selbst wenn Leute krank werden, sie werden schon wieder gesund», sagte er in einem Interview, das in der jordanischen *Al-Hadath* abgedruckt wurde und er fügte hinzu: «Schließlich würden nur 1 % der Menschen daran sterben – vorwiegend alte Menschen».[3] Auch der Bildungsminister Tarek Shawki schlug in eine ähnliche Kerbe, als er seine Entscheidung, den Schulbetrieb wieder aufzunehmen damit rechtfertigte, dass die Schulsperre sich negativ auf die Wirtschaft auswirke.[4]

In der letzten Juniwoche wurden die ohnehin schwachen und stark verspäteten Maßnahmen dann gänzlich aufgehoben – zur Verwunderung internationaler Expert_innen und lokaler Ärzt_innen. Für Letztere war der Umgang der Regierung mit der Krise eine Farce. Wer von ihnen dies jedoch äußerte, der sah sich schnell hinter Gittern. Dazu jedoch später mehr.

Der Krisenverlauf war demnach von zwei Konstanten geprägt, wobei die zweite als Unterstützungswerkzeug der ersten betrachtet werden kann: Eine zugrundeliegende neoliberale Logik, die die Wirtschaft über das Wohl der Menschen stellt und eine damit verknüpfte autoritäre Handhabe gegenüber allen potentiellen «Störfaktoren». Diese Konstanten jedoch können nicht als isolierte, zeitlich begrenzte Erscheinungen gewertet werden. Viel mehr sind sie Teil von

3 Egypt billionaire threatens suicide if coronavirus curfew continues. (31.03.2020). Middle East Monitor. https://www.middleeastmonitor.com/20200331-egypt-billionaire-threatens-suicide-if-coronavirus-curfew-continues/ (9.7.2020)

4 وزير التربية والتعليم. معنى تأجيل الدراسة إننا عندنا وباء هدە هيأثر سلبا على الاقتصاد والسياحة (9.03.2020) YouTube. https://youtu.be/hqNMEAGgWdw (11.7.2020)

tiefsitzenden, strukturellen Problemen im Land am Nil, welche durch die Krise unübersehbar wurden.

Fehlende Transparenz

Die Verheimlichung von relevanten Ereignissen, Zahlen und Informationen seitens der Militärregime der vergangenen Jahrzehnte ist in Ägypten eine politische Konstante. Dementsprechend gering ist das Vertrauen in die Informationen, die von oben kommen. Dabei wäre gerade dieses Vertrauen für die Bewältigung der Krise essenziell gewesen, schließlich sollte die Bevölkerung – im Idealfall – den Schilderungen der Regierung glauben und demnach handeln. Das ohnehin schwindend geringe Vertrauen wurde jedoch schon zu Beginn der Krise verspielt. Selbst nachdem viele Länder, darunter Libanon, Kanada, Griechenland, die USA, Frankreich und etliche mehr berichtet hatten, dass Tourist_innen nach dem Urlaub in Ägypten positiv auf das Virus getestet wurden, ließ man über Regierungssprecher und Medien verlautbaren, dass es noch keine bestätigten Fälle in Ägypten gäbe – wohlgemerkt in einer Zeit, wo in Europa einzelne Länder schon mehrere tausend Tote verzeichneten. Selbst als das Gesundheitsministerium eine niedrige dreistellige Zahl an Infektionen bestätigte, wurde diese vehement abgestritten, was wiederum zusätzliche Verwirrung gestiftet hat.

Jene Personen, die aufgrund ihrer Position und zugeschriebenen Kompetenzen Einfluss auf die Bevölkerung ausüben können, sorgten für noch mehr Unmut und Unsicherheit. So behauptete die Gesundheitsministerin Hala Zayed Mitte Februar, dass das Virus in China lebe, nicht in Ägypten. Darüber hinaus stellte sie fest, dass das Virus nicht ansteckend sei und sah von einem Einreisestopp für chinesische TouristInnen ab.[5] Flankiert wurden diese Fehlinformationen von der propagandistischen Medienlandschaft, die zur Gänze vom Militärregime gesteuert wird. So schwor etwa der Gastgeber einer bekannten Talk-Show, dass es keinen Coronafall in Ägypten gäbe und dass die Muslimbrüder und Organisationen in anderen Ländern die «Gerüchte» über Coronafälle in Ägypten absichtlich streuen würden. Ausländische Berichterstatter wurden allesamt als Lügner abgestempelt, wenn ihre Informationen denen des Regimes widersprachen. In einem weiteren Paradebeispiel der gleichgeschalteten Medienlandschaft wurde etwa der britische *The Guardian* angegriffen, weil dieser eine medizinische Stu-

5 Abdelaziz, M., The Egyptian Response to Coronavirus: Denial and Conspiracy. Washington Institute. https://www.washingtoninstitute.org/fikraforum/view/egypt-coronavirus-denial-conspiracy-Covid-pandemic (10.7.2020)

die der University of Toronto zitierte, welche die potentielle Verbreitung des Virus untersuchte und – zu einer Zeit, wo offizielle Zahlen im niedrigen dreistelligen Bereich waren – von schätzungsweise 19.000 Fällen berichtete.[6]

Tagelang wurde sowohl die Studie als auch der *Guardian* über alle Fernsehkanäle attackiert. Parallel dazu wurde dem *Guardian* die Akkreditierung entzogen und dessen Büro in Ägypten geschlossen. Wie so oft wurde auch hier behauptet, die Muslimbrüder hätten die Redaktion des *Guardian* infiltriert und wären hierfür verantwortlich.[7] Den Muslimbrüdern, die in sämtlichen mediengemachten Verschwörungstheorien nicht fehlen dürfen, wurde eine Schlüsselrolle in der Verbreitung des Virus vorgeworfen. Muhammad Mukhtar, Minister für religiöse Angelegenheiten, sorgte zusammen mit einigen religiösen Autoritäten für viel Erheiterung, als er den Muslimbrüdern vorwarf, sie hätten den Plan, das Virus innerhalb des Militärs, der Polizei, der Justiz und den Medien zu verbreiten.[8] Die medial verbreiteten Absurditäten nahmen mit Fortdauer der Krise ein Ausmaß an, das den Eindruck erweckte, das Ganze wäre ein großer Witz. So behaupteten diverse TV JournalistInnen etwa, dass ÄgypterInnen ohnehin «immun» gegen alle Viren seien. Andere sprachen etwa davon, dass das Virus der Bevölkerung nichts anhaben könne, da diese sich mehrheitlich von Saubohnen, Zwiebeln und Linsen ernähre. Mofeed Fawzy, einer der bekanntesten Journalisten des Landes behauptete, Indien wäre das einzige Land ohne Coronafall, weil die indische Küche auf das Gewürz «Chromium» setze.[9] Im Zuge dieser intellektuellen Beleidigungen wurden auch vermeintliche Wissenschaftler in Sendungen eingeladen, die ähnlich absurde Behauptungen aufstellten, wie etwa, dass das Virus in U-Bahn-Stationen von der elektrischen Spannung abgetötet werden würde oder das eine bestimmte ägyptische Suppe namens «Molokheya» Erkrankte heilen könne.

Diese systematische und von der Regierung forcierte Desinformationskampagne, die damit offenbarte Verantwortungslosigkeit, gepaart mit den strukturellen Gegebenheiten des Landes, also etwa der Tatsache, dass 95% der 100 Millionen

6 Miachelson, R. (15.03.2020). Egypt: rate of coronavirus cases ‘likely to be higher than figures suggest’. The Guardian. https://www.theguardian.com/world/2020/mar/15/egypt-rate-coronavirus-cases-higher-than-figures-suggest (10.7.2020)

7 Am 11. Juli gab es offiziellen Zahlen zufolge 80.235 Infektionsfälle und 3.702 Todesfälle. Eine Verlangsamung der Verdopplungsrate ist nicht in Sicht.

8 Abdelaziz, M. (27.03.2020). The Egyptian Response to Coronavirus: Denial and Conspiracy. Washington Institute. https://www.washingtoninstitute.org/fikraforum/view/egypt-coronavirus-denial-conspiracy-Covid-pandemic (10.7.2020)

9 Ebd.

starken Bevölkerung auf weniger als 5% der gesamten Fläche des Landes leben und das Gesundheitssystem schon seit Jahrzehnten marode ist und es dem Großteil der öffentlichen Spitäler an Ausstattung für operative Eingriffe fehlt, die Hygiene in den Krankenhäusern katastrophal ist und die Ärzt_innen für solche Fälle kaum ausgebildet sind und keine Unterstützung bekommen – das alles zusammen ergibt eine fatale, gar tödliche Mischung. Etliche Videos kursierten von Ärzten, die um Masken und Handschuhe bettelten und beteuerten, dass ihnen die einfachsten Mittel fehlen. In den meisten Fällen wurden die Urheber ausfindig gemacht und sind entweder verschwunden oder wurden versetzt. Inoffizielle Zahlen führen etwa mehr als 100 Tote unter den ÄrztInnen an. Ihre Hilfeschreie wurden von den Medien mit nationalistischer Propaganda begegnet. Sie mögen sich nicht so anstellen, schließlich würden in dieser Zeit alle Opfer bringen und sie sollen sich ihrer Verantwortung stellen. Begleitet wurden diese Äußerungen von einem neuen Narrativ, das ÄrztInnen als «weiße Armee» bezeichnete. Damit wurde die Selbstgefährdung nicht nur auferlegt, sondern auch als notwendige Aufgabe im Dienste des Landes dargelegt, wofür sogar Lieder mit dem Titel «Die weiße Armee» produziert wurden. Fast parallel dazu hat Al-Sisi eine große Maskenlieferung nach Italien durchführen lassen. Medial wurde auch dieses Ereignis propagandistisch ausgeschlachtet.

Ähnlich katastrophale Zustände findet man in den Gefängnissen vor, die aus allen Nähten platzen. Die Vereinten Nationen schätzen, dass etwa 114.000 Insassen in überfüllten, hygienisch hochbedenklichen Gefängnissen sitzen, darunter Tausende von demokratischen AktivistInnen, politische Oppositionelle, JournalistInnen, Blogger und KünstlerInnen. Anstatt etwa der Gewährung einer Amnestie für politische Gefangene, wie es auch in anderen Ländern der Region gemacht wurde, um die Infektionsrate unter den Insassen einzudämmen, hat die Regierung die Besuchserlaubnis von Familien und Anwälten ausgesetzt. Politische Gefangene sind somit gänzlich von der Außenwelt abgeschottet.

Gescheiterte Maßnahmen und die soziale Frage

Die Maßnahmen wurden, wie bereits geschildert, nach kurzer Zeit wieder aufgehoben. Die Infektionskurve konnte nicht beeinflusst werden. Ende Juni zählt das Land etwa 70.000 registrierte Fälle. Die Dunkelziffer wird von vielen ExpertInnen mehr als zehn Mal höher geschätzt.

Ausschlaggebend für das Versagen der verspäteten Maßnahmen zur Eindämmung des Virus, welche im besten Falle als Alibiaktion zur Vertuschung der dominanten neoliberalen Agenda und den gravierenden Missständen im Gesundheitsbereich zu verstehen sind, war – neben der fehlenden Transparenz – schlicht und ergreifend die Tatsache, dass die Maßnahmen an der wirtschaftlichen und sozialen Realität der Bevölkerung vorbei gingen.

Etwa 60% der ägyptischen Bevölkerung gilt als arm oder besonders vulnerabel. 58% der Arbeitskräfte sind nur informell beschäftigt. Die Wirtschaft des Landes basiert auf Öl- und Gasproduktion, Tourismus, Auslandsüberweisungen und Einnahmen vom Suezkanal. Wie in anderen Ländern auch, waren es die Schwächsten der Gesellschaft, die vom Lockdown am Härtesten getroffen wurden – allen voran jene, die von der Tourismusbranche leben und von den Auslandsüberweisungen der Angehörigen. Mitten in der Krise wurden Tausende ägyptische Angestellte in den Golfstaaten gekündigt.

Dass die Infektionen unter dem armen Teil der Bevölkerung besonders hoch eingeschätzt werden, überrascht nicht. Hier fehlte und fehlt es an grundlegenden hygienischen Faktoren zur Eindämmung des Virus. In ländlichen Gebieten und Slums haben etwa mehr als 7 Millionen Menschen keinen Zugang zu sauberem Wasser. Etwa 8,4 Millionen ÄgypterInnen haben keinen Zugang zu vernünftigen Sanitäranlagen. 13% der Haushalte in ländlichen Gegenden können sich keine Seife oder andere Desinfektionsmittel leisten. 10% der Haushalte in diesen Gegenden müssen auf geteilte WC-Anlagen zurückgreifen und etwa 18% der Haushalte sind nicht an öffentliche Kläranlagen angebunden, weshalb es häufig zu Überschwemmungen der Straßen mit Abwasser kommt.

Die hygienischen Missstände in Ägypten sind demnach gravierend, strukturell verankert und wirken sich vor allem auf die Ärmsten aus. Das sind auch jene, die vom maroden Gesundheitssystem im Stich gelassen werden. Für eine Bevölkerung von 100 Millionen gibt es nur etwa 11.000 Intensivbetten und geschätzt zwischen 3.000 und 4.000 Beatmungsgeräten. Diese Entwicklungen sind nicht dem Zufall geschuldet. Lediglich 5% des BIPs werden in das Gesundheitssystem investiert. Bei einem derart niedrigen Level öffentlicher Investitionen steigt der Bedarf an privater Gesundheitsversorgung. Private Spitäler, von denen viele in der Hand des Militärs sind, werden überall in Ägypten in Windeseile errichtet. Leisten können sich diese Spitäler jedoch nur die wenigsten.

Dass für das Militärregime in erster Linie die Interessen der finanziellen Elite zählen, wurde durch die groß angekündigte «Unterstützungsleistung» bestätigt. Statt kleinen Unternehmern und vulnerablen Menschen im Land zu helfen, wurden 1,2 Milliarden US-Dollar in die Börse investiert. Währenddessen wurden informellen Arbeitskräften eine Unterstützungsleistung von 32 Dollar monatlich vorgeschlagen, deren Auszahlung mit immens hohem bürokratischem Aufwand verbunden war. Jetzt müssten all diese Leistungen noch finanziert werden. Da sich das Land jedoch aktuell maßlos verschuldet, um Megaprojekte und Städte aus der Wüste zu stampfen, wie etwa das Vorhaben einer neuen Hauptstadt zwischen dem Nil und dem Suezkanal, welche mit Mauern von der Umgebung getrennt sein soll und in der ausschließlich die Elite des Landes – fern vom «Pöbel» – leben darf, muss die Finanzierung wie so oft, von unten mobilisiert werden. Hierzu kündigte Al-Sisis Regierung an, dass ab Juli 2020 die Gehälter von Staatsbediensteten um 1% und die Pensionen um 0,5% gekürzt werden. Angekündigt wurde dieses Vorhaben im Rahmen einer Aussendung zur «gemeinsamen Bekämpfung von Covid-19».

Die Coronakrise verschärfte demnach nicht nur die grassierende Armut, sondern kam der wirtschaftlichen Elite und dem Regime zugute. Als eine der treibenden wirtschaftlichen Kräfte des Landes ist das Militär dadurch doppelter Nutznießer. Einerseits profitiert es von den getätigten Investitionen, andererseits nutzte Al-Sisi auch die Gunst der Stunde, um seine Befugnisse auszubauen.

Die Krise als «Window of Opportunity»

Im Mai erließ die Regierung zahlreiche Gesetzesänderungen mit dem Ziel, die Befugnisse innerhalb des ohnehin für Missbrauch prädestinierten Notstandsgesetzes (welches schon zu Mubaraks Zeiten stets gegen Demonstrierende angewandt wurde) zu erweitern. Das Notstandsgesetz ist mittlerweile seit mehr als drei Jahren in Kraft. Im April 2017 hat Al-Sisi es aktiviert. Seither wurde es elf Mal verlängert.[10] Seit Al-Sisis Machtübernahme und dem Verbot der Muslimbruderschaft werden politische AktivistInnen, KritikerInnen und Oppositionelle mit dem Vorwurf der Zugehörigkeit zur «terroristischen Muslimbruderschaft» ohne Prozess verurteilt. Schon zu Beginn der Coronakrise gab der Innenminister Mostafa Madbouly in einer Pressekonferenz bekannt, dass man mit voller Härte gegen all jene vorgehen werde, die «falsche Informationen» verbreiten.[11] Dadurch wurde dann die reihenweise Inhaftierung von KritikerInnen, JournalistInnen und ÄrztInnen an den fehlenden Maßnahmen der Regierung legitimiert.[12]

10 Egypt extends state of emergency for 11th time since 2017 (15.1.2020). Middle East Monitor. https://www.middleeastmonitor.com/20200115-egypt-extends-state-of-emergency-for-11th-time-since-2017/ (11.7.2020)

11 Egypt campaign to prevent spread of 'fake' coronavirus news (13.03.2020). Middle East Monitor. https://www.middleeastmonitor.com/20200313-egypt-campaign-to-prevent-spread-of-fake-coronavirus-news/ (11.7.2020)

12 Egypt arrests journalist on fake news charges. Deutsche Welle. https://www.dw.com/en/egypt-arrests-journalist-on-fake-news-charges/a-53831530 (11.7.2020)

Die Änderungen im Notstandsgesetz beinhalten Befugnisse, die als Mittel zur Bekämpfung des Virus kommuniziert wurden, de facto jedoch demokratiepolitisch höchst bedenklich sind. So darf der Präsident nun aus dem Ausland rückkehrende ÄgypterInnen in Quarantäne schicken. Dies erleichtert die Arbeit des Geheimdienstes, der sich, verschanzt in den Flughäfen, die Einreisenden vornimmt, sofern diese in irgendeiner Form das Regime kritisiert haben. Darüber hinaus darf Al-Sisi nun auch Vorlesungen an Universitäten aussetzen, was ebenso gelegen kommt, da sich in der Vergangenheit der Widerstand oft an Universitäten formiert hatte.

Besonders scharf kritisiert wurden zudem neue Erlasse, die dem Präsidenten erlauben, private Versammlungen und öffentliche Veranstaltungen einzuschränken oder gar aufzulösen, selbst dann, wenn es kein gesundheitlicher Notfall oder eine Krise ist. In einem weiteren, der Wirtschaftsmacht des Militärs zu Gute kommendem Erlass, räumte sich der Präsident des Militärs nun das Recht ein, den Besitz, Transport, Kauf oder Verkauf von Gütern und Dienstleistungen zu verbieten und deren Preise zu kontrollieren. Das Militär könnte dadurch sein Wirtschaftsmonopol faktisch über alle Bereiche erstrecken.

Von den insgesamt 18 Gesetzesänderungen beziehen sich lediglich 5 auf das Gesundheitswesen. Die Änderungen können nun jederzeit in Kraft treten, sollte das Notstandsgesetz angewandt werden, welches nun um weitere drei Monate verlängert wurde.

Die Gesetzesänderungen offenbaren, wie autoritäre Macht, die über Jahre hinweg konsolidiert wurde, in einem Moment einer globalen Krise instrumentalisiert und ausgebaut werden kann. Internationalen Beobachtern kann man die Änderungen als Notwendigkeit verkaufen und sich so jeglicher Kritik entziehen. Tatsächlich fehlt jedoch auch darüber hinaus der kritische Blick der Weltgemeinschaft auf Ägypten, was auch damit zusammenhängt, dass man sich von Ägypten als strategischen Partner in der Region eine stabilisierende Funktion erwartet. Dass dies auf Kosten der Freiheit und des Lebens der Menschen vor Ort geschicht, scheint wenig zu interessieren.

Krise in der Krise: Corona im Nahen Osten

Von Thomas Schmidinger

Dieser Beitrag gibt einen Überblick über den Umgang mit Corona und die politischen Folgen im Nahen Osten, einer Region, die in den letzten Jahren von politischen Krisen, militärischen Konflikten aber auch von sozialen Protesten und Bewegungen geprägt war. Die Region wird hier sehr eng gefasst, da die deutlich stärker betroffenen Nachbarstaaten Türkei, Iran und Ägypten, die manchmal ebenfalls zum nicht eindeutig definierten «Nahen Ostens» gezählt werden, im Rahmen dieses Sammelbandes eigenständig behandelt werden.

Das Virus und der politische Umgang mit diesem wirkten sich in den sehr unterschiedlichen Staaten und Entitäten der Region sehr unterschiedlich aus.

Irak: Kein Ende der Proteste

Im Herbst 2019 hatte sich im Irak eine zivile Protestbewegung entwickelt, die vor allem von jungen IrakerInnen getragen wurde und sich gegen Korruption und Sektarianismus wendete, sich auf soziale und ökonomische Forderungen konzentrierte, allerdings auch einen souveränen zivilen Rechtsstaat verlangte und sich gegen den iranischen Einfluss in der irakischen Regierung wandte. Obwohl die Protestbewegung immer wieder massiv von Milizen angegriffen wurde, konnte sie sowohl den Rücktritt des als proiranisch geltenden Ministerpräsident Adil Abdul-Mahdi erzwingen, als auch einen völlig neuen Diskurs über einen Irak als gemeinsamen zivilen Staat statt eines von ethnokonfessionellen Milizen und Parteien regierten Staates ermöglichen. Allein der Diskurs ändert allerdings noch keine politischen und ökonomischen Strukturen. Die Proteste sind damit bis heute im Gange.

Der Irak war mit insgesamt 712 Covid-19-Toten und 22.700 bestätigte Infektionen bis zum 17. Juni 2020[1] eines der stärker betroffenen Länder im Nahen Osten. Seither sind die Zahlen erneut massiv gestiegen. Die engen politischen, ökonomischen, kulturellen und religiösen Beziehungen zum Nachbarland Iran

1 Alle Zahlen von Covid-19-Toten und Infektionen wurden, wenn nicht anders angegeben, am 17. Juni 2020 der gut recherchierten und regelmäßig aktualisierten Website https://www.worldometers.info/coronavirus/#countries entnommen.

spielten dabei eine entscheidende Rolle, da dieser bereits sehr früh hohe Infektionszahlen aufzuweisen hatte.

Sowohl die irakische Regierung als auch die Regionalregierung Kurdistans reagierten im März auf die Krise mit einem Lockdown, der nicht nur zur Schließung von Schulen, Universitäten und den meisten Firmen und Geschäften inkludierte, sondern auch Reisen zwischen den Provinzen und Flüge verbot. Am 15. März verkündigte die damalige irakische Regierung unter Adil Abdul-Mahdi eine vollständige Ausgangssperre in der Hauptstadt Bagdad, die vom 17. März an gültig sein sollte.[2] Für die Schulen, die bereits im Herbst aufgrund der Proteste und Unruhen immer wieder geschlossen waren, bedeutet das de facto, dass das gesamte Schuljahr 2019/2020 ausfiel. Die meisten Staatsbedienstete wurden bereits im März nach Hause geschickt und kamen bisher nicht wieder an ihre Arbeitsplätze zurück. Die Wirtschaft des Landes steht fast völlig still. Der irakische Mittelstand reagiert auch persönlich wesentlich strikter auf Corona als auf die Kriegssituation der vergangenen Jahre. Ein Freund aus Bagdad begründete mir gegenüber seine persönliche Haltung so: «Im Krieg bin ich hinausgegangen und hab das Essen für meine Familie gebracht. Da war klar, wenn ich draußen bin, ist es gefährlich aber nur für mich und meine Familie ist in Sicherheit. Jetzt kann es sein, dass ich den Tod zu meinen Eltern und Kindern bringe.»[3]

Trotz Ausgangssperren, Schließungen von Schulen, Universitäten und Reiseverboten zwischen den Provinzen, konnte die Ausbreitung des Virus allerdings nicht verhindert werden. Die Infektionen breiten sich auch im Juli noch weiter aus. Bis zum 8. Juli gab es bereits 2.779 Covid-19 Tote im Irak.[4] Dies bedeutet einen massiven Anstieg der Toten in der zweiten Juni-Hälfte und Anfang Juli. Der Irak ist damit von allen in diesem Artikel behandelten Staaten mit Abstand der am stärksten betroffene Staat. Innerhalb des Irak sind die Provinzen sehr unterschiedlich betroffen. Am stärksten konnte sich das Virus bislang in Bagdad, in Najaf, Basra und in den beiden kurdischen Provinzen Suleymania und Erbil/Hawler verbreiten.

Die im März verhängte Ausgangssperre hätte auch dazu dienen sollen das seit Oktober existierende Protestcamp am Midan Tahrir durch Sicherheitskräfte und Milizen zu räumen, was allerdings nicht gelang. Trotz Angriffen auf das Protestcamp harrten AktivistInnen weiter auf dem zentralen Platz, mit seinem

2 https://english.alarabiya.net/en/News/middle-east/2020/03/15/Iraqi-government-imposes-curfew-in-Baghdad-over-coronavirus-concerns (1.7.2020)

3 Skypegespräch mit einem irakischen Freund in Bagdad. 29.6.2020.

4 https://www.worldometers.info/coronavirus/#countries (7.7.2020).

symbolträchtigen Befreiungsmonument von Jewad Salim, aus und verteidigten damit die symbolische Zentrale der Protestbewegung.[5] Dabei musste der Platz im April mehrfach militant verteidigt werden. Auch in anderen Städten des Südirak kam es immer wieder zu gewaltsamen Auseinandersetzungen zwischen DemonstrantInnen und Sicherheitskräften.

Auch der neue parteilose Ministerpräsident Adnan al-Zurfi, der erst am 7. Mai in seinem Amt bestätigt wurde, konnte die Protestbewegung nicht zufriedenstellen. Die Protestbewegung dauert auch unter der neuen Regierung an und füllt immer wieder die Straßen von Bagdad und einer Reihe anderer irakischer Städte im Süden des Landes mit DemonstrantInnen, während zugleich im Zentralirak die Jihadisten des sogenannten Islamischen Staates (IS) wieder in die Offensive gehen und der kurdische Norden des Landes seit Beginn der türkischen Operation Adler- und Tigerkralle (Pençe-Kartal und Pençe-Kaplan Operasyonu) am 15. Juni 2020 unter massiven Angriffen türkischer Luft- und Bodenstreitkräfte zu leiden hat.

Syrien: Virus im Bürgerkrieg

Am 29. März gab es in Syrien die erste bestätigte Covid-19-Tote. Schon seit Ende Februar gab es allerdings allenthalben Gerüchte über mögliche Coroninfizierte. In einem Staat, in dem aufseiten der Regierung in Damaskus eine Reihe iranischer Milizen aktiv sind, wäre es erstaunlich, wenn diese nicht auch das Virus aus einem Land mitgebracht hätten, das zu diesem Zeitpunkt bereits massiv mit der Pandemie zu kämpfen hatte. Bestätigte Fälle waren es bis in den Sommer hinein allerdings nur wenige. Offiziell gab es in Syrien bis Mitte Juni nur sechs Covid-19-Tote. In einem Land in dem Menschen an vielen anderen Ursachen sterben und die Gesundheitsversorgung teilweise zusammengebrochen ist, sind solche Zahlen allerdings mit großer Vorsicht zu genießen.

Als vom Bürgerkrieg in vier größere und einen kleineren Teil zerrissenes Land sind die verschiedenen Entitäten Syriens der Herausforderung der Coronakrise sehr unterschiedlich begegnet. Abgesehen vom kleinen Wüstengebiet an der irakischen Grenze um al-Tanf, das von einigen hundert Kämpfern der US-gestützten Revolutionären Kommandoarmee (Jaysh Maghawir al-Thawra) kontrolliert

5 https://www.al-monitor.com/pulse/originals/2020/04/iraq-coronavirus-covid-19-protesters.html (1.7.2020)

wird, zerfällt Syrien seit der Niederlage des IS und der südsyrischen Rebellengruppen im Wesentlichen in vier Teile:

1. die von der Regierung in Damaskus in ihren Verbündeten kontrollierten Teile Syriens mit knapp 60% der Gesamtfläche und fast allen großen Städten des Landes.

2. die von den Syrischen Demokratischen Kräften (SDF) kontrollierten Gebiete der Autonomen Administration von Nord- und Ostsyrien mit etwa 25% der Fläche Syriens, die sowohl kurdisch und christlich besiedelte Regionen, als auch arabisch besiedelte Regionen umfasst, die von den SDF dem IS abgerungen wurden.

3. die türkische besetzten Gebiete Nordsyriens, die von der türkischen Armee gemeinsam mit einer Vielzahl mehr oder weniger islamistischer Milizen kontrolliert werden und in denen die Zivilverwaltung einer «Syrischen Übergangsregierung» übertragen wurde und die knapp 10% des Staatsgebietes ausmachen.

4. die von den jihadistischen Milizen der Hay'at Tahrir al-Sham (HTS) kontrollierten Teile der Provinz Idlib, in denen die Jihadisten 2017 eine «Syrische Rettungsregierung» eingesetzt haben und knapp 5% der Gesamtfläche Syriens ausmacht, allerdings aufgrund der Flüchtlinge aus ehemaligen Oppositionsgebieten sehr viel mehr als nur 5% Bevölkerung umfasst.

Diese vier verschiedenen Verwaltungen hatten sehr unterschiedliche Möglichkeiten auf die Coronakrise zu reagieren und verfolgten jeweils auch unterschiedliche Policies. Während das Regierungsgebiet immer noch über eine relativ intakte medizinische Infrastruktur und entsprechende Testmöglichkeiten verfügte und die türkische besetzten Gebiete zumindest über Zugang zum türkischen Gesundheitssystem verfügten, gab es in den anderen Entitäten teilweise gravierendere Versorgungsprobleme.

So war die Autonome Administration von Nord- und Ostsyrien im Frühjahr 2020 noch isolierter als sonst. Der einzige Grenzübergang in Semalka/Faysh Habur, der die selbstverwaltete Region mit der Außenwelt verbindet, wurde am 2. März 2020 geschlossen. Nur noch dienstags durften bestimmte Hilfsorganisationen, auf die man nicht verzichten konnte, und wenige ausgewählte JournalistInnen über die Grenze, ehe diese am 23. März völlig geschlossen wurde. Die Autonome Administration verhängte an diesem 23. März einen sehr strikten Lockdown, sperrte Schulen und Universitäten, untersagte Versammlungen und verordnete den Stillstand der meisten Betriebe und Geschäfte. Lediglich der Lebensmittelhandel und Apotheken durften geöffnet bleiben. Auch wenn keine Ausgangssperre verhängt wurde, so wurde doch die Fortbewegung zwischen den Städten untersagt.

Zu groß waren die Ängste, dass ein Ausbruch des Virus massive Folgen auf das ohnehin nur notdürftig aufrechterhaltene Gesundheitssystem in der Region hätte. Hunderttausende leben in der Region zudem in Flüchtlingslagern mit eng aneinander gestellten Zelten oder wurden im Oktober 2019, bei der jüngsten türkischen Invasion notdürftig in Massenquartieren in Schulen untergebracht, wo große Gruppen an Vertriebenen in Klassenzimmern zusammenleben. Die medizinische Versorgung in den Vertriebenenlagern ist noch schlechter als in den anderen Regionen Nord- und Ostsyriens und wird nur notdürftig vom Kurdischen Roten Halbmond (Heyva Sor a Kurdistanê) aufrechterhalten.

Problematisch wurde dabei auch das Fehlen von Testmöglichkeiten gesehen, da der einzige dafür vorhandene Thermocycler, der für Tests benötigt wurde, ausgerechnet im Krankenhaus von Serê Kaniyê stand, also jener Stadt, die im Oktober 2019 von der Türkei und pro-türkischen Milizen besetzt wurde. Damit gab es, bis im April aus Europa ein neuer Thermocycler eingeschmuggelt werden konnte, keine Testmöglichkeit in der Region. Im März 2020 mussten Verdachtsfälle noch zur Testung in die Hauptstadt Damaskus geschickt werden. Von dort kam, wenn überhaupt, allerdings frühestens acht Tage später eine Antwort. Die Bestätigung des ersten Falles kam so erst an jenem Tag, an dem dieser starb. Dieser Fall aus Hasaka blieb aber lange der einzige Tote in der Autonomieregion Nord- und Ostsyriens. Zwar wurde die Familie des Toten angesteckt, eine konsequente Quarantäne über die Stadt konnte aber eine weitere Ausbreitung verhindern.[6]

Noch katastrophaler sah die medizinische Versorgung in Idlib aus, jener Region im Nordwesten Syriens, die von der jihadistischen Hay'at Tahrir al-Sham (HTS) kontrolliert wird, deren Vorgängerorganisation Jabhat al-Nusra bis 2016 noch offiziell Teil der al-Qaida war. Obwohl sich die militärische Situation in der Region seit dem Abkommen zwischen Putin und Erdoğan am 5. März wieder etwas beruhigt hatte, wurden bis dahin immer wieder Krankenhäuser angegriffen und zerstört.

Zu Beginn der Coronakrise standen den insgesamt 3,5 Millionen BewohnerInnen der Region insgesamt nur noch drei Krankenhäuser zur Verfügung. Von den drei Krankenhäusern war laut Till Küster, Syrien-Koordinator von Medico International, nur noch eines voll funktionsfähig. Die WHO sprach davon, dass in der Region nur knapp 150 Intensivbetten zur Verfügung stünden.[7]

6 Interview mit Şervan Berri, Co-Vorsitzender des Kurdischen Roten Halbmondes in Rojava (Heyva Sor), 9.7.2020.

7 https://www.dw.com/de/idlib-dem-coronavirus-ausgeliefert/a-52945731 (1.7.2020)

Obwohl die Türkei während der Kämpfe Anfang März die HTS gegen das syrische Regime unterstützt hatte, stellt die seit dem November 2017 von HTS in der Region eingesetzte «Syrische Rettungsregierung» unter Mohammed al-Sheikh ein rivalisierendes politisches Projekt zur pro-türkischen «Syrischen Übergangsregierung»unter dem Turkmenen Abdurrahman Mustafa dar und verfügte damit auch nicht über die finanzielle Unterstützung der pro-türkischen Verwaltung in den türkisch besetzten Gebieten Nordsyriens. Insbesondere die medizinische Versorgung in den Gebieten der «Rettungsregierung» ist damit noch prekärer als in den türkisch besetzten Regionen.

Wie in anderen politischen Fragen auch, ist für die türkisch besetzte Region Syriens überwiegend die Provinzverwaltung der türkischen Provinz Hatay zuständig, die am 3. März mit Sensibilisierungskampagnen für Ärzte und Manager medizinischer Organisationen begannen. Im Spital der Stadt al-Bab wurde ein Isolationsraum eingerichtet. An den Grenzen und Checkpoints wird Fieber gemessen. Wie in der Autonomen Administration von Nord- und Ostsyrien wurden Ende März auch in den türkisch besetzten Gebieten Schulen und viele andere öffentliche Einrichtungen geschlossen.

Der Bürgerkrieg wurde während der Hochphase der Coronapandemie weitgehend eingefroren. Das Virus war dafür allerdings nur einer von mehreren Gründen. Die Beschränkungen, die in allen Entitäten seit März erlassen wurden, wurden im Juni in manchen Teilen des Landes aufgehoben. In der Autonomen Administration von Nord- und Ostsyrien kehrte man Anfang Juni wieder zur Normalität zurück. Die Grenze zur Autonomieregion Kurdistan im Irak wurde allerdings von der irakischen Seite nicht geöffnet.

Im Regierungsgebiet wächst die Zahl der Infektionen allerdings weiter. Auch im Juni wurden hier Corona-bedingte lokale Ausgangssperren, etwa in der Kleinstadt Ras al-Maara, verhängt. Auch in Aleppo sind die Infektionen Ende Juni stark angestiegen. Am 5. Juli erließen schließlich die Behörden der Autonomen Administration von Nord- und Ostsyrien ein Dekret, dass die im Juni für ausgewählte Hilfsorganisationen und humanitäre Notfälle wieder partiell geöffnete Grenze zum Irak und die innersyrischen Grenzen ab dem 13. Juli wieder völlig geschlossen werden sollen, um eine Ausbreitung des Virus aus Aleppo oder der Kurdistan-Region im Irak zu verhindern.

Mittlerweile ist man in der Autonomen Administration von Nord- und Ostsyrien besser vorbereitet. Tests sind in der Region selbst möglich. Insgesamt gibt es drei Spitäler mit eigenen Isolationsabteilungen für Covid-19-Erkrankte in Hasaka, Manbij und Tabka, die insgesamt 500 Betten umfassen.[8] Die Befürchtung ist allerdings, dass durch die steigenden Zahlen in der Türkei, im Irak und in den Regierungsgebieten Syriens auch hier die Situation schwieriger werden könnte. Die rund 4.000 Studierenden, die Mitte Juli von den Universitäten von Aleppo und Damaskus nach Nord- und Ostsyrien heimkehrten, mussten aufgrund der wachsenden Infektionszahlen in den Städten unter Regierungskontrolle in Quarantäne. Seit Ende August steigen die Zahlen auch in diesem Teil Syriens stark. Bis zum 6. September 2020 gab es in der Autonomen Administration Nord- und Ostsyriens 624 bestätigte Infektionen und insgesamt 40 Todesfälle. Im August wurden auch erste Fälle von Infektionen im Gefangenenlager al-Hol festgestellt, in dem Angehörige von IS-Kämpfern angehalten sind, darunter auch hunderte europäische Staatsbürger. Besonders groß sind die Befürchtungen aber unter den rund 200.000 Vertriebenen aus Afrin in den vom Regime umzingelten Lagern von Shehba, dass die Pandemie aus den nahe gelegenen Regionen Nordwestsyriens in die Lager überschwappen könnte, da durch ein weitgehendes Embargo des Regimes kaum medizinische Güter in die Zeltlager transportiert werden können. Die Abriegelung der Region ist zudem angesichts der grassierenden Inflation und der massiven ökonomischen Probleme Syriens zudem zunehmend ein existenzielles ökonomisches Problem, von dem fraglich ist, ob es sich so lange durchhalten lässt, bis die Infektionsherde in den Nachbarländern wieder abklingen.

Libanon: Lockdown der Proteste

Im Libanon hatte sich im Oktober 2019 eine starke zivile Protestbewegung gebildet, die sich gegen Korruption und Vetternwirtschaft, die massiven ökonomischen und sozialen Probleme des Landes, allerdings auch gegen die konfessionelle Konstitution der libanesischen Politik wendete und einen zivilen Rechtsstaat aller seiner Bürger forderte. Die Proteste im Libanon und im Irak inspirierten sich dabei gegenseitig, da beide sich u.a. mit dem Einfluss des Iran als Hegemonialmacht kritisch auseinandersetzten. Getragen wurde diese dezentral und basisdemokratisch organisierte Protestbewegung v.a. von jungen säkularen LibanesInnen unterschiedlicher ethno-konfessioneller Herkunft, die sich gegen das gesamte politische Establishment des Landes richteten. Wie im Irak spielten

8 Interview mit Şervan Berri, Co-Vorsitzender des Kurdischen Roten Halbmondes in Rojava (Heyva Sor), 9.7.2020.

auch hier junge Frauen eine wichtige Rolle. Trotz vieler dezentraler Aktionen in verschiedenen Teilen des Landes, wurde ein permanent besetztes Protestcamp am innerstädtisch gelegenen Märtyrerplatz von Beirut zur Zentrale der Proteste.

Inmitten dieser Proteste wurde das Virus mit großer Wahrscheinlichkeit aus dem Iran in den Libanon eingeschleppt. Jedenfalls war eine schiitische Pilgerin, die aus dem iranischen Qom zurückkehrte, der erste Fall, der am 21. Februar im Libanon bestätigt wurde. Insbesondere Beirut und der umgebende Zentralraum entwickelten sich seither zu einer relativ stark von der Pandemie heimgesuchten Region, allerdings lag die Zahl der Toten Mitte Juni mit 28 Fällen deutlich niedriger als im Iran, in Israel oder in manchen europäischen Staaten.

Der Libanon beschloss bereits am 28. Februar eine völlige Schließung aller Bildungsinstitutionen. Auch Kirchen und Moscheen wurden geschlossen. Am 15. März verkündigte die Regierung den Notstand und beschloss die Schließung des Flughafens. Am 21. März forderte Premierminister Hassan Diab die Bevölkerung auf, sich selbst in Quarantäne zu begeben, und am 26. März wurde eine Ausgangssperre von sieben Uhr abends bis fünf Uhr früh verhängt. Die Maßnahmen wurden im Laufe des Mai teilweise wieder gelockert.

Die libanesische Regierung nutzte den am 15. März ausgerufenen Notstand, um gewaltsam gegen die Protestbewegung vorzugehen. Am 27. März wurde das Protestcamp auf dem Märtyrerplatz im Zentrum von Beirut von den libanesischen Sicherheitskräften geräumt. Die Sicherheitskräfte besetzten den Märtyrerplatz am Abend, nachdem das libanesische Kabinett eine Ausgangssperre verhängt hatte.[9] Damit wurde der Protestbewegung ihr zentraler Diskussions- und Organisationsort geraubt.

Die Protestbewegung wurde mit der Räumung und den folgenden Ausgangsbeschränkungen massiv getroffen, allerdings nicht völlig zerschlagen. Die Gründe für die Unzufriedenheit sind auch im Sommer 2020 noch immer gegeben. Die sozialen und ökonomischen Probleme haben sich die letzten Monate durch den Lockdown noch massiv verschärft. So gingen am 6. Juni erstmals seit dem Lockdown wieder DemonstrantInnen aus der Protestbewegung gegen die Regierung auf die Straße und gerieten dabei mit AnhängerInnen der pro-iranischen Hisbollah aneinander.

Dem politischen Establishment und der Regierung des Libanon ist es damit durch die Maßnahmen gegen die Ausbreitung von Corona zwar gelungen die Protestbewegung kurzfristig zu schwächen. Zugleich haben sich die Bedingun-

9 https://nationalpost.com/pmn/health-pmn/lebanese-police-remove-beirut-protest-camp (1.7.2020)

gen, die im Herbst 2019 zu den Protesten geführt haben, weiter verschärft, was einer künftigen Eskalation den Boden bereiten könnte.

Israel: Corona rettet Netanjahu

Israel stellt einen der am stärksten betroffenen Staaten des Nahen Ostens dar. Mit über 300 Toten bis Juni 2020, lieferte das Virus nicht nur Grund für relativ strikte Maßnahmen, sondern auch für einen politischen Schulterschluss der großen Parteien, der von vielen zivilgesellschaftlichen Akteuren massiv kritisiert wurde.

Die letzten Parlamentswahlen am 2. März 2020 wiederholten für den durch Korruptionsvorwürfe ins Wanken gebrachten israelischen Premierminister Netanjahu das Patt, der Wahl vom 17. September 2019. Unter normalen Bedingungen hätte dieses Ergebnis es sehr schwer gemacht eine neue Regierung zu bilden. Sein rechtsgerichteter Likud konnte 36 von 120 Sitzen erreichen, seine stärksten Herausforderer, die bürgerlich-liberale Kachol Lavan 33. Drittstärkste Partei blieb mit fast 13% die arabisch dominierte Vereinte Liste, die für Netanjahu und die anderen Rechtsparteien auf keinen Fall als Koalitionspartner infrage kam.

Bereits im November 2019 war bekannt geworden, dass Netanjahu wegen Betrug, Untreue und Bestechlichkeit angeklagt werden soll, was den langjährigen Ministerpräsidenten dazu veranlasste von einem «Putschversuch» zu sprechen. Ende Jänner wurde er auch formal wegen Korruption in drei Fällen angeklagt, was ihn nicht davon abhielt als Spitzenkandidat für den Likud ins Rennen zu gehen. Nach den Wahlen hätte allerdings keine relevante politische Kraft mit dem Angeklagten eine Koalition eingehen wollen. Neben dem laufenden Korruptionsprozess und den zunehmend autoritäreren Attitüden des Ministerpräsidenten spielten dabei auch die Pläne einer unilateralen Annexion (von Teilen) der besetzten Gebiete der Westbank eine Rolle, mit der Netanjahu die Welt vor vollendete Tatsache stellen und die Möglichkeit eines Palästinenserstaates wohl für immer begraben wollte.

Bereits kurz nach den Wahlen wurden in Israel erste Maßnahmen zur Eindämmung des Virus erlassen, die Mitte April noch einmal verschärft wurden. Sämtliche Flüge wurden eingestellt, eine Maskenpflicht in der Öffentlichkeit beschlossen und phasenweise durfte sich niemand weiter als 100 Meter von Zuhause entfernen. Einige ultraorthodoxe Stadtviertel von Jerusalem, in denen das Virus aufgrund der beengten Wohnverhältnisse und der Weigerung, die Gottesdienste in den Synagogen abzusagen besonders grassierte, wurden völlig abgeriegelt.

Zugleich demonstrierte allerdings die israelische Zivilgesellschaft, dass auch in der Coronakrise Demonstrationen mit Mundschutz und Sicherheitsabstand möglich sind. Am 18. April demonstrierten rund 2.000 Israelis am zentralen Rabin-Platz in Tel Aviv gegen die Korruption Netanjahus und die ihrer Meinung nach gefährdete Demokratie.

Benny Gantz von Kachol Lavan hatte sich zuvor bereits erklärt, doch eine «Notstandsregierung» mit Netanjahu zu bilden. In einem Brief an Staatspräsident Reuven Rivlin formulierte Gantz: «Die politische, gesundheitliche und soziale Krise haben mich zu dem Entschluss gebracht, dass ich auch zu einem hohen politischen und persönlichen Preis alles dafür tun werde, um eine Regierung mit dem Likud zu bilden.»[10]

Das am 17. Mai vereidigte neue Kabinett ist mit 36 Ministern, die nötig waren, um alle zufriedenzustellen, das größte in der Geschichte Israels. Ob Netanjahu, wie abgemacht nach eineinhalb Jahren das Amt des Ministerpräsidenten tatsächlich an Gantz übergibt, steht allerdings noch genauso in den Sternen, wie die Frage, ob nun tatsächlich weitere besetzte Gebiete annektiert werden. Der Prozess gegen den Ministerpräsidenten wegen Betrug, Untreue und Bestechlichkeit wurde am 24. Mai jedenfalls trotz Regierungsbildung begonnen.

Der «Notstand», der diese Regierung erst ermöglicht hat, scheint jedenfalls anzudauern. Ende Mai schien die Krise bereits im Griff und Hotels, Cafés, Bars und Restaurants durften mit Auflagen ebenso wieder öffnen, wie Museen und Schwimmbäder. Im Juni stellte sich allerdings heraus, dass die wieder eröffneten Schulen zunehmend zu Infektionsherden werden und viele wieder geschlossen werden müssen. Seit Ende August 2020 breitet sich das Virus wieder wesentlich stärker aus und die Regierung bereitet erneut Ausgangssperren und weitere härtere Maßnahmen vor.

Palästina: Virus in den besetzten Gebieten

Erstaunlicherweise breitete sich das Virus in den palästinensischen Gebieten weniger aus als in Israel.

PalästinenserInnen konnten aufgrund früherer Ausgangssperren unter israelischer Besatzung möglicherweise besser mit der Situation umgehen als viele andere. So erklärte Tareq Zaid-Alkilani, der für Ärzte ohne Grenzen (MSF) in

10 https://www.zeit.de/politik/ausland/2020-04/israel-koalition-benny-gantz-benjamin-netanjahu-Coronakrise (1.7.2020)

Nablus als Projektkoordinator arbeitet, im April, dass etwas, das für den Rest der Welt abnormal wäre, für die Palästinenser normal sei: «Bewegungseinschränkungen gehören bereits zur alltäglichen Realität der Palästinenser. Zu dieser Realität gehören auch Episoden von Gewalt in Gemeinden rund um die israelischen Siedlungen und angrenzende Außenposten. Es gibt keinen Unterschied seit dem Ausbruch von Covid-19.»[11]

Tatsächlich dürften israelische Einreisebeschränkungen und Ausgangssperren diesmal zugunsten der PalästinenserInnen ausgefallen sein. Im Vergleich zu Israel wurde das Virus in den palästinensischen Städten und Dörfern wesentlich weniger verbreitet. Der erste Fall wurde am 5. März in einem Hotel in Betlehem bestätigt, in dem Ende Februar TouristInnen aus Griechenland abgestiegen waren. Die ersten Fälle im Gaza-Streifen wurden am 21. März diagnostiziert.

Bereits mit den ersten bekannten Fällen am 5. März wurden in der West Bank die Grenzen für Touristen ebenso geschlossen, wie Schulen, Universitäten, Moscheen und Kirchen. Mit den ersten Fällen im Gaza-Streifen, wurde auch dort ein Lockdown beschlossen. Insgesamt gelang es mit diesen Maßnahmen, die Zahl der offiziell registrierten Todesfälle bis Mitte Juni auf drei Personen zu beschränken. Angesichts der schlechteren Gesundheitsversorgung im Vergleich zu Israel, mag es zusätzliche unentdeckte Fälle gegeben haben, insgesamt ist jedoch im Vergleich zu Israel von einer deutlich geringeren Verbreitung und Todeszahl auszugehen. Wie es scheint, konnte die palästinensische Gesellschaft, die in Jahren der Besatzung eine gewisse Resilienz in Bezug auf Ausgangssperren und Beschränkungen der Bewegungsfreiheit aufgebaut hatte, mit der Situation besser umgehen, als die an völlige Bewegungsfreiheit gewohnten Israelis.

Jordanien: Alles unter Kontrolle?

Auch Jordanien gelang es bislang den Ausbruch des Virus relativ gut unter Kontrolle zu bekommen. Die Regierung setzte schon fünf Wochen vor dem Bekanntwerden der ersten Fälle erste Vorbereitungsmaßnahmen, indem schon Ende Jänner einige Spitäler speziell mit der Behandlung möglicher Infektionen betraut und Vorgangsweisen für den Fall von Corona-Infektionen beschlossen wurden. Obwohl es in Jordanien am 14. März nur einen bestätigten Fall gab, schloss die Regierung als Reaktion auf die Verbreitung des Virus in den Nach-

11 https://reliefweb.int/report/occupied-palestinian-territory/west-bank-covid-19-lockdown-exacerbating-mental-health-crisis (1.7.2020)

barstaaten Schulen, verbot öffentliche Versammlungen und schloss die Grenzen und Flughäfen. Am 17. März folgte ein völliger Lockdown, nachdem die Teilnahme eines Infizierten an einer Hochzeit mit 400 Gästen bekannt geworden war.

Da trotz beengter Wohnverhältnisse in den Lagern der syrischen Flüchtlinge bis Mitte Juni mit solchen Maßnahmen die Zahl der Covid-19-Toten auf neun Personen beschränkt werden konnte und mit 17. Juni bereits 693 von 981 bestätigten Fällen genesen waren, wird die jordanische Strategie von vielen JordanierInnen als relativ erfolgreich eingeschätzt und der Regierung vielfach positiv angerechnet.

Kuwait: Neue Aufmerksamkeit aber keine Staatsbürgerschaft für die Bidun

Mit über 300 Toten bis Mitte Juni, ist das kleine Kuwait eines der stärker betroffenen Länder in der Region. Hier führte die Coronakrise allerdings auch zu einer bemerkenswerten Entwicklung unter den staatenlosen Bidun.

Die Bidun, kurz für bidun jinsiyya (‹ohne Nationalität›) bilden eine Minderheit nordarabischer Stammesbevölkerung, denen die kuwaitische Staatsbürgerschaft versagt wurde. Im Wesentlichen bilden sie Nachkommen jener damals nomadischen arabischen Stämme, die aufgrund von Analphabetismus, Nomadismus, Armut oder mangelndem Zugang zu Behörden nicht in der Lage waren, sich vor 1920 als Bürger Kuwaits registrieren zu lassen. Für viele nomadische Beduinen bedeutete die Etablierung von Nationalstaaten durch die Kooperation von europäischen Protektoratsmächten und lokalen Stammesoberhäuptern, eine völlig ungewohnte neue Situation, die nicht mit ihrer bisherigen gesellschaftlichen Ordnung vereinbar war und die deshalb auch lange ignoriert wurde.

Die ungesicherten Grenzen Kuwaits trugen ebenso zur Staatenlosigkeit einiger Einwanderer bei. Der Norden des heutigen Saudi-Arabien wurde noch bis 1921 vom Rashidi-Emirat der Shammar beherrscht, das nie eine präzise Grenzlinie hatte und kapitulierte erst im November 1921 nach der Eroberung seiner Hauptstadt Ha'il durch den späteren König Saudi-Arabiens Abdulaziz Ibn Saud.[12] Zwischen Saudi-Arabien und Kuwait existierte noch bis 1969 eine 5.770 km^2 große sogenannte «Neutrale Zone» um al-Wafra an der Südgrenze des heutigen Kuwait, die von Najd bzw. Saudi-Arabien und Kuwait gemeinsam verwaltet wur-

12 Vgl. Madawi Al-Rasheed, Politics in an Arabian Oasis. Rashidis of Saudi Arabia, New York 1997.

de. Auch im Hinterland der Stadt waren die in der Wüste verlaufenden Grenzen gegenüber Irak und Saudi-Arabien lange nicht präzise festgelegt. Die hier nomadisierenden Beduinen verstanden sich weder als saudische, noch als irakische oder kuwaitische Staatsbürger.

Die Zahl der Bidun war und ist ein umstrittenes Politikum. Vor dem Irak-Krieg von 1991 wurden etwa 290.000 Bidun geschätzt, was damals etwa 13% der 2 Millionen EinwohnerInnen des Landes ausmachte. Da ein großer Teil dieser Bevölkerung vor den Kampfhandlungen der Operation Desert Storm im Jänner und Februar 1991 floh und nach der Wiedererlangung der kuwaitischen Souveränität nicht nach Kuwait zurückkehren durfte, reduzierte sich diese Zahl auf etwa 122.000.[13] Seither hat diese Zahl mit Sicherheit aufgrund des natürlichen Bevölkerungswachstums wieder zugenommen, allerdings nicht mehr das Vorkriegsniveau erreicht.

Die Bidun blicken auf eine lange Geschichte an Kämpfen um Anerkennung zurück. 2011 gelang es ihnen, im Gefolge des Arabischen Frühlings mit Demonstrationen auf ihre Anliegen aufmerksam zu machen.[14] Ansonsten ausgeschlossen von der öffentlichen Gesundheitsversorgung, begannen Freiwillige als Gesundheitsvoluntäre aktiv zu werden und sich damit eine öffentliche Anerkennung zu erwerben, die ihnen bisher versagt worden war.

Während die Bidun in Kuwait im Allgemeinen keinen Zugang zur öffentlichen Gesundheitsversorgung haben, hat sich eine bemerkenswerte Anzahl staatenloser Ärzte und Krankenschwestern gemeldet, als die Regierung Mitte März Moscheen und andere öffentliche Einrichtungen schließen ließ und das Innenministerium unbezahlte Freiwillige aufforderte, sich dem Kampf gegen das Corona-Virus anzuschließen. Dieselben Personen wurden bisher von der Möglichkeit einer bezahlten Beschäftigung im öffentlichen Sektor ausgeschlossen. Auch der Zugang zu staatlichen Bildungseinrichtungen war dieser Gruppe immer versagt worden. Trotzdem hatten sich einige mit eigenem Geld ein Studium oder entsprechende Qualifikationen ermöglicht.

Ihr Engagement, auf die aktuellen Bedürfnisse einzugehen, wurde von der kuwaitischen Gesellschaft gelobt. Immer lauter wurde in sozialen Medien die Forderung gestellt, dass sie für dieses Engagement die kuwaitische Staatsbürgerschaft erhalten sollten. Ein Twitter-Nutzer schrieb: «Das Mindeste, was getan werden kann, ist, all unseren Bidun-Brüdern und -Schwestern, die mit guter

13 Claire Beaugrand, Stateless in the Gulf. Migration, Nationality and Society in Kuwait, London/New York 2018, 36.

14 Beaugrand, 2018, 195.

Laune an den medizinischen Bemühungen zur Bekämpfung des Coronavirus in Kuwait teilgenommen haben, die Staatsangehörigkeit zu verleihen.»[15]

Insbesondere Kuwaitis, die in medizinischen Bereichen tätig sind, solidarisieren sich nun mit den Staatenlosen und verlangen ihre Einbürgerung. Eine Reihe arabischsprachiger Hashtags haben sich im Laufe des April in den kuwaitischen sozialen Medien verbreitet, um an die bemerkenswerten Aktivitäten dieser legal marginalisierten Beschäftigten im Gesundheitswesen zu erinnern. Dies hat die Debatte um den historischen Entzug der Staatsbürgerschaft von mehr als hunderttausend Bidun von vielen ihrer Bürgerrechte wiederbelebt.[16]

Anfang Juni wurden nach drei Monaten in Kuwait die Moscheen wieder teilweise geöffnet. Die Debatte um die Bidun dauert hingegen an. Bis jetzt erhielten die gefeierten HelferInnen keine Staatsbürgerschaft.

Stabilisierung durch das Virus?

Die sehr unterschiedlichen Entwicklungen in den Staaten des Nahen Ostens scheinen in den meisten Fällen vordergründig zu einer Stabilisierung der Macht der bestehenden politischen Eliten geführt zu haben. Allerdings wurden zugleich bestehende soziale Konflikte durch die ökonomischen Folgen der verschiedenen Lockdowns eher verschärft als entschärft. Im Irak und im Libanon, wo sich im Herbst 2019 starke Protestbewegungen entwickelt hatten, konnten diese zwar eingedämmt, allerdings nicht zerschlagen werden. In Israel ließen sich die Proteste gegen Ministerpräsident Netanjahu auch nicht durch die strikten Maßnahmen der Regierung verhindern. In Kuwait hat die Beteiligung der Bidun an den medizinischen Maßnahmen der Regierung eine neue Debatte über die Lösung des Problems der Staatenlosigkeit entfacht.

Die politischen Eliten der Region konnten damit dank der Coronakrise zwar Zeit gewinnen, allerdings ist die Unzufriedenheit insbesondere dort, wo es Regierungen nicht gelungen ist, die Krise medizinisch und sozial/ökonomisch gut zu verwalten, weiter gestiegen. Massenproteste haben sich teilweise verlagert, sind jedoch nicht zu Ende. Der Region könnten damit in den kommenden Monaten und Jahren noch viel schärfer ausgetragene soziale und politische Konflikte bevorstehen.

15 https://twitter.com/khaled_binali/status/1244129782490595330 (1.7.2020)

16 https://blogs.lse.ac.uk/mec/2020/04/27/the-covid-19-crisis-and-new-agency-for-stateless-bidoon-in-kuwait/ (1.7.2020)

Lösungswege und Zukunftsstrategien weiblicher Regierungschefinnen im Umgang mit der Pandemie des 21. Jahrhunderts

Von Laeticia Thissen und Ania Skrzypek

Der Covid-19-Lockdown hat Spielräume für den Kampf um die Gleichstellung der Geschlechter und folglich für die Stärkung der Rolle der Frau geöffnet. Ein besonderes Augenmerk wird dabei auf Fälle gelegt, in denen sich eine neue Art Regierungsstil herausgebildet hat, da im Kampf gegen die Pandemie Frauen an vorderster Front agierten. Es soll untersucht werden, inwieweit Hoffnung besteht, dass es sich dabei nicht nur um ein zeitlich begrenztes Phänomen handelt, sondern um eine sprichwörtliche Veränderung, die für die Zukunft tonangebend sein wird.

Lektion 1: Werteorientierte Führung

Covid-19 hat dazu beigetragen, eine allseits bekannte Tatsache in ein Allgemeingut umzuwandeln: Die unverzichtbarsten Arbeitsplätze auf der Welt sind diejenigen, in denen Frauen als Arbeitskräfte die klare Mehrheit bilden. Beim Ausbruch der Pandemie, die in vielen Regionen und Ländern zu einem Ausnahmezustand führte, waren es Frauen, die sich an allen Fronten an vorderster Stelle wiederfanden.

Die Internationale Arbeitsorganisation (IAO) bestätigt, dass nach wie vor eine horizontale geschlechtsspezifische berufliche Segregation existiert.[1] In der Tat handelt es sich dabei genau um die Arbeitsbereiche, in denen Frauen die Mehrheit der Arbeitskräfte ausmachen: 88 % (Pflegedienste), 76 % (Berufe im Gesundheitswesen), 69 % (medizinisches Fachpersonal) und 68 % (Lehrerinnen). Die hier nicht vollständig aufgeführten Zahlen, die aufgrund der Informalität des Sektors leider nicht immer erfassbar sind, würden bei der Berücksichtigung

1 Die horizontale geschlechtsspezifische Segregation auf dem Arbeitsmarkt bezieht sich laut EIGE (Europäisches Institut für Gleichstellungsfragen) auf die «Konzentration von Frauen und Männern in verschiedenen Sektoren und Berufen» (o.J.) EIGE, abgerufen unter: https://eige.europa.eu/thesaurus/terms/1247 (1.9.2020)

der Geschlechterverteilung,[2] und der Anzahl der MigrantInnen[3] im Bereich der Haushaltsdienstleistungen ähnlich hohe Werte ergeben.

Als Covid-19 nicht mehr nur eine potenzielle Bedrohung darstellte, sondern Realität wurde, waren diese Frauen bereit, den Kampf gegen die Pandemie aufzunehmen: um Leben zu retten und andere Menschen kontinuierlich mit den elementarsten Dingen des Lebens zu versorgen. Allerdings fanden sie schnell heraus, wie schutzlos sie an vorderster Front dem Virus ausgeliefert waren.

Laut einem Bericht der Weltgesundheitsorganisation (WHO) verdienen Frauen im Durchschnitt 28 % weniger als Männer. Diese Ungleichheit existiert nicht nur angesichts der hohen Frauenquote in einigen Tätigkeitsbereichen, sondern auch aufgrund der vertikalen geschlechtsspezifischen beruflichen Segregation: Im unteren Bereich der Arbeitsplatzhierarchie bilden Frauen die große Mehrheit der Beschäftigten.

Dieser Sachverhalt ist so wichtig, dass er hier noch einmal hervorgehoben werden muss. Es geht nicht nur um eine schlichte Wiederholung bereits früher vorgebrachter Argumente gegenüber Ungleichheiten – diesmal lediglich in Gestalt eines anderen, Covid-bezogenen Phänomens. Hier geht es vielmehr um folgenden Punkt: Trotz anhaltender Ungerechtigkeit, trotz Ungleichbehandlung – wenn es um ihre Berufung geht, wachsen Frauen über ihre persönlichen Umstände hinaus. Genau dieser Grund hielt Krankenpflegerinnen, Hebammen, Kindergärtnerinnen, Lehrerinnen, Lebensmittelverkäuferinnen an ihren Arbeitsplätzen. Und damit zeigten sie eine Art von Führungsstärke, die manch einer wohl eher in längst vergangenen Tagen verortet hätte. Eine Art Ehrenkodex, der nicht vergessen werden sollte, wenn über Strukturen politischer Führung philosophiert wird. Anders ausgedrückt: Hierbei handelt es sich um eines der Puzzleteile eines umfassenderen qualitativen Wandels, nämlich um die heutigen Erwartungen der Menschen an ihre politische Führung.

2 Chen, Martha Alter (2001). Women in the Informal Sector: A Global Picture, the Global Movement. SAIS Review, Vol. 21, No. 1.

3 IOM – International Organization for Migration (2020). COVID-19 Analytical Snapshot #49: impacts on migrants in informal economies, IOM Research; Sabatini, C. (2020). To save the Economy From COVID-19, Protect Informal Workers, World Politics Review

Lektion 2: Handlungsorientierte Führung

Covid hat in der Tat aufgezeigt, dass Frauen heutzutage eine ganz andere Vorstellung davon haben, was ihre Berufung angeht. Sie warteten nicht darauf, gerettet zu werden; sie wurden selbst zu Retterinnen. Obwohl durch Covid ein Teil der sonst unsichtbaren schwer arbeitenden Frauen ein wenig ins Rampenlicht gerückt wurde, bleibt ein Großteil all der Anstrengungen, die Frauen im Alltag unternehmen, unbeachtet. Zumal der Lockdown für Familien unglaubliche Veränderungen mit sich brachte und damit zusätzlichen Druck.

Offizielle Datenerhebungen lassen es zwar regelmäßig durchs Raster fallen, dennoch ist klar: Selbst unter gleichen Beschäftigungsbedingungen schultern Frauen nach wie vor den Löwenanteil unbezahlter Arbeit. Laut IAO (2018) leisten sie im Durchschnitt dreimal mehr unbezahlte häusliche Pflegearbeiten als Männer. Hausarbeit, Kindererziehung und Pflege älterer Menschen werden nach wie vor weitgehend als «Frauensache» wahrgenommen. Gut vier von zehn Befragten aus Europa sind sich einig, die wichtigste Rolle der Frau bestehe darin, sich um Haus und Familie zu kümmern.[4] In einem Drittel der EU-Länder liegt dieser Anteil sogar bei bis zu 70 % der Befragten. Jüngste Umfragen in den USA[5] und in der EU[6] legen bereits den Schluss nahe, dass Hausarbeit in Zeiten der Pandemie nicht gerechter verteilt ist als vor dem Lockdown. Als Schulen, Kindergärten und andere Einrichtungen geschlossen wurden, musste allerdings irgendjemand diese Lücken füllen.

Doch das hier gezeichnete Bild sollte nicht eindimensional verstanden werden. Manche Frauen haben den sprichwörtlichen Stier bei den Hörnern gepackt, und egal, wie anspruchsvoll es für sie war, sie haben den richtigen Weg gefunden. Obwohl es hart war, waren es ebenfalls Frauen, die sich zuerst in Bürgerinitiativen oder Frauenbewegungen engagierten, um durch Freiwilligenarbeit ihre Gemeinden zu unterstützen. Die Aktivitäten reichten vom Nähen handgefertigter Masken über die Lieferung von Lebensmitteln und Mahlzeiten bis hin zur

4 European Union (2018). 2018 Report on equality between women and men in the EU, Luxemburg: Publication Office of the European Union

5 Cain Miller, Claire:Nearly Half of Men Say They Do Most of the Home Schooling. 3 Percent of Women Agree. (6. Mai.2020)The New York Times, abgerufen unter: https://www.nytimes.com/2020/05/06/upshot/pandemic-chores-homeschooling-gender.html (1.9.2020)

6 Eurofound: COVID-19 fallout takes a higher toll on women, economically and domestically, (3. Juni.2020) Luxembourg: Publications Office of the European Union, abgerufen unter: https://www.eurofound.europa.eu/publications/blog/covid-19-fallout-takes-a-higher-toll-on-women-economically-and-domestically (2.9.2020)

Gründung von Solidaritätsgruppen in sozialen Medien, die mitunter hunderte Beiträge pro Tag generieren.[7] Zum Vergleich: Nach ersten Schätzungen waren von 1.500 Freiwilligen, die kostenlos Masken nähten, 5,6% Männer.[8]

Einige dieser Initiativen haben gezeigt, wie bitter notwendig sie schon seit Langem waren, und werden auch nach dem Lockdown fortgeführt. In Brüssel zum Beispiel haben zwei Freundinnen, Hilde und Charlotte, eine Initiative mit «vorbestellten Gerichten» ins Leben gerufen, die es den Kunden ermöglicht, nach der Wiedereröffnung der Restaurants ein Extra-Gericht für eine hilfsbedürftige Person zu bestellen.[9]

Trotzdem bleiben Frauen und Mädchen im Seuchenmanagement nach wie vor stark unterrepräsentiert. Männliche Stimmen dominieren den Pandemiediskurs,[10] insbesondere in Ländern, die von Männern regiert werden, wie die ausgewählten Beispiele weiter unten zeigen. De facto waren während der Pandemie zu selten Frauen in den verschiedenen Beratungsgremien oder als Expertenmeinung im Fernsehen vertreten – überwiegend dominierten männliche Experten den Diskurs.[11] Populäre Medien, die eine breite Öffentlichkeit ansprechen, bevorzugen als Ansprechpartner unter den Epidemiologen, Virologen und Ärzten eher Männer, obwohl keiner dieser Bereiche heutzutage mehr von Männern

7 Eickhoff, Emilie: Covid-19 : à la découverte des gestionnaires des groupes bruxellois de solidarité sur les réseaux sociaux (6. Mai. 2020) BX1, abgerufen unter: https://bx1.be/dossiers/coronavirus/covid-19-a-la-decouverte-des-gestionnaires-des-groupes-bruxellois-dentraide-et-de-solidarite-sur-les-reseaux-sociaux/?fbclid=IwARoD8-AMn9yv4aiBWc-4gsN1xrE8Kgk4pEf_U2iL9R_Eu8LW6UHi583e2AQg#.XrO_WewYNeQ.facebook (1.9.2020)

8 Legrand, Manon. Lutte contre le coronavirus : si les femmes s'arrêtent, les masques tombent (April.2020), Axelle Magazine –Mensuel Féministe Belge, abgerufen unter: https://www.axellemag.be/coronavirus-femmes-confection-masques/ (1.9.2020)

9 Eickhoff, Emilie: Covid-19 : à la découverte des gestionnaires des groupes bruxellois de solidarité sur les réseaux sociaux (6. Mai. 2020), abgerufen unter: https://bx1.be/dossiers/coronavirus/covid-19-a-la-decouverte-des-gestionnaires-des-groupes-bruxellois-dentraide-et-de-solidarite-sur-les-reseaux-sociaux/?fbclid=IwARoD8-AMn9yv4aiBWc-4gsN1xrE8Kgk4pEf_U2iL9R_Eu8LW6UHi583e2AQg#.XrO_WewYNeQ.facebook (1.9.2020)

10 Carr,Theresa: Coronavirus Coverage and the Silencing of Female Expertise (24. März 2020), Undark, abgerufen unter: https://undark.org/2020/06/22/coronavirus-coverage-silencing-female-expertise/ (1.9.2020)

11 Sweney, Mark: Male experts dominate UK news shows during coronavirus crisis (4.5.2020). The Guardian, abgerufen unter: https://www.theguardian.com/tv-and-radio/2020/may/04/male-experts-dominate-uk-news-shows-during-coronavirus-crisis (1.9.2020)

dominiert wird.[12] In der Coronavirus-Task-Force, die von US-Präsident Donald gebildet wurde, saßen zwölf ranghohe Beamte, die auf nationaler Ebene federführend an der Umsetzung der Covid-19-Strategie beteiligt waren, jedoch keine einzige Frau (Das Weiße Haus, 2020). In Italien wurde es erst nach lautstarken öffentlichen Protesten möglich, dass sich den 20 Männern der staatlichen Notfall-Einsatztruppe gegen Covid-19 noch sechs weitere Frauen anschlossen.[13] Damit griff Ministerpräsident Conte die Forderungen der Präsidentin und des Vorsitzenden der Demokratischen Partei, Valentina Cuppi und Nicola Zingaretti, nach einem «Woman new deal» auf, bei dem Frauen umfassend in die Planung des Wiederaufbauprozesses einbezogen werden sollten[14].

Glücklicherweise gibt es auch andere Beispiele. Und schließlich auch diese wunderbaren Ausnahmefälle, die zunehmend Symbolcharakter annahmen. Dazu zählt die finnische Regierung, die ausschließlich von Frauen geführt wurde. Sie erklärte, dass «die Gleichstellung der Geschlechter unter allen Umständen gefördert werden muss, auch während und nach der Coronakrise» (Finnische Regierung, 2020). Im Aktionsplan der Regierung zur Gleichstellung der Geschlechter wurden konkrete gesetzgeberische Maßnahmen formuliert. Indem die Regierung diese Arbeit in Schlüsselbereichen fortsetzt, ist tatsächlich ein Umdenken möglich: durch die Förderung der Gleichstellung der Geschlechter im Arbeitsleben und in der Familie, die Bekämpfung geschlechtsspezifischer Diskriminierung und Gewalt gegen Frauen, wobei in Fragen der sexuellen Belästigung eine Null-Toleranz-Politik erklärt wird. Da die Finninnen diese Anliegen in der Pandemiezeit vorbrachten, wiesen sie den Mythos zurück, dass die Gleichstellung der Geschlechter nur verwirklicht werden könne, wenn ein Land sich das leisten kann. Eine Haltung, die sogar auf EU-Ebene in Zeiten der Sparpolitik

12 Times Higher Education: Women in science are battling both Covid-19 and the patriarchy (15.5.2020). Times Higher Education, abgerufen unter: https://www.timeshighereducation.com/blog/women-science-are-battling-both-covid-19-and-patriarchy (1.9.2020)

13 La Repubblica: Conte: Ecco le donne che entreranno a far parte delle task force di Colao e Borrelli (12.5.2020). La Repubblica, abgerufen unter: https://www.repubblica.it/politica/2020/05/12/news/mozione_donne_italia_viva-256385934/ (1.9.2020)

14 La Repubblica: Cuppi: Poche donne nelle task force: si doveva vigilare di più. Anche nel Pd (8.5.2020), La Repubblica, abgerufen unter: https://rep.repubblica.it/pwa/intervista/2020/05/08/news/pd_donne_valentina_cuppi-256053910/ (1.9.2020)

nach 2008 häufig vernommen wurde.[15] Alles in allem standen Frauen in der Covid-Phase vor einer ungeheuren Vielzahl an Herausforderungen: angefangen bei der Organisation des Familienlebens angesichts der neuen Umstände bis hin zum Ärmelhochkrempeln, um zusätzlich auch noch dringend benötige ehrenamtliche Arbeit zu leisten. Durch ihre handlungsorientierte Führung änderten sie in manchen Fällen die Regeln des Matriarchats. Zwar zeigen Studien, dass es hierbei keinen Automatismus gibt und Frauen nicht per se andere Frauen wählen,[16] doch kamen Female Leaders – wo auch immer sie waren – aufgrund pandemiebedingter Umstände selbstverständlicher in symbolträchtige Positionen. Das lag daran, dass alle, die mit der Vereinbarkeit von Berufs- und Privatleben zu kämpfen hatten, alle, die sich freiwillig engagieren und helfen wollten, zu ihnen leichter Zugang fanden.

Lektion 3: Führung durch Repräsentation

In der Hochphase der Pandemie aber auch in der Zeit danach, als es darum ging, den Weg in die Zukunft zu ebnen, konnten sich Gesellschaften auf starke Prinzipien wie die werteorientierte und handlungsorientierte Führung von Frauen verlassen. Beides wurde jedoch eher zur Kenntnis genommen als tatsächlich anerkannt. Dieser Artikel hat bewusst mit diesen beiden Aspekten begonnen, denn sie bilden nach wie vor den Kontext, in dem die Führung durch Repräsentation eine so wichtige Rolle einnimmt – zumal in dieser schwierigen Zeit.

Angesichts der Tatsache, dass Frauen laut dem Women's Power Index[17] weniger als 10 % der weltweit führenden Politiker und laut UN Women (2020) nur ein Viertel der Parlamentarier weltweit stellen, ist die Aufmerksamkeit, die

15 Pavanelli, R. (2019). Women under austerity – a frontal attack (14.3.2019), Social Europe, abgerufen unter: https://www.socialeurope.eu/women-under-austerity (1.9.2020); European Women's Lobby (2020b). Women must not pay the price for COVID-19 (April2020), abgerufen unter: https://www.womenlobby.org/IMG/pdf/ewl_policy_brief_on_covid-19_impact_on_women_and_girls-2.pdf (1.9.2020)

16 Campbell R. & Heath O. (2017). Do Women Vote for Women Candidates? Attitudes toward Descriptive Representation and Voting Behavior in the 2010 British Election, Cambridge University Press, 13 (2): S. 209-231

17 Council on Foreign Relations (2020). Women's Power Index, retrieved from: https://www.cfr.org/article/womens-power-index#chapter-title-0-2

weiblichen Regierungen entgegengebracht wird, ziemlich bemerkenswert.[18] Wie kommt es also, dass weibliche Regierungschefinnen, obwohl sie so stark unterrepräsentiert sind, es weltweit auf die Titelseiten der Zeitungen und Medienportale geschafft haben?

Lassen Sie uns noch einmal kurz auf ein Kunstwerk von Banksy zurückkommen. Wie zahlreiche andere Graffitis an den Mauern verschiedener europäischer Städte porträtiert es Frauen als die weltweiten Superheldinnen.[19] All diese Bilder zeigen zwei gemeinsame Merkmale. Was die Frauen auf diesen Bildern besonders kennzeichnet, ist zum einen das, was sie für die Bevölkerung leisten. Sicherlich, ja, sie bekämpfen das Böse im Sinne einer Pandemie – aber es ist ihre Hingabe, mit der sie Menschen in Not helfen und einfach Leben retten, was der Grund ist, warum sie im Rampenlicht stehen. Zum anderen sind Superman, Spiderman oder Batman Kreaturen aus der Fantasiewelt, die erfunden wurden, um zu zeigen, dass mit ein paar Superkräften das Gute immer gewinnt. Die Held(inn)en der Covid-Ära sind hingegen echte Menschen – die jeder, ob Kind oder Erwachsener, schon einmal getroffen hat. Sie haben ihre Schwächen, verlieren mitunter in ihren Schlachten, aber ihre Kräfte sind der eigentliche Kern menschlicher Kapazitäten, und das ist es, was sie durchhalten lässt. Damit prägen sie ihre Zeitgenossen, deren Haltung sich dadurch verändert. In den vergangenen Jahren, die von Verunsicherung (aufgrund der Globalisierung, der Transformierungsprozesse und der daraus folgenden Krisen) geprägt waren, schien es so, als suchten die Menschen nach Führungspersönlichkeiten, die sie – in erster Linie – mutig fanden und bewundern konnten. Das änderte sich mitten in der Coronakrise. Schenkt man dem Glauben, was alles geschrieben wird, sind die BürgerInnen verängstigt und verunsichert, allerdings auf eine Art und Weise, in der sie vor allem Solidarität, Mitgefühl und Trost suchen. Frauen in Regierungspositionen bieten mit ihrer neuen Art von Führungsqualität hierfür die passendere Alternative, da sie in der Lage sind, Empathie zu empfinden und gleichzeitig stark und entschlossen zu handeln.

18 Was der Executive Director Phumzile Mlambo-Ngcuka mit folgenden Worten kommentierte: «[Wir] haben eine Welt geschaffen, in der Frauen auf 25 % des Raumes eingepfercht werden – in Parlamenten und anderen maßgeblichen Entscheidungsgremien. Dabei wissen wir, dass eine stärkere Präsenz von Frauen in hochrangigen politischen Entscheidungspositionen zu einer Politik führt, die der gesamten Gesellschaft zugute kommt». (UN Women, 2020)

19 Jefferey, Adam/Miller, Hannah: Coronavirus-themed murals continue to pop up around the world (24.4.2020). CNBC, abgerufen unter: https://www.cnbc.com/2020/04/24/coronavirus-themed-murals-continue-to-pop-up-around-the-world.html (1.9.2020)

Das Adjektiv neu wurde hier ganz bewusst verwendet. Es spiegelt eine veränderte Haltung wider, die jede weibliche Regierungschefin auf ihre Weise zum Ausdruck bringt. Wollten es Frauen in der Vergangenheit bis an die Spitze schaffen, bemühten sie sich in der von Männern dominierten Welt oftmals darum, das politische Spiel perfekt zu beherrschen, dessen Regeln viele Generationen männlicher Politiker vor ihnen aufgestellt hatten. Die eigene Spielstärke stets aufrechtzuerhalten und am Spitzentisch weiterhin mitmischen zu können, war anspruchsvoll genug – und ließ buchstäblich keine Zeit, um das System von Grund auf zu ändern. Für die Frauen von heute, die es bis zur Ministerpräsidentin geschafft haben, scheint jedoch eins klar zu sein: Sie wollen keine Spielchen spielen. Stattdessen marschierten sie direkt zum sprichwörtlichen Spitzentisch und drehten ihn um – nicht etwa nur seitlich, sondern auf den Kopf. Eine der Ikonen unter den weiblichen Regierungschefinnen, die neuseeländische Premierministerin Jacinda Ardern, formulierte es so: «Die Vorstellung, dass Politik ein Bereich voller Ego sein muss, in dem wir ständig darauf konzentriert sind, Treffer gegeneinander zu landen, widerstrebt mir zutiefst. Ja, wir brauchen eine stabile Demokratie, aber wir können hierfür stark und gleichzeitig freundlich sein.»[20]

Hier sehen wir eine qualitative Veränderung, die zwar auf der klassischen Fachliteratur über Führungsstile aufbaut, jedoch auch darüber hinausgeht. Tatsächlich gibt es zunehmend mehr Fachbücher, die diese Auffassung, dass sich Männer und Frauen in ihren Führungsrollen unterscheiden, mit einbeziehen.[21] Einige der Theorien betonen die Unterschiede zwischen dem, was sie als transaktionale und transformationale Führung bezeichnen, wobei Frauen eher die letztgenannte verkörpern würden.[22] Diese Art der Führung orientiert sich nicht an irgendwelchen Wechselverhältnissen, sondern daran, selbst kleine aber feine Unterschiede zu bewirken. Dabei werden selbst die ungünstigsten Umstände genutzt, um nach alternativen Wegen zu suchen.

Eine Analyse der politischen Führungsstile weiblicher Ministerpräsidentinnen, die ihre Länder durch die Pandemie führten, zeigt: Zwar unterscheiden sie

20 TVNZ: «You can be strong, you can be kind» – Jacinda Ardern talks leadership, President Trump on US television (24. September 2018). TVNZ, abgerufen unter: https://www.tvnz.co.nz/one-news/new-zealand/you-can-strong-kind-jacinda-ardern-talks-leadership-president-trump-us-television (1.9.2020)

21 Goethals, George R. & Hoyt, Crystal L. (2016). Women and leadership: history, theories and case studies, Great Barrington, MA: Berkshire Publishing Group LLC

22 Silva, D & Mendis, Kanchana. (2017). Male vs Female Leaders: Analysis of Transformational, Transactional & Laissez-faire Women Leadership Styles. 09. 19 to 26.

sich in bestimmten Merkmalen, jedoch waren sie durchweg transformational geprägt, und bei zu treffenden Entscheidungen wurden stets die Langzeiteffekte berücksichtigt. Damit unterschied sich ihr Handeln deutlich vom Verhalten ihrer männlichen Kollegen während des Finanzcrashs im Jahre 2008, die sich beispielsweise für Rettungsschirme und eine schädliche Sparpolitik entschieden. Damals konzentrierten sich die zuständigen Ministerpräsidenten eher auf die Krisenbewältigung, als darauf Führungsaufgaben zu übernehmen – wobei der Satz «Lass niemals eine Krise ungenutzt verstreichen» (never waste a good crisis) oft wiederholt, aber nie befolgt wurde.

Die regierenden Frauen haben nun gezeigt, dass es sehr viel nachhaltiger ist, die Geschicke des Landes mit ruhiger Hand zu lenken und sich darauf zu konzentrieren, was zum Überleben und zum Wiederaufbau notwendig ist. Graça Machel, ehemalige Ministerin in Mosambik, drückte es so aus: «Diese Krise hat eine unbestreitbare Wahrheit ans Licht gebracht: dass die Regierung von Frauen unverzichtbar ist, um eine Welt zu schaffen, die ... menschlicher und gleichberechtigter ist; eine Welt, in der eine solche soziale Gerechtigkeit das Ziel ist».[23]

Höchste Zeit, konkrete Beispiele zu nennen, wie dies umgesetzt wurde. Fangen wir mit Finnland an. Dort ist Sanna Marin Ministerpräsidentin. Als die Krise hereinbrach, stellte sich Sanna Marin vors Parlament und hielt eine Rede, in der sie versicherte, die Regierung beobachte die Situation sehr aufmerksam und unternehme alles, damit das Land gewappnet ist. Nach Einführung der neuen Maßnahmen setzte Marin den offenen Dialog mit Institutionen und der Gesellschaft weiter fort und bemühte sich intensiv darum, die wirtschaftliche Situation ins Gleichgewicht zu bringen und das Wohlergehen der Bürger zu sichern. Sie betonte immer wieder, dass Auswege nur durch gegenseitiges Vertrauen zu erreichen seien und sie voller Vertrauen in die Selbstdisziplin und das Durchhaltevermögen ihrer Landsleute sei. Die Regierung kümmerte sich weiterhin um alle Finnen, behielt die globale Perspektive dabei aber im Blick: mit Finanzmitteln für internationale Programme weltweiter Hilfsaktionen und Unterstützung bei der Entwicklung eines Impfstoffs. Angesichts dessen und noch viel mehr stellte sich Sanna Marin erneut vors Parlament und räumte ein, dass sie zu Beginn der Pandemie gesagt habe, Finnland sei vorbereitet gewesen, dass sie aber selbst das Ausmaß der Pandemie nicht habe abschätzen können, und auch bei Kurskorrekturen tatsächlich Fehler begangen wurden. Ihr Können, ihre Bescheidenheit und ihr Vertrauen in andere schwangen hier mit, aber auch, dass sie die Ministerprä-

23 UN News,Women Rise for All to shape leadership in pandemic response and recovery" (14.7.2020). UN News, abgerufen unter: https://news.un.org/en/story/2020/07/1068321 (1.9.2020)

sidentin ist und damit eine Frau, die auch Fehler machen kann. Unmittelbar vor dem Sommer verzeichnete sie Beliebtheitswerte von 85 %.[24]

In Dänemark wird Mette Frederiksen zweifellos als Ministerpräsidentin in Erinnerung bleiben, die in diesen turbulenten Zeiten einen positiven Einfluss auf ihr Land ausübte. Sie handelte entschlossen und entwickelte einen Wiederaufbauplan, der von einem politisch neutralen Ansatz abrückte. Dies ist insofern von Bedeutung, wenn wir auf das Prinzip der Repräsentation zurückkommen. Frederiksen hat gezeigt, dass Werte nicht beliebig herausgepickt und ausgewählt werden können, sondern unabhängig von den Umständen am ideologischen Kompass festgehalten werden sollte. Im Sinne von «Vergiss nie, woher du kommst» (Never forget where you are coming from) schlug sie Staatshilfen vor, die nur den Unternehmen vorbehalten werden sollten, die ihren gerechten Anteil an den Steuern zahlen und die Gesetze nicht beugen, indem sie versuchen, von Steuerparadiesen zu profitieren. Mete Frederiksens Beliebtheit stieg in den Wochen nach dem Ausbruch von Covid-19 um das Doppelte an – im Vergleich zu den vorangegangenen Monaten.[25]

Die wachsende Sympathie für die weiblichen Regierungschefinnen und das Vertrauen in die Art und Weise, wie sie mit der Pandemie umgingen, war kein ausschließlich europäisches Phänomen. Nur eine Woche nach dem Beginn des Lockdowns in Neuseeland Anfang April zeigten Umfragen, dass 88 % der Befragten der Ansicht waren, sie könnten «darauf vertrauen, dass die Regierung im Hinblick auf Covid-19 die richtigen Entscheidungen trifft», verglichen mit 59 % in den untersuchten G7-Ländern.[26] Analysten zufolge ist der Erfolg der neuseeländischen Regierung unter der Führung von Ardern bei der Eindämmung von Covid-19 auf ihre Fähigkeit zurückzuführen, ein klares, gemeinsames Ziel zu verfolgen (d.h. Schadensminimierung, um Leben und Existenzgrundlagen zu retten). Dies ging so weit, dass Ardern in der zweiten Aprilhälfte verkündigte, dass die Mitglieder ihres Kabinetts als Zeichen der Solidarität mit allen, die un-

24 Yle-Umfrage: High approval for handling of epidemic by president and PM (26. März 2020). Yle, abgerufen unter: https://yle.fi/uutiset/osasto/news/yle_poll_high_approval_for_handling_of_epidemic_by_president_and_pm/11278203 (1.9.2020)

25 Statista Research Department: How do you think Mette Frederiksen is doing as prime minister overall? (5.5.2020). Statista, abgerufen unter: https://www.statista.com/statistics/1109751/opinions-on-the-prime-minister-in-light-of-the-covid-19-outbreak-in-denmark/ (1.9.2020)

26 Manhire, Toby (2020). Almost 90% of New Zealanders back Ardern government on Covid-19 poll (8.4.2020), The Spinoff, abgerufen unter: https://thespinoff.co.nz/politics/08-04-2020/almost-90-of-new-zealanders-back-ardern-government-on-covid-19 poll/(2.9.2020)

ter den wirtschaftlichen Folgen der Pandemie leiden, ihre Gehälter um 20 % senken werden.[27] So hatte jeder das Gefühl, dass die Regierenden Verständnis und Anteilnahme aufbrachten, was Ardern und ihr Kabinett als besonders repräsentativ erscheinen ließ.

Lektion 4: Führung durch humane Effektivität

Im vorherigen Abschnitt wurde beschrieben, was die Regierungen von Frauen während der Coronapandemie so innovativ machte und sogar über das hinausgeht, was in der Fachliteratur als transformationaler Führungstyp verstanden wird.

Weibliche Regierungschefinnen in aller Welt wurden für ihre strategische Vorgehensweise bei der Pandemiebekämpfung gelobt – dank ihrer raschen und entschlossenen Maßnahmen zur erfolgreichen Eindämmung des Virus. Diese weiblichen Regierungschefinnen verschafften sich umfassende Informationen und handelten dann zügig, indem sie die mutige, entschlossene und manchmal unpopuläre Entscheidung trafen, das öffentliche Leben herunterzufahren. Frauen zeigten sich als gleichermaßen gute, wenn nicht sogar bessere Führungspersönlichkeiten im Vergleich zu den derzeit von Männern regierten Ländern und legten hierbei weitaus mehr Kommunikationsgeschick an den Tag. Letzteres trug entscheidend dazu bei, dass ihre Beschlüsse in ihren Bevölkerungen auf ein breites Verständnis stießen.

Um den Kontrast zu verdeutlichen, lohnt sich ein Blick auf ein paar der männlichen Regierungschefs und wie sie diese Situation meisterten. US-Präsident Donald Trump lieferte anschauliche Beispiele dafür, wie männliche Spitzenpolitiker das Virus als einen «genialen Feind», gegen das es zu kämpfen gilt, vermenschlicht haben.[28] Am Ende ging er so weit, aus der WHO auszutreten. Präsident Jair Bolsonaro warf der WHO in einer seiner zahlreichen Konfrontationen mit der

27 Roy, Ainge Eleanor: Jacinda Ardern and ministers take pay cut in solidarity with those hit by Covid-19 (15.4.2020). The Guardian, abgerufen unter:https://www.theguardian.com/world/2020/apr/15/jacinda-ardern-and-ministers-take-20-pay-cut-in-solidarity-with-those-hit-by-covid-19 (1.9.2020)

28 The White House (2020b). Remarks by President Trump, Vice President Pence, and Members of the Coronavirus Task Force in Press Briefing (10.4.2020), abgerufen unter: https://www.whitehouse.gov/briefings-statements/remarks-president-trump-vice-president-pence-members-coronavirus-task-force-press-briefing-24/(1.9.2020)

WHO in Bezug auf soziale Distanzierung und andere Anti-Coronavirus-Maßnahmen vor, Homosexualität und Masturbation bei Kleinkindern zu fördern.[29]

Dieses Kampfgespenst suchte nicht nur Amerika heim, sondern war auch in Europa zu beobachten – wo auch Länder wie Frankreich oder Großbritannien diese militärische Ausdrucksweise nutzten. Frankreichs Präsident Emmanuel Macron erklärte, dass sich Frankreich «im Krieg» mit dem Coronavirus befinde.[30]

Als martialische Art der Krisenbewältigung unterscheidet sich solche Sprache deutlich vom Regierungsstil und Tonfall ihrer weiblichen Kolleginnen. Diese kamen stattdessen zu dem Schluss, dass Effizienz nicht mit Drillmanövern zu erreichen ist, sondern vielmehr dadurch, dass Menschen ihre Ängste überwinden und in einer informierten, bewussten Art und Weise handeln können. Hierfür bedurfte es einer geeigneten Kommunikation.

Für die Frauen war es offensichtlich nicht neu, mit ihren Bürgern eine starke Verbindung herzustellen und aufrechtzuerhalten. Beginnen wir mit Ardern: Sie hatte sich für ihre Fähigkeit, genau das Richtige auszudrücken, bereits einen Namen gemacht – nicht nur durch Worte, sondern auch durch eine adäquate Körpersprache. Noch heute erinnert sich die ganze Welt an ihre Reaktion auf den Terroranschlag von 2019 in Christchurch. Ardern zeigte den Opfern ihr Mitgefühl und ihre Besonnenheit und ergriff gleichzeitig energische Maßnahmen mit dem sofortigen und vollständigen Verbot halbautomatischer Waffen und der Forderung nach Besitzlizenzen für einzelne Waffen. Helen Clark, ihre Vorgängerin zwischen 1999 und 2008, sagte einmal, dass die Menschen bei Ardern das Gefühl haben, sie würde «nicht predigen, sondern an ihrer Seite stehen[31]».

Ardern selbst dazu: «Wir bringen unseren Kindern Freundlichkeit, Einfühlungsvermögen und Mitgefühl bei, aber wenn es um politische Führung geht, wollen wir davon totalen Abstand nehmen. Daher versuche ich, einen anderen

29 Briso, Barretto Caio/Philips Tom: Bolsonaro's anti-science response to coronavirus appals Brazil's governors (27. März 2020). The Guardian, abgerufen unter: https://www.theguardian.com/world/2020/mar/27/jair-bolsonaro-coronavirus-brazil-governors-appalled (1.9.2020)

30 Erlanger, Steven: Macron Declares France «at War» With Virus, as E.U. Proposes 30-Day Travel Ban» (16. März 2020). The New York Times, abgerufen unter: https://www.nytimes.com/2020/03/16/world/europe/coronavirus-france-macron-travel-ban.html (1.9.2020)

31 New Zealand's Prime Minister May Be the Most Effective Leader on the Planet (19.4.2020), The Atlantic, retrieved from: https://www.theatlantic.com/politics/archive/2020/04/jacinda-ardern-new-zealand-leadership-coronavirus/610237/ (1.9.2020)

Weg einzuschlagen. Damit ziehe ich Kritiker auf mich. Aber ich kann nur mir selbst treu sein.»[32]

Die gesamte Pandemie hinweg vermittelte die neuseeländische Premierministerin Ardern stets klare, konsistente und dennoch ernst zu nehmende und gleichzeitig beschwichtigende Botschaften voller Empathie. Sie nahm sich die Zeit, dafür zu sorgen, dass alle, die Menschen in ihrem Umfeld und auch die breitere Bürgerschaft, Verständnis für die Situation entwickelten. Hierzu nutzte sie u. a. verschiedene Gesprächsrunden, die in den sozialen Netzwerken übertragen wurden. Hierfür lud sie Experten ein und stellte ihnen Fragen über die Krankheit, wobei sie intuitiv aufgriff, was ihren Landsleuten möglicherweise unter den Nägeln brannte. Außerdem griff sie fast täglich auf ihre Live-Videos in sozialen Medien zurück, um, wie sie selbst sagt, einfach «nach allen zu sehen», und um bestimmte ergänzende Aktionen zu promoten – wie z.B. Kinder dazu anzuregen, vor Ostern Zeichnungen von bunten Eiern in die Fenster zu hängen, um «einander ein Zeichen zu geben, dass wir in dieser Situation immer noch zusammenhalten.» Nachdem die ergriffenen Maßnahmen die erwarteten Ergebnisse zeigten und sich die Kurve abflachte, legte Ardern einen ehrgeizigen Wiederaufbauplan vor. Sie konnte sich darauf verlassen, dass sich alle dafür stark machen würden, da sie zu diesem Zeitpunkt ein hohes Maß an Vertrauen und Zuversicht seitens der Nation besaß.

Ähnlich erging es Mette Frederiksen, die zwar entschlossen gegen die Coronapandemie vorging, sich aber Zeit nahm, um den Dänen zu vermitteln, dass auch sie von der Krise nicht ausgenommen oder davon verschont bleiben würde. In Dänemark erntete Mette Frederiksen trotz ihrer recht entschlossenen politischen Entscheidungen mit ihren «unnachgiebigen» Maßnahmen und klaren Botschaften eine breite positive Resonanz in der Bevölkerung.[33]

Neben Ardern und Fredriksen nahm sich auch Ministerpräsidentin Sanna Marin die nötige Zeit, um zwischen ihrer Regierung und der Bevölkerung eine entsprechende Verbindung aufzubauen. Einerseits wurde die Presse konsequent über alles informiert und mit offiziellen Stellungnahmen versorgt, in denen die staatlichen Maßnahmen veranschaulicht wurden. Andererseits beschloss Marin

32 Jacinda Ardern: «It takes strength to be an empathetic leader» (14. November 2018). BBC, retrieved from: https://www.bbc.com/news/av/world-asia-46207254/jacinda-ardern-it-takes-strength-to-be-an-empathetic-leader (1.9.2020)

33 Henley, Jon/Roy, Ainge,Eleanor: Are female leaders more successful at managing the coronavirus crisis? (25.4.2020), The Guardian, abgerufen unter: https://www.theguardian.com/world/2020/apr/25/why-do-female-leaders-seem-to-be-more-successful-at-managing-the-coronavirus-crisis (1.9.2020).

als Millennial unter Beweis stellen zu wollen, dass die Eigenschaften ihrer Generation keineswegs Schwächen, sondern vielmehr Stärken waren. Sie knüpfte Kontakte zu verschiedenen Programmanbietern, darunter auch zu Influencern der sozialen Medien. Im Zeichen kollektiver Verantwortung involvierte sie diese bei der Umsetzung ihrer Kommunikationsstrategie, die hauptsächlich darauf abzielte, die Bürger zu informieren.

Diese Beispiele deuten durchaus darauf hin, dass sich ein neues Verständnis davon entwickelt, was «starke Führung» bedeutet. In einem BBC-Interview erklärte Ardern einmal, «[es] erfordert Mut und Stärke, mitfühlend zu sein,» und dass sie sich bewusst dafür entschieden habe, eine «stolze, einfühlsame, von Mitgefühl geprägte» Führungspersönlichkeit zu sein.[34]

Lektion 5: Führung durch Exzellenz

Für diesen Artikel haben sich die Autorinnen dazu entschlossen, das Phänomen von Frauen in Regierungsverantwortung zu Covid-Zeiten zu untersuchen, insbesondere die sozialdemokratischen Ministerpräsidentinnen Jacinda Ardern, Mette Frederiksen und Sanna Marin. Natürlich gibt es auch einige wenige aus anderen politischen Gruppierungen, darunter auch Bundeskanzlerin Angela Merkel. Gewiss, sie ist mindestens eine Generation älter als die bisher untersuchten Frauen, aber sie gilt als eine der weltweit einflussreichsten Persönlichkeiten. Daher scheint es angebracht, kurz auf ihre Führungsstärke einzugehen, da hierdurch noch ein weiteres Merkmal beleuchtet werden kann.

Merkel ist eine Frau, die während ihrer gesamten Karriere ihre weibliche Identität heruntergespielt hat und ein Land regiert, das zu den Ländern mit der niedrigsten Anzahl an Todesfällen gehört[35]. Direkt zu Beginn der Pandemie[36] hat sie strategisch eine wissenschaftliche Herangehensweise verfolgt – etwas, das

34 Jacinda Ardern: «It takes strength to be an empathetic leader» (14. November 2018). BBC, retrieved from: https://www.bbc.com/news/av/world-asia-46207254/jacinda-ardern-it-takes-strength-to-be-an-empathetic-leader (1.9.2020)

35 McLean,Victoria: «Coronavirus is showing yet again why the world needs more strong female decision-makers» (12.5.2020). Euronews, abgerufen unter: https://www.euronews.com/2020/05/12/coronavirus-showing-yet-again-why-the-world-needs-more-strong-female-decision-makers-view (1.9.2020)

36 Oltermann, Philip: «Angela Merkel draws on science background in Covid-19 explainer» (16.4.2020). The Guardian, abgerufen unter: https://www.theguardian.com/world/2020/apr/16/angela-merkel-draws-on-science-background-in-covid-19-explainer-lockdown-exit (1.9.2020).

ihr von Berufs wegen nahestand. Damit unterscheidet sie sich deutlich von ihren männlichen Kollegen wie Boris Johnson[37] oder Jair Bolsonaro[38], die die Wissenschaft links liegenlassen. Tatsächlich sieht ein großer Teil der Forschung auf dem Gebiet der dysfunktionalen Führung zwei Hauptelemente, die zu Führungsfehlern führen: Arroganz und die Weigerung zuzuhören.[39]

Wie bereits dargelegt, bestehen zwar nachweislich starke Korrelationen zwischen einem effizienten Krisenmanagement und der Tatsache, dass Frauen in Führungsfunktionen arbeiten, doch muss man dieses Phänomen vor dem Hintergrund beurteilen, dass es sich bei verschiedenen Einflussfaktoren nicht nur um «weibliche» Eigenschaften handelt.

Vorab sei gesagt, dass die Männerdominanz in Spitzenpositionen in der Regel bedeutet, dass Frauen ein Vielfaches an Kompetenz mitbringen müssen, um in dieselben Positionen zu gelangen wie ihre männlichen Kollegen. Abgesehen vom berüchtigten und anhaltenden Glasdeckeneffekt werden Frauen auch eher bloßgestellt und beschuldigt, falls ihre Entscheidungen nicht effektiv[40] waren – ein Phänomen, das gemeinhin als «gläserne Klippe» bekannt ist, wobei Frauen zudem häufiger derartige Positionen erreichen, wenn die Gefahr des Scheiterns am größten.[41] Analog dazu werden Frauen in hochrangigen Positionen auch eher infrage gestellt als ihre männlichen Kollegen. Dies führt bei den Frauen zu einer höheren Wachsamkeit, zu verstärkter Skepsis und in Entscheidungsprozessen zu mehr Vorsicht und zur Einbeziehung aller möglichen Szenarien. Dies zahlte sich – vereinfacht ausgedrückt – beim Aufkommen von Covid-19 aus. Kommen wir zurück zu Ardern: Das Konzept der neuseeländischen Regierung entsprach

37 The Guardian: We scientists said lock down. But UK politicians refused to listen (15.4.2020). The Guardian, abgerufen unter: https://www.theguardian.com/commentisfree/2020/apr/15/uk-government-coronavirus-science-who-advice (1.9.2020)

38 Barretto Briso, Caio/Phillips, Tom: Bolsonaro's anti-science response to coronavirus appals Brazil's governors (27. März 2020). The Guardian, abgerufen unter: https://www.theguardian.com/world/2020/mar/27/jair-bolsonaro-coronavirus-brazil-governors-appalled (1.9.2020)

39 Hogan, J./Hogan, R./Kaiser, R.B. (2010): Management derailment. In: Zedeck S (ed) APA Handbook of Industrial and Organizational Psychology (Vol. 3) Washington, DC: American Psychological Association, S. 555–575.

40 The United State of Women: Michelle Obama brachte ihren Frust darüber zum Ausdruck, dass männliche Führungspersönlichkeiten zwar versagen, aber im Gegensatz zu Frauen noch weiterhin Chancen bekommen. Abgerufen unter: https://www.youtube.com/watch?v=boB9modnMYQ&feature=emb_logo (1.9.2020)

41 Ryan, M./Haslam, S./Kulich, C. (2010): Politics and the Glass Cliff: Evidence that Women are Preferentially Selected to Contest Hard-to-Win Seats. Psychology of Women Quarterly. 34. 56-64. 10.1111/j.1471-6402.2009.01541.x.

weitgehend dem bereits bestehenden Grippepandemieplan, in dem klar umrissene Phasen festgelegt worden waren.[42] So verhängte Neuseeland, unmittelbar nachdem die WHO den ersten Todesfall außerhalb Chinas bestätigt hatte, erste Flugverbote. Zu diesem Zeitpunkt meldete Neuseeland seinen ersten Fall, während in Italien bereits 888 Fälle verzeichnet wurden.[43] Die Regierung folgte dem Rat der Pandemieexperten und ihren Zukunftsprognosen. Als Neuseeland den Lockdown bekannt gab, verschwieg die Regierung nicht, dass andernfalls «zehntausende Neuseeländer sterben werden» und warnte die Bevölkerung auf transparente Art und Weise vor einer solch unerwünschten Perspektive.[44] Arderns Podcasts mit Experten verliefen ganz anders, als die Welt es gewohnt war, denn (was auch bereits in einem Unterpunkt erwähnt wurde) es war nicht etwa die Ministerpräsidentin, die Fakten präsentierte, sondern die Ministerpräsidentin, die Fragen an Experten stellte.

Lektion 6: Führung durch Weitblick

Die bisherigen Lektionen haben aufgezeigt, dass in von Frauen regierten Ländern vor allem eine Gemeinsamkeit im Vordergrund steht, nämlich die Entschlossenheit, «früh und energisch zu handeln». Die bereits erwähnten Erkenntnisse[45] bestätigen den Gedanken, dass Covid in den von Frauen regierten Ländern grundsätzlich weniger Auswirkungen hatte. Zu den Gründen hierfür zählten die humane Effektivität und das konsequente Streben nach Exzellenz (wie in den vorangegangenen Unterkapiteln dargelegt). Es gibt jedoch noch zwei weitere Aspekte, die hervorgehoben werden müssen: zum einen die Schnelligkeit, mit

42 New Zealand Ministry of Health (2017): New Zealand influenza pandemic plan: A framework for action (2nd ed) (4. August 2017). Abgerufen unter: https://www.health.govt.nz/publication/new-zealand-influenza-pandemic-plan-framework-action (1.9.2020)

43 Wilson, Suze (2020): Pandemic leadership: Lessons from New Zealand's approach to COVID-19, The Journal of Applied Behaviorl Science, 16 (3): S. 279-293

44 Ardern, Jacinda: Siehe die Rede der Ministerpräsidentin Jacinda Ardern (2020): Covid-19 alert level increased [Rede]. Abgerufen unter: https://www.beehive.govt.nz/speech/prime-minister-covid-19-alert-level-increased (1.9.2020)

45 Anderson,Cami: Why Do Women Make Such Good Leaders During Covid-19? (19.4.2020), Forbes, abgerufen unter: https://www.forbes.com/sites/camianderson1/2020/04/19/why-do-women-make-such-good-leaders-during-covid-19/#28958ee542fc; (1.9.2020). Henley, Jon/Roy, Ainge Eleanor: Are female leaders more successful at managing the coronavirus crisis? (25.4.2020), The Guardian, abgerufen unter: https://www.theguardian.com/world/2020/apr/25/why-do-female-leaders-seem-to-be-more-successful-at-managing-the-coronavirus-crisis (1.9.2020)

der Entscheidungen getroffen werden, und zum anderen der Umgang mit Vorstellungskraft, mit der versucht wird, sicherzustellen, dass die heute getroffenen Entscheidungen auch langfristig das Fundament für eine bessere Zukunft legen.

Inzwischen liegen bereits einige andere Untersuchungen vor, doch lohnt es sich an dieser Stelle vielleicht, insbesondere die Arbeit von Garikipati und Kambhampati[46] zu zitieren, die das Verhältnis zwischen weiblichen Staats- und Regierungschefinnen und deren Effizienz im Umgang mit der Coronakrise analysieren. Ihre Schlussfolgerungen belegen, dass die statistischen Daten eindeutig für Frauen in Regierungspositionen sprechen. Das hier zu erörternde Thema ist nicht einfach zu formulieren, da selbstverständlich jedes durch Covid-19 verlorene Menschenleben ein Opfer zu viel ist. Aus Gründen der akademischen Konsistenz muss festgehalten werden, dass Länder mit weiblicher Regierung bei den absoluten Zahlen der Covid-19-Infektions- und Todesfälle besser abschneiden als Länder mit männlicher Regierung. Dort ist die Zahl der Todesfälle fast doppelt so hoch wie in den Ländern mit weiblicher Regierung. Die Differenz hinsichtlich der Infektionszahlen ist zwischen den Ländern mit weiblicher und männlicher Regierung allerdings überproportional hoch.

Der verwendete Algorithmus ist eine Sache, allerdings könnte vorgehalten werden, dass neben dem Geschlecht der Regierungsspitze noch weitere Faktoren eine Rolle spielen. Um eine solche Kritik vorwegzunehmen, verglichen Garikipati und Kambhampati jedes der von Frauen regierten Länder auch mit dem jeweils ähnlichsten Land in Bezug auf relevante soziodemographische und wirtschaftliche Merkmale (z.B. BIP, Anteil älterer und städtischer Bevölkerung usw.).

Dieser Ländervergleich unterstreicht abermals, dass in den von Frauen regierten Ländern weniger Covid-19-Infektions- und Todesfälle zu verzeichnen sind als in den Ländern, die von Männern regiert werden.

Einer der Gründe für die in der Grafik dargestellte Diskrepanz lag vor allem in der Entschlossenheit, gut informierte Entscheidungen zu treffen – bei denen sich weibliche Regierungschefinnen eindeutig überlegen gezeigt haben. Staaten, in denen sie die Verantwortung innehatten, gingen schneller in den Lockdown. Offenbar zeigten weibliche Politikerinnen eine größere Risikosensibilität und nahmen das Thema von Anfang an sehr ernst, anders als zahlreiche männliche Politiker, die die Pandemie verharmlosten. Entgegen äußerst vorurteilshaften Sozialklischees, die nahelegen, dass Männer im Krankheitsfall eher zu Über-

46 Garikipati, S./Kambhampati, S.U. (2020), Leading the fight against the pandemic: Does gender «really» matter? (3.Juni.2020), abgerufen unter: https://papers.ssrn.com/sol3/papers.cfm?abstract_id=3617953(2.9.2020)

treibungen neigen, weigerte sich neben, wie bereits erwähnt, Jair Bolsonaro[47] tatsächlich auch Boris Johnson, Covid-19 als etwas anderes als «eine kleine Grippe» anzusehen.[48] Beide gaben auch weiterhin Coronavirus-Patienten absichtlich die Hand. Dies steht noch heute in scharfem Kontrast zum Verhalten von z. B. Sanna Marin, die umgehend in Quarantäne ging, als nur der geringste Verdacht bestand, dass sie infiziert sein könnte.

Obwohl sie dem Virus gegenüber vorsichtig waren, zeigten die weiblichen Politikerinnen eine viel geringere Risikoscheue im Hinblick auf ihre Wirtschaftslage und die Auswirkungen, die der Lockdown auf sie haben könnte. Die von ihnen getroffene Entscheidung bestand darin, alles runterzufahren, um die Covid-Kurve abzuflachen. In der Folge mussten erhebliche Ressourcen mobilisiert werden, um die Wirtschaft wieder anzukurbeln.

Im Rahmen von Covid-19 führte dies zu einer Tendenz, die Wiederaufbaumaßnahmen direkt mit klimafreundlichen Zielen zu verbinden und dabei Maßnahmen zur Gleichstellung von Frauen und Männern zu berücksichtigen. Mette Frederiksen erklärte, dass sich «[unsere] Welt verändert hat und dass sich [unser] Lebensalltag in Zukunft verändern wird.» Sie unterstrich, wie sehr die Pandemie und ihre Folgen sich auf die ehrgeizigen Klimapläne ihrer Regierung auswirken, die gleichwohl eine zentrale Priorität bleiben würden.[49] Ihr zufolge «müssen [wir] [sicherstellen], dass Frauen in allen Planungs- und Entscheidungsprozessen zu Covid-19 einbezogen werden [und dass] unsere Konjunkturbelebung umfassend und nachhaltig ist. Unser Kompass müssen die Nachhaltigkeitsziele sein,» erklärte sie.[50] Frederiksen würdigte mit diesen einfachen Worten die Dringlichkeit mehrerer Themen, die auf kohärente, visionäre Weise in Angriff genommen werden sollten.

Ihre Argumentation wurde auch an anderer Stelle aufgegriffen. Patricia Espinosa, Generalsekretärin der Klimarahmenkonvention der Vereinten Nationen,

47 Borges,Anelise: «A little flu»: Brazil's Bolsonaro playing down coronavirus crisis (10.4.2020). Euronews, abgerufen unter: https://www.euronews.com/2020/04/06/a-little-flu-brazil-s-bolsonaro-playing-down-coronavirus-crisis (1.9.2020)

48 Financial Times: Boris Johnson shook hands «continuously» despite science panel warnings (5.5.2020). Financial Times, abgerufen unter: https://www.ft.com/content/91c8b10f-7e76-4686-8d53-35b2afoc1a2e (1.9.2020)

49 The Local: Danish PM: «We will not return to Denmark as it was» (6.4.2020). The Local, abgerufen unter:https://www.thelocal.dk/20200406/danish-pm-we-will-not-return-to-denmark-as-it-was-before-coronavirus (1.9.2020)

50 United Nations (2020). Women Rise for All (o.J.), abgerufen unter: https://www.un.org/en/coronavirus/women-rise-for-all (2.9.2020)

sagte: «Ein geschlechtergerechter Klimaschutz ist für eine gesündere und sicherere Welt von entscheidender Bedeutung. Um sicherzustellen, dass die Klimapolitik und -maßnahmen wirksam und gerecht umgesetzt werden, muss rasch beurteilt werden, inwieweit geschlechtsspezifische Ungleichheiten aufgrund von Covid-19 zugenommen haben.» (ebd.) Auch die EU, die den Kampf für die Gleichstellung der Geschlechter und für Klimagerechtigkeit fest miteinander verknüpft, kündigte an, sie werde «umweltfreundliche Arbeitsplätze unterstützen, die die Menschen versorgen und gleichzeitig eine weitere Umweltzerstörung vermeiden.»[51]

Dieser Ansatz – eine Mischung aus Entschlossenheit und der Fähigkeit, auf lange Sicht zu denken – stellt einen Durchbruch in der Politik dar. Dadurch entsteht eine neue Qualität der Herangehensweise – etwas, wonach sich viele Menschen schon lange sehnen, vor allem in Zeiten der Angst, in denen sich viele, insbesondere die jüngeren Generationen, Sorgen um ihre Zukunftsperspektiven machen. Inmitten der Coronapandemie hat sich dieser Ansatz als ermutigend erwiesen und dürfte in Zukunft vermutlich neue Maßstäbe setzen.

Ist Resilienz weiblich?

Zum Zeitpunkt der Fertigstellung dieses Artikels beginnt die Zahl der Covid-Infektionen wieder zu steigen. Auf dem Weg zu mehr Normalität mussten einige Länder einen Umweg nehmen und sich für eine erneute Verschärfung der Maßnahmen entscheiden. Zwar wird über Impfungen und Medikamente gesprochen, die die Behandlungen begünstigen könnten, doch trotz der Tatsache, dass die meisten Wissenschaftler in der Regel rund um die Uhr arbeiten, ist es unwahrscheinlich, dass schon bald ein Allheilmittel flächendeckend zur Verfügung steht und die Pandemie endgültig gestoppt werden kann. Ganz im Gegenteil, alle Zeichen deuten auf eine zweite Welle hin.

Auch wenn das keineswegs beruhigend ist, so ist doch zu erwarten, dass der zweite Lockdown – sollte er denn kommen – anders ausfallen wird. Einerseits, weil er keine ganz neue Erfahrung sein wird, und jeder ein bisschen besser weiß, was zu tun ist, um durchzuhalten. Andererseits, weil zahlreiche Mechanismen

51 Dalli, Helena/Mlambo-Ngcuka, Phumzile:How Covid-19 can bring gender justice (10.7.2020). Euractiv, abgerufen unter: https://www.euractiv.com/section/non-discrimination/opinion/how-covid-19-can-bring-gender-justice/ (2.9.2020)

zum Schutz und zur Versorgung der Menschen geschaffen wurden, die über die rein medizinische Versorgung hinausgehen. Viele Bevölkerungen verdanken in der Pandemie ihr Weiterleben den Frauen, die an vorderster Front in ihren Haushalten, in ihren Gemeinden, in den Frauenberufen und am Steuer der jeweiligen Staatsregierungen präsent sind.

3. ÖSTERREICH UND DIE CORONAKRISE

«Betreffend die unklaren Fälle sollte angedacht werden, derzeit nichts zu kommunizieren»

Wie Ischgl ein Super-Spreader wurde

Von Sebastian Reinfeldt

Der Kern der Geschichte ist eigentlich schnell erzählt. In den kleinen Tiroler Winterschiort kommen im Laufe einer normalen Wintersaison rund 10.000 Tourist*innen pro Woche. Sie übernachten in Hotels, essen in Restaurants und Gasthäusern, trinken, lachen und feiern in Bars und Beisln. Die rund 1.500 Einwohner*innen dieses Ortes leben von diesen Gästen, die in ihren Ferien etwas erleben wollen. Jedes Jahr wird dort etwas Neues gebaut oder erfunden. Der Ort hat seit 1963 eine Seilbahn, die gewissermaßen der Motor dieser gesamten Tourismusmaschine ist. Ohne Seilbahnen (mittlerweile gibt es mehrere und sie sind immer das Modernste vom Modernen) kämen die Tourist*innen nicht rasch auf den Berg. Und am Fuße derselben warten auf dem Rückweg bereits die Bars darauf, dass die durstigen Gäste das eine oder andere Getränk zu sich nehmen.

Eine sehr kleine Gruppe der Einwohner*innen lebt außerordentlich gut von den Gästen. Denn durch sie sind hunderte Millionen auf ihre Konten geflossen. Das ist natürlich die absolute Minderheit. Das Leben der anderen Gruppe, der Mehrheit der Einwohner*innen, ist keineswegs als karg zu bezeichnen. Wegen der Gäste. Der allgemeine Wohlstand im Ort gründet sich einzig auf den Tourismus. Wirklich reich ist diese Mehrheit allerdings nicht.

Ohne den Tourismus ist für alle das gute Leben zu Ende. In dem schlimmsten Fall, nämlich wenn kaum jemand mehr im Winter auf Urlaub käme, könnten sich diejenigen, die reich geworden sind, einfach zur Ruhe setzen und auf ihre Finca nach Mallorca reisen, um dort den Lebensabend zu genießen. Und die anderen, die keine hunderte Millionen am Konto haben? Für die ginge es recht schnell um die Existenz. Was die, die die Millionen am Konto haben, natürlich wissen und bei Problemen in Anschlag bringen können.

Jedenfalls wirken alle – nolens, volens – daran mit, dass viele Gäste Geld ausgeben und dieses im Ort lassen. Daher muss eine Saison so lange wie möglich dauern. Die Schipisten sind daher weitläufig mit Beschneiungsanlagen gesäumt, so dass einem die Natur am Berg keinen Strich durch die Rechnung mehr machen kann.

Dieser Winterschiort heißt Ischgl. So wie jedes Jahr sollte auch die Wintersaison 2019/2020 ablaufen. Am 30. November 2019 wurde sie mit einem Top of the Mountain Opening-Konzert der Berliner Reggae-Band Seeed eröffnet. Jedes Jahr finden dort im Laufe der Saison große Pop-Konzerte statt. Wer mit der Rolltreppe unter dem Ort (!) durchfährt, kann an den Wänden die Konzertplakate der vergangenen Jahrzehnte bewundern. Ischgl war in. Bis in den Februar 2020 hinein hat der Ort auch viel getan, dass dies so bleibt. Doch dann kam Corona.

Die Verhältnisse im Dorf, in Tirol und in Österreich haben dazu geführt, dass Ischgl in Europa zum Symbol für den Ausbruch der Coronapandemie geworden ist. Nicht ganz zu Unrecht. Dabei steht Ischgl beispielhaft für eine Reihe von Tiroler Winterschiorten, in denen zu spät und zu halbherzig auf die Covid-19-Infektionen reagiert worden ist. Die anderen Schiregionen wie Sölden oder das Zillertal befinden sich unterhalb des öffentlichen Radars, das weiterhin voll auf Ischgl gerichtet ist.

Wenn wir uns summarisch den Ablauf der Ereignisse vor Augen führen, die dazu geführt haben, dass die Tiroler Winterschigebiete sogenannte «Superspreader» von Covid-19 in Europa geworden sind, dann sehen wir – so meine These – wie eine Mischung aus Dilettantismus, Passt-scho-Mentalität, Kleinkorruption, Profitstreben, persönlicher Abhängigkeiten und unkontrollierter politischer Macht dieses Resultat hervorgebracht hat.

Der 25. Februar 2020: Hotel Europa in Innsbruck

Im Nachhinein bleibt einem das Lachen von damals ein wenig im Hals stecken. Am 25. Februar 2020 gab es den ersten medial beachteten Covid-19-Fall in Tirol. Das Innsbrucker Hotel Europa wurde abgeriegelt, nachdem eine Angestellte des Hotels und ihr Freund positiv auf das Virus getestet worden waren. Der ORF berichtete live in der Zeit im Bild. Während der Reporter davon sprach, dass derzeit niemand hinein oder heraus gelangen könne, machte sich ein Mann durch die Hoteleingangstür vorbei an den postierten Polizist*innen aus dem Staube. Vor den Augen von Millionen Zuschauerinnen und Zuschauern an den Fernsehgeräten. Das ist Österreich, so wie wir es kennen. Wo nicht alles ganz so genau genommen wird, wo alles «eh schon passt» und wir hinterher alle zusammen bei einem Bier sitzen.

Sympathisch eigentlich. Und sehr menschlich. Die Informationen im ORF Online-Bericht zu diesem Ereignis lesen sich recht vernünftig.[1] Darin wird Landes-

1 Auf orf.at immer noch zu finden: Hotel in Innsbruck vorübergehend gesperrt, https://orf.at/stories/3155651/ (1.8.2020)

sanitätsdirektor Katzgraber mit den Worten zitiert: «Wir arbeiten den Fall nun systematisch ab und versuchen die Infektionskette zu beenden». Gesundheitsminister Rudolf Anschober (Grüne) sagte zu den Tiroler Fällen: «Beide Betroffenen haben richtig reagiert und nach ihrer Einreise nach Auftreten der Symptome sofort den Arzt angerufen.» Auch Innenminister Karl Nehammer wird dort mit den Worten zitiert:

> *Nun treten die lange vorbereiteten Maßnahmen in Kraft und werden sorgfältig abgearbeitet, um auch weiterhin die Sicherheit der Österreicherinnen und Österreicher zu gewährleisten. Bei den beiden Infizierten seien «sofort deren persönliches Umfeld überprüft und deren Kontakte rekonstruiert» worden, «um alle weiteren notwendigen Maßnahmen zu koordinieren und in die Wege zu leiten».*

Alle Beteiligten wissen offenbar: Das Virus ist in Tirol angekommen. Wir müssen handeln. Aber genau das ist in der Folge nur sehr unzureichend geschehen – ein Umstand, den es aufzuklären gilt.

Es gab nämlich zwei Zeitpunkte, in denen hätte verhindert werden können, dass Ischgl und andere Winterschigebiete zu «Superspreading Events» von Covid-19 werden können.[2] Exakt zu diesen beiden Zeitpunkten wurde nicht, oder zu zögerlich oder falsch gehandelt.

Den ersten Zeitpunkt markieren die Tage ab dem 3. März, als Meldungen aus europäischen Ländern (besonders aus Island) eintrafen, dass Tourist*innen sich in Ischgl mit Covid-19 infiziert haben. Die Stunden nach der Verhängung der Quarantäne über St. Anton, Ischgl und das Paznauntal am 13. März nach 14 Uhr bilden den zweiten relevanten Zeitpunkt.

Auf beide Ereignisse wurde, so wissen wir jetzt, ungenügend reagiert. Im Folgenden wollen wir den Ablauf und die Ursachen für dieses Versagen beleuchten.

2 Unter Superspreadern (im engen Sinne) versteht man im epidemiologischen Kontext Infizierte, die eine ungewöhnlich hohe Zahl von Organismen mit einem bakteriellen oder viralen Krankheitserreger anstecken. Wie diese Superspreader können auch bestimmte Ereignisse oder Umstände zur Verbreitung von Infektionskrankheiten beitragen. Dies sind dann «Superspreading Events». Ischgl wird in der Literatur als solcher bezeichnet. Vgl: Felbermayr, Hinz, Chowdhry 2020: Aprés-ski: The Spread of Coronavirus from Ischgl through Germany, Paper IFW Kiel (Stand 24.5.2020), https://www.ifw-kiel.de/fileadmin/Dateiverwaltung/IfW-Publications/Gabriel_Felbermayr/Apres-ski__The_Spread_of_Coronavirus_from_Ischgl_through_Germany/coronavirus_from_ischgl.pdf

Die erste Welle: die Woche vor dem 7. März 2020

Wenige Tage nach dem Vorfall im Innsbrucker Hotel Europa wird das Virus auch offiziell in Ischgl angekommen sein. Am 3. März trifft nämlich die erste Warnung aus Island in Wien beim Sozialministerium ein. Absender: Torolfur Gudnason, seines Zeichens der Chef-Epidemiologe in Island, meldet am 3. März sechzehn Coronafälle über das EU-weite Frühwarnsystem für Infektionskrankheiten EWRS. Im O-Ton lautete seine Meldung:

Iceland would like to report 13 additional cases of Covid-19 which adds up to 16 total cases. Eight individuals were diagnosed on the 2nd of March and five on the 3rd of March. The age range is 45–61, all have mild symptoms and all are in home isolation. Around 300 contacts are in home quarantine. All infections originated in skiing areas in Northern Italy and/or Austria. Nine individuals were skiing in Trentino, Italy. Three in Austria. Four in Austria/Trentino, Italy. Sincerely Icelandic EWRS team.[3]

Am 3. März wurde also das zuständige Ministerium in Wien informiert. Verwunderlich ist, dass an diesem Tag seitens des Gesundheitsministeriums keine Rückfrage erfolgte. Hätte man etwa sofort gefragt, in welcher Region die Erkrankten sich aufgehalten haben, hätten wertvolle Stunden gewonnen werden können. Die Begründung seitens des Ministeriums für ihr Nichtstun lautet: diese Meldung sei ja nicht konkret gewesen. Das leuchtet kaum ein. Mit einer simplen Nachfrage an die isländischen Behörden hätten diese Konkretisierungen erfragt werden können. Die isländischen Gesundheitsbehörden sind nämlich sehr auskunftsfreudig. Sie haben uns diesen Mailverkehr daher zur Verfügung gestellt.

Tags darauf, am Mittwoch, den 4. März, erklärt Island bereits Ischgl zur Gefahrenzone und informiert das Bundesministerium nun detaillierter. Gudnason schreibt über das EWRS-System eine Nachricht an alle Mitglieder. Fix ist: Um 23-55 Uhr dieses Tages gab es in Island 8 Corona Fälle, deren Ursprung in Ischgl liegt.

As of today March 4th 2020, 26 cases of Covid-19 have been diagnosed in Icelandic residents since 28th of February 2020. All are in good health and in home

3 Siehe:: https://www.semiosis.at/2020/05/22/corona-virus-oesterreich-galt-ja-nicht-als-risikogebiet-chronologie-der-ereignisse-in-tirol/ (1.8.2020)

isolation. All cases belong to two clusters from the skiing are in the Alps: 1) 18 cases from skiing areas in Trentino, Italy (17 in Selva and 1 in Madonna) 2) 8 cases from the skiing area Ischgl in Austria. Around 380 contacts have been placed in quarantine. 270 individuals have been tested. No transmission has been identified within Iceland.
Icelandic EWRS team.[4]

Wiederum einen weiteren Tag später, am 5. März, gibt Island eine explizite Reisewarnung für Ischgl heraus. Island setzt den Ort im Paznauntal auf die Liste der «high-risk areas» – neben China, Italien, Südkorea und Iran, weil Heimkehrende positiv auf das Virus getestet wurden. Diese Information hat auch die österreichischen Behörden erreicht. Nicht nur die in Wien.

Dieter Walser, Geschäftsführer des Tourismusverbandes Paznaun–Ischgl (in Tirol eine Körperschaft des öffentlichen Rechts) wird sogar direkt von den isländischen Behörden über die mittlerweile 13 Personen aus Island informiert, die sich nachweislich in Ischgl angesteckt haben. Die Betroffenen waren nicht Teil einer einzigen Gruppe, sie wohnten in fünf verschiedenen Hotels und sie hatten keinen Kontakt untereinander.

Spätestens jetzt hätte feststehen müssen, dass das Virus in Ischgl massiv umgeht. Die Meldungen sind klar und eindeutig und lassen keinen Interpretationsspielraum. Eigentlich. Hinzu kommt, dass die Verantwortlichen vor Ort in Ischgl auch auf anderen Wegen informiert wurden.

Denn am 3.3.2020 meldet sich die isländische Reiseleiterin T. R. via Mail um 20.26 beim Ischgler Hotel-Garni Martina. Sie teilt mit, dass zwei Teilnehmer ihrer Reisegruppe, die am 29.2.2020 abgereist waren, positiv auf Covid-19 getestet wurden. Sie weiß zudem, dass aus einer anderen Gruppe aus dem Apartment Hotel ein weiterer isländischer Reisender erkrankt sei.

In einem Folgemail vom 4.3.2020 schreibt dieselbe Reiseleiterin T. um 23:43 an das Hotel Nevada:

I will just let you know that we in room no 104 is now confirmed with a corona virus. This was confirmed by an epidemiologist here in Iceland yesterday and we are both isolated. We started the symptoms on monday. My daughter in room nr 105 was also confirmed now this evening.

4 Siehe: https://www.semiosis.at/2020/05/22/corona-virus-oesterreich-galt-ja-nicht-als-risikogebiet-chronologie-der-ereignisse-in-tirol/ (1.8.2020)

Guests in Hotel Garni Martina has also been confirmed with Corona virus and I send mail to Andrea in Martina and told her. They got sick the day after we got home. On Sunday. We don't know where we got infected, but we know there was an infected person on the plane on the way home. That man was skiing in Italy. [5]

In ihrem Mail äußert sie eine Vermutung mit der «Ansteckung im Flugzeug». Diese offensichtlich falsche Mutmaßung – denn die Reisenden aus Island sind gar nicht mit demselben Flugzeug gereist – wird danach tagelang vom Krisenstab der Tiroler Landesregierung für bare Münze erklärt und offiziell verbreitet – und das entgegen der klaren Informationen, die ihnen bereits aus Island vorlagen.

Am 5.3.2020 fand eine Stabssitzung der Tiroler Landeseinsatzleitung in Innsbruck statt. Die Zusammenfassung der Ergebnisse der Sitzung zeigt, dass die Infektionen der isländischen Reisenden dabei ein Thema waren. Der Landesamtsdirektor Dr. Herbert Forster berichtet aus einer Videokonferenz mit dem Innenministerium und den Bundesländern,

... aktuell wurde bekannt, dass im Februar ein Flug von Innsbruck nach Frankfurt bzw. ein Flug nach Oslo ging, mit Personen, welche im Nachhinein als Verdachtsfall eingestuft bzw. positiv getestet worden wären; diesbezüglich liegen allerdings noch keine gesicherten Informationen vor. Ähnlich verhält es sich bei einem Fall von 7 oder 8 Schigäste aus Island, welche in Ischgl gewesen sein sollen; aber auch diesfalls ist man erst dabei weitere Erhebungen durchzuführen.[6]

Der Landessanitätsdirektor Franz Katzgraber stellt fest:

betreffend den Fall der Gäste aus Island in Ischgl, welche angeblich nach ihrem Urlaub positiv getestet worden wären, wartet man noch auf Informationen aus dem Ministerium; es ist allerdings nicht klar, wo diese genau waren (Bewegungsprofil) und selbst ob sie wirklich positiv getestet wurden, kann nicht mit Sicherheit gesagt werden; um Maßnahmen zu setzen bedarf es allerdings dieser

5 Siehe: https://www.semiosis.at/2020/06/22/der-erste-schwere-fehler-der-tiroler-behoerden-eine-rekonstruktion/ (1.8.2020)

6 Für die Zitate aus dieser Sitzung siehe: https://www.semiosis.at/2020/06/16/ischgl-zeitschinden-durch-dummstellen/ (1.8.2020). Die Zusammenfassung findet sich in dem unveröffentlichten Bericht der Polizei an die Tiroler Untersuchungskommission.

Informationen auch hinsichtlich der Flüge nach Frankfurt und Oslo wartet man noch auf die Passagierdaten aus dem Ministerium.[7]

Man beachte die Attribuierung «angeblich». Meldungen, die über das europaweite System hereinkommen, beruhen auf wissenschaftlicher Evidenz. Hier kann man nicht argumentieren, dass es lediglich Medienberichte seien. Nicht so in Tirol. Florian Kurzthaler (Abteilung Öffentlichkeitsarbeit) schlägt laut Protokoll im Verlaufe der Sitzung ausdrücklich vor:[8]

Betreffend die unklaren Fälle (Seefeld, Ischgl und Flüge nach Frankfurt und Oslo) sollte eher angedacht werden, derzeit nichts zu kommunizieren, sondern erst, wenn man konkrete Anhaltspunkte und Fakten habe.

In der offiziellen Stellungnahme der Tiroler Landesregierung vom 5. März wird dann die falsche Version der isländischen Reiseleiterin von der Ansteckung im Flugzeug übernommen – und nicht etwa die eindeutige Erklärung seitens der isländischen Behörden:

Coronavirus: Isländische Gäste im Tiroler Oberland dürften sich bei Rückflug im Flugzeug mit Coronavirus angesteckt haben.[9]

Wenige Tage später, am 8. März (als der berühmte Barkeeper im Kitzloch positiv getestet war) war dieselbe Landessanitätsdirektion zudem der Meinung, dass das Virus nicht allzu schlimm sei und sich auch nicht auf direktem Wege übertrage.

«Eine Übertragung des Coronavirus auf Gäste der Bar ist aus medizinischer Sicht eher unwahrscheinlich», informiert Anita Luckner-Hornischer von der Landessanitätsdirektion Tirol. (…) «Für alle BesucherInnen, die im besagten Zeitraum in der Bar waren und keine Symptome aufweisen, ist keine weitere

7 Für die Zitate aus dieser Sitzung siehe: https://www.semiosis.at/2020/06/16/ischgl-zeitschinden-durch-dummstellen/ (1.8.2020). Die Zusammenfassung findet sich in dem unveröffentlichten Bericht der Polizei an die Tiroler Untersuchungskommission.

8 Für die Zitate aus dieser Sitzung siehe: https://www.semiosis.at/2020/06/16/ischgl-zeitschinden-durch-dummstellen/ (1.8.2020). Die Zusammenfassung findet sich in dem unveröffentlichten Bericht der Polizei an die Tiroler Untersuchungskommission.

9 Siehe: https://www.tirol.gv.at/meldungen/meldung/artikel/coronavirus-islaendische-gaeste-im-tiroler-oberland-duerften-sich-bei-rueckflug-im-flugzeug-mit-coronav/ (1.8.2020)

medizinische Abklärung nötig. BarbesucherInnen, die aktuell grippeähnliche Symptome haben, sollen die Gesundheitshotline 1450 wählen und werden in der Folge ärztlich abgeklärt. Es gibt keinen Grund zur Beunruhigung.[10]

Entgegen anderslautenden Medienberichten (am 5. März gab es eh nur einen einzigen) wurde in den Redaktionen aktiv interveniert. OE24 hatte an jenem 5. März 2020 über die Ansteckungen in Island berichtet und gibt zu Protokoll, dass die Tiroler Landesregierung dagegen massiv interveniert habe:

5. März: […] oe24.at berichtet über die Isländer. Ein empörter Sprecher der Tiroler Landesregierung ruft an: Wir sollen doch bitte nicht länger schreiben, dass sich 14 Isländer in Ischgl infiziert hätten. Wörtlich sagt er: «In Ischgl gibt's keinen Fall…».[11]

Wie lassen sich dieser Ablauf und die krassen Fehleinschätzungen erklären? Nach dem ersten Fall in Tirol am 25. Februar 2020 fanden eine ganze Reihe von Treffen zwischen Tiroler Politikern und Beamt*innen, Bundespolitiker*innen und Bundesbeamt*innen statt, auf mehreren Ebenen.

Bereits am 25. Februar gab es Kontakte zwischen Innenminister Karl Nehammer und dem Bundeskanzler zur Ausbreitung des Coronavirus in Tirol. Ebenfalls am 25. Februar kam es zu einem Zusammentreffen von Landeshauptmann Platter, Südtirols Landeshauptmann Kompatscher und Trentinos Landeshauptmann Maurizio Fugatti. Thema: Die Ausbreitung des Coronavirus in der grenzübergreifenden Region. Am 26. Februar fand unter Vorsitz von Platter und Landesrat Tilg eine Sitzung der Landeseinsatzleitung zur Bekämpfung des Coronavirus im Tiroler Landhaus statt. Dann am 28. Februar steht eine Besprechung in Wien am Programm. Teilnehmende: Innenminister Nehammer, Sozialminister Anschober, alle Landeshauptleute Österreichs.

In Tirol ist die Lage derzeit stabil, wir haben aktuell keine Neuinfektionen und haben in den letzten Tagen gezeigt, dass wir gut vorbereitet sind,

10 Siehe https://www.semiosis.at/2020/05/22/corona-virus-oesterreich-galt-ja-nicht-als-risikogebiet-chronologie-der-ereignisse-in-tirol/ (1.8.2020)

11 https://www.oe24.at/coronavirus/vertuschungsskandal-in-tirol-protokoll-des-ischgl-versagens/423513502 (1.8.2020)

meint Landeshauptmann Platter noch am 28. Februar nach einem dieser Treffen.[12]

Er sagte dies, während sich die ersten Gäste aus Island in Ischgl infizieren. Wovon er damals natürlich nichts wissen konnte, weil zu dieser Zeit im Schiort nicht getestet worden war. Aber bereits wenige Tage später, in der Woche vom 7. bis zum 13. März liefen die Testreihen in Ischgl an: Von 104 Ersttests gab es rund 60 positive Testungen. Ischgl, St. Anton und das Paznauntal wurden unter Quarantäne gestellt. Im Zuge dessen erfolgte die zweite Welle des Corona-Virus-Spreadings.

Die zweite Welle: Das Ausreisemanagement am 13. März

Eine knappe Stunde, bevor Kanzler Sebastian Kurz am 13. März, kurz nach 14 Uhr die Quarantäne über das Paznauntal bekannt gab, wusste der zuständige Tourismusverband Paznaun (TVB Paznaun) bereits Bescheid, dass etwas kommen würde. Um 12.58 Uhr versendete der Verband nämlich ein Mail an alle Beherbergungsbetriebe, mit der sie vorgewarnt wurden. Es enthielt bereits den Namen des ersten tatsächlichen Kontrollpunktes und die Information, dass ausländische Gäste ein Formular benötigen werden (das zu diesem Zeitpunkt noch gar nicht existierte). Im Wortlaut schreiben sie:

12.58 Uhr: Mail TVB Paznaun an alle Beherbungsbetriebe: Abreise der Gäste nur mit Formular.
Liebe Vermieter, wir möchten euch darüber informieren, dass wir soeben informiert wurden, dass in Ulmich ein Check Point eingerichtet wird und Abreise nur mit einem Formular (dieses gibt es noch gar nicht) möglich ist. (….) Personalabreise ist nur für Personen mit Hauptwohnsitz Bezirk Landeck möglich, alle anderen Mitarbeiter müssen 14 Tage in Ischgl bleiben.
Wir informieren wieder. Liebe Grüße.[13]

12 Siehe: https://www.osttirol-heute.at/politik/coronavirus-mobile-einheiten-fuer-tests-in-allen-tiroler-bezirken-in-vorbereitung/ (1.8.2020)

13 Siehe: http://www.semiosis.at/2020/06/04/13-maerz-2020-eine-quarantaene-ueber-ischgl-die-eigentlich-keine-quarantaene-war/ (1.8.2020)

Wer ist eigentlich dazu befugt, über eine Region in Tirol eine Quarantäne zu verhängen, und wer ist dann dafür zuständig, diese im Detail zu organisieren? Die Antwort auf die Frage ist gar nicht so einfach. Fest steht, dass der Bundeskanzler qua Amt diese Befugnis nicht hat. Diese kommt den Bezirksbehörden als «mittelbare Bundesverwaltung» zu. Womit ein Interpretationsspielraum gegeben ist. Kanzler Kurz sagte auf der Pressekonferenz, in der er die Quarantäne bekannt gab, im O-Ton:

Es werden daher das Paznauntal und Sankt Anton am Arlberg unter Quarantäne gestellt.
Diese Gebiete werden ab sofort isoliert.
Österreicherinnen und Österreicher, die in diesen Gemeinden: Ischgl, See, Kappl, Galtür und Sankt Anton am Arlberg leben, auch die österreichischen Urlauberinnen und Urlauber dort sowie alle Mitarbeiterinnen und Mitarbeiter in diesen Gemeinden werden selbstverständlich bestens versorgt und werden schon in 14 Tagen die Möglichkeit haben, ihr gewohntes Leben fortzusetzen.
Ich möchte insbesondere den Menschen in diesen Gemeinden versichern, dass die Versorgung für sie gewährleistet ist.
Die Maßnahmen, die wir setzen, sind mit den Landeshauptleuten in allen Bundesländern besprochen und werden auch von allen Bundesländern mitgetragen.

Wortwörtlich informiert Kurz also, dass «ab sofort» isoliert werde. Dies sollte sich als eine wirkungslose Ankündigung herausstellen. Denn zu diesem Zeitpunkt geschah im Paznauntal und in St. Anton genau nichts. Kurz nach 14 Uhr gingen keine Schlagbäume herunter und es wurden auch keine Teststationen errichtet. Das Leben lief (noch) genauso weiter, wie zuvor.

Verkehrsbeschränkungen durchzuführen ist Aufgabe der Polizei. Zuständig: der Innenminister Karl Nehammer. Dieser präzisiert dann auch die Ausführungen von Kurz im Rahmen der Pressekonferenz wie folgt:

Das heißt, bei den Zu- und Abfahrtstraßen werden Kontrollen durchgeführt.
Und die Polizei gemeinsam mit der Gesundheitsbehörde stellt sicher, dass all das, was in Folge passiert, geordnet und gesichert und vor allem im Interesse der Gesundheitsbehörde, um das Virus einzudämmen, auch tatsächlich abläuft.
Das heißt: Die ausländischen Gäste, die sich jetzt in dieser Gegend aufhalten, dürfen abreisen. Sie werden aufgefordert, nicht anzuhalten, sondern zügig ihren Weg in die Heimat zu suchen. Und gleichzeitig wird ihre Identität festgestellt, und auch den Gesundheitsbehörden der Herkunftsländer gemeldet, dass die

Personen sich auf dem Rückweg befinden mit dem Auftrag, sich unter häusliche Isolierung zu stellen. Um auch da, in den Ländern, sollte es zu einer Infizierung kommen, das Virus einzudämmen.

Der Innenminister benennt eindeutig und klar das Ziel dieses Vorgehens: Man möchte verhindern,

dass sich das Virus in Österreich weiter verbreiten kann.[14]

Er kündigt ferner an, dass die Gesundheitsbehörden der Heimatländer informiert würden. Dies ist im Detail (also etwa an die deutschen Gesundheitsämter in den Orten, wo die Gäste herkamen) meines Wissens nach nicht geschehen. Zumindest habe ich in meinen Recherchen keinen Hinweis auf eine entsprechende systematische Information seitens der Tiroler Behörden gefunden.

In Wahrheit herrschte in Ischgl das Chaos. Das Ziel der Verantwortlichen vor Ort war eindeutig. Den Ort leer zu räumen, bevor die Schlagbäume wirklich runter gingen. Das wird in einem Mail an die Beherbergungsbetriebe kurz vor 15 Uhr auch klar ausgedrückt:

14.52 Uhr. Mail des TVB Paznaun an alle Beherbungsbetriebe: Nur Verkehrskontrollen. Abreise aktuell ungehindert möglich

Ein weiteres Mail des Tourismusverbandes Paznaun von 14.52 Uhr lässt erkennen, dass die Zeit bis zum tatsächlichen Erlass der Verordnung (und des Ausreisedokumentes für die ausländischen Gäste) genutzt werden könne. Denn sie schreiben an alle Beherbergungsbetriebe:

Bitte teilt euren Gästen mit, dass bis auf Weiteres nur Verkehrskontrollen in Ulmich stattfinden. Dies gilt für Gäste, Mitarbeiter und Einheimische.
Eine Abreise ist aktuell ungehindert möglich,
Liebe Grüße[15]

Erst zweieinhalb Stunden nach der Pressekonferenz der Bundesregierung erfolgte also die offizielle Information an die Beherbergungsbetriebe. Die zustän-

14 Zitate nach eigener Abschrift der Aufnahme der Pressekonferenz vom 13. März

15 Siehe: http://www.semiosis.at/2020/06/04/13-maerz-2020-eine-quarantaene-ueber-ischgl-die-eigentlich-keine-quarantaene-war/ (1.8.2020)

digen Polizeikräfte waren unterdessen nur «mündlich» durch die BH Landeck in Kenntnis gesetzt worden. Vorgesehen waren drei Checkpoints im Paznaun – auf der Pianner Höhe, bei Ulmich und in Ischgl. Verantwortlich für die korrekte Durchführung der Quarantäne sollten die Hotels und Pensionen sein: Sie wurden nämlich angewiesen, ihre österreichischen Gäste (sofern sie noch da waren) quasi festzuhalten. Es ist fraglich, auf welcher Rechtsgrundlage so etwas hätte durchgesetzt werden können. In dem Schreiben an die Betriebe steht jedenfalls wörtlich:

> *Die Beherbergungsunternehmen sind angehalten, österreichische Gäste nicht abreisen zu lassen und alle ihre MitarbeiterInnen des Beherbergungsbetriebs in Quarantäne zu nehmen.*[16]

Was sich in diesen Stunden in Wahrheit abspielte, ist eine völlig chaotische Abreise der Gäste. Die Quarantäne wurde zwar auf einer Pressekonferenz verkündet, sie war aber in keinster Weise vorbereitet. So fehlte etwa das von Nehammer erwähnte Gästeblatt. Dieses traf in den Hotels per Mail erst gegen 16 Uhr 30 ein.

Nicht nur, dass sich am Nachmittag ein Stau von Fahrzeugen aller Art auf der einzigen Ausfallstraße des Paznauntals gebildet hat. Ausländische Gäste, die mit dem Flugzeug angereist waren, wurden in drei Bussen dicht gedrängt aus dem Tal gebracht und haben sich etwa in Innsbruck Hotelzimmer nehmen müssen.

Ihre Rückflüge fanden nämlich erst am Samstag statt. Unter den Hoteliers vor Ort gab es in den Tagen zuvor Warnungen, sie mögen ihre Arbeitskräfte möglichst noch vor der Quarantäne nach Hause schicken.

Bis auf wenige Ausnahmen wurden vor der wirklich durchgesetzten Quarantäne auch Reisende aus Österreich heimgeschickt. Das Tal war weitgehend «entleert». Dadurch wurde das Virus eifrig in ganz Europa verteilt. Auch nach Österreich übrigens.

Eine Mischung aus Unfähigkeit, Wirtschaftsinteressen und ÖVP-Machtpolitik

Die Bundesregierung hat also ihr in den Tagen des März selbst gestecktes Ziel, die Verbreitung des Virus von Tirol nach Österreich einzudämmen, nicht er-

16 Siehe: http://www.semiosis.at/2020/06/04/13-maerz-2020-eine-quarantaene-ueber-ischgl-die-eigentlich-keine-quarantaene-war/ (1.8.2020)

reicht. Auch in Wien wurde am 3. März auf die ersten Informationen aus Island nur zögerlich reagiert. Es gab keine Nachfragen bzw. erst dann, als Ischgl bereits explizit als Quelle der Infektionen genannt wurde.

An dem bisher bekannten Ablauf der Ereignisse lässt sich zudem ablesen, dass es zwischen den Handelnden in Wien und in Tirol Friktionen gegeben haben muss. Stärkster Indikator dafür ist das überstürzte Ausrufen der Quarantäne seitens Kanzler Kurz. Was als Beweis von Stärke und Weitsicht gelten sollte, entpuppt sich bei näherem Hinsehen als das genaue Gegenteil. Denn es kam vollkommen unvorbereitet, war vorab nicht durchdacht und mit den Behörden vor Ort nicht abgestimmt. In Wahrheit kommt die von Wien aus deklarierte Quarantäne einer kurzfristig gezogenen Notbremse gleich. Denn die Testergebnisse aus Ischgl zeigten auch Wien an, dass sich Covid-19 dort ungehindert verbreitete. Zugleich verhielten sich die lokalen Verantwortlichen seltsam passiv. Die Verantwortlichen in der Tiroler Landesregierung – von Gesundheitslandes Bernhard Tilg («alles richtig gemacht») bis zum Sanitätsdirektor Franz Katzgraber – waren offenkundig sowohl fachlich als auch organisatorisch mit der Situation überfordert. Von der Theorie einer Ansteckung im Flugzeug bis hin zur Aussage, Covid-19 verbreitet sich nicht in Schi-Bars, lieferten sie in Serie krasse medizinische Fehleinschätzungen.

Der Arm der Tiroler Seilbahn-Verantwortlichen reicht offenbar nicht bis Wien, aber er reichte definitiv in den Tiroler Krisenstab. Bislang völlig unaufgeklärt sind die Auswirkungen der Tatsache, dass einer der Mediziner im Tiroler Krisenstab, der Unfallchirurg Alois Schranz, zugleich Vizepräsident der Tiroler Adlerrunde ist. In dieser Runde versammeln sich die mächtigen Industriellen und Wirtschaftstreibenden Tirols, um Einfluss auf die Politik auszuüben.[17] Wenige Tage bevor das Innsbrucker Hotel Europa gesperrt worden war, traf sich diese Runde dort mit Kanzler Sebastian Kurz. Sehr erfolgreich sei das Treffen nicht gewesen. Man hätte Wünsche deponieren können, heißt es von einem Teilnehmer dieses Treffens.

Welchen Einfluss auf die Entscheidungen der Tiroler Landesregierung übte Alois Schranz wirklich aus? Beruflich leitet er eine Privatklinik in Imst, die Medalp. Auch dieser Betrieb hängt übrigens an den Skiliften. Privatversicherte werden dort im Falle eines Schi-Unfalls wieder zusammen geflickt.

Eine fachliche Befähigung des Chirurgen für Epidemiologie ist nicht bekannt. Dennoch ist er Mitglied des Krisenstabs und verfügte dadurch über relevante Informationen. Es ist gut möglich, dass er diese an die Tiroler Adler weitergege-

17 Vgl. https://www.semiosis.at/2020/03/27/die-spur-des-geldes-in-tirol/ (1.8.2020)

ben hat, so dass sie einschätzen konnten, was wann auf sie zukommt. Besonders Informationen über den Zeitpunkt, zu dem das Fortführen der Saison in Ischgl nicht mehr möglich gewesen ist, sind für die wirtschaftlichen Planungen relevant.

Eine weitere Person, die mit diesem Mitglied des Tiroler Krisenstabs in Verbindung steht, rückt in den Mittelpunkt kritischer Nachfragen: Der Hausarzt in Ischgl. Er ist an einer Firma im Zusammenhang mit der Privatklinik von Schranz finanziell beteiligt. Solche Verflechtungen eröffnen eine Reihe informeller Kanäle. Warum hat es in Ischgl im Februar 2020 bei so vielen Verdachtsfällen keinen einzigen Covid-19-Test gegeben? Vorliegende Augenzeugenberichte sprechen von einer durchgängigen Diagnose «Grippe» in der Ordination des einzigen Allgemeinmediziners im Ort.

Einen (unfreiwilligen) Einblick in die informellen Kanäle in Tirol erhalten wir durch die Whatsapp-Nachrichten des Seilbahn-Sparten-Sprechers, ÖVP-Nationalratsabgeordneten und Wirtschaftskammer-Funktionärs Franz Hörl. Er schrieb an den Vater des Kitzloch-Betreibers jene Nachrichten, die im Tiroler Blog *die tiwag* veröffentlicht worden sind. Ihre Echtheit ist bestätigt. Mit vielen Ausrufezeichen versehen heißt es dort:

> *Sperr dein Kitzloch zu … Das ganze Land schaut auf euer Lokal … Der Image-Schaden für Ischgl und Tirol ist unermesslich … Bitte nimm Vernunft – … nach einer Woche oder 10 Tagen ist vielleicht Gras über die Sache gewachsen …*[18]

Zum Zeitpunkt dieser Nachrichten war den Betreibern des Kitzlochs allerdings schon klar, dass sie den Betrieb zusperren würden. Sie kennen den Absender, Franz Hörl, auch nur dem Namen nach und hatten niemals Kontakt. Diese Nachrichten eines für sie Fremden haben also gar nichts bewirkt. Sie sollten Macht demonstrieren und mögliche Schuldige konstruieren.

Denn nicht die Betreiber des Kitzlochs haben die Bedeutung des Virus nicht erkannt. Es waren die Tiroler Behörden, die Fakten, die auf das Ausbreiten von Covid-19 in Tirol nach dem 25. Februar 2020 hingedeutet haben, intern und extern wegerklärt haben. Gegen jede medizinische Evidenz und Empirie wurde etwa behauptet, dass eine Ansteckung in einer Bar nicht erfolgen könne oder dass die isländischen Gäste sich im Flugzeug angesteckt hätten.

18 http://www.dietiwag.org/blog/index.html; Rechtschreibfehler und Syntaxmängel des Originals wurden in unserer Wiedergabe stillschweigend korrigiert. (1.8.2020)

Diese falschen Vorannahmen sind nur entweder durch die Wirksamkeit einer ideologischen Brille erklärbar, oder durch Dilettantismus oder durch eine Mischung aus beidem. In diesem wahrscheinlichsten Fall haben sich die wirtschaftlichen Interessen der Tourismusindustrie letztlich von hinten herum durchgesetzt.

So mag es im Nachhinein nicht verwundern, dass Landeshauptmann Platter (während Tirol noch abgesperrt war) bereits kämpferisch verkündete:

Wir haben die Sommersaison noch nicht aufgegeben!

Eine Aussage, die die wahren Prioritäten der Tiroler Landespolitik sichtbar werden lässt.[19]

19 https://www.facebook.com/IMPact.Beratung/posts/2578023362465858/ (1.8.2020)

«Wir haben alles richtig gemacht!» – Krisenkommunikation und Krisenmanagement in «Corona-Zeiten»

Von Ruth Wodak

Umgang mit Krisen[1]

Der Begriff der «Krise» ist im Alltag durchwegs negativ besetzt; Krisen verursachen – oft aufgebauscht durch die Medien und die Politik – Angst, Panik und Ohnmacht. Mit großer Unsicherheit umzugehen, fordert demnach alle Beteiligten während einer Krise heraus; alle erwarten Handlungsanleitungen, Planbarkeit, Erklärungen und letztlich Sicherheit. Der Soziologe Zygmunt Bauman betont vor allem den Faktor Unsicherheit bei der Beschreibung von Krisen: Unsicherheit fördere das Entstehen von Angst:

«‹Fear› is the name that we give to our *uncertainty*: to our *ignorance* of the threat and what is to be *done* – what can and what can't be – to stop it in its tracks – or to fight it back if stopping it is beyond our power.» (Bauman 2006, 2 [kursiv im Original])[2]

Hingegen stellt der Historiker Reinhart Koselleck fest, dass man zumindest mit Sicherheit wüsste, dass die Unsicherheit aufgrund krisenhafter Zustände ein Ende findet, bzw. finden müsse:

«Es liegt im Wesen einer Krise, dass eine Entscheidung fällig ist, aber noch nicht gefallen. Die allgemeine Unsicherheit in einer kritischen Situation ist also durchzogen von der Gewissheit, dass – unbestimmt wann, aber doch bestimmt, unsicher wie, aber doch sicher – ein Ende des kritischen Zustandes bevorsteht. […].» (1973, 105).[3]

1 Dieses Kapitel analysiert notgedrungen (aus Platzgründen) nur die Spitze des Eisbergs. Dankbar bin ich Oliver Rubenthaler für das Überlassen einiger Transkripte von ZIB II Sendungen.

2 Bauman, Zygmunt: Liquid Fear. Cambridge: Polity, 2006.

3 Koselleck, Reinhard: Kritik und Krise. Frankfurt/Main, 1973.

Andere Theoretiker wie der Ethnologe Viktor Turner sehen auch durchaus positive Momente innerhalb von Krisensituationen, die er mit Liminalität bezeichnet, also einen Zustand «betwixt and between» («sich dazwischen befindend»):[4] In Krisen ist man nämlich gezwungen, Automatisiertes zu hinterfragen. Dadurch werden Veränderungsmöglichkeiten sichtbar, Grenzüberschreitungen möglich, man bewegt sich zwischen den alten, schon aufgebrochenen und den neuen, noch nicht verfestigten Strukturen. Jede Krise ist selbstverständlich anders, betrifft andere Bereiche und schürt andere Ängste und Unsicherheiten.

Darüber hinaus haben diskursanalytische Studien zur Berichterstattung über europäische und globale Krisen seit «Budapest 1956», zur Finanz- und Eurokrise 2008/2009 und zur sogenannten «Flüchtlingskrise» 2015/16 allesamt erwiesen,[5] dass sich jeweils eigene Krisendiskurse erkennen lassen wie auch eine Reduktion der komplexen sozio-politischen Verhältnisse auf vereinzelte Faktoren, Sündenböcke und Bilder. Bilder wie jene der Twin-Towers am 9. September 2001 oder der sowjetischen Panzer in Prag im August 1968 rufen bei allen Menschen, die diese Vorgänge verfolgen konnten oder später darüber Geschichten gehört und Bilder gesehen haben, sofort entsprechende Assoziationen hervor. Komplexe historische Prozesse werden solcherart häufig auf individuelle Erinnerungen reduziert. Weiter zeigt sich eine enge Verflechtung von Politik und Medien; in vielen Fällen trug die spezifische Medienberichterstattung wesentlich zur Wahrnehmung und Konstruktion der Krise bei; in manchen Fällen spielte sich die Krise auf einer Metaebene über die Art der Berichterstattung selbst ab.

«Message Control»: das österreichische Krisenmanagement

Seit der Umfärbung der ÖVP von Schwarz in Türkis und der türkis-blauen Koalition 2018–2019 herrscht in Österreich «Message-Control», d.h. eine strategisch durchgeplante und inszenierte Regierungskommunikation (man könnte

4 Turner, Victor: Betwixt and Between: The Liminal Period in Rites of Passage, In: Mahdi, L. C./Foster. S./Little, M. (Hg.) Betwixt and Between: Patterns of Masculine and Feminine Initiation, Peru, Ill.: Open Court, 3-22 (1987).

5 Rheindorf, Markus/Wodak, Ruth.: Grenzen, Zäune und Obergrenzen: Österreich in der «Flüchtlingskrise: Metadiskursive Begriffsaushandlungen in der mediatisierten Politik. In: Wiedemann, T. /Lohmeier, C. (Hg.): Diskursanalyse in der Kommunikationswissenschaft und Medienforschung – Theorie, Vorgehen, Befunde. LMU München, 115-146. (2019); Triandafyllidou, A./Wodak, R./Krzyzanowski, M. (Hg.) Europe in Crisis: The European Public Sphere and National Media in the Post-War Period Basingstoke: Palgrave, 2009.

diese auch Propaganda nennen),[6] die die zu berichtenden Themen, Slogans, Bewertungen, relevanten Akteure und zu interviewenden Personen festlegte. Abgesehen von wenigen Zeitungen und Journalist*innen spielten alle Medien gehorsam mit. Eine solche Message-Control wurde auch im Kommunikationsstil der türkis-grünen Koalition seit dem Beginn des Jahres 2020 sichtbar: Minister*innen wie auch der Bundeskanzler und Vizekanzler verwiesen stets auf *das* Regierungsprogramm, in dem alles – so wurde Mantra-artig auf jede Frage, egal zu welchem Thema, reagiert – festgeschrieben stünde. Alles würde zunächst evaluiert und mit Expert*innen diskutiert werden, bekam man zu hören; tatsächlich taucht der Begriff «Evaluation» im Regierungsprogramm 126 Mal auf. Mit anderen Worten: Bevor viele Vorhaben umgesetzt werden könnten (vor allem in Bezug auf die als relevant erachtete Klimakrise) müsse erst recherchiert, diskutiert, evaluiert und dann gemeinsam entschieden werden, um die einzelnen Vorhaben präzisieren und budgetieren zu können.

Der allgemeine über alle Bereiche gestülpte Frame «Grenzen und Klima schützen» legitimierte alle Maßnahmen, Konflikte wurden schnell ausgeblendet, wie etwa der Umgang mit den katastrophalen Zuständen der Flüchtlingscamps auf den griechischen Inseln. Einige unbegleitete Jugendliche und Kinder, d.h. Vollwaisen, aus den Flüchtlingscamps auf den griechischen Inseln in Österreich aufzunehmen, sei daher unmöglich. Dass die Koalitionspartner in diesem Punkt nicht einig waren, wurde zunehmend deutlich. Dennoch gaben die Grünen nach und hielten sich an die vorgegebene Message-Control. Denn: Das stand eben nicht im Regierungsprogramm.

Natürlich nicht! Denn Unvorhergesehenes kann nicht in einem Regierungsprogramm stehen. Auch die Krise aufgrund des Covid-19 Virus war nicht vorgesehen; diese steht ebenfalls nicht im Regierungsprogramm. Aber ab Ende Februar 2020 gab es keine Zeit, zu diskutieren und lange zu evaluieren; jetzt musste gehandelt werden, und zwar schnell. Nun ging es darum, Menschen zu schützen, die in Österreich leben, unabhängig von ihrer Staatsbürgerschaft, auch wenn sich Kanzler Sebastian Kurz (SK) im Gegensatz zum Bundespräsidenten und anderen Politiker*innen stets nur an die «Österreicher und Österreicherinnen» wandte[7]. Dementsprechend wurde der politische Diskurs auf Anweisung

6 Vgl. Klenk, Florian, 6.12.2019 (Radio Kulturhaus Wien; https://www.facebook.com/FALTER.DieWochenzeitung/posts/3082999845048857/) (15.6.2020)

7 Vergleiche Corbett, Tim: «Liebe Österreicherinnen, liebe Österreicher…». Wie eine Pandemie zur (Re-) Nationalisierung Europas führt», IWM, Wien 2020 (https://www.iwm.at/closedbutacitve/corona-focus/tim-corbett-liebe-osterreicherinnen-liebe-osterreicher-wie-eine-pandemie-zur-re-nationalisierung-europas-fuhrt/; 15.6.2020)

der Spindoktor*innen rasch geändert, sowohl was die Inszenierung als auch die Inhalte betrifft. Der hegemonialen Medienlogik folgend, änderte sich die Berichterstattung zugunsten der alles beherrschenden sogenannten «Coronakrise». Tatsächlich wurden die Medien Tag und Nacht bespielt.

Einige Zahlen, erhoben mithilfe der APA-Online Manager Library,[8] bestätigen die Allgegenwärtigkeit der Politiker*innen, besonders aber des Kanzlers. In den zwei Monaten des Lockdown vom 9. März 2020 bis 10. Mai 2020 kam SK 380-mal im O-Ton vor, genauso oft wie der eigentlich zuständige Gesundheitsminister Rudolf Anschober. Innenminister Nehammer brachte es auf 172 OTs, Vizekanzler Kogler auf 209, Finanzminister Blümel auf 171. Die Opposition war deutlich weniger präsent: SPÖ Vorsitzende Rendi-Wagner 138 OTs, NEOs Chefin Meinl-Reisinger 69 OTs und FPÖ Vorsitzender Hofer 54 OTs. Betrachtet man die Zahl der Nennungen der jeweiligen Politiker*innen (exklusive der OTs), dann überragt SK mit 1388 Vorkommnissen alle Protagonist*innen (Anschober 838, Kogler 485, Nehammer 172, Blümel 376, Rendi-Wagner 250, Meinl-Reisinger 62, Hofer 85). Andere Personen und Themen fanden wenig, wenn überhaupt, Platz. Dies war besonders auffallend, als SK auf die Frage, wie er denn die durch die Covid-Krise legitimierten diktatorischen Entscheidungen des ungarischen Premierministers Viktor Orbán einschätzte, meinte, er habe «momentan andere Sorgen».[9]

Erste Analysen des neuen «Corona-Managements» und der damit verbundenen strategischen «Message Control» erweisen, dass drei Frames und entsprechende Diskurse verwoben wurden, die insgesamt eine paternalistische Gemengelage von Angst, Unsicherheit wie auch Hoffnung auf Rettung verbreiteten: ein nationalistischer Diskurs, der an «uns Österreicher*innen» adressiert wurde, einen «nationalen Schulterschluss» forderte und alle auf «Durchhalten» einschwor; zweitens ein kompetitiver Frame, der im Sport beheimatet ist und der «Österreich» als Sieger im Wettbewerb um die besten Maßnahmen und die geringsten Todes- und Erkrankten-Zahlen sah; und drittens, ein «Erlösungsnarrativ», der allen Österreicher*innen aufgrund dargebrachter Opfer und Entbehrungen eine «Auferstehung» versprach, eingekleidet in christliche Metaphorik und viel Pathos, durchaus mit hochemotionalen Durchhalteparolen während kriegerischer Ereignisse vergleichbar.

8 http://www.aom.apa.at/Site/Home.de.html (18.6.2020); dort erfasst sind u.a. alle österreichischen TV Sender mit allen Informations- und Diskussionssendungen wie auch Ö1 und Ö3, mit Ausnahme von Servus-TV und oe-24. In weiteren Recherchen könnte man auch alle Zeitungen und online Medien einbeziehen.

9 https://www.krone.at/2128072 (14.6.2020)

Die Inszenierung

Die schnell zum täglichen Ritual mutierte Inszenierung der Politik durch mehr als 90 Pressekonferenzen in zwei Monaten repräsentierte das Ungleichgewicht der beiden Regierungsparteien. Im Trio oder auch manchmal im Quartett betraten Politiker*innen die mediale Bühne: meist doppelt so viele aus der ÖVP wie von den Grünen. Neue Maßnahmen und Zahlen wurden verkündet und selten im Detail begründet. Ein «Schutzschirm» wurde versprochen, der Österreich vor dem Verderben bewahren möge. Details blieben meist ausgeblendet, Expert*innen bekamen keinen Platz neben der Politik auf der Bühne. Dies im Unterschied zu manchen anderen Ländern, wo Politiker*innen gemeinsam mit Expert*innen auftraten; oder auch nur Expert*innen, die mit entsprechender Autorität alle informierten.[10]

Man gewöhnte sich schnell an die neue Routine, die dem Alltag im Lockdown eine gewisse Struktur und scheinbare Informationssicherheit verlieh. Wird die Kurve flacher? Wie viele neue Erkrankte, wie viele Tote? Wo genau? Kurven, Statistiken und Zahlen vermitteln bekanntlich Faktizität, auch wenn meist nur absolute Zahlen im internationalen Vergleich gemeldet wurden, ohne diese auf die jeweilige Bevölkerungszahl zu beziehen. Faktenchecks der Medien gab es diesmal – leider – nicht. Daher brauchte man wissenschaftliche Expertise: Immunolog*innen, Statistiker, Informatiker, Virolog*innen, Infektiolog*innen, Psycholog*innen, Therapeut*innen, Pädagog*innen, Ökonomen, Wirtschaftsforscher, Medienwissenschaftler, Zukunftsforscher waren – auch in den Medien – gefragt; eher seltener Soziolog*innen, Migrationsexpert*innen und Politolog*innen (obwohl gerade letztere zu sozialen Konflikten und den riesigen Herausforderungen an die Kohäsion der Gesellschaft viel zu sagen gehabt hätten). Außerdem Hilfsorganisationen und NGOs wie das Roten Kreuz, die Armutskonferenz und die Frauenhäuser.

Zur Inszenierung gehörte auch ein «Corona-Wortschatz». Einerseits tauchten totgeglaubte Begriffe wieder auf, wie «Solidarität», «Helden der Arbeit» und «Sozialpartnerschaft». Andrerseits setzten sich aus dem öffentlichen Diskurs längst hinausgedrängte Organisationen wie Arbeiterkammer und Gewerkschaft lautstark für die Rechte der Arbeitnehmer*innen ein, ein «Corona-Kurzarbeitspaket» wurde verabschiedet, um der massiven Arbeitslosigkeit entgegenzuwirken. Alt-

10 Vergleiche Zeit Online; https://www.zeit.de/politik/ausland/2020-05/Coronakrisenpolitik-vergleich-nationen-transparenz-weibliche-fuehrungskraft-demokratie. (16.5.2020)

bekannte und oft zitierte Kreisky'sche Überzeugungen fanden zu Überraschung aller Widerhall, wie der nur geringfügig vom Kanzler und Finanzminister umformulierte Satz, dass in den 1970-er Jahren Bruno Kreisky «ein paar Milliarden mehr Schulden weniger schlaflose Nächte bereiten als ein paar hunderttausend Arbeitslose mehr.» Bilder von ÖVP Ministerinnen, die Schilder mit dem Slogan «Durchhalten. #Wir packen das» hochhielten, wurden in den Social Media geteilt. War damit etwa eine intertextuelle Anspielung auf den Merkel'schen Spruch «Wir schaffen das» aus dem Jahre 2015 intendiert? Die Phrase «Koste es, was es wolle», so der ehemalige EZB Präsident Mario Draghi während der Euro (Griechenland)-Krise im Juni 2015, wurde zum neuen Mantra. Selbst die Forderungen der Opposition wurden aufgegriffen («testen, testen, testen»). Auch wenn die Oppositionspolitiker*innen, die aufgrund ihrer Expertise legitime Forderungen aufstellten (wie etwa die Epidemie-Expertin und Ärztin Pamela Rendi-Wagner), nicht weiter zitiert wurden.

Zudem beherrschten neue, bisher unbekannte, Fachbegriffe den öffentlichen Diskurs. «Social distancing» ist in aller Munde, ebenso «Übersterblichkeit», «Lockdown», «Contact-tracing», «containment», «home-office», «home-learning/distance-learning», «Corona-Party», «Corona-Babys», «Coronials», «Cocooning», «Bingewatching», «ZOOM-fatigue», usw. sollten wohl als Fremdwörter relevantes Fachwissen bzw. eine «coole neue Normalität» insinuieren.[11] Der bisher meist unbekannte Begriff «Herdenimmunität» wirkte für viele irritierend, weil Menschen mit Tieren gleichgesetzt werden. Dennoch: «herd immunity» ist der anerkannte immunologische Terminus für das entsprechende komplexe Phänomen. Die Gesellschaft wurde neu kategorisiert: in «Österreicher*innen» und «Andere», «(Hoch)-Risikogruppen» (alte Menschen und Menschen mit Vorerkrankungen); in Pflegebedürftige; in Systemerhalter*innen; in Symptomträger*innen; in «Lebensgefährder» und «Lebensretter»; und in «willkommene Migrant*innen» (Erntehelfer*innen, Pflegekräfte, Saisonniers) und «illegale Migrant*innen» (das Asylrecht wurde praktisch ausgesetzt).

11 Vergleiche Untersuchungen des Instituts für deutsche Sprache, Mannheim: https://www1.ids-mannheim.de/neologismen-in-der-coronapandemie.html (15.6.2020); https://www.sueddeutsche.de/leben/corona-coronavirus-sprache-merkel-1.4898287 (Süddeutsche Zeitung; 6.5.2020)

Der «nationale Schulterschluss» und das «Team Österreich»

Niemand konnte je daran zweifeln, wer letztlich als «Retter der Nation» gelten würde, ein weiser fürsorglicher «Vater», so der Linguist George Lakoff[12] mit seiner Metapher der «Nation als Familie», der sich um alle Österreicher und Österreicherinnen kümmert und Regeln vorgibt. Auf Angst und Verzicht folgen Hoffnung und Rettung. Insgesamt wirkte der oft zitierte «Schulterschluss» beruhigend; so betonte SK im ZIB Spezial am 30.3.2020, um 20.15 Uhr, «Ich habe den festen Glauben an unser Österreich.» Auch im Parlament am 3.4.2020 gab sich SK vollkommen überzeugt, dass Österreich bzw. «das Team Österreich» die Krise bewältigen würde – und zwar besser als andere Länder – ein nationalistischer Wettkampf scheint angesagt:

«Ich garantiere ihnen, Österreich wird diese Krise überstehen: Österreich wird besser durch diese Krise kommen als andere Länder, Österreich wird schneller aus dieser Krise herauskommen als andere Länder, aber nur, wenn wir zusammenstehen und wenn wir eines tun: Durchhalten.»

Am 13. März 2020 (SK, ZIB, 14:06:05 Uhr) wurden alle Österreicher*innen in das «Team Österreich» integriert, ein Begriff, der ursprünglich vom Hitradio Ö3 und dem Roten Kreuz im August 2007 als «Drehscheibe für Nachbarschaftshilfe» eingeführt wurde:[13] «Und jeder Einzelne, das muss uns bewusst sein, hat eine Verantwortung. Wir sind als Republik Österreich ein Team.»

Außerdem ertönte täglich, um circa 18 Uhr «I am from Austria», von der Polizei, rot-weiß-rote Fähnchen wehten an manchen Fenstern, die Systemerhalter*innen erhielten aus den Fenstern heraus Applaus. Eine Rückkehr des sogenannten «banalen», alltäglichen Nationalismus.[14] Da Gesundheitspolitik v.a. nationalstaatlich verhandelt wird, wurden schnell die Grenzen geschlossen. Obwohl sich weder das Virus noch das Klima an Grenzen halten.

12 Lakoff, Georg: Don't Think of an Elephant: Know Your Values and Frame the Debate, White River Junction, VT: Chelsea Green, 2004.

13 Vergleiche https://oe3.orf.at/stories/3000110/ (15.6.2020)

14 Billig, Michael: Banal Nationalism, London: Sage, 1995.

Der Wettkampf

Abgesehen vom Bedrohungsszenarien (vgl. unten) wurde Sportmetaphorik eingesetzt. Österreich sollte für das effektivste und beste Krisenmanagement gelobt werden, Österreich sollte das Vorzeigeland werden, zumindest europaweit.

In den vielen Interviews und bei den Pressekonferenzen wurde daran kein Zweifel gelassen, dass «[W]ir als Republik Österreich als eines der ersten Länder in Europa gehandelt (haben) mit restriktiven Maßnahmen, mit dem Reduzieren auf einen Notbetrieb». (SK, ZIB Spezial, 30.3.2020, 11:45 Uhr).

Außerdem betonte SK immer öfter:

«Wir tun das Richtige» (ZIB Spezial, 20.3. 2020); «Wir sind vollkommen überzeugt davon, dass wir das Richtige tun» (ZIB Spezial vom 24.3. 2020); «die Maßnahmen, die wir setzen, sind die richtigen» (ZIB Spezial, 30.3.2020; 10.55Uhr). «Alle Studien belegen: Hätten wir diese Schritte nicht gesetzt, dann gäbe es eine massive Ausbreitung in Österreich mit bis hin zu über hunderttausend Toten» (SK, ZIB 2, 6.4. 2020, 22 Uhr)

Die Österreicher*innen wurden immer wieder für ihre Disziplin gelobt, – abgesehen von den vom Innenminister häufig erwähnten 5% «Lebensgefährdern» –, dem Lakoff'schen Ansatz entsprechend als die «braven Kinder» der österreichischen Familie: «Wir sind beeindruckt von dem, was Sie leisten». «Halten Sie durch», denn die Krise sei mit einem sportlichen Einsatz zu vergleichen: «Das ist ein Marathon» (SK, ZIB Spezial; 20.3.2020, 11 Uhr).

Am 17. März 2020 zitierten die *Oberösterreichischen Nachrichten* SK, der eine erste Bilanz der Maßnahmen zog; wiederum wird hervorgehoben, dass Österreich unter den besten/ersten sei. Und abschließend werden – wie zumeist – die «verantwortungsvollen Österreicher*innen» gelobt:

«Wir haben letzte Woche die Entscheidung getroffen, massive eingreifende Maßnahmen zu setzen, um die Ausbreitung des Virus zu verlangsamen. Die Entscheidungen sind anfangs auf viel Widerstand bei Entscheidungsträgern gestoßen, waren nicht leicht, aber sie waren notwendig. Heute bin ich froh, dass wir als eines der ersten Länder in Europa diese Entscheidungen getroffen haben, und ich bin der Bevölkerung unendlich dankbar, dass sie die Maßnahmen so konsequent und verantwortungsvoll mitträgt. Sie als Österreicherinnen und

Österreicher leisten einen beeindruckenden Beitrag und retten damit viele Leben.»[15]

Politik mit der Angst: Durchhalten und «Österreichische Auferstehung»

Die Verkündung von neuen – als alternativlos bezeichneten – Maßnahmen war häufig in ein apokalyptisches Bedrohungsszenario eingebettet, begleitet von Bildern der am schlimmsten von Covid betroffenen Regionen in Italien (Bergamo) und Spanien (Madrid). Dadurch wurde einerseits ein maximaler Kontrast erzielt, andererseits das sogenannte TINA-Argument: «there is no alternative» eingesetzt: Nur wenn «wir» alle «brav» die vorgeschriebenen Maßnahmen befolgten, dann könnten wir ein «österreichisches Bergamo» verhindern. Jene, die die Maßnahmen nicht befolgten, wurden streng bestraft. Berichte über erfolgreiche Maßnahmen in Griechenland, Kroatien, Norwegen, Neuseeland, Irland, Finnland oder Dänemark hätten dieses Argument gestört. So meinte Kanzler Kurz (SK), «Ich würde gerne eine Alternative anbieten, aber es gibt keine Alternative»; «Wenn es einen alternativen Weg gäbe, wir würden ihn wählen, aber den gibt es nicht» (ZIB Spezial 30.3.2020, 20.15 Uhr, im Gespräch mit Hans Bürger).

Naturkatastrophenmetaphorik diente zur Konstruktion solcher Szenarien wie auch ein eindringliches Einstimmen voller Pathos auf Leid und Tod:

> «Viele können sich nicht vorstellen, was da in einigen Wochen auf uns zukommt. Es ist die Ruhe vor dem Sturm» (SK, ZIB Spezial, 30.3. 2020). «Diese Krise wird für viele Menschen Krankheit, Leid, und für einige auch den Tod bedeuten» (SK, ZIB Spezial 14.3. 2020, 10:40 Uhr). «Das Virus bedroht das Wichtigste, was es für uns gibt, nämlich unsere Gesundheit» (SK, ZIB Spezial 18.3. 2020, 11 Uhr). «Das ist die größte Krise seit dem Zweiten Weltkrieg» (SK, ZIB Spezial, 30.3. 2020, 20:15 Uhr). «Wir werden auch in Österreich bald die Situation haben, dass jeder irgendjemanden kennt, der an Corona verstorben ist» (ZIB Spezial, 30.3. 2020, 20:15 Uhr, SK im Gespräch mit Hans Bürger).

15 Vergleiche https://www.nachrichten.at/politik/innenpolitik/kurz-dankt-oesterreichern-und-ruft-zum-durchhalten-auf;art385,3241226 (15.6.2020)

Sollte das Virus besiegt werden, versprach SK die «Wiederauferstehung» nach Ostern, benutzte also einen katholischen Frame, eine Anspielung an das Erlösungsnarrativ:

«Die Osterwoche wird eine entscheidende Woche für uns sein. Es wird eine Woche sein, die ausschlaggebend dafür ist, ob die Wiederauferstehung nach Ostern, die wir uns alle wünschen, auch so stattfinden kann». (SK, ZIB Spezial, 6.4. 2020, 10:55 Uhr).

Außerdem las man Kampfrhetorik, die einen Sieg über das Virus nach einem langen schmerzhaften Leidensweg versprach, wie in einem «offenen Brief des Bundeskanzlers vor dem Osterfest» (11.4.2020; zitiert nach vienna.at):[16]

«Unser Osterfest findet heuer unter besonderen Umständen statt» […] Die getroffenen Maßnahmen würden «uns viel abverlangen». Der Weg sei aber «notwendig», um «das Schlimmste» zu verhindern. «Vier von fünf Corona-Infizierten haben keine Symptome und wissen daher nicht, dass sie krank sind. Sie können aber dennoch andere Menschen anstecken, für die die Krankheit vielleicht tödlich ist. Das ist ein Grund, warum das Virus für unsere Gesellschaft so gefährlich ist». […] «Aber wir alle tun dies aus gutem Grund. Wir wollen nächstes Jahr zu Ostern gemeinsam zurückblicken und sagen können: Gut, dass wir das Corona-Virus besiegt haben.»

Martialische Metaphern kursierten natürlich auch in anderen Ländern, allerdings ohne einen christlichen Frame. Der französische Präsident Emmanuel Macron verkündete beispielsweise, dass wir uns «im Krieg» gegen das Virus befinden. Passende Sündenböcke wurden vielerorts gesucht und erfunden: US-Präsident Trump sprach vom «Chinese Virus», der ungarische Ministerpräsident Orbán gab «illegalen Migranten» und George Soros (also einer «jüdischen Weltverschwörung») die Schuld. Letzterer vor allem deshalb, so las man, um von der desaströsen Gesundheitsversorgung abzulenken. Diese diskursive Strategie ist natürlich nicht neu: «Shifting blame» bzw. «blame avoidance» als Argumentationshilfsmittel hat sich in politisch schwierigen Situationen bewährt. Ebenso die Strategie der Aufrechnung: In Österreich war es schwierig, einen griffigen Sündenbock (abgesehen von den Lebensgefährdern) zu finden: «Ischgl» nann-

16 Vergleiche https://www.vienna.at/kurz-coronavirus-wird-uns-noch-monatelang-begleiten/6585613 (15.6.2020)

ten die internationalen Medien; «München» wurde schnell von SK im Gegenzug eingebracht, ohne faktenbasierte Evidenz.[17]

Und so nutzte SK seine feierliche Rede zur Republikgründung vor 75 Jahren am 27. April 2020 dazu, Österreichs Erfolg im Kampf gegen die Coronakrise zu feiern, nach schwierigen und entbehrungsreichen Monaten, entsprechend dem Erlösungsnarrativ: Sowohl der Wettbewerbs-Frame, Kontrastsetzung wie auch der Topos der Geschichte als Lehrmeisterin wurden in diesem Text verwoben:

«Unser Land hat die Coronakrise bisher, Gott sei Dank, gut gemeistert. Gemeinsam konnten wir die Infektionskurve abflachen. Von fast 1.000 Neuinfizierten pro Tag im März auf weniger als 100 am Tag in der letzten Woche. Das ist ein erster und wichtiger Meilenstein. Und dieser Erfolg soll uns nicht stolz machen, aber wir dürfen – ja, wir dürfen uns sehr wohl darüber freuen. Und vor allem müssen wir auch dankbar sein, dass uns eine Entwicklung wie in Italien, Frankreich oder Spanien erspart geblieben ist.»

In Anlehnung an und als Analogie mit Leopold Figls berühmte «Weihnachtsansprache» 1945[18] betonte SK, dass er den Österreicher*innen nichts versprechen könne, außer

«Aber ich möchte Ihnen heute schon eines versprechen: Genauso wie wir von Anfang an rasch und konsequent gehandelt haben, um das Virus einzudämmen, genauso werden wir auch jetzt alles tun, um so schnell als möglich unsere Freiheit zurückzugewinnen.»[19]

17 Vergleiche https://www.merkur.de/welt/coronavirus-ursprung-sebastian-kurz-muenchen-oesterreich-maischberger-ard-soeder-these-zr-13703811.html (29.4.2020)

18 Vergleiche https://www.profil.at/oesterreich/zeitgeschichte-der-andere-figl-5645807 (15.6.2020)

19 Vergleiche https://www.bundeskanzleramt.gv.at/bundeskanzleramt/bundeskanzler-sebastian-kurz/reden-bundeskanzler-sebastian-kurz/rede-von-bundeskanzler-sebastian-kurz-zu-75-jahre-republik-oesterreich.html (15.6.2020)

Fazit

Das Krisenmanagement der Regierung zeitigte vor allem in den ersten Wochen viel Erfolg: Die Kurve wurde flach, die Intensivstationen leerten sich, viele Kranke wurden gesund. Die strengen Regeln wurden eingehalten und internalisiert. Die Regierung verzeichnete hohe Zustimmungswerte, der Kanzler wurde allseits gefeiert und war allgegenwärtig präsent.

Fehler, wie das verspätete Reagieren auf die sogenannte «Ischgl-Katastrophe»[20] wurden ausgeblendet bzw. durch einen raschen Themenwechsel (meist im Zusammenhang mit einem Migrationsthema) in den Hintergrund gerückt. Dieses Ablenkungsmanöver ist als *dead cat-strategy* in der Rhetorik wohlbekannt. Kritik vonseiten der Medien, der Opposition oder der Zivilgesellschaft war nicht erwünscht und wurde nicht geduldet; Expert*innen mit anderen Meinungen wurden schnell als «Verharmloser» abgetan,[21] mögliche Verstöße gegen die Verfassung als «juristische Spitzfindigkeiten»;[22] nicht einmal die grüne Justizministerin wandte sich gegen eine solche Einschätzung. Dieser Spin beherrschte Medien und Politik, von Mitte März 2020 bis Mitte Mai 2020. Als die Zeit der Lockerungen, das «Runterfahren» der Maßnahmen begann, war es sichtlich schwierig, aus einem solch restriktiven Korsett auszubrechen und einen anderen Diskurs zu lancieren, also mehr Meinungsvielfalt anstelle von top-down verordneten Geboten und Verboten zuzulassen.

Die Bedrohungsszenarien bewahrheiteten sich nicht. Trotzdem sind Angst und Unsicherheit nicht verschwunden, denn niemand weiß, wie es im Einzelnen weitergeht – der Alltag ist nicht mehr planbar geworden. War diese Art der Message-Control – eine Politik der Angst – also notwendig? Hätten die Menschen in Österreich ansonsten die Maßnahmen nicht mitgetragen? Diese Fragen müssen in dieser ersten Zwischenbilanz unbeantwortet bleiben.

20 Vergleiche Interview von Armin Wolf mit Gesundheitslandesrat Bernhard Tilg, ZIB II (16.3.2020), der insgesamt 13-mal betonte, in Bezug auf Ischgl «alles richtig gemacht zu haben» (https://www.derstandard.at/story/2000115833853/alles-richtig-gemacht-entlarvendes-interview-mit-tirolergesundheitslandesrat-tilg-in-der; 17.3.2020)

21 «Ich halte es für ein großes Problem, dass es nach wie vor viele Verharmloser in unserer Gesellschaft gibt, auch unter den Experten» (SK, ZIB Spezial, 30.3.2020, 10:55 Uhr)

22 Vergleiche https://www.derstandard.at/story/2000116622381/kurz-spitzfindigkeiten-oder-rechtsstaat (8.4.2020).

The Hidden State of Exception. Das Parlament im Verordnungsstaat – eine verschwindende Größe

Von Alfred J. Noll

Die Coronapandemie setzt ein globales Reflexionskarussell in Gang. Keine und keiner ist mehr in der Lage, die Vielzahl an Diskussionsbeiträgen zu überblicken; es wird Zeit brauchen, bis die wortspendenreiche Aufgeregtheit nachlassen wird und wir in der Lage sein werden, die Vielzahl an Einschätzungen, Warnungen, Ratschlägen und Protesten auf ihre Begründetheit hin zu untersuchen. Dennoch: Reflexion tut Not, auch wenn dies vorderhand wohl nur mit dem Vorbehalt möglich ist, Unabgeschlossenes und nach wie vor in Bewegung Befindliches in Augenschein nehmen zu können. Mehr als eine ganz grobe Skizze,[1] die rund um die Begriffe «Freiheit», «Sicherheit» und «Demokratie» gezeichnet wird, scheint derzeit kaum möglich.

1 Um die Lesbarkeit des Beitrages zu erleichtern, wird auf Hinweise und auf Fußnoten weitgehend verzichtet; meine eigene Position zu den hier relevanten Fragen lässt sich anhand der folgenden Beiträge nachvollziehen: Alfred J. Noll, Sicherheit ist Bedrohung, in: FORVM Nr. 428/429 (1989), 60-65; ders., Höchste Gewalt! FORVM Nr. 439-441 (1990), 14-17; ders., «Sicherheitsstaat» Österreich? Kritik der Sicherheitsgesetzgebung, Wien 1991; ders., Vorwärts! – Verrechtlichung! Auf dem Weg in den Sicherheitsstaat, FORVM Nr. 452-454 (1991), 32-35; ders., Ordnung in allen Lebensbereichen. Das neue Sicherheitspolizeigesetz erschließt der Exekutive die schönsten Möglichkeiten, in: Der Standard, 17.9.1991, 27; ders., Vor dem Sicherheitsstaat? In: Österreichische Zeitschrift für Politikwissenschaft 1/2004, 33-48; ders., Totale Sicherheit. Videoüberwachung an Grenzübergängen und polizeiliche Schutzzonen sollen alles immer noch sicherer machen, Falter, Nr. 15/2004, 6; ders., Gegen die Videotie. Terrorbekämpfung? Ja sicher. Aber bitte ohne Generalüberwachung per Videokamera, die nichts bringt, Falter, Nr. 28/2005, 6; ders., Autorität, Gehorsam, Sicherheit und Gewalt. Montesquieu versus Hobbes, in: Bernhard Kraller (Hg.), Die angewandte Kunst des Denkens. Von, für und gegen Rudolf Burger. Zum Achtzigsten, Wien 2019, 189-216; ders., Sicherheit vor allem. Ohne grundlegende Orientierung geht es nicht, in: ders., «Alles, was geschieht, geschieht mit Recht.» Staat, Eigentum und moderner Sicherheitsfetischismus, Wien/Hamburg 2019, 179-199; ders., Corona Krise: Der Verordnungsstaat. Vom Siechen der Grundrechte in Zeiten der Seuche am Beispiel der vom Gesundheitsminister verordneten Ausgangsbeschränkung, Der Standard, 25.3. 2020, 23; ders., Fehlt verfassungsrechtliche Grundlage für Betretungsverbot? Die Presse, 30.3. 2020, 13; ders., Das Gesetz des Notstands. Im Sturm wirft die Demokratie überraschend schnell den parlamentarischen Ballast ab. Opfern wir der Sicherheit unsere Freiheit? Falter, Nr. 16/2020, 38-39; ders., Freiheit im Staat in Corona Zeiten, in: Norbert Regitnik-Tillian (Hg.), Coronakrise: Was wir daraus lernen, Wien 2020, 120-130.

1. Wir nehmen als Ausgangspunkt eine Bemerkung von Montesquieu aus dessen *L'esprit des loix* aus dem Jahr 1755. Zum Thema Freiheit schreibt er dort im XII. Kapitel:

> «La liberté philosophique consiste dans l'exercice de sa volonté, ou du moins [...] dans l'opinion où l'on est que l'on exerce sa volonté. La liberté politique consiste dans la sureté, ou du moins dans l'opinion que l'on a de sa sureté» [Die philosophische Freiheit besteht in der Ausübung seines Willens, oder wenigstens (...) in der Meinung, man übe seinen Willen aus. Die politische Freiheit besteht in der Sicherheit, oder wenigstens in dem Glauben, den man an seine Sicherheit hat];[2] oder anders: «La liberté politique, dans un citoyen, est cette tranquillité d'esprit qui provient de l'opinion que chacun a de sa sûreté» [Die politische Freiheit des Bürgers ist jene Ruhe des Gemüts, die aus dem Vertrauen erwächst, das ein jeder zu seiner Sicherheit hat].[3]

Damit wird – und das ist kennzeichnend für alle bürgerlichen Staaten ab Beginn des 19. Jahrhunderts – der Freiheitsbegriff zum Sicherheitsbegriff hinverschoben. Diese Verschiebung führt von allem Anfang an zu einer gewissen Hypertrophie von Abwehr- und Gewährleistungsrechten, während Gestaltungs- und Beteiligungsrechte wenig beachtet werden; diese Verschiebung führt, um das Vokabular von Montesquieu aufzugreifen, von Beginn an zur Verabschiedung des «weiten» philosophischen Freiheitsbegriffs hin zum «engen» politischen Freiheitsbegriff. Die Verheißung unserer Verfassung: «Jedermann hat ein Recht auf Freiheit und Sicherheit» (Art. 5 Abs. 1 EMRK) steht damit von allem Anfang an unter dem nicht ausgesprochenen Perspektivevorbehalt, dass die Freiheit realiter nur in dem Maße wünschbar sei, als uns Sicherheit garantiert werde. – Das hat offenkundig eine für den Freiheitsbegriff fatale Konsequenz:

Dem billigen Kalauer entsprechend, dass sicher nur noch sei, dass es keine Sicherheit gäbe, wächst das Sicherheitsbedürfnis ins Unermessliche, während die Freiheit damit quasi automatisch zu dem gedanklichen Residualbereich verkümmert, der ihr durch das ubiquitäre Postulat, es sei Sicherheit zu gewährleisten, noch bleibt. Es ist dies keine Folge der Pandemie, sondern es ist dies ein genereller Grundzug der Entwicklung bürgerlicher Staatlichkeit. Mit dem Begriff der Si-

2 Montesquieu, De L'Esprit des Loix (ch. XII/1), in: Œuvres complètes de Montesquieu, publiées sous la direction de M. André Masson, Paris 1950, t. I, 251 (Übersetzung des Autors).

3 Ebd. (ch. XI/6), 208 (Übersetzung des Autors).

cherheit lassen sich positive Assoziationen wecken (die Wahlplakate zahlreicher konservativer Parteien beweisen dies – die Abgabe von «Sicherheitsversprechen» scheint in einem direkten proportionalen Verhältnis zur Stimmabgabe zugunsten der Sicherheitsversprecher zu stehen). Während die Freiheit in Verbindung mit den daraus naturwüchsig erwachsenden Unsicherheiten eher als eine Bedrohung gewertet wird. Wer freilich «Sicherheit» verspricht, der weiß eigentlich nicht recht, was er hier zusagt. Allenfalls hat er eine Ahnung davon, welche Erwartungen und Assoziationen sich beim Empfängerkreis einstellen werden. Und er hofft dann, aus den in Gang gesetzten Hoffnungen und Wünschen einen politischen oder kommerziellen Mehrwert realisieren zu können. Die Krux am Sicherheitsversprechen liegt denn wohl auch darin, dass man gar nicht wissen muss, was man verspricht, wenn man Sicherheit verspricht; es reicht ja hin, die «Illusion der Sicherheit über Sicherheit» zu erzeugen. Anders gesagt: Der Begriff der Sicherheit muss ungenügend spezifiziert werden, um dadurch seine Eignung als Projektionsfläche für sehr unterschiedliche Erwartungen behalten zu können. Dies führt fast selbstverständlich zum unentwegten symbolischen Gebrauch von Politik: Politische Instanzen und gesellschaftliche Gruppen, die um Positionsvorteile kämpfen, befinden sich ständig in einem subtilen Zeichenaustausch über den Umfang ihrer potenziellen Durchsetzungsmöglichkeiten. Wer Sicherheit verspricht, der wird überboten von dem, der noch mehr Sicherheit verspricht, um sich am nächsten Tag in der Öffentlichkeit von dem «ausgestochen» zu finden, der noch ein bisschen mehr Sicherheit zu garantieren verspricht. Gesellschaftliche Akteure sind dann in dem Maße politisch effektiv, in dem sie zutreffend einschätzen und antizipieren, welche Leute sich über vergangene oder beabsichtigte Handlungen erregen oder sich dadurch befriedigen lassen; politische Akteure müssen unentwegt erkunden, wer auf symbolische Gratifikationen anspricht, wer mehr durch Rhetorik als durch Taten zu beeindrucken ist, vor allem aber, wer durch staatliches Handeln selbst in seinen Vorstellungen und Verhaltensweisen zu beeinflussen ist.

Dem politischen Versprechen, Sicherheit zu gewährleisten, haftet per se eine unhinterfragbare Erwünschbarkeit an, gegen die schlechterdings nicht opponiert werden darf. Wer wollte sich schon für «Unsicherheit» stark machen? Schon die Überkomplexität technischer Großanlagen und die damit verbundenen Unwägbarkeiten und erst recht die inzwischen über zwei Jahrzehnte bestehende Terrorgefahr forderten eine permanente «Risikopolitik», die in Aussicht stellte, uns permanent gegen «Katastrophen» und «Anschläge» schützen zu können. Wenn es im Zuge der Pandemie dann darum geht, den als Katastrophe qualifizierten Zustand politisch zu bewältigen, dann können alle damit verbundenen Maßnahmen auf diesem von vorneherein mehr auf «Sicherheit» als auf «Freiheit» ausgerichteten Vorverständnis «aufsetzen». Anders gesagt: Die staatliche Pandemiebekämpfung ist (wie auch immer sie konkret ausgeformt sein mag) insofern nichts anderes als die Fortsetzung des schon bis dahin weitgehend anerkannten politisch-kommunikativen Modus.

Aber auch für die Pandemiebekämpfung gilt: Was als «Sicherheit»/«Unsicherheit» gilt, das unterliegt gesellschaftlicher Vereinbarung, ideologischer und politischer Auseinandersetzung oder auch kultureller Festlegung. Die unübersehbare Zahl von Handlungsalternativen erzeugt eine permanente Überforderung der unter Entscheidungszwang stehenden (politisch) Handelnden, und daraus erklärt sich auch der wachsende Sicherheitsbedarf. Staatliches Sicherheitsversprechen ist immer darauf gerichtet, Sicherheit nach Art instinktiv regulierter und mechanisch vollzogener Verhaltensabläufe zu schaffen. Postuliert wird immer wieder eine Einübung in die gesellschaftliche Ordnung als Zusammenhang der Unterwerfung. Die Ordnung dieser Erziehung meint hier nicht menschliche Ordnung, im Sinne einer den Menschen eigentümlichen humanen Gestaltung ihrer sozialen Beziehungen, sondern «ordentliche Menschen» – womit dann aber gleichzeitig auch die kritische Fähigkeit des Denkens, die reflektierend Handeln motiviert und kontrolliert, als potenzieller Störfaktor ausgeschaltet werden soll. Die insbesondere für Krisenzeiten kennzeichnende «kognitive Überforderung» wird zugunsten einer technologisch-sanitär konzipierten Ordnung ausgeschaltet. Wenn, wie es bei Montesquieu heißt, die politische Freiheit nur noch in der Sicherheit, oder wenigstens in dem Glauben besteht, den man an seine Sicherheit hat, dann gerät in Zeiten der regierungsamtlich ausgerufenen Krise jede Rede von Freiheit in den Verdacht, diesen Glauben an die Sicherheit zu beeinträchtigen.

2. Wilhelm von Humboldt schreibt in seinen berühmten Ideen zu einem Versuch, die Grenzen der Wirksamkeit des Staates zu bestimmen aus dem Jahr 1792 mit großer Eindringlichkeit: «Ohne Sicherheit vermag der Mensch weder seine Kräfte auszubilden noch die Früchte derselben zu genießen; denn ohne Sicherheit ist keine Freiheit. Es ist aber zugleich etwas, das der Mensch sich selbst allein nicht verschaffen kann.»[4] Die damit angesprochene Dialektik von Freiheit und Sicherheit ist nachgerade ein Dauerbrenner der politischen Staatslehre geworden. Spätestens seit der klassischen Begründung von Thomas Hobbes Mitte des 17. Jahrhunderts – der keine andere Absicht hatte, «als den Menschen die

4 Wilhelm von Humboldt, Ideen zu einem Versuch, die Grenzen der Wirksamkeit des Staates zu bestimmen (1792), in: ders., Menschenbildung und Staatsverfassung. Texte zur Rechtsphilosophie, hg. v. Hermann Klenner, Freiburg/Berlin 1994, 28-219, hier 74.

Wechselbeziehung zwischen Schutz und Gehorsam vor Augen zu führen,» wie es im Leviathan aus dem Jahr 1651 heißt[5] – ist die Problematik theoretisch wie praktisch virulent. Der bürgerliche Staat hat seinen Mitgliedern Sicherheit zu gewähren. Im § 1 des österreichischen Allgemeinen bürgerlichen Gesetzbuches vom 1. November 1786 (dem Vorläufer des noch heute geltenden ABGB von 1811) ließ Kaiser Josef II. verlauten: «Jeder Untertan erwartet von dem Landesfürsten Sicherheit und Schutz. Es ist also die Pflicht des Landesfürsten, die Rechte der Unterthanen deutlich zu bestimmen und ihre Handlungen so zu leiten, wie es der allgemeine und besondere Wohlstand erfordert.» Das ist mit anderen Worten das, was schon der übel beleumundete Thomas Hobbes geschrieben hatte: «Das Amt des Souveräns (ob Monarch oder Versammlung) besteht in dem Zweck, zu dem ihm die souveräne Macht anvertraut wurde, nämlich, für die Sicherheit des Volkes zu sorgen [...] Aber mit Sicherheit ist hier nicht die bloße Erhaltung gemeint, sondern auch alle anderen Annehmlichkeiten des Lebens, die sich jedermann durch rechtmäßige Arbeit ohne Gefahr oder Schaden für das Gemeinwesen erwerben soll.»[6] Alle Bürger und Bürgerinnen haben daher (aus der Funktionslogik bürgerlicher Vergesellschaftung hergeleitetes) «Recht» auf Sicherheit und Schutz ihrer leiblichen und psychischen Integrität. Es ist – ohne dass dies an dieser Stelle weiter ausgeführt werden kann – der aus dem Gesellschaftsvertrag aller mit allen konstituierte Staat, der berechtigt sei, absoluten Gehorsam von seinen Bürger/innen zu verlangen, denen er dafür absoluten Schutz zu bieten habe.

Steigt man von den Höhen staatsphilosophischer Betrachtung in die Niederungen konkreter Rechtsordnungen, dann zeigt sich, dass es zwei Wege gibt, die versprochene Sicherheit zu konkretisieren: Man kann versuchen, «die Sicherheit» gesetzlich zu definieren; man kommt dann zu vergleichsweise nichtssagenden Formeln, wie wir sie etwa in § 20 Sicherheitspolizeigesetz (SPG) finden: «Die Aufrechterhaltung der öffentlichen Sicherheit umfasst die Gefahrenabwehr, den vorbeugenden Schutz von Rechtsgütern, die Fahndung, die sicherheitspolizeiliche Beratung und die Streitschlichtung.» Derartige Formeln haben sich freilich in der Realität immer ausgesprochen hilflos erwiesen, weil eben der Begriff der «Sicherheit» derart unbestimmt ist, dass sich schlechterdings nicht vorhersagen lässt, was jeweils notwendig ist, um sie zu gewährleisten – denn das Gefühl der Sicherheit hängt ja, wie oben kurz notiert, eben nie von einer konkreten

5 Thomas Hobbes, Leviathan (1651). Aus dem Englischen übertragen v. Jutta Schlösser. Mit einer Einführung und hg. v. Hermann Klenner, Hamburg 1996, 599.

6 Ebd., 283f.

Tatsache, sondern von dem jeweils das Handeln und Unterlassen gebietenden «Sicherheitsgefühl» ab. Sehr viel realitätsnäher hat es sich deshalb erwiesen, den Sicherheitsbegriff als eine je nach den Umständen zu füllende Leerformel zu belassen, was dann eo ipso zu einem Primat polizeilicher Praxis führt. Dies ist deshalb so, weil – der spätere Kommentator des deutschen Grundgesetzes, Theodor Maunz, hat das im Jahre 1943 (!) geschrieben – «die Begriffe Sicherheit, Ordnung und Gefahr sich als so elastisch erweisen, dass schlechterdings jede gemeinschaftserhaltende, die völkischen Werte schützende, die Ordnung des Zusammenlebens stützende Haltung der Polizei mit ihnen gerechtfertigt werden (kann). Das (gibt) ihnen eine taktische Gelegenheit gegenüber ihren Angreifern. Kaum taucht ein neuer Anwendungsfall auf, so wird die bisherige zu eng gewordene Rechtsprechung (zu diesen Begriffen) fallen gelassen und die Gefahrenabwehr auch auf den neuen Fall erstreckt.»[7] Damit wird nichts anderes postuliert, als dass in Hinsicht auf die Sicherheit und die Ordnung in Staat und Gesellschaft eine zuvor festgelegte Einhegung staatlicher Maßnahmen unmöglich sei, weil damit der je aktuellen (und nicht völlig antizipierbaren) Bedrohung von Sicherheit und Ordnung nicht adäquat begegnet werden könne.

3. Damit freilich entsteht in der parlamentarischen Demokratie ein ganz gravierendes Problem. Denn nicht nur, dass durch eine derart polizeilich-selbstbestimmte Gefahrenabwehrmaxime die Entscheidung darüber, was als Recht und was als Unrecht zu gelten habe, nur noch situativ durch die Verwaltung bestimmt werden kann – womit dem Grundsatz: «Österreich ist eine demokratische Republik. Ihr Recht geht vom Volk aus» (Art. 1 B-VG) Hohn gesprochen würde; die damit eingeräumte administrative Flexibilität steht auch in eklatantem Widerspruch zum Prinzip der Gesetzlichkeit (Legalitätsprinzip): «Die gesamte staatliche Verwaltung darf nur auf Grund der Gesetze ausgeübt werden» (Art. 18 Abs. 1 B-VG). Wird aber postuliert, dass den Unwägbarkeiten möglicher Sicherheitsbedrohungen prinzipiell nicht durch eine vorgängige Festlegung der Mittel begegnet werden könne, dann läuft das konkret darauf hinaus, die jeweils situativ von der Verwaltung für notwendig erachteten Gefahrenabwehrmaßnahmen von einer gesetzlichen Bindung freizustellen – nicht mehr der «Gesetzesstaat», sondern der «Verordnungs- und Maßnahmestaat» (der Ausnahmestaat) ist dann das Ideal.

7 Theodor Maunz, Gestalt und Recht der Polizei, Hamburg 1943, 57.

Schon 1967 hat Johannes Agnoli von einer Transformation der Demokratie gesprochen.[8] Gemeint hat er damit, dass das Parlament in den westlichen Demokratien sich zu vor- oder antidemokratischen Formen zurückgebildet habe; anstatt den Volkswillen zu repräsentieren, transformierten die zum Teil des Staates gewordenen Parteien die Direktiven des von den gesellschaftlich und wirtschaftlich hegemonialen Kräften dominierten Staatsapparates in öffentliche Meinung, oder anders gesagt: Das parlamentarische Repräsentationsprinzip sei als Verfassungsnorm erdacht, gewollt und verwirklicht, nicht um gruppen- oder klassengebundene Interessen zu vertreten, sondern um wirksam die Mehrheit der Bevölkerung von den Machtzentren des Staates fernzuhalten; die Macht der Parlamentarier sei dabei reine Fiktion, dem Parlament komme nur noch die Aufgabe zu, als ein Instrument zur Veröffentlichung von Beschlüssen zu dienen, die im Zusammenwirken von Staatsapparat und gesellschaftlichen Machtgruppen zustande kommen; das Parlament fungiere sohin lediglich als Transmissionsriemen der Entscheidung oligarchischer Gruppen – wobei die Parteien wesentlich nur noch an der Aufrechterhaltung der Verhältnisse interessiert seien, die ihre eigene Verstaatlichung und feste Etablierung an der Macht ermöglichten. Tatsächlich ist – ohne dass wir hier weiter auf Agnoli eingehen sollen – das österreichische Parlament reine Schaustellerei, und die Rede von seiner Existenz ist lediglich eine kontrafaktische Unterstellung; das österreichische Parlament ist schlechterdings nur zu begreifen, wenn man es als ein aus dem vom fiktiven Nachlass von General Potemkin entwendetes «Ding» erkennt.[9]

Es nimmt daher nicht wunder, dass in Zeiten der Krise das Parlament von seiner latenten Einflusslosigkeit auf die Gestaltung der Politik sich explizit in die manifeste Bedeutungslosigkeit begibt. Dementsprechend stehen an der Spitze des am 16. März 2020 verabschiedeten Covid-19 Maßnahmegesetz (BGBl. I Nr. 12/2020) zwei Verordnungsermächtigungen mit überaus geringerer inhaltlicher Determinierung: Der Gesundheitsminister wird – «soweit erforderlich» (!) – generell dazu ermächtigt, das Betreten von Betriebsstätten und anderen «bestimmten Orten» zu untersagen, worauf hin der Gesundheitsminister noch am selben Tag durch Verordnungen bestimmt hat, was denn nun konkret erforderlich sei

8 Johannes Agnoli/Peter Brückner, Die Transformation der Demokratie, Berlin 1967.

9 So jedenfalls mein persönliches Resümee nach zwei Jahren Tätigkeit als Abgeordneter zum österreichischen Nationalrat; vgl. Alfred J. Noll, Wir haben kein Parlament (Interview), Falter, Nr. 22/2019, 15-17; ders., «Weil wir beide keine Verfassungsnihilisten sind» (Interview), Wiener Zeitung, 20./21.7. 2019, 10-11; ders., Lasst alle Hoffnung fahren! Die Zeit (Österreich-Ausgabe), 10.10.2019, 20; ders., «Erfüllungsgehilfen der Regierung» (Interview), NEWS 40/2019, 32-34.

(BGBl. II Nr. 96 und 98/2020). Mit anderen Worten: Das Parlament als der von der Verfassung vorgesehene materielle Gesetzgeber hat die Entscheidung über den konkreten Inhalt seines Gesetzgebungsaktes an die Verwaltung delegiert (hat sich also zum bloß noch formellen Gesetzgeber minimiert) – und es hat damit die seit Mitte März 2020 erfolgte Einschränkung der persönlichen Freiheiten aller Österreicherinnen und Österreicher weitgehend dem administrativen Gutdünken der Verwaltung überlassen.

Nun ist die (verfassungsgesetzlich eingeräumte) Möglichkeit für den Gesetzgeber, die Konkretisierung einzelner Gesetzgebungsakte per Verordnungsermächtigung an die Verwaltung zu übertragen, nicht per se demokratie- und rechtsstaatsfeindlich; wie so oft, ist es auch hier immer eine Frage des Umfangs. Hier können wir aber erkennen, dass plötzlich das Leben der österreichischen Bevölkerung nicht mehr durch das Gesetz selbst, sondern (zumindest bis Ablauf des Jahres 2020) nur noch durch die eigenmächtigen Verordnungen des Ministers geregelt wird – Bewegungs- und Betretungsfreiheit, Erwerbs- und Konsumfreiheit, Arbeits- und Bildungsmöglichkeiten – und also: das Leben insgesamt! – werden nicht mehr durch den Souverän, das demokratisch gewählte Parlament, sondern durch ein ministerielles Exekutivorgan ohne jede Beteiligung des Gesetzgebers autoritativ vorgegeben; und die Einhaltung dieser Vorschriften wird durch exekutive Polizeigewalt abgesichert.

Die Antwort auf eine derartige Darstellung des seit Mitte März 2020 ablaufenden Geschehens speist sich regelmäßig aus zwei Behauptungen: einerseits sei der demokratische Gesetzgeber schlechterdings überfordert, die «notwendigen» Maßnahmen zur Krisenbewältigung rasch und effektiv zu setzen (Zeitargument); andererseits sei es doch vergleichsweise unerheblich, ob die rechtsstaatlichen Vorgaben genau eingehalten würden, wenn nur die getroffenen Maßnahmen tatsächlich dazu beitragen würden, die Pandemie erfolgreich zu bekämpfen – für «juristische Spitzfindigkeiten» (Sebastian Kurz) habe man getreu der landläufigen Weisheit: «Not kennt kein Gebot!» keinen Platz. Beiden Argumenten liegt ein nicht falsifizierbarer «Notwendigkeitsimperativ» zugrunde, dem sich auf rationaler Ebene schlechterdings nichts entgegnen lässt.

Kehren wir nochmals zurück zu der einleitend erwähnten Formulierung von Montesquieu: Die philosophische Freiheit bestünde in der Meinung, man übe seinen Willen aus; die politische Freiheit aber bestehe nur noch im Glauben, den man an seine Sicherheit habe. Verbinden wir diese Kennzeichnung mit der verfassungsrechtlichen Vorgabe, dass uns ein Recht auf Freiheit und Sicherheit zukomme (Art. 5 EMRK), dann können wir leicht erkennen, dass sich die Politik im Zuge der versuchten Pandemiebewältigung von der philosophischen Freiheit völlig getrennt und die politische Freiheit auf Sicherheit reduziert hat. Aus dem einheitlichen Versprechen der Verfassung, wonach uns vom Staat ein Recht auf «Freiheit und Sicherheit» zu gewährleisten sei, wurde so die politisch gängige Parole «Freiheit oder Sicherheit», wobei uno actu das Parlament als Instanz der demokratischen Freiheitsverbürgung ausgeschlossen und die Verwaltung als alleinige Instanz der Sicherheitsgewährleistung fixiert wurde. Es ist dies – und das muss an dieser Stelle betont werden – aber nicht eine im Zuge der Krisenbewältigung auftretende Pathologie des politischen Systems, sondern es ist dies nur ein herausragendes Merkmal einer Entwicklung, die seit Jahrzehnten allen parlamentarischen Systemen ablesbar ist: Die Exekutive hat gegenüber der Legislative längst die Überhand gewonnen.

Bleibt noch, auf den in der Luft liegenden Einwand zu antworten: Ja, was hätten wir denn sonst tun sollen? Die Antwort ist vergleichsweise einfach: Krisenzeiten definieren sich dadurch, dass es an Routinen fehlt, um mit Sachverhalten umzugehen, die sich als neu und für den gewöhnlichen Ablauf der Geschehnisse gefährdend darstellen. Kommt man zu dem Ergebnis, dass die demokratischen Entscheidungsfindungen für die Bewältigung oder Eindämmung der Krise zu hoch sind, dann kann und muss man darauf setzen, zunächst (!) wirkungsvoll zu sein, und erst in einem zweiten Schritt jene reflektorischen Ressourcen zu nützen, die die parlamentarische Demokratie zu Verfügung stellt. Konkret: Natürlich hätte das Österreichische Parlament am 16. März 2020 (der Tag, an dem das Covid-19 Maßnahmegesetz in Kraft trat) sofort einen ständigen, öffentlichen parlamentarischen Ausschuss bilden müssen, der es sich zur Aufgabe hätte machen können, alle Maßnahmen der Regierung zu überwachen, eigene Informationen einzuholen, eine transparente Kommunikations- und Informationspolitik zu realisieren und allfällige juristische Ungenauigkeiten oder auch Fehler sofort zu korrigieren. Dass es dazu nicht gekommen ist, hängt mit der oben knapp skizzierten Bedeutungslosigkeit des österreichischen Nationalrates zusammen, der sich eher als Vollzugsorgan der Regierungspolitik versteht denn als ambitionierte Volksvertretung. Wäre das österreichische Parlament in Zeiten der Krise als politischer Akteur sichtbar geworden, so wäre die Bedeutung der regierungsamtlichen Pressekonferenzen, denen über lange Zeit das (auch von den österreichischen Medien unhinterfragte) Interpretationsmonopol zukam, weitaus geringer geworden. Hätte sich das österreichische Parlament als öffentlicher Akteur gezeigt, dann hätten vielleicht auch die verschiedenen Covid-19 Maßnahmen ihren Charakter geändert: Sie wären dann nicht bloß ministeriell dekretierte und den bloßen Gehorsam der «ordentlichen Menschen» einfordernde «Notwendigkeitsimperative» gewesen, sondern das Resultat demokratischer Selbstverständigung über das, was unter Berücksichtigung der vielfältigen gesellschaftlichen Interessen und Bedürfnisse gesundheitlich, wirtschaftlich und politisch in Zeiten der Pandemie sachlich angemessen ist. Dazu ist es bekanntlich nicht gekommen – und mit einer Anwandlung politischer Romantik lässt sich deshalb davon sprechen, dass damit auch eine demokratische Chance vertan wurde.

Die gesamte Staatsphilosophie von Hobbes über Locke und von Rousseau über Kant bis hin zu Hegel weiß: Freiheit besteht im Gehorsam gegenüber dem Gesetz, das man sich selber gegeben hat. Die durch das Gesetz vermittelte öffentlich-politische Freiheit, ihre Verankerung in der politischen Vereinigung der Bürgerinnen und Bürger – dies ist die Sicherheit, die die Menschenrechtserklärungen seit der Französischen Revolution im Sinne hatten und deren Pathos um nichts geringer war als das der Freiheit, der Gleichheit und des Widerstands gegen Unterdrückung. Die staatliche Sicherheitsgarantie war schon immer prekär, weil Sicherheit die Kontrolle der Zukunft verlangt. Der perfekte Sicherheitsstaat ist zweifellos der Präventivstaat, der nicht nur Gefahren abwehrt, sondern «Risikovorsorge» betreibt, d. h. den Bereich sozialer Kontrolle fortschreitend ausdehnt. «Das Verlangen nach Sicherheit wird ewig ungestillt bleiben – aber es kann zum Alptraum werden, wenn wir seine Erfüllung von der Beherrschung des Unbekannten und nicht von den Fähigkeiten zum Umgang mit ihm erhoffen,» hat Ulrich K. Preuß einmal geschrieben.[10] Und unversehens verlieren wir damit gleichzeitig auch Freiheit und Gleichheit. Es gibt nach einer auch bloß kursorischen Rückschau auf die letzten Monate keine Beruhigung: Allzu viele Anzeichen deuten darauf, dass die Deckungssummen für eine Sicherheit, die nichts weiter ist als die «Versicherung des Egoismus» (Marx), allmählich die Substanz des Erbes der Großen Revolution verzehren, weil sich unser politisches Establishment kleinmütig und beharrlich weigert, die von ihr verheißenen Möglichkeiten einer kollektiven Vernunft zu erproben.

10 Ulrich K. Preuß, Die Risiken der Sicherheit, in: Peter Brückner, Freiheit, Gleichheit, Sicherheit. Von den Widersprüchen des Wohlstands, Berlin 1989, 7-22, hier 21.

Ist der Neoliberalismus am Ende?

Von Walter O. Ötsch

Wir stehen mitten in der größten Krise des Kapitalismus seit dem 2. Weltkrieg. Seit März 2020 verschlechtern sich im Rhythmus weniger Wochen die Prognosen über die Entwicklung der Wirtschaft. Ende Juni 2020 prognostizierte der Internationale Währungsfonds ein Schrumpfen der globalen Wirtschaft um 4,9%, mit beachtlichen Differenzen für einzelne Länder (alle Angaben in %): USA -8,0, die Eurozone -10,2, Indien -4,5, Japan -5,8 und Lateinamerika -9,4. China soll um 1,0% wachsen, in den letzten fünf Jahren lagen die realen Wachstumsraten von China bei 6%. Für Deutschland erwartete der Sachverständigenrat Ende Juni 2020 einen Rückgang des realen Bruttoinlandsprodukts (BIP) für das Jahr 2020 um 6,5%, für Österreich prognostizierten Ende Juni 2020 das Wirtschaftsforschungsinstitut -7,0% für das laufende Jahr, das Institut für Höhere Studien lag bei -7,3%. Zahlen in dieser Größenordnung sind seit 100 Jahren unbekannt. Durch den Corona-Schock könnte die Wirtschaftsleistung so stark wie zuletzt in der Weltwirtschaftskrise der 1930er-Jahre einbrechen. Im Vergleich zu den aktuellen Schätzungen, die in hohem Maße unsicher sind und auch noch erheblich negativer ausfallen können, verlief die sogenannte «Große Rezession» oder «Große Krise» (die Finanzkrise 2007 und 2008 mit der darauffolgenden Wirtschaftskrise 2009) deutlich schwächer: 2009 sank das BIP im Euroraum um 4,5%, in Lateinamerika um 1,8%, in den USA um 2,8 und in Deutschland um 5,6%, wobei sich im Jahr 2009 das globale BIP kaum verändert hat (-0,1%).

Angesichts der aktuellen Krise haben die meisten Länder Maßnahmen in einer historisch neuen Dimension ergriffen – und zwar sowohl in der Geld- als auch in der Fiskalpolitik. Die Erfahrungen aus der Großen Rezession, als das Finanzsystem vor dem Zusammenbruch stand, finden hier ihren Widerhall, allerdings sind die Zahlen jetzt um ein mehrfaches höher. In der Coronakrise sind die Bilanzsummen der größten Zentralbanken gleichsam explodiert: seit Beginn des Jahres bei der Zentralbank der USA (Federal Reserve System) von 19 auf 39% des BIP, bei der Europäischen Zentralbank von 39 auf 50% und bei der Bank of England von 25 auf 35%. Allein die drei großen Zentralbanken der USA (Fed), des Euroraums (EZB) und von Japan (Bank of Japan) haben seit März 2020 ihre Bilanzsummen um über 5 Billionen US-Dollar erhöht. Auch die angekündigten oder bereits in Kraft getretenen Konjunkturrettungspakete sprengen jeden historischen Vergleich. Die USA haben in einem ersten Schritt ein Paket im Ausmaß von 3 Billionen US-Dollar beschlossen, Deutschland plant eine Neuverschuldung von über 150 Milliarden Euro (plus Hilfen von 600 Milliarden Euro), die EU will 750 Milliarden Euro bereitstellen und Japan eine zusätzliche Billion (US-Dollar). In Österreich sind ca. 50 Milliarden Euro angekündigt, das sind ca. 10% des BIP. Zählt man die fiskalischen und monetären Stimuluspakete weltweit zusammen, kommt man nach Berechnungen der Bank of America Ende Juni 2020 auf über 18 Billionen US-Dollar (10,4 fiskal und 7,9 monetär), das sind über 20% des globalen BIP – und das in nur drei Monaten.[1]

Eine Ausnahmesituation in dieser Größenordnung muss den Diskurs massiv beeinflussen. Viele Kommentator*innen sprechen von einem historischen Bruch, z.B. sei das Ende der Globalisierung gekommen und ein neuer wirtschaftlicher Nationalismus mache sich breit. Wer über einen Begriff von Neoliberalismus verfügt, dem drängt sich das Bild vom Ende des Neoliberalismus auf. Als Befunde werden u.a. genannt: die neue dominierende Rolle des Staates, das Ende der Austeritätspolitik, eine Neubestimmung von «Systemrelevanz» (weg von den Banken zu Personen, die die soziale Infrastruktur aufrecht halten), die Beschwörung eines Gemeinwohles und die stärkere Durchleuchtung von gesellschaftlichen Bereichen, die früher medial kaum thematisiert wurden, wie die Arbeitsbedingungen in Schlachtfabriken oder bei der «Erntehilfe». In Bewertung dieser Aussagen soll gefragt werden, was der Begriff Neoliberalismus besagt und wie und nach welchen Kriterien sein Ende behauptet werden könnte.

Was ist Neoliberalismus?

Historisch war der Begriff Neoliberalismus die Selbstbezeichnung eines Netzwerkes vor allem von Ökonomen und Philosophen, die spätestens ab den 1920er-Jahren intensiv international zusammengearbeitet haben. In diesem Netzwerk waren Vertreter*innen aus der Österreichischen Schule (v.a. Ludwig Mises und Friedrich Hayek) tätig sowie aus dem deutschen Ordoliberalismus (v.a. Wilhelm Röpke und Walter Eucken), aus der London School of Economics (v.a. Lionel Robbins, Hayek hatte seit 1931 dort eine Professur) und aus der Chicago School of Economics aktiv (die Kontakte liefen vor allem über Henry Calvert Simons) sowie eine Gruppe französischer Philosophen um Louis Rou-

1 Vgl. die Tabelle in Tyler Durden, «A Staggering Number»: Over $18 Trillion In Global Stimulus In 2020, 21% Of World GDP, zerohedge 20.6.2020, mit Verweis auf Bank of America Global Investment Strategy und Bloomberg.

gier und William E. Rappard.[2] Dieses Netzwerk, das schon damals politischen Einfluss angestrebt hat, gab sich 1938 bei dem sogenannten Walter Lippmann Colloque nach einer Abstimmung, bei der andere Begriffe zur Wahl standen, den Namen Neoliberalismus – die Fortführung dieser «Ersten neoliberalen Internationale» war dann ab 1947 die Mont Pèlerin Society (MPS) (Details in Ötsch u.a. 2017). Der Begriff Neoliberalismus wurde von Personen aus diesem Netzwerk bis in die 1970er-Jahre verwendet (z.B. hatte sich Milton Friedman mehrmals als Neoliberaler bezeichnet), geriet dann in Vergessenheit und wurde ab den 1990er-Jahren von Kritikern und Kritikerinnen wiederentdeckt.

Heute wird der Begriff Neoliberalismus meist kritisch verwendet. Im Überblick finden wir zumindest sechs verschiedene Bedeutungen: als politisches Programm zur Umgestaltung der Gesellschaft (das war das intern geäußerte Ziel der MPS); als Sammelbegriff in der Wirtschaftstheorie, der die genannten Richtungen umfassen soll, ab den 1950er-Jahren kamen dann mehrere Varianten neoklassischer Wirtschaftstheorien dazu; als Bezeichnung einer wirtschaftspolitischen Epoche ab den 1970er-Jahren, zuerst in Chile (Augusto Pinochet nach dem Putsch 1973) und dann in den beiden wichtigsten kapitalistischen Ländern, nämlich in den USA (Ronald Reagan) und in Großbritannien (Margaret Thatcher): Politiker und Politikerinnen, die von dem genannten Netzwerk beeinflusst wurden (oder ihm direkt angehörten), kamen an die Macht und beendeten schnell die vorher dominanten Keynesianischen Wirtschaftspolitiken – die Politik in vielen Ländern ist ihnen dann gefolgt; als Bezeichnung einer historischen Form des Kapitalismus ab den 1980er-Jahren, die oft auch als Finanzkapitalismus (bzw. als Epoche der Finanzialisierung) beschrieben wird; als Bezeichnung für eine neue Art von Gesellschaft ab den 1990er-Jahren, die auch ökonomisierte Gesellschaft oder Marktgesellschaft genannt wird: Ökonomische Vorgaben haben weite Teile der Gesellschaft neu geordnet und betriebswirtschaftliche Kennziffern und Logiken in Feldern etabliert, die früher anderen Vorgaben und anderen Ethiken gehorcht haben (wie das Gesundheits- und Bildungssystem und weiter Teile der Infrastruktur); als Bezeichnung einer Identitätsorientierung, z.B. in der Vorstellung von einem «neoliberalen» oder «unternehmerischen Selbst»[3]: die Systemzwänge eines globalen Kapitalismus seien so tief in die Psyche von Individuen einge-

2 Zu Details vgl. Walter Ötsch/Stephan Pühringer/Katrin Hirte, Netzwerke des Marktes. Ordoliberalismus als Politische Ökonomie, Wiesbaden 2017, 119ff.

3 Vgl. Ulrich Bröckling, Das unternehmerische Selbst. Soziologie einer Subjektivierungsform, Frankfurt am Main, 5. Aufl., 2013.

drungen, dass sie gelernt haben, diese als Eigenimpulse für ein gelungenes Leben (auch gepaart mit einer Freiheitsidee) zu empfinden.

Diese Begriffsfülle verlangt eine Klärung. In *Mythos Markt. Mythos Neoklassik* habe ich vorgeschlagen, anstelle von Neoliberalismus von Marktfundamentalismus zu reden und diesen Begriff immer dann zu verwenden, wenn gezeigt werden kann, dass ein Begriff von «dem Markt» in der Einzahl verwendet wird, und zwar in der Vorstellung einer homogenen Gesamtheit (die z.B. für «die Wirtschaft» insgesamt oder «die Globalisierung» steht) und die auch wie eine Person gedacht wird (der «wir» z.B. zu «folgen» hätten, ansonsten würden «wir» «bestraft» werden).[4] Zudem wird in dieser Vorstellung, die weitverbreitet ist, «der Markt» immer einem anderen Bereich (man könnte ihn auch «den Nicht-Markt» nennen) gegenübergestellt – auch hier immer in der Einzahl: «dem Sozialismus», «dem Kollektivismus», «dem Keynesianismus», dem «Sozial-» oder «Wohlfahrtsstaat» oder schließlich (in einem Radikalisierungsprozess über Jahrzehnte) sogar «der Politik» insgesamt oder «dem Staat» selbst. Die populäre Frage lautet: «Wollt ihr mehr Markt oder wollt ihr mehr Staat?»

Dieses duale Bild kann bei allen genannten Vertreter*innen im Detail nachgewiesen werden, ebenso können neoklassische Ansätze danach klassifiziert werden, ob sie das Konzept «des Marktes» enthalten oder nicht. Untersucht man das Konzept von «dem Markt» genauer, dann zeigt sich, dass dieser Begriff von den Personen, die ihn verwenden (z.B. in den Lehrbüchern der Mikroökonomie) empirisch oder institutionell gar nicht definiert werden kann. Es beschreibt letztlich eine niemals realisierbare Utopie – die letzte gesellschaftliche Großutopie nach dem Scheitern des Staatssozialismus –, die anstatt von «Gesellschaft» von «Ordnung» redet und gleichsam besinnungslos (ohne die Folgen ihres eigenen Wirkens verstehen zu können) gesellschaftliche und politische Prozesse transformiert hat: Sie wurden der Fiktion (bzw. dem Mythos) «des Marktes» unterworfen.[5] Die Schlagworte waren: Liberalisierung, Flexibilisierung, Privatisierung. All das wurde weitgehend theorielos propagiert, es gibt z.B. gar keine eigentliche Theorie einer marktfundamentalen Wirtschaftspolitik. Die Folgen eines praktizierten Mythos (der eine Realität behauptet, die nicht existiert) waren und sind tiefe systemische Krisen, die als solche von denen, die diesem Mythos

4 Walter O. Ötsch, Mythos Markt. Mythos Neoklassik. Das Elend des Marktfundamentalismus, Marburg 2019.

5 Vgl. Walter O. Ötsch, Die neoliberale Utopie als Ende aller Utopien», in: Sebastian Pittl/Gunther Prüller-Jagenteufel (Hg.), Unterwegs zu einer neuen «Zivilisation geteilter Genügsamkeit». Perspektiven utopischen Denkens 25 Jahre nach dem Tod Ignacio Ellacurías, Wien 2016, 105-119.

anhängen, nicht erkennbar sind.[6] Z.B. basieren viele neoklassische Theorien auf der Annahme markträumender Preise, die ein «effizientes» Gesamtsystem bilden: In einem solchen Ansatz gibt es kein Konzept, mit dem eine endogene Krise des Kapitalismus (wie die Finanzkrise 2007/08) begrifflich erfasst werden kann.[7]

Abkehr vom Neoliberalismus?

Die Andeutung, wie sich das marktfundamentale Denken gegenüber der Wirklichkeit immunisiert hat (dramatisch auch in den aktuellen ökologischen Krisen) gibt einen Hinweis, dass es wenig Sinn macht, auf die Einsicht vor allem von Ökonom*innen zu hoffen, sie würden angesichts der «Evidenz» der «Fakten» ihre Sichtweisen verändern – z.B. sie könnten erkennen, wie die Aushöhlung des Gesundheitssystems einzelne Länder für die Covid-19-Pandemie in besonderer Weise verletzbar gemacht hat. Denn die Denkweise «des Marktes» hat sich von der Wirklichkeit selektiv entfernt: Es ist keine empirische Konstellation (z.B. keine noch so tiefe Wirtschafts- oder soziale Krise) denkbar, die von Vertreter*innen eines Marktdenkens als schlüssiger Beleg dafür verstanden werden kann, an den Grundprämissen ihres Denkens Veränderungen vorzunehmen. «Der Markt» ist ein Erklärungsprinzip, das sich seine eigenen «Tatsachen» schafft. Ein Mythos oder ein Glaubenssystem kann nicht durch «Fakten» verändert werden.

Für die Frage, ob und wie sich die Dominanz marktfundamentaler Ideen und Praktiken «des Marktes» in der Gesellschaft ändern kann, scheinen zwei Aspekte wichtig: Erstens: In welcher Tiefe ist das Denken «des Marktes» in die Gesellschaft vor- und eingedrungen? Und zweitens: durch welche Netzwerke und

6 Vgl. Thomas Palley, From Financial Crisis to Stagnation. The Destruction of Shared Prosperity and the Role of Economics, Cambridge u.a. 2012.

7 Dazu passt der empirische Befund, wie deutsche Ökonomen und Ökonominnen in den Medien auf die Große Krise reagiert haben. Die zentralen Botschaften waren einerseits moralischer Art (es seien moralische Regeln verletzt worden, Banker wäre unethische Personen) und andererseits Analogien zu Krankheit und Naturereignissen: Die Wirtschaft habe Fieber und die Finanzkrise sei wie ein Tsunami oder ein Erdbeben über uns hereingebrochen, Vgl. dazu Katrin Hirte, ÖkonomInnen in der Finanzkrise. Diskurse, Netzwerke, Initiativen, Marburg 2013, sowie Stephan Pühringer/Judith Egger, Krisenbilder von ÖkonomInnen in der Presse. In: Walter O. Ötsch/Silja Graupe, Silja (Hg.), Macht der Bilder. Macht der Sprache, Neu-Isenburg 2018, 5-86. «Begründungen» dieser Art verhindern eine ernsthafte Analyse und demonstrieren, wie sich die Sichtweise «des Marktes» gegen eine Evaluierung abgeschottet hat. Die Große Krise wurde dabei zur Ausnahme erklärt, die mit der eigentlichen Funktionsweise des Wirtschaftssystems wenig zu tun habe.

Machtsysteme wird dieses Denken am Leben erhalten und aktuell immer wieder reproduziert?

Beide Fragen sind ursächlich miteinander verbunden. Ein Denksystem, das kritisch als Mythos erkannt werden kann, braucht zu seinem Überleben unzählige soziale Praktiken, die es immer wieder in seiner Wichtigkeit bestätigen. Es geht nicht um losgelöste Ideen, die in einem Elfenbeinturm oder in einer intellektuellen Diskursgemeinschaft ihr Leben fristen, sondern um die Verbindung von Denkweisen, Begriffen und Metaphern zu sozialen Praktiken. Wer gezwungen ist aus Verantwortung für ihre (oder seine) Kinder einen schlecht bezahlten oder gefährlichen Job anzunehmen, erfährt in ihrer (oder seiner) Lebenspraxis ein übergeordnetes Machtsystem, das scheinbar unbeeinflussbar hingenommen werden muss. Das Reden von «dem Markt», der «uns» (wie ein übergeordnetes Wesen) «bewertet» und dem «wir» zu «gehorchen» hätten, kann einen Sinn für eigene Lebenserfahrungen vermitteln – vor allem auch, wenn keine anderen Deutungen verfügbar sind. «Der Markt» im Sinne von lebensbestimmenden Regelsystemen ist kein Ergebnis rein kognitiver Erkenntnisakte. «Der Markt» muss als kollektives Deutungsmuster verstanden werden, das tief in die Gesellschaft eingedrungen ist. In einer Kultur «des Marktes» ruft es wenig Protest hervor, Personen, die ein geringes Einkommen besitzen (sie sind spezifischen wirtschaftlichen Praktiken ausgesetzt) öffentlich als «Leistungsverweigerer» zu bezeichnen (sie sind spezifischen medialen Diskursen unterworfen) und die Meinung zu vertreten (wie in zahlreichen Talk-Shows), diese Personen seien selbst für ihr Schicksal verantwortlich (sie also sozialen Praktiken auszusetzen, die ihr Selbst-Bild tangieren können).

Anders formuliert: Der Neoliberalismus bzw. Marktfundamentalismus stellt kein überlegeneres Wissen zur Verfügung und ist keine überzeugendere Ideologie, verglichen mit Alternativen (das gilt sogar für Keynesianische Ansätze, die durchaus kritisierbar sind), sondern bezieht seine Macht vor allem aus den Praktiken einer ökonomisierten Gesellschaft. Das Denken «des Marktes» dominiert nicht kraft seiner Argumente, sondern kraft sozialer Wirklichkeiten, wie einer krassen Vermögensungleichheit und dem Einfluss von Eliten, die davon profitieren und in der Lage sind, politische und gesellschaftliche Prozesse in ihrem Sinn zu beeinflussen.

Ein Blick auf die Jahre nach der Großen Krise mag diese Vorgänge erhellen. Nach dem Höhepunkt im Herbst 2008 waren viele Eliten erschüttert. Ökonomen und Ökonominnen waren erstaunt, dass eine Situation eingetreten ist, die in ihren Modellen nicht vorhergesehen war. Politiker und Politikerinnen schoben schnell die Rhetorik «des Marktes» zur Seite und erfanden neue «unkonventionelle Maßnahmen» (diesen Terminus haben auch die Zentralbanken verwendet). Manager in der Finanzindustrie konnten eine Bestrafung für ihre Exzesse und für jahrelanges Fehlverhalten erwarten und in den Medien war von einem «Ende des Neoliberalismus» und einem «Keynesianischen Moment» die Rede (es gab auch Bücher mit diesen Titeln). In vielen Kommentaren wurde ein drastischer Bruch beschworen. In den Wirtschaftswissenschaften war einige Monate lang von neuen Theorien die Rede, selbst hartgesottene und hochrangige marktfundamentale «Expert*innen» zeigten sich reumütig. Die politischen Eliten der reichen Länder handelten rasch und pragmatisch. Mit den G-20 wurde eine neue globale Koordinationsinstitution für die reichen Länder errichtet. Bei den ersten Tagungen der G-20 wurde versprochen, jedes Finanzinstrument, jeden Titel und jede Finanzinstitution nachhaltig zu reformieren.

Aber diese Versprechungen sind nicht eingetreten. Keines der Machtsysteme in den Wirtschaftswissenschaften, in der Politik, im Finanzsystem oder in den Medien wurde substanziell verändert. Spätestens im Frühjahr 2009 war klar, dass es in den vier genannten Bereichen keine nachhaltige Machtverschiebung geben wird. Die Gründe dafür sind vielfältig. Im Bereich der Ökonomie der USA z.B. wurde Jahre später erkannt, dass viele Ökonom*innen direkt oder indirekt (über Forschungsprojekte) von der Zentralbank (der Fed) abhängig sind.[8] Nachdem es aber in der Fed selbst keine ernsthafte Analyse gegeben hat, wie und in welcher Weise sie selbst zur Entstehung der Finanzkrise beigetragen hat, haben sich die Netzwerke im Feld der Ökonomie (von kleineren Störungen abgesehen) inhaltlich und personell kaum verändert. Es gab z.B. keine Reform in der Art und in den Inhalten, wie in einführenden Kursen der Volkswirtschaftslehre «der Markt» propagiert wird.[9] (Diese Kurse vermitteln weltweit einer akademisch gebildete Schicht fast die gleichen Inhalte.) Im Bereich der Politik erwies es sich als besonders fatal, dass die politischen Eliten es nicht geschafft haben (dazu waren auch viele Ökonom*innen nicht in der Lage) die Krise ab 2008, über die dann jahrelang in den Medien berichtet wurde, der Bevölkerung in Form einer einfachen Geschichte stimmig zu erzählen – z.B. zu vermitteln, wie es zu dieser Situation gekommen ist und was sie unternehmen werden, dass in Zukunft eine solche Krise nicht mehr auftreten wird. (Genau in dieser Weise hat der spätere US-Präsident Franklin D. Roosevelt auf die Weltwirtschaftskrise der 1930er-Jahre reagiert.)

8 Vgl. Phillip Mirowski, Untote leben länger: Warum der Neoliberalismus nach der Krise noch stärker ist, Berlin 2015.

9 Vgl. Silja Graupe, Beeinflussung und Manipulation in der ökonomischen Bildung. Hintergründe und Beispiele, Forschungsinstitut für Gesellschaftliche Weiterentwicklung, Neues Ökonomisches Denken Bd. 5, 2017.

Eliten, die eine Krise verursachen und nicht dafür zur Verantwortung gezogen werden, können eine Krise ausnutzen, um ihre Macht weiter zu verfestigen. (Naomi Klein sprach in diesem Zusammenhang von einer «Schockstrategie»).[10] Genau das ist nach 2009 eingetreten. Die Finanzkrise 2007/08 hat den Neoliberalismus nicht geschwächt, sondern gestärkt.[11] In der EU wurde die nicht erklärte Finanzkrise schnell zur Geschichte der Staatsschuldenkrise umgedeutet und am wirtschaftlich schwachen Griechenland inszeniert. Jetzt verfügten Medien und Politik über eine Erklärung für die stark gestiegenen Staatsschulden – der empirische Zusammenhang zu den Krisen ab 2007 war «vergessen». Die neue (und alte) Erzählung war: «Wir haben über unsere Verhältnisse gelebt» – gemeint waren nicht die Schuldenexzesse im Finanzsektor, sondern die Ansprüche breiter Teile der Bevölkerung an den Sozialstaat. Die EU-Kommission verschärfte weitgehend unbemerkt die Maastricht-Kriterien (basierend auf abenteuerlichen Modellen),[12] die Folge war eine neue Austeritätspolitik, die in vielen europäischen Ländern sogar im Verfassungsrang verankert wurde. Auch der Aufstieg des Rechtspopulismus kann als Reflex auf die politische Handhabung der Großen Rezession gedeutet werden. In den USA kam es im Frühling 2009 zur Gründung der Tea Party, welche die auch von Obama nicht erklärte Finanzkrise auf neue marktfundamentale Weise interpretierte: schuld sei eine «Elite», die sich widerrechtlich «des Staates» bemächtigt habe. Die Tea Party hat dann die Republikanische Partei erobert und weiter radikalisiert, in diesem Klima konnte Donald Trump im Jahre 2016 als Außenseiter die Partei übernehmen (einige Monate vorher fand in Großbritannien die Abstimmung zum Brexit statt). Auch die Gründung der Alternative für Deutschland im Jahre 2013 hat mit den politischen Folgen der Großen Rezession zu tun, sie wurde in der Anfangszeit auch als «Professorenpartei» bezeichnet, weil hier pointiert neoliberale Ökonom*innen maßgeblich beteiligt waren.[13] (Die Frage nach der Verantwortung von Ökonom*innen für die Gründung einer Partei, die zum Einfallstor für Rechtsradikale werden konnte, ist immer noch offen.)

10 Naomi Klein, Die Schockstrategie. Der Aufstieg des Katastrophen-Kapitalismus, Frankfurt am Main 2007.

11 Vgl. Colin Crouch, Das befremdliche Überleben des Neoliberalismus, Berlin 2011.

12 Vgl. Philipp Heimberger/Jakob Huber/Jakob Kapeller, The power of economic models: the case of the EU's fiscal regulation framework, Socio-Economic Review, mwz052, https://doi.org/10.1093/ser/mwz052

13 Vgl. Abb. 22 in Ötsch u.a. 2013, 244.

Die Erfahrungen aus der Großen Rezession dämpfen aktuelle Erwartungen nach einem raschen Ende des Neoliberalismus. Es ist im Detail zu untersuchen, welche der vier genannten Bereiche sich wirklich verändert haben (bzw. verändern könnten). Dabei ist auch zu erkennen, wie tief und wie weit das Denken «des Marktes» vorgedrungen ist – auch im Bereich der Sozialdemokratie und bei den Grünen. Im Feld der Wirtschaftswissenschaften sind kleine Veränderungen im Gange, ein Übergang zu Theorien, die das Denken «des Marktes» fundiert kritisieren und durch neue Sichtweisen ersetzen, erfolgt nur in Randbereichen. Im öffentlichen Diskurs sind neoliberale Slogans in den Hintergrund getreten: Alte Sichtweisen, so scheint es, spielen keine Rolle mehr. Aber das war 2008 und 2009 auch der Fall. In der Politik der meisten Länder wurde das marktfundamentale Denken nicht verändert oder durch neue Personen ersetzt. Angela Merkel hat in der Finanzierung der Staaten neue Positionen bezogen und zugleich fordert der deutsche Wirtschaftsminister neue «Flexibilisierungen» am Arbeitsmarkt. Insbesondere die Handlungsweisen der Zentralbanken demonstrieren ein ungebrochenes Machtsystem. Die Fed ist immer noch in der Lage, akkordiert und begleitet von anderen großen Nationalbanken, den globalen Dollarmarkt zu managen. Mehr noch: Es scheint, als ob die Regeln des globalen Kapitalismus neu geschrieben werden. Jetzt wird mit unvorstellbar großen Summen nicht nur der Finanzsektor, sondern die gesamte Wirtschaft «gerettet». Aktuell werden die Anleihen einzelner Firmen aufgekauft, um ihre Liquidität zu verbessern (ähnlich das Pandemic Emergency Purchase Programme der EZB). Die Nationalbanken bestimmen jetzt auf neue Weise die Spielregeln von Risiko auf Finanzmärkten und sichern direkt das Überleben einzelner großer Konzerne. Sie agieren nicht mehr technisch, sondern direkt politisch. In diesem Prozess erlangen sie eine neue Macht, die sie vorher nicht besessen haben. Eine Folge ist, dass die Börsenkurse (nach einem großen Einbruch in der ersten Märzhälfte) wieder steigen – sie sind von den düsteren Konjunkturprognosen scheinbar entkoppelt (aber das kann sich noch ändern). Insgesamt ist nicht erkennbar, vor allem nicht auf der operativen Handlungsebene, wie und in welcher Weise marktfundamental geprägte Eliten in der Wirtschaft, in den Wirtschaftswissenschaften, in der Politik und in den Medien deutlich an Macht verloren haben.

Und was kann kommen?

Nach der Coronakrise ist eine Situation wie nach der Großen Krise denkbar (und in gewissem Ausmaß realistisch): der Einfluss marktfundamental bzw. neoliberal geprägter Kreise könnte steigen. Es könnte sein, dass die genannten Eliten gestärkt aus dem Corona-Schock herausgehen. Ihre «Antwort» wäre allerdings – das kann vermutet werden – nicht wie nach 2008 ein Angriff auf den Sozialstaat, sondern auf die Demokratie selbst. Der (marktfundamentale) Neoliberalismus, der ja auch eine Form des Liberalismus ist, würde sich dabei vollends vom politischen Liberalismus, der historisch Freiheits- und Menschenrechte gebracht hat, trennen. Was droht (und in manchen Ländern schon auf dem Weg ist) ist eine neue Form eines autoritären Kapitalismus. Trump, Johnson und Bolsonaro streben dieses Ziel an. Ungarn unter Viktor Orbàn sollte für Österreich und Deutschland eine Warnung sein, wie schnell eine Demokratie substanziell ausgehöhlt werden kann. Zwei Schlüsselelement in diesem Szenario sind ein neuer Überwachungsstaat und die endgültige Akzeptanz eines demokratiefeindlichen Rechtspopulismus durch die konservativen politischen Eliten auch in Deutschland.

Aber die Zukunft ist ungewiss und im Prinzip (auch aus erkenntnistheoretischen Gründen) immer offen. Friday for Future und Black Lives Matter zählen zu den größten politischen Bewegungen der neueren Geschichte, vielleicht sind sie ein Indiz für eine neue globale Solidarität. Beide Bewegungen sind unerwartet entstanden und demonstrieren eine neue Politisierung auch einer jungen Generation. Offensichtlich befinden wir uns in einer politischen Situation, in der sich das Blatt sogar kurzfristig nach vielen Seiten wenden kann. Ein positives Szenario für die Zukunft betont die Möglichkeiten, die in der aktuellen Situation liegen. Die Politik hat (in einer weltweiten Übereinstimmung) Belange der Gesundheit der Bevölkerung vor die kurzfristigen Interessen wirtschaftlich Mächtiger gestellt. Die neue Handlungsmacht der Politik demonstriert, über welche Möglichkeiten die Politik tatsächlich verfügt und immer verfügt hat. Diese Erfahrung kann als Evidenz genommen werden, dass die behauptete Dominanz «des Marktes» über «die Politik» immer nur eine Ideologie gewesen ist. In der Coronakrise hat niemand gesagt, es gäbe keine Alternative und «die Politik» könne angesichts «der Globalisierung» nichts tun. Die Frage ist, ob und wie es gelingt, diese Handlungsmacht auf andere Ziele auszurichten, wie eine Verringerung der Ungleichheit in den Vermögen, eine Erhöhung der Qualität von Arbeitsbeziehungen oder eine Minderung der ökologischen Krisen. Dazu brauchen wir eine neue politische Phantasie, die das neoliberale Denkverbot, über Alternativen und Utopien nachzudenken, selbstbewusst durchbricht. Die Politik muss sich – im Abtrainieren jahrzehntelanger Versäumnisse – einem neuen Zukunftsdiskurs stellen. In einem positiven Szenario sind die nächsten Jahre von einem heftigen Streit gekennzeichnet, was ein gutes Leben ausmacht und was eine menschenfreundliche Wirtschaft auszeichnet. Um das umzusetzen, müssen neue Bewegungen und neue Institutionen entstehen. Zentral sind die Krisen der Umwelt. Vielleicht geschieht ein Wunder und das Ärgste kann noch abgewendet werden.

Was uns rettet, sind die Restposten des alten Sozialstaats

Von Isolde Charim[1]

Wir alle würgen derzeit an dem, was schwer zu bewältigen ist. Als Gesellschaft, die auf Bewältigung geeicht war. Als Individuen, die darauf gepolt waren, alles zu bewältigen. Oder bewältigen zu müssen. Wir würgen einzeln und kollektiv. In dieser Situation kristallisiert sich etwas heraus: Wenn diese Epidemie eine spirituelle Dimension hat – und das hat jede existentielle Bedrohung –, dann ist es die, dass wir eines Glaubens verlustig gehen. Des Glaubens an den Markt.

Denn eines zeigt sich gerade in der Krise deutlich: Der Markt kann das nicht regeln. Der Markt mit seinem Credo: Privatisieren. Mit seinem Credo: Deregulieren. Mit seinem Credo: Sparen. Dieser ganze Marktglaube mitsamt seinem siegesgewissen Marktsubjekt fällt der Epidemie zum Opfer. Oder ist zumindest drastisch erschüttert. Und keiner kann sagen, ob er in der «neuen Normalität» überleben wird. Ob er nach dem Schockmoment wieder auferstehen wird. Noch gieriger als zuvor.

Denn keiner weiß wirklich etwas über die Post-Corona-Welt: ob es diese überhaupt geben wird. Und wie sie aussehen wird. Was man aber sehen kann – das sind die Veränderungen, die diese Pandemie bereits jetzt bewirkt hat. Die Krise ist wie ein Kontrastmittel: Sie dringt in die Hohlstellen der Gesellschaft ein und macht diese Hohlstellen sichtbar.

1.) Sie hat die neoliberale Logik zumindest unterbrochen. Es ist ein Umschalten von unhinterfragtem Streben nach Profit als einzigem Gesellschaftsziel zum Erhalt von Leben. Zumindest in der ersten Phase. Ein Umschalten vom Dogma des Nulldefizits auf «koste es, was es wolle.» Ein Umschalten vom siegesgewissen Zugriff auf die Welt hin zur Erfahrung einer Verletzlichkeit. Klassenübergreifenden. Auch wenn die Folgen der drastischen Maßnahmen die Menschen je nach sozialer Lage völlig unterschiedlich treffen. Ein Umschalten von gnadenloser Konkurrenz auf Rücksicht. Zumindest derzeit. Und auch nur innerhalb der

1 Keynote bei einer Diskussion des Renner-Instituts am 24. April 2020, in gekürzter Form in der Kleinen Zeitung am 12. Mai 2020 veröffentlicht.

eigenen Grenzen. Und ganz zentral: Unsere Vereinzelung hat sich verändert. Aus der triumphalistischen neoliberalen Vereinzelung ist eine Vereinzelung der Schutzbedürftigkeit geworden.

2.) Die zweite Lektion, die uns diese Epidemie – teilweise brachial – gegeben hat: Der öffentliche Sektor kann mit Epidemien besser umgehen als der private. Öffentliche Krankenhäuser sind privaten in solchen Situationen weit überlegen. Das mussten Länder wie Italien, Spanien oder England bitter erfahren. Der Markt erweist sich als ungeeignet für solche gesellschaftlichen Aufgaben. Mehr noch: Privatisierungen rächen sich jetzt ebenso wie das Aushungern des Gesundheitswesens. «Corona hat das wahre Ausmaß der törichten, neoliberalen Vernachlässigung des öffentlichen Sektors aufgedeckt» (Jan Zielonka).

Diese drastische Rehabilitierung des öffentlichen Bereichs geht einher mit einer regelrechten Konversion: Vom Glauben an den Markt zum – zaghaften – Glauben an den Staat. Derzeit haben wir das Umschalten von Marktdominanz auf politisches Kommando erlebt. Und das Umschalten des Politikmodus von Konsens auf Entscheidung. Das war in der akuten Situation notwendig. Die zentrale Frage aber ist: Was ist das für ein Staat, der da wiederkehrt?

Das ist genau der Moment, nachdrücklich etwas in Erinnerung zu rufen: Das gute Krisenmanagement hierzulande baut auf dem auf, was hier schwer erkämpft wurde: dem öffentlichen Gesundheitswesen. Zumindest dem, was davon noch übrig ist. Es zeigt sich, wie relevant solche sozialen Errungenschaften sind: Wir zehren noch heute davon. Von deren Resten. Das was uns heute rettet, das sind die Restposten des alten Sozialstaats.

Deshalb wäre die Lektion:

Es braucht Bereiche, die auf Dauer – also über die Krise hinaus – dem Markt entzogen werden. Wie die medizinische Versorgung. Es braucht eine dauerhafte gesellschaftliche Renaissance vom Konzept des öffentlichen Guts. Also Güter, die dem Markt entzogen werden. Güter, die nicht nach Profit geregelt werden. Das wird auch bei einer zukünftigen Impfung ein drängendes Thema. Es braucht eine Renaissance von Konzepten des Gemeinwohls. Kurzum – der Staat, der da wiederkehrt, müsste ein Staat der Daseinsvorsorge sein. Dazu braucht es Präventionen. Und Konjunkturprogramme. Schutz und Unterstützung. Freiheit und Gleichheit. All dies bräuchte aber eine politische Kraft, einen politischen Willen, der das durchsetzt. Ein Virus allein schafft das nicht.

3.) Dritte Lektion: In dieser Zeit haben wir ganz nachdrücklich erfahren, was «systemrelevant» bedeutet. Wir haben das sozusagen hautnah erfahren (auch wenn «hautnah» sehr alte Normalität ist). Systemrelevant sind jene, die uns durch diese Krise getragen haben. Jene, ohne die wir ungepflegt, unversorgt, unbeliefert geblieben wären. Jene, für die man um 18 Uhr geklatscht hat. Von den Balkonen, Fenstern, Vorgärten aus. Das war wie das Bild, wie die Szenerie der neuen gesellschaftlichen Differenz.

Alle versuchen mitzuwirken, um das Virus einzubremsen. Der Unterschied ist: Die einen müssen sich dazu – viel beklagt – zurückziehen. Aber die anderen müssen draußen bleiben. In einer Zeit, in welcher die Außenwelt zum Feindesland wird, wo jeder Einkauf zu einer Expedition gerät mit Schutzmaterial und Spießrutenlauf. Wo jeder, dem man begegnet Träger des «Bösen» sein kann – völlig unabhängig von seiner Intention. In so einer Zeit verläuft die gesellschaftliche Differenz zwischen Schutz und Exposition. Also zwischen jenen, die sich schützen können und jenen, die sich der Gefahr exponieren müssen. Wobei es noch komplizierter ist: Denn beide Seiten leisten einen gesellschaftlichen Beitrag. Aber die einen, indem sie sich (und andere) dabei schützen – und die anderen, indem sie sich exponieren (und andere damit möglicherweise auch gefährden). Eindeutigkeit war gestern.

Die Letzteren, meist angesiedelt im Niedriglohnbereich, sind nun zu Systemerhaltern geworden. Zu Garanten der gesellschaftlichen Infrastruktur. Das ist allen plötzlich bewusst geworden. Die Krise hat diese Übersehenen sichtbar gemacht. In dem Moment, wo man auf gesellschaftlichen Gebrauchswert, also auf Nützlichkeit umgeschalten hat, haben sie eine neue Wertschätzung erfahren. So hat man etwa die Supermarktarbeiter geehrt – von der Kassiererin bis zum Regaleinschlichter. Aber was hatte es für diese real zur Folge? Eine österreichische Supermarktkette etwa kündigte laut ein 15. Gehalt zum Dank an. Tatsächlich belief sich dieses auf 150.- Euro. In Gutscheinen. Und das in einer Situation, wo die Supermärkte das Geschäft ihres Lebens machen.

Der ganzen Gesellschaft ist klar geworden, was systemrelevant bedeutet. Und welcher Vorkehrungen es auch mit Blick auf die Zukunft bedarf, um gewappnet zu sein gegen das, was sich jederzeit wieder ereignen kann. Damit das Unerwartete nicht unvorhergesehen ist. Aber das würde eine Übersetzung brauchen: Die symbolische Anerkennung müsste sich in eine reale übersetzen – in die Realität der Arbeitsbedingungen ebenso wie in die der Löhne. In die angemessene Sicherung der gesellschaftlichen Infrastruktur. «Infrastruktursozialismus» nennt das der Soziologe Sighard Neckel. Aber ist das in Sicht? Wird sich unsere neue Erkenntnis, was «systemrelevant» bedeutet, übersetzen? Etwa in eine Existenzsicherung?

Die erfolgten Veränderungen der letzten Wochen sind durchaus ambivalent: Kann denn die Erfahrung von Schwäche wirklich emanzipatorisch sein? Wie werden sich die Subjekte mit dieser Erfahrung von Verletzlichkeit in der wohl drastischen ökonomischen Situation, die nun folgen wird, behaupten? Ist das Umschlagen von Marktdominanz auf politisches Kommando ein Fortschritt? Der politische Effekt dieser Pandemie wird enorm sein – aber nicht notwendig progressiv. Wir wissen nur, was die Geschichte lehrt: Seuchen waren nie moralische Besserungsanstalten aus denen die Menschen geläutert, und die Welt verbessert hervorgingen. Nur verändert. Oder anders gesagt: Die Rückkehr des Sozialen muss ein politisches Projekt sein.

Wie kann eine fortschrittliche Arbeitsmarktpolitik angesichts von Corona aussehen?

Von Iris Woltran und Dennis Tamesberger[1]

Im März 2020 erreichte die Covid-19-Pandemie Österreich. Durch den virusbedingten Lockdown der Wirtschaft und des gesamten sozialen und gesellschaftlichen Lebens, veränderte sich die Situation am österreichischen Arbeitsmarkt schlagartig. Österreich erlebte den höchsten Arbeitslosigkeitsanstieg in der 2. Republik.

Problematisch ist, dass bei dieser Krise – anders als noch bei der Finanzmarkt- und Wirtschaftskrise 2008/2009 – sämtliche Branchen österreichweit betroffen sind. Es ist zu vermuten, dass unzählige Arbeitsplätze gänzlich verloren gehen werden und auch bestimmte, besonders vulnerable Personengruppen wie etwa Jugendliche, Migrant*innen, Ältere und Menschen mit gesundheitlichen Problemlagen auch nach dem Lockdown in Arbeitslosigkeit verbleiben werden und sich somit eine weitere strukturell bedingte Arbeitslosigkeit verfestigen könnte. Ebenso ist mit einer spürbaren Erhöhung der Langzeitarbeitslosigkeit zu rechnen.

Die Arbeitsmarktpolitik nimmt angesichts der Covid-19-Pandemie eine zentrale Schlüsselrolle ein. Sie sichert und stabilisiert Einkommen von Familien, verhindert Armut, verbessert Arbeitsmarktchancen und stabilisiert die wirtschaftliche Nachfrage. Dieser Bereich ist jedoch seit geraumer Zeit verbesserungswürdig. Die Arbeitsmarktpolitik weist Lücken bei der Existenzsicherung, beim Förderwesen und bei der Administration im personellen Bereich auf. Auch ist sie zunehmend weniger in der Lage Arbeitslosigkeit zu senken. Als integraler Bestandteil der Wirtschafts- und Sozialpolitik hat sie Einfluss auf das Arbeitsangebot, kann aber auch direkt Jobs fördern bzw. schaffen und somit Nachfrage generieren. Seit den 1990er-Jahren hat sich Österreich von der experimentellen Arbeitsmarktpolitik und von der Zielsetzung der Vollbeschäftigung verabschiedet. Dieser Paradigmenwechsel rächt sich in Rezessionen und vor allem aktuell in der Corona-Wirtschaftskrise. Die österreichische Bundesregierung hat bis jetzt auch keine Arbeitsmarktoffensive gestartet, die die Arbeitsmarktpolitik grundlegend weiterentwickeln würde. Es stellt sich somit die Frage, wie eine fortschrittliche Arbeitsmarktpolitik angesichts der Corona-Wirtschaftskrise aussehen kann.

1 Für die wissenschaftliche Assistenz danken wir Denisa Husic.

Dieser Beitrag versucht erste Eckpunkte einer fortschrittlichen Arbeitsmarktpolitik zu skizzieren und orientiert sich an einer allgemeinen Bewertung durch Dingeldey[2]. Im Hinblick auf die Bewertung der Arbeitsmarktförderung in Deutschland wurden hier folgende vier Zieldimensionen zur Beurteilung einer fortschrittlichen Arbeitsmarktpolitik herausgefiltert:

1. Die Förderung von Aus- und Weiterbildungsmaßnahmen bei Arbeitslosigkeit.
2. Ein universeller Rechtsanspruch auf entsprechende Fördermaßnahmen bzw. auf die Vermittlung angemessener und dauerhafter Beschäftigung.
3. Transfer- und Erwerbseinkommen jenseits der Armutsgrenze für alle Bürger*innen.
4. Eine hohe Arbeitsmarktteilhabe auch von benachteiligten Gruppen sowie die Verringerung sozialer Ungleichheit quasi als Outcome dieser Maßnahmen.

Ausgehend von diesen normativen Zieldimensionen wird in diesem Beitrag die Problemlage am österreichischen Arbeitsmarkt als Folge der Corona-Wirtschaftskrise beschrieben und skizziert wie eine fortschrittliche Arbeitsmarktpolitik, sowohl in Bezug auf die passiven Leistungen als auch in Bezug auf die aktive Arbeitsmarktpolitik reagieren kann.

Auswirkungen der Covid-19-Pandemie auf den Arbeitsmarkt

Durch den Lockdown der Regierung zur Eindämmung der Covid-19-Pandemie erlebte der österreichische Arbeitsmarkt sowohl angebotsseitig als auch nachfrageseitig einen Schock. Hinzu kommt, dass die Lockdown-Maßnahmen nicht nur national, sondern fast gleichzeitig auch international getätigt wurden. Dies hat die kleine offene Volkswirtschaft Österreich besonders getroffen. Innerhalb von nur wenigen Tagen wurden fast 200.000 Menschen als arbeitslos vorgemerkt. Im März 2020 wurden in Österreich rund 560.000 Arbeitslose (rund 504.350 Arbeitslose und 58.180 Schulungsteilnehmer*innen) registriert (+52,5% gegenüber dem Vorjahr). Die Arbeitslosenquote stieg um 4,8 Prozentpunkte stark an und betrug im März 12,3%. In den Folgemonaten verlangsamte sich der Anstieg.

2 Irene Dingeldey, Mehr als 50 Jahre Arbeitsförderungsgesetz: Die Entwicklung der deutschen Arbeitsmarktpolitik als Fortschritt oder Rückschritt? in: Momentum Quarterly 2020/9, 2020.

Im April waren rund 571.000 und im Mai rund 517.000 Menschen arbeitslos. Auch im internationalen Vergleich[3], war der Arbeitslosigkeitsanstieg in Österreich trotz Kurzarbeit besonders stark, was auf die Kündigungswelle im Tourismus, auf den schwachen Kündigungsschutz und die zögerliche Konjunkturpolitik der Bundesregierung zurückzuführen ist.

Einen anderen Blickwinkel bietet die Betrachtung der Beschäftigungsentwicklung, die andeutet wie viele Menschen ihren Job verloren haben oder nicht wie üblich, saisonbedingt aufnehmen konnten. Im März 2020 waren 186.974 Menschen weniger unselbstständig beschäftigt als noch im Vorjahr. Mit -41,2% waren die stärksten Beschäftigungsrückgänge im Tourismus zu verzeichnen. Fast die Hälfte des gesamten Beschäftigungseinbruchs war auf die Tourismusbranche zurückzuführen. Dies hat mehrere Gründe: zum einen hat es saisonale Ursachen, da der Wintertourismus frühzeitig beendet wurde, der Kündigungsschutz in dieser Branche schwach ausgeprägt ist und es hier noch kaum Erfahrungen mit dem Kurzarbeitsmodell gegeben hat.

Den zweithöchsten Beschäftigungsrückgang gab es in der Erbringung von sonstigen wirtschaftlichen Dienstleistungen (-12,2%), wo vor allem die Arbeitskräfteüberlassung hohe Beschäftigungseinbußen hatte. Aber auch die Baubranche hatte einen deutlichen Rückgang zu verzeichnen mit 10% weniger Beschäftigte als im Vorjahr.

In den Folgemonaten veränderte sich das Bild durch die schrittweisen Lockerungen, wo z.B. die Baubranche ihre Tätigkeiten wieder voll aufnehmen konnte. Im Mai hatten zwar noch immer die Beherbergung und Gastronomie die höchsten Beschäftigungsrückgänge, aber an dritter Stelle war bereits der Kulturbereich. Da viele Betriebe im Kunst- und Unterhaltungsbereich nicht öffnen konnten, war der Beschäftigungsrückgang mit -12,6% im Mai erheblich. Dies sind um über 5.000 Kulturbeschäftigte weniger als im Vorjahr.

Interessanterweise verfestigt sich ein Beschäftigungszuwachs in zwei Branchen: nämlich im Gesundheits- und Sozialwesen und im Informations- bzw. Kommunikationsbereich. Auch wenn es nach drei Monaten zu früh ist, um von einem Trend zu sprechen, scheint es plausibel, dass die Coronakrise einen Strukturwandel beschleunigt und zukünftig vor allem Jobs in diesen zwei Bereichen entstehen werden.

Die unterschiedliche Betroffenheit der Branchen spiegelt sich auch in der unterschiedlichen Betroffenheit von Bevölkerungsgruppen wider. So war der Be-

3 OECD, OECD Economic Outlook, June 2020, http://www.oecd.org/economic-outlook/ (25.6.2020), 2020 a.

schäftigungsrückgang bei ausländischen Staatsangehörigen (-71.908 bzw. -9,2%) in % deutlich stärker ausgeprägt als bei Inländer*innen (-114.016 bzw. -3,9%). Dies ist vor allem auf den segregierten Arbeitsmarkt in Österreich zurückzuführen, wo beispielsweise der Anteil an ausländischen Beschäftigten im Tourismusbereich besonders hoch ist. Während Männer im März noch stärker betroffen waren als Frauen, war der Beschäftigungsrückgang im April zwischen den Geschlechtern fast ausgeglichen. Ein deutlicher Unterschied ist nach rechtlichem Status festzustellen. So war der Beschäftigungsrückgang im März ausschließlich und im April überwiegend auf Arbeiter*innen (-12%) zurückzuführen. Unter Angestellten und Beamt*innen fiel der Beschäftigungsrückgang mit -0,8% relativ gering aus. Laut WIFO[4] entfielen 9 von 10 der verloren gegangenen Jobs auf Arbeiter*innen. Dies verdeutlicht nicht nur eine unterschiedliche Betroffenheit nach Branchen, sondern auch eine ungleiche Absicherung am Arbeitsmarkt und ein ungleicher Zugang zu beschäftigungserhaltenden Maßnahmen, wie der Kurzarbeit, die offensichtlich Arbeiter*innen seltener gewährt wurde.

Von früheren Wirtschaftskrisen ist umfassend bekannt, dass junge Menschen die ersten sind, die ihre Jobs verlieren, keinen Einstieg in den Arbeitsmarkt finden und entsprechend rasch die Arbeitslosigkeit unter Jugendlichen steigt. So war es auch in den ersten Monaten von Corona. Bei jungen Menschen unter 25 Jahren betrug der Beschäftigungsrückgang im April -8,8%, bei Personen im Haupterwerbsalter waren es -5,6% und bei den über 55-Jährigen ist die Anzahl der Beschäftigten sogar leicht gestiegen. Erste Prognosen[5] für den Jugendarbeitsmarkt in Österreich gehen davon, dass sich die Lage noch weiter zuspitzen wird, wenn der aktuelle Schuljahrgang auf den Arbeitsmarkt trifft. Demnach wird sich die Jugendarbeitslosenquote im Jahresdurchschnitt fast verdoppeln, rund 20.000 junge Menschen werden zusätzlich auf Jobsuche sein und rund 7.500 Lehrstellen werden abgehen, wenn politisch nicht rechtzeitig gegengesteuert wird. Nach dieser Problemskizze versuchen die folgenden Kapitel zu erläutern, wie die Arbeitsmarktpolitik darauf reagieren kann.

4 Julia Bock-Schappelwein/Rainer Eppel/Ulrike Huemer/Walter Hyll/Helmut Mahringer, Covid-19-Pandemie: Rückgang der Beschäftigung und Anstieg der Arbeitslosigkeit halten im April an, https://www.wifo.ac.at/jart/prj3/wifo/resources/person_dokument/person_dokument.jart?publikationsid=65983&mime_type=application/pdf (25.6.2020)

5 Johann Bacher/Dennis Tamesberger, Corona: Wieder die Gefahr einer verlorenen Generation? https://awblog.at/corona-gefahr-verlorene-generation/ (27.5.2020)

Existenzsicherung für Arbeitslose zukunftsfit machen

Die monetäre Sicherung im Falle von Arbeitslosigkeit hängt von einer Fülle von Faktoren ab. Zentral ist jedoch die Höhe der Nettoersatzrate und natürlich das davor bezogene versicherungspflichtige Einkommen. Ebenso wirken sich die Bezugsdauer, die Familienkonstellation, etwaige Sanktionsmöglichkeiten bzw. Bezugssperren und die Anzahl an Versicherungszeiten, – die benötigt werden, um überhaupt einen Leistungsanspruch zu erwerben – auf die finanzielle Absicherung bei Arbeitslosigkeit aus. Fest steht, dass in diesem Bereich des Sozialstaats an mehreren Stellschrauben gedreht werden könnte, um die monetäre Sicherung im Falle von Arbeitslosigkeit zu verbessern, um diese armutsfest und menschenwürdig auszugestalten. In diesem Kapitel wird insbesondere auf die Höhe der Nettoersatzrate beim Arbeitslosengeld Bezug genommen.

Das Risiko, arbeitslos zu werden, wird in Österreich in erster Linie durch die Arbeitslosenversicherung abgefangen. Jede unselbstständig erwerbstätige Person und jeder*jede freie Dienstnehmer*in, der*die ein Einkommen über der Geringfügigkeitsgrenze erzielt, ist in der Arbeitslosenversicherung pflichtversichert. Generell erfolgt die monetäre Absicherung in Form des Arbeitslosengeldes bzw. der nachfolgenden Notstandshilfe. Die Höhe des Arbeitslosengeldes ist abhängig vom vorangegangenen Erwerbseinkommen und im Falle eines Anspruchs auf Familienzuschläge von der Familiengröße. Als Grundbetrag gebühren täglich 55 % des täglichen Nettoeinkommens (u.U. zzgl. eines Ergänzungsbetrages bis max. 60 bzw. 80% des täglichen Nettoeinkommens). Die maximale Bezugsdauer hängt von der Dauer der versicherungspflichtigen Beschäftigung vor der Antragstellung und vom Alter der arbeitslosen Person ab. Sie beträgt jedenfalls 20 Wochen und kann sich auf bis zu 52 bzw. 78 Wochen (nach Maßnahmen der beruflichen Rehabilitation) erhöhen. Im Anschluss besteht Anspruch auf Notstandshilfe. Diese Leistung ist etwas niedriger als das Arbeitslosengeld und kann generell unbegrenzt gewährt werden.[6]

Positiv ist, dass generell durch die Möglichkeit des unbegrenzten Bezugs der Notstandshilfe eine längerfristige Sicherung für Arbeitslose gewährleistet werden kann. Problematisch ist jedoch, die im Schnitt viel zu geringe monatliche Leistungshöhe.

6 AK, Sozialleistungen im Überblick 2020, Lexikon der Ansprüche und Leistungen, 2020, https://www.sozialleistungen.at/buch (27.5.2020)

Angesichts einer zu geringen Nettoersatzrate in der Höhe von 55% des täglichen Nettoeinkommens, ist es nicht verwunderlich, dass die durchschnittlichen Leistungshöhen von Arbeitslosengeld und Notstandshilfe weit unterhalb der sogenannten Armutsgefährdungsschwelle liegen.

Im Jahr 2019 betrug das durchschnittliche Arbeitslosengeld rund 980 Euro pro Monat und die Notstandshilfe rund 810 Euro netto.[7] Beide Beträge unterschreiten die aktuelle Armutsgefährdungsschwelle. Diese betrug laut Statistik Austria im Jahr 2019 (bezogen auf die Einkommenslagen 2018) 1.286 Euro pro Monat (zwölf Mal pro Jahr) bei einem Einpersonenhaushalt.

Darüber hinaus erhöht sich mit zunehmender Dauer der Arbeitslosigkeit das Risiko armuts- oder ausgrenzungsgefährdet zu werden. Einkommen und etwaige Ersparnisse sind bereits aufgebraucht und die monatlich zufließende soziale Sicherung ist nicht existenzsichernd.

Im Jahr 2019 waren 45% der ganzjährigen Arbeitslosen bzw. 81.000 Personen armutsgefährdet. Das bedeutet, dass diese Menschen in einem Haushalt mit einem Nettoeinkommen unter der sogenannten Armutsgefährdungsschwelle lebten. Bei kürzerer Arbeitslosigkeit – bis zu fünf Monaten – war das Risiko einkommensarm zu sein, wesentlich geringer und lag bei rund 16%. Im Schnitt sind rund 13% der gesamten Bevölkerung armutsgefährdet. Man sieht also, dass auch bei einer kurzen Arbeitslosigkeitsdauer überdurchschnittlich hohe Armutsquoten vorliegen.

Betrachtet man die gesamte Gruppe der Armuts- oder Ausgrenzungsgefährdeten, so waren sogar 130.000 Personen bzw. 72% aller ganzjährigen Arbeitslosen von Armuts- oder Ausgrenzungsgefährdung betroffen. Diese Gruppe umfasst Personen, auf die mindestens eines der folgenden Kriterien zutrifft: Armutsgefährdung oder keine/sehr niedrige Erwerbsintensität[8] im Haushalt oder erheb-

7 AMS, Übersicht über den Arbeitsmarkt, Mai 2020.

8 Ein Haushalt mit geringer Erwerbsintensität schöpft weniger als 20% seines Erwerbspotenzials aus – berechnet auf Grundlage aller 18 bis 59-jährigen Personen im Haushalt (ohne Studierende).

liche materielle Deprivation[9].[10] Bei dieser sehr umfassenden Armutsdefinition wird auch offenbar, dass bereits bei kürzeren Arbeitslosigkeitsepisoden von bis zu fünf bzw. elf Monaten eine stark erhöhte Armuts- oder Ausgrenzungsgefährdung von 20 bis 51% vorliegt.

Dies verdeutlicht, dass Arbeitslosigkeit und somit die massiven Einkommenseinbußen für Familien Armut und soziale Ausgrenzung zur Folge haben. Angesichts der Covid-19-Pandemie und der stark gestiegenen Arbeitslosigkeit würde dies bedeuten, dass ohne eine wesentliche Verbesserung der monetären Existenzsicherung viele Haushalte bei länger andauernder Arbeitslosigkeit von Armut betroffen sein werden.

Falls das Arbeitslosengeld und die Notstandshilfe nicht angehoben werden, kann laut unseren Berechnungen[11] davon ausgegangen werden, dass die Anzahl der Armutsgefährdeten allein unter den Arbeitslosen um bis zu 20.000 Menschen heuer noch steigt. Wenn die Langzeitarbeitslosigkeit zeitversetzt, z. B. 2021 bzw. 2022, stärker ansteigt, wird die Zunahme an armutsgefährdeten Menschen dramatisch sein. Dies sollte mit allen Mitteln verhindert werden. Einmalzahlungen[12] (rund 450 Euro pro arbeitsloser Person) wie von der Regierung realisiert, führen zu keiner nachhaltigen Verbesserung der sozialen Sicherung und sind somit nur ein kleiner Wermutstropfen für arbeitslose Menschen. Darüber hinaus ist nicht anzunehmen, dass alle durch die Covid-19-Krise arbeitslos gewordenen Menschen in kurzer Zeit wieder eine neue Arbeit finden werden. Einige werden auch noch im Jahr 2021 und darüber hinaus mit Arbeitslosigkeit konfrontiert sein.

9 Europäischer Mindestlebensstandard: Erhebliche materielle Deprivation wird bei Zustimmung zu mindestens vier von neun Aussagen über die Leistbarkeit von Gütern/Bedürfnissen für den Haushalt festgelegt. Der Haushalt kann sich Folgendes nicht leisten: regelmäßige Zahlungen in den letzten zwölf Monaten rechtzeitig zu begleichen; unerwartete Ausgaben bis zu 1.240 Euro zu finanzieren; die Wohnung angemessen warm zu halten; jeden zweiten Tag Fleisch, Fisch (oder entsprechende vegetarische Speise) zu essen; einmal im Jahr eine Woche auf Urlaub zu fahren; einen Pkw; eine Waschmaschine; ein Fernsehgerät; ein Festnetztelefon oder Handy.

10 Statistik Austria, Pressemitteilung: 12.247-087/20, https://www.statistik.at/web_de/statistiken/menschen_und_gesellschaft/soziales/armut_und_soziale_eingliederung/123287.html (03.6.2020)

11 Dennis Tamesberger/Iris Woltran, Coronakrise erfordert Erhöhung des Arbeitslosengeldes, https://awblog.at/corona-erhoehung-arbeitslosengeld/ (03.6.2020)

12 Der Standard, https://www.derstandard.at/story/2000118051461/regierung-plant-450-euro-einmalzahlung-fuer-arbeitslose-spoe-blanker-hohn (17.6.2020)

Auch im internationalen Vergleich wird ersichtlich, dass Österreich im Hinblick auf die sogenannte Nettoersatzrate beim Arbeitslosengeld Nachholbedarf hat, denn Österreich liegt im unteren Bereich. Wesentlich höhere Sicherungsleistungen weisen Länder wie Belgien, Slowenien, Luxemburg oder Dänemark mit Nettoersatzraten von mehr als 80% auf. Österreich liegt mit einer Quote von 55% knapp hinter Estland und den Vereinigten Staaten. Von einer monetären Sicherung oder gar von einer Lebensstandardsicherung oder Existenzsicherung kann man bei diesen niedrigen Quoten jedoch kaum sprechen.

Entscheidend ist auch, wie sich die Höhe der Nettoersatzrate bei längerer Bezugsdauer verändert. Diese Entwicklung ist zentral für die soziale Absicherung von Menschen mit längeren Arbeitslosigkeitsphasen. In der Höhe der Nettoersatzrate nach Bezugsdauer wird ersichtlich, dass vor allem Luxemburg, Dänemark und Belgien über einen längeren Zeitraum bis zu 12 Monaten beachtlich hohe Nettoersatzraten im Falle von Arbeitslosigkeit aufweisen. In Österreich bleibt, die bereits jetzt sehr niedrige Nettoersatzrate zwar stabil, sinkt jedoch auch um rund vier Prozentpunkte auf 51% (aufgrund der etwas geringeren Notstandshilfe) bei längerer Arbeitslosigkeit ab. In Deutschland erfolgt eine massive Reduktion der Leistung von 60 auf 22%. Dies kann auf den Übergang in die wesentlich geringere und bedürftigkeitsgeprüfte «Hartz IV»-Leistungen zurückgeführt werden. Dramatisch ist natürlich, das massive Absinken der Nettoersatzrate auf 17 bzw. 8% in Großbritannien bzw. in den Vereinigten Staaten zu bewerten. Für die Analyse der Existenzsicherung im Falle von Arbeitslosigkeit ist somit neben der generellen Höhe der Leistung auch die Bezugsdauer des jeweiligen Leistungsniveaus entscheidend. Es ist wichtig, dass ein existenzsicherndes Leistungsniveau z.B. in der Höhe von 75% über einen längeren Zeitraum bzw. bestenfalls für die gesamte Dauer der Arbeitslosigkeit garantiert wird. Dies ist auch im Hinblick auf armutsfeste Leistungen im Falle von Arbeitslosigkeit entscheidend.

Welche Nettoersatzrate würde ein armutsfestes Arbeitslosengeld gewährleisten?

Um das durchschnittliche Arbeitslosengeld über die Armutsschwelle (1.286 Euro netto) zu heben haben wir drei Varianten berechnet. In der ersten Variante ist die Zielsetzung nur das durchschnittliche Arbeitslosengeld armutsfest zu machen, was eine Anhebung der Nettoersatzrate auf 72% voraussetzen würde. Da die Notstandshilfe jedoch nur rund 92 des Arbeitslosengeldes beträgt, würden jene Arbeitslosen mit Notstandshilfe erneut unter der Armutsschwelle abgesichert sein. Die Variante 2 versucht daher sowohl das Arbeitslosengeld als auch die Notstandshilfe über die Armutsschwelle zu heben. Hierfür wäre eine Anhebung der Nettoersatzrate beim Arbeitslosengeld auf 78% notwendig. Die Dritte ist eine mittlere Variante, wo die Nettoersatzrate auf 75% angehoben wird. Dabei wäre das Arbeitslosengeld über der Armutsschwelle und die Notstandshilfe sehr nahe an der Armutsschwelle.

Würde man die österreichische Nettoersatzrate beim Arbeitslosengeld um rund ein Drittel (genau 36%) von 55 auf 75% (Variante 3) erhöhen, so entstünden zusätzliche Kosten von rund zwei Mrd. Euro pro Jahr.[13]

Bei den Kosten muss jedoch berücksichtigt werden, dass Menschen mit einem geringen Einkommen dieses gänzlich zur Bestreitung ihres Lebensunterhalts benötigen. Somit fließt ein großer Teil dieser monetären Sicherung in Form von Steuern und Sozialversicherungsbeiträgen wieder in das soziale Sicherungssystem zurück. Diese Win-win-Situation würde somit den Betroffenen, der Wirtschaft und natürlich auch dem Sozialstaat zugutekommen.

Aktive Arbeitsmarktpolitik weiterentwickeln

Entsprechend den Zieldimensionen einer fortschrittlichen Arbeitsmarktpolitik sollte eine aktive Arbeitsmarktpolitik vor allem Aus- und Weiterbildung fördern und auch eine hohe Arbeitsmarktteilhabe für alle Bevölkerungsgruppen gewährleisten.

Aus- und Weiterbildung ist das ureigenste Instrument der aktiven Arbeitsmarktpolitik, da sie sowohl Arbeitnehmer*innen- als auch Arbeitgeber*inneninteressen abdeckt. Für Arbeitsnehmer*innen kann Weiterbildung die individuellen Arbeitsmarktchancen verbessern und zu einem selbstbestimmten Leben beitragen. Für Arbeitgeber*innen bedeutet Höherqualifizierung von Arbeitslosen bzw. von Mitarbeiter*innen, dass eine höhere Anzahl von benötigten Fachkräften zur Verfügung steht und die Produktivität gesteigert wird. Um Aus- und Weiterbildung stärker zu fördern, braucht es in Österreich zwei Strategien. Erstens eine Anhebung des AMS-Förderbudgets. Die AMS Qualifizierungs-Förderungen pro Arbeitslosen sind die letzten Jahre zwar leicht gestiegen,[14] aber im Vergleich

13 Differenz zum erhöhten (+36%) Tagsatz für Arbeitslosengeld/Notstandshilfe (Jd. 2019) lt. AMS Arbeitsmarktdaten bezogen auf alle Arbeitslosen (inkl. Schulungsteilnehmer*innen) per Mai 2020 hochgerechnet auf ein Jahr bzw. für ein Monat.

14 Die AMS-Geschäftsberichte sind nur bis 2018 verfügbar.

zu den Jahren 2012 und 2011 rückläufig. Angesichts der besonderen Betroffenheit von Jugendlichen sollte vor allem das Budget für die Erstausbildung im Rahmen der überbetrieblichen Lehrausbildung aufgestockt werden. Will man dem prognostizierten Lehrstellenmangel entgegenwirken, müssten das Angebot an überbetrieblichen Lehrausbildungsplätzen um 7.500 Lehrstellen im Herbst 2020 aufgestockt werden. Die zweite Strategie sollte in der Etablierung eines Rechtsanspruchs auf Weiterbildung liegen. Derzeit gibt es eine Vielzahl an geförderten Weiterbildungsinstrumenten, aber primär werden sie von Menschen mit höherer Bildung genutzt (Matthäus-Effekt). Außerdem stehen Bildungskarenz und Bildungsteilzeit vor allem jenen offen, die eine fixe Stelle haben. Jenen, die häufiger ihren Arbeitgeber wechseln, haben diese Möglichkeit selten. Der Vorschlag der Arbeiterkammer[15] wäre daher die Etablierung eines Rechtsanspruchs, der gewährleistet, dass innerhalb von 15 Jahren insgesamt 36 Monate Aus- und Weiterbildung absolviert werden können. Wichtig dabei ist, dass der Rechtsanspruch auch gegenüber dem Arbeitgeber gilt, womit Arbeitnehmer*innen eine Freistellung für die Ausbildung analog zur Elternteilzeit durchsetzen können.

In Hinblick auf die Zieldimension der Teilhabechancen hat das Instrument Kurzarbeit seit Corona neue Perspektiven eröffnet. Das von den Sozialpartnern entwickelte Corona-Kurzarbeitsmodell ist sowohl für Arbeitnehmer*innen als auch Arbeitgeber*innen attraktiv und am Höhepunkt wurden für fast 1,4 Mio. Arbeitnehmer*innen Kurzarbeitsanträge eingebracht. Der Umstand, dass Anfang Juni nur rund 2,5 Mrd. € von den 12 Mrd. € Kurzarbeitsbudget ausbezahlt wurden, verdeutlicht, dass das Corona-Kurzarbeitsmodell vor allem eine sozial-psychologische Signalwirkung hatte. Durch dieses staatliche Signal nahmen viele Betriebe Abstand von Kündigungen und Arbeitsplätze wurden erhalten. Vergleichsrechnungen zeigen, dass bei einer maximalen Arbeitszeitverkürzung (-90%) Kurzarbeit dem Staat um ca. 100 € pro Monat mehr kostet also die Kosten bei Arbeitslosigkeit. Wird die Arbeitszeit jedoch weniger reduziert, z.B. nur um 20% ist die Kurzarbeit für den Staat günstiger als Arbeitslosigkeit zu finanzieren.[16] Vor diesem Hintergrund sollte eine fortschrittliche Arbeitsmarktpolitik Modelle entwickeln, die Arbeitszeitverkürzung und die Schaffung von Arbeitsplätzen ermöglicht.

15 AK, Qualifizierung neu finanzieren, Weiterbildungschancen gerechter verteilen, https://wien.arbeiterkammer.at/interessenvertretung/meinestadt/arbeiten/Qualifizierungsgeld.pdf (27.5.2020)

16 Jürgen Figerl/Dennis Tamesberger/Simon Theurl, Corona Kurzarbeit – kostet unter dem Strich wenig und bringt viel https://awblog.at/corona-kurzarbeit/ (25.6.2020)

Angesichts der Massenarbeitslosigkeit braucht es darüber hinaus breit angelegte Beschäftigungsprogramme. In der ökonomischen Literatur werden vermehrt öffentliche Jobgarantien als Lösung angeführt. Die Grundidee ist dabei einfach: Es werden öffentliche oder gemeinnützige Arbeitsplätze anstatt von Arbeitslosengeld finanziert. Der Staat agiert als «employer of last resort», als letzter Nachfrager nach Arbeitskräften, für alle, die am «Markt» keine Arbeit finden. Der Sozialstaat kann als Gemeinschaftsprojekt erlebt werden, indem die Bürger*innen in die Wahl der geförderten Projekte einbezogen werden. Finanziert wird das zu einem Großteil mit dem Geld, das ansonsten für Sozialleistungen ausgegeben wird. Vergleicht man die «Passivkosten» pro Arbeitslosen mit den «Aktivkosten» pro Beschäftigten im Rahmen der Jobgarantie zeigt sich, dass durch höhere staatliche Rückflüsse (Sozialversicherungsbeiträge, Steuern) sich die Jobgarantie Großteils, nämlich zu ¾ selbst finanziert.[17] Wenn die österreichische Arbeitsmarktpolitik durch eine Jobgarantie der Verwirklichung des Rechts auf Arbeit einen Schritt näher kommt, wäre es zentral, dass sich die Jobgarantie an jene Personen richtet, die sie am dringendsten benötigen. Eine Jobgarantie für alle Langzeitarbeitslose würde zwei Zieldimensionen einer fortschrittlichen Arbeitsmarktpolitik vereinen. Nämlich die Armutsvermeidung, die unter Langzeitarbeitslosen besonders hoch ist, und die Arbeitsmarktteilhabe.

Ausblick

Der vorliegende Beitrag hat danach gefragt, wie eine fortschrittliche Arbeitsmarktpolitik vor dem Hintergrund der dramatischen Arbeitsmarktentwicklungen durch die Corona-Wirtschaftskrise aussehen kann. Aufgrund des Problemausmaßes sind kosmetische Veränderungen wie die von der Regierung gewährte Einmalzahlungen (rund 450 Euro pro arbeitsloser Person) nicht ausreichend. Auch wenn es bis jetzt nicht im Regierungsprogramm[18] verankert ist, sollte sich die Regierung Vollbeschäftigung und die Bekämpfung der Arbeitslosigkeit zum Ziel setzen. Daraus leitet sich eine ineinandergreifende Konjunktur- und Arbeitsmarktpolitik ab. Die hier präsentierten Eckpunkte einer fortschrittlichen Arbeitsmarktpolitik versuchen vor allem Transferleistungen armutsfest

17 Dennis Tamesberger/Simon Theurl, Eine Jobgarantie als Chance für Österreichs Langzeitarbeitslose, https://awblog.at/jobgarantie-als-chance-fuer-langzeitarbeitslose/ (03.6.2020)

18 Bundeskanzleramt, Zusammen für unser Österreich, Regierungsprogramm 2017 – 2022, https://www.bundeskanzleramt.gv.at/bundeskanzleramt/die-bundesregierung/regierungsdokumente.html (03.6.2020)

und einen Rechtsanspruch auf Aus- und Weiterbildung bei Arbeitslosigkeit zu gewährleisten, sowie Arbeitsmarktteilhaben für möglichst alle Bürger*innen zu ermöglichen. Damit würde dem Menschenrecht auf soziale Absicherung und auf Arbeit Rechnung getragen.

Konkret schlägt der Beitrag eine Anhebung der Nettoersatzrate des Arbeitslosengeldes auf 75% vor, was das durchschnittliche Arbeitslosengeld in Österreich über die Armutsschwelle und die Notstandshilfe sehr nahe an die Armutsschwelle heranführen würde. Unabhängig von der materiellen Absicherung, könnte die Anhebung des Arbeitslosengeldes zur Verbesserung der Verhandlungsmacht von Arbeitslosen, von allen Arbeitnehmer*innen und letztendlich der Gewerkschaft führen. Die Mehrheit der Bevölkerung, die nach wie vor die Arbeitnehmer*innen sind, würde wieder mehr Gehör bekommen. Damit würde der Warencharakter des Faktors Arbeit gemindert, indem Menschen davor bewahrt werden, zur Sicherung ihres Lebensunterhaltes unfaire Arbeits- und Lohnbedingungen zu akzeptieren. Auch hier hat die Coronakrise chronische Schwachstellen unseres Wirtschaftssystems – in der Fleischindustrie, in der Landwirtschaft, in der Paketzustellung – offengelegt, die es jetzt gilt zu korrigieren.

Der Rechtsanspruch auf Aus- und Weiterbildung scheint nicht nur wichtig um mehr Chancengleichheit zu erreichen, sondern auch um den Strukturwandel besser zu bewältigen. Beschäftigungszuwächse werden vermutlich auch in der Zukunft vor allem im Gesundheits- und Sozialwesen sowie im Informations- bzw. Kommunikationsbereich stattfinden. Arbeitslose für diese Bereiche umzuschulen bzw. höher zu qualifizieren wäre längerfristig sinnvoll. Eine berufliche Erstausbildung muss auch in Wirtschaftskrisen staatlich garantiert sein, was einen bedarfsgerechten Ausbau der überbetrieblichen Lehrausbildung erfordert.

Der Umstand, dass über eine Million Arbeitnehmer*innen positive Erfahrungen mit Kurzarbeit gemacht haben und gezeigt wurde, dass dadurch Arbeitsplätze erhalten werden können, sollte Anlass sein, Modelle zu entwickeln, bei denen die Arbeitsmarktpolitik eine generelle Arbeitszeitverkürzung fördert. Ein richtungsweisender Ansatz hierfür ist das Solidaritätsprämienmodell, bei dem das AMS Unternehmen fördert, die Arbeitszeit in der Belegschaft reduzieren und gleichzeitig arbeitslose Menschen eingestellt werden.

Vor dem Hintergrund der normativen Zieldimensionen einer fortschrittlichen Arbeitsmarktpolitik muss die Vermeidung von Langzeitarbeitslosigkeit höchste Priorität haben. Mit einer staatlichen Jobgarantie könnten hier Arbeitsplätze für Langzeitarbeitslose geschaffen werden, die dem Gemeinwohl dienen: Dabei könnten sowohl die sozialen Dienstleistungen in der Pflege, in der Kinderbetreuung und der öffentliche Verkehr ausgebaut werden, aber auch Tätigkeiten in der Kreislaufwirtschaft forciert werden.

Wenn Unsichtbares sichtbar wird

Prekäre Beschäftigung in Zeiten von Corona

Von Hansjörg Seckauer und Christine Stelzer-Orthofer

Im Zuge der Coronakrise geschah etwas, was sonst nur selten geschieht: Prekäre Lebens- und Arbeitsbedingungen rückten auf einmal ins Blickfeld der Öffentlichkeit. Unter dem «Brennglas» der Krise offenbarten sich gesellschaftliche Missstände, insbesondere im Niedriglohnsektor und bei atypischen Beschäftigungsverhältnissen. Primäre Anlassfälle hierfür waren in Deutschland Corona-Cluster in der Fleischindustrie und in Österreich gehäufte Ansteckungen im Logistikbereich.

Die Häufung in diesen Bereichen ist kein Zufall, sondern steht in Zusammenhang mit prekären Arbeitsverhältnissen, die europaweit durch Zeitarbeit oder Solo-Selbstständigkeit, unzureichenden Arbeitnehmerschutz und fehlende betriebliche Mitbestimmung gekennzeichnet sind. Vielfach gibt es Arbeit auf Abruf und in Spitzenzeiten wird auf Leiharbeiter*innen zurückgegriffen.[1] Die deutsche Fleischindustrie ist mittlerweile «zum Synonym für Ausbeutung, Lohndumping und soziale Verantwortungslosigkeit der Arbeitgeber geworden».[2] Gesetzliche Vorgaben und «freiwillige Selbstverpflichtungen» sind immer wieder umgangen worden, am Widerstand der Branche und ihrer Lobby oder an wirksamen Sanktionen gescheitert. Zudem wurden massive Verstöße bei Arbeitszeit- und Hygienestandards festgestellt.[3]

Vergleichbare Missstände wurden bei der Beschäftigung von Erntehelfer*innen in Österreich publik, zuletzt bei einem der größten Spargelbetriebe im Marchfeld (NÖ). Sei es beim Spargelstechen oder bei der Gurkerlernte: Die Arbeit ist in der Regel sehr schlecht bezahlt und auch gesundheitsgefährdend. Immer wieder liest man über «eklatante Hygienemängel bei der Unterbringung» sowie über «Arbeitszeiten, die an den ungezügelten Manchesterkapitalismus in der ersten Hälfte des 19. Jahrhunderts erinnern».[4] Teilweise arbeiten die Ernte-

1 Vgl. Bettina Haidinger: Logistik in Corona-Zeiten, www.wienerzeitung.at (7.7.2020)

2 Cathrin Becker: IAQ zum Corona-Hotspot Fleischindustrie: Selbstverpflichtung gescheitert, Pressemitteilung der Universität Duisburg-Essen (13.7.2020)

3 Vgl. ebd.

4 Alexander Behr: Gekommen, um ausgebeutet zu werden, www.derstandard.at (29.6.2020)

helfer*innen bis zu 13 Stunden täglich und das an sechs oder gar sieben Tage in der Woche.[5] Da sich angesichts dieser Bedingungen kaum Österreicher*innen hierfür finden (und von den Arbeitgeber*innen offenbar auch nicht wirklich nachgefragt werden), wird die Tätigkeit von migrantischen Saisonniers – vorwiegend aus Osteuropa – ausgeführt, die in den Corona-Monaten sogar eigens dafür eingeflogen wurden.[6]

Generell zeigt sich: Corona verbreitet sich dort am schnellsten, wo prekäre Wohn- und Arbeitsbedingungen herrschen. Vor allem Leiharbeiter*innen sind betroffen: «Diese Menschen wurden zu Seuchenvögeln gemacht, weil sie in einer Situation arbeiten mussten, wo die Verantwortlichen nicht darauf geachtet haben, dass entsprechende Hygienemaßnahmen und Richtlinien rigoros eingehalten werden», kritisiert Thomas Grammelhofer von der Gewerkschaft Pro Ge.[7]

Hier tritt ein Phänomen zutage, das als Präsentismus bezeichnet wird und schon länger Sorgen bereitet: So gaben etwa beim österreichischen Arbeitsgesundheitsmonitor 2009 42% aller unselbstständig Beschäftigten an, im vergangenen Halbjahr zumindest einmal krank zur Arbeit gegangen zu sein. Das waren vor allem Personen mit niedrig qualifizierter, einseitiger Tätigkeit, die unter Zeitdruck stehen, aus den Branchen Gesundheitswesen, Verkehr/Transport, Handel und Industrie/Gewerbe. Insbesondere bei Arbeiter*innen resultiert Präsentismus aus der Angst vor existenziellen Bedrohungen und Arbeitsplatzverlust. Generell gilt: Je problematischer und prekärer die Arbeitsbedingungen und Arbeitsverhältnisse sind, desto mehr scheuen Arbeitnehmer*innen davor zurück, sich krankzumelden.[8]

Prekarität

Das führt zu der Frage: Was versteht man konkret unter «prekär» bzw. prekären Arbeitsverhältnissen?

Prekär bedeutet wörtlich: widerruflich, unsicher, heikel. Im österreichischen Recht kennt man die auf das römische Recht zurückgehende Rechtsfigur des

5 Vgl. Stephanie Müller-Wipperfürth: Ausbeutung in der Erntearbeit: Was kann dagegen getan werden? A&W blog (20.7.2020)

6 Vgl. Behr, Ausgebeutet, 2020.

7 Zit. in: Ambra Schuster: Armut und schlechte Arbeitsbedingungen befeuern Corona, https://fm4orf.at (27.5.2020)

8 Vgl. Das Phänomen Präsentismus, www.gesundearbeit.at (14.7.2020)

Prekariums, auch Bittleihe oder Gebrauchsüberlassung genannt, als eine Sonderform der Leihe. Hierbei kann der Verleiher die Sache – im Unterschied zur normalen Leihe – jederzeit zurückfordern. Es handelt sich somit um eine widerrufbare Einräumung eines Rechts, aus der sich kein Rechtsanspruch ableitet, d.h. die Rechtsposition des Prekariumnehmers ist denkbar schwach.

Was bedeutet das umgelegt auf Beschäftigungsverhältnisse? Dem Soziologen Klaus Dörre zufolge gilt ein Erwerbsarbeitsverhältnis dann als prekär, wenn es über einem soziokulturellen Minimum nicht dauerhaft existenzsichernd ist und weder gesellschaftliche Integration und Anerkennung noch eine dauerhafte Lebensplanung ermöglicht.[9] Konkret handelt es sich zumeist um eine «Kombination aus Niedriglohn, fehlender oder eingeschränkter Sozialversicherung, unsicherer Beschäftigung und schwachem arbeitsrechtlichem Schutz».[10]

Man geht üblicherweise vom sogenannten Normalarbeitsverhältnis aus (Vollzeit, sozialversichert, unbefristet). Alles, was davon abweicht, gilt als «atypische Beschäftigung». Diese muss im Sinne der genannten Kriterien nicht prekär sein (manche atypisch Beschäftigte, z.B. Fußballer, verdienen sehr gut), birgt aber als minder geschützte Beschäftigung ein größeres Potenzial an Prekarität in sich.[11] Davon zu unterscheiden sind prekäre Arbeitsbedingungen wie schlechte Bezahlung, hoher Leistungsdruck oder hohe Gesundheitsrisiken. Diese können auch bei regulärer Beschäftigung auftreten, sie gehen aber, wie eingangs schon angedeutet, mit prekären Beschäftigungsverhältnissen regelmäßig Hand in Hand.[12]

Normalarbeitsverhältnis

Das, was wir heute «Normalarbeitsverhältnis» nennen, ist globalhistorisch betrachtet ein relativ junges Phänomen. Dieses hat sich in der ersten Hälfte des 20. Jahrhunderts konstituiert, zuerst in den USA und dann in Europa, und stellt auch heute noch in weiten Teilen der Welt, etwa im Globalen Süden, keineswegs die «Normalität» dar.

9 Vgl. Klaus Dörre: Prekarität. Ursachen und Folgen unsicherer Beschäftigung, in: kontraste Dezember 2008, S. 10.

10 Institut für Arbeitsmarkt und Berufsforschung, zit. in: Jörg Flecker: Arbeit und Beschäftigung. Eine soziologische Einführung, Wien 2017, S. 91.

11 Vgl. Flecker, Arbeit und Beschäftigung, S. 90f.

12 Vgl. dazu Marcel Fink/Manfred Krenn: Prekariat und Working Poor: Zum Verhältnis von Erwerbsarbeit und sozialer Inklusion in Österreich, in: Nikolaus Dimmel et al. (Hg.): Handbuch Armut in Österreich. Innsbruck 2014, S. 289ff.

Dass es überhaupt entstanden ist, lässt sich mit dem darin enthaltenen Kompromiss zwischen den beiden industriellen Klassen Kapital und Arbeit erklären. Dieser kam letztendlich zustande, weil das Lohnarbeitsverhältnis gegenüber dem Markttausch für beide involvierte Parteien eine Reihe von Vorteilen enthält. Die Unternehmen gewinnen dadurch die Kontrolle über den Arbeitsprozess und ein Weisungsrecht über die Arbeitenden. Sie können zudem die Arbeitskraft flexibel einsetzen, denn der Dienstvertrag muss im Vergleich zum Werkvertrag hinsichtlich der auszuführenden Tätigkeiten nicht im Detail spezifiziert sein. Für die Arbeitenden liegen die Vorteile einer festen Anstellung primär in der relativen Sicherheit von Beschäftigung und Einkommen, die ihnen eine gewisse Lebensplanung erlaubt, sowie in den davon abgeleiteten sozialrechtlichen Ansprüchen, die eine Existenzsicherung auch in Notlagen gewährleisten.[13]

Die konkrete Ausgestaltung des Lohnarbeitsverhältnisses ist eng verbunden mit der Entwicklung des Wohlfahrtsstaates und der industriellen Arbeitsbeziehungen. Diesbezüglich gab es hierzulande nach dem Zweiten Weltkrieg einen steten Ausbau, der Kreis der Leistungsbezieher*innen wurde erweitert, zahlreiche Sozialleistungen erfuhren Veränderungen zugunsten der Betroffenen und das Leistungsspektrum wurde sowohl in qualitativer wie in quantitativer Hinsicht ausgeweitet, etwa was familienrelevante Leistungen betrifft. Bezogen auf das Arbeitsverhältnis stechen v.a. die sukzessive Verkürzung der wöchentlichen Arbeitszeit sowie die Ausweitung des jährlichen Urlaubsanspruchs hervor. Mit dem Arbeitsverfassungsgesetz von 1973 wurden das kollektive Arbeitsrecht neu geregelt und erweiterte betriebliche Mitbestimmungsmöglichkeiten eingeführt.[14] Gesamt betrachtet hatte während der Nachkriegsjahrzehnte die stabile Verknüpfung von Lohnarbeit mit starken Schutzmechanismen (wie Pensionsansprüche, Arbeitslosengeld, Arbeits- und Kündigungsschutz) ein «Sozialeigentum» (Robert Castel) geschaffen, «das dem Großteil der Lohnabhängigen trotz fortbestehender Ungleichheiten zu einem respektierten Status in der Gesellschaft verhalf».[15]

13 Vgl. Flecker, Arbeit und Beschäftigung, S. 80.

14 Vgl. Emmerich Tálos: Sozialpolitik. Zwischen Expansion und Restriktion, in: Herbert Dachs, Peter Gerlich (Hg.): Politik in Österreich, Wien 2006, S. 629f.

15 Dörre, Prekarität, 2008, 11. Grundlegend dazu: Robert Castel: Die Metamorphosen der sozialen Frage. Eine Chronik der Lohnarbeit, Konstanz 2000, S. 236ff.

Atypische Beschäftigungsformen

Dieser Trend hielt allerdings nicht ewig an (obwohl manche damals davon ausgingen), ab Anfang der 1980er-Jahre geriet der Sozialstaat aufgrund geänderter sozioökonomischer Rahmenbedingungen «unter Druck». Tálos verweist in diesem Zusammenhang generell auf die Globalisierung und im Besonderen auf die Teilnahme Österreichs an der Wirtschafts- und Währungsunion der EU (Stichwort: Maastricht-Kriterien) ab 1995 sowie auf demografische Veränderungen in den Industriestaaten.[16]

Auch auf dem Arbeitsmarkt geriet um diese Zeit einiges in Bewegung: So ging die Vollbeschäftigungsphase, welche die 1960er- und 1970er-Jahre geprägt hatte, damals zu Ende. Seither haben wir uns daran gewöhnt, mit einem «Sockel» an Erwerbsarbeitslosen zu leben, der je nach Konjunkturlage einmal kleiner und einmal größer ist, sowie daran, auch selbst dieser Gefahr (mit individuell unterschiedlichem Risiko) ausgesetzt zu sein.

Neben dem Normalarbeitsverhältnis etablierte sich zudem eine Reihe neuer Beschäftigungsformen, die von diesem in verschiedener Hinsicht abweichen. Ursächlich hierfür waren nicht zuletzt Strategien der Unternehmen zur Steigerung der Flexibilität und zur Senkung der Kosten als Reaktion auf den intensiver gewordenen globalen Wettbewerb. Dieser Trend traf sich mit dem steigenden Bedürfnis mancher Beschäftigter nach mehr Autonomie und Flexibilität bei der individuellen Lebensgestaltung.[17]

Am weitesten verbreitet ist Teilzeitarbeit. Diese ist arbeitsrechtlich dem Normalarbeitsverhältnis weitgehend gleichgestellt. In der Regel erzielt man hier aber ein geringeres Einkommen, was insbesondere dann zum Problem werden kann, wenn man auf Leistungen der nachgelagerten Sicherungssysteme (z.B. auf Arbeitslosen- oder Krankengeld) angewiesen ist. Teilzeitarbeit betrifft knapp die Hälfte der weiblichen Beschäftigten (2019: 47,7%), bei den Männern ist die Quote mit aktuell etwas über 10% deutlich geringer. Die Teilzeitquote war lange Zeit im Steigen begriffen, blieb zuletzt, zwischen 2015 und 2019, aber relativ konstant bei insgesamt ca. 28%.[18]

Andere atypische Beschäftigungsformen sind weniger stark verbreitet. Relativ häufig ist noch die sogenannte geringfügige Beschäftigung, die vorliegt, wenn

16 Vgl. Tálos, Sozialpolitik, 2006, S. 630f.

17 Vgl. Martin Kronauer: Wieviel Sicherheit braucht Flexibilität? In: kontraste Dezember 2007, S. 10.

18 Quelle: Statistik Austria: Arbeitsmarkt, http://pic.statistik.at (9.7.2020)

man bei regelmäßiger Beschäftigung eine bestimmte Einkommensgrenze (2020: 460,66 Euro monatlich) nicht überschreitet. Geringfügig Beschäftigte sind grundsätzlich nur unfallversichert, können sich aber relativ günstig in der Pensions- und Krankenversicherung selbst versichern. Diese Art der Beschäftigung wird teilweise nebenberuflich oder ergänzend zu einer anderen Einkommensquelle ausgeübt, etwa von Studierenden oder Pensionist*innen.[19]

Befristete Beschäftigung sowie Leih- bzw. Zeitarbeit sind Kronauer zufolge typische Beschäftigungsverhältnisse im Dienste der sogenannten «externen Flexibilisierung». Damit ist gemeint, dass Unternehmen je nach Bedarf und Auslastung Arbeitskräfte entlassen oder neu einstellen. Die beiden Beschäftigungsformen erlauben es den Betrieben somit, Arbeitskräfte einerseits einer ausgedehnten Probezeit zu unterziehen und sie andererseits ohne kostspielige Abfindungen und Rechtsstreitigkeiten bei allfälligen Auftragsrückgängen oder Umstrukturierungsmaßnahmen wieder loszuwerden.[20] Zeitarbeit wird hierzulande von knapp 2% der Beschäftigten ausgeübt, davon drei Viertel Arbeiter*innen, der Rest Angestellte.[21] Ihre Zahl ist in den letzten Jahren stark gestiegen, insbesondere bei Arbeitnehmer*innen aus dem Ausland. Primäre Herkunftsländer sind Ungarn, Deutschland und Polen. Das Gros der Überlassungen erfolgt in Gewerbe und Industrie, dementsprechend hoch ist der Männeranteil, nämlich 77%.[22]

Das Ausmaß der Scheinselbstständigkeit, d.h. formaler Selbstständigkeit bei organisatorischer Abhängigkeit vom Auftraggeber, lässt sich nur schwer statistisch erfassen, da es hier jeweils einer arbeitsrechtlichen Beurteilung bedürfte. Dokumentiert ist hingegen die Zahl der sogenannten Neuen Selbstständigen. So werden Personen bezeichnet, die Einkünfte aus selbstständiger Tätigkeit erzielen, für die sie aber keine Gewerbeberechtigung benötigen. Darunter fallen z.B. Künstler*innen, freie Journalist*innen, Vortragende oder Psychotherapeut*innen. Ihre Zahl hat sich seit dem Jahr 2000 auf knapp 50.000 Personen mehr als verdoppelt. Deutlich zurückgegangen, auf knapp 16.000 Personen, ist hingegen die Anzahl der sogenannten «Freien Dienstnehmer*innen», seit diese Beschäfti-

19 In Deutschland etwa von rund einem Drittel der Minijobber (Quelle: Hans-Böckler-Stiftung, zit. in Flecker, Arbeit und Beschäftigung 2017, S. 86f).

20 Die zweite Strategie, die interne Flexibilisierung, meint, dass die Unternehmen eine gegebene Belegschaft flexibel einsetzen und entlohnen. Beide Optionen können auch kombiniert genutzt werden. Vgl. Kronauer, Sicherheit, 2007, S. 11.

21 Quelle: www.zeitarbeit-ooe.at (9.7.2020)

22 Quelle: https://oesterreich.orf.at (9.2.2017)

gungsform zwar nicht in arbeits-, aber in sozialrechtlicher Hinsicht dem Normalarbeitsverhältnis weitgehend angeglichen wurde.

Eine Verdichtung der Merkmale von Prekarität findet sich beim plattformbasierten Arbeiten. Crowdworking ist daher ein typisches Beispiel für Erwerbsarbeit mit einem hohen Prekarisierungsrisiko, da es keine Regelungen zu Entgelt, Arbeitszeit etc. gibt:

«Crowdwork ist eine Arbeitsorganisationsform, bei der Internetplattformen verwendet werden, um Organisationen oder Individuen Zugang zu einer undefinierten und unbekannten Gruppe von Personen zu ermöglichen, die auf dieser Plattform bestimmte Probleme lösen oder bestimmte Dienstleistungen oder Produkte im Austausch gegen Entgelt bereitstellen.»[23]

Aufgrund der fortschreitenden technischen und digitalen Möglichkeiten wird diese Art der Erwerbstätigkeit häufiger, auch wenn über die tatsächliche Ausbreitung dieser Arbeitsform kaum valide Daten verfügbar sind. Jedenfalls zeigt eine 2016 durchgeführte Online-Erhebung, dass etwa ein Drittel der österreichischen Befragten schon versucht hat, Arbeit über eine Online-Plattform zu finden. 18% waren mindestens einmal im Jahr als Crowdworker*in tätig. Fast ein Viertel der investierten Zeit beansprucht die Suche nach Aufträgen. Derzeit nutzt ein Großteil der österreichischen Crowdworker*innen die über Plattformen organisierte Arbeit als Zusatzeinkommen. Prekär sind diese Arbeitsverhältnisse vor allem für die – derzeit noch kleine – Gruppe, die ihr ohnehin niedriges Einkommen ausschließlich durch plattformbasiertes Arbeiten in der Gig-Economy sichern muss.[24]

Soziale Folgeerscheinungen

Insgesamt ist der Anteil atypisch Beschäftigter seit der Jahrtausendwende kontinuierlich gestiegen. Bei genauerer Betrachtung der absoluten Zahlen sieht man allerdings, dass die Anzahl der regulär Beschäftigten in etwa gleichgeblieben ist, der erzielte Beschäftigungszuwachs geht nahezu ausschließlich auf prekäre Beschäftigung zurück. Flecker hält es deshalb für falsch, von einer «Erosion des Normalarbeitsverhältnisses» zu sprechen, wiewohl er eine allgemeine

23 Warter, zit. in: Gerhard Bremm Gerhard/Mario Kalod: Die Problematik von Crowdwork im österreichischen Arbeitsrecht. in: WISO Heft 2/2017, S. 73.

24 Vgl. Sylvia Kuba: Crowdworker – Das neue Prekariat? in: WISO Heft 4/2016, S. 86-89.

Tendenz zur «Prekarisierung» der Arbeits- und Lebensverhältnisse durchaus erkennt.[25] Auch Redak et al. konstatieren einen derartigen Prozess. Prekarisierung sehen sie als eine Erosion des gesamten Niveaus sozialer Rechte, mit der eine Verunsicherung breiter Bevölkerungsschichten einhergeht, da von der konkreten Verschlechterung bestimmter Arbeits- und Lebensbedingungen eine Signalwirkung auf (noch) nicht Betroffene ausgeht.[26]

Diese Diagnose trifft sich mit der Konzeption des schon erwähnten französischen Sozialhistorikers Robert Castel. Ihm zufolge spalten sich die postfordistischen Arbeitsgesellschaften mittlerweile in drei Zonen mit jeweils unterschiedlichem Sicherheitsniveau: Die Mehrzahl der Beschäftigten befinde sich noch immer in einer «Zone der Integration» mit Normalarbeitsverhältnissen und einigermaßen intakten sozialen Netzen. Darunter breite sich eine «Zone der Verwundbarkeit» bzw. der Prekarität aus, die sich sowohl durch unsichere Beschäftigung wie auch durch erodierende soziale Netze auszeichnet. Am unteren Ende der Hierarchie entstehe eine «Zone der Entkoppelung», wo sich Personen ohne reale Chance auf eine Integration in den ersten Arbeitsmarkt befinden. Bei diesen paart sich der Ausschluss von regulärer Erwerbsarbeit mit relativer sozialer Isolation.[27] Das Abrutschen in nachgelagerte Zonen stellt dabei ein Drohpotenzial für alle anderen dar. Dies bewirkt einen Disziplinierungseffekt bei den Beschäftigten und lässt sie somit auch höchst problematische Arbeitsbedingungen und -verhältnisse hinnehmen.

Abstiegsängste und die Furcht vor Statusverlust bei Personen, die sich noch in «Normalbeschäftigung» befinden, sind laut Dörre durch empirische Forschungen hinreichend belegt, ebenso der angesprochene Disziplinierungseffekt. Dieser könne rechtspopulistische Tendenzen fördern, aber auch Auslöser einer neuen Arbeiterbewegung sein.[28] Von letzterer ist in unseren Breiten einstweilen nicht viel zu bemerken, der Zusammenhang zwischen Prekarisierung und Rechtspopulismus scheint hingegen evident: Einer qualitativen Studie zufolge sind neben wahrgenommenen Demokratiedefiziten ein allgemeines Unrechtsempfinden so-

25 Vgl. Flecker, Arbeit und Beschäftigung 2017, S. 85, 91.

26 Vgl. Vanessa Redak/Beat Weber/Stephanie Wöhl: Prekarisierung und kritische Gesellschaftstheorie, in: Kurswechsel 1/2008, o.S.

27 Vgl. Castel, Metamorphosen, 2000, S. 13ff.

28 Vgl. Dörre, Prekarität, 2008, S. 11.

wie Abstiegsängste, Ohnmachtsgefühle und mangelnde Anerkennung die Hauptgründe dafür, warum Menschen für rechte Propaganda empfänglich sind.[29]

Dies sollte zu denken geben, denn die Prekarisierungsforschung hat weiters erbracht, dass sich Prekarität bei den bereits Betroffenen sukzessive zu einer Lebenslage verfestigt, die zum einen durch materiellen Mangel, existenzielle Unsicherheit und ungünstige Arbeitsbedingungen, zum anderen durch Anerkennungsdefizite und schwindende Möglichkeiten zu einer längerfristigen Lebensplanung gekennzeichnet ist. Zwar gibt es Gruppen, für die flexible Beschäftigung einen Freiheitsgewinn darstellt, zumal sie über finanzielle Ressourcen und/oder Qualifikationen verfügen, die kaum Existenzängste aufkommen lassen. Für das Gros der prekär Beschäftigten trifft dies jedoch nicht zu.[30]

Ferner wird eine Verfestigung des sozialen Abstands «zwischen jenen, die im Wettbewerb um Statuspositionen ‹mithalten› können und jenen, die weiter zurückfallen», konstatiert.[31] Zwar bedeutet prekäre oder atypische Beschäftigung für viele eine Übergangsphase im Lebenslauf, z.B. was den Berufseinstieg oder die Familiengründungsphase betrifft, nicht wenige bleiben allerdings – ungewollt – in prekären Beschäftigungsformen «hängen». Dies betrifft insbesondere Frauen mit Betreuungspflichten. Atypische Beschäftigung kann insofern für manche ein «Sprungbrett» in ein Normalarbeitsverhältnis und für andere eine «Falle» darstellen, da durch einen längeren Verbleib in diesem Arbeitsmarktsegment der Übergang in eine reguläre Beschäftigung unwahrscheinlicher wird.[32] Je jünger und qualifizierter die prekär Beschäftigten sind, desto größer ist die Hoffnung und auch die Wahrscheinlichkeit, den Sprung in eine reguläre Beschäftigung zu schaffen. «Der Traum des Leiharbeiters ist es, Stammarbeiter zu werden.»[33] Da sich diese Perspektive nur für einen geringen Teil der Betroffenen realisiert, ist die Integrationskraft des Versprechens auf «Normalisierung» aber begrenzt.

29 Vgl. Jörg Flecker/Sabine Kirschenhofer: Die populistische Lücke. Umbrüche in der Arbeitswelt und Aufstieg des Rechtspopulismus am Beispiel Österreichs, Berlin 2007, S. 150ff.

30 Vgl. Dörre, Prekarität, 2008, S. 11.

31 Reinprecht, zit. in: Flecker, Arbeit und Beschäftigung, 2017, S. 93.

32 Vgl. Flecker, Arbeit und Beschäftigung, 2017, S. 89.

33 Dörre, Prekarität, 2008, S. 11.

Zuspitzung der Lage durch Corona

Durch die gestiegene Arbeitslosigkeit haben sich die Abstiegsängste in der Coronakrise sicherlich verschärft, ein reguläres, gesichertes Arbeitsverhältnis wird nun umso mehr als «Privileg» wahrgenommen, obwohl es nach wie vor den Regelfall darstellen sollte. Politische Auswirkungen im oben genannten Sinn konnten bislang nicht festgestellt werden – aber das kann sich schnell ändern, wie etwa das plötzliche Auftreten der sogenannten Gelbwesten-Bewegung («gilets jaunes») in Frankreich gezeigt hat.

Der Corona-bedingte Lockdown hat uns jedenfalls vor Augen geführt, wie unsicher und zerbrechlich ein Großteil der Erwerbskarrieren ist. Nicht nur atypische, sondern auch vermeintlich sichere und stabile Arbeitsformen bieten ohne staatliche Unterstützungen keine Existenzsicherung mehr, durch Erwerbsarbeit scheinbar abgesicherte Menschen wurden von heute auf morgen verwundbar. Insgesamt betrachtet waren – auch wenn sich die Situation mittlerweile entspannt hat – zwischenzeitlich bis zu 45% aller unselbstständigen Arbeitnehmer*innen in Österreich ohne Arbeit oder in Kurzarbeit. In etwa die Hälfte aller Selbstständigen in Österreich hat Anträge zur Unterstützung aus dem Härtefonds eingebracht. Härtefonds und Kurzarbeit haben zweifelsohne dazu beigetragen, die exponentielle Zunahme von Prekarität sowie Massenarbeitslosigkeit zu verhindern.

Maßnahmen zur Existenz- und Beschäftigungssicherung in der Krise

Die äußerst prekäre Arbeitsmarktsituation wurde durch das reaktivierte und leichter zugängliche Instrument der Kurzarbeit, das für bis zu 1,3 Millionen unselbstständig Beschäftigte beantragt wurde, entschärft. Diese erhalten, auch bei deutlich reduzierter Arbeitszeit, zwischen 80% und 90% des bisherigen Nettoentgelts. Kurzarbeit ist in Zeiten der Krise eine Win-win-Situation, sie ermöglicht erstens den betroffenen Unternehmen, ihr Stammpersonal auch in Zeiten von Stillstand und Einbußen zu halten, und zweitens den betroffenen Arbeitnehmer*innen, auch in Zeiten der Krise ihre Existenz zu sichern und ihren finanziellen Verpflichtungen nachzukommen. Die für Kurzarbeit zur Verfügung gestellten Mittel wurden sukzessive von ursprünglich einer Milliarde auf 12 Milliarden Euro erhöht.

Ferner wurde auch die ökonomische Situation jener Ein-Personen-Unternehmen, freien Dienstnehmer*innen und Kleinunternehmer*innen dramatisch, die durch ein quasi Beschäftigungsverbot nicht mehr in der Lage waren, (ausreichend) Einkommen zu lukrieren. Dies geht quer durch alle Branchen, gleichermaßen sind hier Kulturschaffende, Journalist*innen, Vortragende, Händler*innen, 24-Stunden-Betreuer*innen, Therapeut*innen, Friseur*innen, Fußpfleger*innen und viele andere Berufsgruppen betroffen. Für sie wurde der sogenannte Covid-19-Härtefallfonds eingerichtet, der jene Selbstständige unterstützt, die existenzbedrohende Einbußen bei ihren Einnahmen verzeichnen oder denen die Geschäftsgrundlage gänzlich weggebrochen ist. Bis Ende Mai wurden 285.000 Förderanträge beim Härtefonds eingebracht, das entspricht mehr als der Hälfte aller 490.000 Selbstständigen in Österreich. Die Mittel dafür wurden von ursprünglich einer Milliarde auf 4 Milliarden Euro aufgestockt. Nicht minder beträchtlich, nämlich mit bis zu 15 Milliarden Euro, ist der Corona-Hilfsfonds ausgestattet, der Kreditgarantien und Zuschüsse für laufende Fixkosten vorsieht. Ergänzend dazu wurde die Stundung von Steuerschulden ermöglicht, ebenso wie jene der Sozialversicherungsbeiträge. Auch die vorgezogene Senkung des Eingangssteuersatzes von 25 auf 20% für Einkommen zwischen 11.000 und 18.000 Euro p.a. rückwirkend mit 1. Jänner 2020 soll dazu beitragen, die Wirtschaft anzukurbeln. Kritisiert wird hier allerdings, dass besser Verdienende deutlich mehr von dieser Senkung profitieren als Bezieher*innen kleiner Einkommen.[34]

Diese hinsichtlich der Reichweite und des Budgets umfassenden Maßnahmen, die zur Liquiditätssicherung der Unternehmen, zur (teilweisen) Entschädigung von unternehmerischen Kosten und zur Verhinderung eines stärkeren Anstiegs von Arbeitslosigkeit und zur Existenzsicherung der breiten Masse beitragen, entziehen sich vorläufig einer konkreten makroökonomischen Wirkungsbewertung.[35] Zweifelsfrei sind sie unumgänglich, um Sicherheit zu vermitteln und Massenarmut zu verhindern. Zugleich geht die Erhöhung der öffentlichen Ausgaben bei reduzierten Einnahmen mit einem höheren Budgetdefizit und einer höheren Staatsschuldenquote einher. Erwähnenswert ist, dass die unter konservativer Dominanz stehende Regierung hiermit auf ein klassisches keynesianisches Politikinstrument, nämlich das sogenannte «deficit spending», zu-

34 Vgl. Marco Pühringer: Kleine Einkommen gehen leer aus: Schwarz-Grüne Steuerreform vergrößert Ungleichheit. https://kontrast.at/lohnsteuer-steuerreform-2020/ (10.7.2020)

35 Vgl. Thomas Czypionka et al.: Österreichs Wirtschaft in der Corona-Pandemie. In: Perspektiven der Wirtschaftspolitik 11(2) 2020, 132-145. https://www.degruyter.com/view/journals/pwp/ahead-of-print/article-10.1515-pwp-2020-0024/article-10.1515-pwp-2020-0024.xml (19.6.2020)

rückgreift, das von dieser Seite bislang vehement kritisiert und vorwiegend mit sozialdemokratischer Politik in Verbindung gebracht wurde. Dessen ungeachtet haben die Maßnahmen das Ausmaß der gesamtgesellschaftlichen Verwundbarkeit reduziert und eine soziale und ökonomische Katastrophe verhindert.

Monetäre Unterstützung von Arbeitslosen

Deutlich langsamer erfolgte die Einsicht der Bundesregierung, dass es sozial geboten und ökonomisch sinnvoll ist, auch arbeitslose Menschen in Corona-Zeiten besser zu unterstützen. Erst vehemente Zurufe von Arbeitnehmer*innen-Vertretungen und Opposition haben dies vorangetrieben.

Jene, die ihren Job ganz verloren haben, nicht wenige davon zählten schon vorher zur Gruppe der Prekarisierten, müssen vom Arbeitslosengeld bzw. der Notstandshilfe leben, die deutlich unter dem vorigen Verdienst liegen. In der Regel entspricht das Arbeitslosengeld 55% des vorherigen Nettoverdiensts, bei länger andauernder Arbeitslosigkeit reduziert sich der Ersatz bei der Notstandshilfe auf 52%. Meist ist es hier schwierig und zeugt von prekären Lebensbedingungen, mit etwa der Hälfte des bisher verfügbaren Einkommens für sich und die Familie Miete und Lebenshaltungskosten bestreiten zu müssen.

Einem internationalen Vergleich zufolge zählt Österreich zu jenen Ländern mit den niedrigsten Ersatzraten bei Arbeitslosigkeit. In Belgien und Dänemark liegen diese bei mehr als 80%, in den Niederlanden und in Schweden über 70%. OECD-weit betragen die Leistungen bei Arbeitslosigkeit im Schnitt immerhin 65%, d.h. um zehn Prozentpunkte mehr als in Österreich.[36] Novellierungen in den letzten 20 Jahren haben zur Schwächung der Absicherung im Falle von Arbeitslosigkeit geführt, der Zugang zu den Leistungen aus der Arbeitslosenversicherung wurde sukzessive erschwert und diese letztlich kontinuierlich gesenkt.[37] Ein neuerer Beleg zur restriktiveren passiven Arbeitsmarktpolitik ist die Ausweitung der Zumutbarkeitsbestimmungen 2019 durch die türkis-blaue Bundesregie-

36 Quelle: https://data.oecd.org/pinboard-editor/ (17.4.2020)

37 Die Kürzung der Nettoersatzrate auf 55% sowie die Kürzung der Familienzuschläge zum Arbeitslosengeld wurde beispielsweise im Jahr 2000 beschlossen. Vgl. Emmerich Tálos : Ein Jahrhundert Arbeitslosenversicherung in Österreich (1920 2020). In: WISO 43. Jahrgang, Nr. 2/2020, S. 35-52.

rung, welche die Voraussetzungen für den Bezug von Arbeitslosengeld regeln.[38]

Als Reaktion auf die von der SPÖ geforderte Erhöhung der Nettoersatzrate auf 70% hat sich die Bundesregierung nun für eine (antragslose) Einmalzahlung von 450 Euro mit Auszahlungstermin September 2020 entschieden, die wohl Erleichterung, aber keine substantielle Verbesserung für arbeitslose Menschen schaffen wird. Zudem steht diese nur jenen Arbeitslosen zu, die zwischen Mai und August 2020 mindestens zwei Monate arbeitslos waren. Arbeiterkammer, ÖGB und Opposition sprechen hier von «Alibiaktion» und «Almosen», da schon vor Corona-Zeiten Arbeitslosigkeit, Prekarität und Armutsgefährdung eng verknüpft waren. Dies gilt insbesondere auch dann, wenn die Suche nach einem neuen Job mehrere Monate und länger in Anspruch nimmt, was für nicht wenige der betroffenen Arbeitslosen in diesen Zeiten zu erwarten ist.

Daraus lässt sich ableiten, dass sich soziale Ungleichheit in der Krise verfestigt und ein Stück weit mit dem derzeitigen Kriseninstrumentarium fortgeschrieben wird. Auf der einen Seite werden (richtigerweise) jene vergleichsweise gut abgesichert, die ihre Stelle behalten können, auf der anderen Seite finden sich jene, die ihre ohnehin schlecht bezahlten und prekären Jobs zum Teil von heute auf morgen verloren haben und nun mit 55% des früheren Einkommens auskommen müssen.

Geplante Reform des Arbeitslosengeldes

Die vom grünen Vizekanzler im Juli 2020 ventilierten, noch nicht konkretisierten Vorschläge zur Reform des Arbeitslosengeldes sehen eine degressive Ausgestaltung vor, d.h. die Leistungen sollen am Anfang höher und im Laufe der Zeit gesenkt werden. Dieser Plan wird weder Arbeitslosigkeit per se reduzieren noch prekäre Arbeit verhindern helfen. Er erinnert vielmehr fatal an ähnliche Vorha-

38 Konkret geht es hier um die zumutbaren Wegzeiten, die bei einer Vollzeitbeschäftigung die tägliche Anreise zum Arbeitsplatz auf 2 Stunden und bei einer Teilzeitbeschäftigung auf 1 ½ Stunden erhöht wurden. https://www.arbeiterkammer.at/beratung/arbeitundrecht/Arbeitslosigkeit/Zumutbarkeit.html (20.6.2020)

ben im türkis-blauen Regierungsprogramm.[39] Argumentiert werden Leistungskürzungen in der Arbeitslosenversicherung regelmäßig mit der «Vermeidung von Beschäftigungshemmnissen» und der «Stärkung von Beschäftigungsanreizen», was einem generellen Missbrauchsverdacht geschuldet ist. Zwar plädiert mittlerweile selbst das neoliberale Institut «Agenda Austria» für eine temporäre Erhöhung des Arbeitslosengeldes, doch würde auch dieses Modell Armut und Prekarisierung von Lebens- und Arbeitsbedingungen vorantreiben, da nach einer kurzfristigen Erhöhung das bisherige Niveau der Leistungen sogar unterboten werden soll.[40] Mit zunehmender Dauer von Arbeitslosigkeit, die dann zur (sukzessiven) Reduzierung des Arbeitslosengeldes führt, würde die schon jetzt hohe Armutsgefährdung von arbeitslosen Menschen und ihren Familien ansteigen und in der Folge jeder Art von Prekarisierung Vorschub leisten. Inwieweit diese oben schon erwähnte drohende Abstiegsspirale zur Disziplinierung aller anderen Arbeitnehmer*innen bewusst in Kauf genommen wird, kann hier nicht entschieden werden. Von Nachteil ist eine derartige Situation für die Nachfrageseite am Arbeitsmarkt jedenfalls nicht.

Der rigorose Lockdown hat ferner die prekären Arbeitsbedingungen von Kleinunternehmen und Solo-Selbstständigen sichtbar gemacht. Hier wären Modelle und Maßnahmen zielführend, die zumindest eine überbrückende Existenzsicherung auch in schwierigen Zeiten ermöglichen. Zu diskutieren wäre, ob dies durch eine verpflichtende – und nicht wie derzeit kaum genutzte optionale – Einbeziehung in die Arbeitslosenversicherung für Selbstständige oder durch ein anderes Instrument am besten erreicht werden kann.

Was es aus arbeitsmarktpolitischer Sicht jedenfalls braucht, sind umfangreiche Maßnahmen der aktiven Arbeitsmarktpolitik. Dazu gehören spezifische arbeitsmarktpolitische Programme, die durch Ausbildung und Qualifizierung vor allem bislang prekär Beschäftigten und vulnerablen Gruppen neue Möglichkeiten er-

39 Vgl. Zusammen. Für Österreich. Regierungsprogramm 2017-2022, https://www.bundeskanzleramt.gv.at/documents/131008/569203/Regierungsprogramm_2017%e2%80%932022.pdf/ b2fe3f65-5a04-47b6-913d-2fe512ff4ce6 (20.6.2020). Darin wurde zudem die Abschaffung der Notstandshilfe ins Auge gefasst hatte, was von Kritiker*innen mit dem deutschen Hartz IV-Modell verglichen wird. Detaillierter dazu: Christine Stelzer-Orthofer/Denis Tamesberger: (2018): Die arbeitsmarktpolitische Agenda der schwarz-blauen Regierung: Symbolische Politik oder radikaler Umbau? In: WISO 41.Jahrgang, Nr.3/2018, S. 25-28.

40 Konkret wird davon gesprochen, die Nettoersatzrate von 55% auf 65% für die ersten 17 Wochen zu erhöhen, um diese dann schrittweise auf 45% absinken zu lassen. Zugleich soll die Notstandshilfe abgeschafft und durch ein (noch niedrigeres) Arbeitslosengeld bzw. die Mindestsicherung ersetzt werden. Vgl. Agenda Austria: Starthilfe für Österreichs Wirtschaft, https://www.agenda-austria.at/publikationen/starthilfe-fuer-oesterreichs-wirtschaft/ (28.6.2020)

öffnen – Stichwort «Corona-Stiftung». Zukunftsweisend sollte hier in die Kompetenzentwicklung für die Digitalisierungsoffensive sowie für die Energiewende investiert werden. Auch wird es notwendig sein, Beschäftigungsprogramme und Lohnsubventionen für jene Gruppen zu entwickeln, bei denen absehbar ist, dass sie längerfristig keine Chance am ersten Arbeitsmarkt haben.

Mindestlöhne und Kollektivverträge

Existenzsicherende Löhne und Gehälter sind ein maßgeblicher Beitrag dazu, Prekarität und Erwerbsarmut zu vermeiden. Mindestentgelte werden entweder branchenspezifisch (wie in Österreich mittels Kollektivverträge durch die Sozialpartner) oder durch gesetzliche Mindestlohnsysteme für alle (wie z.B. seit 2015 in Deutschland) festgelegt.[41] Zum Unterschied von Deutschland unterliegt nur ein ganz geringer Anteil der österreichischen unselbstständig Beschäftigten keinem Kollektivvertrag, der neben den jeweiligen Lohnuntergrenzen auch andere Mindeststandards, wie Kündigungsfristen, Arbeitszeitfragen, Urlaub etc. regelt. Unabhängig davon, ob ein universelles oder sektorales System umgesetzt ist, die Existenz von Mindestlöhnen bedeutet nicht automatisch, dass prekäre Lebens- und Arbeitsbedingungen vermieden werden können. Beispielsweise sind Erwerbstätige, die nicht einem Angestelltenverhältnis unterliegen (wie z.B. freie Dienstnehmer*innen oder Solo-Selbstständige) nicht erfasst und bleiben außen vor. Hier wäre allenfalls eine Erweiterung des Arbeitnehmer*innen-Begriffs anzudenken, auch wenn konkrete Konzepte dazu noch fehlen. Ferner führt der hohe Anteil der Teilzeitbeschäftigung – auch wenn eine kollektivvertragliche Einbindung vorliegt – zu einer hohen In-Work-Poverty-Rate.

Erst 2017 haben sich die Tarifpartner in Österreich auf eine schrittweise Umsetzung der Lohnuntergrenze in allen Kollektivverträgen von 1.500 Euro geeinigt, was in etwa einem Mindestlohn von 10,35 Euro pro Stunde entspricht.[42] Gesetzliche und sektorale Mindestlöhne variieren europaweit nicht nur nominal, sondern auch in Bezug auf die jeweilige nationale Kaufkraft beträchtlich.

41 Vgl. Thorsten Schulten: Mindestlöhne und Mindestlohnregime im europäischen Vergleich. In: Rudolf Mosler/Walter J. Pfeil (Hg.): Mindestlohn im Spannungsfeld zwischen Kollektivvertragsautonomie und staatlicher Sozialpolitik. Wien 2016, S. 77-96.

42 Thorsten Schulten/ Malte Lübker: WSI-Mindestlohnbericht 2019. Zeit für kräftige Lohnzuwächse und eine europäische Mindestlohnpolitik. WSI Report, Nr. 46, Februar 2019 https://www.boeckler.de/wsi-mitteilungen_119223_119230.htm (9.5.2019)

Die niedrigsten Mindestlöhne finden sich in den neuen EU-Mitgliedsländern.[43] Hier schließt sich der Kreis zu den eingangs erwähnten problematischen Arbeitsbedingungen für Erntehelfer*innen, in der Fleischindustrie, in der 24-Stunden-Betreuung und dergleichen. Höhere Löhne im benachbarten EU-Ausland führen dazu, dass Erwerbstätige schlechte, unsichere und ungeregelte Arbeitsverhältnisse nicht nur in Kauf nehmen, sondern auch bewusst eingehen, da sie ein besseres Leben im Heimatland ermöglichen. Hier hat die europäische Mindestlohnpolitik anzusetzen, da ungeachtet dessen, dass nationale Mindestlöhne europaweit eher unterhalb der Niedriglohnschwelle (das sind zwei Drittel des jeweiligen Medianlohns) liegen, diese ein wichtiges Instrument gegen Lohndumping und für eine existenzsichernde Entlohnung darstellen, das es – wie die Coronakrise verdeutlicht hat – zu forcieren gilt.

Die Gefahr der zunehmenden Prekarisierung und Destabilisierung von Arbeitsverhältnissen und Lebenslagen sollte aufgrund der bisherigen Ausführungen keinesfalls unterschätzt werden, vielmehr sollte die Krise als Chance genützt werden, um Arbeitswelten zu demokratisieren, zu dekommodifizieren und nachhaltig zu gestalten.[44] Nicht zuletzt wird es auch an der Bereitschaft der Konsument*innen liegen, problematische Arbeitsbedingungen von anderen nicht zu ignorieren, sondern für unter fairen Konditionen hergestellte Produkte faire Preise zu bezahlen.

43 Vgl. ebd., S. 135-139.

44 Entsprechende Vorschläge finden sich in dem von maßgeblichen europäischen Wissenschafter*innen unterzeichneten Manifest «work: democratize, decommodify, remediate», https://democratizingwork.org/read/#deutsch (15.6.2020)

Covid-19 – Warnzeichen oder Weckruf?

Über die Sorglosigkeit des Kapitalismus und die «Systemrelevanz» des Sorgens

von Brigitte Aulenbacher

«Systemrelevanz», auf diesen sperrigen und doch breit verwendeten Begriff wurde die Bedeutung derjenigen Tätigkeiten gebracht, die sich als unverzichtbar erwiesen haben, um die Auswirkungen der durch Covid-19 ausgelösten Pandemie zu bekämpfen und das alltägliche Leben aufrechtzuerhalten. Sorge und Sorgearbeit gehören dazu. Diejenigen, die sie unter hohen Ansteckungsrisiken oder der Erschwernis des Social Distancing in Krankenhäusern, Pflegeheimen oder der Familie geleistet haben, durften sich einer Aufmerksamkeit erfreuen, die ihnen ansonsten nicht zuteil wird, weder in Form von öffentlichem Applaus noch Boni noch großem medialem Interesse. Bleibt dies eine Momentaufnahme oder kann Covid-19 nicht nur als Warnzeichen bezüglich des Zustands des Sorgens, sondern auch als Weckruf in Sachen Sorge und Sorgearbeit gesehen werden? Darum soll es hier in drei Schritten gehen. Nach einem Blick darauf, was Sorge und Sorgearbeit ist, wird ihre «Systemrelevanz» vor dem Hintergrund der Sorglosigkeit des Kapitalismus betrachtet, um schließlich anzusprechen, inwiefern Covid-19 ein Weckruf sein könnte.

Sorge und Sorgearbeit und das Ideal ihrer Lebensdienlichkeit

Unter Sorge und Sorgearbeit[1] werden all diejenigen Beziehungen, Tätigkeiten und Arbeiten verstanden, mit denen die Kontingenz (Ungewissheit) des Lebens bearbeitet wird. Leben ist in der weiten Spanne von Geburt bis Tod, angesichts von Hilfsbedürftigkeit, Krankheit und Gebrechlichkeit, aufgrund seiner immer gegebenen Verwundbarkeit, wie die Pandemie gerade zeigt, unwägbar und Menschen sind von Aufmerksamkeit über Betreuung, Ernährung, Pflege bis Zuwen-

1 Das hier entfaltete Sorgeverständnis stützt sich auf: Cornelia Klinger, Krise war immer … Lebenssorge und geschlechtliche Arbeitsteilung in sozialphilosophischer und kapitalismuskritischer Perspektive, in: Erna Appelt et al. (Hg.), Gesellschaft. Feministische Krisendiagnosen, Münster 2013, 81–104; Joan C. Tronto: Caring democracy. Markets, equality, and justice, New York 2013.

dung alltäglich und im Laufe ihres gesamten Lebens sorgebedürftig. Selbst- und Fürsorge sind daher unabdingbare Voraussetzungen des Lebens der Menschen, die als Beziehungswesen immer – wenngleich in manchen Phasen mehr, in manchen Phasen weniger – aufeinander angewiesen und voneinander abhängig sind.

Sorge und Sorgearbeit lassen sich als Beziehungen, Tätigkeiten und Arbeiten fassen, die idealerweise dem Leben um seiner selbst willen dienen sollen. Zugleich bedürfen Sorgebeziehungen besonderer Umsicht, wenn sie lebensdienlich gestaltet werden sollen, da sie nur bedingt auf Gegenseitigkeit beruhen, die eine Seite also in der Regel mehr oder anderes gibt, als die andere Seite. Sie sind machtanfällig, insofern der Umgang mit Abhängigkeiten nicht per se sorgsam erfolgen muss, sondern in Bevormundung oder Gewalt umschlagen kann, wie jüngst der Anstieg häuslicher Gewalt einmal mehr gezeigt hat. Schließlich können sie selbstbezogen verengt sein, also vor allem das wahrnehmen, was nah ist, im gegebenen globalen Herrschafts- und Ungleichheitsgefüge z.B. vor allem die Gefährdungen durch Corona, weniger diejenigen durch Ebola, die Sorgebelange der in Österreich in der sogenannten 24-Stunden-Betreuung Betreuten, nicht gleichermaßen diejenigen der Betreuer*innen in ihren Herkunftsländern.

Sorge und Sorgearbeit stellen somit Grundvoraussetzungen des Lebens und Zusammenlebens bereit. Ihre lebensdienliche Ausgestaltung ist jedoch eine Herausforderung eigener Art.

Die Sorglosigkeit des Kapitalismus und die «Systemrelevanz» des Sorgens

Das Ideal lebensdienlicher Sorge und Sorgearbeit ist unter gegebenen gesellschaftlichen Verhältnissen nicht ohne Weiteres verwirklichbar. Es lassen sich Spannungen und Widersprüche ausmachen, von denen hier nur wenige genannt seien.[2] Insbesondere die Vorstellung von Bedürftigkeit, Angewiesenheit, Abhängigkeit als Grundkonstellation des menschlichen Lebens widerspricht dem modernen Menschenbild und Fortschrittsverständnis, das im Kapitalismus in Verbindung mit der ihm eigenen ökonomischen Ordnung fortgeschrieben wird. Zwar geht es in diesem Menschenbild und Fortschrittsverständnis auch um die

2 Vgl. ausführlich: Brigitte Aulenbacher, Auf neuer Stufe vergesellschaftet: Care und soziale Reproduktion im Gegenwartskapitalismus, in: Karina Becker et al. (Hg.), Gespannte Arbeits- und Geschlechterverhältnisse im Marktkapitalismus: zwischen Emanzipation und Ausbeutung, Wiesbaden 2020, 125-147.

Bearbeitung der Kontingenz des Lebens, aber vorrangig in Gestalt ihrer Kontrolle und Beherrschung.

Die Vorstellung vom modernen Menschen räumt der Selbstsorgefähigkeit als Ausdruck der Beherrschung des eigenen Lebens Vorrang ein und macht Fürsorgebedürftigkeit begründungsbedürftig, z.B. in der Kindheit oder im Alter. Dabei variiert historisch und sozialräumlich (nicht zuletzt in Verbindung mit erwarteter Arbeitsfähig- und -willigkeit), wann Fürsorge und Fürsorglichkeit legitimerweise und damit gesellschaftlich akzeptiert beansprucht werden dürfen. Während die Corona-Party Ausdruck der Beherrschbarkeitsfiktion im Hinblick auf das Virus und das eigene Leben ist, sind die Appelle zur besonderen Fürsorglichkeit gegenüber den qua Alter definierten Covid-19-Risikogruppen Ausdruck ihrer Akzeptanz. Sorgeappelle in Bezug auf andere besonders gefährdete Gruppen wie etwa obdachlose Menschen waren deutlich seltener.

Die dem modernen Fortschrittsverständnis eigene Vorstellung, die menschliche und außermenschliche Natur wissenschaftlich-technologisch beherrschen zu können, setzt im Falle von Covid-19 auf Virologie und, in Verbindung mit wirtschaftlichem Wachstum, auf Impfstoffentwicklung, beides zweifelsohne wichtig. Sie setzt aber nicht gleichermaßen darauf, die menschliche und außermenschliche Natur von vornherein in sozial-ökologischer Weise sorgsam und lebensdienlich zu behandeln, um solche Gefährdungen möglichst erst gar nicht aufkommen zu lassen. Die hohe Wertschätzung der Arbeit in Wissenschaft und Technologie, sei es der Impfstoff, sei es die Robotik, zieht sich ebenso durch die Organisation der Sorge und der Sorgearbeit durch wie ihr Gegenstück, die ambivalente Wertschätzung – hohe ideelle, geringe materielle Anerkennung – der Fürsorglichkeit und Fürsorge in Gestalt der Arbeit am Menschen, etwa in der unmittelbaren Versorgung von Alten und Kranken. Die Linie zwischen beiden ist nicht ungebrochen, aber doch vergleichsweise stabil auch eine Linie entlang der gesellschaftlichen Arbeitsteilungen nach Geschlecht, Ethnie, Schicht, wobei auch die Einflussmöglichkeiten verschieden und ungleich verteilt sind. Wo beispielsweise Virolog*innen in der Covid-19-bezogenen Politikberatung zu Recht vergleichsweise stark zu Wort kommen, wird etwa den Altenpfleger*innen und Kinderpädagog*innen zu Unrecht, sind sie doch nicht minder, bloß anders involvierte Expert*innen, vergleichsweise wenig Stimme verliehen.

Der Kapitalismus schreibt aber nicht nur das moderne Fortschrittsverständnis fort, sondern ordnet Sorge und Sorgearbeit in ihm eigener Weise der Ökonomie unter. Drei Formen der Unterordnung des Sorgens lassen sich unterscheiden: Im Kern der (Privat)Wirtschaft wird, erstens, von Sorgeerfordernissen zugunsten der ökonomischen Belange weitgehend abgesehen, solange sie zumindest in funktionsnotwendigem Umfang anderweitig erfüllt werden (in Familie, Sozialstaat, sozialen Netzwerken etc.). Zweitens werden Sorge und Sorgearbeit für die kapitalistische Ökonomie in Dienst genommen, wenn beispielsweise Sozialinvestitionen in der OECD oder durch die Weltbank, die z.B. Armut und Ungleichheit bekämpfen oder die öffentliche Kinderbetreuung mit neuen bildungspolitischen Inhalten füllen sollen, zugleich und übergeordnet der Investition in Humankapital zur gegenwärtigen und zukünftigen Wirtschaftsentwicklung dienen oder wenn sie renditeorientiert erfolgen. Drittens werden Sorge und Sorgearbeit nach Maßgabe des kapitalistischen Fortschritts- und Wachstumsverständnisses in Wert gesetzt, z.B. haben wir es mit der Herausbildung von Sorgemärkten zu tun, seien es wachsende Märkte für Haushaltsdienstleistungen oder für Pflegeroboter, sei es die Verprivatwirtschaftlichung des Gesundheitssektors.

Im Kapitalismus wird gesorgt und sogar sehr gut gesorgt für diejenigen, die es sich leisten können, aber die Sorge um des Lebens willen und damit die lebensdienliche Selbst- und Fürsorge für alle Menschen haben in seiner ökonomischen Ordnung wenig Raum. In dieser Hinsicht ist die kapitalistische Ökonomie von einer Sorglosigkeit geprägt, die auch vor der Gefährdung und Vernichtung des Lebens nicht haltmacht. Die von Covid-19 ausgelöste Pandemie bietet – nicht nur in den USA oder Brasilien, wo diese Sorglosigkeit von den Regierenden geradezu zur Schau gestellt wird – reichlich Anschauungsmaterial dazu, wie Wirtschafts- vor Lebensdienlichkeit gestellt wird.

Unter den Vorzeichen von Covid-19 wertet die Rede von der «Systemrelevanz» Sorge und Sorgearbeit in gewisser Weise auf: Sie macht sichtbar, dass es ihrer nicht nur bedarf, um die Pandemie bewältigen, sondern auch um in dieser Gesellschaft leben zu können. Sorge und Sorgearbeit werden in ihrer Unverzichtbarkeit und ihrem Wert für das Gemeinwesen sichtbarer als sonst, und zwar aus verschiedenen Gründen: weil Außergewöhnliches geleistet wird, z.B. im Krankenhaus; weil sie wegbrechen, z.B. in der sogenannten 24-Stunden-Betreuung durch Grenzschließung, und plötzlich Sorgelücken aufscheinen; weil sie nicht ohne Weiteres leistbar sind, z.B. Homeschooling in sozial benachteiligten Familien, wodurch den Schulen wie den Kindern neue Probleme erwachsen. Die Beispiele ließen sich fortsetzen. Covid-19 hat in gewisser Weise den Wert der Sorge und der Sorgearbeit dort in das gesellschaftliche Bewusstsein gerückt, wo sie als unentgeltliche private Tätigkeiten oder als entgeltliche Arbeiten, die vielfach von Frauen oder von Migrant*innen verrichtet werden, oft nicht wertgeschätzt werden. Und die Pandemie hat mit Blick auf die Überforderung des Gesundheits-, Pflege-, Betreuungs- und Bildungswesen wie der Familie im Sinne eines Warnzeichens zugleich deutlich werden lassen, wie prekär Sorge und Sorgearbeit bereits sind.

Wirtschaftssubvention oder Sozial(staats)investition?

Die Pandemie ist in ihren möglichen Folgen für die Sorge und Sorgearbeit nicht losgelöst von der Entwicklung seit der Finanzkrise 2008/9 zu sehen. Jene erschütterte in ihrem kaskadenförmigen Verlauf[3] zuerst die Finanz-, dann die Realwirtschaft, beides abgefedert durch staatliche Subventionen, und schließlich infolge der damit verbundenen Staatsverschuldung wie darauf reagierender Austerität den sozialen Sektor. Es handelte sich im Rückblick zugleich um erhebliche Umverteilungen von unten nach oben, während Umgekehrtes – etwa durch Steuerpolitik in Bezug auf große Vermögen und Erbschaften – ausgeblieben ist[4]. Die mit Covid-19 verbundenen Herausforderungen haben Probleme verschärft, die seinerzeit bereits vorhanden waren oder hervorgebracht worden sind. Dazu gehören nicht zuletzt die Folgen der marktorientierten Rationalisierung von Sorgearbeit in der Privat- und Gemeinwirtschaft und im öffentlichen Sektor, die zulasten berufsethischer Standards guter Sorge und der Arbeitsbedingungen der Beschäftigten gegangen ist. Die Rede vom Pflegenotstand oder von Pflege im Minutentakt bringt dies seit Jahren auf den Punkt.

Vor diesem Hintergrund sind Sorge und Sorgearbeit seit rund einem Jahrzehnt zu einem umkämpften Feld geworden. Sozialer Protest gegen den Zustand des Sorgens und der Sorgearbeit zeigt sich in großer Bandbreite: von Streiks und der gewerkschaftlichen Forderung nach Arbeitszeitverkürzung im sozialen Sektor über die Entwicklung und Erprobung von alternativen Wohnformen und Sorgegemeinschaften bis hin zur grundlegenden Kapitalismuskritik mit der Forderung, die verkehrten Verhältnisse vom Kopf auf die Füße zu stellen und die Wirtschaft lebensdienlich statt das Leben wirtschaftsdienlich auszugestalten.

Mit diesen öffentlichen Auseinandersetzungen, aber auch ihrer Berücksichtigung in den Sustainable Development Goals der Vereinten Nationen sind Sorge und Sorgearbeit aus ihrem modernen und kapitalistischen Schattendasein bereits herausgetreten gewesen, als die Pandemie ihre «Systemrelevanz» hat sichtbar werden lassen. Die offene Frage ist, ob die durch Covid-19 ausgelöste Wirtschaftskrise in die nächste Krisenkaskade mündet, mit Wirtschaftssubvention, Staatsverschuldung, Austerität und weiteren Einbrüchen im sozialen Sektor. Oder werden die Warnzeichen ernstgenommen, dass an der Sorge und Sorgearbeit nichts mehr einzusparen ist, wenn sie im Sinne ihrer neu entdeckten «Sys-

3 Diese Beschreibung lehnt sich an an: Sylvia Walby, Crisis. Cambridge and Malden, 2015.

4 Vgl. Thomas Piketty, Das Kapital im 21. Jahrhundert. 7. Auflage. München, 2014.

temrelevanz» im funktionsnotwendigen Umfang erhalten bleiben und erst recht dann nicht, wenn sie darüber hinaus lebensdienlich ausgestaltet werden soll.

Ob die Warnzeichen gesehen und als Weckruf verstanden werden, wird sich nicht zuletzt daran bemessen lassen, wie Wirtschaftssubvention und Sozial(staats)investition dieses Mal ins Verhältnis gesetzt werden. Das globale Ausspielen von Prekaritäten, wenn etwa in spektakulären Einzelmaßnahmen rumänische Pflegekräfte eingeflogen werden, deren prekäre Arbeitssituation in ihrem Herkunftsland ausnutzbar ist, um die prekäre Sorgesituation in Österreich zu kaschieren, sind wohl kaum Wege einer zukunftsweisenden Problembearbeitung. Auch Wirtschaftssubventionen dürften nicht geeignet sein, eine Krisenkaskade zu vermeiden, wenn sie ohne Sozialbindung erfolgen, was nicht nur Arbeitsplätze, sondern auch Leistungen für das Gemeinwesen angeht – analog bzw. parallel zu ökologischen Auflagen, wie sie bezüglich des Klimawandels kapitalismuskritisch in die Diskussion gebracht werden.

Anders gesagt, die durch die Pandemie noch deutlicher sichtbar gewordenen Sorgelücken und -notstände sprechen dafür, sich gesellschaftlich neu darüber zu verständigen, welche Formen des Sorgens und der Sorgearbeit benötigt werden, wie sie bereitgestellt werden sollen – sozialstaatlich oder gemeinschaftlich, privat- oder gemeinwirtschaftlich, im Privathaushalt oder in sozialen Netzen – und wie sie in wirtschafts-, arbeits-, sozial-, familien-, geschlechter-, migrations- und technologiepolitischer Hinsicht ausgestaltet werden können und sollen. Wirtschafts- und Sozial(staats)investitionen, die auf den Aufbau lebensdienlicher Sorgeinfrastrukturen zielen, wären eine Antwort, die Covid-19 als Weckruf ernst nimmt.

In Zeiten einer so tiefgreifenden Wirtschaftskrise, wie sie aus der Pandemie hervorgegangen ist, haben es Vorstellungen, die nicht auf die kurzfristige Subventionierung der bislang eingeschlagenen Wirtschaftspfade, sondern darauf setzen, das ihnen zugrunde liegende Fortschritts- und Wachstumsverständnis und die Unterordnung des Sorgens zu überdenken und neue Wege zu beschreiten, schwer. Wenn die Pandemie zu einem Auslöser würde, nicht nur die «Systemrelevanz» des Sorgens und der Sorgearbeit anzuerkennen, sondern auch ihre Neuorganisation – in der Bandbreite von lokalen Initiativen bis zur Enquete und unter Einbeziehung aller Beteiligten – auf die wirtschafts- und sozialpolitische Agenda zu setzen, wäre viel gewonnen. Es muss sich dann erweisen, in welcher Weise Sozial(staats)investition ein Beitrag zur Krisenbewältigung ist durch: Schaffung von Arbeitsplätzen; den Ausbau der Kinderbetreuung; die Entlastung der Familien und die Verhinderung eines Backlash im Geschlechterverhältnis, wie er sich gerade durch den Rückfall in alte Muster der Arbeitsteilung in Homeoffice und Homeschooling andeutet; die Entwicklung lebensdienlicher statt prekärer Formen der Altenbetreuung und -pflege und vieles mehr. Wirtschaftssubvention allein ist es nicht.

Corona, PISA, Homeschooling und fehlender Sozialindex

Von Johann Bacher, Katrin Hasengruber, Robert Moosbrugger

Per Erlass des Bundesministeriums für Bildung, Wissenschaft und Forschung (BMBWF) vom 12. März 2020 wurde angekündigt, mit 16. bzw. 18. März 2020 die Schulen zu schließen und den Unterricht in Form von Homeschooling weiterzuführen. Schulen und Eltern hatten somit nur wenig Zeit, sich auf die neue Situation einzustellen. Zunächst war die Vorgabe, dass während des Homeschooling keine neuen Inhalte erarbeitet, sondern der bisher vermittelte Stoff vertieft werden sollte.[1] Die schrittweise Öffnung des Schulbetriebs wurde Ende April angekündigt und sah vor, dass zunächst mit dem Unterricht zur Vorbereitung auf die Abschlussprüfung für die Maturaklassen und die Abschlussklassen der Berufsschulen begonnen werden sollte. 14 Tage später sollte schrittweise der Schulbetrieb der anderen Schulstufen beginnen. Vorgesehen war ein Schichtbetrieb, sodass jeweils nur die Hälfte der Schüler*innen anwesend ist.[2] Weitere Schutzmaßnahmen, wie das Tragen von Mund-Nasen-Schutz oder das Verbot von Musik- und Sportunterricht, wurden in der Folge ebenfalls gelockert.

Die Maßnahmen im Schulbereich wurden in den neuen und alten Medien intensiv diskutiert und kommentiert. Relativ übereinstimmend wurde von einer Zunahme der Bildungsungleichheiten ausgegangen und von einer sich weiter öffnenden Bildungsschere[3] gesprochen, da nicht alle Kinder und Jugendlichen vom Homeschooling erreicht werden und manche von ihnen nur im geringen Umfang mitwirken (können). Besonders trifft dies – so die Annahme – auf ohnedies bereits benachteiligte Kinder und Jugendliche zu.

Wir werden diesen eben skizzierten Grundgedanken schrittweise entwickeln. Das folgende Kapitel beschreibt die Ausgangssituation vor Corona. Den Auswir-

1 BMBWF, Informationen zum Umgang des Bildungssystems mit dem Coronavirus – Eckpunkte, 12.3.2020, https://www.bmbwf.gv.at/dam/jcr:3a65bb8b-0dfa-449c-bbef-71fed2080b92/corona_ep.pdf (15.6.2020)

2 BMBWF, Umsetzung des Etappenplans für Schulen. Richtlinien für die Unterrichtsorganisation und die pädagogische Gestaltung, 7.5.2020, https://www.bmbwf.gv.at/dam/jcr:c93ce079-b145-4fbb-8d06-f42909542472/corona_etappenplan_info_20200507.pdf (15.6.2020)

3 So z.B. Christiane Spiel in einem Bericht der Wiener Zeitung am 24.4.2020, https://www.wienerzeitung.at/nachrichten/politik/oesterreich/2058419-Warnung-vor-aufgehender-Bildungsschere.html (15.6.2020)

kungen von Corona, konkret des Homeschooling, und den sichtbar werdenden strukturellen Schwächen widmet sich das nächste Kapitel. Abschließend werden Handlungsoptionen formuliert und vor diesem Hintergrund das grün-türkise Regierungsprogramm bewertet.

Ob sich diese Befunde in zukünftigen Bildungsstudien abbilden werden, ist derzeit offen und wird davon abhängen, inwieweit Maßnahmen zur Reduktion der Schwächen des Bildungssystems getroffen und umgesetzt werden. Das österreichische Bildungssystem hatte bereits vor Corona strukturelle Schwächen, die durch Corona deutlicher sichtbar geworden sind. Damit bietet die Coronakrise die Chance, entsprechende Maßnahmen zu konzipieren bzw. sofern bereits geplant, rascher umzusetzen.

Ausgangssituation – Erkenntnisse aus PISA und weiteren Studien

Die erste PISA-Studie wurde 2000 durchgeführt und erregte in Österreich wenig Aufsehen, da Österreich besser abschnitt als Deutschland. 2003 kam es dann zum sogenannten PISA-Schock. Die österreichischen 15-/16-Jährigen erzielten nur durchschnittliche Ergebnisse und es zeigten sich deutliche Leistungsunterschiede nach sozialer Herkunft, Migrationshintergrund und Geschlecht. Letztere glichen sich insofern aus, als Mädchen im Lesen besser abschnitten, Burschen dagegen in Mathematik. Die nachfolgenden PISA-Studien bestätigten den Befund von 2003.[4] 2009 kam es zu einem von der Lehrergewerkschaft angedrohten und von der Schülervertretung ausgerufenen PISA-Boykott, was zu einem Absinken der Leistungsergebnisse führte.[5] Der Grund hierfür war die angekündigte Streichung von Brückentagen. In den nachfolgenden Studien (2012, 2015, 2018) blieben die Testleistungen durchschnittlich und hingen von der sozialen Herkunft, dem Geschlecht und dem Migrationshintergrund ab. In Zahlen ausgedrückt, ergibt sich für 2018 folgendes Bild: Die österreichischen 15-/16-jährigen Schüler*innen erzielten im Lesen im Durchschnitt 484 Punkte (OECD-Normwert: 500). Die Differenz in den Testleistungen im Lesen zwischen Schüler*innen, de-

4 Die österreichischen PISA-Befunde sind nachlesbar auf der Homepage des Bundesinstituts für Bildungsforschung, Innovation & Entwicklung des österreichischen Schulwesens (BIFIE), https://www.bifie.at/system-schule/internationale-studien/pisa/ (10.6.2020). Die internationalen Befunde und Daten können heruntergeladen werden von der Homepage der OECD, http://www.oecd.org/berlin/themen/pisa-studie/ (10.6.2020)

5 Vgl. ORF, 6.12.2010, https://orf.at/v2/stories/2029448/2029446/ (10.6.2020)

ren Eltern dem unteren Viertel der sozioökonomischen Statusverteilung angehören im Vergleich zu jenen, deren Eltern dem obersten Viertel angehören, betrug 54 Punkte. Das sind 1,4 Schuljahre. Derselbe Unterschied zeigte sich im Lesen zwischen autochthonen Schüler*innen und Schüler*innen der zweiten Zuwanderergeneration, also jenen, die bereits in Österreich geboren wurden.[6] Mit den Bildungsungleichheiten und den durchschnittlichen Leistungen einher geht ein hoher Anteil an Schüler*innen mit geringen Kompetenzen («Risikoschüler*innen»). Ein ganz ähnliches Bild erbringen PIRLS, eine internationale Vergleichsstudie am Ende der Primarstufe, und die nationalen Bildungsstandardüberprüfungen.[7] Die Befunde weisen auf ein schrittweises Anwachsen des Anteils der Schüler*innen mit geringen Kompetenzen während der Schullaufbahn hin. Am Ende der Primarstufe beträgt der Anteil 11 % bis 15 %, am Ende der Pflichtschule ist er auf 17 % bis 24 % angewachsen. Bezogen auf eine Jahrgangsstärke von ca. 85.000 Jugendlichen, sind das ca. 14.000 bis 20.000 Jugendliche, die am Ende der Schulpflicht nur über geringe Kompetenzen verfügen. Von ihnen wird auch ein nicht unbeträchtlicher Anteil keinen über die Pflichtschule hinausgehenden Bildungsabschluss erwerben.

Als Zwischenfazit lässt sich festhalten: Bereits vor Corona bestanden im österreichischen Schulsystem hartnäckige strukturelle Probleme. Durch Corona wurde vor allem die Abhängigkeit der Schulleistungen von den erbrachten Leistungen der Schüler*innen zu Hause und damit von der Unterstützung durch die Eltern bzw. im Bourdieuschen Sinn von deren sozialem, kulturellen und ökonomischen Kapital deutlich. Sichtbar wurde auch die unzureichende Ressourcenausstattung von Schulen mit einem hohen Anteil benachteiligter Schüler*innen. Schließlich zeigte die Diskussion rund um die Schließung und Öffnung der Kindergärten das nach wie vor dominierende Verständnis von Elementarbildung als Kinderbetreuung. Andere strukturelle Probleme, wie die frühe Selektion, die zu einem starken sekundären Ungleichheitseffekt[8] führt, der ausschließlich durch die Bildungsentscheidung bedingt ist, blieben im Verborgenen.

6 Die Unterschiede in den Testleistungen im Lesen zwischen Mädchen und Burschen betrugen 28 Punkte zugunsten der Mädchen, dem steht ein Plus der Burschen in Mathematik von 13 Punkten gegenüber. Ein Unterschied von 40 Punkten entspricht laut der OECD in etwa einem Schuljahr, siehe dazu Michael Bruneforth/Christoph Weber/ Johann Bacher, Chancengleichheit und garantiertes Bildungsminimum in Österreich, in: Barbara Herzog-Punzenberger (Hg.), Nationaler Bildungsbericht Österreich 2012. Band 2, Graz 2012, 189-227.

7 Die entsprechenden Berichte sind ebenfalls von der Homepage des Bifie downloadbar, www.bifie.at (10.6.2020)

8 Siehe Fußnote 24.

Homeschooling und sichtbar werdende strukturelle Probleme

Ein Forschungsteam der Fakultät für Psychologie der Universität Wien untersuchte im Rahmen der Studie «Lernen unter Covid-19-Bedingungen»[9], wie 10- bis 19-jährige Schüler*innen mit dem Homeschooling zurechtkamen. Auswertungen auf Basis der ersten Onlinebefragung von rund 8.350 Schüler*innen zeigten, dass sich die befragten Schüler*innen im Durchschnitt fünf Stunden pro Tag mit schulbezogenen Aktivitäten beschäftigten, ein Viertel der Befragten investierte bis zu 3,5 Stunden und etwa 1 % (hochgerechnet über 6.900 Schüler*innen[10]) nur bis zu einer Stunde pro Tag. Die zweite Onlinebefragung auf Basis der Antworten von 11.118 Schüler*innen beschäftige sich insbesondere mit den Veränderungen seit Beginn des Homeschooling. Tendenziell war ein positiver Trend bei der Bewältigung der Anforderungen beobachtbar. Jedoch tat sich rund jede*r siebente Schüler*in mit dem Home-Learning im Laufe der Coronakrise zunehmend schwerer (Verschlechterung der Aufgabenbewältigung: 14,8 %; zunehmende Schwierigkeiten mit der Selbstorganisation: 12,3 %). Schüler*innen, die eine Verschlechterung ihrer Lernsituation wahrnahmen, waren tendenziell älter, erhielten weniger Unterstützung von zu Hause, hatten schon vor der Coronakrise Schwierigkeiten beim Lernen und nahmen auch eine Abnahme des Wohlbefindens wahr.

Die Einschätzung der Lehrkräfte zu den Herausforderungen und Folgen des Homeschooling wurde vom Institut für höhere Studien erhoben.[11] Erste Ergebnisse auf Basis von 2.500 Antwortenden zeigten, dass 12 % der Schüler*innen während der Schulschließung schwer oder gar nicht für die Pädagog*innen erreichbar waren. Unter den Schüler*innen, die schon vor der Coronakrise als benachteiligt wahrgenommen wurden (Sprachprobleme, niedriger Sozialstatus), waren es 36 %, zu denen kaum bzw. kein Kontakt gehalten werden konnte. Nach Einschätzung der Lehrkräfte waren zwei Drittel ihrer Schüler*innen durch das Homeschooling stark belastet oder überfordert, für ein Drittel der Schüler*in-

9 Barbara Schober/Marko Lüftenegger/Christiane Spiel, Studie «Lernen unter Covid-19-Bedingungen» https://lernencovid19.univie.ac.at/ (12.6.2020)

10 Durch die Onlineerhebung werden bestimmte Gruppen nicht erreicht, weshalb von einer Unterschätzung der Risikogruppe ausgegangen wird.

11 Gerald John, Coronakrise lässt benachteiligte Schüler weiter zurückfallen, https://www.derstandard.at/story/2000117624596/Coronakrise-laesst-benachteiligte-schueler-weiter-zurueckfallen (12.6.2020). Siehe dazu auch den Beitrag von Fabiana Ellmerer in diesem Band, der die Situation an einer NMS beschreibt.

nen waren die Rahmenbedingungen (Endgeräte, Internetverbindung, Wohnverhältnisse, elterliche Unterstützung) schwierig. 40 % der befragten Lehrer*innen gehen von negativen Auswirkungen des Homeschooling auf die Schulleistungen aus. Bezogen auf die Gruppe der benachteiligten Schüler*innen rechnen 76 % der Lehrkräfte mit einem Leistungsabfall.

Die Zeit des Corona-Homeschooling bedeutete vielfach, dass Eltern ihre Kinder noch mehr bei zu bearbeitenden Aufgaben unterstützen mussten bzw. sollten. Zudem war eine ausreichende technische und räumliche Ausstattung zu Hause erforderlich, um z.B. dem Online-Unterricht folgen und/oder ungestört lernen zu können. Bereits die zuletzt genannten Voraussetzungen waren vielfach nicht erfüllt. Im Austrian-Corona-Panel[12] gaben 8 % der Befragten mit Kindern im Alter von 6 bis 14 Jahren an, dass ihre Kinder keinen geeigneten Platz für ihre Hausaufgaben haben, bei weiteren 21 % war dies teilweise der Fall. Aufgegliedert nach Haushaltsstruktur, Bildung und dem verfügbaren Haushaltseinkommen[13] ergeben sich klare, nicht überraschende Zusammenhänge. Bei geringerem Haushaltseinkommen sind die räumlichen Voraussetzungen häufiger nicht gegeben. Dies trifft auch hinsichtlich des Bildungshintergrunds des befragten Elternteils zu. Keine Unterschiede zeigen sich allerdings hinsichtlich der Haushaltsstruktur bzw. -zusammensetzung.

Vom Nichtvorhandensein der notwendigen technischen Ausstattung[14] berichteten 9 %, bei weiteren 17 % fehlt diese zumindest teilweise. Hier sind die

12 Austrian Corona Panel Project, Austrian Corona Panel Data, Wien 2020. Verwendet wurden Daten der Welle 6 des Corona Panels (Feldzeit: 1. Bis 6. Mai 2020, n=1551, Daten repräsentativ gewichtet für die österreichische Wohnbevölkerung ab 14 Jahre). Zum Homeschooling siehe Caroline Berghammer, Wie gut gelingt Homeschooling in der Coronakrise? https://viecer.univie.ac.at/corona-blog/corona-blog-beitraege/blog47/ (3.6.2020). Weitere Informationen zum Austrian-Corona-Panel unter: https://data.aussda.at/dataset.xhtml?persistentId=doi:10.11587/28KQNS (14.9.2020) und https://papers.ssrn.com/sol3/papers.cfm?abstract_id=3654139 (14.9.2020)

13 Bildung bezieht sich auf den höchsten Abschluss der befragten Person. Unterschieden wird hier in zwei Gruppen: ohne Matura (max. Pflichtschulabschluss, Lehre oder BMS) sowie Matura (Matura an AHS/BHS bzw. darüber hinausgehender Abschluss). Das aktuelle Haushaltseinkommen wurde mittels 10-stufiger Skala abgefragt (weniger als 1.100 Euro, 1.100 bis unter 1.500 Euro usw.). Für die Berechnungen wurde der jeweilige Skalenmittelwert herangezogen und in Anlehnung an das Vorgehen beim EU-SILC nach Haushaltszusammensetzung gewichtet. Über den Effekt des Migrationshintergrunds lässt sich wenig sagen, da in dem Corona-Panel Eltern mit Migrationshintergrund nicht ausreichend vertreten sind.

14 Bildungsminister Faßmann kündigte den Ankauf von bis 12.000 Leihnotebooks für sozial benachteiligte Schüler*innen durch den Bund an, ORF, 11.4.2020, https://orf.at/stories/3161494/ (10.6.2020). Nimmt man hier als Referenzgröße für den Bedarf die Ergebnisse des Corona-Panels, ist diese Zahl viel zu gering, selbst dann, wenn sie nur für Bundesschulen gedacht sein sollte.

Unterschiede nach Haushaltszusammensetzung sowie Ressourcen noch drastischer. Bei nur einer erwachsenen Person im Haushalt wird von über 40 % davon berichtet, dass es an erforderlicher technischer Ausstattung für Homeschooling fehlt. Tendenziell betrifft das Fehlen technischer Ausstattung auch Familien mit zwei oder mehr Kindern. Während in Haushalten, in denen die Befragten angaben, eine Matura oder höher abgeschlossen zu haben, nur knapp 10 % die erforderliche technische Ausstattung nicht besitzen, beträgt dieser Anteil bei jenen ohne Matura 33 %. Ähnlich die Situation bei jenen, deren gewichtetes Haushaltseinkommen 1.300 Euro im Monat nicht übersteigt: in über 40 % dieser Haushalte fehlt es an für Homeschooling erforderlicher technischer Ausstattung. Etwas mehr als die Hälfte der Befragten ist der Ansicht, dass die Unterstützung der Kinder beim Homeschooling gelingt. Auf die Frage, wie gut das gelingt, antworteten 20 % mit sehr gut und 33 % mit gut. Fast die Hälfte nennt zumindest gelegentlich Schwierigkeiten, darunter finden 34 %, es gelingt teils-teils, 8 % schlecht und 4 % sehr schlecht. Schwierigkeiten werden häufiger von Befragten mit ungünstigen Rahmenbedingungen (fehlende technische und räumliche Ausstattung), von Alleinerziehenden und von jenen mit geringerer Bildung und/oder geringem Haushaltseinkommen angeführt.

Die konkrete technische Ausstattung der Haushalte wurde im Corona-Panel nicht erfragt, sodass nicht bekannt ist, wie viele Kinder sich eventuell ein Notebook oder einen PC mit ihren Geschwistern oder Eltern teilen müssen. Auch, ob eine ausreichend stabile Internetverbindung vorhanden ist, wurde nicht erfasst. In der oben zitierten Studie «Lernen unter Covid Bedingungen» gaben 16 % der befragten Schüler*innen an, keinen eigenen Computer, Laptop, oder Tablet zur Verfügung zu haben. Da benachteiligte Kinder untererfasst sind, dürfte der Prozentsatz höher sein.

Sichtbar wurde in der Coronakrise auch, dass der Kindergarten nach wie vor als Betreuungseinrichtung betrachtet wird. Die Schließung und Öffnung der Kindergärten wurde primär unter dem Aspekt der Betreuungsnotwendigkeiten diskutiert. Dass der Kindergarten eine Bildungseinrichtung ist und wichtige Erfahrungen und erste Kompetenzen vermittelt werden, schien in Vergessenheit geraten zu sein. Nachdenklich stimmen hier auch Berichte, dass nach der Öffnung der Kindergärten nur ein Teil der Kinder diese wieder besuchen.[15]

In einem besonderen Ausmaß vor Herausforderungen standen Schulen mit einem hohen Anteil sozial benachteiligter Schüler*innen, wo entsprechend Me-

15 siehe Stadt-Linz (28.5.2020), Coronapandemie in Linz – Bilanz und Ausblick, https://www.linz.at/medienservice/2020/202005_106252.php?utm_source=newsletter-neues&utm_medium=e-mail&utm_campaign=presse-news (18.6.2020)

dienberichten zumindest zu Beginn ein sehr hoher Anteil von Schüler*innen ohne Kontakt zu Lehrkräften war.[16] Das ist nicht überraschend, da diese Schulen selbst schlechter ausgestattet sind und bis dato soziale Bedarfslagen bei der Mittelzuweisung durch den Bund nicht berücksichtigt werden. Die Situation in den sogenannten Brennpunktschulen wurde während der Coronakrise vermutlich dadurch verschärft, dass unterstützende und ergänzende Systeme reduziert oder geschlossen wurden, wie z.B. Horte.

Zudem dürfte in vielen Fällen auch eine schlechtere technische Ausstattung vorliegen. So z.B. haben entsprechend einer Erhebung der technischen Infrastruktur an Schulen des damaligen Bundesministeriums für Bildung 72 % aller Bundesschulen (AHS, BMHS) in allen Klassen- und Aufenthaltsräumen einen LAN-Anschluss, bei den Neuen Mittelschulen sind es 45 %. In den Bundesschulen werden 35 % als Notebookklassen geführt, in den NMS sind es 7 %.[17]

Erste Lehren aus der Coronakrise

Die derzeit vorhandenen Befunde bestätigen die von Bildungsforscher*innen, Medien und Politiker*innen vertretene Vermutung, dass sich Ungleichheiten durch die Coronakrise verstärken könnten. Bei jüngeren Kindern sind dabei stärkere Effekte zu erwarten als bei älteren, da für sie bei den Hausaufgaben die Unterstützung durch die Eltern wichtiger ist. Bei älteren Schüler*innen kommt einer fehlenden technischen und räumlichen Ausstattung sowie der Fähigkeit, sich selbst zu organisieren bzw. dazu von den Eltern angeregt zu werden, eine größere Bedeutung zu.

Ohne Zweifel ist es derzeit noch nicht möglich, genaue Aussagen über die mittel- und langfristigen Effekte der Coronakrise auf das durchschnittliche Leistungsniveau, die Bildungsungleichheiten und den Anteil der Risikoschüler*innen zu treffen. Die Annahme, dass Corona zu einer Verschärfung der sozialen Ungleichheiten führen wird, wurde oft mit einem «Ferieneffekt» begründet. Mit Hinblick auf den Migrationshintergrund wird z.B. angenommen, dass in den Ferien nicht deutsch gesprochen wird und Kinder mit nicht deutscher Familiensprache daher Deutsch «verlernen». In den USA werden Ferieneffekte schon

16 ORF-Wien (27.6.2020), Brennpunktschulen: Jeder fünfte Schüler ohne Lehrerkontakt, https://wien.orf.at/stories/3041239/ (14.6.2020). Siehe dazu auch den Beitrag von Fabiana Ellmerer in diesem Band.

17 Bundesministerium für Bildung, IKT-Infrastrukturerhebung, Wien 2016, https://www.bmbwf.gv.at/Themen/schule/zrp/dibi/itinf/iktie.html (27.6.2020)

seit Beginn des 20. Jahrhunderts erforscht. Die Abhängigkeit von sozialen Ungleichheitsmerkmalen (soziale Schicht, sozio-ökonomische Lage, Ethnie) wurde ab Ende der 1960er-Jahre in den Blick genommen. US-amerikanische Studien[18] ergaben, dass Kinder aus sozio-ökonomisch begünstigten Familien während der Ferienzeiten einen Lernzuwachs erzielten, während die Kompetenzentwicklung der Kinder aus sozio-ökonomisch benachteiligten Kontexten stagnierte oder sich ein Lernverlust abzeichnete. Während der Schulzeit unterschieden sich die durchschnittlichen Lernzuwächse nicht oder kaum nach sozialer und ethnischer Herkunft.

Für Österreich wurde der Ferieneffekt bisher lediglich in einer Studie der Universität Graz anhand einer Stichprobe von 182 Schüler*innen zwischen zehn und zwölf Jahren in ländlichen Bezirken der Steiermark untersucht.[19] Konträr zu den Befunden aus den USA konnten in den Ferien entstandene Kompetenzverluste binnen neun Wochen wieder aufgeholt werden und es zeigte sich keine nennenswerte Herkunftsspezifik (gemessen am Bildungsstand der Mutter). Eine Verallgemeinerung ist wegen der Stichprobe schwierig.

Zwei Studien aus Deutschland stellten sowohl für die Grundschule als auch für die Sekundarstufe I keine ungleichheitsverstärkenden Ferieneffekte im (schrift) sprachlichen Bereich fest.[20] Im Bereich Mathematik in der Sekundärstufe I war der Nachweis eines Ferieneffektes davon abhängig, welche Indikatoren sozialer Ungleichheit in den Blick genommen wurden. Allerdings zeigte sich im Unterschied zu den Befunden aus den USA eine Zunahme der Leistungsunterschiede nach Ungleichheitsmerkmalen während der Schulzeit. Das ist auch in Österreich zu vermuten.

Entscheidend dafür, in welchem Ausmaß sich Schulschließungen auswirken, wird u.a. sein, ob der «Normalbetrieb» vor Corona wiederhergestellt wird, d.h. insbesondere, ob zumindest die Nutzung von Kindergärten und außerschu-

18 Zusammenfassend Douglas B. Downey/Paul T. von Hippel/Beckett A. Broh, Are Schools the Great Equalizer? Cognitive Inequality during the Summer Months and the School Year, in: American Sociological Review, 69/5 (2004), 613-635. Jörg Siewert/ Hendrik Coelen, Ferien und Ferieneffekte, in: Petra Bollweg et al. (Hg.), Handbuch Ganztagsbildung. Wiesbaden 2020, 757-759.

19 Andreas Fink/Silke Luttenberger/Andrea Krammer/Daniel Macher/Ilona Papousek et al., Die Veränderung kognitiver Fähigkeiten über die Sommerferien, in: Psychologie in Erziehung und Unterricht (2015), 303-315. Kristina Skorianz, Studie: «Ferieneffekt», 4.8.2015, https://www.eduresearch.at/innovation/zentrum-fuer-bildungsforschung-ooe/studien/weitere-ausgewaehlte-studien/detail/studie-ferieneffekt.html (3.6.2020)

20 Jörg Siewert, Herkunftsspezifische Unterschiede in der Kompetenzentwicklung. Weil die Schule versagt? Untersuchungen zum Ferieneffekt in Deutschland. Münster 2013.

lischen Betreuungseinrichtungen wieder den Stand von vor Corona erreichen wird und die Delegation des Lernens an zu Hause wieder reduziert wird. Wenn dies nicht der Fall ist, sind negative Effekte auf allen drei Ebenen (Leistungsniveau, Ungleichheiten, Anteil Risikoschüler*innen) zu erwarten.

Politisch könnte mehr getan werden, als nur zu versuchen, den «Normalzustand» vor Corona zu erreichen. Die bisherigen Befunde und die Tatsache, dass bereits vor Corona in Österreich strukturelle Probleme bestanden, legen nahe, bei jenen strukturellen Faktoren anzusetzen, die diese mitbedingen.

Für die nicht ausreichende Ressourcenausstattung von Schulen mit einem hohen Anteil benachteiligter Schüler*innen liegt seit Längerem eine Maßnahme am Tisch, nämlich eine sozial-indizierte Mittelvergabe. Die Grundidee der sozial-indizierten Mittelvergabe besteht darin, dass Schulen mit einem hohen Anteil sozial benachteiligter Schüler*innen zusätzliche Ressourcen erhalten, um ungünstige Rahmenbedingungen auszugleichen.[21] Die Mittelverteilung erfolgt derzeit im Wesentlichen nach der Schulform, der Zahl der Schüler*innen, den Teilungsziffern und regionalen Gesichtspunkten. Soziale Bedarfslagen spielen keine Rolle. D.h. eine Schule mit vielen sozial benachteiligten Schüler*innen erhält keine zusätzlichen Ressourcen vom Bund, obwohl es eine entsprechende gesetzliche Grundlage gäbe.[22]

Ein Lösungsansatz zur Reduktion der Abhängigkeit der Schulleistungen von Eltern ist ebenfalls bereits seit Längerem in Diskussion, nämlich der Ausbau von ganztägigen Schulformen und Formen der Nachmittagsbetreuung. Die Anzahl der Standorte mit schulischer Tagesbetreuung ist in den letzten Jahren zwar

21 Ein erster Vorschlag in Österreich wurde formuliert in Johann Bacher/Herbert Altrichter/Gertrud Nagy, Ausgleich unterschiedlicher Rahmenbedingungen schulischer Arbeit durch eine indexbasierte Mittelverteilung, in Erziehung und Unterricht (2010), 384-400. Eine derzeit oft zitierte Weiterentwicklung ist der Chancen-Index der AK, siehe https://www.arbeiterkammer.at/interessenvertretung/ arbeitundsoziales/bildung/Chancen-Index.html (10.6.2020), weitere Hintergrundinfo Martin Schenk, Chancenindex – Warum nicht jetzt? https://www.furche.at/bildung/chancenindex-warum-nicht-jetzt-3111033

22 Im Gesetz zur Einrichtung der neuen Verwaltungsbehörden (i.e. «Bildungsdirektionen»; BD-EG 2017) im Rahmen der Bildungsreform 2017 wird in §5 Abs. 4 die Bewirtschaftung der Lehrpersonalressourcen als eine Aufgabe der Bildungsdirektionen festgelegt. Dafür werden neben der Schülerzahl, dem Bildungsangebot und regionalen Bedürfnissen auch der sozio ökonomische Hintergrund und die Alltagssprache der Schüler/innen als zu berücksichtigende Kriterien spezifiziert.

stetig gestiegen, die Besuchsquoten[23] unterscheiden sich jedoch sowohl nach Schultyp (APS: 22,0 %; AHS: 35,6 %) als auch in verschiedenen Bundesländern (APS Wien: 39,7 % vs. APS Tirol: 10,6 %; AHS Vorarlberg: 94,1 % vs. AHS Burgenland: 10,0 %) stark. Ob der Unterrichts- und Betreuungsteil in verschränkter oder getrennter Form erfolgt, wird nicht erhoben. Laut Schätzungen des BMBWF überwiegen getrennte Formen (90% der Standorte), wo die Nutzung der Nachmittagsbetreuung von einem bis fünf Nachmittagen pro Woche reichen kann. Hinsichtlich des Potenzials der Ganztagsschule für mehr Bildungsgerechtigkeit spielt jedoch die Intensität der Nutzung eine Rolle. Entgegenzuwirken wäre zudem der Tendenz einer sozialselektiven Teilnahme, die durch Elternbeiträge verstärkt wird.

Bemühungen, Kindergärten als Bildungseinrichtungen zu etablieren, bestehen ebenfalls seit Längerem. Der Kindergarten soll einerseits durch eine Förderung aller Kinder, andererseits durch die kompensatorische Förderung von Kindern mit bildungsbenachteiligendem Familienhintergrund zu guten Startchancen und mehr Bildungsgerechtigkeit beitragen. Auf Basis neuerer nationaler und internationaler Daten konnte auch für Österreich eine positive Wirkung eines mindestens einjährigen Kindergartenbesuchs auf die Schulleistungen (z.B. in Mathematik, Lesen) und die soziale Entwicklung belegt werden.[24] Vorliegende Studien[25] legen aber nahe, dass hier stärker als bisher auf eine kompensatorische Wirkung geachtet werden sollte. Förderliche Wirkungen elementarer Bildungseinrichtungen sind nur durch entsprechende Rahmenbedingungen und hohe pädagogische Qualität zu erreichen. Den vielfältigen Ansprüchen und wachsenden Anforderungen im Elementarbereich stehen strukturelle Hürden gegenüber.

23 Josef Scheipl/Johannes Leeb/Konstanze Wetzel/Wolfram Rollett/Stephan Kielblock, Pädagogische Ausgestaltung und förderliche Bedingungen erfolgreicher ganztägiger Schulformen, in: Simone Breit et al. (Hg.), Nationaler Bildungsbericht Österreich 2018, Band 2. Fokussierte Analysen und Zukunftsperspektiven für das Bildungswesen. Graz 2019, 225-268.

24 Beispielsweise Michael Bruneforth/Christoph Weber/Johann Bacher, Chancengleichheit und garantiertes Bildungsminimum in Österreich, in: Barbara Herzog-Punzenberger (Hg.), Nationaler Bildungsbericht Österreich 2012, Band 2 Fokussierte Analysen bildungspolitischer Schwerpunktthemen. Graz 2012, 189-228.

25 Ebenda sowie Sabine Bollig/Tanja Betz, Ungleichheiten in früher Kindheit. Was trägt die öffentliche Kindertagesbetreuung zu deren Abbau oder Verstetigung bei?, in: Caritas Luxemburg (Hg.), Caritas Sozialalmanach 2016 – Ungleichheiten. Luxemburg 2016, 331-344.

Im Regierungsprogramm[26] der grün-türkisen Regierung, das sehr stark von einer Leistungsorientierung inklusive diverser Testungen bei gleichzeitiger Wahlfreiheit der Eltern getragen ist, wird der Elementarbereich relativ ausführlich behandelt. Angestrebt werden einheitliche Mindestqualitätsstandards, zu denen sich alle Bundesländer verpflichten sollen. Die Zusammenarbeit mit der Schule soll intensiviert und erleichtert werden, die Ausbildung des Personals soll erweitert und diversifiziert werden. Nicht adressiert werden strukturelle Hürden, wie beispielsweise Bezahlung der Pädagog*innen, Gruppengröße usw.

Bezüglich der Reduktion der Halbtagesstruktur wird in einem Absatz ein bedarfsgerechter Ausbau ganztägiger Schulformen «zur Ermöglichung der Wahlfreiheit für Eltern» spezifiziert, wobei es auch ein Angebot in jenen Regionen geben soll, in denen dieses derzeit fehlt. An den rechtlichen Regelungen, dass die Einführung einer ganztägigen Betreuung eine Zustimmung der Eltern und Lehrpersonen erfordert, soll nicht gerüttelt werden.

Für die Einführung eines Sozialindex ist ein Pilotprojekt an 100 Schulen verankert, die in ganz Österreich ausgewählt werden sollen. Der zum Einsatz kommende Chancen- und Entwicklungsindex wird als noch zu entwickeln bezeichnet. Auf bestehende Entwürfe soll also nicht direkt zurückgegriffen werden. Eine Zeit- und Budgetachse wird, wie beim Ausbau der Ganztagesschule, nicht genannt.

Zusammenfassend lässt sich festhalten, dass das Regierungsprogramm durchaus Maßnahmen enthält, die Bildungsungleichheiten abbauen könnten, während andere diese möglicherweise wieder verstärken. Wünschenswert wäre, dass ersteren mehr Gewicht gegeben wird und sie prioritär behandelt werden.

Neben Maßnahmen auf struktureller Ebene sind auch Maßnahmen auf kultureller Ebene erforderlich. Kindergärten sollten in der Öffentlichkeit als Bildungseinrichtungen betrachtet werden. Der Besuch von ganztägigen Schulformen und außerschulischen Einrichtungen sollte von Eltern, Kindern und Entscheidungsträger*innen als Chance zur Persönlichkeitsentwicklung und zum sozialen und demokratischen Lernen gesehen werden und nicht als «Strafe», wenn schlechte Schulleistungen erbracht werden. Die große Herausforderung ist das sogenannte Präventionsparadoxon, nämlich jene zu motivieren, zusätzliche Angebote anzunehmen, die diese brauchen würden. Hier muss möglicherweise auch mit monetären Incentives gearbeitet werden.

26 Die neue Volkspartei/Die Grünen – Die Grüne Alternative, Aus Verantwortung für Österreich. Regierungsprogramm 2020 – 2024. Wien 2020, https://www.bundeskanzleramt.gv.at/bundeskanzleramt/die-bundesregierung/regierungsdokumente.html (16.6.2020)

Corona als Lupe für Bildungsungleichheit und die Chance Schule neu zu denken

Fabiana Ellmerer

«Frau Lehrerin, Corona rettet mein Leben!», «Wallahi[1], stimmt das wirklich, müssen wir nicht mehr zur Schule kommen?» Während die Freude meiner Schüler*innen groß war, bedeutet die Umstellung von Präsenzunterricht auf distance-learning eine enorme Herausforderung und Belastung für Eltern, Schulleiter*innen und Pädagog*innen. Nach wenigen Wochen legte sich aber auch bei meinen Schüler*innen die Euphorie über die «Coronaferien», stattdessen setzten Langeweile und Frustration ein.

Rund 20% der NMS (Neue Mittelschule) und PTS (Polytechnische Schule) Schüler*innen sind durch das distance-learning von ihren Lehrkräften nicht erreichbar.[2] Das ergab eine von Teach for Austria[3] Ende März durchgeführte Befragung unter 110 Fellows (Quereinsteiger*innen) an sozioökonomisch besonders herausfordernden Schulstandorten.[4]

Diese Zahlen spiegeln meine persönlichen Erfahrungen als Lehrerin an einer NMS am Wiener Stadtrand wider. Auch in meiner Klasse haben von 22 Schüler*innen fünf nicht auf das Lernangebot reagiert. Diese konnte ich nur durch regelmäßige und hartnäckige Kontaktaufnahme erreichen – sie dazu zu motivieren, ihre Aufgaben zu erledigen, konnte ich nicht.

Hat man Einblick in Schulen mit einer hohen Dichte an Schüler*innen aus sozioökonomisch benachteiligten Familien, überraschen diese Zahlen kaum. Fehlende Unterstützungssysteme, Traumata, Armut und Gewalterfahrungen der Jugendlichen sowie mangelhaft ausgestattete, personell unterbesetzte Schulen führen auch im regulären Schulbetrieb dazu, dass viele Schüler*innen den Anschluss verlieren. Viele von ihnen bleiben weit hinter ihren Potenzialen zurück, andere entwickeln Verweigerungshaltungen.

1 Arabische Schwurformel: «bei Gott», hat Eingang in die Jugendsprache gefunden.

2 Teach for Austria, Homeschooling benachteiligter Kinder, (29.6.2020), https://www.teachforaustria.at/story/homeschooling-benachteiligter-kinder/

3 Teach for Austria versteht sich als Initiative für Bildungsgerechtigkeit in Österreich. Im Fellowprogramm werden Hochschulabsolvent*innen ausgebildet und vorbereitet, um für min. 2 Jahre an besonders belasteten Schulstandorten zu unterrichten.

4 Für mehr Daten zum Homeschooling siehe Bacher et al. «Corona, PISA, Homeschooling und fehlender Sozialindex», in diesem Band.

Im vorliegenden Text möchte ich die systematisch begründeten Bildungsungleichheiten diskutieren, welche durch Corona besonders sichtbar wurden und sich durch die getroffenen politischen Maßnahmen verfestigt haben. Schüler*innen, die schon im regulären Schulbetrieb benachteiligt sind, wurden durch Corona vor ungleich größere Herausforderungen gestellt, als ihre Peers aus dem Bildungsbürger*innentum. Corona hat – wie ein Vergrößerungsglas – schonungslos die Missstände des Schulsystems aufgezeigt. Nun gilt es, mutig und innovativ in die Zukunft zu blicken und Schule neu zu denken.

Digitalisierung und technische Ausstattung

Die Tatsache, dass in den letzten Jahren, gerade im Pflichtschulbereich und besonders im städtischen Ballungsraum, sehr wenig in Digitalisierung, technische Ausstattung der Schulen und digitale Bildung von Lehrkräften und Schüler*innen investiert wurde, verschärfte die Krise zusätzlich.

Auffallend sind die Unterschiede zwischen Bundesschulen (AHS, BMHS) und Pflichtschulen (NMS, PTS, Sonderschulen, VS). Während 2016 72% der Bundesschulen in allen Räumen über ein WLAN-Netz verfügen, sind es im Pflichtschulbereich nur 39%. Auch die Umsetzung von E-Learning in eigenen Notebookklassen ist in den Bundesschulen mit 35% weiter fortgeschritten als an der NMS mit lediglich 7%.[5]

Diese limitierten technischen Ressourcen der Neuen Mittelschulen und der Schüler*innen sowie mangelnde digitale Kompetenzen vieler Lehrkräfte stellte Lehrer*innen vor enorme Herausforderungen. Binnen Stunden mussten digitale Kommunikationswege zwischen Lehrer*innen und Schüler*innen geschaffen werden, trotz mangelnder Datenschutzrichtlinien oder Vorgaben. Aber auch die erschwerten sozialen Bedingungen unserer Schüler*innen (auf die ich in den folgenden Kapiteln näher eingehen werde) verursachten eine verstärkte Komplexität der digitalen Umstellung.

Gleichzeitig verhalf die Coronakrise Schulen in vielerlei Hinsicht zu einer zeitgemäßen Arbeitsweise. Denn vor Corona verlief unsere komplette schulinterne Kommunikation persönlich und analog und auch die Kommunikation zwischen Lehrpersonen und Eltern verlief über analoge Mitteilungshefte. Erst in der Not wurden viele Lehrer*innen erfinderisch, setzten sich mit unterschiedlichen On-

5 Gemäß der im Jahr 2016 vom BMB durchgeführten IKT Infrastrukturerhebung in Brandopfer et al. Bildung im Zeitalter der Digitalisierung, (29.6.2020) https://www.bifie.at/wp-content/uploads/2019/03/NBB_2018_Band2_Beitrag_8.pdf

line-Tools auseinander und innerhalb weniger Tage waren Lehrkräfte und Schulen als Ganzes gezwungen, ihre Arbeit und Kommunikationsmittel komplett umzustrukturieren und zu digitalisieren.

Wohnraum und private Infrastruktur

Um die Folgen dieser Krise und die Herausforderungen der Schulen besser zu verstehen, hilft es, sich die Lebenssituationen der NMS-Schüler*innen näher anzusehen. Es handelt sich um Schüler*innen, die mit fehlender technischer Ausstattung auf engem Raum mit ihren Familienmitgliedern leben. Bereits im regulären Schulalltag bedeutet dies eine Erschwernis für das Lernen und Erledigen von Hausaufgaben. Die Schule erfüllt hier eine wichtige Funktion, da sie als institutionalisierter Ort des Lernens, Raum und Infrastruktur zur Verfügung stellt und somit, unter bestimmten Voraussetzungen, soziale Benachteiligung abfedern kann.

Während des Lockdowns und des damit verbundenen Homeschoolings bedeutete Lernen für viele Kinder, auf engem Raum, ohne Privatsphäre, mit dem Handy als einzigem technischen Gerät zu arbeiten. So hatten z. B. von meinen 22 Schüler*innen nur drei einen PC zur Verfügung, den sie sich aber mit anderen Familienmitgliedern teilen mussten. Alle anderen arbeiteten am Handy bzw. weiterhin analog mit Stift und Papier.

Vor allem fehlte aber Ruhe und die Möglichkeit der räumlichen Abgrenzung, um konzentriert arbeiten zu können. Youssef[6] beispielsweise teilt sich sein Kinderzimmer mit seiner Cousine und zwei Geschwistern. Er nimmt jeden Tag an unserer freiwilligen, digitalen Klassenkonferenz teil. Meistens sitzt er in der kleinen Vorratskammer. Es ist der einzige Ort, an dem er ungestört ist, erzählt er: «Nicht einmal am Klo hab ich für 10 Minuten meine Ruhe, ständig klopft wer.» Aus meinen Computerlautsprechern hallt Gelächter der Mitschüler*innen, als er davon erzählt. Die Stimmung ist heiter, die Situation ernst.

Familiäre Unterstützung und Tagesstruktur

Das digitale Lernen zu Hause erfordert ein immenses Maß an Selbstständigkeit und Selbstorganisation. Schüler*innen mussten sich Lerninhalte selbst er-

6 Alle Namen wurden anonymisiert.

arbeiten. Aufgaben, für die sie sonst klare Anweisungen, Hilfestellung und Erklärungen bekommen, mussten sie nun allein lösen oder waren auf die Hilfe der Eltern angewiesen. Viele meiner Schüler*innen erleben jedoch wenig familiäre Unterstützung, wenn es um schulische Aufgaben geht. Die meisten Eltern haben selbst höchstens einen Pflichtschulabschluss, einige haben ihre eigene schulische Laufbahn in anderen Ländern durchlaufen. Mangelnde Deutschkenntnisse der Eltern, jahrelange Arbeitslosigkeit oder prekäre Arbeitsbedingungen erschweren die elterliche Nachhilfe und Unterstützung in schulischen Belangen.

Die Jugendlichen sind sehr früh gezwungen Verantwortung für ihre Zukunft selbst in die Hand zu nehmen, dazu zählt das Erledigen von Hausaufgaben und das Lernen, genauso wie die Bewerbung für Lehrstellen oder weiterführende Schulen. Gleichzeitig übernehmen sie Übersetzungstätigkeiten für ihre Eltern und die Betreuung kleinerer Geschwister.

Durch die beengten Wohnverhältnisse und die mangelnde Unterstützungsmöglichkeit der Eltern kam es während des Covid-19 Lockdown zum Verlust von Tagesstruktur und Routine. Mehr als die Hälfte meiner Schüler*innen war vor unserer digitalen Sprechstunde um 14 Uhr nicht zu erreichen. Nicht selten kam es vor, dass sich Schüler am anderen Ende des Bildschirms, mit zerzausten Haaren, verschlafenem Blick, im Bett liegend der Klasse zeigten.

Die Schlafens- und Aufstehzeiten verschoben sich immer weiter nach hinten. Während Zahra die Ruhe der Nacht nutzte, um ihre Aufgaben ungestört zu machen, nutzte Lukas den tiefen Schlaf seiner Eltern, um die ganze Nacht «Call of Duty» zu zocken.

Auch die Konflikte innerhalb der Familie haben seit Beginn der Coronakrise zugenommen.[7] Während die Schule oft einen Zufluchtsort vor psychischer und physischer Gewalt bot und als Kontrollinstanz fungierte, blieb nun vieles im Verborgenen.

Armutsgefährdung und psychische Belastung

Eine überdurchschnittliche Betroffenheit dieser Familien vom Anstieg der Arbeitslosigkeit sowie die Zukunftsängste vieler Jugendlicher führten zu erhöhter psychischer Belastung. Laut ÖGB hat sich die Jugendarbeitslosigkeit seit der Krise verdoppelt. Im Herbst werden durch die Coronakrise 7.500 Lehrstellen fehlen

7 Caroline Berghammer, Familienkonflikte in der Coronakrise, (21.6.2020) https://viecer.univie.ac.at/corona-blog/corona-blog-beitraege/blog06/

und laut Prognosen sollen im Herbst rund 80.000 Jugendliche arbeitslos sein.[8] Mangelnder sportlicher und emotionaler Ausgleich während des Lockdowns verstärkte die psychische Belastung der Jugendlichen. Ali beispielsweise traute sich nur zwischen fünf und sieben Uhr morgens aus der Wohnung, um sich mit Freunden an der frischen Luft zu treffen – aus Angst vor dem racial-profiling der Polizei und den strengen Ausgangsbeschränkungen. Tufan hingegen war während des gesamten Lockdowns nur drei Mal draußen, seine Eltern erlaubten es nicht. Sie waren aufgrund sprachlicher Barrieren nicht ausreichend über die Ausgangsbeschränkungen, Ausnahmen und Lockerungen informiert.

In den täglichen, freiwilligen Klassenkonferenzen haben wir Lehrer*innen viele Stunden damit verbracht, mit unseren 14- bis 15-Jährigen über Covid-19 zu sprechen, Sorgen und Ängste zu teilen, Informationen über die Gesetzeslage und Pläne der Regierung weiterzugeben sowie uns über Bewältigungsstrategien auszutauschen. Den Jugendlichen Gehör zu verschaffen, sie in ihren Sorgen ernst zu nehmen und sie zu coachen im Umgang mit Fake News, Verschwörungstheorien, Selbstorganisation und dem Entwickeln von Resilienz, war von höchster Relevanz und überhaupt erst Grundlage für schulische Produktivität.

Gemeinsam wurde ein Raum des Austausches und gegenseitiger Unterstützung geschaffen. Die Jugendlichen teilten sich mit. Sie zeigten einander ihre Haustiere, Kinderzimmer und kleineren Geschwister und erinnerten sich gegenseitig an Abgabetermine. Die individuelle Erfahrung wurde zu einer kollektiven und die essenzielle soziale Komponente der Schule, in die digitale Sphäre übersetzt. Interessant war, dass verstärkt Kinder, die die Schulaufgaben verweigerten oder daran scheiterten, an den Klassenkonferenzen teilnahmen, Anschluss und Austausch suchten und somit weiterhin in das soziale Netz der Klasse eingebunden waren. Denn gerade wenn Routine, Struktur und Unterstützung zu Hause fehlt, bzw. Schüler*innen mit besonderen sozialen Herausforderungen kämpfen, benötigen sie soziale Sicherheitsstrukturen, sinnvolle Freizeitgestaltung und positive Vorbilder.

Die Krise als Motor für Transformation und Innovation

Das Krisenmanagement der Regierung hat auf die, von Corona verursachten Herausforderungen im Bildungsbereich vor allem mit Einzelmaßnahmen geant-

8 Barbara Kasper, Jugendarbeitslosigkeit droht zu explodieren, (21.6.2020) https://www.oegb.at/cms/S06/S06_0.b.a/1342630142950/home/beitraege/jugendarbeitslosigkeit-droht-zu-explodieren

wortet. Allerdings litt das österreichische Schulsystem bereits vor Corona unter massiven strukturellen Schieflagen und hat Ungleichheit reproduziert. Als Ursachen wurden bereits die unterschiedliche Ressourcenausstattung von Bundes- und Pflichtschulen, sowie die soziale Zusammensetzung der Schüler*innen genannt.

Die besonderen Herausforderungen durch Corona ermöglichten vielen Schulleiter*innen und Pädagog*innen zu experimentieren und zuvor Undenkbares einem Realitätscheck zu unterziehen. Um diese Erkenntnisse und Innovationen zu institutionalisieren, braucht es aber auch unterstützende Strukturen und gerechte Ressourcenverteilung.

Die Krise und der Umgang mit ihr birgt große Chancen, konstruktive und innovative Veränderung voranzutreiben, Bildung neu zu denken und die institutionalisierte Bildungsungleichheit zu bekämpfen.

Digitales Zeitalter – auch in der Bildung

Eine der ersten Antworten auf die erschwerten Arbeits- und Lernbedingungen aus dem Bildungsministerium während des Distance-Learnings war die Vergabe elektronischer Endgeräte an Schüler*innen. Erst nur für Bundesschulen vorgesehen, engagierte sich schließlich auch die Stadt Wien, um NMS-Schüler*innen mit Hardware auszustatten. Eine groß angelegte Bedarfserhebung wurde ausgesendet. Doch von den 116, von unserer Schule angeforderten Computern, wurden bis Mitte Mai nur 20 geliefert. Wenige Tage später öffneten die Schulen wieder ihren eingeschränkten Betrieb. E-Learning war nun nicht mehr vorgesehen und die Vergabe der Computer erwies sich als reine Almosen für wenige Auserwählte. Die Chance, die ungleiche Ressourcenausstattung und fehlende Infrastruktur der Pflichtschulen zu beheben, wurde nicht genutzt.

Die Anschaffung von Hardware für Schüler*innen und die technische Ausstattung der Bildungseinrichtungen sind ein wichtiger Schritt hin zu Modernisierung und Digitalisierung. Gerade im Pflichtschulbereich gilt es dringend aufzuholen. Begleitend braucht es aber Investitionen in die digitale Bildung und Medienkompetenz der Schulleiter*innen, Unterrichtenden und Lehramtsstudierenden.

Das große Pensum an Wissen und Erfahrung, das während der zwei Monate E-Learning von vielen Pädagog*innen gesammelt wurde, läuft nun Gefahr zu versanden. Ein geleiteter Prozess an Schulen, um Erkenntnisse zu reflektieren, sich gegenseitig auszutauschen, die erfolgversprechenden Methoden weiterzuentwickeln, zu institutionalisieren und zu vereinheitlichen sind einige der notwendigen nächsten Schritte für die zeitgemäße Umstellung der Schulen. Hier geht es nicht nur um E-Learning oder Kommunikations-Apps, sondern auch um moderne Verwaltung und Bürokratie.

Aber auch in der verstärkten Eingliederung von digitaler Grundbildung in der Lehramtsausbildung gibt es großen Aufholbedarf. Eine Erhebung der Österreichischen Computer Gesellschaft (OCG) ergab, dass Bildungsinhalte, wie Medienbildung und digitale Kompetenzen in der Lehramtsausbildung mit durchschnittlich 4–5 ECTS unter den als notwendig erachteten 8–12 ECTS liegen[9].

Digitalisiertes Lernen ist quer durchs österreichische Bildungssystem wenig bzw. nur vereinzelt etabliert. Da Lehrer*innen aber in der Regel das Bildungssystem nicht verlassen, fehlt der Einblick in die Modernisierungen von Arbeitsmitteln und den damit einhergehenden Arbeitsweisen, wie Arbeitsorganisation, Teamkommunikation, Klassenmanagement, Notenverwaltung usw. Gerade im Lehramtsstudium ist es notwendig, sich mit Neuen Medien, Datenschutz, digitalen Ressourcen und den digitalen Lebenswelten der Jugendlichen zu befassen und sich dahingehend regelmäßig weiterzubilden.

Es bleibt zu hoffen, dass die Coronakrise zu einer Modernisierung der Universitäten und der gelehrten Inhalte führt.

Unterricht neu denken

Seit den Schulöffnungen am 18.5. wird nur noch in Kleingruppen bis zu 14 (statt 25) Schüler*innen unterrichtet. Was lange Zeit erfolglos gefordert wurde, wird nun möglich. Meine Erfahrung in den sechs Wochen Unterricht nach dem Lockdown zeigt: Sonst zurückhaltende Kinder kommen öfter zu Wort, als Lehrkraft habe ich einen besseren Überblick über Verständnislücken, kann intensiver und differenzierter betreuen und kann leichter auf Fragen eingehen. «Endlich kapier ich Mathe», meinte eine Schülerin, die immer Schwierigkeiten in Mathematik hatte, besonders während des Distance-Learnings, wo der persönliche Kontakt und ausgiebige Erklärungen fehlten. Nun arbeitet sie aktiv mit und meldet sich freiwillig zum Vorrechnen an der Tafel.

Obwohl die Schüler*innen insgesamt weniger Tage in der Schule verbringen ist mein Eindruck, dass der Lernerfolg in einigen Fällen größer ist oder zumindest gleich bleibt.

9 Laut einer Studie der Österreichischen Computer Gesellschaft (OCG) in Brandhofer et al, Bildung im Zeitalter der Digitalisierung, nationalen Bildungsbericht des bifie, 2016, (29.6.2020), https://www.bifie.at/wp-content/uploads/2019/03/NBB_2018_Band2_Beitrag_8.pdf

Die Modernisierung des Unterrichts bedeutet nicht eine eins zu eins Übertragung von analogem Unterricht in die digitale Sphäre. Es bedeutet, den veränderten gesellschaftlichen Umständen gegenüber reflektiert und bedarfsorientiert zu handeln. Das inkludiert also neben der akademischen Komponente auch ganz stark die emotionale Begleitung und Erarbeitung von Sozial- und Selbstkompetenzen. Moderne Schulkonzepte müssen darauf ausgerichtet sein, Eigenständigkeit, Selbstorganisation, Flexibilität, Durchhaltevermögen und Neugierde der Schüler*innen zu fördern und sie für die Anforderungen ihrer zukünftigen Arbeits- und Lebenswelt auszustatten.

Viele bereits erprobte Methoden, wie Tabletklassen, Flipped Classroom, Game Based Learning und offene Unterrichtskonzepte vereinen digitales Lernen mit modernen didaktischen Ansprüchen. Die Lernprozesse solcher Modelle gestalten sich multimedial, kooperativ, selbstorganisiert, kommunikativ und problemlösend. Diese modernen Konzepte lassen sich leicht mit der Arbeit in kleineren Lerngruppen vereinen und erleichtern das Differenzieren von Lerninhalten je nach Leistungsfortschritt. Sie bieten eine gute Möglichkeit neben fachlichem Wissen auch Sozial- und Selbstkompetenzen der Schüler*innen zu erweitern und sie dadurch mit vielfältigen und lebensnahen Fähigkeiten auszustatten. Aber auch die Rollen von Schüler*innen und Lehrpersonen würden sich ändern. Lehrer*innen rücken in den Hintergrund, unterstützen und begleiten, während die Schüler*innen Akteur*innen und Gestalter*innen ihrer eigenen Lernprozesse werden.

Ganzheitliche Bildung und Lernbetreuung

Als Antwort auf das Zurückfallen vieler Schüler*innen während des Distance-Learnings hat das Bildungsministerium eine zweiwöchige Sommerschule angekündigt. Wer in Deutsch einen besonderen Aufholbedarf hat oder ein (Nicht) Genügend im Zeugnis, soll in den letzten beiden Wochen der Sommerferien die Schulbank drücken. Es werden also gezielt migrantische Kinder angesprochen. Der Diskurs ist einer des Mangels, das Problem: fehlende Deutschkenntnisse. Aber die Gründe für Leistungsrückstände sind vielfältig und Chancengleichheit kann nicht allein durch Nachhilfe oder Deutschförderung erreicht werden.

Die Coronakrise hat vor allem aufgezeigt, wie wichtig qualitativ hochwertige Betreuungsangebote für Kinder und Jugendliche sind. Nicht nur Lernförderung, auch sportlicher Ausgleich und kreative Entfaltung sollten, besonders für benachteiligte Gruppen, gezielt gefördert und angeboten werden. Schule sollte ein Ort sein, an dem alle Kinder ihr Potenzial ganzheitlich ausschöpfen und entfalten können, wo gemeinsam mit Gleichaltrigen entdeckt und hinterfragt wird, wo man seinen Platz als mündige*r Bürger*in in der Gesellschaft findet.

Bringen Kinder und Jugendliche unterschiedliche Herausforderungen mit, müssen Schulen das ausgleichen können. Hier wird die sozial indizierte Mittelvergabe gefordert, wie dies auch Bacher, Hasengruber und Moosbrugger in diesem Band argumentieren,[10] um besonders belastete Schulstandorte mit zusätzlichen Mitteln zu entlasten und erschwerte Rahmenbedingungen auszugleichen.[11]

Der Ausbau leistbarer Ganztagsschulen kann sowohl dazu beitragen, das Betreuungsproblem zu entschärfen, als auch zu einer ganzheitlichen Bildung und Entfaltung beizutragen. Sie würde Zeit und Raum für ausgedehnte kreative und sportliche Betätigungsfelder, Hausübungsbetreuung und Lernförderung bieten, bei gleichzeitiger finanzieller und sozialer Entlastung der Eltern. So entscheiden nicht mehr die finanziellen und sozialen Kapazitäten der Eltern über die Förderung, sondern alle Kinder und Jugendliche bekommen den gleichen Zugang zu qualitativ hochwertiger Bildung und Freizeitgestaltung. Mit entsprechenden Mitteln und Ressourcen können die besonders belasteten Standorte zu einem Ort der Chancengleichheit heranwachsen.

Multiprofessionelle Teamarbeit

Die Krise und das Distance-Learning haben gezeigt: Psychisches und physisches Wohlbefinden sind überhaupt erst Grundlage für schulische Produktivität und Lernerfolg. Gerade an Schulen wie meiner wird von Lehrer*innen viel Energie und Zeit in Disziplinierungen, Etablierung von Struktur und das Coachen der Jugendlichen investiert. Vieles geht im stressigen Alltag, selbst bei engagierten Lehrer*innen unter, und während verhaltensauffällige Jugendliche viel Aufmerksamkeit bekommen, werden viele andere vernachlässigt.

Die Coronakrise hat gezeigt, wie wichtig schulische Institutionen sind, um Kinder und Jugendliche vor Missbrauch und Gewalt zu schützen. Blaue Flecken, Fehlstunden und Verhaltensauffälligkeiten können Indikatoren dafür sein. In der

10 Bacher et al. «Corona, PISA, Homeschooling und fehlender Sozialindex», in diesem Band.

11 In einigen Schulen in London, Toronto oder den Niederlanden wird bereits erfolgreich mit einem solchen «Chancenindex» gearbeitet. Schulen mit hohen Index-Werten, die größere Herausforderungen zu bewältigen haben, bekommen einen höheren Prozentsatz an Fördermitteln zugesprochen. Vgl: Martin Schenk, Chancenindex, warum nicht jetzt? , https://www.furche.at/bildung/chancenindex-warum-nicht-jetzt-3111033, (19.6.2020)

Anonymität des Privaten während der Ausgangsbeschränkungen blieb vieles im Verborgenen.

Gerade an Schulen mit hoher sozialer Belastung braucht es ein multiprofessionelles Team aus Schulsozialarbeiter*innen, Jugendcoaches und Psycholog*innen, die mit den besonderen Lebenssituationen der Schüler*innen vertraut sind und eng mit dem Lehrkörper zusammenarbeiten. Denn, wie bereits erwähnt, bildet psychische Gesundheit und Wohlbefinden überhaupt erst die Grundvoraussetzung für schulische Leistungsfähigkeit.

Es ist unerlässlich, auch die Teamfähigkeit innerhalb des Lehrkörpers zu stärken und zu institutionalisieren. Stark geprägt von Einzelkämpfer*innentum, hat die Krise viele Lehrer*innen gelehrt, enger zusammenzuarbeiten, Kommunikationskanäle zu vereinheitlichen, sich mit Aufgaben und Anforderungen abzusprechen. Gemeinsame Ziele zu definieren, sich fächerübergreifend zu koordinieren und gemeinsame Projekte zu realisieren, bietet für alle Beteiligten einen enormen Mehrwert und eine effiziente Nutzung der personalen Ressourcen.

Die Antwort ist soziale Gerechtigkeit

Wer fleißig ist und hart arbeitet, kann es zu etwas bringen, ist die Devise unserer Leistungsgesellschaft. Die Tatsache ist, wenn es um Bildung geht, fällt in Österreich der Apfel nicht weit vom Stamm. Beruflicher Erfolg, hoher sozialer Status und finanzielle Sicherheit hängen stark von sozialer Herkunft und vererbten Privilegien ab.

Zusätzlich zu den bereits erwähnten schulischen Barrieren erschweren fehlende Zukunftsperspektiven, Ausgrenzungserfahrungen, sowie Identitätskonflikte den sozialen Aufstieg zusätzlich.

Während lediglich 3,9% der Maturant*innen aus einem Elternhaus mit Pflichtschulabschluss kommen, stammt knapp die Hälfte (46%) der Maturant*innen aus Akademiker*innen-Haushalten, wo zumindest ein Elternteil eine Hochschule abgeschlossen hat.[12] Der Bildungsaufstieg in Österreich gelingt nur wenigen.

12 Pressemitteilung Statistik Austria: Bildungsabschluss der Eltern ist wesentlicher Faktor für Bildungskarriere, 3.5.2017, (9.6.2020), http://www.statistik.at/web_de/presse/112262.html

Lediglich 6% der Kinder deren Eltern selbst maximal einen Pflichtschulabschluss haben, erreichen einen universitären Abschluss.[13]

Ich habe versucht zu zeigen, wie vielfältig und komplex die Gründe österreichischer Bildungsungleichheit sind. In der Öffentlichkeit und im politischen Diskurs wird jedoch sehr häufig der ‹fehlende Integrationswille› und die ‹mangelnden Deutschkenntnisse› für schulischen Misserfolg verantwortlich gemacht. Auch die erwähnte Sommerschule, speziell für Schüler*innen mit schlechten Deutschnoten, folgt dieser Logik.

Durch die Coronakrise wurden verfestigte Strukturen der Ungleichheit verstärkt, gleichzeitig sind radikale und gangbare Lösungswege sichtbar geworden. Bildungsungleichheit zu bekämpfen und Chancengleichheit für alle Kinder in Österreich herzustellen, bedeutet auf die komplexen gesellschaftlichen Ausgangsbedingungen mit vielfältigen und weitreichenden Lösungen zu antworten.

Soziale Gerechtigkeit ist immer auch eine Verteilungsfrage, auch in der Bildung. Um wirkliche Chancengleichheit herzustellen, müssen Ressourcen gerecht, statt gleich, verteilt werden. In diesem Band sind sich Vertreter*innen der Wissenschaft[14] und der Praxis einig: Ziel erfolgreicher Bildungspolitik muss sein, diejenigen, die in weniger privilegierte Positionen geboren werden, mit mehr Ressourcen auszustatten, somit Startnachteile auszugleichen und besonders belastete Schulstandorte für Schüler*innen zu Orten der Chancengleichheit, Potenzialentfaltung und vielfältiger Zukunftsperspektiven zu machen.

13 Schreiner Claudia, Bildungsgerechtigkeit, Vortrag im Rahmen der Tagung «Differenziertes Schulsystem vs. Gesamtschule: Wie fair ist unser Bildungssystem?», September 2016, http://www.oefg.at/wp-content/uploads/2016/10/Beitrag_Schreiner.pdf

14 Vgl. Bacher et al. in diesem Band.

Lieber Bildungsminister, wie viel Gesundheit ist Ihnen Leistung wert?

Von Anna Ulrich

Auf die im öffentlichen Diskurs wenig beachtete Frage, wie es Schüler_innen mit dem Homeschooling während dem coronabedingten Lockdown denn so erging, werden nicht alle Schüler_innen dieselbe Antwort geben. Konnten sich einige Schüler_innen während den Schulschließungen entspannen, zu TikTok-Videos tanzen, Bananenbrot machen und dabei den Anschluss an schulisch auferlegte Vorsätze nicht verlieren, stellte das E-Learning für andere Schüler_innen sowohl eine psychische als auch eine finanzielle Belastung dar und schürte massive Zukunftsängste. Dies gilt auch für uns Maturant_innen, die wir inmitten der Coronakrise unsere Schullaufbahn abschlossen – oder auch nicht – unter Bedingungen, die nicht unkommentiert gelassen werden dürfen.

Zwischen diesen unterschiedlichen Wahrnehmungen lassen sich Zusammenhänge mit den sozialen Privilegien und dem Wohlbefindenden der Jugendlichen finden.

Erleichterte Corona-Matura? Klassenfrage!

Aufgrund der Streichung der Präsentationen Vorwissenschaftlicher Arbeiten (VWAs) und Diplomarbeiten sowie der mündlichen Matura legen böse Zungen den Maturant_innen dieses Jahres nahe, einer vereinfachten Reifeprüfung teilhaftig geworden zu sein. Allein durch die Ergebnisse der Mathematik-Matura in den AHS könnte diese Aussage angezweifelt werden – es ist ein deutlich schlechteres Resultat im Vergleich zum letzten Jahr. Es mag schon etwas Wahres daran sein, dass die getroffenen Maßnahmen für Entlastung gesorgt haben – dafür waren sie ja angedacht. Im Endeffekt haben jedoch jene, die die Entlastung am nötigsten gehabt hätten, am wenigsten profitiert.

Die Coronakrise hat soziale Unterschiede auf offensichtlichste Weise aufgezeigt und den Vorhang eines vermeintlich sozial intakten Schulsystems im Sozialstaat Österreich gelüftet. Allein 4.000 Schüler_innen von sog. «Indexschulen»[1]

1 Das sind nach dem Bundesinstitut für Bildungsforschung (BIEFIE), dem Institut des Bundes für Qualitätssicherung im österreichischen Schulwesen, «sozial hoch oder sehr hoch belastete Schulen».

waren für Lehrkräfte über eine Zeit des Homeschoolings überhaupt nicht erreichbar.[2] Dieser Anteil an Schüler_innen, die häufig nicht einmal einen Laptop besessen haben, denen also folglich jegliche Chance auf Partizipation am Unterricht verwehrt wurde, waren bloß die Spitze des Eisbergs. Diese Vernachlässigung von Kindern niedriger sozialer Schichten haben sogar dem Konservatismus und Neoliberalismus frönende Parteien begriffen und framen diese Erkenntnis nun als elementaren Grundstein ihres ach so sozialen politischen Kurses. Dass diese Verhältnisse das Resultat ihrer differenzierenden Bildungspolitik sind, scheint von geringer Relevanz. Die Coronakrise hat uns in aller Rohheit gezeigt, dass eine grundlegende Reform des österreichischen Bildungssystems längst von Nöten ist.

Beobachtungen einer Corona-Maturantin

Aus persönlicher Beobachtung als Maturantin des Krisenjahres haben sich zwei Grundhaltungen aus der außergewöhnlichen Schulsituation entwickelt: Es war ein Spannungsfeld zwischen distanzierter Gelassenheit und einem Ohnmachtsgefühl. Ersteres ist vorwiegend bei Jugendlichen aufgetreten, die tendenziell stabilen Wohn- und Eigentumsverhältnissen entstammen. Symptome zunehmender Lustlosigkeit, Frustration und Vernachlässigung schulischer Aufgaben sind bei Jugendlichen aus Milieus mit existenzieller Gefährdung durch den Lockdown aufgetreten. Dabei haben sich Zukunftsängste, Unklarheiten über die Leistungsbeurteilung und Verlauf der Matura- und Lehrabschluss-Prüfungen sowie andersartige Abschlussklausuren als weitere Stressfaktoren erwiesen.

Martina Ludescher, stellvertretende Landesschulsprecherin im Berufsschulbereich in Vorarlberg, hat folgende Erfahrung gemacht: «Am E-Learning haben viele Berufsschüler_innen gar nie richtig teilhaben können. Lehrpersonen haben selten Konferenzen einberufen, und wenn das der Fall war, konnten etliche Schüler_innen aufgrund von technischen Problemen nicht mitmachen.»[3]

Auch die Notengebung wurde häufig als noch subjektiver wahrgenommen, als sie es ohnehin schon war. Vereinzelte Lehrpersonen beschlossen Noten auf einer mangelnden Grundlage, nicht selten auf Basis von Sympathie oder subjektiven Einschätzungen über die Leistung der jeweiligen Schüler_in im folgenden Schuljahr.

2 Vgl. Teach for Austria. Der Standard. 27.3.2020. https://images.derstandard.at/2020/03/27/Teach-For-Austria-Homeschooling-Survey.pdf (8.8.2020)

3 Interview am 10.8.2020

Und dennoch stachen aus dem allgemeinen Ohnmachts-Status Quo einige Projekte hervor, die von Eigeninitiative der Schüler_innen zeugten. Beispielhaft zu nennen sind Befindlichkeits-Umfragen, die vereinzelte Schüler_innen zielgerichtet an ihre Mitmenschen stellten. Angebote, eine stützende Schulter für Mitschüler_innen zu sein, fanden sich während des Lockdowns erheblich öfter auf privaten Social Media-Kanälen. Ein weiteres Projekt, das Wellen schlug, war die von einer Maturantin und Aktion kritischer Schüler_innen-Funktionärin initiierte Petition nach einer «Matura ohne Prüfung» – sprich: Das Maturazeugnis sollte nicht aus den Noten der Reifeprüfungen am Jahresende bestehen, sondern aus den Jahresnoten, die die Schüler_innen bisher in der Abschlussklasse erbracht haben. Sollte ein_e Schüler_in mit ihrer Jahresnote unzufrieden sein, bestünde die Möglichkeit, sich einer freiwilligen Prüfung zu unterziehen. Diese Forderung wurde nicht nur von 8.863 Maturant_innen unterzeichnet, auch Expert_innen warnten vor der Durchführung der schriftlichen Reifeprüfung. Zu unterschiedlich waren die Voraussetzungen während des Homeschoolings gewesen.

Matura ohne Prüfung – nicht nur in Krisenzeiten ein sinnvolles Konzept

Diese Idee, das Maturazeugnis aus den Jahresnoten des Abschlussjahres zusammenzustellen, ist keine Neue, sondern wird schon lange von der Aktion kritischer Schüler_innen eingefordert. Dem Konzept liegt der Gedanke zugrunde, dass zusätzlicher Leistungsdruck, der durch die mündliche und schriftliche Reifeprüfung am Ende des Jahres verursacht wird, vermieden werden könnte. Zudem lernt man bei der erneuten Abfrage bei obengenannten Prüfungen nichts Neues – es werden lediglich ohnehin schon erworbene Kompetenzen abgefragt. Weiters kann bei der standardisierten Zentralmatura keinerlei Rücksicht auf die persönlichen, sozialen oder migrantischen Hintergründe von Schüler_innen genommen werden. Das hat nicht nur während Schulschließungen die Ausgrenzung etlicher Schüler_innen zur Folge, sondern ist ein stetiges Begleitsymptom der Zentralmatura.

Der verzerrte Leistungsbegriff des Bildungsministeriums

Dass das Bildungsministerium selbst während einer Pandemie alles daran setzt, prioritär «Leistung» von Schüler_innen abzuverlangen, ist angesichts vergangener Zitate von Bildungsminister Heinz Faßmann zwar nicht überraschend, aber dennoch enttäuschend:

«Ich habe nichts gegen einen Leistungsbegriff. Bildung heißt nicht nur, Spaß zu haben, sondern man muss sich auch hinsetzen und lernen.»[4]

Dieses Verständnis von Bildung impliziert, dass sich Spaß haben und Lernen grundlegend ausschließen. Eine grundsätzlich abzulehnende Idee, während des E-Learnings aber für viele Schüler_innen Realität. Mit der ohnehin schon ansteigenden psychischen Belastung sollte es den Schüler_innen nicht vergönnt sein, auf schriftliche Reifeprüfungen verzichten zu können. Noten, die statistisch verwertbar sind, stellten auch hier die Priorität vor psychischer, wie auch physischer Gesundheit dar. Welchem Bildungsauftrag die schriftlichen Reifeprüfungen des Corona-Jahrgangs nachgekommen sind, erschließt sich mir bis heute nicht.

Soziale Medien und Alkoholkonsum

Stichwort Leistung: Der angeführte Leistungsbegriff zog sich wie ein roter Faden durch alle Lebensbereiche junger Leute. Einflussreiche Kanäle auf sozialen Medien warben für Selbstoptimierung und Produktivität. Die freie Zeit solle für Workouts, Weiterbildung, To Do's etc. genutzt werden. Ausruhen oder gar Faulheit ließ der internalisierte Kapitalismus in den Köpfen nicht zu.

Ein weiteres, naheliegendes Phänomen: Mit dem Wegfallen von Möglichkeiten sich im echten Leben zu treffen gewannen virtuelle Videochat-Räume schnell an Bedeutung, um dort soziale Interaktionen auszutragen. Nicht selten wurden dabei auch virtuelle Partys gefeiert, wobei Jugendliche und junge Erwachsene Alkohol zu Hause vor dem Bildschirm zu konsumieren begannen. Diese neue Praxis wurde durch starke Medienpräsenz breitflächig legitimiert. Ob dieser Trend die post-Lockdown-Lebensrealität von Jugendlichen beeinflusst, ist schwierig zu beurteilen und zumindest nicht offensichtlich.

Was, wenn es nochmal passiert?

Erneute Schulschließungen sind momentan ein Szenario, das nicht ausgeschlossen werden kann. Sollte es wiederholt dazu kommen müssen, sollte aus den vergangenen Fehlern gelernt werden. Es braucht dann flächendeckendes technisches Equipment für alle die es benötigen oder etwa kostenlose Coro-

4 Eva Stanzl und Martina Madner. Wiener Zeitung. 29. Jänner 2020. https://www.wienerzeitung.at/nachrichten/politik/oesterreich/2047681-Fassmann-Bildung-heisst-nicht-nur-Spass-zu-haben.html (8.08 2020)

na-Tests auf Nachfrage. Personen aus Risikogruppen sollten sich vom Unterricht ohne Konsequenzen freistellen lassen dürfen. Mehr Schulpsycholog_innen sowie die Bereitstellung ungenutzter Räume mitsamt Betreuung für Schüler_innen, denen es an besserer Lernumgebung bedarf, sollen zur Verfügung gestellt werden und damit auf gesellschaftlicher Ebene auch Frauen* entlastet werden, die während der Coronakrise einer Mehrfachbelastung in Bereichen wie etwa Reproduktionsarbeit oder emotionaler Arbeit ausgesetzt waren. Dies sind nur die Grundpfeiler vieler noch zu lösender Probleme. Sie wären gewiss ein Schritt in Richtung einer demokratischen, sozial gerechten und angstfreien Schule und Gesellschaft.

Körperlose Kommunikation in der universitären Lehre

Von Heide Hammer

Alles würde von nun an in der neuen Form verharren, die die Dinge plötzlich angenommen hatten. Wir würden Zugang zu noch exzessiveren Formen des digitalen Konsums haben, aber unsere Körper, unsere physischen Organismen blieben aller Kontakte und aller Vitalität beraubt. Die Mutation würde zu einer Kristallisation des organischen Lebens führen, zu einer Digitalisierung der Arbeit und des Konsums, zu einer Entmaterialisierung unseres Begehrens.[1]

Was wünschen wir uns als Lehrende und Studierende voneinander? Das wäre die wesentlich adäquatere Frage als die zu befüllende Rubrik «Ziele, Inhalte und Methode der Lehrveranstaltung.» Darunter wäre vielleicht: gemeinsames Denken, Ringen um Argumente und Positionen, Personen kennenzulernen, ihre Eigenarten und ihre Motive zu verstehen, voneinander lernen, Überkommenes verlernen und ebenso lexikalische Wissensvermittlung als Grundlage, um einen Standpunkt beziehen zu können.

Was ist und was kommt

«Eine wesentliche Neuerung ist, dass im Wintersemester 2020/21 prüfungsimmanente ebenso wie nicht prüfungsimmanente Lehrveranstaltungen ausschließlich digital stattfinden können.»[2] Ich lese diese Nachricht und verstehe sie nicht. Ich verstehe sie vor allem zusammen mit den folgenden Zeilen nicht, wo mir hybride Formen von analog und digital – besonders geeignet für Risikogruppen – schmackhaft gemacht werden sollen. Beim dritten Lesen erschließt sich mir: Wir dürfen ausschließlich digital lehren, wir müssen nicht, und ich bin erleichtert. Die Covid-19-Pandemie macht so einiges deutlich: Dass die Universitäten tendenziell weniger Erfahrung mit Blended Learning hatten als die Fachhochschulen und somit erst die technischen Voraussetzungen für digitale Lehre schaf-

1 Paul B. Preciado, Ein Apartment auf dem Uranus. Chroniken eines Übergangs, Berlin 2020, 349.

2 Mail der Studienprogrammleitung Gender Studies der Universität Wien, 14.7.2020.

fen mussten. Dass die Raumsituation – etwa bei den Gender Studies an der Uni Wien – immer schon unzumutbar ist und Studierende wie Lehrenden sich immer wieder fragen, wie in der Sensengasse die Raumhöhe von 2,50 m für Hörsäle je genehmigt werden konnte (Nach drei Stunden in einem vollen Raum haben immer einige Kopfschmerzen). Dass viele Studierende über wenig Geld verfügen und für ihre Arbeitsmittel weitgehend selbst verantwortlich sind. Rund 60% der Studierenden sind auf Lohnarbeit angewiesen, dabei überwiegen prekäre Arbeitsverhältnisse, besonders im Dienstleistungssektor. Als Folge der Coronakrise haben mehr als die Hälfte dieser ArbeitnehmerInnen ihre Existenzgrundlage verloren, Studiengebühren sind dennoch zu bezahlen. Für externe Lehrende stehen ebenso wenig Arbeitsplätze an ihrem Arbeitsort Universität zur Verfügung, auch sie stellen ihre Arbeitsmittel selbstverständlich selbst. Nun mussten plötzlich alle Lehrenden ihre Inhalte ohne persönliche Begegnung vermitteln, diese virtuelle Lehre wurde überwiegend aus den privaten Wohnungen gemacht. Die auch genderbasierten Differenzen in den Care- und Reproduktionsarbeiten wurden zwar vielfach thematisiert, ihre Teilung wurde hingegen in direkter Traditionslinie von Bespitzelung und Blockwartmanier umgehend angezeigt.

Ermüdung

Viele Gespräche betonen den Effekt der körperlosen Kommunikation, sie ermüdet alle, Digital Natives ebenso. Und wir haben sehr viel kommuniziert, menschlich unfassbare Mengen an Daten produziert, da scheint die Frage, ob die Serverfarmen in den USA oder Europa stehen, eher sekundär. Lehrende sind durchaus bemüht, positive Aspekte zu verstärken, stellen Audio-, Video- und Textmaterialen in großer Fülle online und setzen auf die Selbstorganisationsfähigkeit der Studierenden. Wahrscheinlich wurde in diesem (ersten) Corona-Semester mehr gelesen. Es hat mich sehr gefreut, wenn mehrere Studierende vor einem Bildschirm zusammen waren und ihre Lektüreerfahrungen und Textproduktion gemeinsam besprochen haben. Gastvorträge konnten in der globalen Situation des Lockdown rasch organisiert werden, der Rückzug in private Räume führte zu einer Form der Egalität und enormer Disziplin. Zwar hat es auch Vorteile, wenn alle artig zuhören, nicht unterbrechen oder Parallelgespräche führen, diese Formen der Höflichkeit sind ohnehin weitverbreitet; dennoch können gerade aus diesen Störungen Situationen entstehen, die intensiv, lehrreich, emotional, enervierend, kreativ oder schlicht unvorhersehbar sind. Digitale Besprechungen eignen sich durchaus, um organisatorische Aufgaben zu klären, doch der Prozess der kollektiven Wissensproduktion wird dadurch blockiert.

Wir nehmen zu wenig voneinander wahr, es gibt keine Stimmung im Raum, weil der gemeinsame Raum nicht existiert. Der Ton wird gemutet – ein Gebot der Höflichkeit wie der technischen Beschränkungen – sobald eine Person nicht mehr spricht. Viele verzichten auf die Bildinformation und mit schlechten Programmen, wie sie auch von der Uni Wien in aller Eile eingekauft wurden, ist die Anzahl der Bildschirmdarstellungen ohnehin auf drei (!) begrenzt.

Fact/Fiction

In der Erzählung *Die Maschine steht still* von E.M. Forster aus dem Jahr 1909 wird in luzider Weise, wie sie hervorragender Science-/Social Fiction eigen ist, eine Welt beschrieben, in der das Leben auf der Erde aufgegeben und durch die völlige Vereinzelung in einem wabenförmigen Zimmer weit unter der Oberfläche ersetzt wurde. Dennoch sind alle mit allen ständig verbunden, haben abertausende Bekannte und nennen es Isolation, wenn sie sich auf ein Gespräch mit einer Person konzentrieren. Sobald diese Isolation aufgehoben wird, stürzen die Anfragen mit diversen Signaltönen wieder auf die Vereinzelten ein und sie reagieren – wir kennen es – gereizt. In ihrem einförmigen Alltag hören sie Musik oder Vorträge, Lesen, Schlafen, Essen, werden medizinisch versorgt, ganz ohne körperliche Begegnung. Diese gilt als überholt, Berührung als obszön. Ihr Lebensinhalt ist die Gier nach Ideen, die sich allerdings darin erschöpfen müssen, längst gemachte Erfahrungen zu nivellieren und eine «farblose Generation» zu forcieren, die «alle Tatsache und Eindrücke hinter sich gelassen hat». Denn: «Es gibt im Grunde keine Ideen aus erster Hand. Es handelt sich um bloße Reaktionen des Körpers auf Liebe und Angst, und wer könnte auf einem so rohen Fundament schon eine Weltanschauung errichten?»[3] Der Verlust unserer unmittelbaren körperlichen Reaktionen und ihrer Wahrnehmung durch andere, die von Preciado zitierte «Entmaterialisierung des Begehrens» erlaubt keine uns vertraute libidinöse Beziehung, nicht zum gewählten Gegenstand, nicht zum Ort der Wissensproduktion mitsamt seinen AkteurInnen, seinen Synergien und Übersetzungsmöglichkeiten an andere Orte des jeweiligen Lebens.

Die Coronasituation macht eine Tendenz zur Quantifizierung und das Phantasma der Vereinheitlichung mit gleichzeitigem Imperativ zur Individualisierung (Alleinstellungsmerkmale am Arbeitsmarkt) überdeutlich. Noch ist die Situation fluide und es ist unklar, wer aus dem Homeoffice an den Arbeitsplatz – sofern

3 E.M. Forster, Die Maschine steht still, Hamburg 2018, 58f.

vorhanden – zurückkehren darf oder muss. Wie praktisch es sein kann, wenn nicht nur Arbeitsräume, sondern gar ArbeiterInnen eingespart werden können, deren Kündigung per virtueller Konferenz mit lediglich einer SprecherInnenposition (Geschäftsführung) verlautbart wird, wenn die Informationskontrolle technisch unterstützt wird und die individuellen Kosten der ArbeiterInnen zur Besprechung und Organisierung steigen. Die Kräfteverhältnisse erlauben dennoch große Träume, zumal wenn wir der Überzeugung sind, dass dieser Weg der Rigidität wie Einförmigkeit nicht nur sehr langweilig, sondern ruinös ist.

Donna Haraway schreibt: «Ich wünsche mir ein feministisches Schreiben des Körpers, dessen Metaphorik Vision wieder hervorhebt, weil wir nicht darum herumkommen, diesen Sinn zu beanspruchen, wenn wir den Weg durch die zahllosen Visualisierungstricks und -möglichkeiten der modernen Wissenschaften und Technologien finden wollen, die die Debatten um Objektivität transformiert haben.»[4] Der Terminus «Objektivität» fällt hier im Aufsatz *Situated Knowledges. The Science Question in Feminism and the Privilege of Partial Perspective*, im Original aus dem Jahr 1988. Diese situierten Wissensformen, die parteiisch sind und sehr politisch, gehorchen weder dem mächtigen Paradigma einer neutralen Objektivität (gepaart mit Validität und Reliabilität), noch einem Sozialkonstruktivismus (mit seinen Werkzeugen Rhetorik und Kunst), um «die maßgeblichen sozialen AkteurInnen glauben zu machen, dass das fabrizierte Wissen ein Weg zu einer begehrten Form sehr objektiver Macht sei.»[5] Was wir begehren, was wir uns wünschen, welche Ambiguitäten und Ambivalenzen gut (aushaltbar) sind und was einfach nicht zusammen geht, welche politischen Kämpfe geführt werden müssen und welche Formen des Schutzes nötig sind, um die Bedingungen für ein gutes Leben tatsächlich für alle zu ermöglichen, können wir nur zusammen herausfinden, müssen die herausfinden dürfen, die es jeweils betrifft.

Beziehungsweisen

Paul B. Preciado aktualisiert Foucault, analysiert das pharmapornografische Dispositiv der Gegenwart und setzt Formen der körperlichen wie politischen Transformation ins Zentrum der Auseinandersetzung. Die Abschottung der reichen Enklaven des Westens, besonders anschaulich der USA und der EU wird in

4 Donna Haraway, Die Neuerfindung der Natur, Primaten, Cyborgs und Frauen, Frankfurt 1995, 82.

5 Haraway 1995, 75.

der Logik der Grenze und ihrer Überwachung durch Covid-19 auf die Ebene des individuellen Organismus verschoben. «Lesbos beginnt jetzt auf deiner Schwelle. (…) Die neue Grenze ist die Maske. (…) Das neue Lampedusa ist deine Haut.»[6] Wenn es uns nicht gelingt, die Geflüchteten auf den europäischen Inseln oder in den libyschen Lagern oder aus Traiskirchen zu befreien, sieht es für unsere Freiheit auch nicht gut aus. Die Freiheit des Konsums wirkt wohl noch schaler, wenn das Gegenüber nur noch virtuell vor Neid erblassen kann. Was heißt «das gute Leben für alle», ein Euphemismus für das Kommunistische, wenn der Aufruf zur sozialen – jedenfalls körperlichen – Distanz, der Abschottung, Spaltung und Isolierung militärisch wie moralisch so leicht umsetzbar ist. Die neuen Strukturen der Kooperation, der kollektiven Verweigerung müssen geschaffen, aus den Traditionen des Widerstands adaptiert und aktualisiert werden.

Im *Manifest für Cyborgs* erklärt Donna Haraway: «*Fission Impossible*, Spaltung Unmöglich, ist der Name der Bezugsgruppe (*affinity group*) in meiner Stadt. (Affinität: eine Beziehung auf der Grundlage von Wahl nicht Verwandtschaft, die Anziehungskraft einer chemischen Gruppe für eine andere, Begierde.)»[7]

Das Stiften von analogen Beziehungsweisen ist auch eine der Kernaufgaben der Universität. Wie Giorgio Agamben in einem kurzen Blockeintrag schon im Mai des Jahres schreibt,[8] sind Universitäten seit ihrer Gründung soziale Orte, Orte der Vielfalt und Differenz und der Verbindung entlang geteilter Ziele und Leidenschaften. Dass diese zentralen Aspekte studentischen Lebens schon vor Corona verarmt waren, wobei die Termini «corruption» und «specialist ignorance» fallen, mag stimmen; ob allerdings digitale Lehre als neue Diktatur und ihre Verweigerung als ebenso bedeutsamer Akt des Ungehorsams zu fassen wäre, wie die Verweigerung des faschistischen Eids 1931, bezweifle ich. Deutlicher als gewohnt sind wir gefordert, Position in gesellschaftlichen Fragen zu beziehen, die wir bislang getrost jenen überlassen haben, die sich dafür begeistern: Big Data, Formen der kollektiven Entscheidungsfindung, der gesellschaftliche Umgang mit Emotionen, die in therapieaffinen Kreisen ins Zwiegespräch ausgelagert waren. Die Neigungsgruppe, die FreundInnenschaft ist darin die kleinste Einheit und reicht bis zum Rückzug ins Landhaus auf der Flucht vor der Pest in Boccaccios *Decamerone*. Wie diese intime Gruppe auf die Ebene von Sanctuary Cities und letztlich auf eine planetarische Dimension gehoben werden kann,

6 Preciado 2020, 359.

7 Haraway 1995, 40.

8 https://medium.com/@ddean3000/requiem-for-the-students-giorgio-agamben-866670c11642 (25.7.2020)

um «in einer dichten Gegenwart und miteinander gut zu leben und zu sterben», uns «entlang erfinderischer Verbindungslinien verwandt zu machen und eine Praxis des Lernens zu entwickeln»[9], das ist unsere Aufgabe. Die Lösung wird wohl nicht in einer Re-Etablierung privilegierter Bildungsinstitutionen, wie sie auch Agamben andeutet, sondern viel eher in einem umfassend transformierten Verständnis von Wissen, einer Vervielfältigung von Lernumgebungen und pädagogischen Beziehungen liegen.

9 Donna Haraway, Unruhig bleiben. Die Verwandtschaft der Arten im Chthuluzän. Frankfurt 2018, 9.

Die Auswirkungen von Covid-19 auf die Situation von Studierenden

Von Julius Gruber und Babsi Ordinaireteur

Die Maßnahmen zur Bekämpfung der Covid-19-Pandemie betrafen die Universitäten in besonderem Ausmaß: Die Hochschulen und Universitäten waren in Österreich nicht nur bei den ersten Institutionen, die zugesperrt, sondern auch bei den letzten, die wieder aufgesperrt wurden.

Das betraf vor allem den Lehrbetrieb, der mit Mitte März auf Online-Lehre umgestellt wurde, wodurch für zahlreiche Studierende erhebliche Schwierigkeiten beim Fortgang ihres Studiums entstanden.

Beginnen wir mit dem Offensichtlichen: Ein Studium an einer Hochschule oder Universität stellt längst kein exklusives Klassenprivileg mehr dar. Folglich verfügen nicht alle Studierenden über das notwendige technische Equipment bzw. die finanziellen Mittel sich solche zu besorgen, um an der Online-Lehre überhaupt teilnehmen zu können. Weil die Einführung des 5G-Netzes leider schleppender vorangeht, als von der sich immer wieder in der Wiener Innenstadt tummelnden Corona-Querfront fantasiert, liegen die technischen Voraussetzungen für die Teilnahme an der Online-Lehre auch dann nicht unbedingt in den Händen der Studierenden, wenn sie über die hierfür notwendigen Mittel verfügen: Du bist für dein Studium auf ein Leistungsstipendium angewiesen und hast während einer Prüfung eine Netzwerkstörung? Pech gehabt, negativ.

Ein solcher Umgang mit der Pandemie folgt jener ohnehin vorhandenen Tendenz spätkapitalistischer Verhältnisse, die auch für andere gesellschaftliche Bereiche während des Lockdowns typisch waren: Auf Gedeih und Verderb die Einzelnen auf sich selbst zurückzuwerfen und für ihre Situation allein verantwortlich zu machen. Vereinzelung ist folgerichtig der Modus Operandi, unter dem die Online-Lehre notdürftig eingerichtet wurde. Denn das soziale Element der Einheit von Lehre und Forschung, wie es für das humanistische Bildungsideal, das ja bestenfalls als Karikatur noch sein bescheidenes Dasein fristet, konstitutiv ist, ist unter den Bedingungen der Pandemiebekämpfung praktisch nicht mehr vorhanden.

Wie die Beziehung zwischen Studierenden und Lehrenden sich während des Lockdowns gestaltete, war nahezu ausschließlich vom Gutdünken der Lehrenden abhängig: Während manche sich wirklich bemühten, ihre Lehre an die schwierigen Bedingungen anzupassen, fiel so manche Vorlesung de facto einfach aus – die Studierenden durften sich dann allein zu Hause mit der Pflichtliteratur auf die Prüfung vorbereiten.

Verlaufen Diskussionen in Online-Seminaren häufig schleppend, sind aber doch zumindest vorhanden, so ist der Kontakt zwischen den Studierenden an anderen Stellen fast vollständig weggebrochen. Viel an Gesprächen, Diskussionen und vor allem Kontaktaufnahme findet nun mal nicht in, sondern eher informell vor und nach Lehrveranstaltungen statt. Hier wird sich vernetzt, werden Informationen über beispielsweise Lehrende und deren Lehr- und Benotungspraxis ausgetauscht, man gibt sich gegenseitig Feedback. Hier entsteht auch zumindest potenziell Solidarität, wenn Studierende in Lehrveranstaltungen rassistisch oder sexistisch diskriminiert werden, oder andere Ungerechtigkeiten erfahren. Die Folge ist, dass die Entpolitisierung, die es auch vor der Krise bereits gab, weiter fortschreitet.

Für das neoliberale Hochschulwesen ist die erzwungene Digitalisierung nicht nur aufgrund der zunehmenden Vereinzelung ein Segen, sondern auch, weil die Lehre an den Universitäten schon seit Jahren an einem Platzmangel leidet, sowohl was Seminar- und Vorlesungssäle betrifft, als auch was die Situation in den Bibliotheken angeht – von Computerplätzen ganz zu schweigen. Ebendiese Räume waren bzw. sind, gemeinsam mit der dort vorhandenen Infrastruktur, nicht mehr zugänglich. Es wird sich zeigen, ob die Pandemie zum Anlass genommen werden wird, um das Raumproblem zukünftig per Online-Learning einfach auszuklammern und wiederum die Einzelnen dafür verantwortlich zu machen, ob sie sich einen Drucker leisten können, oder eben nicht.

Gerade die Schließung der Bibliotheken stellte umgekehrt, vor allem Studierende, die gerade längere Abschlussarbeiten schreiben, vor gröbere Schwierigkeiten. Zwar wurde den Lehrenden gegenüber die Empfehlung ausgesprochen, den mangelnden Zugang zu wissenschaftlicher Literatur in die Benotung miteinzubeziehen. Allerdings kommt in dieser Kalkulation die für die Universitätsführung scheinbar abwegig gewordene Überlegung, dass manche Studierende in den Lehrveranstaltungen vielleicht tatsächlich etwas lernen wollen, einfach nicht mehr vor. Indem so außerdem keine Lernplätze außerhalb der eigenen Wohnung mehr vorhanden sind, wird die Tendenz neoliberaler Arbeitsverhältnisse, welche die Trennung von Arbeits- und Freizeit tendenziell aufheben, auf das Studium übertragen.

Wer aber aufgrund der Situation nun etwa seine Abschlussarbeit erst ein Semester später abgeben kann und deshalb Studiengebühren zahlen muss, braucht, das hat Bildungsminister Heinz Faßmann klargestellt, nicht damit zu rechnen, diese zurückerstattet zu bekommen. Dadurch werden gerade jene Studierenden in Bedrängnis gebracht, für deren Zugang zu einem Hochschulstudium die

Beschäftigung in prekären Arbeitsverhältnissen ohnehin die Voraussetzung ist.

Denn dabei ist zentral zu beachten, dass die Studierenden auch auf einer anderen Ebene von den gesellschaftlichen Folgen von Covid-19 getroffen wurden, als nur durch die hastige Verlegung der Lehre in ein ungewohntes Medium. Über 60% der 380.000 Studierenden sind in einem Lohnarbeitsverhältnis und waren als Arbeiter*innen genauso von den Massenentlassungen und Umstellungen auf Kurzarbeit betroffen wie nichtstudierende Arbeiter*innen. Im Interview mit dem *Standard* schätzte Desmond Grossmann aus dem Vorsitz der ÖH Bundesvertretung im März, dass grob ein Drittel der werktätigen Studierenden entlassen wurden, also etwa 75.000.[1] Dazu kommen die, die auf Honorarbasis zum Beispiel im Kunst- und Kulturbereich tätig waren und mit einem völligen Wegbrechen der Auftragslage konfrontiert waren. Auch sonst waren es die Sektoren des Arbeitsmarkts, in denen eine große Anzahl an Studierenden beschäftigt sind, wie z. Bsp. im Tourismus oder der Gastronomie, die besonders hart vom Lockdown und den anderen umgesetzten Maßnahmen betroffen waren. Eine genaue Erhebung der Auswirkungen der Pandemie und der gegen sie getroffenen Maßnahmen steht noch aus, ist aber an mehreren Universitäten vonseiten der ÖH bereits im Gange. Besonders zu beachten ist hier der hohe Anteil der Student*innen in geringfügigen Beschäftigungsverhältnissen. Im Kündigungsfall haben sie keinen Anspruch auf Mindestsicherung oder Kurzarbeit. Außerdem tauchen sie dadurch auch nicht in den Arbeitslosenstatistiken auf – gut für den Staat, schlecht für die, die davon betroffen sind.

Während die Umstellung auf Online-Lehre vielen Studierenden Zeit- und Zukunftspläne für die nächsten Jahre versperrte oder durcheinander warf, wurden auf diesem Level direkt Studierendenexistenzen bedroht. Wenig verwunderlich dann auch, dass es vor allem genau die Studierenden traf, die bereits vor Covid-19 in prekären Verhältnissen lebten und sich ihr Studium nicht über staatliche oder familiäre Beihilfen finanzieren konnten. Auffällig ist aber, wie abwesend diese Ebene der studentischen Not, in der öffentlichen Diskussion zumindest vonseiten der Universitäten und der Regierung war. Einfach umzusetzende Maßnahmen wie das Erlassen von Studiengebühren oder direkte finanzielle Hilfe, wie sie wiederholt von Studierendenvertretungen öffentlich gefordert wurden, blieben vonseiten der offiziellen Stellen aus und schienen kaum der Diskussion würdig, was eine Blindheit gegenüber der Rolle von Studierenden als lohn- bzw. finanzierungsabhängigen Arbeiter*innen suggeriert oder die selt-

1 Thaler, Selina. Coronavirus: Finanzielle Hilfe für Studierende in Notlage. Der Standard von 24.03.2020. https://www.derstandard.de/story/2000116103278/coronavirus-finanzielle-hilfe-fuer-studierende-in-notlage (13.8.2020)

same Annahme, mit der Absicherung der Möglichkeit weiter ECTS-Punkte zu erreichen, seien die grundlegenden Probleme der Student*innen bereits gelöst. Statt Blindheit oder nicht evidenzbasierter Annahmen steckt vermutlich nur altbekannte kapitalistische Pragmatik dahinter – indem die finanzielle Notlage der Studierenden zu deren Privatsache erklärt wurden und nur der enge Rahmen des Universitätsbetriebs (Lehre, Veranstaltungen, Prüfungen) als wichtig gefasst wurde, wurden viele entstehende Kosten auf Studierende abgewälzt, die, trotz eines Wegfallens eines guten Teils der Lehre, mit ihren Studiengebühren den finanziellen Normalbetrieb der Universitäten weiter finanzierten, während sie selbst in immer prekärere Situationen gerieten. Sie werden so durch Inaktivität der Universitäten und zuständigen Regierungsstellen zu den Rücken auf denen das Fortbestehen der Universität durch die Pandemie getragen wird. Voller Stolz verkündete Bildungsminister Faßmann, die Hochschulen hätten die Krise bisher gut überstanden und verschwieg, auf wessen Kosten dies erreicht wurde.

Auch die Arbeit der Studierendenvertretungen wurde durch die Pandemie grundlegend verändernd: Beratungsangebote mussten auf Mail- oder Telefonberatungen umgestellt werden, während die Anzahl an Studierenden, die auf Beratungsangebote angewiesen war verständlicherweise stark anstieg. Dazu kam die Umstellung von Gremien- und Parlamentsstrukturen auf Möglichkeiten mit Mindestabstand. Durch den direkten Austausch mit den Student*innen war die prekäre Situation der Studierenden in den Hochschulvertretungen viel präsenter als im Diskurs von Regierung und Universität und von Beginn der Covid-19-Maßnahmen an ein vonseiten der ÖH-Koalitionen öffentlich angesprochenes und problematisiertes Thema.

Es war die Frage, wie mit dem Thema umgegangen werden sollte, in der sich grundlegende Unterschiede zwischen den Fraktionen zeigten. Wie an vielen Universitäten Österreichs war der Sozialtopf eines der wichtigsten Mittel der Studierendenvertretung, neben Beratungsangeboten konkrete Hilfe für Studierende während der Krise zu leisten. Allerdings stießen dessen Mittel schnell an ihr Ende – und die Diskussion darüber, in welcher Form aufgestockt werden sollte brachte die traditionsreiche linke Koalition an der ÖH Uni Wien an ihres. Während der sozialdemokratische VSStÖ eine drastische Aufstockung der Mittel vorschlug, um so viel Geld wie möglich an einen angesichts der vorhandenen finanziellen Mittel nur sehr kleinen Teil der Studierenden auszuschütten, plädierten der KSV-LiLi, die GRAS, sowie die linken Basisgruppen dafür, auch Projekte und Initiativen zu fördern sowie sich in Kampagnenarbeit für eine Hilfsleistung von offizieller Stelle einzusetzen. Was kleinlich klingen mag, reichte für den VSStÖ aus, um die längste bestehende linke Koalition des Landes zu zerstören.

Vereinzelung und Prekarisierung, beides Merkmale neoliberaler Verhältnisse, waren im Alltag der Studierenden bereits vor Covid-19 Normalität. Der Modus, wie an den Universitäten mit der Pandemie ein Umgang gefunden wurde, griff diese Tendenzen auf und verstärkte sie. Dies wird die Studierendenvertretungen wohl noch länger beschäftigen und den Alltag für Studierende auf lange Zeit zum schlechteren verändern. Gerade deshalb aber ist es wichtig, dass Studierende sich organisieren, um den bestehenden Verhältnissen mit emanzipatorischen Perspektiven zu begegnen.

«Wer schnell helfen würde, würde doppelt helfen»

Die Coronahilfe für Kunst & Kultur in Österreich und Deutschland im Vergleich

Von Peter Tschmuck

«Wer schnell hilft, hilft doppelt», ließ der österreichische Finanzminister Gernot Blümel bei der Pressekonferenz zu den Corona-Hilfemaßnahmen am 27. März 2020 die Öffentlichkeit wissen.[1] Bezogen war diese Aussage auf den damals mit 1 Milliarde Euro dotierten Härtefall-Fonds des Bundes, aus dem Gelder so schnell wie möglich an die Betroffenen ausbezahlt werden sollten, wie der Finanzminister auf besagter Pressekonferenz hinzufügte. Zwei Monate und zahlreiche Pressekonferenzen der Bundesregierung später wurde klar, dass es mit der schnellen Hilfe nicht ganz so, wie angekündigt, geklappt hat. Nach der Aufstockung des Härtefall-Fonds auf 2 Milliarden Euro, wurden daraus bis Ende Mai 201 Millionen Euro ausbezahlt, was in etwa 10% der verfügbaren Mittel entspricht.[2]

Gerade für diejenigen, für die eine schnelle Hilfe doppelte Hilfe wäre, nämlich für die freischaffenden KünstlerInnen, ist der Härtefall-Fonds keineswegs die adäquate Unterstützungsmaßnahme. Es hat vergleichsweise lange gedauert, bis endlich ein entsprechendes Maßnahmenpaket über 90 Millionen Euro auf den Weg gebracht wurde.[3] Bis dahin war es für die betroffenen KünstlerInnen eher ein Hindernislauf, um an die dringend notwendige finanzielle Hilfe zu gelangen. Da ist es nur wenig tröstlich zu erfahren, dass es auch in Deutschland sehr lange gedauert hat, bis mit dem auf 1 Milliarde dotiertem «Neustart Kultur»-Hilfsprogramm nach Monaten des Wartens endlich eine adäquate Unterstützungsmaß-

1 Bundesministerium für Finanzen, Pressemeldung: Blümel zu Härtefallfonds – wer schnell hilft, hilft doppelt, 27. März 2020.

2 Der Standard, Härtefallfonds wird deutlich erhöht, Teilzeitgehälter werden aufgebessert, 27.5.2020.

3 Es handelt sich dabei um den mit 90 Millionen Euro dotierten Überbrückungsfonds für Künstlerinnen und Künstler, aus dem 1.000 Euro pro Monat für die Dauer von bis zu sechs Monaten ausbezahlt werden können. Siehe dazu die Corona Info für Kunst und Kultur des Bundesministeriums für Kunst, Kultur, öffentlicher Dienst und Sport: https://www.bmkoes.gv.at/ (19.6.2020)

nahme für den Kunst- und Kulturbetrieb vom Bundestag verabschiedet wurde. Ein Vergleich der Covid-19 Hilfspakete in Österreich und Deutschland deckt viele Parallelen mit unterschiedlichen Nuancierungen auf, die in weiterer Folge genauer unter die Lupe genommen werden sollen.

Die deutsche Corona-Soforthilfe

Am 23. März 2020 hat die deutsche Bundesregierung das Corona-Soforthilfepaket für Solo-Selbstständige und kleine Unternehmen mit einem Fördervolumen von 50 Milliarden Euro aufgelegt.[4] Dabei handelt es sich um eine Wirtschaftshilfe – konkret um eine Liquiditätsspritze – für Ein-Personenunternehmen (EPUs) und kleine Unternehmen, die in existenzielle Nöte geraten sind, damit diese weiterhin Betriebskosten wie Mieten, Kredite für Betriebsräume, Leasingraten, Kosten für Fahrzeuge, die wirtschaftlich genutzt werden, und Ähnliches bezahlen können. Explizit wurde die Soforthilfe des Bundes auf FreiberuflerInnen, zu denen auch KünstlerInnen und Kulturschaffende gezählt werden, ausgeweitet. Es handelt sich also um kein für den Kultursektor maßgeschneidertes Hilfsprogramm, sondern um ein allgemeines Programm für alle Solo-Selbstständige und Kleinunternehmen bis 10 Beschäftigte (in Vollzeitäquivalenten, VZÄ, gemessen).

In Aussicht gestellt werden nicht-rückzahlbare Einmalzahlungen für drei Monate von 9.000 Euro für Solo-Selbstständige und Kleinunternehmen bis 5 Beschäftigte und 15.000 Euro, wenn die Unternehmen sechs bis zehn Beschäftigte haben. Da es sich bei der Soforthilfe um Mittel zur Sicherung der wirtschaftlichen Existenz und Überbrückung von akuten Liquiditätsengpässen handelt, werden daraus keine Personalkosten, kein UnternehmerInnen-Lohn, keine Krankenkassenbeiträge und schon gar nicht Kosten der privaten Lebensführung gefördert. KünstlerInnen und Kulturschaffende müssen deshalb auch nachweisen, dass sie im Haupterwerb selbstständig sind, d.h. ihre monatlichen Bruttoeinkünfte mehrheitlich aus ihrer künstlerischen Tätigkeit beziehen. Nicht gefördert werden Teilselbstständige sowie nicht sozialversicherungspflichtige Nebenberufliche wie z.B. Studierende.

Damit fallen aber viele KünstlerInnen und Kulturschaffende um eine mögliche Förderung aus der Soforthilfe des Bundes, weil ihre Haupteinkünfte aus anderen Quellen stammen (z.B. aus Unterrichtstätigkeit) oder aus einem Angestell-

4 Deutsche Bundesregierung, Pressemitteilung 106: Bundesregierung beschließt Soforthilfe – Grütters: Rettungsschirm für den Kulturbereich, 23. März 2020.

tenverhältnis. Zudem wird durch die Corona-Soforthilfe kein Verdienstentgang, wie z.B. ausgefallene Honorarzahlungen, die durch behördliche Schließung von Veranstaltungsstätten entstanden sind, ersetzt. In den Genuss der Förderungen kommen somit EPUs und Kleinunternehmen aus dem Kulturbereich, deren Betriebsführung mit einer Liquiditätsspritze sichergestellt werden soll.

Der österreichische Härtefall-Fonds

10 Tage früher als in Deutschland aber ähnlich in der Ausgestaltung, wurde am 13. März 2020 die Phase 1 des Härtefall-Fonds gestartet, wonach es bis zum 17. April 2020 AntragstellerInnen möglich war, für entgangene Einkünfte aus selbstständiger Erwerbstätigkeit und aus Gewerbebetrieben eine Soforthilfe zwischen 500 bis 1.000 Euro pro Monat zu erhalten.[5] Aufgrund massiver Kritik wurde die Härtefall-Fonds-Richtlinie für die zweite Auszahlungsphase ab 16. April überarbeitet, damit Nebeneinkünfte, Einkünfte aus Pensionsversicherung und Mehrfachversicherung sowie spezifische Einkommensunter- und -obergrenzen keine Ausschlusskriterien mehr darstellen. Auch Start-up-Unternehmen, die zwischen dem Jahresbeginn und dem 13. März 2020 gegründet wurden, sind in Phase 2 anspruchsberechtigt.

Die zulässigen FörderungswerberInnen sind demnach EPUs, KleinstunternehmerInnen (bis zu 10 Beschäftigte in VZÄ) und einer Bilanzsumme von max. 1,0 Millionen Euro), erwerbstätige GesellschafterInnen, neue Selbstständige (z.B. Vortragende, KünstlerInnen, JournalistenInnen, PsychotherapeutInnen), freie Dienstnehmer sowie VertreterInnen freier Berufe (z.B. aus dem Gesundheitsbereich). Allerdings müssen AntragstellerInnen zahlreiche Voraussetzungen erfüllen, um eine Förderung zu erhalten: Das gewerbliche Unternehmen oder die Freiberuflichkeit muss in Österreich ausgeübt werden, was über eine Unternehmensregister-Kennzahl oder österreichische Steuernummer und Sozialversicherungsnummer nachzuweisen ist. Jedenfalls muss irgendeine Form der Pflichtversicherung bestehen.

Die wirtschaftliche Bedrohung durch die Covid-19-Krise muss dadurch nachgewiesen werden, dass die laufenden Kosten nicht mehr gedeckt werden können oder ein behördliches Betretungsverbot zu den Betriebstätten besteht oder ein Umsatzeinbruch von mindestens 50% zum vergleichbaren Betrachtungszeit-

5 Bundesministerium für Finanzen, Richtlinie Härtefall-Fonds – Phase 1, 27. März 2020, https://findok.bmf.gv.at/findok?execution=e1s1 (19.6.2020)

raum im Vorjahr besteht. Dafür wurden insgesamt sechs Betrachtungszeiträume definiert. Beispielsweise wird für den Betrachtungszeitraum vom 16. März bis 15. April der Umsatz dieses Zeitraumes dem Umsatz des Monats März 2019 oder mit dem Drittel des Umsatzes des ersten Quartals 2019 gegenübergestellt und daran der Umsatzeinbruch bemessen. Wenn für einen der sechs definierten Zeiträume die wirtschaftliche Bedrohung nachgewiesen werden kann, wird eine Förderung als nicht-rückzahlbarer Zuschuss von 2.000 Euro gewährt. Insgesamt können für drei von sechs Perioden Förderungen von maximal 6.000 Euro fließen.

Die Bemessungsgrundlage wird auf Basis des Nettoeinkommensentgangs ermittelt, der üblicherweise aus dem Einkommensbescheid abgelesen werden kann. Die Differenz zwischen dem Nettoeinkommen des Vergleichszeitraums (Vorjahr) mit dem Beobachtungszeitraum (dieses Jahr) stellt dann die Berechnungsgrundlage zur Ermittlung der Förderung dar, wobei eine FörderwerberIn mindestens 500 Euro pro Betrachtungsperiode erhalten kann. Allerdings kann sich dieser Betrag reduzieren, wenn entsprechende Nebeneinkünfte nach der Deckelungsregel vorliegen.

Die deutsche Corona-Soforthilfe und der österreichische Härtefall-Fonds im Vergleich

Im Vergleich zur deutschen Corona-Soforthilfe des Bundes sind die Regelungen zum österreichischen Härtefall-Fonds wesentlich ausführlicher und komplizierter. In Deutschland reicht es aus, die bestehende Existenzbedrohung aufgrund der Coronakrise glaubhaft zu versichern und die Höhe des voraussichtlichen Liquiditätsengpasses anzugeben. Die aufwändige Vergleichsrechnung eines Umsatzeinbruchs von 50%, wie im österreichischen Fall, ist nicht nötig. Auch die Fördersummen sind in Deutschland höher. Solo-Selbstständige und Kleinunternehmen mit bis zu 5 Beschäftigten (in VZÄ) erhalten 9.000 Euro auf drei Monate. Kleinunternehmen mit bis zu 10 Beschäftigten sogar 15.000 Euro.

Der zentrale Unterschied zwischen dem deutschen und österreichischen Hilfsmodell ist, dass in Deutschland die Förderungen die laufenden Betriebskosten ersetzen und damit Liquiditätsengpässe überbrücken helfen sollen, während in Österreich Umsatz- und Einnahmeneinbußen im Vergleich zum Vorjahr relevant sind. Können also solche Einbußen nicht nachgewiesen werden, dann gibt es auch keine Zuschüsse, es sei denn, dass ein Unternehmen erst nach dem 31.12.2019 gegründet wurde. Dann werden entweder 80% der Bemessungsgrundlage, mindestens aber 500 Euro ersetzt. Aber auch die deutsche Regelung, die an den laufenden Kosten ansetzt, hat ihre Besonderheiten. So muss in

Deutschland eine marktwirtschaftliche Tätigkeit vorliegen und es werden nur Kosten der Betriebsführung wie Miete für Betriebsräumlichkeiten, Kredit- und Leasingraten, Versicherungskosten und KfZ-Kosten gefördert. Damit fallen viele Kunst- und Kulturschaffende, bei den die Kosten der privaten Lebensführung mit den «Betriebskosten» zusammenfallen, aus dem Förderschema heraus. Nicht ersetzt werden nämlich Personalkosten, GeschäftsführerInnengehälter, Privatentnahmen bzw. die Kompensation von Umsatz- und Honorarausfällen für persönliche Lebenshaltungskosten, Krankenkassenbeiträge u.ä.

Im Vergleich erscheint der österreichische Härtefall-Fonds bürokratischer und komplizierter in der Antragstellung zu sein als die deutsche Corona-Soforthilfe des Bundes.

	Härtefall-Fonds in Österreich	Corona-Soforthilfe Deutschland
WER wird gefördert?	EPUs, Kleinunternehmen mit bis zu 10 Beschäftigten (in VZÄ) erwerbstätige GesellschafterInnen, neue Selbstständige, freie Dienst-nehmerInnen sowie VertreterInnen freier Berufe	Solo-Selbstständige (inkl. Kunst- und Kulturschaffende) und Kleinunternehmen mit bis zu 10 Beschäftigten (in VZÄ)
WER wird nicht gefördert?	Non-Profit-Organisationen wie z.B. gemeinnützige Kulturvereine Einrichtungen des öffentlichen Rechts	Gemeinnützige Vereine, die nicht marktwirtschaftlich tätig sind Öffentliche Unternehmen
WAS wird gefördert?	Aktueller Umsatz- bzw. Einnahmenausfall im vergleichbaren Betrachtungszeitraum des Vorjahres	Liquiditätszuschuss zu den Kosten der Betriebsführung wie Miete für Betriebsräumlichkeiten, Kredit- und Leasingraten, Versicherungskosten und KfZ-Kosten
WIE HOCH wird gefördert?	bis zu 2.000 Euro pro Betrachtungszeitraum eines Monats; max. 6.000 Euro für drei Betrachtungszeiträume	bis zu 9.000 Euro auf drei Monate für Solo-Selbstständige und Kleinunternehmen bis 5 Beschäftigte und 15.000 Euro für Kleinunternehmen bis 10 Beschäftigte
FÖRDERSTELLEN	Wirtschaftskammer Österreich (WKO)	Förderstellen der Bundesländer, i.d.R. Bankinstitute

Insgesamt muss aber konstatiert werden, dass die Corona-Soforthilfe in Deutschland wie auch der Härtefall-Fonds in Österreich nicht die passenden Unterstützungsinstrumente für den Kunst- und Kulturbereich im Allgemeinen und für freischaffende KünstlerInnen und KulturarbeiterInnen im Besonderen sind.

Subsidiäre Hilfsprogramme der Bundesländer in Deutschland und Österreich

Ein deutsches Bundesland, nämlich Berlin, hat bewiesen, dass es auch anders geht und eine unbürokratische und rasche Hilfe für KünstlerInnen und KulturarbeiterInnen möglich ist. Ende März kam eine nicht leistungsgebundene Soforthilfe in der Höhe von 5.000 Euro für Kulturschaffende und KulturarbeiterInnen in Berlin zur Auszahlung, ohne dass dazu aufwändige Prüfungsverfahren nötig gewesen wären. Dieses Programm ist auf große Resonanz gestoßen, wurde aber mit der Etablierung der Corona-Soforthilfe des Bundes beendet. Auf die dadurch entstandene Förderlücke für den Kunst- und Kulturbereich weist auch der Entschließungsantrag des Berliner Stadtsenats vom 5. Mai 2020 hin, in dem die deutsche Bundesregierung aufgefordert wird, «(…) in Abstimmung mit den Ländern ein Programm zu Bundeshilfen für den Kunst-, Kultur-, Medien- und Kreativbereich zu initiieren.»[6] Einzelne Länder sind auch schon vorauseilend aktiv geworden und haben ergänzend zur Bundes-Soforthilfe spezielle Unterstützungsmaßnahmen beschlossen, die aber nur als Tropfen auf den heißen Stein verstanden werden können. Diese fallen zudem wegen der stark föderalistischen Struktur der Bundesrepublik Deutschland sehr unterschiedlich aus.

Daraus ergibt sich ein Fleckerlteppich unterschiedlichster Maßnahmen. Sie reichen von der Unterstützung spezieller Sektoren, wie für private Musikschulen und freiberufliche Musiklehrkräfte in Sachsen bis hin zur Förderung sämtlicher Kultureinrichtungen, egal ob sie öffentliche-rechtlich oder in Vereinsform organisiert sind wie in Mecklenburg-Vorpommern. In manchen Ländern werden nur Kultureinrichtungen unterstützt aber keine einzelnen Kunst- und Kulturschaffenden wie in Berlin und Brandenburg, in anderen Ländern ist es umgekehrt, indem wie in Bayern KünstlerInnen unterstützt werden aber keine Kultureinrichtungen. Die Zielsetzung der Förderungen unterscheidet sich auch von Land zu Land. In Berlin und Hamburg ist beispielsweise die Förderung als Liquiditätshilfe ausgestaltet,

6 Senator für Kultur und Europa, Pressemitteilung: Senat beschließt Bundesratsinitiative zu Bundeshilfen für Kunst-, Kultur-, Medien- und Kreativbereich, 5.5.2020: https://www.berlin.de/rbmskzl/aktuelles/pressemitteilungen/2020/pressemitteilung.928603.php (19.6.2020)

wohingegen in Brandenburg Einnahmenausfälle kompensiert werden. In Baden-Württemberg werden die Kosten der privaten Lebensführung von Kunst- und Kulturschaffenden mit bis zu 1.180 Euro pro Monat gefördert, während in anderen Bundesländern Projektförderungen (z.B. Rheinland-Pfalz) oder Stipendien (z.B. Mecklenburg-Vorpommern) gewährt und in anderen Ländern Honorarausfälle (z.B. Hamburg) kompensiert werden. Auch die Förderhöhen sind völlig unterschiedlich. In Bayern werden 1.000 Euro pro Monat auf 3 Monate für Honorarausfälle und zur Sicherung des Lebensunterhalts in Aussicht gestellt, während in anderen Ländern Einmalzahlungen in unterschiedlicher Höhe (Rheinland-Pfalz: 2.000 Euro; Schleswig-Holstein: 500 Euro oder Hamburg: 2.500 Euro) beantragt werden können. In manchen Fällen werden die Hilfsprogramme in die Corona-Soforthilfe des Bundes integriert (z.B. Hessen und Hamburg), in anderen Ländern über spezielle Stellen abgewickelt (z.B. Sachsen-Anhalt). Der Kreis der Anspruchsberechtigten kann auch unterschiedlich sein. In einigen Ländern sind nur Mitglieder der Künstlersozialkasse antragsberechtigt (z.B. Bayern), während in anderen Ländern auch Nicht-KSK-Mitglieder beantragen können, wenn sie eine professionelle künstlerische Tätigkeit nachweisen (z.B. Mecklenburg-Vorpommern).

Die Unterstützungsmaßnahmen der österreichischen Bundesländer zur Abfederung der Auswirkungen der Coronakrise auf den Kunst- und Kultursektor sind ähnlich vielfältig wie in Deutschland. Salzburg und Wien haben Covid-19 Projekt- bzw. Arbeitsstipendien für Kunst- und Kulturschaffende vergeben, in Niederösterreich, Tirol, Vorarlberg und im Burgenland laufen ähnlich gelagerte Programme noch. Oberösterreich und die Steiermark haben eigene Härtefall-Fonds zur Existenzsicherung in der Höhe des Richtsatzes der Mindestsicherung (max. 2.752 Euro über drei Monate) aufgelegt, wobei der Kreis der Anspruchsberechtigten unterschiedlich ist. Diese Fonds können aber nur subsidiär zum Härtefall-Fonds des Bundes genutzt werden. Einen anderen Weg hat das Land Kärnten mit dem Solidaritätsfonds der Kärntner Kulturstiftung (KKS) eingeschlagen, der sich aus dem «Solidaritätskonto Kunst & Kultur» speist, das wiederum auf Spenden- und Stiftungstätigkeit beruht. Die Mittel, die bei der KKS beantragt werden können, dürfen auch zusätzlich zur Unterstützung aus dem Härtefall-Fonds des Bundes in Anspruch genommen werden. Allerdings ist der einmalige Zuschuss von 500 bis 1.000 Euro (in Ausnahmefällen bis zu 2.000 Euro) aber eher bescheiden und das Programm ist auch bereits ausgelaufen.

Für Kultureinrichtungen gibt es vergleichsweise wenig Corona-Hilfe auf Länderebene. In Kärnten konnten sie beim Solidaritätsfonds der Kärntner Kulturstiftung (KKS) analog zu den Kunst- und Kulturschaffenden ansuchen und in Vorarlberg gibt es die Möglichkeit, Förderungen vom Härtefall-Fonds der Wirtschaftskammer Vorarlberg zu erhalten.

Bundesland	Unterstützungsmaßnahmen für Kunst- und Kulturschaffende	Unterstützungsmaßnahmen für Kultureinrichtungen
Burgenland	Ja, 40 Arbeitsstipendien für Literatur, Bildende Kunst, Medienkunst, Musik und Film in der Höhe von 2.500 Euro für freischaffende KünstlerInnen	Nein
Kärnten	Derzeit nein, Solidaritätsfonds der Kärntner Kulturstiftung (KKS): einmaliger Zuschuss von 500 bis 1.000 Euro und in Ausnahmefällen bis zu 2.000 Euro für KünstlerInnen, KulturarbeiterInnen und -vermittlerInnen ist ausgelaufen 36 Covid-19 Arbeitsstipendien in der Höhe von 2.760 Euro für künstlerische (inkl. kulturvermittelnde) und wissenschaftliche Vorhaben sind bereits vergeben	Derzeit nein, Solidaritätsfonds der Kärntner Kulturstiftung (KKS): einmaliger Zuschuss von 500 bis 1.000 Euro und in Ausnahmefällen bis zu 2.000 Euro für EPUs und KleinstunternehmerInnen ausgenommen gemeinnützige Kulturvereine ist ausgelaufen
Niederösterreich	Derzeit nein, Covid-19 Kunststipendien von max. 3.000 Euro; bereits ausgelaufen	Nein
Oberösterreich	Ja, Härtefallfonds für Kunst- und Kulturschaffende: Förderung von bis zu 917,35 Euro monatlich	Nein
Salzburg	Derzeit nein, KEP-Arbeitsstipendien bereits ausgelaufen	Nein
Steiermark	Ja, Härtefonds für KünstlerInnen und SportlerInnen: Förderung von bis zu 917,35 Euro monatlich	Nein
Tirol	Ja, Arbeitsstipendien für Kunstschaffende aller Sparten in der Höhe von 1.000 Euro für drei Monate Atelierförderung von monatlich 200 Euro für maximal ein halbes Jahr	Nein
Vorarlberg	Ja, Arbeitsstipendien für Kunst- und Kulturschaffende aller Sparten in der Höhe von 1.000 Euro pro Projekt Atelierförderung von monatlich 180 Euro für maximal ein halbes Jahr	Ja indirekt über den Covid-19-Unterstützungsfonds für EPUs, neue Selbstständige, Freiberufler-Innen und Kleinunternehmen bis zu 9 Beschäftigte mit einer einmaligen Förderung bis zu 4.000 Euro
Wien	Derzeit nein, Arbeitsstipendien der Stadt Wien bereits ausgelaufen	Nein

Neue Anläufe zur Covid-19-Hilfe für den Kunst- und Kulturbereich in Österreich und Deutschland

Die Unzufriedenheit in der österreichischen Kunst- und Kulturszene mit den unzureichenden Maßnahmen der Bundesregierung war groß. Eine völlig missglückte Pressekonferenz der zuständigen Kunst- und Kulturstaatssekretärin brachte das Fass zum Überlaufen und ein Rücktritt war nur mehr eine Frage der Zeit, der am 15. Mai 2020 auch folgte.[7] Die neue Kunst- und Kulturstaatssekretärin machte sich sogleich daran, den Scherbenhaufen zu beseitigen. Dazu wurde ein mit 90 Millionen-Euro dotierter «Fonds zur Überbrückungsfinanzierung für selbstständige Künstlerinnen und Künstler» geschnürt, der am 17. Juni 2020 im Nationalrat beschlossen wurde.[8] Das Gesetz sieht vor, das Personen antragsberechtigt sind, die Kunst und Kultur schaffen, vermitteln oder lehren, sich in einer wirtschaftlichen Notlage befinden und zum 13. März 2020 bei der Sozialversicherung der Selbstständigen pflichtversichert sind oder sich freiwillig versichert haben. Es können 1.000 Euro pro Monat bis zu maximal 6 Monate – also insgesamt 6.000 Euro – beantragt werden und es wird zugesagt, dass die Antragstellung unbürokratisch und die Berechnungsmethodik transparent sein soll. Die Abwicklung erfolgt nicht mehr über die Wirtschaftskammer, sondern über die Sozialversicherung der Selbstständigen. Bereits ausbezahlte Zuwendungen aus dem Härtefall-Fonds werden allerdings gegenverrechnet. Der Überbrückungsfonds ist ein Schritt in die richtige Richtung. Die Förderung ist nicht mehr als Wirtschaftshilfe, sondern als Unterstützungsmaßnahme für freischaffende Kulturschaffende konzipiert.

Am 17. Juni 2020 hat die deutsche Kulturstaatssekretärin das mit 1 Milliarde Euro dotierte «Neustart Kultur»-Förderprogramm bekanntgegeben, dass mit Anfang Juli 2020 vom deutschen Bundestag beschlossen werden soll.[9] Dieses umfangreiche Maßnahmenpaket beinhaltet Nothilfen für kleine und mittlere Kulturstätten und -projekte in der Höhe von 480 Millionen Euro, ein Neustart-Paket für Theater, Kinos, Clubs und Literaturhäuser über 250 Millionen Euro, 150 Millionen Euro für einzelne Projekte und neue digitale Formate für die Kulturvermittlung und -vernetzung, 100 Millionen Euro für pandemiebedingte Einnahmeausfälle und Mehrbedarfe für vom Bund geförderte Kultureinrichtun-

7 Der Standard, Rücktritt von Ulrike Lunacek: Der Vorhang fällt, 15.5.2020.

8 Parlamentskorrespondenz Nr. 630, Nationalrat beschließt mit 22. COVID-19-Gesetz Fonds zur Überbrückungsfinanzierung für Künstlerinnen und Künstler, 17.6.2020.

9 Deutsche Bundesregierung, Eine Milliarde Euro für NEUSTART KULTUR, 17.6.2020.

gen und -projekte sowie 20 Millionen für kleine regionale Privatrundfunksender, die unter dem Wegfall von Werbeeinnahmen leiden. Der größte Förderbrocken entfällt dabei auf die Nothilfe für kleine Kulturanbieter, wobei die Förderbeträge nach Sparten aufgeteilt sind: je 150 Millionen Euro für den Musik- und den Theaterbereich sowie 120 Millionen Euro für den Filmbereich und 30 Millionen für andere Kulturbereiche wie Galerien, soziokulturelle Zentren sowie für die Buch- und Verlagsszene. Der Rest von 30 Millionen Euro steht dann noch als Reserve zur Verfügung. Ziel dieser Maßnahme ist, dass die betroffenen Kultureinrichtungen ihren Betrieb wieder aufnehmen und Aufträge für Kulturschaffende und KulturarbeiterInnen vergeben. Eine direkte finanzielle Unterstützung für freischaffende KünstlerInnen und KulturvermittlerInnen wie in Österreich ist im «Neustart Kultur»-Paket nicht vorgesehen, wodurch weiterhin Förderlücken in diesem Bereich bestehen bleiben. Es ist aber die Absicht erkennbar, dass die Maßnahmen den Kulturschaffenden wieder Beschäftigung und somit Einkommen bieten.

Im Vergleich dazu fehlen in Österreich maßgeschneiderte Unterstützungsmaßnahmen für kleine Kultureinrichtungen. Zwar wurde am 29. Mai 2020 vom Nationalrat ein 700 Millionen Euro schwerer Non-Profit-Organisationen-Unterstützungsfonds beschlossen, der auf gemeinnützige, kirchliche und mildtätige Rechtsträger zielt. Gewerblich tätige Kulturbetriebe fallen nicht unter diese Unterstützungsmaßnahme und bleiben weiterhin auf die allgemeinen Coronahilfen angewiesen. Aber auch die Kulturvereine erhalten keine finanzielle Unterstützung, wenn die Gemeinnützigkeit nicht in den Statuten festgeschrieben ist, was nach der Stellungnahme der IG Kultur Wien zum Gesetzesvorhaben dazu führen könnte, dass bei strenger Auslegung bis zu 90% der Kulturvereine keine Unterstützungsleistung bekommen könnten.[10]

Zusammenfassend zeigt sich, dass sowohl in Österreich als auch in Deutschland trotz intensiver Bemühungen durch die jeweiligen Bundesregierungen immer noch Förderlücken bestehen. Es braucht einen zwischen den Gebietskörperschaften abgestimmten Schutzschirm für den österreichischen und deutschen Kunst- und Kulturbetrieb, der zum einen die Existenz sichern hilft, zum anderen aber auch Schäden, die durch die Coronakrise entstanden sind, kompensiert. Darüber hinaus braucht es noch eine Förderung zukunftsweisender, innovativer Vorhaben bzw. Projekte, wie es ansatzweise vor allem in Deutschland praktiziert

10 IG Kultur Wien, Stellungnahme der IG Kultur Wien zum NPO-Unterstützungsfonds.

wird. Ein Modul-Modell zur Förderung des Kunst- und Kultursektors in der Coronakrise könnte dabei Abhilfe schaffen.

Dieses Modell sollte zwischen Bund und Ländern ausgehandelt werden, damit auf beiden Ebenen die nötigen finanziellen Mittel zur Verfügung gestellt werden. Es sollte auch flexibel genug sein, damit auf die Besonderheiten im Kunst- und Kulturbetrieb der Länder eingegangen werden kann. Damit wäre ein Schutzschirm geschaffen, der zumindest die nötigsten Maßnahmen zur nachhaltigen Sicherung einer vielfältigen Kunst- und Kulturlandschaft trifft. Eines ist aber jetzt schon klar: In Deutschland und Österreich wurde wertvolle Zeit verloren, weil die Hilfsmaßnahmen mit zeitlichen Verzögerungen und erst nach heftigen Protesten gesetzt wurden. Deshalb muss im Konditional formuliert werden: «Wer schnell helfen würde, würde doppelt helfen.»[11]

	für Kunst- und Kulturschaffende	für Kultureinrichtungen
Basismodul 1 (Existenzsicherung)	Monatliche Existenzsicherung solange der Krise anhält	Monatliche Liquiditätssicherung solange die Krise anhält
Modul 2 (Schadenskompensation)	Kompensation von absagebedingten Honorar- und Umsatzausfällen	Kompensation von Einnahmenausfällen
Modul 3 (Innovationsförderung)	Stipendien zur Fortführung der künstlerischen Tätigkeit und für die Entwicklung innovativer Projekte im digitalen Raum	Förderungen für zukunftsweisende und innovative Projekte im digitalen Raum

11 Dieser Artikel basiert auf Beiträgen im Blog zur Musikwirtschaftsforschung zu Covid-19-Unterstützungsmaßnahmen in Deutschland und Österreich: https://musikwirtschaftsforschung.wordpress.com/ (19.6.2020)
Die Tabellen sind vom Autor erstellt.

Worte als Sand im Getriebe. Von der Wertschätzungskrise der Literatur

Von Dominika Meindl

Ach, wie schön ist es in der Literatur! Ausschlafen, gleich im Morgenmantel an den Schreibtisch und die ersten lyrischen Eingebungen aufs Büttenpapier getuscht! Oder, je nach Genre, Bourbon in die Gurgel, Gauloises in den Mundwinkel und Finger auf die Baby Hermes. Am meisten lieben wir aber die hehre Aufgabe der Seismografik – wir Autor*innen sind ja die Hofnärrinnen, die der profanen Gesellschaft immerzu den Spiegel vorhalten und dem Kaiser täglich ausrichten, wie nackt er sei. Unser Kunstwollen ist es, der Gesellschaft so lange den Spiegel vorzuhalten, bis sie sich darin endlich erkennt.

Nein. Das ist höherer Unsinn. Nicht erst mit dem Lockdown ist die Schriftstellerei auf dem Boden der ökonomischen Tatsachen aufgeschlagen. Lyrikerinnen müssen hinnehmen, ihre Berufung als «Branche» zu sehen. Satirikerinnen suchen konsterniert nach ihrer «Kennziffer des Unternehmensregisters», um der Gnade des Härtefonds anteilig zu werden. Bachmannpreiswettleser fragen sich verwundert, warum sie der Wirtschaftskammer Einblick in ihre Finanzmisere geben müssen. Belletristikerinnen stellen fest, dass sie sich grade noch nicht die Schreibhand abschlagen müssen, um aus dem Covid-19-Fonds ihrer Sozialversicherung unterstützt zu werden.

In notorisch saftiger Diktion stellt Franzobel[1] angesichts der Kriterien des großspurig als «Mindestsicherung» bezeichneten Fonds der oberösterreichischen Landesregierung fest, «ein Wunder, dass sie nicht noch einen Darmspiegelungsbefund und einen Ariernachweis wollen.» Das ist nicht fein gesagt, aber wer sich durch den Kriterienkatalog müht, kann es ihm spätestens ab dem Punkt «Angabe zu Haus- (Wohnungs-) und Grundbesitz» und «Sonstige Vermögen (Sparguthaben, Wertpapiere, ...)» nicht verdenken. Vor lauter Sorge, dass jemand mehr bekommt, als ihm zusteht, gibt man lieber allen weniger, als sie brauchen.

«Wirtschaft, Horatio, Wirtschaft!» Da sind die Feingeister nun also in den Niederungen des realen Lebens angelangt, nun sehen sie endlich, womit die Konzernmanager von Fluglinien täglich zu kämpfen haben ...

Spätestens jetzt ist der Zeitpunkt gekommen, sich den Sarkasmus zu verkneifen, denn das Anliegen ist zu wichtig, um es an Klarheit mangeln zu lassen: Die

1 Facebook-Posting am 5.5.2020.

Lage der Literatur war schon lange vor Corona inakzeptabel. Deswegen müssen wir uns hier auch nicht lange mit Corona und Co herumschlagen.

Die Entscheidung der Bundesregierung, Kunst und Kultur beim «Wiederhochfahren» des Systems für sehr lange Zeit auszuschließen, erwies sich für die in diesem Bereich Arbeitenden als existenzbedrohend. Es ist fair und notwendig, wenn Unterstützungsprogramme die unverschuldeten Verluste lindern. Nur kommt diese Hilfe in sehr vielen Fällen einfach nicht an. In einer Umfrage[2] der IG Autorinnen Autoren haben 150 Betroffene einen Honorarentfall aus Lesungen, Workshops, Reden, Moderationen und ihren anderen Auftritten von insgesamt 450.000 Euro angegeben (März und April). «Umgelegt auf die gesamten Autor/inn/enzahlen in Österreich – 6.000 bis 8.000 in allen literarischen Tätigkeitsbereichen – sind den Autor/inn/en in diesen beiden Monaten Auftrittshonorare im zweistelligen Millionenbereich verloren gegangen.»

In einer jüngeren Befragung geben 90% der 180 Teilnehmer*innen an, gar nicht beim Covid-19-Fonds der Künstlersozialversicherung angesucht, zwei Drittel auch nicht beim von der Wirtschaftskammer administrierten Härtefallfonds. Primär wegen bürokratischer Hürden. Die wenigen Bezugsberechtigten erhielten im Schnitt monatlich 350 Euro aus dem Covid-19-Fonds beziehungsweise 650 Euro aus dem Härtefallfonds. «In einem einzigen Fall kam es zu einem durchschnittlichen monatlichen Zuschussergebnis über der Armutsgrenze», so die IG Autorinnen Autoren.[3]

Der Autor René Freund (einer der sehr wenigen freiberuflich Schreibenden, die NICHT in Wien leben, aber das Thema wäre einen eigenen Text wert) weist darauf hin, dass die wahren Verluste erst im kommenden Jahr zu verkraften sein werden, wenn die Tantiemen wegen aktuell nicht verkaufter Bücher und nicht gespielter Stücke drastisch sinken; 2021 gebe es aber wohl keinen Härtefallfonds mehr. Die von der neuen Kunst- und Kulturstaatssekretärin Andrea Mayer zugesagten 1.000 Euro für Künstler*innen sechs Monate lang stellen eine wichtige Verbesserung dar, betreffen jedoch nur jene, die den Sprung in die Selbstständigkeit geschafft haben.

Aufgrund der trüben Aussichten wird sich die Experimentierfreude der Verlage in engen Grenzen halten, dringend erhoffte Bestseller werden nicht mehr zur Querfinanzierung der Avantgarde dienen, sondern dem knappen Erhalt des Unternehmens. Wichtige Branchenereignisse wie die Leipziger und die Frankfurter Buchmesse fielen aus, an große Buchpräsentationen ist nicht zu denken.

2 Umfrage vom 25. März 2020.

3 Umfrage am 22. Juni 2020.

Der Vorbereitung des Herbstprogramms sind Lockdown und Kurzarbeit nicht dienlich. Ähnlich der Buchhandel. Zwar ist allenthalben zu lesen, dass die Menschen die Quarantäne dazu genutzt hätten, endlich einmal mehr zu lesen. Der Buchhandel hat davon aber nicht wesentlich profitiert.

Zurück zum Kern dieses Textes, an dem die Pandemie gar nicht so viel geändert hat. Die Zahl der bezugsberechtigten Autor*innen ist nicht besonders hoch, weil kaum noch jemand so vermessen oder naiv ist, nur von der Kunst leben zu wollen. Das hört sich spätestens auf, wenn man Kinder haben will, oder auch nur ein halbwegs sorgenfreies Leben. Von neoliberaler Seite wird gern argumentiert, dass sich die echte Kunst ja trotzdem einen Weg bahnen werde; der Schaffensdrang sei eben nur bei den Genies groß genug – und wer permanent am Bedarf vorbei produziere, solle nicht dauernd nach Subventionen schreien. Das Versagen in der Kunst ist immer das Versagen des Individuums. Wer so denkt, glaubt wohl auch, dass der freie Markt die beste Schulbildung und das gerechteste Gesundheitssystem schaffe. Wie unglaublich naiv. Wer das bis zum bitteren Ende führt, lässt am Ende nur die Harten, die Lauten, die Angepassten oder die Reichen übrig.

Was man mit so einer Haltung erntet, sind noch mehr schreibende Ärztekinder wie die Autorin dieser Zeilen. Sie sitzen in den geerbten Immobilien, die laut Bundeskanzler so gut gegen Altersarmut schützen. Im besten Fall denken sie über ihre Privilegien nach und erheben ihre Stimmen gegen diese Verarmung der Kunst.

Die Hilfe des Bundes kommt also nicht an, weil der Beruf an sich nur noch von jenen ergriffen wird, die eher aufgrund ihrer privilegierten Lage denn wegen ihres Talents schreiben. Damit ist nicht das Geringste gegen hauptberufliche Literat*innen gesagt, und am stärksten bezichtigt sich die Autorin dieses Textes selbst (die seit 12 Jahren Homeoffice betreibt und zur Entspannung vom Corona-Stress im Garten Tomaten pflanzt).

Es droht eine Form des «Klassismus», wenn das Ausüben dieses Berufes für Autor*innen ein nicht mehr zu vertretendes Armutsrisiko bedeutet. Wer kein privates Sicherheitsnetz hat, sei es durch wohlhabende Eltern, sei es durch fest angestellte Partner*innen, kann sich rational nur gegen die Kunst entscheiden. Zu Recht erfolgreiche Kolleginnen wie etwa Doris Knecht geben an, nicht allein von der Literatur zu leben. Ihr Glück sei es gewesen, dass sie zur Zeit des Lockdowns kein Buch veröffentlicht und ihr die Verwertungsgesellschaft «LiterarMechana» ausgefallene Lesungen ohne großen Aufwand ersetzt habe. Ganz anders sehe es aber «jetzt für jene aus, die es wagen (oder hoffen), allein von der Literatur zu leben.»

Und genau darum geht es. Die Verantwortlichen in den Regierungen von Bund, Land und Gemeinden sehen der rasanten Prekarisierung der Literatur schon seit Jahrzehnten ins Auge. Für manche Ursachen können sie nicht verantwortlich gemacht werden; die Krise der Printmedien etwa wäre vielleicht auch durch die überfällige Reform der Presseförderung nicht zu beheben. Sie betrifft die Literatur aber massiv. Bezahlte Meinungsbeiträge, hochwertige Reportagen oder gar der anachronistische Luxus eines Fortsetzungsromans sind rar geworden. Von der Literaturkritik ganz zu schweigen. Kaum eine andere Textsorte macht beim Recherchieren, Verfassen sowie beim Lesen so viel intellektuelle Mühe. Rezensionen wurden in den vergangenen Jahren in praktisch allen Medien drastisch reduziert, weil sie beim Readerscan nicht gut performen. Auch ein Qualitätsmedium wie der *Falter* zahlt den freien Rezensent*innen gerade einmal das gewerkschaftlich geforderte Mindesthonorar, das nie den Aufwand decken kann. Ein fatales Signal war es auch, sofort nach Beginn des Lockdowns das Ö1-Kulturjournal einzustellen. Nach Protesten nahm der ORF seine Entscheidung zurück, es bleibt aber der Eindruck, dass es die Verantwortlichen ganz oben auf der Abschussliste führen.

Das Medium «Buch» erfährt die rührendste Wertschätzung, wenn Politiker*innen Einblick in ihr Privatleben gewähren. Der kompetente Umgang mit der deutschen Sprache ist nicht nur den völkischen Abendlandrettern (an dieser Stelle wird nicht gegendert) ein Anliegen, sondern auch den konservativen Leistungsträgern (s.o.), die Gymnasien gleichzeitig davor warnen, am Markt vorbeizuproduzieren.[4] In der pädagogischen Praxis bleibt es aber privates Anliegen engagierter Lehrer*innen, ihren Schüler*innen die Schönheit der Literatur und ihrer Sprache zu vermitteln. Mit dem Effekt, dass Theaterbesuche mit Schulklassen, Einladungen von Autor*innen an Schulen oder auch nur gemeinsam gelesene Bücher immer seltener werden. Das Lesen bleibt Distinktionsmerkmal der Kinder von Bildungsbürger*innen. In Zeiten, in denen Volksschüler*innen dazu angehalten werden, liebe Porträts vom jungen Kanzler zu malen, stößt das doppelt sauer auf.

Das Glück im Unglück unserer Profession ist, dass wir uns zumindest verbal Luft machen können. Gegen die Verhältnisse zu protestieren ist unser tägliches Brot, auch wenn wir absichtlich völlig unpolitische, hermetische Lyrik schreiben. Ein poetischer, nicht vermarktbarer Akt ist ein politischer Akt.

Wir sind es sogar – anders als die von den Balkonen beklatschten Kranken-

4 Wirtschaftsministerin Margit Schramböck im Interview mit den OÖN, 17. November 2018.

pfleger*innen und Supermarktarbeiter*innen – gewohnt, Applaus statt Geld zu bekommen. Das sollte aber nicht so sein. Es gibt kaum einen besseren Zeitpunkt für unseren Protest als jetzt, es gibt keinen besseren Zeitpunkt für ein massives «Kulturkonjunkturpaket» als jetzt. Wenn doch wenigstens einmal die Kulturbudgets der Inflation angepasst würden! Dazu eine gerechte Verteilung der Mittel zwischen den großen Institutionen und der Freien Szene.

Wer für Kunst und Kultur arbeitet, soll sich endlich nicht mehr rechtfertigen müssen, genauso wenig wie Ärzt*innen oder Lehrer*innen. Was ist denn Kultur noch wert, wenn sie mit den Menschen nichts mehr zu tun hat? Man muss nicht nur auf die Bühnen der Sommerfestivals schauen, um lauter weiße Männer darauf zu sehen, auch die bildende Kunst und das Theater sind «autochthon» und männlich, sobald sich damit Geld und Ruhm verdienen lassen. In den mittleren Ebenen finden sich dann wieder sehr viele Frauen, die halten das Prekariat aus guten und schlechten Gründen besser aus.

Migrant*innen hätten zwar tatsächlich etwas Neues zu erzählen, doch wer will es hören? Eine Literatur aber, die nur noch von den Belangen der saturierten Mehrheitsbevölkerung handelt, ist belanglos und kann gleich zum privaten Luxus der Bürgerkinder verkommen. Sie verdient ihren Namen nur, wenn sie Sand im Getriebe ist, wenn sie wehtut und kratzt. Man kann Kafka und seine Literatur als «Axt für das gefrorene Meer in uns» gar nicht zu oft zitieren.

Konstruktive Vorschläge zur Güte:

1. Eine rasche und erhebliche Anhebung der Literaturbudgets auf allen Ebenen, angeleitet von der Expertise der Autor*innen.

2. Reform des Künstler*innen-Sozialversicherungsgesetzes: Einpersonenunternehmen müssen in alle bestehenden Sozialleistungen eingebunden und nach Kräften sozial abgesichert werden. Einkommens-Unter- und Obergrenzen müssen flexibler gehandhabt und der strenge Kriterienkatalog für künstlerische Tätigkeiten an die Praxis angepasst werden. Literatur beschränkt sich schon lange nicht mehr auf das Verfassen dickleibiger Romane.

3. Ein Kulturkonjunkturpaket, mit dessen Federn sich die «Kulturnation» Österreich sehr gerne schmücken darf – statt Almosen, die nur bei «Nachweis einer generellen Verarmung»[5] gewährt werden.

4. Ein bundesweites «Landeskunstschulwerk».

5. Sämtliche Maßnahmen müssen das Ziel haben, die Diversität der Gesellschaft in Kunst und Kultur abzubilden.

5 IG Autor*innen Autoren, 15. März 2020.

Care-Work und unbezahlte Mehrarbeit von Frauen in der Covid-19-Krise

Von Hanna Lichtenberger und Stefanie Wöhl

Die sogenannte Coronakrise trifft Männer und Frauen unterschiedlich. Während global Männer häufiger von einer Erkrankung durch Covid-19 betroffen sind, sind die Zahlen in Österreich zwischen Männern und Frauen relativ ausgeglichen. Dennoch ist die Sterberate von Männern höher – Grund dafür ist wahrscheinlich ihr schlechterer gesundheitlicher Allgemeinzustand.[1] Abseits dieser gendermedizinischen Perspektive auf die Coronakrise lässt sich aus Geschlechterperspektive schon jetzt festhalten: Die Folgewirkungen von Covid-19 verschärfen wie unter einem Brennglas Geschlechterkonflikte. Das zeigt sich etwa daran, dass Frauen im Jahr 2018 insgesamt zufriedener als Männer waren, aber durch die Coronakrise Frauen jetzt signifikant unzufriedener sind als Männer.[2] Wie auch schon in den globalen Finanz- und Wirtschaftskrise der letzten Jahrzehnte, z.B. in Asien oder Lateinamerika, sind es auch in der EU oft Frauen, die die Mehrfachbelastungen der Krisen auffangen: Sei es durch unbezahlte Mehrarbeit im Privathaushalt oder verschiedener Sektoren wie derzeit im Gesundheits- und Pflegesektor, oder durch die Aufnahme prekärer Beschäftigung, die schlecht oder gar nicht abgesichert oder überhaupt nicht kollektivvertraglich geregelt ist. Dort, wo es keinen ausgebauten Sozialstaat gibt oder der Sozialstaat zunehmend handlungsunfähig wird (aufgrund einer Pandemie oder neoliberaler Kürzungen öffentlicher Staatsausgaben), wird oftmals informell auf Frauen unterer Klassen, differentem Staatsbürgerschaftsstatus oder formal niedriger Ausbildung zurückgegriffen.

Die Coronakrise verdeutlichte, welche geringe Anerkennung, bei gleichzeitig hoher Bedeutung, Care-Arbeit, also die bezahlte oder unbezahlte Pflege und Betreuung von Angehörigen und Kindern, und jene Bereiche der (systemrelevanten) Erwerbsarbeit, in denen Frauen überpräsent sind, haben. Eine Neuordnung zwischen den Bereichen der globalen wirtschaftlichen Produktion und sozialer

1 OECD (2020) https://read.oecd-ilibrary.org/view/?ref=127_127000-awfnqj8ome&title=Women-at-thecore-of-the-fight-against-Covid-19-crisis und https://info.gesundheitsministerium.at/dashboard_GenTod.html?l=de (14.6.2020)

2 Haindorfer, Raimund (2020): Corona macht unzufrieden! Frauen aktuell mit ihrem Leben unzufriedener als Männer; online verfügbar unter: https://viecer.univie.ac.at/corona-blog/corona-blog-beitraege/blog16/ (14.6.2020)

Reproduktion, also aller Tätigkeiten die Haushaltsnahe ausgeführt werden oder Privathaushalte betreffen, ist daher mehr als notwendig. Denn die als systemrelevant verstandenen Sektoren der Wirtschaft und der Gesellschaft sind stark von Frauenerwerbsarbeit dominiert: Krankenhäuser, mobile Pflege und Betreuung, der Lebensmitteleinzelhandel, Kindergärten und Schulen.[3] Frauen in diesen Berufen wurden u.a. durch den starken Kontakt zwischen KlientInnen, Kindern oder KundInnen in dieser Krise einem besonderen Ansteckungsrisiko ausgesetzt – insbesondere angesichts der, vor allem zu Beginn, fehlenden Schutzausrüstung. Letzteres ist ein Beispiel in einer langen Liste von Einsparungen und den Folgen neoliberaler Strukturanpassungen und Wettbewerbslogiken im Sozial- und Gesundheitsbereich, weil die Produktion von Medizinprodukten und Medikamente an private Konzerne ausgelagert wurde, die zumeist nur noch im Ausland produzieren. Die Produktion wurde zur Einsparung von Lohnkosten oft in den Globalen Süden verlagert, wie Julia Eder beispielhaft an Schutzhandschuhen aufzeigt.[4] Ein weiteres Merkmal der neoliberalen Entwicklung im Sozialbereich ist, dass seit den 1990er-Jahren zunehmend privatwirtschaftliche oder finanzmarktbezogene Akteure in die Bereiche der öffentlichen und privaten sozialen Reproduktion und Daseinsvorsorge vorgedrungen sind, etwa durch den Aufkauf von Immobilien im (privaten) Pflegesektor oder das Betreiben von privaten Pflegeheimen und Krankenhäusern. Die Auswirkungen einer solchen Fürsorgepolitik zeigten sich in Spanien besonders dramatisch, da dort ein Großteil der Pflegeeinrichtungen privat organisiert sind und das Personal teilweise nicht mehr seiner Pflegeaufgaben nachkam. Aber auch die Vergabe von Krediten an Privathaushalte in den USA, mit denen das alltägliche Leben, aber auch die Kosten für private Krankenversicherungen oder Krankenhausaufenthalte überhaupt erst getragen werden, können angesichts der mangelnden öffentlichen Krankenversicherung zeigen, dass nur durch private Verschuldung überhaupt erst Anspruch auf Krankenhaus- oder Pflegeleistungen entstehen. Zugleich entsteht durch die Covid-19 Krise auch im Bereich der unbezahlten Reproduktions- und Sorgearbeit in Privathaushalten eine Zuspitzung von ungleicher Arbeitsteilung. Auch hier

3 Vgl. u.a. https://www.statistik.at/web_de/statistiken/menschen_und_gesellschaft/gesundheit/gesundheitsversorgung/personal_im_gesundheitswesen/index.html und https://www.wko.at/service/zahlen-daten-fakten/beschaeftigungsstatistik-oesterreich.html (beide am 14.6.2020)

4 Vgl. Eder, Julia (2020): Von global zu (mehr) regional? Die Wirtschaft nach Corona umgestalten!; online verfügbar unter: https://jbi.or.at/von-global-zu-mehr-regional-die-wirtschaft-nach-corona-umgestalten/ (14.6.2020)

sind es in der jetzigen Krise Frauen, die z.B. das Home-Schooling der Kinder übernehmen, auch wenn sie einer Erwerbstätigkeit nachgehen.

Brigitte Aulenbacher, Almut Bachinger und Fabienne Décieux[5] argumentieren daher, der Kapitalismus sei per se eine «sorglose» Gesellschaftsformation. Das heißt, dass er in ökologischer und sozialer Hinsicht seine eigenen Lebensgrundlagen gefährdet – und dazu ergänzend – ausbeutet. Im folgenden Beitrag wollen wir zwei Bereiche der Care-Arbeit unserer «sorglosen Gesellschaftsformation» im Kontext der Coronakrise genauer betrachten: den Bereich der unbezahlten Sorgearbeit von Frauen in der Familie und den Bereich der bezahlten Care-Arbeit als Lohnarbeit durch Pflege- und Betreuungskräfte. Abschließend stellen wir die Frage nach ersten Ableitungen aus der Situation und nach Auswirkungen auf eine mögliche Post-Corona-Zeit.

Coronakrise und Sorgearbeit in der Familie

Eine Studie des Vienna Corona Panel unter Beteiligung der Universität Wien zeigt[6], dass die Coronakrise bei der Hälfte der Befragten (51%) einen Work-Family-Konflikt ergeben hat. Ob und wie häufig es zu einem Vereinbarkeitskonflikt kommt, unterscheidet sich wesentlich nach Familien-, Arbeits- und Wohnsituation. Besonders betroffen sind Personen mit Kindern (61%). Das Alter der Kinder spielt dabei eine große Rolle: Die Konflikthäufigkeit ist tendenziell höher mit Kindern im Kleinkind- und Vorschulalter als mit Schulkindern, weil diese insgesamt mehr Betreuungszeit benötigen und diese oft weniger gut plan- und eingrenzbar ist. Dementsprechend gibt in einer SORA-Studie fast die Hälfte (46%) der befragten Eltern an, dass die derzeitige Situation sie sehr stark belastet.[7]

So zeigt auch die Studie des Vienna Corona Panel von WissenschafterInnen der Universität Wien, dass nicht nur die Zeit, die für Hausarbeit aufgewendet wurde, gestiegen ist. 16% der Frauen, aber nur 9% der Männer gaben in der Umfrage an, nun mehr Zeit für Hausarbeit aufbringen zu müssen. Besonders deut-

5 Aulenbacher, Brigitte et al. (2015): Gelebte Sorglosigkeit? Kapitalismus, Sozialstaatlichkeit und soziale Reproduktion am Beispiel des österreichischen «migrant-in-a-family-care»-Modells, in: Kurswechsel (2015), Heft 1, S. 6-14.

6 Berghammer, Caroline (2020a): Work-Family-Konflikt in der Coronakrise; online verfügbar unter: https://viecer.univie.ac.at/corona-blog/corona-blog-beitraege/blog25/ (14.6.2020)

7 SORA (2020): Wie geht es Eltern in der Coronapandemie?; online verfügbar unter: https://www.sora.at/nc/news-presse/news/news-einzelansicht/news/wie-geht-es-eltern-in-der-Coronapandemie-1008.html (14.6.2020)

lich ist dies bei Familien mit Kindern. Im Bereich der Kinderbetreuung waren es vor allem die Mütter, die ihre Kinder betreuten und mit ihnen lernten: 47% der Frauen, aber nur 9% der Männer wendeten viel mehr Zeit für diese Tätigkeiten auf. Die Doppelbelastung von Frauen nahm markant zu: Es zeigt sich, dass Mütter in Vollzeiterwerbstätigkeit in der Coronakrise doppelt so häufig (63%) viel mehr Zeit mit Kinderbetreuung verbringen als Väter (30%).[8] Die ForscherInnen kommen zum Schluss, dass die Arbeitsteilung in Familien mit Kindern in der Coronakrise noch traditioneller geworden ist. Frauen übernehmen quasi das Ausfallsrisiko des Staates in der Coronakrise.

Dieser Umstand wurde auch von den Coronamaßnahmen im Bildungsbereich zementiert. Während Öffnungen im Bereich des Handels und anderen Wirtschaftszweigen im Fokus standen, gab es für Eltern mit Klein- und Schulkindern lange gar keine Maßnahmen. Völlig aus der medialen Öffentlichkeit verschwunden waren die Betreuungsfragen mit der partiellen Schulöffnung, die Eltern aber weiterhin vor massive Herausforderungen stellt. Die Politik hat sich aus dem Feld der Sorgearbeit der Kinder in einem hohen Maß zurückgezogen und diese Tätigkeiten noch stärker privatisiert, als sie dies ohnehin vor der Krise bereits waren. Vielmehr wurde schon aus den öffentlichen Werbemaßnahmen der Regierung deutlich, wie sie sich eine Familie vorstellt: Die Mutter kümmert sich in ihrem lichtdurchtränkten Ein-Familien-Haus um die Kinder.

Diese konservative Familienpolitik schlägt auch in der Realität auf: So ist das Erwerbsausmaß von Müttern in der Coronakrise im Durchschnitt stärker zurückgegangen als jenes von Vätern. Die Politik der Bundesregierung ist nur durch die Annahme zu erklären, dass Kinderbetreuung keine «Arbeit» ist – nur so kann angenommen werden, dass Homeoffice und Kinderbetreuung miteinander vereinbar wären. Dass dem nicht so ist, wird im Umstand deutlich, dass jeder fünfte Elternteil am Höhepunkt der Coronakrise häufiger früh morgens, abends oder am Wochenende arbeitete, jeder Zehnte sogar nachts, um trotz Kinderbetreuung Zeit für Erwerbsarbeit zu finden.[9]

Ein anderer Bereich, der an dieser Stelle nur kurz thematisiert werden kann, ist jener der Gewalt gegen Frauen, der sich durch die beengten Familienkonstel-

8 Berghammer, Caroline (2020b): Alles traditioneller? Arbeitsteilung zwischen Männern und Frauen in der Coronakrise; online verfügbar unter: https://viecer.univie.ac.at/corona-blog/corona-blog-beitraege/blog33/ (14.6.2020)

9 SORA (2020): Wie geht es Eltern in der Coronapandemie?; online verfügbar unter: https://www.sora.at/nc/news-presse/news/news-einzelansicht/news/wie-geht-es-eltern-in-der-Coronapandemie-1008.html (14.6.2020)

lationen dynamisierte.[10] Der Wegfall von Strukturen wie Schule und Kindergarten, die häufig Kindsgefahrenmeldungen tätigen, könnten auch zu einer «Entfesselung» häuslicher Gewalt geführt haben – auch das Wegweiserecht dürfte zumindest eine kurze Zeit lang nicht mehr angewendet worden sein.[11]

Coronakrise in Pflege und Betreuung

Seit der Finanz- und Wirtschaftskrise 2008 wurden vor allem in den südlichen Mitgliedstaaten der EU massive Kürzungen im öffentlichen Gesundheits- und Pflegesektor durch Austeritätsprogramme wie in Spanien und Italien vorgenommen. Die Coronakrise verstärkt damit bisherige ökonomische und soziale Krisen in diesen Ländern nochmals aufgrund der mangelnden Versorgung und mangelnden materiellen Kapazitäten. In Staaten mit vorhandenen Systemen öffentlicher sozialer Wohlfahrt innerhalb z.B. der EU sind seit längerem Privatisierungen, Auslagerung in den Privathaushalt und Individualisierungsprozesse des Pflegesektors zu beobachten. Damit erklären sich auch erschütternde Bilder aus italienischen Krankenhäusern oder spanischen Pflegeheimen während der Pandemie.

Aber auch in Österreich zeigte die Krise einmal mehr die strukturellen Problemlagen im Bereich der Care-Arbeit durch Pflege- und Betreuungskräfte auf und verschärfte diese zusätzlich: 2018 erhielten 461.000 Personen Pflegegeld, der überwiegende Anteil der Pflege und Betreuung (80%) wird von Angehörigen zu Hause geleistet. Diese Angehörigen sind fast ausschließlich Frauen. Das österreichische Pflegegeldsystem hat einen starken Fokus auf individuelle Wahlfreiheit der pflegebedürftigen Menschen, es baut implizit und explizit auf Verfügbarkeit von meist weiblichen Angehörigen auf und deren kostenlose Care-Arbeit im Privathaushalt und fördert somit den Ausstieg aus der regulären Erwerbsarbeit für pflegende Angehörige. Gleichzeitig ist das Leistungsniveau im Pflegegeld-Gesetz so gering, dass eine bedarfsgerechte professionelle Pflege nicht finanzierbar ist für Privathaushalte, die über ein geringes Einkommen oder geringe Pensionen verfügen. Daher unterstützen nur bei 25% der Gepflegten im

10 https://www.vienna.at/coronakrise-frauenhaeuser-vermelden-43-%-mehr-anrufe/6650249 (18.6.2020)

11 Vgl. für Deutschland: Steinert, Janina/Ebert, Cara (2020): Gewalt an Frauen und Kindern in Deutschland während Covid-19-bedingten Ausgangsbeschränkungen: Zusammenfassung der Ergebnisse; online verfügbar unter: https://drive.google.com/file/d/19Wqpby9nwMNjdgO4_FCqqlfYyLJmBn7y/view (18.6.2020)

Privathaushalt mobile Dienste zusätzlich, nur 6% der Pflege- und Betreuungsbedürftigen werden durch eine 24-Stunden-Betreuung versorgt.[12]

Derzeit sind rund 63.000 Menschen erwerbstätig in der Pflege und Betreuung von älteren Menschen und Menschen mit Behinderungen. Angesichts der demografischen Entwicklung und der veränderten Familienstrukturen verzeichnete diese Branche einen Zuwachs von 39%, besonders stark wuchs die Zahl der Beschäftigten in Pflegeheimen, und zwar um 136%. In der stationären Pflege beträgt der Frauenanteil der Beschäftigten 81%, in der mobilen Pflege sogar 93%. Die Unzufriedenheit im Sektor ist besonders groß: Ein Viertel der Beschäftigten im Gesundheitsbereich denkt mindestens einmal im Monat darüber nach, den Job zu wechseln und knapp die Hälfte der Beschäftigten in der stationären Pflege gibt an, die Arbeitsbedingungen hätten sich in den letzten Jahren verschlechtert.

Applaus statt fairem Lohn

Durch die Kollektivvertragsverhandlungen im Bereich der Sozialwirtschaft 2020 und die damit in Zusammenhang stehenden Proteste für eine Arbeitszeitverkürzung im Sozialbereich lenkten die mediale Aufmerksamkeit zumindest kurzzeitig auf die Arbeitsbedingungen der Branche. Die Coronakrise dynamisierte aber drei Kernprobleme der Lohnarbeit im Pflege- und Betreuungssektor. Erstens, die schlechte Bezahlung: Eine Berechnung zeigt, dass Löhne im privaten Gesundheits- und Sozialbereich zwischen 2004 und 2014 um 29,4% stiegen, während sich die Inflation auf 23,1% belief.[13] Netto blieb ArbeitnehmerInnen kaum etwas übrig. Geschätzt wird, dass die Einkommen im Sozialbereich rund 20% unter dem österreichischen Durchschnitt liegen. Zweitens verschärfte sich durch die Coronakrise auch das Problem des Ausmaßes der Wochenstundenarbeitszeit im Sozialbereich zusätzlich. Eine Studie der Gewerkschaft der Privatangestellten zeigt, dass 29% der Befragten im Sozialbereich «emotional stark belastet» sind – TeilzeitarbeiterInnen sind davon etwas weniger betroffen. Un-

12 Vgl. u.a. Nagl-Cupal, Martin et al. (Hrsg.) 2018: Angehörigenpflege in Österreich. Einsicht in die Situation pflegender Angehöriger und in die Entwicklung informeller Pflegenetzwerke. Universität Wien; online verfügbar unter: https://broschuerenservice.sozialministerium.at/Home/Download?publicationId=664 (14.6.2020)

13 Anastasiadis, Nikolas (2014): Entwicklung von Gehältern und Lohnnebenkosten im »Sozialwirtschaft Österreich«-Kollektivvertrag in den Jahren 2004–2014; in: SWS-Rundschau (54. Jg.) Heft 4/ 2014: S. 402–412.

zufrieden sind vor allem jene KollegInnen, die häufig Mehr- und Überstunden leisten, denn ungeplante Mehr- und Überstunden erschweren die Vereinbarkeit von Beruf und Familie, fehlende Ruhezeiten führen zu Erschöpfung und Belastung. Umso drängender wäre die Reduktion der regulären Wochenarbeitszeit im gesamten Sozialbereich. Am Beginn der Coronakrise setze sich für einige Wochen durch, zu einem bestimmten Zeitpunkt für die ArbeitnehmerInnen in den systemrelevanten Berufen zu klatschen. Der Abschluss des Kollektivvertrages mitten in der Krise empörte viele Beschäftigte: Aus der Forderung nach einer 35-Stunden-Woche wird lediglich eine Reduktion von 38 auf 37 Stunden im Jahr 2022. Für MitarbeiterInnen im direkten Pandemie-Einsatz wurde zudem für 2020 eine Corona-Prämie über 500 Euro vereinbart – dass deutsche KollegInnen, aber auch Beschäftigte im Handel deutlich mehr erhielten, führte zusätzlich zu Verstimmungen. Drittens verstärkte die Coronakrise jene Probleme, die mit der Tendenz der Taylorisierung der Pflege einhergehen, wodurch Arbeitsweisen aus der industriellen Produktion vor dem Hintergrund der Kostenersparnis und angeblicher Effizienz in die Pflegebeziehung eingebracht wurden. So kam es zu einer Zersplitterung von Tätigkeiten, in jene, die eine langjährige Ausbildung erfordern (Diagnostik, Versorgung von Wunden, Medikamentenverabreichung) und haushaltsbezogenen Tätigkeiten, Körperpflege und sozialer Arbeit. Diese Form der Pflege und Betreuung erschwert aber die Beziehungsarbeit als Kern der Care-Arbeit in diesem Bereich.

24-Stunden-Betreuung

Starke Aufmerksamkeit wurde medial und seitens der Politik auf das Segment der 24-Stunden-Betreuung gelegt – weniger auf die Arbeitsbedingungen der Frauen aus Osteuropa, die in diesem Sektor tätig sind, als vielmehr auf die Versorgungskrise durch die geschlossenen Grenzen. Die Coronakrise zeigte auf, wie facettenreich die Prekarität dieser Pflegedienstleistung ist. Schon in der Konzeption dieses Arbeitsverhältnisses zeigt sich die intersektionale Verschränkung von Klasse, Staatsbürgerschaft, Alter, Gesundheitszustand, sozialem Geschlecht/Gender, Bildungsstand und der Stellung in der europäischen Arbeitsteilung. Durch die Legalisierung der 24-Stunden-Betreuung, die keinem Arbeitsgesetz standhält, wird auf Kosten von Frauen aus dem europäischen Süden und Osten eine besonders intensive Form der häuslichen Pflege und Betreuung organisiert, für die es sonst im österreichischen Pflegesystem eine Lücke gäbe. Zur Stabilisierung des österreichischen Care-Regime[14] kommt es zur Externalisierung von Care-Arbeit[15] unter untragbaren Bedingungen: Denn selbstständige PersonenbetreuerInnen unterliegen keinen Arbeitszeitregulierungen, sind von kollektivvertraglichen Bestimmungen wie Mindestlöhnen ausgeschlossen, haben keinen Anspruch auf bezahlten Urlaub und genießen keinen vollständigen sozialversicherungsrechtlichen Schutz, wie Bettina Haidinger aufzeigt. Um die Leistbarkeit der 24-Stunden-Betreuung auch für mittlere Einkommensgruppen sicherzustellen, wurde eine einkommensabhängige Förderung von monatlich maximal 550 Euro bei zwei Selbstständigen bzw. maximal 1.100 Euro bei zwei unselbstständigen Betreuungskräften eingeführt, um die Kosten für Sozialversicherungsbeiträge abzudecken.

Mit der 24-Stunden-Betreuung entstand auch in Österreich ein weiteres Glied globaler Pflegeketten, in dem zumeist migrantisches Pflegepersonal in Privathaushalten der oberen Klassen oder in jenen der mittleren Einkommensgruppen in Nord- und Mitteleuropa arbeitet und somit die Versorgung dieser Familien und deren geschlechtsspezifische Arbeitsteilung wiederum ermöglicht, sodass Frauen mittlerer Einkommensgruppen arbeiten gehen können und ihre Kinder oder Angehörigen von der migrantischen Pflegekraft versorgt werden. Die Kinder der migrantischen Pflegeperson werden derweil von der eigenen Familie, meist der Großmutter, im Herkunftsland versorgt. Diese Pflegeketten sind global auch volkswirtschaftlich relevant: In den Philippinen etwa tragen die sogenannten Rücküberweisungen der Pflegerinnen im Ausland einen erheblichen Teil zum nationalen BIP bei. Vermittelt werden die Frauen durch Pflegevermittlungs-Agenturen, die oft durch teure Anfahrtswege und Gebühren zusätzlich an der geringen Entlohnung der 24-Stunden-BetreuerInnen mitverdienen.

Ausblick

Die oben beschriebenen Entwicklungen im Care-Sektor und in der unbezahlten Pflege und Betreuung zeigen deutlich eine Zuspitzung der Situation für

14 Appelt, Erna/Fleischer, Eva (2014): Familiale Sorgearbeit in Österreich. Modernisierung eines konservativen Care-Regimes? in: Aulenbacher, Brigitte et al. (Hrsg. innen): Sorge: Arbeit, Verhältnisse, Regime. 1. Aufl. Baden-Baden: Nomos-Verlag (Soziale Welt: Sonderband, 20), S. 397–418.

15 Vgl. dazu u.a. Brand, Ulrich/Wissen, Markus (2017): Imperiale Lebensweise. Zur Ausbeutung von Mensch und Natur im globalen Kapitalismus; München: oekom Verlag, S. 63-64.

Frauen sowohl in gesundheitlicher, zeitressourcenbezogener und finanzieller Hinsicht. Aus globalen Finanz- und Wirtschaftskrisen der letzten Jahrzehnte wissen wir, dass diese Krisen Arbeits- und Lebensbedingungen für Frauen und Kinder besonders verschlechtert haben. Eine globale Pandemie wie Covid-19 hat nun nicht nur direkte Auswirkungen auf das (Über-)Leben vieler Menschen in gesundheitlicher Hinsicht, sondern hat durch die Lockdown-Maßnahmen auch die Wirtschaft stark getroffen und wird auch in Österreich zu einem prognostizierten Rückgang des BIP um ca. 6,5% führen. Es ist nicht unbedingt anzunehmen, dass dadurch bestimmte Berufsgruppen nun eine Erhöhung ihres Gehaltes erhalten oder einer Verbesserung der Pflegebedingungen stattfinden werden, obwohl dies offensichtlich notwendig ist. Zu wenig ist in der österreichischen Gesellschaft bisher zudem ersichtlich, dass auch in Privathaushalten die unbezahlte Care-Arbeit anders zu organisieren wäre, damit eine gerechte Verteilung stattfindet, wie auch eine Umfrage der Wirtschaftsuniversität Wien vorläufig ergeben hat.[16] Ob die Sozialpartner sich in Zukunft auf eine Anhebung des Gehaltes einigen können, bleibt abzuwarten, der Abschluss in der Sozialwirtschaft 2020 zeigt aber, dass eine langfristige Verbesserung der Arbeitsbedingungen nicht abzusehen ist. Ein Bewusstseinswandel, der die Interessen der Beschäftigten berücksichtigt, und prinzipiell zu einer Wertschätzung von Kinderbetreuung und Altenpflege auch in Privathaushalten führt, sodass auch hier unbezahlte Arbeit besser verteilt und seitens der ArbeitgeberInnen mehr Zeitressourcen für Männer bereitgestellt werden, sich an der privaten Kinder- und Altenbetreuung zu beteiligen, scheint in weiter Ferne. Strukturell ist es immer noch so, dass anscheinend diese Bereiche unserer Gesellschaft global gesehen als selbstverständlich vorausgesetzt werden, selbst wenn sie als überlebensnotwendig gelten.

16 https://www.wu.ac.at/vw3/forschung/laufende-projekte/genderspezifscheeffektevoncovid-19/1blog (16.6.2020)

«Wie im Krieg.»

Auswirkungen des Corona-Lockdowns auf Migrant*innen und Geflüchtete in Österreich

Von Alicia Allgäuer und Mary Kreutzer

Die Pandemie, und mit ihr die darauffolgenden Regierungsmaßnahmen, trafen Menschen mit Flucht- und Migrationshintergrund in Österreich besonders schwer und nachhaltig. Von falschen und fehlenden Informationen seitens der zuständigen Behörden, großer Angst vor dem Virus, Retraumatisierungen im Zuge des Lockdowns, Isolation in schlechten Wohnverhältnissen, Überforderung in der elektronischen Kommunikation im Bereich Schule und Ämter, bis hin zu Jobverlust mit all den Konsequenzen inklusive des Verlustes des legalen Aufenthaltes im Land, müssen Migrant*innen und Geflüchtete die Krise unter Stress und prekären Bedingungen bewältigen. Jedoch wurde diese Zeit individuell sehr unterschiedlich erlebt und geschildert, auch die konkreten Auswirkungen differieren deutlich je nach persönlichen Erfahrungen, Bildungsgrad, Aufenthaltstitel, Wohn- und Arbeitssituation, sozialem Umfeld, Gesundheitszustand, etc.

Um diese unterschiedlichen Aspekte und Erfahrungen zu beleuchten, haben wir im Mai und im Juni 2020 eine Reihe an Interviews mit Betroffenen sowie Mitarbeiter*innen einiger Hilfseinrichtungen und Vereine geführt, die Aussagen für die Ausführungen in diesem Artikel aufbereitet und thematisch gebündelt.[1]

Informationsdefizit durch behördliche Fehlinformationen und Versagen von Qualitätsmedien

War es schon für in Österreich mit Deutsch aufgewachsene Menschen schwierig, die Flut an unterschiedlichen, sich ständig ändernden und manchmal unge-

1 Einige unserer Interviewpartner*innen wollten nicht namentlich genannt werden, für andere stellt dies kein Problem dar, und andere wiederum wollen zwar genannt, aber nicht der konkreten Erzählung zugeordnet werden. Wir bedanken uns herzlichst bei allen, die uns ihre Zeit geschenkt und uns an ihren Erfahrungen und Erkenntnissen teilhaben ließen. Namentlich erwähnen dürfen wir an dieser Stelle, alphabetisch gereiht: Yasir Ali, Khawla Abo Eweda, Familie Elban (Sirac, Gülistan und Kurdo), Ayman Ismail, Emese Malzer-Papp (Verein Cogenius, Innsbruck), Dagmar Schallert (Diakonie Vorarlberg) und unsere Kolleg*innen der Caritas Wien, Fachbereich Asyl und Integration: Ahmed Al-Jaderi, Gudrun Jörgl, Marie Möller und Daniel Zipfel.

nügend kommunizierten Maßnahmen zu verstehen, war dies für Menschen mit anderen Erstsprachen oder kurzer Aufenthaltsdauer in Österreich nahezu unmöglich. Die Corona-Informationskampagnen der offiziellen Organe sowie der Qualitätsmedien (inklusive des ORF) waren sehr hochschwellig: Einfache deutsche Sprache oder gar andere Sprachen als Deutsch kamen dort nicht vor. «Ich habe manchmal den *Standard* gelesen, aber es waren einfach zu viele Fremdwörter drin», erzählt Ayman Ismail aus Syrien, der seit fünf Jahren in Wien lebt.[2] Viele Menschen kennen Medien wie *Der Standard*, *orf.at* usw. zudem gar nicht, weshalb eine offensive Informationspolitik mit dem Ziel der Bekanntmachung von seriösen Quellen zum Thema dringend vonnöten gewesen wäre. So informieren sich viele zugezogene Menschen über Facebook, Nachrichtensender aus anderen bzw. ihren Herkunftsländern oder durch Freund*innen und Bekannte. Die Verunsicherung aufgrund von mangelnden und falschen Informationen vor allem in der Anfangsphase des Lockdown war dadurch enorm.

Eine Mitarbeiterin des MIT-Teams[3] der Caritas Wien schildert dieses Informationsdefizit als eines der größten Probleme: «Verschärfend hinzu kam das Kursieren der wildesten Gerüchte, die Angst war groß. Durch die Gespräche mit uns konnte das zum Glück gut abgefangen werden. Insgesamt waren unsere Klient*innen jedoch sehr verloren, da auch die Betreuung in den Grundversorgungshäusern durch Kurzarbeit und diverse Krankenstände viel geringer war. Die meisten wollten die Zimmer überhaupt nicht mehr verlassen und wussten nicht, dass man spazieren gehen darf. Die Situation war noch gravierender bei alleinerziehenden Frauen. Wie soll eine Frau mit sieben Kindern auf engstem Wohnraum den Ausfall der Schulen überhaupt meistern? Diese Klientin von mir konnte sich gar nicht mehr zurechtfinden. Eine andere Klientin von mir hat vier Kinder, eines davon mit einer Behinderung, eine extrem schwierige Lage …»

Aber auch alleinstehende Männer litten massiv. «Sie haben ja nichts außer ihre Kurse, und die waren alle ausgesetzt.» Diese Aussage hörten wir von unzähligen Mitarbeiter*innen von NGOs, die im Sprachkursbereich für Migrant*innen und Geflüchtete arbeiteten, und ihr Bestes gaben, um zumindest über Telefon oder Online in Kontakt zu bleiben. «Sie haben kein soziales Netzwerk, für sie waren die Gespräche mit uns enorm wichtig. In erster Linie wollten sie Fakten und

2 Interview mit Ayman Ismail am 21. Juni 2020.

3 Das Mobile Interventionsteam (MIT) der Caritas Wien, Fachbereich Asyl und Integration, besteht aus zwei Klinischen Psychologinnen und bietet klinisch psychologische Beratung für Asylwerber*innen in der Grundversorgung Wien an. Das Angebot ist aufsuchend und niederschwellig.

verlässliche Zahlen über Corona und auch Informationen über die Maßnahmen der Regierung erfahren», so eine Psychologin der Caritas.

Zusätzlich zu fehlenden seriösen Informationsquellen für diese Zielgruppe wurden eine Zeitlang auch faktisch falsche Informationen von offizieller Seite verbreitet. Der Österreichische Integrationsfond (ÖIF) schickte laut eigenen Angaben am 23. März 2020 Informationen in 16 Sprachen an 170.000 Menschen[4] – allein, die Informationen waren falsch: bis zum 14. April fanden sich auf der Website des ÖIF nur drei Gründe, aus denen das Haus verlassen werden durfte.[5] Ähnliches wurde auch vom Innenministerium verbreitet, das ein englischsprachiges Informationsschreiben für Asylwerber*innen in Grundversorgungsquartieren verfasste, welches diese unterfertigen mussten. Darin wurde verschwiegen, dass Spazierengehen der anderswo viel zitierte vierte Grund zum Hinausgehen war, und bei Nichtbeachtung der Regeln wurde mit Kürzung des Taschengeldes gedroht.[6] Laut Bericht der Asylkoordination Österreich hätten ihre Telefonate mit dem ÖIF zu keiner Richtigstellung geführt, sondern erst nach etlichen Medienberichten wurden «Sport im Freien oder um frische Luft zu schnappen» als Gründe ergänzt.[7]

Inzwischen gibt es mehrere Stellen, die zwar spät, aber doch reagiert haben und korrekte mehrsprachige Informationen zu Covid-19 anbieten, von der Stadt Wien über das Sozialministerium bis mittlerweile sogar zum ÖIF.

Wie der Lockdown erlebt wurde

«Es fühlt sich an wie Krieg» oder «Es ist wie im Krieg, nur dass du deinen Feind nicht kennst!», oder «der Feind kann jetzt dein Bruder sein, deine Mutter, alle, die die Wohnung verlassen» – diese und ähnliche Sätze hörten wir selbst und die Mitarbeiter*innen unterschiedlicher Flüchtlingsbetreuungsorganisationen über

4 Mehrsprachiges Informationsangebot: 170.000 Menschen bisher erreicht, in: integrationsfonds.at, 23.3.2020, https://www.integrationsfonds.at/newsbeitrag/mehrsprachiges-informationsangebot-170000-menschen-bisher-erreicht-5345 (12.7.2020)

5 Warum gibt Österreich falsche Corona-Infos an MigrantInnen?, in: bonvalot.net, 14.4.2020, https://www.bonvalot.net/oesterreich-gibt-migrantinnen-falsche-corona-infos-843 (11.7.2020).

6 Auch Innenressort informiert Geflüchtete unvollständig über Corona-Maßnahmen, in: Der Standard, 17.4.2020, https://www.derstandard.at/story/2000116939500/auch-innenressort-informiert-gefluechtete-unvollstaendig-ueber-corona-massnahmen (11.7.2020)

7 Zeitschrift der Asylkoordination Österreich, asyl aktuell 1a/2020, Seite 5.

den Lockdown häufig. Das Gefühl, eingesperrt zu sein, nicht zu wissen, wie es weitergeht, was man darf und was nicht, einsame Straßen und die große Verunsicherung sowie die Angst, dass ein Familienmitglied den Virus mit nach Hause bringen könnte, rief bei vielen Menschen Erinnerungen an Kriegserlebnisse im Herkunftsland, Situationen auf der Flucht oder auch in geschlossenen Flüchtlingslagern hervor. Dadurch seien manche Klient*innen dermaßen verunsichert oder sogar retraumatisiert worden, dass sie Wochen über den Lockdown hinaus ihre Wohnungen nicht verlassen wollten, so Hemayat-Mitarbeiterin Nora Ramirez Castillo. Deshalb müsse bei manchen die psychologische Betreuung «wieder von Null anfangen» und darauf hingearbeitet werden, die Menschen wieder aus ihren Wohnungen zu holen.[8]

Eine Mitarbeiterin des MIT-Teams der Caritas Wien berichtet ebenfalls von einem Klienten, der bei der Evakuierung einer großen Flüchtlingseinrichtung in Wien ein Flashback erlitt. Als in dieser Einrichtung mehrere Geflüchtete sowie Mitarbeiter*innen positiv getestet wurden, wurde das gesamte Gebäude mitten in der Nacht geräumt. Die Menschen wurden unter Polizeiaufsicht zu Bussen geleitet und dort eng aneinander sitzend in die Messehalle transportiert. Die fehlenden Informationen, die Angst davor, sich mit dem Virus in den Bussen anzustecken, die spürbare Verunsicherung aller Beteiligten: all das weckte seine Erinnerungen an die traumatisierende Flucht und an die Schlepper. «Für mich ist es aber wirklich erstaunlich gewesen, dass die meisten unserer Klient*innen diese chaotische Situation trotzdem gut verkraftet haben. Also Klient*innen, die wir psychologisch seit Längerem unterstützen, haben sich nicht nur in dieser Nacht, sondern generell mit der gesamten Coronakrise überraschend gut arrangieren können», so die Psychologinnen des MIT-Teams. «Ich habe schon schlimmeres erlebt und ausgehalten» sei der Tenor vieler Menschen.

Zur Sorge um sich selbst und die eigene Familie kam für viele Menschen die Angst um Angehörige in den Herkunftsländern. So erzählte Yasir Ali, der vor fünf Jahren nach Vorarlberg flüchten konnte, dass er sich große Sorgen um seine Familie in Syrien macht. «Das Gesundheitssystem dort ist sehr schlecht. In Qamishli war es zumindest etwas besser, weil sie angeblich Beatmungsgeräte aus dem Nordirak bekommen haben. Aber in Syrien weiß man nicht, was von den Nachrichten stimmt, wie viele sich wirklich angesteckt haben und wie die Situation tatsächlich aussieht.»[9]

8 Hemayat: kostenlose Psychotherapie für traumatisierte Menschen, in: SozialPod #19, 19.6.2020, https://www.sozialpod.com/19-hemayat-kostenlose-psychotherapie-fuer-traumatisierte-menschen/ (11.7.2020)

9 Interview mit Yasir Ali am 21. Juni 2020.

Mehrfachbelastung für Frauen

Gleichzeitig machte es die Situation nicht unbedingt leichter, die ganze Familie am selben Ort zu haben, gerade für Frauen. Eine 18-jährige Afghanin, die mittlerweile bei einer Hilfsorganisation mit Covid-positiven Patient*innen arbeitet, berichtet über die Situation zu Hause, bei ihren Eltern und ihren vier Geschwistern: «Wir hatten große Angst, vor allem meine Eltern. Außer meinem Bruder und mir hat niemand mehr die Wohnung verlassen, Schuhe mussten prinzipiell draußen bleiben. Meine Mutter hat ständig den Boden geputzt. Meine kleine Schwester durfte nicht mehr in die Schule und zu Hause kann ihr niemand so gut helfen bei den Hausübungen. Sie lässt sich nichts sagen, und diese Zeit war extrem hart für meine Mutter. Meine Eltern wissen bis heute nicht, dass ich mit Covid-Positiven arbeite, ich glaub das würde ihre psychische Situation nur noch verschlimmern.»

Über Frauen in den Grundversorgungsquartieren, die während des Lockdowns einen Putzzwang entwickelten, berichten uns mehrere Interviewpartner*innen.

Die Situation für einige Frauen habe sich, so das MIT-Team, aufgrund von – schon vor der Krise bestandenen – massiven Konflikten und fehlender Unterstützung durch den Ehemann verschärft. «Durch vermehrte Konflikte und Streit, weil der Ehemann nun ständig in der Wohnung ist, und dadurch, dass keine Möglichkeit der räumlichen Abgrenzung vorhanden ist, kommt es zu einer starken psychischen Belastung der Frauen.» Manche Klientinnen – gerade jene, bei denen es Probleme bzw. Gewalt in der Partnerschaft gibt – wollten in der Zeit gar keine telefonische Kontaktaufnahme durch uns, «wohl auch, weil keine Privatsphäre zum Reden gegeben war», so Gudrun Jörgl vom MIT-Team der Caritas Wien.[10] Da Frauen in Gewaltsituationen schwer erreichbar seien, wäre es hilfreich, eine umfassende Aufklärung zu Unterstützungsangeboten bei Gewalt zu starten, z.B. in der Form von Workshops, die alle Frauen in Grundversorgungsquartieren durchlaufen sollten. «Gut informiert zu sein macht es sicherlich einfacher, in einer Krisensituation auch entsprechend zu handeln.»

Eine Asylrechtsberaterin einer Hilfsorganisation in Wien berichtet ebenfalls von Klientinnen, die massiv von häuslicher Gewalt betroffen waren, jedoch dem Druck der Familie oder der Community erlagen, sich keine Hilfe zu holen. Der Tenor lautete: «Nur nicht das Haus verlassen! Du gefährdest damit deine gesamte Familie. Halte die Gewalt aus, denn Corona ist schlimmer.» Die Zahl der

10 Interview mit Gudrun Jörgl am 18. Juni 2020.

Frauen, die sich während der Ausgangsbeschränkungen an diverse Opferschutzeinrichtungen wandten, ist dementsprechend gering.

Bei alleinerziehenden Frauen war die Überforderung während des Lockdowns wiederum stark zu spüren, weil sie mit vielen Kindern unterschiedlichsten Alters auf engstem Raum leben und kaum Möglichkeiten hatten, die Kinder beim Homeschooling zu unterstützen; es fehlten Tagesstruktur, Beschäftigung und Spielangebote für die Kinder. Auf die eigenen Bedürfnisse zu achten und sich eine Auszeit zu organisieren bzw. zu gönnen ist für Alleinerzieherinnen in den Grundversorgungsquartieren kaum denkbar. Und gleichzeitig leiden sie unter großen gesundheitlichen Ängsten.

Für Asylwerber*innen in den ländlichen Quartieren privater Betreiber in Niederösterreich war die Situation durch die Abgeschiedenheit in kleinen Gemeinden zusätzlich erschwert. Die Mitarbeiter*innen der Betreuungsorganisationen und freiwillige Unterstützer*innen kamen teilweise über zwei Monate nicht mehr ins Quartier. Sie waren zwar telefonisch in Kontakt, aber das konnte nur minimal über die fehlende Information und Betreuung in dieser Ausnahmesituation hinweghelfen. So konnten viele Falschinformationen kursieren, die zu noch mehr Verunsicherung und Ängsten beitrugen. Gerade für Kinder und ihre Familien war es aufgrund der beengten Wohnverhältnisse extrem herausfordernd, wenn Aufenthaltsräume nicht betreten werden durften und die ganze Familie in einem Zimmer ausharren musste.

Sensible Einvernahmen im Asylverfahren?

Zu den vulnerablen Gruppen im Asylverfahren zählen neben schwangeren Frauen, älteren Menschen, psychisch Kranken u.a. auch Opfer von Menschenhandel. Auch sie litten besonders unter dem Lockdown, da lange unklar war, ob Asylfolgeanträge überhaupt gestellt werden können. Eine Betreuerin erzählt, wie sie mit einer Klientin, einer Betroffenen von Menschenhandel, zur polizeilichen Einvernahme im Fremdenpolizeilichen Büro am Hernalser Gürtel in Wien geladen war: «Wir wurden in einen Raum gesetzt, und die Befragung fand bei offenen Türen und Fenstern statt, womit keine Vertraulichkeit in dieser höchst sensiblen Materie mehr gegeben war. Es gingen ständig männliche Beamte am Zimmer vorbei und konnten mithören. Außerdem war es laut, durch das Tragen der Masken verstand man die Einvernahme nur bedingt. Es gab auch kein Desinfektionsmittel und im WC nicht einmal Seife.»

Positiv angemerkt werden kann, dass der UNHCR während des Lockdowns versuchte, mittels regelmäßiger virtueller Austauschtreffen Klarheit durch koordinierte Information über Entwicklungen und Möglichkeiten zur Asylantragstellung zu schaffen. So wurde u.a. eine Übersicht zu qualitätsvollen Befragungen/Einvernahmen während der Coronazeit entwickelt.[11] Wie das oben genannte Beispiel zeigt, wurden diese Empfehlungen durch das BFA (Österreichisches Bundesamt für Fremdenwesen und Asyl) nicht immer umsetzt.

Mangelnde Gesundheitsversorgung

Für kranke Menschen mit Flucht- oder Migrationshintergrund gestaltete sich der Lockdown zu einem Spießrutenlauf, da diese kaum mehr Zugang zu Ärzt*innen und Spitälern hatten. Exemplarisch hierfür steht die Schilderung eines afghanischen Interviewpartners, der durch eine Blut- und Muskelkrankheit gelähmt ist und an chronischen Schmerzen leidet: Als er Lähmungserscheinungen und Schmerzen auch in den Armen bekam, weigerte sich der Hausarzt zu ihm nach Hause zu kommen. Also fuhr er in Begleitung seiner Tochter in aller Frühe zu einem anderen Arzt und musste dort, obwohl sie die Ersten waren, lange warten. Schließlich wollte die Sprechstundenhilfe die E-Card «wegen der Ansteckungsgefahr» nicht annehmen und nach einer Stunde des Wartens verließen sie die Praxis wieder, weil es dem Patienten immer schlechter ging und weil er Schmerzen vom langen Sitzen bekommt. Seine Tochter ergänzte: «Ins Krankenhaus konnten wir auch nicht, weil die sagten: auf keinen Fall kommen. Es war die Hölle.»

Auch eine Mitarbeiterin einer Sozialberatungsstelle für asylberechtigte und subsidiär schutzberechtigte Menschen erzählte von den Schwierigkeiten während des Lockdowns, welcher die Gesundheit der Zielgruppe beeinträchtigt habe. Eine Klientin beispielsweise wurde krank und der Arzt wollte sie nicht behandeln, obwohl sie schwanger war, weil sie keine E-Card hatte. Sie hatte nicht gewusst, dass sie einen Mitversicherungsantrag mit ihrem Mann hätte stellen müssen, und solche Behördenwege waren in der Zeit des fehlenden persönlichen Kontakts extrem erschwert. Schlussendlich konnte sie im Neunerhaus in Wien, wo Menschen ohne E-Card gratis behandelt werden, einen Termin vereinbaren. Ähnliche Situationen habe es in der (damals telefonischen) Beratung wiederholt gegeben. Obwohl die Ämter geschlossen waren, wurden trotzdem gewisse Unterlagen für Folgeanträge verlangt, z.B. beim Sozialamt oder wenn die

11 https://www.unhcr.org/dach/wp-content/uploads/sites/27/2020/05/Selbstcheck-Videobefragung-1.pdf. (11.7.2020)

E-Card nicht funktionierte. So mussten die Menschen sehr erfinderisch werden, um postalisch derartige Nachweise erbringen zu können. Sprachliche Barrieren, fehlende Ausstattung mit Scannern, Druckern sowie Internet und Computer sowie fehlende Kenntnisse des österreichischen Behördendschungels erschwerten die fristgerechte Einbringung. Die Ämter seien zwar kooperativ gewesen, aber Fristverlängerungen habe es trotz Lockdown keine gegeben.

Willkürliche Geldstrafen

Neben diesen Schwierigkeiten mit Behördenwegen und Zugang zur Gesundheitsversorgung gab es auch Probleme mit einer anderen Behörde: Bei den Kontrollen der Ausgangsbeschränkungen durch die Polizei machten Geldstrafen Geflüchteten und Migrant*Innen schwer zu schaffen. So berichtet die Asylkoordination, dass sich bereits nach zwei Wochen Ausgangsbeschränkungen die Berichte von Betroffenen und engagierten Unterstützer*innen über völlig überzogene Strafen wegen Verstößen gegen Covid-19-Beschränkungen häuften. Diese wurden meist im Zusammenhang mit dem Aufenthalt im öffentlichen Raum ausgestellt. «Es entstand der Eindruck, dass besonders Geflüchtete ins Visier der Ordnungshüter gerieten. Die Polizei belehrte nicht, mahnte nicht ab, sondern zeigte an: Strafverfügungen zwischen 300 und 1.300 Euro flatterten in die Grundversorgungs- oder Mindestsicherungsbezieher-Haushalte. Wir informierten die Betroffenen und vermittelten zu Rechtsberatungen.»[12] Auch die Diakonie berichtet, dass sie zurzeit rund 200 Geflüchtete dabei unterstütze, Corona-Strafen anzufechten. Diese seien willkürlich und völlig am Gesetz vorbei verhängt worden. So seien Menschen beispielsweise wegen Betretens des Gehsteigs gestraft worden. Bei den meisten handle es sich um Afghanen aus Wien, so Andrea Goldberger, Sozialarbeiterin im Diakonie Flüchtlingsdienst. Einer dieser Fälle liegt mittlerweile beim Verfassungsgerichtshof, der endgültig entscheiden wird, ob die Corona-Ausgangssperren-Verordnung als Gesamtes gesetzeswidrig war oder nicht.[13]

12 Asyl aktuell 1a/2020, Zeitschrift der Asylkoordination, Seite 4.

13 Andrea Goldberger (Diakonie Flüchtlingswerk) im Ö1-Morgenjournal, 10.7.2020: Corona-Ausganssperre vor VWGH.

Endlich zur Ruhe kommen

Manche unserer Interviewpartner*innen erlebten den Lockdown aber durchaus als etwas Positives, etwa dass sie zur Ruhe kommen konnten, mehr Zeit für die Familie, für Sport und Natur hatten, über YouTube Neues ausprobierten oder weniger Geld ausgaben. So berichtet Sirac Elban, ein Kurde, der vor 10 Jahren aus der Türkei flüchten musste, dass er die Zeit im Lockdown mit seiner Frau Gülistan und den drei Kindern gut nutzen konnte: «Wir erzählten uns kurdische Märchen, und mit den Kindern spielten wir Spiele aus unserer Kindheit. Der Jüngste kommt im Herbst in die Schule, wir haben ihm im Lockdown die Buchstaben beigebracht.» Die ersten fünf Tage des Lockdowns hat die Familie ausschließlich zu Hause verbracht. «Wir haben Brot gebacken und uns gesund ernährt. Danach waren wir oft im Wienerwald spazieren.» In dieser bildungsaffinen Familie mit einem ausgeprägt intellektuellen Hintergrund war das weitverbreitete Problem des Informationsdefizits nicht gegeben: «Wir haben dann jeden Tag österreichische Nachrichten angeschaut, immer gleich in der Früh. Wir haben alles verstanden, es war eh einleuchtend.»[14] Auch die Geburt des vierten Kindes, kurz nach dem Ende des Lockdowns, schildert Gülistan als unkompliziert.

Auch für Yasir Ali war die Zeit der Ausgangsbeschränkungen keine schlechte Erfahrung: «Meine Frau und ich waren viel draußen zum Sport machen, gingen jeden Tag laufen, spazieren und Fahrrad fahren. Das hat sehr gut getan. Ansonsten haben wir es uns mit Netflix und YouTube gemütlich gemacht und zum Beispiel verschiedene Kochvideos zusammen angeschaut und Neues gelernt. Das einzig Schwierige war, dass wir keinen Besuch erhalten und keine Verwandten treffen konnten.»[15]

Kinder, Schule, Ausbildung

Wer die österreichische Integrationspolitik in den letzten Jahren verfolgt hat, wird die zuvor beschriebene fehlende Mehrsprachigkeit in der offiziellen Kommunikation kaum verwundern, wird doch Deutsch hierzulande über alles gestellt und mangelnde Deutschkenntnisse als Integrationsversäumnis der betreffenden Personen gewertet, anstatt strukturelle Hindernisse zu beseitigen und

14 Interview mit Sirac, Gülistan und Kurdo Elban am 18. Juni 2020.

15 Interview mit Yasir Ali am 21. Juni 2020.

Mehrsprachigkeit wertzuschätzen. Der Lockdown hat diesbezügliche Ängste und Sorgen verstärkt und Lernprozesse unterbrochen.

«Meine größte Sorge während Corona war, dass mein Sohn nicht genug Deutsch üben kann für die Schule. Er war erst seit fünf Monaten im Kindergarten, als dieser zusperren musste. Jetzt nach zwei Monaten zu Hause hat er sehr viele Rückschritte in Deutsch gemacht», erzählt Ayman Ismail.

Diese Erfahrung bestätigt auch Emese Malzer-Papp vom Verein Cogenios[16] in Innsbruck: Die sprachlichen Ausdrucksfertigkeiten und der deutsche Wortschatz seien bei manchen Kindern während des Lockdowns eher zurückgegangen, da die meisten Kinder zu Hause fast nur Kontakt mit ihrer Erstsprache gehabt hatten. Malzer-Papps Erfahrung nach haben viele Lernende in dieser Zeit die Motivation verloren, da viel zu wenig bis keine Unterstützung oder Rückmeldungen von den Schulen und zu wenig aussagekräftiges Feedback kam. Vor allem an den NMS sowie in den Grund- und Basisbildungskursen wurden die Lernenden tendenziell allein gelassen – und im Übrigen häufig auch die Lehrenden: Viele Institutionen schlossen einfach ihre Pforten, ohne sinnvolle Rahmenbedingungen für die Lehrkräfte zu schaffen. Was an Betreuung geleistet wurde, war meist deren persönliche Initiative. In den Gymnasien wiederum wurden die Schüler*innen mit Arbeitsaufgaben überschüttet, die oft ein völlig überhöhtes Niveau aufwiesen, es gab kaum Erklärungen dazu und offensichtlich wurde davon ausgegangen, dass die Eltern zu Hause helfen. Wer nicht extrem eigeninitiativ war und sich selbst Unterstützung bei den Freiwilligen oder in der Schule suchte, wurde alleingelassen. «Feedback zu bekommen ist wesentlich, wenn das vonseiten der Bildungseinrichtungen nicht kommt, dann gibt es auch keine Motivation zum Lernen», so Emese Malzer-Papp.[17]

In manchen Bildungseinrichtungen gab es dreieinhalb Monate gar kein Angebot, manche hätten von einem Tag auf den anderen geschlossen und wären auch telefonisch nicht mehr erreichbar gewesen, dadurch wurden viele Teilnehmende verunsichert und demotiviert.

Auch die junge Syrerin Khawla Abo Eweda erzählte uns, dass ihr Deutschkurs von einem Tag auf den anderen abgesagt wurde. Sie hätte gerne weiter gelernt, weil sie Pflegeassistentin werden möchte und für die Ausbildung gut Deutsch können muss. Immerhin bekam sie für den Sommer erneut einen Platz im Kurs.

16 Cogenios ist eine Freiwilligeninitiative, die von Emese Malzer-Papp und Maria Vallazza gegründet wurde, um junge Migrant*innen und Geflüchtete auf ihrem Bildungsweg zu unterstützen: http://www.cogenios.at

17 Interview mit Emese Malzer-Papp am 30. Juni 2020.

Für sie sei es schwierig gewesen, dass sie ihrer Tochter, die in die erste Klasse Gymnasium geht, nicht genug helfen konnte. Sie habe sehr viele Hausaufgaben bekommen und hätte zu wenig Unterstützung von der Schule bekommen. Auch das Nachhilfeprojekt, an dem die Tochter normalerweise jede Woche teilnimmt, war ausgesetzt. Die ganze Familie freute sich, als die Schulen wieder ihre Tore öffneten.[18] So erging es auch dem 12-jährigen Kurdo Elban: «Naja, es war nicht gut, weil die Schule gesperrt wurde. Das war überhaupt nicht gut für mich. Ich musste alles online machen und manches verstand ich zu Beginn gar nicht. Wir haben von der Schule einen Laptop bekommen. Aber ich hab dann einen Freund von mir um Hilfe gebeten, weil ich da nicht mitkonnte. Dann hat alles geklappt. Ich hab überall Einser, nur in Englisch, da bräuchte ich Hilfe im Sommer. Ich find es gar nicht gut, dass jetzt die Schule nur jeden zweiten Tag offen ist. Der Körper ist ganz durcheinander mit früh aufstehen oder ausschlafen. Außerdem verstehe ich nicht, warum wir jetzt zwei Monate Ferien haben müssen. Ein Monat wäre genug.»[19]

Ein weiteres Problem stellte die teils fehlende Ausrüstung dar: zwar haben alle ein Handy, weshalb die Kommunikation über Kanäle wie WhatsApp ein unerlässliches Instrument war; aber oftmals fehlten Computer und gute Internetverbindungen, um tatsächlich an digitalen Bildungsmaßnahmen teilnehmen zu können. In vielen Familien gibt es nur einen Computer für mehrere Personen, wodurch das Homeschooling zusätzlich erschwert wurde. Auch manche Frauen hätten sich sehr zurückgezogen in dieser Zeit, da sie viel mit Familie und Hausarbeit beschäftigt waren; fehlendes Computerwissen erschwerte die Online-Partizipation noch zusätzlich.

Arbeitssituation

Wenn Covid-19 einen positiven Effekt hat, dann jenen, ungeschminkt alle Verwerfungen, Auslassungen und Problemfelder aufzuzeigen, die das globale neoliberale Wirtschafts- und Gesellschaftsmodell tagtäglich reproduziert. Dass die Pandemie marginalisierte Bevölkerungsgruppen besonders hart trifft und vor allem in prekären Arbeitsstätten grassiert, haben die Fälle in deutschen Schlachtbetrieben ebenso gezeigt, wie beispielsweise in Wiener und niederösterreichischen Postverteilerzentren. Dort waren besonders Leiharbeiter von der Infektion

18 Interview mit Khawla Abo Eweda am 21. Juni 2020.

19 Interview mit Sirac, Gülistan und Kurdo Elban am 18. Juni 2020.

betroffen – manche von ihnen ehemalige Asylwerber*innen –, die sich nicht krankmelden können, ohne einen Lohnentgang in Kauf nehmen zu müssen.

Aber nicht alle haben negative Auswirkungen des Lockdowns zu spüren bekommen. Die Erfahrung des Vereins Cogenios beispielsweise war, dass alle von ihnen betreuten Lehrlinge nach dem Lockdown wieder regulär anfangen konnten zu arbeiten; die Wirtschaftskrise habe diese spezielle Zielgruppe weniger getroffen als andere, weil sie sehr motiviert seien und auch gute Unterstützung vom Verein und den Arbeitgebern hätten.

Wie auch Beispiele in Vorarlberg zeigen, dürften zumindest jene Menschen mit Flucht- oder Migrationshintergrund kaum von der Wirtschaftskrise betroffen sein, die schon davor einen fixen Job in großen Industriebetrieben wie Getzner, Blum usw. hatten, auch wenn sie, wie etwa bei der Firma Blum, in Kurzarbeit gehen mussten. Wer allerdings den Job verlor, kam zusätzlich ins Fadenkreuz des Aufenthaltsrechts.

Eiszeit im Asylrecht versus verschärfte Maschinerie im Fremdenrecht

Arbeits- und aufenthaltsrechtlich hat die Krise insgesamt Migrant*innen viel schlimmer getroffen als Asylwerber*innen. Denn viele Migrant*innen haben über Nacht ihre (prekären) Jobs verloren und rutschen nun ohne Einkommen in die Illegalität, da der Einkommensnachweis relevant ist für den Aufenthalt in Österreich.

Die MA35 (zuständige Magistratsbehörde für «Staatsbürgerschaft und Einwanderung» der Stadt Wien) arbeitete im Lockdown ganz normal weiter, natürlich online und telefonisch. Daniel Zipfel, Teamleiter der Asylrechtsberatung der Caritas Wien, erklärte uns, dass die MA35 im Unterschied zu den Asylbehörden auch keine Fristen ausgesetzt habe. Das führte in der Konsequenz dazu, dass Klient*innen komplett überfordert waren. Die fitten, jungen, gebildeten Menschen konnten den Bürokratiedschungel auch online meistern. Aber die Alten, die Kranken, die finanziell Schwächsten, waren massiv überlastet und versäumten diverse Fristen, was ihnen zum Verhängnis werden kann. «Die MA35 war überhaupt nicht kulant, jetzt haben viele unserer Klient*innen ein großes Problem. Die Klient*innen im Niederlassungsrecht sind viel schlimmer dran, die Situation ist für viele dramatisch!»[20]

20 Interview mit Daniel Zipfel am 22.Juni 2020.

Das Problem trifft jedoch auch Geflüchtete: Speziell für subsidiär Schutzberechtigte bedeutete der Verlust des Arbeitsplatzes das Zurückfallen in die Grundversorgung und damit den Verlust der Mindestsicherung. Wenn eine Verlängerung des subsidiären Schutzes beantragt wird, und eine Aberkennung im Raum steht, passiert dies normalerweise in einer persönlichen Einvernahme. «Während des Lockdowns war dies aber nur schriftlich möglich, was rechtsstaatlich nicht ganz in Ordnung ist, da ja eine persönliche Erklärung vorgeschrieben ist. Auch hier besteht Unklarheit über den Ausgang der Verfahren», so eine Asylrechtsberaterin im Interview.

Sorgen bereitet manchen auch, wie sich die Krise auf den Staatsbürgerschaftsantrag auswirken könnte. So schilderte Sirac Elban, der mit seiner Familie seit langer Zeit auf die Verleihung der österreichischen Staatsbürgerschaft wartet, dass sie alle Voraussetzungen erfüllt hätten. «Wir haben in den über 10 Jahren in Österreich keinen einzigen Tag Sozialhilfe bezogen. Wird diese Krise unser Verfahren jetzt noch länger verzögern?»[21]

Bei den Asylbehörden herrschte im Gegensatz zur oben erwähnten Wiener Magistratsbehörde 35 von Mitte März bis Ende April Eiszeit. Der unmittelbare Parteienverkehr im Bundesamt für Fremdenwesen und Asyl und der Bundesverwaltungsgerichtshof pausierten einige Wochen völlig und legten die Fristen bis Ende April auf Eis, es gab nur unaufschiebbare Einvernahmen in dieser Zeit. Diese Eiszeit wollte das Innenministerium offenbar auf andere Bereiche im Asylwesen ausdehnen: Ende März erklärte das BMI, es sei für Geflüchtete nicht mehr möglich, ohne Gesundheitszeugnis einen Asylantrag an Österreichs Grenzen zu stellen.[22] Inmitten der Krise mussten Hilfsorganisationen, Menschenrechtsexpert*innen und Abgeordnete der Oppositionspartei NEOS ausrücken, um gegen diesen internen Erlass des Innenministeriums (BMI) anzukämpfen, der klar gegen die Genfer Flüchtlingskonvention, EU-Recht sowie die österreichische Verfassung verstieß. Die Asylkoordination reagierte mit einer Sachverhaltsdarstellung bei der Staatsanwaltschaft Wien wegen Anstiftung zum Amtsmissbrauch.[23]

21 Interview mit Sirac, Gülistan und Kurdo Elban am 18. Juni 2020.

22 Coronavirus: De-facto-Einreisestopp für Asylwerber, in: Wiener Zeitung, 27.03.2020 https://www.wienerzeitung.at/nachrichten/politik/oesterreich/2055796-Evaluierung-der-Massnahmen-bis-Montag.html (12.7.2020)

23 Sachverhaltsdarstellung bezüglich des Verdachts der Anstiftung zum Amtsmissbrauch betreffend Bundesminister für Inneres gem §§ 12, 15, 302 StGB, unter: https://images.derstandard.at/2020/04/21/Sachverhaltsdarstellung-Asylkoordination.pdf (12.7.2020)

Erst ab Ostern begannen die Asylbehörden wieder – dafür sehr rasch – zu arbeiten, die Fristen für Asylverfahren laufen seit 1. Mai wieder und der Druck auf Klient*innen sowie Mitarbeiter*innen der NGOs stieg enorm. Viele Aspekte sind nach wie vor ungeklärt, und es ist fraglich, ob die Geschwindigkeit Sinn macht.

Wenig beachtet wird eine weitere Folge der Krise: die erschwerte Möglichkeit von Familienzusammenführungen. Für Menschen aus Ländern mit hohen Covid-19-Infektionsraten, wie z.B. aus dem Iran oder Russland, gestaltet es sich als problematisch, weil die Botschaften teils nur bedingt arbeiten. Zum Beispiel wollte ein Klient mit österreichischer Staatsbürgerschaft seine Frau aus Russland nach Österreich holen, aber die österreichische Botschaft dort ist nicht erreichbar. Zwar erfüllt er laut der Wiener MA35 alle Voraussetzungen, aber solange die Botschaft die Papiere nicht aushändigt, gibt es keine Möglichkeit sie herzuholen, und das, obwohl ein Verbleib in Russland ein Gesundheitsrisiko darstellt. Besonders problematisch stellte sich die Situation für Asylberechtigte dar, da die Frist für die Familienzusammenführung im Rahmen des Asylverfahrens drei Monate ab Asylzuerkennung beträgt, und viele Botschaften wie oben bereits beschrieben nicht erreichbar waren, so dass die Fristeinhaltung zu einem Problem wurde.

Die Mitarbeiter*innen der Caritas Asylrechtsberatung unterhielten durchgehend einen Journaldienst für Notfälle, was ein extrem wichtiges Angebot war, das auch genutzt wurde. Ein weiterer Aspekt, der nicht unerwähnt bleiben soll, ist die auffällige Häufung von Klienten mit psychischen Störungen, die Berater*innen bedrohen oder auch physisch attackieren. Beratungseinrichtungen, die während der Krise Journaldienste aufrechterhielten, mussten sich überlegen, wie sie ihre Mitarbeiter*innen vor solchen Situationen schützen können.

Respekt und Wertschätzung für Migrant*innen und Geflüchtete

Zu den Sorgen um das Wohlergehen der Liebsten, sei es in anderen Teilen der Welt, sei es in Österreich, kommen derzeit bei vielen Menschen Unsicherheiten über den Aufenthaltsstatus bzw. das Aufenthaltsrecht, eine generelle Verunsicherung aufgrund von mangelnden mehrsprachigen oder in einfachem Deutsch kommunizierten Informationen, schwierige Wohnverhältnisse u.v.m. Gerade beengte Wohnverhältnisse, genauso wie die Situation für Kinder, deren Eltern aus verschiedenen Gründen kein Homeschooling machen können, ist kein Alleinstellungsmerkmal von Familien mit Flucht- oder Migrationshintergrund. Es zeigt sich auch bei unseren Interviews und unseren Erfahrungen im eigenen Umfeld während der Ausgangsbeschränkungen, dass Bildungshintergrund, Einkommen,

Beschäftigungssituation, die soziale Schicht, der Wohnort, das Umfeld, die psychische und physische Gesundheit usw. eine große Rolle dabei spielen, welche Ressourcen man in Krisensituationen zur Verfügung hat oder mobilisieren kann. Zu diesen Faktoren kommen bei Geflüchteten und Migrant*innen noch einige weitere dazu, wie im Beitrag beschrieben, welche die Situation für manche Menschen zusätzlich enorm erschwert oder untragbar gemacht haben.

Daher sind spezialisierte Beratungsangebote sowie eine Begleitung und Betreuung gerade in solchen Krisenzeiten von enormer Wichtigkeit. Beispielsweise gibt es in Niederösterreich aufgrund massiver Kürzungen und politischer Entscheidungen derzeit nur mehr eine Sonderbetreuungseinrichtung für psychisch oder physisch kranke Asylwerber*innen, allerdings ohne adäquates Betreuungspersonal; gerade in derartigen Einrichtungen kann solch eine Ausnahmesituation ohne psychologische Unterstützung gravierende Auswirkungen haben.

Zugewanderte Menschen tragen in Österreich wesentlich zu unser aller Wohlergehen und Gesundheit (z.B. Pfleger*innen), Ernährung (z.B. Erntehelfer*innen und Mitarbeiter*innen von Supermärkten), Wohnungsversorgung (z.B. Bauarbeiter), Kunst und Kulturbedürfnissen, und vieles mehr bei. Statt sie abends von den Balkonen zu beklatschen, sollte ihnen endlich – und in der Krise mehr denn je – ein sicherer Aufenthalt, würdige Arbeitsbedingungen, anständige Bezahlung und soziale Absicherung der gesamten Familie zugestanden und ihre Anwesenheit als inhärenter und unverzichtbarer Teil der österreichischen Gesellschaft angesehen und wertgeschätzt werden.

KURZBIOGRAFIEN

RAMI ALI, geb. 1993, Politikwissenschafter und Islamwissenschafter, unterrichtet an der Fachhochschule Campus Wien und ist Vorstandsmitglied des Vereins «TURN – Verein für Gewalt und Extremismusprävention».

ALICIA ALLGÄUER, geb. 1981, Sozialarbeiterin und Politikwissenschafterin, arbeitet seit 2009 bei der Caritas Wien, Fachbereich Asyl und Integration im Caritas Bildungszentrum & Missing Link.

BRIGITTE AULENBACHER, geb. 1959, Professorin für Soziologie an der Johannes Kepler Universität Linz, Vizepräsidentin der International Karl Polanyi Society und Mitherausgeberin des Global Dialogue – Magazine of the International Sociological Association.

JOHANN BACHER, geb. 1959, Professor für Soziologie und empirische Sozialforschung an der Johannes Kepler Universität Linz, wissenschaftlicher Leiter des Instituts für Berufs- und Erwachsenenbildungsforschung (IBE) in Linz.

ULRICH BRAND, geb. 1967, Professor für Politikwissenschaft an der Universität Wien, Betriebswirt und Hotelfachmann, Vorstandsmitglied von «Diskurs. Das Wissenschafsnetz».

INGRID BRODNIG, geb. 1984, Journalistin und Autorin. Mehr Infos: brodnig.org

OSCAR VEGA CAMACHOL, geb. 1960, unabhängiger Wissenschaftler und Schriftsteller, der in La Paz, Bolivien lebt und arbeitet, ehemaliges Mitglied der Grupo Comuna und der REPAC (Representación Presidencial para la Asamblea Constituyente) Boliviens.

NINA CARLSSON, geb. 1987, Doktorandin der Politikwissenschaft am Sozialwissenschaftlichen Institut und Baltic and East European Graduate School an der Hochschule Södertörn, Stockholm.

ISOLDE CHARIM, geb. 1959, Philosophin, wissenschaftliche Kuratorin (Bruno Kreisky Forum, Burgtheater, RadioKulturhaus) und Publizistin (ständige Kolumnistin im Falter und der Taz).

FABIANA ELLMERER, geb. 1992, Politikwissenschafterin und Lehrerin, hat das Teach for Austria Fellow Programm absolviert und unterrichtet seit vier Jahren als Quereinsteigerin an einer Wiener NMS.

ALI FATHOLLAH-NEJAD, geb. 1981, wissenschaftlicher Mitarbeiter am Arbeitsbereich Vorderer Orient und Vergleichende Politikwissenschaft der Universität Tübingen, ehemaliger Gastwissenschafter bei der Brookings Institution in Doha.

CODRUŢA FILIP, geb 1981, Political Advisor im Europäischen Parlament, zuvor Mitarbeiterin bei EFFAT (European Food, Agriculture and Tourism Trade Union) in Brüssel.

MARIJANA GRANDITS, geb. 1954, Menschenrechtsexpertin, Volksgruppen-Aktivistin, Nationalratsabgeordnete a.D. und seit über 30 Jahren in verschiedensten gesellschaftspolitischen Kontexten in Südosteuropa tätig, freie Dozentin an der FH Burgenland.

JULIUS GRUBER, geb. 1992, studiert Zeitgeschichte und Medien und ist Referent für die Zeitschrift Zeitgenossin an der ÖH Uni Wien.

KATRIN HASENGRUBER, Universitätsassistentin am Institut für Soziologie, Abteilung für empirische Sozialforschung an der Johannes Kepler Universität Linz, Lehrende an der Fachhochschule Linz sowie an der Pädagogischen Hochschule Oberösterreich.

REBECCA KAMPL, geb. 1984, seit 2011 parlamentarische Assistentin im Europäischen Parlament, betreut den Ausschuss für Bürgerliche Freiheiten, Justiz und Inneres und den Ausschuss für Menschenrechte.

HEIKO KHOO, geboren 1963, lebt in London und ist Sinologe, Journalist, Radiomoderator und Stadtführer, bloggt regelmäßig für china.org.cn

MARY KREUTZER, geb. 1970, Politikwischenschafterin, leitet seit 2009 die Caritas-Integrationsabteilung Missing Link und seit 2019 das Caritas Bildungszentrum im Fachbereich Asyl und Integration, Obfrau der 2003 gegründeten Hilfsorganisation LeEZA.

ANAND KUMAR, geb. 1949, Soziologe, Senior Fellow, Nehru Memorial Museum and Library, New Delhi, emeritierter Professor für Soziologie an der Jawaharlal Nehru University, New Delhi.

HANNA LICHTENBERGER, geb. 1988, ist Politikwissenschafterin und Historikerin und arbeitet zu den Themen Pflege/Betreuung und Gesundheitspolitik in der Volkshilfe Österreich.

ELDAR MAMEDOV, geb. 1972 , bis 2009 Diplomat im lettischen Außenministerium, seither Adviser der S&D Fraktion im Außenpolitischen Ausschuss des Europäischen Parlaments und der Delegationen für Irak, Iran, arabische Halbinsel und Mashrq.

DOMINIKA MEINDL, geb. 1978, Schriftstellerin, Literaturveranstalterin, Moderatorin und Journalistin, Vorstandsmitglied und Regionalsprecherin für Oberösterreich der Grazer Autorinnen Autorenversammlung.

RUBINA MÖHRING, geb. 1950, Historikerin, Publizistin. Langjährige TV-Journalistin und Universitätslektorin. Präsidentin der internationalen NGO «Reporter ohne Grenzen» in Österreich.

ROBERT MOOSBRUGGER, geb. 1982, Universitätsassistent am Institut für Soziologie, Abteilung für empirische Sozialforschung an der Johannes Kepler Universität (JKU) Linz.

ALFRED J. NOLL, geb. 1960, Jurist, Anwalt, Autor und Universitätsdozent. Von November 2017 bis zum Ende der 26. Legislaturperiode am 22. Oktober 2019 Abgeordneter der Liste Pilz/Jetzt zum österreichischen Nationalrat.

ANDREAS NOVY, geb. 1962, Sozioökonom, a.o. Universitätsprofessor an der WU Wien, Institutsvorstand am Institute for Multi-Level Governance and Development und Präsident der International Karl Polanyi Society.

BABSI ORDINAIRETEUR, geb. 1993, studiert Gender Studies, Sachbearbeiterin im Referat für Öffentlichkeitsarbeit an der ÖH Uni Wien. Sie veröffentlicht außerdem in Jungle World, Malmoe, Taz und Titanic.

WALTER O. ÖTSCH, geb. 1950, Ökonom und Kulturhistoriker, unterrichtet an der Cusanus Hochschule für Gesellschaftsgestaltung, früher an der Johannes Kepler Universität Linz.

KARL PFEIFER, geb. 1928, österreichischer Journalist, Mitglied des Kuratoriums des DÖW.

SEBASTIAN REINFELDT, geb. 1963, Journalist, Politikwissenschafter und Erwachsenenbildner. Bis Oktober 2019 parlamentarischer Mitarbeiter im österreichischen Nationalrat.

FRANCESCO RONCHI, geb 1982, Adjunct Professor of Political Science at Sciences Po in Paris, Administrator im Directorate for Democracy Support Europäisches Parlament, Brüssel.

CONNY REUTER, geb. 1954, Global Coordinator Progressive Alliance, langjähriger Generalsekretär SOLIDAR, Brüssel.

CHRISTIAN SCHAFFERER, geb. 1972, Politsoziologe, lehrt seit 2002 an der Overseas Chinese University (Taiwan), Gründungsmitglied der Österreichischen Gesellschaft für Ostasienforschung.

ELISABETH SCHIMPFÖSSL, geb. 1979, unterrichtet Soziologie auf der Aston-Universität in Birmingham, Doktorat an der Universität Manchester, lebt seit 2009 in London.

THOMAS SCHMIDINGER, geb. 1974, Politikwissenschafter und Kultur- und Sozialanthropologe, unterrichtet an der Universität Wien und der Fachhochschule Oberösterreich und ist Generalsekretär der Österreichischen Gesellschaft zur Förderung der Kurdologie.

OLIVER SCHEIBER, geb. 1968, Richter und Lehrbeauftragter an der Universität Wien und der FH Wien. Er leitet den Vorstand des Instituts für Rechts- und Kriminalsoziologie in Wien und ist u.a. Mitglied des Vorstands von SOS Mitmensch.

HANSJÖRG SECKAUER, geb. 1961, Sozialwirt, Senior Lecturer am Institut für Gesellschafts- und Sozialpolitik an der Johannes Kepler Universität Linz , von 2000 bis 2014 Redakteur der sozialpolitischen Zeitschrift «kontraste».

ANIA SKRZYPEK, geb. 1979, ehemalige Lektorin für Politische Soziologie Universität Warschau, Generalsekretärin ECOSY, jetzt Direktorin für Forschung und Lehre, Foundation for Progressive Studies (FEPS), Brüssel.

CHRISTINE STELZER-ORTHOFER, geb. 1959, Ass. Prof. am Institut für Gesellschafts- und Sozialpolitik, Johannes Kepler Universität Linz.

VERENA STERN, geb. 1982, Politikwissenschaftlerin und Soziologin, forscht, lehrt und promoviert an der Universität Bielefeld.

DENNIS TAMESBERGER, geb. 1981, ist Referent für Arbeitsmarktpolitik in der Abteilung Wirtschafts-, Sozial- und Gesellschaftspolitik der Arbeiterkammer OÖ. Mitherausgeber der Zeitschrift Momentum Quarterly.

LAETICIA THISSEN, geb. 1991, Referentin für Geschlechtergleichstellung, Foundation for Progressive Studies (FEPS), Brüssel.

MEROPI TZANETAKIS, geb. 1980, ist Senior Postdoc Fellow am Institut für Politikwissenschaft der Universität Wien und forscht im Rahmen des vom FWF finanzierten Erwin Schrödinger-Fellowships zur Digitalisierung von Drogenmärkten, Chefredakteurin des Kriminologischen Journals.

PETER TSCHMUCK, geb. 1971, Kulturbetriebs- und Musikwirtschaftsforscher, unterrichtet an der Universität für Musik und darstellende Kunst Wien, Wirtschaftsuniversität Wien und an der Fachhochschule Kufstein, Präsident der International Music Business Research Association.

ANNA ULRICH, geb. 2001, Redaktionsleiterin des Syntaxblogs und Aktionismus-Referentin der Aktion kritischer Schüler_innen (AKS) in Wien, ehemalige stv. AHS-Landesschulsprecherin in Vorarlberg und Funktionärin AKS-Landesorganisation.

WOLF-DIETER VOGEL, geb. 1959, lebt in Oaxaca de Juárez/Mexiko, Korrespondent der Tageszeitung Taz und der Nachrichtenagentur Epd, freischaffender Journalist für zeitonline, Amnesty Journal und Deutschlandfunk. Autor mehrerer Bücher.

GREGOR WAKOUNIG, geb. 1984 in Klagenfurt/Celovec, Student der Japanologie an der Uni Wien, Tohoku Universität in Sendai und Hosei Universität in Tokio, Übersetzer für Slowenisch und Japanisch, freier Journalist.

JOSEF WEIDENHOLZER, geb. 1950, Soziologe, Univ. Prof. für Sozial- und Gesellschaftspolitik, Johannes Kepler Universität Linz i.R, 2011 bis 2019 Mitglied des Europäischen Parlaments, seit 2014 Vizepräsident der S&D Fraktion, langjähriger Präsident der Volkshilfe Österreich.

CARLOS R. WINCKLER. geb. 1951, Soziologie, pensionierter Forscher am Landeswirtschaftsforschungsinstitut FEE, Mitarbeit und Beratung in diversen NGOs, unter anderem des Instituto Histórico e Geográfico do Rio Grande do Sul.

RUTH WODAK, geb. 1950, Em. Distinguished Professor of Discourse Studies (Diskursforschung) an der Lancaster University (UK) und o. Univ.-Professorin i.R. für Angewandte Linguistik an der Universität Wien.

IRIS WOLTRAN, geb. 1972, Arbeitsmarktexpertin der Arbeiterkammer Oberösterreich beschäftigt und bearbeitet die Themenfelder Arbeitsmarkt, Mindestsicherung, Sozialhilfe, Armut und soziale Ausgrenzung.

STEFANIE WÖHL, geb. 1973, Professorin (FH) für Politikwissenschaft, Inhaberin des Jean Monnet Chair „Diversity and Social Cohesion in the European Union» im Studiengang Europäische Wirtschaft- und Unternehmensführung an der Fachhochschule des BFI Wien.